実践 紫微斗数占術

【飛星派における四化飛星の秘法】

共著 東海林秀樹／照葉桜子

はじめに

皆様お元気でお過ごしのことと存じます。

以前に発刊させていただいた前著（『完全マスター紫微斗数占い』）は予想に反して重版となりましたが、我が国における、紫微斗数の情報の少なさと、書籍としての販売が少ないのがその理由と考えられます。

私の紫微斗数の研究はすべて三十代に凝縮されています。南派といわれている三合派、または少し飛星させる総合派、これは私が台湾において手ほどきを受けた潘子漁《はんしぎょ》先生もこの範疇《はんちゅう》に入ると思います。そして星の数を極端に減らして四化星の動きを判断の要とする飛星派の三派に大きく区別できると思われます。

ただし、少しここで厄介な問題が存在します。他の流派も同様ですが、私は現在、最小限、星は作用を感じられるもののみ採用し、四化星（とりわけ化忌星）を判断の要とし、星は象意、つまり起きてくる現象を把握するために活用しています。

ここで一言私なりの考え方を述べてみます。飛星派の中でも最も四化星に判断を頼る流派の中には、四化星の動きのみを重視し、ほとんど星を判断材料としない術士の方も少数見受けられます。これは決して批判ではなく、私の経験上のことですが、やはり飛星と星の兼ね合いは大切と思うのです。そのような理由から、本書では星の意味合い、つまり象意も絡めながら解説をしていこうと思っています。

前著で、私の個人名における紫微斗数の書籍としては最後とするつもりでした。四化星、特に化忌星の動きについてはかなりそのこつをお伝えしたつもりです。反省点としては多岐に渡りすぎており、もう少し星と飛星と活盤(動盤)の使い方を伝えてほしいとお話がありましたので、羊頭狗肉の厚顔を承知で、続編を書いてみようと思いました。

本書においては、命宮を中心とした各星、飛星、活盤を同時進行を試みようと思います。私が当初手ほどきを受けた潘子漁先生はこの技法を中心として、その他いくつかのテクニックをプラスして「一葉知秋術《いちようちしゅうじゅつ》」と名づけておりました。意味合いは簡単にいうと、物事の兆しを事前に知るということです。

一言付け加えておきますと、潘先生の書籍の中で実際に鑑定していて、やや矛盾を感じた部分は私の独断で割愛いたしました。私が応験、つまりこれは使えると思われる部分を中心に書いております。ご了承いただければありがたいです。

本書を出版するに当たり、共著者である照葉桜子先生には実例を多岐にわたり書いていただき、また、説話社の高木利幸様には多大なご協力をいただき感謝いたします。

時代が大きく変動する今、本書が少しでも皆様のお役に立てば幸いです。

最後に卜占である周易、断易、六壬易、タロットなどもぜひ会得されることをおすすめいたします。かなり命卜を併用することで人生をシュミレーションすることが可能と思います。

東海林秀樹

はじめに

説話社様と東洋占術の師匠である東海林秀樹先生より、「紫微斗数の占例を書いて欲しい。」とのお言葉をいただきまして、今回もよい学びとなる紫微斗数の占例を担当させていただきました。

本書には、中級者以上の上級向けに、飛星派の細かい四化飛星の技法を検証しながらふんだんに取り入れて解説をした例題をお載せいたしました。

飛星派技法の細かい生の占例は、日本の紫微斗数の書籍にもあまり書かれておりませんので、紫微斗数を学ぶ方々によい学びになれば嬉しく思います。

また本書では、占いの悩みを問う時にどの宮を見たらよいかをわかりやすく解説しております。紫微斗数には十二宮という考え方があり、これが細かい質問に答えていく時に便利なパーツとなり、鑑定時には大変重宝する技法となります。「どの質問には、どの宮をみるか?」を俊敏に見極め、そこにある星や四化飛星、活盤を駆使して、ご相談の的となる宮をあらゆる視点から見ていく紫微斗数盤は、大変カラフルな色彩のように、その命盤の方の人生を表しているといえます。

紫微斗数の十二宮は、よい星の入る宮は、上手く活用し、より優位にその意味を鍛えておくことがよいでしょう。また悪い星の入る不利な宮は、なるべくそっとしておいて使わないことが、厳しい時代を生きていくための人間の知恵だといえるのではないでしょうか。

紫微斗数にて人生を知り、自分の動かし方や、通る道を決めることは、大変安全に人生を歩いていく方法なのではないかなと思います。

最後になりましたが、本書の執筆を勧めてくださいました、師匠の東海林秀樹先生、説話社の高木利幸様には大変感謝をいたしております。この場を借りてお礼を述べたいと思います。ありがとうございました。

照葉桜子

目次

第二章　各宮に入る星

第一章

紫微斗数占術の構成要素

十二宮

紫微斗数は、命宮を中心として、占う目的が区分けされていますので、判断がしやすいです。

①命《めい》　宮《きゅう》

②兄《けい》弟《てい》宮《きゅう》

③夫《ふ》妻《さい》宮《きゅう》

④子《し》女《じょ》宮《きゅう》

⑤財《ざい》帛《はく》宮《きゅう》

⑥疾《しつ》厄《やく》宮《きゅう》

⑦遷《せん》移《い》宮《きゅう》

⑧奴《ぬ》僕《ぼく》宮《きゅう》

⑨官《かん》禄《ろく》宮《きゅう》

⑩田《でん》宅《たく》宮《きゅう》

⑪福《ふく》徳《とく》宮《きゅう》

⑫父《ふ》母《ぼ》宮《きゅう》

星の説明

飛星派の特徴として星をあまり多用しません。吉凶は四化星という星を判断の主とします。

では、順次紹介します。

甲級主星十四星

紫微星のトップの星から破軍星までの十四星です。紫微斗数における星の判断では要となる星です。

甲級副星十五星

ランク等級は低くなります。しかし命盤に与える影響は高く、とても判断上重要です。

乙級星八星

さらに等級は低くなります。ただし私の経験上、天空星と地却星は甲級副星に劣らない力量を感じます。

その他の乙級星

飛星派で活用する星はさほど多くありません。以下に述べる星は元命、つまり運気の部分であり、先天運にはさほど強く作用しません。

ただし、天馬星は命宮に入る場合、作用を感じますので、例外として扱います。移動で何となく落ち着かない人が多いようです。

他の星は主に大限や流年、斗君、つまり月運等に作用します。

陰陽五行論

一極二元論

陰陽五行論は物事の分類をいいます。かなり感覚的な考察で、陰的・陽的な物に区分けしていくものです。その根底には「一極二元論」という理論で成り立っています。

陰陽は分離した考え方ではなく、葉の表裏と同様に必ず結びつける存在があるのです。陽が男で陰が女、陽が高とすると陰が低、陽が昼とすると陰が夜、陽を暖とすると陰が寒、陽を夏とすると陰は冬、などです。

陽と陰を結びつける共通項を「大極《たいきょく》」といいます。答えとして男女は人間、昼夜は一日、寒暖は温度、夏冬は季節というような概念です。

五行論については、本書で活用する範囲で簡潔に解説していきます。

まず五行の相性関係です。

相生《そうせい》	
木生火《もくしょうか》	木が燃料となって火が燃えます。
火生土《かしょうど》	火が燃えて燃えかすが残り土となります。
土生金《どしょうごん》	土中から鉱物資源は産出されます。
金生水《ごんしょうすい》	古代中国人は金属器が冷えると、表面から水滴が生じるさまから連想しました。自然を観察して、河川の水源は岩の間から水が出る様子を見て金生水とした説があります。
水生木《すいしょうもく》	水は植物を育てます。

☆相生は気が一体化します。

相剋《そうこく》	
木剋土《もっこくど》	木は土中に根を張り養分を取ってしまいます。
土剋水《どこくすい》	土は水を堰き止め汚濁します。
水剋火《すいこくか》	水は火を消してしまいます。
火剋金《かこくごん》	火は金属を溶かします。
金剋木《ごんこくもく》	金は木を傷つけます。

☆相剋は気が一体化しないことです。

比《ひ》和《わ》

木と木、火と火、土と土、金と金、水と水の様に同五行です。互いに強め合う作用として紫微斗数では活用します。

十干十二支

空間を表す十干

十干は空間を表す符合です。これには十種類存在します。陰陽も記しておきます。

甲《きのえ》／陽／木

乙《きのと》／陰／木

丙《ひのえ》／陽／火

丁《ひのと》／陰／火

戊《つちのえ》／陽／土

己《つちのと》／陰／土

庚《かのえ》／陽／金

辛《かのと》／陰／金

壬《みずのえ》／陽／水

癸《みずのと》／陰／水

☆陽の兄《え》と陰の弟《と》で「えと」となり、厳密にいうと生まれた年のことを指すわけではありません。

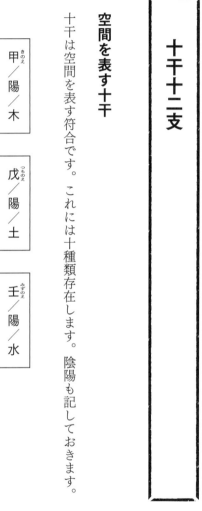

時間の推移を表す十二支

十二支は時間の推移を表す符合です。陰陽、五行も記しておきます。

子《ね》／陽／水

丑《うし》／陰／土

寅《とら》／陽／木

卯《う》／陰／木

辰《たつ》／陽／土

巳《み》／陰／火

午《うま》／陽／火

未《ひつじ》／陰／土

申《さる》／陽／金

酉《とり》／陰／金

戌《いぬ》／陽／土

亥《い》／陰／水

甲級主星解説

主体は命宮やある年齢域に達すると各星の意味合いが出てきます。大体、十代位からが目安です、本書では命宮にこだわらず、できるだけ細かくして見ていきます。

紫微星

陰土で、あらゆる災いを善化する貴星です。官禄を司り（比喩的です。以降、すべての星についても同様です）、爵禄（立場）条件のよいと人を指導する力あり、対宮や同宮に吉星が入るとよく人を善化しますが、凶星が入るとわがままな側面が現れます。

紫微星が命宮に入る場合

吉の条件ですと忠義に厚いです。ただしそれほど寛容ではありません。

プライドは高い傾向です。割合性格は聡明です。人の意見や評判を気にしやすいです。人から耳当たりのよい話を好みます。孤独な部分が存在します（特に子と午）。

天機星

兄弟を司ります。基本的には善です。機知に富み、やや過敏に物事に反応します。内面性は不安定な部分を所有し、よく学びますが、なかなか成果を出すのは難しいです。想いに浸りやすく、理想も高い人が見られます。

創意工夫も上手で、手先も器用な人多いです。企画を練るのも得意です。ただし、多くさまざまなことに手を出すタイプの人は、多く思い巡らし、実現化しないのです。星を算出する通過星で、かなり能動的です。同宮する星や対宮に吉の条件が多い場合、知恵高く学術的にも優れ、人に教育する立場も悪くありません。凶の条件が多い場合、幻想や儲からない投機や投資に注意です。

天機星が命宮に入る場合

やや神経質な方に見られます。

ひどくなると、物事に過敏になります。

頭はよい傾向です。結果、策を練りすぎの人が居ます。トップに立つより補佐役に適しています。二番手がよいです。

太陽星

官禄を司り、立場、父親、夫、男性を意味し、貴つまり立場を意味しますが、財務は得意とは限りません。名を取り、財を目的とすると案外つまずきます。太陽星は人からの施しや干渉をあまり喜びません。

太陽星が命宮に入る場合

入る十二支により違いがあります。申から丑までは力が足りず、寅から未まで力を得ます。割合、自己が支配しがちですが、あまり細かい部分まで意識が届きません。財務的にもどんぶり勘定《かんじょう》です。

武曲星

陰金、北斗星、財宮を司り、昔なら将軍を意味しますが、現代風なら剛気な質と解釈しましょう。財は比喩的に財としましたが、斗数の中では最大に財的要素が強いです。割合、行動的で、財を取得する労力を惜しみません。やや孤独な面も所有します。命宮や夫妻宮に入る場合、割合互いに摩擦を生じます。

同宮や対宮に吉の条件が多いと、決断が速く、時としてチャンスをつかみ、結果、財を手に入れる人です。凶の条件が多いと、衝動的、短慮、物事に対する流されやすさが出てきます。男性は孤独性が強いです。

武曲星が命宮に入る場合

気が強いです。人に服従するのは好みません。
割合、腹に一物はありません。
結論を急ぎやすいです。
財を手にしやすいですが、それをものにするにはかなり心身を使います。

天同星

陽水、南斗星、福徳を司ります。
福の気が強いです。ただし化忌星が付くと人生の幅がやや狭くなりますから、一業に専念する方が、人生を安定させることができるでしょう。この星は災いや一時的に挫折することを経験しても何となく扶助が入りやすいのです。

同宮や対宮に吉の条件が多いと、温厚で穏やかな感じがします。人生も安定基調です。凶の条件が多いと、何かと創造性や企画性はあるのですが、優柔不断になったり、孤独感を持ったりしがちです。

天同星が命宮に入る場合

福分が厚いです。女性には有利です。男性は周囲に流されやすく、中には根気が続かず、物事を投げ出す方も見られるので注意でしょう。

性質は穏健です。理想が高い方も見られます。

博学で多くの知識を入れる人ですが、それを社会で活用するには力が弱い方もいます。

頭は比較的聡明で、よく物事も理解しますが、それを社会で活用するのはなかなか力不足か、実現するまで時間がかかります。

天同星は普段温厚ですが、恋愛や三角関係等になると、不思議と感情的になる場合が見られます。

廉貞星

陰火、官禄を司ります。囚という意味があり、何かにこだわる方が見られます。例えば、会社を経営しているとします。時代に合わずかなり経営が傾いているのですが、創業時の本業などにこだわり、なかなかそこから退却できにくく、借入れを工面して自転車創業をしたりするのです。

また桃花星の一面を持ち合わせて、異性縁を好む場合も多いです。活発な感じです。

この星は紫微斗数上は一応、凶的要素とされていますが、その善悪は、ひとえに周囲の人的環境によります。特に交友関係が悪い場合、悪い影響を受け、あまりよくない部分を出すのです。

同宮や対宮に吉の条件が多いと聡明で機敏なところを見せ、凶の条件が多いと軽薄になったり、流されたり、争いを好みがちだったりします。

廉貞星が命宮に入る場合

人に勝つことを好み、心に思っていることを口にします。対人関係が下手な方もいます。主観も強いです。理より感情的な部分を重視します。

天府星

陽土、南斗星、財庫を司ります。本質的に人を導く力があります。ただし創造性はさほど持ち合わせていません。やや四化星の化科星に類似し、頭がよい人が多いです。物事を解厄する力があり、条件がよいと長命な傾向です。

同宮する星が条件の多い場合、また対宮に入ると、忠義に厚いです。また立場や金銭も安定します。

条件の良くない星と同宮や対宮に入る場合、物事にやや流されやすく、財を取得するのに策を練るタイプの人も見られます。

天府星が命宮に入る場合

心根は温和です。聡明です。

多才で多芸です。才能も高い人が多いです。

比較的優越感を持ち、自画自賛しやすいです。結果、孤独になるのを防がなければなりません。

恋愛のプロセスにおいて男性の人で金銭を惜しむ人もいます。

太陰星

陰水、中天星、財帛と田宅を司ります。母、妻、女性全般、女の子を意味します。

太陰星は富を意味しますが、太陽星は富より立場を意味します。

太陰星に化禄星あるいは禄存星に同宮すると、富格といって悪くありません。太陰星は天体では月を意味し、割合、能動的な部分を所有し、同宮する星が吉の条件が多いと性質は知恵高く聡明です。対宮も同様です。

凶の条件が多いと感情的に陰鬱な人も見られ、無駄な動きが多く、なかなか人生が安定しません。

太陰星が命宮に入る場合

男性と女性を区別します。

男性

割合温和です。やや感情が女性的側面を持ちます。
女性縁も多いです。条件のよい場合、女性の助けを得られやすいです。
逆に配偶者に満足しづらいか、または配偶者に対して不利なことをする人もいます。

夜生まれの人は有利です。申宮から丑宮まではよさが出やすく、夏至から冬至までの退気も同様です。

女性

女性らしいです。古典的な美を所有します。

見た目は柔らかく静かな感じですが、内心は動くことを好み、物事を急ぐ方に見られます。

時として猜疑心持ったりしやすいです。

夜生まれの人は有利です。申宮から丑宮まではよさが出やすく、夏至から冬至までの退気も同様です。

貪狼星

陽木、北斗星、財、寿星を司ります。桃花、甲級主星の中では最大の桃花星、つまり即異性をわたり歩くわけではありません。そのような縁が付きやすいということです。中には人脈を作ったり行動的な人も多く見られます。割合、機敏です。

この星の面白いところは、福と災いが交互に来ます。そのような現象の間接的原因として根底に欲望があるのです。

同宮や対宮に吉の条件の星が多い場合、才能を発揮し、技芸事も上達します。凶の条件の星が多い場合、人生が流されやすく、物欲や無駄な趣味趣向に走り、財を散じやすいです。

貪狼星が命宮に入る場合

交際を好みます。
多く才芸を所有します。
外向性、動くことを好み、やや耐える心に欠ける人も見られます。
自分の嗜好に執着しやすいです。

巨門星

陰水、北斗星、暗星を司ります。ごたごたしやすいです。度量はそれほど大きい星ではありません。口才と口災の両方持ち合わせています。猜疑心も時として見られます。言語により福と禍が分かれます。

同宮や対宮に吉の条件の星多い場合、コミュニケーション能力によって運を開き、凶の条が件多いと口が災いとなりトラブルやごたごたを招きます。

巨門星が命宮に入る場合

口才はありますが、時として口舌が原因して問題を招きます。

容易に人も物事も猜疑心が強く、外界に対して警戒し不信を持ちやすいです。

自己を表現する才能がある方もいます。

博学で多く学びますが、なかなか結果を出せない場合が多いです。あと中年期にやや怠惰になりがちです。

天相星

北斗星、陽水、印星を司ります。謙虚で慎重、公正、仕事熱心（時としてオーバーワークになります）。トップの星ではありません。

衣食の星、同宮する星や対宮する星の条件がよい場合、正義感強く、忠義に厚い人が多いです。条件の悪い星の場合、軟弱な割りに独善性があります。

天相星が命宮

環境の影響を容易に受けてしまう。中華の地のことわざに、朱に交われば赤くなり、黒に交われば黒くなるというのがありますが、身内や他人を問わず、人間関係によって良し悪しが決定されるということです。

和することを基本的に好みます。

思考など周囲の影響を受けやすいでしょう。

女命は一般的に夫や子供に対して、よく和睦《わぼく》しようとします。

天梁星

南斗、陽土、寿星を司ります。条件がよいと周囲を助ける人が見られます。災いを解厄する力もあります。不思議と命宮に入るとやや孤独癖がある人が時としています。宗教、哲学、文学、医薬を意味します。

適職については、命宮はどちらかというと人生におけるスタイルであると私は見ています。官禄宮などももちろん参考にします。

天梁星が命宮に入る場合

観察力が鋭いです。

人を助ける気持ちの強い人が多いです。

心は比較的率直で腹に一物は少ないでしょう。

これは意外ですが、比較的、人生に対してそれほど積極性があるとは限りません。ただし他に行動的な星が同宮したり、特に化権星が付くとその限りではありません。

七殺星

南斗、陽金、将星を司ります。殺星です。精神的に強い面を持っています。紫微星と同宮する組み合わせの場合、紫微星はよく七殺星の持っている殺の部分を上手くコントロールします。

この星の特徴として、気が強く、物事の結論を急ぐ短慮なところがあり、勝つことを好みやすく、条件がよいと、よい意味の正義感を持ちます。七殺星命宮の人は、生涯の中で一度は大きな挫折を味わうことがあります。

七殺星が命宮の場合

個性は強いですが、才能を行動的に発揮する人も多いです。

喜怒哀楽は激しい傾向です。中にはあまり多く語らない人もいます。逆に急速に話す人もいます。中間は少ないでしょう。

正義感は強いですが、時として性格上恨むことと愛することが極端になる場面が見られます。

友人知人で真の友人は少ないでしょう。独断専行しやすいです。

幼年期か若年期は苦労多く、その辛苦に耐えるのです。

女命は中年期までなかなか人生が定まらない人が多いです。

破軍星

北斗、陰水、性質の中に離という意味があります。気をつけないと、ふっと離れたくなる気持ちを内存しています。夫、子供、友人、子女と損耗という意味合いがあるので、何か不満足な部分があるのです。また、仕事においても同様です。

破軍星はなかなか理解しづらい星です。個性が強いので、人生が安定しない人も見られます。

この星は六親宮（人物を意味する宮）に入るのを喜びません。その六親宮と比較的縁が薄くなる傾向です。

破軍星が命宮に入る場合

馴染むようで、実は孤独でアウトローな人がいます。
個性が容易に他から理解されづらいです。
人に真に服従しません。
物事を研究する精神があります。

甲級副星の解説

甲級副星は、紫微星から破軍星までの星たちより等級は軽くなりますが、それらの星に影響を与える作用をします。

本書は飛星派のテクニックを主体としますから、その織り成すところにとても細部にわたる判断が可能となるのです。

この星たちに飛星派独特の四化星を駆使して人生の起きてくる事柄を探っていきます。今後の説明する星は、その象意、つまり意味合いは、命宮にとらわれずに雰囲気としてとらえてください。

天魁星

陽火、南斗貴人（特に男性の扶助）、他の条件にもよりますが、白手起家（何もない状態から成功する）の人の方が比較的伸びるといわれています。

四十代以後からその作用は強くなりますが、この場合、身宮との兼ね合いを見て判断すべきです。命宮に入る人は頭のよい方が多いです。

天鉞星

陰火、南斗貴人（特に女性の扶助）、他の条件にもよりますが、不思議と親の年齢がある程度高い時に生まれた人の方が比較的伸びるといわれています。四十代以後からその作用は強くなりますが、この場合、身宮との兼ね合いを踏まえて判断すべきです。命宮に入る人は頭のよい方が多いです。柔軟性があり優しい人も見られます。扶助は大きく、命宮ですと、生涯何となく他からの助け多く、また、不思議と面接や試験運も比較的良好です。

左輔星

陽土、北斗和睦、扶助、善なる行動、命宮に入る場合、才能はあります。やや感情が重いところがあります。妙な表現ですが、例えば、人の言動や行動を重要に受け止めてしまいがちです。

学習する能力も高く、日常的な品物に美的なセンスを求めたり、またそのような物を制作したり、デッサンしたりするのも上手な人が見られたりします。同宮する星にもよりますが、スポーツにも能力を発揮しやすいです。ただし夫妻宮に入るのはあまり喜べません。

右弼星

陰水、北斗左輔星と違い、言動が環境に対してきちんとした対応が可能です。人に対して適格な指示も出せます。命宮に入ると、才能は豊かな人が多く、やや左輔星と同様に感情が重いところがあります。才能は豊かな傾向です。人に親切な人ですが、永続性は左輔星よりないかもしれません。左輔星より口の才能はあるでしょう。夫妻宮に入るのはあまり喜べません。同情心は左輔星の方が強いでしょう。

文昌星

陰金、南斗名誉、試験を司ります。文章力、文学などの意味合いがあります。口の才能はあるでしょう。命宮に入る場合、頭がよく、学ぶことが好きで、物事の反応も速く、文章力も高く、美的なことを好みます。

化忌星はこの星に付きます。文昌星は条件のよい星ですが、吉の中に何となく暗い側面を持つといわれています。その理由として、この文昌星と文曲星には化忌星が付きます。命宮にこの条件だと、文章上の失敗や契約などに注意です。一業専念は悪くありません。また、少し行動がちぐはぐな方も見られます。

文曲星

陰水、北斗名誉、試験運を司ります。口の才能がありますが、巨門星のような口災はあまりありません。文章力、契約などを意味します。文章を駆使する才を生かせる職業も悪くありません（官禄宮も参照してください）。命宮に入る場合、頭がよく、学ぶことを好みやすく、相手や周囲の状況をつかんで素早く反応します。美的なことを好みやすいです。

ただし吉の中に何となく暗い側面を持っていることがあります。凶の条件で化忌星が付くからです。化忌星が付くと、専門職か一業専念が適しています。感情の浮き沈みも多いです。文章上の失敗、契約、ちぐはぐな行動も時として見られます。

ここで少し、文昌星と文曲星について論じます。

文昌星は名誉という意味があります。正当な立場です。

文曲星は一口にいえませんが、やや社会から変わった職業やスタイルでの名誉や立場、例えば占術、美術、工芸、芸能、歌舞音曲、また技を駆使するものです。

文昌星は異性や色事などから、人縁が広がる場合があります。性質は比較的よい傾向です。

文曲星も異性や色事などから、人縁が広がる場合があります。しかし何故か喧騒感が伴うことが多いです。感情も浮き沈みしやすいです。文昌星と文曲星は貪狼星との同宮を喜びません。交友関係の中によい影響を与えない人も見られます。これは特殊例ですが、遷移宮がこのようになっていると海辺や河川には注意です。時として事故に注意です。

条件の比較的悪いといわれている星の解説の前に、私の考え方を述べてみます。今までは吉星、凶星とステレオタイプに区分けする傾向でした。もちろん条件のあまり良好でない星が命宮なり大限、流年に入る場合、それなりに人生上の波乱は経験するでしょう。しかしそれらの星はそれなりの行動力や強い意志を発揮し、物事を切り開く原動力となりうるのです。吉に赴くか、凶に赴くかは環境や置かれている立場にもよるのです。

擎羊星

陽金、北斗刑傷（すぐに人情沙汰や争いを意味するわけではありません。時と場合によるでしょう）、怪我、争い、急病などを意味しますが、四化星の動きや同宮する星にもよって判断に違いは出てきます。四化星の中の化権星にやや類似しているかもしれません。

命宮にこの星が入る人は、その性質は剛強で、勝つことを好みやすく、外での活動を喜び、自分の掌握する範囲を広げようとしやすい傾向です。この星が命宮または疾厄宮に入る場合、怪我や事故には注意です。

特に子、午、卯、酉の四正の位置に入ると、身体は多病になりやすいといわれています。

陀羅星

陰金、北斗を司ります。こだわりやすく条件が悪いと、化忌星のような動きをする場合があります。物事がだらだらとし不順感が続いたり、低迷が比較的長くなったりしがちです。命宮に入る場合、物事に妙に固執したり、同宮する星が条件がよろしくない時には、ジェラシーを持ちやすく、人に対して服従しません。常に物事に人生上満足感が得られにくくなります。

女命は陀羅星と巨門星が命宮に入るのを喜びません。結婚において容易に感情の起伏が激しくなります。

擎羊星、陀羅星について少し解説してみます。

擎羊星＋鈴星または陀羅星＋火星は一見穏やかに見えたり、おとなしく見えても、事のきっかけや、何かの拍子に激昂したりする人がいます。

擎羊星＋火星の人は、激昂《げきこう》しやすく、何となく激しいですが、まだ、からっとした部分があるのです。陀羅星＋鈴星も激昂しやすいですが、同じ摩擦を経験しても何となく尾を引きやすいでしょう。

命宮擎羊星と陀羅星の人は、どちらも激しさを持ち合わせていますが、擎羊星は明るい槍で、陀羅星はやや暗い槍です。どちらも度量はあまり広いとはいえません。ごたごたを多く経験します。

命宮擎羊星、夫妻宮に陀羅星の人は、衝突しやすく、そりが合わない傾向で、互いに忍耐が必要です。晩婚は憂いが軽くなるといわれています。

火星、鈴星

火星陽火、鈴星陰金（陰火という説もあります）を司ります。火星はごたごたがあります。激昂してもわりとからっとした人が多いです。

火星が命宮に入る場合、外交的で性質は短慮なところを所有します。脾臓をやられるとその傾向性が高くなり、恋愛や異性関係も好みますが、なかなか永続性がない人も見られます。人生上ごたごたは防ぐことが肝要です。

鈴星は火星ほど激烈ではありませんが、恨んだり、ごたごたすると割りと長く根に持つ人もいます。何となく暗さも内面に持つのです。

鈴星が命宮に入る場合、内向的に見られても内面は性烈なところを所有します。


この二星の特別な組み合わせを少し解説します。

火星と貪狼星が同宮すると、人生は積極的になり、大限やその他の条件がよいと火貪格といって、突然成功する方も見られます。

鈴星と貪狼星が同宮すると、やはり人生を果敢に打開しようとしますが、大限やその他の条件がよいと鈴貪格といって突然成功する方も見られます。

乙級星の解説

天空星

陰火、精神方面の虚です（別に精神の病という意味ではありません）。人生上において精神的挫折感を味わうことを経験しやすいでしょう。周囲の影響も受けるのです。他の人があまり気にしないような言葉にも作用されるか、逆に馬耳東風かどちらかです。命宮に入る場合、幻想や空想が好きな人が見られます。およそ成すことが虚空になりやすいでしょう。人や環境の束縛を喜びません。同宮する星や四化星の動きにもよりますが、精神的な気鬱感に苦悩する方も時として存在します。技術や一芸に秀でる場合には、さほど悪くありません。設計、何か創意工夫すること、あるいは芸術方面などに適しています。

地劫星

陽火、物質方面の虚です（即困窮するわけではありません）。条件が悪いと、実際上の損耗もあるでしょう。その多くは外部的要因が主たる原因です、出会う人や組織により損失しやすいです。

命宮に入る場合、一歩前進して、一歩後退するような感じです。また、あまり孤独を苦にしません。時代の潮流に乗りにくいか、あえて避ける人もいます。技術や一芸に秀でる場合には、さほど悪くありません。設計、何かを創意工夫すること、あるいは芸術方面などに適しています。

擎羊星、陀羅星、火星、鈴星を「四殺星」と呼び、少し影響度は低いとされている天空星、地劫星ですが、私は作用をかなり強く感じます。

天馬星

天馬星について一言あります。生まれた年から算出する年天馬星、生まれた月から算出する月天馬星とあり、各流派により違いが見られます。私は現在年天馬星を採用しています。太歳派の一部にはこの天馬星を飛星させて、その年に起こる変動運や移動運を見る術士の人もいます。

陽火、移動を意味します。命宮に入る場合、よい条件の星と同宮したりすると、移動することで吉を誘引し、あまり条件のよくない星と同宮すると、移動することであまり吉を誘引しません。どちらにせよ比較的外に出るのを好み、内外共に落ち着かない人が多いです。

財帛宮に天馬星入り、禄存星と同宮すると、「禄馬交馳」といって外部的に発展します。ただしここで面白い現象があります。六親宮（人物を意味する宮です）に入るのはあまり喜びません。ややそれらの人物と離れやすい傾向が出やすくなりがちです。

またこのような現象もあります。天梁星は条件がよい星と区分けされていますが、天天馬星同宮は、住居が定まらないか、人生そのものが定まらないかのどちらかです。

紫微星と同宮したり、対宮に入る場合、これは悪くありません。動くことで吉を誘引します。

禄存星

甲級副星に劣らない作用の強さを私は感じます。紫微斗数の中でも屈指の財や物質を意味する星です。陰土、生活に困窮することはまずありません。

ただし、この星が命宮に入る場合、必ず父母と兄弟各宮に擎羊星、陀羅星が隣で命宮を挟むかたちになるので他の条件にもよりますが、身内縁が悪いか、薄くなる傾向です。巨門星と同宮すると、巨門星の口舌やごたごたを軽減します。

命宮に禄存星が入る人は向上心が強く、辛苦にもよく耐える人が多く見られます。六親宮（人物を表す宮です）に入るのはあまり喜べません。六親縁が淡白になるか孤独です。禄存星と化禄星が同宮する場合、財に恵まれる傾向です。

天刑星

陽火、割合、自律心強いですが孤独になりやすいでしょう。この星は六親宮（人物を表す宮です）に入るのはあまり喜びません。その示す六親とはそりが合わない、価値観が異なったり、容易に関係性が悪化しやすいでしょう。

命宮に入る場合、個性は割合強く、自分の意見を直にいうものです。占術（特に命理）宗教学、医学（特に外科）、法律に縁があります。戦うという意味から弁護士、検事などと縁があります。

天姚星

ややあやしい星です。一見、そのように見えません。桃花（色事を意味します）。何かのスイッチが入るか、偶然の人脈の中で桃花の現象が誘引されるようです。

命宮に入る場合、恋愛が妖艶でなかなか情緒的な方もいます。つまりプロセスを楽しむのでしょう。芸術性、美学的な才も所有しやすく、早熟な傾向です。

紅鸞星

この星は吉を誘引します。命宮に入る場合、同宮する星にもよりますが、基本的には温和な傾向です。早熟で女性は美しい容姿の人が見られます。よい条件ですと、異性からの助けが得られやすいでしょう。

天喜星

この星は吉を誘引します。命盤の構造上、必ず紅鸞星と天喜星は対宮に入ります。つまり命宮か遷移宮に入るので、紅鸞星も同様に桃花現象に遭遇しやすいのでしょう。同宮する星にもよりますが、基本的には温和な傾向です。早熟で女性は美しい容姿の人が見られます。よい条件ですと、異性からの助け得られやすいでしょう。即桃花というよりも、何か困った時に異性の助けをもらえる人が多いです。私の鑑定経験から男性に多かったです。

紅鸞星は陰の水、天喜星は陽の水です。

陰煞《さつ》星

五行は具備していないといわれています。取るに足らない邪魔（条件が悪いとかなり損失があり、特に精神的に影響されます）や、度量の小さい人からの意地悪を受けるなど、命宮に入る場合、表面上はわからなくとも暗の部分が出る方もいます。

この星は命宮や福徳宮に入るのはよろしくありません。また、命宮や田宅宮に入る場合、何か霊的なものに影響されるともいわれています。

私の鑑定では、あまりよくない土地などに居住してしまう人が見られました。これは風水的な意味ではありません。

北斗、南斗、中天について

甲級主星である紫微星から破軍星までは、比較的大限や流年および時として斗君（月運）において、前半、後半、全期間に影響するといわれています。

他の星については同宮する甲級主星により作用期間が違うといわれています。例えば、宮が大限なりで甲級主星が入らず、無正曜だった場合、対宮を便宜上借用することになっていますが、さてどうでしょうか。経験上、これらの星はまるでヨウカンを切ったように前半、後半ときちんと作用が切り替わる感じがしません。

前著では、一応、区分けのために書きました。

私事ですが、52歳からの大限において前半は北斗星の巨門星に化忌星で、その大限に入ってほどなくある難病で倒れました。55歳過ぎて天同星に化権星が付きさまざまなことがありましたが、何とか無事に過ごしました。

また、この大限は、巨門星が自化権星で、やや複雑になりますが、大限疾厄宮が北斗の破軍星です。よく見ると、大限化禄星が破軍星に入ります。何とかなるかなと思った記憶があります。また流年も丑宮でした。紫微斗数の妙味に触れた経験でした。

四化星について

飛星派にとって、この化禄星、化権星、化科星、化忌星の四星は重要な判断条件のいわば要となるものです。

化禄星

物質、金銭、人縁、桃花（色事）好奇心、楽天的（付く星や同宮する星で違いは若干出ます）、増加。命宮に入る場合、やや太りやすい。

化権星

物事を成就する。自分の立場や影響範囲を広げる。時として強引な行動、剛気、手段を達成するための策略など。

化科星

扶助、貴人、学門、頭のよさ、よい医者、物に対して貪欲ではない。静か（付く星や同宮する星で違いは若干出ます）。商売も大財ではない傾向です。

化忌星

ごたごた、時として臆病、災い。気にする。こだわり、人生上の波乱、一業専念は比較的吉、固執、面白い現象として、田宅宮に入ると、中には財をこつこつ貯める人が見られます。

各四化星の五行

化禄星／金

化権星／火

化科星／木

化忌星／水

※大限、流年、月運（斗君）においての前半、後半、全期間の作用の違いは、それぞれの四化星の付く星により違いが出てきます。

四化星の元命における役割

生年四化星はその与える影響は非常に強くなり、終生影響を与えます。つまり先天的です。実質的な影響をします。

命宮から飛星させる四化星はある程度、自己努力により若干影響度を増減可能です。

自化忌星はなかなか他の人からはわかりにくいでしょう。

さまざまな作用

生年四化星の化禄星、化権星、化科星が、命宮の三合、同宮、対宮に入る場合、三奇加会といって吉を誘引します。ただし大限や流年により吉凶は変化します。また独立自力型の人が多い傾向です。

化忌星と化禄星が一緒になると、化忌星の作用を強めるという説がありま

す。他の化権星、化科星、同宮は化忌星の作用が軽減します。特に化科星

は作用が強いでしょう。

各宮と対面宮との関連性

この理論は15年位前に初めて飛星派の本を出した時に簡単に解説しましたが、今はその本が入手しづらいので、本書で詳しく解説してみます。

命宮遷移宮

命宮は活動したり、思案を出したりする元となります。それの可否は遷移宮が対外的に作用します。互いに非常に関連性が出てくるのです。また時として他の人から見た雰囲気が、遷移宮に投影されることがあります。

夫妻宮官禄宮

男女共に独身者を貫くなら別ですが、通常は配偶者の仕事に対する理解があるにこしたことはありません。特に自営業の方は、配偶者の協力がある方が、仕事がやりやすいでしょう。

ここに面白い現象があります。化忌星は化禄星と同宮するのはあまり良好でないとする理論が飛星派にあります。台湾などに行き資料を読むと、この記載が定石となっているようです。例えば、官禄宮化忌星が入り、夫妻宮に化禄星が入る場合、かなり官禄宮の悪さが軽減します。これは他の四化星の化権星、化科星でもほぼ同様の判断とします。

夫妻宮に生まれた年からの生年四化星のみではなく、作用はやや弱まりますが、官禄宮が自化権星、自化科星でも構いません。ただし自化禄星は先ほどの理論により除きます。

子女宮田宅宮

桃花（色事）歓楽も意味します。本来は子女宮との関係を主に司ります。しかし性的快楽もある程度示す傾向です。また泌尿器や膀胱の健康状態も出るという説もあります。後そのような快楽は建物の中で行うものでしょう。野外が好きといわれればそれまでですが、田宅宮も関連します。

兄弟宮奴僕宮

成就ラインと呼ばれています。何かを成し遂げるには周囲の人々の協力は必要です。技術的職人だから、人縁は必要ないと思う人もいるかもしれませんが、その技術を買い取る人、販売する人は必要です。

財帛宮福徳宮

嗜好《しこう》ラインと呼ばれています。私は完全な物質至上主義者ではありませんが、ある程度、世の中を生きるにはほどほどの金銭は大切だと思います。楽しむには適度な金銭は必要です。

私事ですが、私は、財帛宮が自化忌星（寅の四馬忌）さらに福徳宮には、損耗の星の破軍星です。自分の命盤を見るたび笑いが出ます。さらに命宮化忌星が官禄宮に入ります。命宮が紫微星と禄存星で救われています。

父母宮疾厄宮

文章ラインと呼ばれています。文昌星、文曲星に化忌星が付いたり、条件が悪いと契約、騙されるなどに注意してください。

各十二宮について補足

命宮について

男命はまず命宮、身宮（特に中年期以後、命宮に主星が入らない場合）を先に見ます。次に財帛宮、官禄宮、遷移宮を優先的に見ます。条件のよい星が多いか、悪い星が多いかをよく観察します。

命宮のまず先に、四化星の中の化忌星が何処の宮に飛星するかを調べます。宮干化忌星は把握することで、ある程度凶を努力により回避することが可能です。

命宮自化忌星、財帛宮に飛星、官禄宮に飛星、遷移宮に飛星は吉となりにくいでしょう。

女命はやはり命宮、身宮（特に中年期以後、命宮に主星が入らない場合）を先に見ます。これは男命と同様となります。女命は二通りの鑑定法があると思います。結婚を主たる目的とする場合、やはり夫妻宮と福徳宮は大切でしょう。いえ私は結婚なんか興味もありませんという方は男命に準拠する方法でよいでしょう。

命宮や身宮に激しい星、例えば、破軍星、七殺星、貪狼星、擎羊星、陀羅星など入る場合、不美（満足しない結果、または浮沈が激しい）となりやすく、結婚をする方は、子女宮、田宅宮、財帛宮を次に見るべきでしょう。

男女を問わず、個人の雰囲気、時として容貌、個性、性質、賢いか、そうでもないか、将来的な成就の大小もある程度は把握可能です。

兄弟宮について

兄弟の多いか、少ないか（今はあまり的確ではありません）、関係性、意思の疎通の吉凶、兄弟の発展状況などが把握可能といわれていますが、兄弟は個人ではありません。複数の場合、姉妹や長男、次男、三男を区別するテクニックが多数の資料に散見しますが、今後の研究課題です。

本書では、活盤（動盤とも呼ばれています）、六度空間については、前著で触れていますから、最小限にします。

※兄弟宮は、本来の財帛宮から見ると、田宅宮になります。つまり財の蔵を見ることがある程度可能です。蓄積できるか、そうでもないのか、類推のこつとして、例えば武曲星なら貴金属や金属関連の売買、七殺星なら成功、不成功は別にして、投資や投機かもしれません。太陰星なら不動産かなと、こんな感じで推理するのも象意を伴う占術の楽しみです。私は、兄弟宮はかんばしくなく、財帛宮は自化忌星（四馬忌）命宮化忌星は官禄宮に飛星します。

夫妻宮について

配偶者の状態や性質、配偶者の育った環境の善し悪し（父母宮は夫妻宮から見た田宅宮になるため、こちらも参照します）、縁の善悪、紫微斗数では因果もある程度含んでいると考えます。

子女宮について

子供の多いか少ないか（今はあまり的確ではありません）、子女の身体や健康状態、自己と子女との関係の吉凶、六度空間つまり、活盤においては、父母宮から見た財帛宮で、奴僕宮の官禄宮となります。

また一説には、もし再婚の場合、二度目の配偶者と見ることもあります。

財帛宮について

自給自足体制の時代ではありませんから、現代社会においては大切な宮位と思われます。一個人の財務状態、管理能力、財運の善し悪し、命宮が比較的良好な場合、さらに財帛宮も良好な場合、一番理想的です。

ある年齢時期に来ると、身宮との兼ね合いも大切となります。例えば、命宮が比較的良好で、財帛宮があまり良好でない時には、割合人格的によいかもしれませんが、あまり金銭的にはそうでもないかもしれません。またその逆もあるでしょう。

命宮に禄存星が入り、例えば財帛宮があまり良好でなくとも、日常の生活には困らない現金は入るなどの現象が見られます。各宮は単独判断ではなく、それぞれ関連しているのです。

また飛星派では四化星の状態も重要です。

疾厄宮について

肉体的、精神的（疾患の場合、精神的安定度は福徳宮を参考にします）病気、生理的状態、怪我、他からの災い。本来は現代的病名ではなく、漢方的（湯液とも呼ばれています）。証という体質医学です。ただし、今はなかなか漢方的概念が難しいでしょうから、星の持つ特性と五行から類推している流派が多いようです。

遷移宮について

家を一歩出たら、遷移宮が影響し発動します。時として、その人の他から見た雰囲気が出ることがあります。表現力も表します。移動における一切の吉凶を司ります。また人縁もその範疇に含まれます。営業や遠方移動の多い方は大切な宮位です。

奴僕宮について

友人、知人、同僚、同窓生などとの交際上の関係、また官禄宮から見た父母宮になるので、一部社長などとの関係も父母宮との兼ね合いを見て類推します。

私は、部下や生徒さんとの関係もかなり的確ではないかと見ています。また対宮の兄弟宮も密接です。

官禄宮について

個人の仕事における能力、考え方（命宮も参照します）、立場の問題、仕事の状態（自営業の方は財帛宮が大切）です。官禄宮は、官禄宮からの宮干四化星がとても大切です。

田宅宮について

一般的には不動産の多いか、少ないかを論じている書籍をかなり散見しますが、居住環境、土地縁、家庭環境がかなり出るようです。先祖や父母からの土地家屋的状態を見れるといわれていますが、さて昨今の我が国ではどうでしょうか。

福徳宮について

生涯における精神的安定感、福分と徳分、行動における修養も出ることがあります。つまり心の安定感を保つ工夫もこの福徳宮に表れるのです。

私など損耗の星である破軍星が入りますから、通常は何となく心が落ち着かず、がさがさしているのもこの影響かも知れません。

晩年期における享受の多少、あるいは晩年に孤独かどうか、現代風にいうと、ストレスの大小も見ていくことも可能です。結果寿命の長短にも影響します。

活盤として、配偶者の夫妻宮を命宮になるので、ある程度配偶者の仕事場所が見れるのです。つまり環境です。

かなり希薄ですが、祖父、祖母の雰囲気が出るという説が存在します。

また田宅宮や福徳宮は、先祖の因果に関係します。

父母宮について

父母からの影響、社会に出る前の幸福かそうでないか、同時に父母と自分から見た関係、人生の不幸の一つに、早く親を亡くすことです。幼少期の家庭環境の良し悪しも関連します。この時、田宅宮も参考にします。田宅宮は活盤すると、父母からの福徳宮になり、父母の財産状態も見ることが可能という説もあります。

父母宮を見る場合、太陽星と太陰星に着目します。その輝き具合で父母の人生または自己にとり不利かそうでないか考察します。

※父母に限らず、身内縁に問題がある方は観世音菩薩を拝するのがよいと、私は台湾の先生にアドバイスされたことがあります。

紫微斗数命盤解説の流れ

既に説明しましたが十二宮と呼ばれる、つまり一種の室に区分けされた命宮から父母宮までに分かれて、そしてさらに大限という10年間を見ていく場合、流年という1年間を見ていく場合、斗君という月運を考察する場合、さらに細かく見ると日運を見ていく場合等に分けられます。

なお、十二宮の役割については前述した通りです。

命盤作成方法

命盤つまり、チャートの作成について説明していきます。

さまざまな実例が私のところにありますが、鑑定例は架空の生年月日時では、何となく気が入らないような気がしたので、あえて生年月日時のはっきりしている私の命盤を公開します（作成した命盤は94ページにあります）。

出生年月日時は昭和32年2月9日で時間は午後3時5分の東京生まれです。西暦ですと1957年となります。

ここで一つ注意しなければなりません。午後3時5分というのは日本においては東経135度にある兵庫県の明石市を基準としています。東京生まれですとだいたいプラス19分くらいとなります。

時差表を見て一番近いあたりで命盤とは、ホロスコープにおけるチャート、四柱推命においては命式と同様と考えてよいでしょう。本書には付録として命盤のフォーマットを586ページに入れておきますが、自分で工夫するのも楽しいかもしれません。

では昭和32年（１９５７年）新暦2月9日の午後3時5分で算出していきます。まず、２９６ページを見てください。東京で時差も19分プラスするとだいたい午後3時24分、つまり２９７ページの時支表ですと申時となります。

以下、順番に説明していきます。

（1）生年月日を旧暦に変換する

生年月日を旧暦に変換します。我々が現在活用しているカレンダーは西洋より明治5年から導入されたグレゴリオ暦と呼ばれているものです。紫微斗数においては生年月日時を旧暦に変換しなければなりません。

その前に十干と十二支を、前述した通りまずは確認します。３００ページの十二宮十干配置表を見てください。紫微斗数において特に飛星を駆使する段階においては、この十干と十二支、五行がとても大切ですから何回も読んでください。

実際に現在我々が利用している西洋暦または元号暦から紫微斗数で使う旧暦に変換する方法を説明します。

昭和32年、つまり1957年2月9日午後3時5分の東京生まれを現在の暦から旧暦にしてみます。巻末の「旧暦万年暦」からまず昭和32年（1957年）の記載されているところ（378ページ）を見ると、丁酉《ひのととり》年となっています。次に陽暦から月が2月のところと、日が9日のところを見ると、旧暦では1月10日となるのです。

ここで注意する点があります。年干支はすべて旧暦の1月1日より変化すると思ってください。四柱推命や九星気学で使う2月4日前後の立春ではありません。よく世間ではこの干支暦を旧暦と勘違いする方がいるので気をつけてください。

（2）閏月の定義

紫微斗数は旧暦を使用するため、何年かに一度閏月をもうけて調節します。閏月についての考え方を説明します。

①閏月に生まれて**旧暦の15日まで**に生まれていたら**前月生まれ**とします。

②閏月に生まれて**旧暦の16日以降**に生まれていたら**翌月の生まれ**とします。

平成26年（２０１４年）10月25日生まれの人がいたとします。この人は閏月の９月２日になりますが、新暦の９月24日も旧暦の９月１日となり、９月が二度続きます。①と②の原則通り、閏月の旧暦９月２日ですから①の閏月に生まれて旧暦の15日までに生まれていたら前月生まれとするので、旧暦９月２日でよいわけです。

（3）生時を十二支に変換する

次は生まれた時間について説明します。

先ほどの例題で生時を十二支に変換してみます。例題の人は昭和32年（１９５７年）２月９日（旧暦は1月10日）の午後3時5分生まれでした。

２９７ページの時支表を見てください。午後3時から午後5時までは申時になっていますす。ですからこの例題の人は申時の生まれということになります。

なお、時差については前述した通りです。

ここで日の変わり目について説明します。通常、我々が使用しているカレンダーは1日の変わり目を夜の0時としていますが、紫微斗数では、夜の23時を変わり目とします。ですので、夜の23時以降に生まれたら翌日の生まれとして扱います。

（4）命盤を作成する

さていよいよ命盤の作成に入ります。

例題

昭和32年（1957年）2月9日午後3時5分（プラス19分）

東京生まれの男性（旧暦では丁酉年1月10日）

命宮と身宮を算出する

２９８ページの命宮・身宮算出表より、例題の人は旧暦1月生まれで生時は申ですから午が命宮となり、戌が身宮となります。

十二宮の位置と順番について

紫微斗数は少し変わった占術です。普通は時計回りが常ですが、十二宮の配付は反時計回りとなります。命宮から兄弟宮、夫妻宮、子女宮、財帛宮、疾厄宮、遷移宮、奴僕宮、官禄宮、田宅宮、福徳宮、父母宮と各官を配置していきます。

十干を配置する

２９９ページの十二宮配付表を見て、寅の位置をスタートとして各十二宮に十干を入れます。例題の人の場合、生まれた年の十干は丁です。３００ページの十二宮十干配置表を見ると、丁の生まれ年は寅に壬が入ります。次の卯は癸、辰は甲と順次時計回りに配付していきます。

完成形は94ページの例題の完成命盤（チャート）を参考にしてください。

五行局を導く

五行局は星を入れていくとても大切な部分ですから、慎重に間違えずに配付記入してください。３０１ページの五行局算出表を用いて、命宮の十干と十二支から五行局を導き出します。

例題の場合、午が命宮となり、命宮の干は丙でしたから、命宮の干支は丙午となり、五行局算出表を見ると命宮干支は丙で命宮支は午でした。ですので、水二局となります。

紫微星を導く

さていよいよ星を算出します。最初に出される星ですので、その位置がとても大切です。間違わないようにしてください。３０２ページの紫微星算出表を用います。

例題の場合、五行局が水二局で、旧暦の生日が10日ですから、水の行と10の列が交差するところを見ると紫微星＝午となります。命盤の午の宮に紫微星と書き入れます。

紫微星系主星を導く

次に残りの甲級主星十四星を導き出します。これらの星は紫微星を中心にした七星と、天府星を中心にした八星に区分されます。最初に紫微星を中心とした七つの星を算出します。これらは先に算出した紫微星の命盤上の位置で決定されます。

例題では、３０３ページの紫微星系主星算出表より次の配置となります。

紫微星＝**午** ◀ **最初に算出**
天機星＝巳
太陽星＝卯

武曲星＝寅
天同星＝丑
廉貞星＝戌
天府星＝戌

命盤に書き入れます。

天府星系主星を導く

さて例題を使って、天府星を中心として八つの星を算出します。これらの星は先に導き出した天府星の命盤上の位置に着目します。紫微星系星算出表によると、天府星の位置は命盤上の戌の宮に入りました。ここを中心起点に、他の天府星系主星を算出します。

３０４ページの天府星系主星算出表により、次のような配置となります。

天府星系主星算出表より

天府星＝戌
太陰星＝亥
貪狼星＝子
巨門星＝丑
天相星＝寅
天梁星＝卯
七殺星＝辰
破軍星＝申

これらを命盤に書き入れます。

月系星を導く

３０５ページの月系星算出表より月系星を算出します。旧暦生月より出されたものを命盤に書き入れます。

天姚星＝丑
天刑星＝酉
左輔星＝辰
右弼星＝戌
陰煞星＝寅

年干系星を導く

３０６ページの年干系星算出表より年干系星を算出します。例題の人は、丁年生まれですので、次のようになります。

禄存星＝午
擎羊星＝未
陀羅星＝巳
天魁星＝亥
天鉞星＝酉

これらを命盤に書き入れます。以下の四化星は直接配置されず、それぞれ定められた星に付くのです。

化禄星＝太陰星に付く
化権星＝天同星に付く
化科星＝天機星に付く

化忌星＝巨門星に付く

これらを命盤に書き入れます。

時系星を導く

３０７ページの時系星算出表より時系星を算出します。

例題の場合、生まれた年の十二支は酉で生まれた時間の十二支は申ですから次のようになります。

文昌星＝寅
文曲星＝子
天空星＝卯

地劫星＝未

火星＝亥
鈴星＝午

これらを命盤に書き入れます。

年支系星を導く

これらは簡単です。生まれた年の十二支から算出します。308ページの年支系主星算出表で年支系星を導き出します。

例題の人は生まれた年の十二支は酉です。

天馬星＝亥
紅鸞星＝午
天喜星＝子

星の光度について

甲級主星十四星、甲級副星その他の乙級星についても星に対する光力の違いが存在するとされていました。私もかなり以前はこれを判断の一助にしてまいりました。私は大陸や香港には足を向けたことがありません。大陸は個人的心情があり、なかなか行けずに現在に至っています。ですので、星の光度についてはあくまで頻繁に出かける台湾の情報しかわかりません。

紫微斗数に限ってトップレベルの術士の方の話を聞くと、星の象意のみで判断する人は年々少なくなってきており、一部の三合派の術士の人のみでしょう。ただし、決して三合派を否定しているのではありません。

星の意味合いなど非常に詳しく洗練されている方もおります。香港の王亭之先生や台湾在住の天乙上人先生等が代表と思われます。

では本題に戻りましょう。

例えば、丑に天相星が入った命宮としますと、丑は五行で土となります。天相星は五行では水です。宮の丑土から剋されて停滞するという論理となります。

もしくは、擎羊星と同宮するとします。擎羊星は金の星です。天相星の水を生じて助けるかたちとなってしまいます。しかし実際に現象として見ると、通常、この組み合わせは悪くありません。宮との関係のみの五行を見てしまうと随所に矛盾が出てきます。最後の要はやはり四化星の飛星です。

私が現在若干活用しているのは、太陽星と太陰星の2星のみです。太陽星は原則として申酉戌亥子丑の宮に入る場合、光度が弱くなります。

太陰星は逆に光度が強くなります。太陰星は原則として寅卯辰巳午未の宮に入る場合、光度が弱くなります。太陽星は逆に光度が強くなります。

命盤の仕組みを見ていただければ一目瞭然ですが、太陽星と太陰星が同宮する丑と

著者実例／完成命盤

天機（化科） 陀羅 乙 巳 12～ 兄弟宮	紫微 鈴星 禄存 紅鸞 丙 午 大限2～ 命宮	擎羊 地劫 丁 未 父母宮	破軍 戊 申 福徳宮
七殺 左輔 甲 辰 22～ 夫妻宮	名前：東海林秀樹 年齢（数え）：60歳 生年月日：1957年2月9日 出生時間：午後3時5分 出生地：東京都　時差：+19分 修正出生時間：午後3時24分		天刑 天鉞 己 酉 大限2～ 田宅宮
太陽 天梁 天空 癸 卯 32～ 子女宮	生年干支：丁酉年 旧暦月日：1月10日 生時支：申時 陰陽男女：陰男 五行局：水二局 子年斗君：申 鑑定日：2016年11月1日		廉貞 天府 右弼 身宮 庚 戌 82～ 官禄宮
武曲 天相 陰煞 文昌 壬 寅 42～ 財帛宮	天同（化権） 巨門（化忌） 天姚 大限命宮 癸 丑 52～ 疾厄宮	貪狼 文曲 天喜 壬 子 62～ 遷移宮	太陰（化禄） 火星 天魁 天馬 辛 亥 72～ 奴僕宮

未は別として、他は、例えば太陽星の光度が弱いと、太陰星の光度も弱くなるのです。逆に太陽星の光度が強いと、太陰星も強くなるのです。

３０９ページの太陽星・太陰星光度表を参照してください。

（5）大限を導く

自己や他の人の考察を問わず、大きく現在や未来の運勢の吉凶を判断していく技法です。判断については後に詳しく解説します。

ではその算出法ですが、例題でもって算出してみます。

まず陽男、陽女、陰女、陰男を「十干表」で見てみます。例題は水二局陰男ですから、次のように10年を一区切りとして運命の吉凶が推移してまいります。

命　宮＝２歳から11歳まで
兄弟宮＝12歳から21歳まで

夫婦宮＝22歳から31歳まで
子女宮＝32歳から41歳まで
財帛宮＝42歳から51歳まで
疾厄宮＝52歳から61歳まで

それぞれ以上のように推移してまいります。

310ページの大限早見表を参考にして命盤に書き入れます。

ここで一言つけ加えておくことがあります。東洋占術はすべて数え年で考えます。数え年とは生まれた年を1歳と数えて、旧暦の1月1日を迎えるごとに1歳ずつ加算していくのです。誕生日は関係ありません。あくまでも旧暦の1月1日を迎えると1歳ずつ加算していきます。

（6）太歳運を導く

太歳とは、飛星派が常用する1年間における吉凶を詳しく見ていくテクニックです。この算出法は簡単です。まずその年の十二支を調べます。例えば令和6年（2024年）ですと辰年です。自己や他を問わず、命盤を見て未の宮をただ見ればよいのです。その宮が1年間の吉凶を示すのです。

後に解説する各星の持つ性質や飛星派独特の四化飛星法を活用して判断していきます。

（7）斗君（月運）

旧暦における毎月の運気の吉凶を見ていく方法です。

手順として、現行で使用している西暦のカレンダーで鑑定したい月を探します。それが旧暦の何月に当たるかを調べます。

例として旧暦の未年の1月の斗君を調べるとします。生月は旧暦の1月です。生まれた時間は申時ですので312ページの子年斗君表より子年斗君は申とわかります。

そこに子を置きます。そこから未年の地支まで順に数えていけば、その年の旧暦の1月がどこの宮位に当たるかがわかります。

子→丑→寅→卯→辰→巳→午→未

申→酉→戌→亥→子→丑→寅→卯

子年斗君は申（申）

見たい年の十二支で未年の旧暦1月を示します（卯）

（8）専門用語について

三合宮

命宮を例にすると前後五宮となり、命宮を中心として財帛宮（前五宮）、官禄宮（後五宮）となるのです。

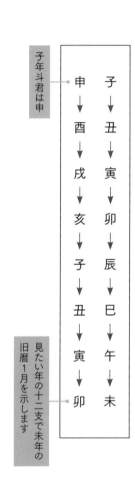

94ページの例題の命盤を見てください。命宮は午の宮です。命宮を基点として前五官の寅が財帛宮となり、命宮を基点として後五宮が官禄宮となるのです。この関係は十二支に直すと必ず三合《さんごう》となります。例の場合は寅の財帛宮午の一番判断上重要な命宮、戌の官禄宮となるのです。ここでは寅、午、戌の三合です。

他の宮位も補足的ですが同様に考察していきます。ここで注意すべき点があります。星を多く活用する流派では、この三合宮を含めて本宮に対する影響度を重要視します。しかし、この方法はややもすると星の象意と吉凶が入り乱れてしまい、時として判断に迷いが出てきます。そこで飛星派では四化という星を活用し吉凶の決め手にします。

三合の十二支は次の四種類です。

亥―卯―未
寅―午―戌
巳―酉―丑
申―子―辰

対宮

これは命宮を例に取ると、その対面に当たる遷移宮が対宮《たいぐう》となります。

飛星派では、例えば化忌星が本宮に入るのも注意することはもちろんですが、本宮に対して対面に入る方が強く影響する場合が多いです。

対宮の十二支は次の六種類です。

子と午
丑と未
寅と申
卯と酉
辰と戌
巳と亥

四化星

四化星《しかせい》とは、化禄星、化権星、化科星、化忌星の四星です。飛星紫微斗数において重要な概念となり、時として判断の中心となります。

特に化忌星は、人生の弱点や避けるべき事柄を事前に知り、災いを軽減させることも可能な星となり、このテクニックを本書では駆使していきます。

他の四化星は目的に応じて活用していきます。

①**生年四化星**＝生まれた年の十干から算出し生涯にわたって強く作用します。

②**十二宮四化星**＝命宮を中心としますが、目的に応じて他の宮からも活用します。それぞれ具備している宮干（宮に付く十干）を使用し、他宮へ飛星させます。

③**行運四化星**＝10年間における運勢の吉凶を見る場合、それを大限法といいます。その大限の宮の十干から四化を飛星させ、その10年間の吉凶禍福を鋭く見ていくテクニックです。算出法は詳しく後述しますが、他に1年間を見る流年法、毎月を見る斗君法、日運を見る流日法等がありますが、スパンの違いのみで判断法はほぼ同様です。

六吉星または七吉星

文曲星、文昌星は双星です。左輔星、右弼星、天魁星、天鉞星も同様です。同宮すると基本的に吉を誘引します。ただし、さまざまな例外もあります。夫妻宮に左輔星、右弼星はあまりよくありません。

命宮破軍星に文昌星が時として悪影響しやすいとかありますが、詳細は各十二宮のところで解説します。

また、禄存星を加えると七吉星になります。

六凶星

擎羊星と陀羅星、火星と鈴星、乙級星ですが作用の強い天空星と地劫星を六凶星と呼んでいます。

通常の紫微斗数では、凶星として区別されているこれらの星を宮の十二支と星の具備している五行とを対比し、その力関係を落陥《らっかん》なら力を発揮しにくく、時として悪さが出てくると解釈している人たちが多いようですが、本書では単に人生の波乱や波風が多いと考えます。ですので、即凶とは判断していません。

別途解説としての化忌星

飛星派の紫微斗数では、とりわけこの化忌星の働きや動きを重視します。台湾等では「棋譜《きふ》」と呼んでいるようで、一種の将棋のコマのような独特な動きをします。

本書では、実際の鑑定において私の独断で確率の高い技法を選んで紹介します。

同宮

これは単に一つの宮に複数の星が入っていることをいいます。

第二章

各宮に入る星

命宮に入る星

さていよいよ各宮に入る星を解説してまいりましょう。

前著においては、星と飛星（主に四化星）を分けて解説しましたが、本書は、一緒に解説を試みようと思います。

飛星派独特の四化星の特殊な活用法は順次解説をしてまいります。また原点に戻り、『紫微斗数全書』の中から、私がこれは使えるなという部分については抜き書きとして説明します。その『紫微斗数全書』ですが、今我々が手に取って見ることが可能なのは後々の人が編纂《へんさん》したものです。次に書くことは、かなり衝撃的ですが、陳希夷先生作ではなく、『備急千金要方』という漢方の秘伝書を書いた孫思邈《そんしばく》が紫微斗数の原型を作ったのではないかと最近の一部ではいわれています。

彼は火薬や導引術を創始したようです。台湾で見かけた彼の健康法の書籍にまさに導引術、つまり今いわれている気功《チーコン》は戦後大陸中国が広く流布した言葉です。

話しは元に戻り、当初、台湾竹林書局発刊『紫微斗数全書』を読んでいましたが、中文の古語ですから、お手上げです。安部泰山先生の『天文紫微』は、『紫微斗数原全書』の訳ですから、私はこれと台湾で見つけた、『現代版紫微斗数全書』で何とか読めるようになりました。阿部泰山先生は、『紫微斗数全書』の間違っている箇所をやはりそのまま間違って紹介しています。

ここで定型の各宮の解説に入る前に、『紫微斗数全書』から、私の独断で活用してみて、何となく使えそうな部分をピックアップさせていただきます。

なお定型の場合は、一葉知秋術の中の星、飛星の部分のやはり活用してみて角度の高い部分のみ解説いたします。前著の命宮は、ほとんど命宮に入る甲級主星を網羅しています。本書は特徴の強いものを解説してまいりましょう。

（『紫微斗数全書』からの抜粋）

命宮に禄存星が入り、あるいは対宮、財帛宮、官禄宮に化禄星があり、いずれかに化忌星が絡む場合、吉の中に凶が混じります。

天馬星は必ず申寅巳亥に入ります。そこに天空星、地劫星が同宮する場合、生涯落ち着かず、身心共に疲弊しやすいでしょう。心の安定感を得るために宗教（安全な）哲学、修行などするとよいです。

禄存星が、例えば寅に入り、官禄宮午、財帛宮戌、選移宮申で、それらに条件のよい星や化禄星、化権星、化科星が入る場合、禄馬交馳といってかなり条件のよい宿命となります。

太陽星と太陰星を論じます。太陽星は明るい時間に生まれた方が有利です。太陰星は夜時間に生まれた方が有利です。また入る十二支により違いが出ます。冬至や夏至も関係しますが、あまりにも煩雑になるので避けましょう。丑と未は矛盾があります。他は必ず両星は、同時に輝き、同時に落ちるのです。

左補星と右弼星は、上品な星です。例えば、紫微星と同宮すると、さらに貴となり、貪狼星と同宮すると、やや桃花的要素を帯びるかもしれません。命宮や身宮に紫微星と貪狼星ですと、その傾向は強まる可能性が大ですが、不思議と左補星、右弼星が同宮する場合、最悪の事態は逃れるでしょう。その理由としては、この両星が理性を持たせるからです。

紫微星と天府星は左補星か右弼星に同宮すると、人生で得るものが大きい傾向です。立場と財を誘引します。条件がさらによい場合、富貴双全と呼ばれています。

紫微星と天府星、紫微星と天相星に左補星や右弼星が絡むのは悪くありません。部下や目下の助け得られやすく、化忌星が絡む星と同宮すると、部下や目下に裏切られる経験もするかもしれません。ただし、紫微星や天府星、天相星には化忌星は付きません。あくまで同宮する星です。

天魁星、天鉞星が命宮や身宮に入るのは悪くありません。化忌星が同宮したり、対宮に入るのは、ただ平凡な命となります。文昌星や文曲星も同様です。

馬頭帯箭（ばとうたいせん）について

命宮午で、擎羊星が入り、天同星、貪狼星が絡み、丙、戊生まれの人は三吉が加会します。一時的に地位や財をつかんでも、全く永続的ではありません。

刑囚来印（けいしゅうらいいん）について

命宮か身宮が廉貞星と擎羊星が入り、天相星が絡む場合、危ない局面を迎えても、なかなか獄につながれることは少ないでしょう。

善陰朝綱（ぜんいんちょうもう）について

天機星と天梁星が命宮か身宮で、条件のよい星が同宮や対宮に入る人は、周囲の助けがあり、立場と財は比較的安定します。化忌星が付く星が同宮したり、条件が悪い殺星を多く同宮したり、対宮に入る場合、人生が辛苦を経験し、また損耗も多くなりがちなので、古典籍には、僧道に入る方がよいと書かれていますが、現代社会ではそうもいきませんから、安全な宗教感を持ったり、何か心の拠りどころを所有したらよいと思います。

貴人貴郷（きじんきごう）について

天魁星、天鉞星、化禄星、化権星、化科星が命宮や身宮に絡み、この大限（10年運）や流年（年運）に入る時には福が厚くなりがちです。

★大限は順逆があり、巡らない方もいます。

財居財位（ざいきょざいい）について

武曲星は財を意味し、財帛宮は、財運全般を意味します。天府星は財を誘引する企画やアイデアや処理が割合巧みな部分があります。この二星が化権星や禄存星に同宮したり、対宮に入ったりするのは悪くありません。大限や対宮つまり二限に入る場合、この時期は立場や財は安定基調となるでしょう。

★飛星派の場合には、活盤、つまり動盤で若干作用を見るべきです。

日麗中天（にちれいちゅうてん）について

午の太陽星はやや強引な中の立場を取るかたちの方が結果多いです。ややりすぎる傾向があり、敵も作りやすいでしょう。命宮や身宮がこの状態で、女命の場合、強い人ですが、よい夫や子供に恵まれやすく、庚、辛生まれの人は、立場や財には困らない傾向です。

水澄桂格（すいちょうけいかく）について

子の太陰星で、命宮か身宮の場合をいいます。富と立場を手に入れます。（他の条件がよい時には）才能もあり、忠義にも厚いでしょう。

一呼百諾（いちこひゃくだく）について

紫微星が命宮か身宮で、左補星、右弼星が同宮する場合、終身富と立場を得られるといわれてます。身宮は中年から晩年に影響するといわれています。

衆水朝東（しゅうすいちょうとう）について

命宮か身宮が寅卯で、寅は単独です。卯は廉貞星と同宮します。文昌星か文曲星に同宮し、他に悪い条件が揃うと、終身多くの苦労を経験し、得るものは少ないでしょう。

蔭福聚日月（いんふくしゅうにちげつ）について

太陽星か太陰星が命宮または身宮に入り、天相星が絡む場合、戌の太陰星は寅に天同星が入り、（官禄宮）申の太陰星は辰に天同星が入り、（財帛宮）酉の太陰星は対宮卯に天同星が入ります。逆は輝きませんから除外します。太陽星はやはり太陽星が命宮または身宮に入り、天同星が絡む場合、（夫妻宮）十二支は省略しますが、条件がよい場合、配偶者の助け得られます（身宮の時には、身宮か身宮をから見た夫妻宮をある程度参考にします）。

★やや難しいテクニックです。この場合、何か凶的なことが発生しても、必ず助けが入るといわれています。

泛水桃花（はんすいとうか）について

命宮または身宮が亥か子で貪狼星入り、条件がよい場合には、色事の問題が起きても結果はさほど醜くなりません。条件が悪い星多く、天刑星や化忌星がさらに絡む時には、男性は生涯瓢蕩《ひょうとう》（定まらないこと）、女性は淫蕩《いんとう》（男性から男性を渡り合うこと）が現象として出やすくなりがちです。

刑遇貪狼（けいぐうどんろう）について

仮に擎羊星と貪狼星が寅で命宮や身宮に入る場合、通常は、あまりよい判断となりませんが、この場合には、頭がよく風流な人が見られます。

路上埋屍（ろじょうにしかばねをさらす）について

廉貞星と七殺星あるいは、破軍星で極端に条件が悪い場合、どちらにせよ、この二つのかたちは、あまりにも条件が悪い時の話です。昔なら中華の地では行き倒れや強盗、殺人、病気とか考えられていました。命宮、身宮でも同論と書かれていますが、遷移宮、または大限や流年でこの条件の時は注意です。

禄居奴僕（ろくきょぬぼく）について

命宮や身宮は割合平凡な命で、奴僕宮に禄存星および化禄星、化権星が入るのは、奴僕宮にとっては悪くありません。ただし自分は一生苦労多い傾向です。自分に関連する宮位はなるべく吉星が入り、あまり関連性の少ない宮位には凶星が入る方が比較的安全です。もちろん占う目的により違いが出てきます。

帝遇凶徒（ていぐうきょうと）について

紫微星が命宮や身宮に入り、化禄星や化権星が同宮し、化忌星が入ったり、天刑星が同宮したりは、凶となりませんが、心の中は不正な人が見られます。

帝座命庫（ていざめいこ）について

紫微星が命宮に入り、福徳宮に文昌星、文曲星が入る場合、大権格といって立場を掌握するといわれています。

皇殿首班（こうでんしゅはん）について

太陽星がよい条件で（官禄宮の場合）、必ず宰相の器と『紫微斗数全書』には書いてありますが、差し引いて考えてください。

文章全盛（ぶんしょうぜんせい）について

太陰星と文曲星が夫妻宮に入り、条件がよい場合、男女共に配偶者の恩恵や助けを得られやすくなります。結婚を希望しない方には何の関係もないでしょう。

田財埋金積玉（でんざいまいきんせきぎょく）について

財帛宮か田宅宮に禄存星入り、条件がよい場合、大富の命、つまり金持ちになるといっていますが、他の星もつぶさに見るべきと思われます。

巨商高買（きょしょうこうばい）について

武曲星か天梁星で、そのどちらかに化禄星、化権星が付いて、吉条件の星が遷移宮に入る場合、必ず大きな富をつかむ商人になり、天刑星、化忌星、条件のあまりよくない星が絡む時には、平凡な範囲となります。

殺居絶地夭天顔面（さつきょぜつちようてんがんめん）について

寅申巳亥の七殺星で、多くの吉星が同宮したり、絡む（飛星派の場合、対宮）流年に宮に入った時には、逆にやりすぎてしまい吉が凶に変じてしまいますが、影響は軽微です。この場合の四地は命宮の場合です。

耗居禄位（もうきょろくい）について

破軍星が官禄宮または命宮で、悪い条件の星が同宮し、天刑星や化忌星が同宮や対宮に入り、巳酉丑年生まれの者で命宮が酉、亥卯未年生まれの者で命宮が卯、申子辰年生まれの者で命宮が子、寅午戌年生まれの者で命宮が午の各条件の場合、生活が困窮しやすくなります。

鼠窮終身（そきゅうしゅうしん）について

命宮か身宮、官禄宮に貪星か破軍星が絡み、それぞれ同宮している星や対宮に条件が悪い星が分散している場合、人生上かなり困窮する場面を経験します。貪狼星と破軍星は絶対に同宮しません。あくまでも以上の条件で、分散している場合のみの判断です。

忌暗同居命宮、疾厄（きあんどうきょめいきゅう、しつやく）について

擎羊星、蛇羅星と巨門星が同宮で、命宮、身宮、疾厄宮のいずれかの場合、祖業を壊すか、没落するでしょう。

刑殺会廉貞於官禄（けいさつかいれんていおいてかんろく）について

擎羊星、七殺星、廉貞星が官禄宮に入り、大限や流年に入る場合、病気や

他の災いが目白押しでやって来ます。逆回りの方はこの宮に入りません。その場合、流年のみの考察になります。

離郷遭配（りごうそうはい）について

流年かまたは、流年活盤（動盤ともいいます）。遷移宮に、擎羊星と七殺星入り、他の条件も悪い場合、あまりよくない感じで、親元、生地、現在長く居住している場所を仕方なく離れる人がいます。

専依羊鈴之虐（せんいようれいのぎゃく）について

命宮または身宮に七殺星か破軍星が入り、どちらかに擎羊星、鈴星が同宮するか、対宮に入る場合、人生はかなり苦しい制約を受けるか、圧力感を経験しますが、そうとう努力することで解約することが可能といわれています。

以上は、『紫微斗数全書』の中の男命鑑定法からの引用ですが、当初は台湾、竹林書局発刊を見ていましたが、中文の古語であり、歯が立たないので、阿部泰山先生の紫微斗数と、台湾で見つけた、現代版を参考にしました。

ただしあまりにも現代から鑑みて、内容が古い表現が多いので、私なりに解釈し直した部分があるのはご了承ください。

また飛星派の場合、星のみにとらわれず必ず四化星の動きを判断の要とします。

女命鑑定について

女命にとって、天府星や天相星が命宮で片方の星が加会し、他の条件がよいと子の命宮で二星座して、己生まれの人は悪くなく、申の命宮で二星座して、庚生まれの人は悪くなく、このような条件の場合、よい子供に恵まれやすく、賢い夫と出会いやすいです。二星とは必ずしも同宮とは限りません。

廉貞星がすべて悪いばかりではありません。寅宮が命宮で己生まれ、申宮が命宮で癸生まれ、未宮が命宮で甲生まれは、なかなか貴の生まれになりやすく上格の生まれです。

天同星はどうでしょう。卯の命宮で乙年生まれ、戌の命宮で丁年生まれ、巳の命宮で丙年生まれ、それぞれかなり上格の命となります。

寅の命宮で甲生まれの人も悪くなく、このすべての条件の人は、立場や財も安定しやすいです。

禄存星が田宅宮や財帛宮に入り、条件がよいと、埋金積玉といって豊かな傾向です。またそのような生活をさせてくれるような配偶者を得る可能性大です。

寅と午の太陽星は輝きます。条件がよい場合、女性にはやや強いですが、人生は割合満足を得られやすく、申と子の太陽星は輝きません。平凡な生まれです。

天魁星、天鉞星、左補星、右弼星は条件がよい場合、吉星の分類でしょう。命宮や身宮に入り、吉星が同宮の人は、人生を楽しめ、健康で、福分も厚い傾向です。

命宮で天府星や天相星が絡み、禄存星に同宮した場合、符《ふ》相《そう》朝《ちょう》垣《たん》といって人生を楽しめます。身宮もやや同様です。かなりこの命を見ましたが、当てはまらない方が一部見られ、やはり四化星の動きは大切と思います。

禄存星は衣食豊かな傾向です。先に説明した通り、天府星、天相星が加会するのはよい条件です。午の紫微星、寅の天相星（武曲星同宮）戌の天府星（廉貞星同宮）のような感じです。ただし寅や戌の命宮は立場の安定は得られますが、大富とはなりにくいです。朝垣格は、甲庚生まれは上格となり、辛生まれは次となり、丙壬癸年生まれの人で、子午の命宮の人は吉となりにくいです。

天機星と巨門星は、条件がよく、例え福分をある程度得ても、最後に人生上の満足度は得られにくくなりがちです。

巳亥の命宮で天梁星、寅の太陽星（巨門星同宮）で命宮、辰の太陽星で命宮の場合、条件かなり悪い時には、キャリアウーマンの人はあまり職に恵まれず、気をつけないと、社会の下位になってしまいます。

命宮の条件悪く、擎羊星、火星に同宮し、さらに殺星が同宮や対宮すると、人生不遇となりやすく、健康に留意しないと、夭折（早死に）しやすくなります。

文昌星、文曲星は単なる福星とは限りません。男命には比較的よいですが、女命にはよくない現象が時として見られます。この二星は、吉の条件の中では化忌星が付きます。情緒的な問題多いです。

武曲星は一般的に男性にはよく、女性にはやや強すぎる傾向が出てきてしまい、時として、周囲と軋轢を生じます、同宮する星や対宮に入る星が条件よい場合、女性自衛官、警察関連も悪くありません。文昌星や文曲星に同宮し、条件が悪い星多いと、貧しいか、孤独になりがちです。

破軍星はなかなか難しい星です。条件が悪い星が同宮か対宮する時には、特に女性は嫌います。さらに擎羊星、蛇羅星、火星、鈴星に同宮する人は、孤独気味で、良好でない夫、害になる子供、さまざまな妨害に苦しむかどれかです。僧道に入るか、神に仕えるとよいでしょう。

貪狼星は桃花（色事）を好み、条件が悪いと男女共淫乱と『紫微斗数全書』には書かれていますが、私の実地経験ではそうとは限りません。

七殺星は将星といわれています。他の条件がよい場合、女性でも果敢に仕事をこなし、それぞれの立場で活躍し、トップに立つことも可能です。寅申の七殺星は対面に紫微星と天府星が遷移宮となり、女命でこの両宮が条件がよい場合、かなり吉を誘引しますが、悪い条件が多い場合には、人生の満足度が少なく、波乱万丈の人生となりがちです。

女命にとって化禄星は女性にとって大吉の一つの条件です。さらに禄存星が同宮したり対宮に入る人は、よい夫やよい子供に恵まれやすく、立場を得られなくとも、富むか、子供からの扶助が大きい傾向です。

火星、鈴星、巨門星に天空星、地劫星が絡むパターンがまず一つ、貪狼星や七殺星（同宮はしない）、廉貞星や武曲星の場合において、他に条件が悪い星が集まる場合、やや桃花（色事）にのめり込む、貧しさを経験する。一度人生の選択を誤ると、なかなかその中から這い上がることができにくくなります。

七殺星が命宮または身宮があまりかんばしくなく、夫妻宮も悪い女性は、人生そのものは無論ですが、よろしくない夫を選択しやすいので、衝動婚は避けるべきです。

男女の骨髄賦《ぶ》について

これらの解説は、『紫微斗数全書』からの抜粋ですが、かなり断定的で、現在の社会事情を考慮した場合、かなり文章化できない部分もかなり散見したので、私の独断において割愛したり、私なりに文章を変えたところがあります。ご了承ください。

故鮑黎明先生が、自著の中で、下手をすると、紫微斗数は、一鍼《はり》刺せば血が出ると批判されでいると警告されておりました。我々術者は心しなければならないと感じます。

本書のコンセプトは、星、活盤（動盤、六度空間）飛星を総合的に判断をしてまいります。

前著にあまり触れなかった部分をご説明いたします。そのコアになるところは、台湾で最初に紫微斗数の手ほどきを受けた、故潘子漁先生の内容が中心となっており、活盤（動盤、六度空間）においては、前著において、活盤秘伝として書いているので、本書では割愛し、各宮に入る星、飛燕瓊林《ひえんけいりん》といわれる飛星を中心に解説してまいります。

他の宮についても、既存の紫微斗数の解説ではなく、やや斬新なスタイルを公開いたします。

命宮に入る星

命宮に天空星が入り、身宮に地劫星が入る、あるいは、命宮に地劫星が入り、身宮に天空星が入る人は、一生多くの事柄に手を出したり、学んだりしがちですが、成果を出すのは難しいでしょう。

天空星や地劫星が命宮に入ったり、対宮に入ったりする場合、一生何となく一つのことに集中できず、瓢蕩《ひょうとう》、つまり定まらず、心に思うことを遂げるのは難しいでしょう。

命宮に陀羅星が入り、福徳宮に擎羊星入る、あるいは、（身宮に擎羊星もやや同論です）大きな失敗すると、生涯の傷になったり、心の禍根になりがちです。

命宮や身宮に廉貞星と生年化禄星がある場合、大限や流年にこの宮に巡ると、意外に異性縁が起きるのです。大限より流年にこの現象が理論上起きやすくなります。

飛燕瓊林《ひえんけいりん》四化

命宮に化禄星あるいは化科星、化権星のいずれかが入る人は、読書に親しむのは、人生において結果的に悪くありません。しかし皆同様ではありません。

例えば、命宮が四墓（丑未辰戌）で化忌星が入ると、化忌星は水の星ですから、やや弱るといわれています。つまり作用の強弱に違いが出るということです。故鮑黎明先生が、水二局の人は化忌星が軽減するといっていましたが、宮の十二支との関連も含めて今後の研究課題です。

四正の地（子午酉卯）に化禄星が入る人は、時として立場や名誉はあっても、財的には苦しい人が見られます。

化禄星のよい条件として、禄存星と関連します。例えば、命宮が寅で、亥に禄存星が入るような暗合です。逆もまたしかりです。他の条件も加味しますが、多くの土地や財を所有します。

命宮に化禄星入り、選移宮に化科星が入る場合、割合、長命な人多いです。

夫妻宮の対面は官禄宮です。仕事に微妙に関係します。命宮の化忌星が夫妻宮に入る人は、お金儲けや通常のお勤めには不向きです。何かに一業専念するか、技術職の方がどちらかというと己を救います。

命宮が自化忌星の場合、表面上はわかりにくいですが、意外に内向的で、時として、他の人に理解されにくくなりがちですが、自己否定したり、持たなくてよいコンプレックスを所有したり、物事に固執したりします。感情も内面は重いのです。また多くの挫折を味わう人も見られます。最も嫌うのは、太陽星が命宮で、宮干が甲の場合です。自化忌星となり、身内縁が薄くなりやすく、父親と縁が薄いです。女性ですと男性運の問題、やや男性もこの傾向はあるかもしれません。恋愛で傷つく、眼の病気、不眠症、若い時期の苦労かのいずれかです。

命宮からの化禄星が田宅宮に入る場合、割合父親や母親を嫌いにはなりません。ただし、他の星の条件も参照してください。

命宮が化忌星や自化忌星の人は、一生苦労多く、特に30歳前はなかなか思うようになりません。先に苦労を経験し、後に楽になる傾向ですが、身宮や星の条件は考慮するのはもちろんです。軽重条件に違いが出てきます。一業専念や技術職、とにかくあまり冒険はしないことです。

命宮化禄星が福徳宮に入る人は、精神的安定か、発奮する気力が出やすいです。ただしそこが自化忌星か通常の化忌星が存在する時には、かえって化忌星の悪さを増幅してしまいます。不思議な傾向があり、配偶者選びは注意です。後悔のないように選択してください。

命宮に化忌星があり、他の条件がかんばしくない場合、事を仕損じて後悔したり、恨みにいつまでもなったりしがちです。命宮に化権星があると、周囲を掌握したりしがちです。また性格がきつくなる人も見られます。

命宮からの化忌星が官禄宮に入る場合、責任感がある場合、他の人の責任をかぶったり、職場で責任を押し付けられたりしやすいです。かなり努力しても小さな成果は得られても大きな成果はなや難しいかもしれません。

他の宮位についての考え方

紫微斗数において、極端なことをいうと、自分自身や鑑定依頼者の方が何を主体にしているかで決まります。関心の強い重要宮には、吉の条件が入り、あまり関心の弱い宮には凶星が入る方がよいでしょう。極論ですが、紫微斗数は、四柱法と違い、全星が均等に入ります。

では他の宮位を順次解説してまいります。飛燕瓊林《ひえんけいりん》については、私の独断と偏見で重要と思われる宮位を解説してまいります。

兄弟宮

確度の高い占技を抜粋します。

武曲星、七殺星は、卯と酉で同宮します。化権星が付く場合、非常に才能がある兄弟がいます。ただし、兄弟姉妹の中にあまりよくない亡くなり方をする者が出る可能性があります。

兄弟宮に天魁星、天鉞星が入る場合、兄弟姉妹の中に大変成功をつかむ者がいるでしょう。

他の条件も考慮すべきです。

兄弟宮に紫微星と擎羊星あると、一時的に成功する場合もあります。残念ですが、永続性は少なく、場合によっては訴訟などに巻き込まれる兄弟姉妹もいるでしょう。

兄弟宮に武曲星と擎羊星ある場合、兄弟姉妹自体が財が動乱か、財的に争うことがあります。

兄弟宮に天機星が入り、条件もよいと、兄弟姉妹の中に一業において優れた人がいるでしょう。どちらかというと、理系が多いです。天機星には機械や乗り物、手先という意味があります。

兄弟宮に天梁星が入り、条件がよいと、例えば、医学界、政界、その他においても、それなりのトップになる傾向があり、若干自分も助けがありますが、決して自分がそうなるわけではありません。

兄弟宮に左補星、右弼星あると、互いに情義があるでしょう。他の条件も考慮すべきです。

兄弟宮に七殺星が入る場合、兄弟姉妹の感情は激しくなり、関係が起伏があり、冷淡だったり、熱くなったり定まりません。

納音（なっちん）について

干支はありますが、納音は二個一組です。創始者は鬼谷子《きこくし》だといわれています。例えば、兄弟宮干と命宮干が同一の場合、命宮が甲子で、兄弟宮が乙丑の時には、海中金となります。これも一角度の相性といえます。

飛燕瓊林《ひえんけいりん》

兄弟宮は財帛宮から見た田宅宮です。やや蓄財能力が投影されます。化禄星が入ると、何となく普段用いる金銭には困らない傾向があるでしょう。

兄弟宮に化科星が入ると、頭のよい兄弟姉妹の存在も見られます。ただし自分が頭脳明晰とは限りません。

兄弟宮に化忌星が入る場合、兄弟姉妹と意見上の隔たりが大きいです。金銭の貸し借りはやめた方が懸命です。

兄弟宮が、自化禄星、自化権星、自化科星は、相互の助けも期待できますが、もちろん他の条件も考慮すべきです。

兄弟宮干化権星あるいは化禄星あるいは化科星が、命宮、財帛宮、官禄宮に入る時には、兄弟からの金銭的助けやあるいは仕事上の他の助力も期待できるでしょう。

兄弟宮から飛星させた四化星の中で化禄星は、飛星させた宮位に化忌星（生年化忌星、自化忌星）が存在すると、かえって化忌星の悪さを増幅してしまいがちとなります。

兄弟宮干化忌星が夫妻宮に入ると、兄弟姉妹はあなたの精神的に煩悶を起こし、精神を煩わせる原因となりやすくなります。

兄弟宮化忌星が父母宮に入ると、兄弟姉妹の中に親不孝、父母を心配させる。父母や兄弟姉妹の中に早く亡くなる人も見られます。

兄弟宮化忌星が命宮、あるいは財帛宮あるいは官禄宮に入ると、絶対に金銭的貸し借りはしてはなりません。まず貸した場合、返済はないか、滞るでしょう。連帯保証などもってのほかです。

兄弟宮化忌星が夫妻宮に入ると、配偶者はあなたの兄弟姉妹と疎通になりやすいです。また時として仲が悪くなる人も見られます。

兄弟宮化忌星が子女宮に入ると、あなたの兄弟姉妹と往来が少なくなるか、親密にはなりません。

兄弟宮化忌星が疾厄宮に入ると、兄弟姉妹の中の誰かと同じような体質や疾患を持ちやすい傾向があります。

兄弟宮の化忌星が奴僕宮に入ると、各自は各自の友人関係で、自分自身とは往来が少なくなり、心からの友人を持ちにくいです。

兄弟宮化忌星が田宅宮に入ると、兄弟や姉妹と同じ業種になりづらく、またその方が安全です。条件が悪い場合、虎視眈々《こしたんたん》とあなたを狙う者もいるでしょう。また財産の争いに注意です。

兄弟宮化忌星が命宮に入ると、最低限度の付き合いにして、あまり関わりを持たない方が懸命です。

女命で、兄弟宮化忌星が夫妻宮に入ると、結婚後、かえって自分自身の身内兄弟姉妹より、相手側の両親や兄弟姉妹との関係がよい場合が見られます。不思議な現象です。これはいまだに研究中です。逆にあなたの身内が相手側に迷惑をかける場面もあるようです。

夫妻宮について

紫微斗数が成立して、かなりの年月が経過しています。聞くところによると、フランスなどでは婚姻しないで、子供さんを持つカップルも多いそうです。やはり現代における紫微斗数や他の東洋占術もそのあたりを再考しなければならない時期に来ていると思います。

本書ではなかなかそこまで現代風にできるかどうか不明ですが、とにかく書いてまいりましょう。

夫妻宮の星

夫妻宮で、酉の天機星と巨門星は、結婚において波乱やごたごたが起きやすい傾向があり、さらに同宮する星の条件が悪い場合、女命には不利となりがちです。二度離婚し、三回婚姻する人も見られます。再婚するたびに災いは軽減するでしょう。

これは夫妻宮ではなく、命宮です。丑と未で天同星と巨門星の人は、生涯結婚生活に満足が得られない方が多いのです。蜂に刺されたり、蝶のように楽しくなったりします。丑の方が、太陽星と太陰星の関係でやや有利です。

夫妻宮に殺星、擎羊星、陀羅星、火星、鈴星が入ると、なかなか和睦しづらく、かといって離れない夫婦も見られます。

夫婦宮が、寅申巳亥の四馬の地の人は、もちろん入る星にもよりますが、何となく落ち着かない雰囲気を醸し出します。

夫妻宮に天馬星入ると、一回目の結婚は飛んでしまうかもしれません。同宮する星も参照してください。

夫妻宮に七殺星入り条件も他に悪い場合、配偶者は精神的にアップダウンのある、やや精神的に不安定な時が見られます。

夫妻宮に天姚星入ると、一見、落ち着いた情愛の雰囲気を持っているのですが、しかしなかなか外ではおさかんな人も見られます。

夫妻宮に巨門星、天梁星、天機星が入る人は、目上の夫を持つ人が見られます。また、その方が上手くいきやすいでしょう。

夫妻宮に巨門星が入る場合、たとえ結婚していても、一人の異性を心の中に秘めている人が時として見られます。また恋愛は片思いです。

夫妻宮に、廉貞星が入る場合、例えば甲年生まれは、異性との出逢いが多い傾向で、しかしこのタイプの人はあまり思い悩むことは少なく、丙年生まれは、やはり出逢いが多い傾向で、このタイプの人は思い悩む方が見られます。

夫妻宮が廉貞星と破軍星、廉貞星と七殺星、廉貞星と貪狼星の場合、条件にもよりますが、女性は肉体上の不満足、精神的に圧迫されたりしがちでしょう。

夫妻宮に天刑星が入る場合、他の同宮する星がかなり悪い条件の人は、妻に先立たれたり、酷い場合は、自殺に注意です。このようなことは相手に言うべきかどうかよくよく考えて伝えるべきです。

夫妻宮に天機星と太陰星で、文昌星加わると、結婚における福分も厚い傾向です。化忌星が付いたり、他の条件も考慮すべきです。

亥の夫妻宮で天同星の場合、福分あるのですが、何となく不満足な感じとなりやすいのです。化忌星が付くと夫を剋し、再婚となりやすいでしょう。

男命で夫妻宮が太陽星の場合、終身安定を得られない傾向です。特に申から丑までの太陽星はやや力不足で、化忌星が付いたりすると、大きく福分減退します。

大限二宮逆、つまり、活盤夫妻宮に天刑星が入る人は、ごたごたやトラブル、配偶者に対して冷たい態度取りやすいから注意が必要です。

夫妻宮が貪狼星で、配偶者の命宮が貪狼星、または配偶者の対宮が貪狼星は一種のよい相性です。逆もしかりです。

男命夫妻宮の星が南斗星の場合、配偶者の夫妻宮の星は北斗星の方がよく、また年干支は陽女がよいでしょう。

女命夫妻宮の星が南斗星の場合、配偶者の夫妻宮の星は北斗星の方がよく、また年干支は陰男がよいでしょう。

梅花《ばいか》

これは晩年に再婚しやすいとされる条件です（すべて旧暦一月です）。

子年の旧暦一月

卯年の旧暦三月

午年の旧暦七月

酉年の旧暦九月

丑年の旧歴二月

辰年の旧暦四月

未年の旧暦八月

戌年の旧暦十一月

寅年の旧暦三月

巳年の旧暦五月

申年の旧暦八月

亥年の旧暦十二月

女命で夫妻宮に殺星、子女宮に殺星は、必ず夫を亡くしたり、子供に先にいかれたりしがちです。『紫微斗数全書』に「涙流不乾」、つまり涙が流れて止まらないという意味です。今は医学も発達しており、急病や突発的事故なら別ですが、常識的に判断願います。ただしその傾向は出やすいということです。

夫妻宮や命宮において、武曲星と擎羊星に同宮、あるいは貪狼星と擎羊星に同宮は、男性は妻を剋し、妻は夫を剋します。

武曲星と火星に同宮する人も波乱含みです。

条件にもよりますが。夫妻宮に火星が入る場合、何となく波乱含みとなり、場合によっては、年をとっても一緒に居られるとは限りません。

巨門星に擎羊星あるいは陀羅星に同宮は、配偶者を剋します。女性の中には身を落としてしまう者も時々見られ、または配偶者が変わりやすくなりがちでしょう。

夫妻宮納音について

夫妻宮宮干戊子あるいは己丑の人は、夫妻は一見穏やかに見えますが、結婚においても、恋愛においても、衝動的に結論を出しがちです。星の条件が悪い場合、突然離婚しがちです。その原因は互いに観察不足がその元になるのです。

子女宮について

この宮位はかなり一考を必要とすると思われます。我が国は現在少子化といわれています。お子さんが一人という方が、私の周囲にもちらほら見受けられます。

さて紫微斗数成立した中世期とかなり社会事情が異なりますので、そのまま考察するのはいかがかと思います。

私は現在では、子供の数を云々とかの鑑定はなるべく控えるようにしています。星の陰陽で、男女を分けるとか、ある流派は、宮位をずらして第二子とか見る技法が、さまざまな書籍や、さまざまな先生方が提唱発表されていますが、拙い鑑定データですが、あまり確度高い結果得られませんでした。

星を使うならば、第一感のざっくりとした判断程度にした方が得策なような気がします。

本書は飛星派ですから、私の独断と勝手な選択により、関連性と必要と思われる、飛燕瓊林《ひえんけいりん》（四化飛星）を解説いたします。

子女宮飛燕瓊林《ひえんけいりん》

子女宮化禄星が入る場合、子女の中に才能発揮し、聡明な者がいます。仕事においても力強く独自に切り開き、新規事業を立ち上げることもあるでしょう。これのみで断定するより、子供の命盤を参照すべきです。

子女宮化権星が入る場合、子女は頑固な性格のもの多く、服従を嫌う傾向です。自己の主観も強いです。中には立場を手に入れようとする者も見られます。

子女宮化科星が入る場合、子女は頭がよい傾向です。冷静ですが、やや情が通わないように感じるかもしれません。

子女宮化忌星が入る場合、子女は何か先天的に身体弱い場合が見られるか、養育しにくい時も見られます。子女の情緒面、健康面は十分注意が必要です。

子女宮が自化忌星の場合、変な言い方ですが、少し変わった性癖ある方がたまにいます。

子女宮の化忌星が疾厄宮に入る場合、この方の子供は孝行でないことが多いです。

子女宮の化忌星が父母宮に入る場合、あるいは夫妻宮に入る時には、子供は養育しにくい傾向です。子女宮の化禄星が夫妻宮に入る場合、化禄星はやや桃花、つまり色事という意味がありますから、各自異性に走る場合が見られます。これは女性の方が多く、男性はやや少ないです。夫妻は同床異夢、つまり同じ家にいながら、全く噛み合わないことを考えてるという意味です。

子女宮の化忌星が遷移宮に入る場合、子女は早く独立させて、なるべく自立したら自分のそばに置かない方が得策です。

財帛宮について

この宮については、世の中を渡る上で、どうしても避けては通れない考察をしていかなければならない重要な宮位となるでしょう。

本書では、確度の高いと思われる星、またあまりにも煩雑になるので活盤（六度空間）を再度重要な部分を解説を試みたいと思います。

財帛宮の星

財帛宮に武曲星が入る場合、遅かれ早かれ、発財の可能性高くなります。ただし天空星、地劫星に同宮は必ず破産を経験します。自化忌星や生年化忌星も同様です。

財帛宮に天空星、地劫星が入る場合、花銭（ファーチェン）といって散財しがちで、手元に残りにくいです。

条件にもよりますが、財帛宮に天妖星が入る場合、賭け事や色事、他の遊びに金銭を浪費しがちです。

財帛宮が、武曲星と貪狼星の人は、極端に条件が悪くない限り、若い時期に苦労を経験すると、中年期から安定しやすく、若い時期に安楽な環境ですと、後に苦労しがちです。これを武貪星格と呼んでいます。

財帛宮が輝く太陽星、輝く太陰星、あるいは甲級主星と左補星、右弼星、あるいは甲級主星と文昌星、文曲星、あるいは甲級主星と天魁星、天鉞星が入る場合、発財しやすいといわれています。

財帛宮天機星と天梁星の人は、研究職などに適しています。また、手先の器用な方が見られるので、技術職も悪くないでしょう。命宮などの条件がよいと晩年はかなり財的にかなり安定基調になるものです。

財帛宮が紫微星で、または紫微星と他の甲級主星が組み合わさり、さらによい条件ですと、公的機関では給料のよい立場を得られやすくなります。命宮も参照すべきです。

財帛宮の星が武曲星、貪狼星、七殺星、破軍星で条件がよい場合には、40歳前後に儲けのチャンスが来る可能性が高くなります。しかし惜しむらくは、財を守れることはないでしょう。

財帛宮の干が壬の者は、財を表す武曲星に化忌星が飛星しますから、宮にもよりますが、財を損じやすくなるので、何か一業専念するか、特殊技能を身につける方が安全です。

財帛宮が生年化忌星の場合、儲けるチャンスが全然ないわけではありません。ただし財を保守できにくいでしょう。

財帛宮が四馬（寅申巳亥）の場合、財は落ち着かず、出たり入ったりしがちです。自営業者の方は、収入の乱高下が激しい傾向です。

財帛宮が四正の地（子午酉卯）に入る場合、儲けたり、そうでもなかったりさまざまです。

財帛宮が四庫の地（丑未戌辰）に入る場合、現実的な方が多いです。また、現金主義の傾向です。

財帛宮が太陽星、太陰星が絡み、火星、鈴星、化忌星、天空星、地劫星が同宮や対宮に入る人は、不吉な感じです。財の管理や運用は注意を払うべきです。

補足

財帛宮に化禄星、化権星、化科星は一応吉の定義です。どの星と同宮するか、どこの地支に入るかで変化します。

例えば、子の太陽星で、何の四化星が付くかでもちろん変化します。本当の富者とは、目下や周囲から搾取するだけの人ではありません。自分も周囲も共に喜び、社会に貢献する人のことです。根底に仁を帯び、慈悲を持つ人は、三代の福を持ちます。仁もなく、無慈悲で、人から搾取するのみの者は、三代まで禍根を残します。これは潘子漁先生の言葉です。

疾厄宮について

疾厄宮の星

擎羊星が入る場合、致命傷にならなくとも、人生の中で、一度はメスが入りやすいです。

陀羅星が入る場合、慢性的な病気に悩まされやすく、なかなか治癒しづらい病いにかかりやすくなる傾向です。

条件が悪い文昌星、文曲星は、精神的病に注意です。

貪狼星は腎虚となりやすく、あまりエネルギーを浪費すると、年を取ると衰えが早くなりがちです。また極端に条件が悪い場合、傷つけやすくなります。

女命で、紫微星と天相星で条件が悪い場合、癌に注意です。しかし定期的検診、睡眠、食事、ストレスの軽減で十分防げます。

太陰星が輝かず、殺星が同宮や対宮に入る人は、何となく線病質か肢体に傷を受けやすい傾向が出てきます。命宮もややその傾向です。

疾厄宮が四馬の地（寅申巳亥）は、ばたばたとして落ち着かず、疲労を招き入れ、病いを得ます。二病が多いです。

疾厄宮飛燕瓊林《ひえんけいりん》

疾厄宮は意外に化権星を嫌います。急な疾患、乗り物の災害や事故、もし武曲星に化権星でさらに条件が悪い場合、意外な災いにさいなまれやすく、他動的な問題も考えられます。

疾厄宮化忌星の人は、多く精神的に憂いを持ちやすく、環境や周囲の影響を受けやすく、特に女性はその傾向が見られます。付き合う人間には十分注意を要します。

疾厄宮が化忌星か、自化忌星の場合、人の災いに注意です。絶対に他人の保証人になってはなりません。すべて現金主義がよいでしょう。極端にいえば、手形、掛け売りなども避けた方が安全です。売買もすべて現金です。

疾厄宮が自化忌星は、健康に関しては差違が見られます。過ごし方の問題です。ストレス、食事、睡眠に十分留意して自己を守れれば、災いは軽く済むのです。

疾厄宮の化忌星が財帛宮に入る人は、金銭を得るのに大変な辛苦を伴う方が多いです。自己の勤労と収入が合わないのです。（働きに対して）所得報酬が少ないです。くれぐれも、ブラックな職場には行かないようにしてください。

疾厄宮化忌星が身宮に入る場合、晩年になると、床に臥せる人が多いです。

疾厄宮化忌星が父母宮に入る場合、父母との縁は薄くなりがちで、あるいは父母のもとを早く離れる人多い傾向です。また、時として父母のどちらかを早く亡くす人も見られます。また現在なら、遺伝的な問題でしょうが、自分自身が身体弱い場合もありえます。徹夜、酒、異性、暴食は避けるべきです。

選移宮について

これも重要な宮位です。外部での活動、人脈、対外的な顔、外での事故、急病（この二つは疾厄宮も参照します）。本書では、確度高い星の意味と特長を説明してまいります。

選移宮に入る星

天魁星や天鉞星が入り、他の条件がよいと、外部で貴人（扶助してくれる人）の助けを得られ、立場の構築や成功のきっかけをつかみます。それは職種を問いません。商人、学者など問わずです。

天空星や地劫星が入る場合、変な災い、人に金銭的損失をかけられる事態に遭いやすいので注意してください。

武曲星と貪狼星（丑未）で条件がよい場合、よく名が知られやすく、占術、経営、芸術さまざまです。

選移宮に火星、鈴星が入る場合、交通事故には注意です。また、チャンスを果敢につかもうとしますが、人のために奔走したり、条件が悪いと、害を被ったりしがちです。

選移宮が四馬（寅申巳亥）に入る場合、生地を早く離れるか、またその方が人生その後の伸びが出やすいです。さらに天馬星が入る人は、駅馬星動といって、かなり遠く、外国まで行く方がいます。

選移宮が、天機星と天梁星の場合、外向的な仕事、トラベル、医師、芸術家など悪くないです。条件がよい場合、広く世間に知られるでしょう。天機星には乗り物という意味が存在します。

選移宮に廉貞星と七殺星で、殺星が加わると、交通事故に注意です。大限や流年の条件が悪い場合、死亡することがあります。あるいは床（畳、ベッド）で死ねないことがあります。古典には、「路上に屍をさらす」と書いてあります。

選移宮に禄存星が入る人は、商売をしている人は儲けるチャンス可能性大です。

遷移宮飛燕瓊林《ひえんけいりん》

定義として、遷移宮に化権星、化禄星、化科星は、何の星に付くかで違いはありますが、一応、吉論です。外部において、このような人は、頑張れる可能性が高いのです。現実に対して行動力があり、またよい人の助けも得られやすいのです。

化忌星が入る場合、早く生地を離れた方が、運気を誘因可能です。親元も早く自立して離れた方がよいのです。ただし天機星に化忌星は、海外などで事故に遭遇しやすいので注意してください。

遷移宮に化禄星、化権星、化科星のどれか星が入り、命宮、財帛宮、または身宮に各三吉が入る場合、三奇照命といって、大限が五個目位、大抵四十代位になると、物事が成就するのです。

自化忌星の場合、老年期に孤独になりすいです。（特に大限が順回りの場合）夫婦も和合しづらく、出国の機会も多いですが、いつも辛苦が伴いがちです。大限の官禄宮に当たっても同様な現象に遭遇しやすいでしょう。この大限の仕事運は不利な傾向です。

選移の化忌星が官禄宮の人は、他からの予期せぬ災いには注意してしてください。

奴僕宮について

この宮位については少し再考の必要があるかもしれません。

友人や知人との吉凶を主として論じる場合が多いようですが、私が紫微斗数の手ほどきを受けた潘子漁先生や他の方の意見、台湾の術友と話していても、少しニュアンスが違います。

字の如く、奴僕ですと、聞こえが悪いですが、部下運や生徒さんなどを見る方が的確性がある気がします。

その相関関係をまとめてみます。

兄弟宮

兄弟姉妹はもちろんですが、同僚、ライバル、同級生などを考察可能な宮位です。

遷移宮

外で出会う人々全般を見ます。人脈が広がるかどうかなどは全部遷移宮の考察範疇に入ると思われます。

友人など見る場合のこつは、どの宮位に関連した出会いなのか、類推しながら鑑定していくのです。

奴僕宮に入る星

奴僕宮に意外に悪い組み合わせがあります。

文昌星、または文曲星、擎羊星、禄存星、化禄星が絡む場合、人生辛苦（労碌命と呼びます）多く、命宮その他の条件が悪いと、長生きできず、夭寿ともいいます。また大限や流年で巡ると、立場の失墜に注意です。

武曲星と貪狼星あるいは武曲星と七殺星で条件が悪いと、異性の部下などと情愛（桃花）すると、必ずゴタゴタを経験します。これは、通常の紫微斗数の範疇ではなく、一葉知秋術の考察です。

奴僕宮飛燕瓊林《ひえんけいりん》

奴僕宮に生年化忌星が入っている場合、配偶者の身体はあまり健康ではない傾向です。夫妻宮もよく考察すべきです。

子女の財運は不順です。

兄弟は外部であまり活躍しにくいです。

父母の仕事は務めは別ですが、事業家はあまり利益を出せません。

人間関係において金銭の貸し借りは避けた方が無難です。

奴僕宮化忌星が財帛宮に入る場合、金銭的損失を被りやすいので、人間関係には要注意です。

奴僕宮化忌星が官禄宮に入る場合、ここぞという場面において周囲の邪魔が入ったり、会社が傾いたりしやすいでしょう。

奴僕宮化忌星が兄弟宮に入る場合、兄弟、知人、友人などと共同事業は避けるべきです。また、それらの人々と助け合いにくくなります。金銭的貸し借りはもってのほかです。

奴僕宮化忌星が福徳宮に入る場合、婚姻は波乱ぶくみです。離婚も考えられます。それらの多くは、双方の実家や身内が原因になること多いかもしれません。

奴僕宮化忌星が父母宮に入る場合、公的機関や組織の巨大な所はなるべく避けた方がよいです。

官禄宮について

官禄宮に入る星

天空星や地劫星が入る場合、自己の願いと結果は違うこととなりやすいか、損失、給金の満足しない会社などに入社しやすいです。また公的資格を取得しても、なかなか独立すると、厳しい現実に直面しやすいです。多くの打算を描くと壊れてしまいがちでしょう。

条件が悪く、左輔星や右弼星が入ると、人の責任の後始末などを深く考えずに物事を引き受けると苦労を背負ってしまいがちです。

官禄宮に火星あるいは鈴星が入る場合、仕事はよい時と、そうでない時期の差が激しく、なかなか安定を得られません。同宮する星により差異が出ます。

官禄宮に天府星が入る場合、働きに対する能力も高いですが、やや保守的で、大きな変革を断行するには、時として躊躇しがちで、チャンスを逃す方も見られます。

官禄宮に廉貞星が入る人は、職種を問わず、自分の影響範囲を広げようとしたり、立場を得ようとしたりしがちです。

官禄宮の対面、つまり夫妻宮に巨門星が入る場合、仕事や事業はゴタゴタが多くなりがちでしょう。

官禄宮に紫微星、天相星、天同星、天梁星が入る人は、それなりの立場を得やすいです。紫微星や天梁星は軍関係（我が国では自衛隊）、警察においても幹部に、条件がよいとなれるでしょう。天相星、天同星は公務員など悪くないです。

官禄宮に紫微星に殺星、あるいは太陽星に殺星の人は、収入も多い傾向ですが、出入りは激しい傾向です。

官禄宮に天機星と天梁星の組み合わせの場合、さらに擎羊星、陀羅星、天空星、地劫星が絡む人は、宗教や神秘思想が好きになる方が多いです。

官禄宮飛燕瓊林《ひえんけいりん》

官禄宮化科星の場合、よく学び、またそれをよく活用します。仕事も安定する傾向です。自化科星もそれに準じます。

官禄宮化忌星の場合、儲けようと思い起業しても潰す可能性があります。殺星が加わると、子女がいる場合、育てにくいか、夭寿の可能性も若干あります。あるいは怪我や事故に注意です。他の条件も加味すべきです。

官禄宮化禄星の場合、事業は基本的に順調です。(他の星も考慮しますが)財源も豊富な傾向です。さらに自化禄星の人は、生涯金銭的に欠けることは少ないでしょう。

官禄宮が化権星の人は、勤め人に特に顕著ですが、自分の影響範囲を確保したがり、立場を欲します。条件がよいと、仕事も順調気味で、金銭的恩恵も受けるでしょう。

官禄宮にたとえ化忌星がなくとも、流年が甲で、官禄宮に太陽星がある場合、仕事は不順になりがちです。

官禄宮に吉の条件が多く、さらに化禄星、化権星、化科星が入る場合、自立心が強く、よく独りで物事に対して孤軍奮闘します。創業しても倒れる可能性はまずないでしょう。自営業の人は財帛宮も参照すべきです。

官禄宮の化禄星がそれぞれの宮に入った場合

命宮　才能高く、専門知識も豊富で、人縁もあり、独りで頑張る傾向です。

兄弟宮　兄弟姉妹と合同事業やあるいは扶助も期待できます。星の条件も考慮すべきです。

夫妻宮　配偶者の協力を得られやすいでしょう。

子女宮　これは子供があなたの仕事を手伝う時のみ考察すべきです。子女があなたの事業に対して協力的です。

財帛宮　儲けることが可能です。命宮も参照してください。

疾厄宮　仕事が本人にとって負担になったり、体を壊したり、新規のことになかなか手を出しにくくなりがちです。なぜ化禄星がこうなるかは私も理解できかねます。一葉知秋術での判断です。研究課題です。

遷移宮　外部的に発展しやすく、貿易も悪くありません。

奴僕宮　部下などの協力を得られやすく、星の条件にもよりますが、それがきっかけとなり、成功したり、財を誘引したりします。

官禄宮 これは自化禄星となり、チャンスも他の人より多く到来しやすく、人の助けも多いでしょう。

田宅宮 星の条件にもよりますが、よい不動産を入手しやすく、なかには不動産で儲ける人も見られます。

福徳宮 仕事に対する精神的積極性もあるでしょう。もちろん命宮、身宮も参考にしてください。

父母宮 仕事に対して協力を得られやすいか、物理的援助も期待できます。

官禄宮の化権星がそれぞれの宮に入った場合

命宮 独りで能力を発揮しようと努力します。また早く自己の立場を築くことが大切になります。

兄弟宮 特に事業をしている場合の人には、助けも多いですが、人にももちろんよりますが、干渉や圧迫を経験するかもしれないです。

夫妻宮 配偶者はあなたの事業の善き理解者または多く的確なアドバイス

も得られやすいのです。もちろん相性も大切です。

子女宮 もちろんお子さんの命盤の吉凶は強く作用しますが、基本的にはよき信頼可能な助けになるでしょう。

財帛宮 儲けるチャンスを得られやすくなります。

疾厄宮 仕事があなたの健康に及ぼす影響は強く、くれぐれもオーバーワークには注意です。

遷移宮 営業や外部的に商売など発展しやすくなります。

奴僕宮 部下などの力を得られやすく、勤労などにおいてもよき能力を発揮してくれる部下を持ちます。ただし寝首を掻く部下などには、くれぐれも注意です。

官禄宮 自化権星です。自己はあまり他の人に任せにくく、孤軍奮闘しがちです。時に全権を自分で処理しようとしがちです。

田宅宮 不動産投資が可能です。条件がよい場合、複数の不動産を所有します。

福徳宮 事業は発展しやすいですが、気持ちに余裕が少なく、苦労も伴い

父母宮　父母の助けは得られやすいですが、父母が干渉したり、自己が父母の助言に耳を貸さなかったりしがちです。

官禄宮の化科星が各宮に入った場合

命宮　よく学び、それが結果としてそれぞれの立場を得るきっかけとなるでしょう。

兄弟宮　兄弟姉妹が、あなたの仕事の助けや協力者となります。

夫妻宮　配偶者はあなたの仕事を全力で応援してくれるでしょう。他の星の条件も考慮すべきです。

子女宮　子女は割合あなたの仕事に協力的です。他の星の条件も考慮すべきです。

財帛宮　儲けるチャンスが割合多くあります。星の条件もよく観察して両条件を見て結論を導き出してください。

疾厄宮　化科星はこの宮位は潘子漁先生はよい判断をしていません。多く仕事は挫折しやすいといってます。病気は化科星は良医と判断しています。

遷移宮　星の条件がよい場合、貿易、対外的に財源も豊富で、人脈が広がります。もちろん財帛宮も参照すべきです。

奴僕宮　よい部下からの協力も得られやすいです。

田宅宮　不動産や土地の売買で財を取得しやすいです。財帛宮も参照すべきです。

福徳宮　事業や仕事は精神的に充実感を持ちやすく、それが物事をスムーズにいかせます。

父母宮　父母は精神的にあなたの仕事を支持しやすく、また応援します。

田宅宮について

本書では少し切り口を変えて解説してまいります。飛星派ならではの四化飛星の活用と活盤（動盤、六度空間）を説明しますが、私の独断と偏りにより比較的確度の高いと思われるテクニックに絞ります。

流年活盤の財帛宮からの化忌星が、やはり流年田宅宮の対面に入る場合、この年は不動産の購入には不向きです。

流年財帛宮化科星がもともとの流年田宅宮に入る年は、この年は家屋、不動産を購入しやすいです。

流年財帛宮化禄星が、流年田宅宮に入る場合、この年は不動産、家屋を購入しやすいです。

大限田宅宮化禄星が大限命宮に入るか、あるいはもともとの田宅宮に入る場合、不動産を購入して、将来よい条件で転売可能か（この大限中）あるいは投資目的も悪くないでしょう。

もともとの田宅宮化禄星が大限そのものに入る場合、割合不動産を購入しやすいです。

大限疾厄宮化忌星がもともとの田宅宮に入る場合、親からの不動産を相続しても、いずれ無くすはめになるか、相続問題でごたごたしやすいです。

大限疾厄宮化忌星が、もともとの子女宮に入り、もともとの田宅宮を対面として冲した場合、まず不動産を購入しないでしょう。

もともとの田宅宮化忌星がもともとの遷移宮に入るか、もともとの子女宮に入る人は、一生涯、不動産を購入しないか、よくない不動産を購入してしまうか、購入して後に身の丈に合わないローンなどに苦しみます。

財帛宮化忌星が命宮に入ると、金銭的理由により手放さなければならない方も見られます。

田宅宮化忌星が財帛宮に入る場合、購入しても借財が多くなりがちです。

田宅宮が自化忌星（宮干）の場合、一回目に購入した物件は、あまりよい場所ではないことが多いです。三十代前半までに得る不動産は、自己の名義にしない方が得策です。

田宅宮化忌星が子女宮（水命忌）金銭的に蓄積するのが苦手で、花銭、つまり無駄遣い多く、なかなか購入資金を用意できない人が多いです。

生年化忌星が田宅宮にある人は、その場所があまり良好でなくても、不思議と移動しない方が見られます。ケチケチと爪に灯をともすような生活をして、不動産を購入する人もいます。

命宮あるいは財帛宮化忌星が、子女宮あるいは田宅宮に入る場合、購入する時に、資金不足を招きやすいです。

命宮あるいは財帛宮化禄星が、子女宮あるいは田宅宮に入る場合、購入する時に、資金は割合潤沢な傾向です。

家屋修繕、リフォームなど

本来は、家のリフォームをテーマに考察してみる時、風水や方角など気にする方が多いですが、私は風水や方角などは、あまり技法として活用しません。大抵、断易、六壬神課、六甲霊占、諸葛神数などでその吉凶善悪を見ています。

本書のテーマである、紫微斗数の命盤を活用した方法を本書では解説してまいります。

田宅宮化忌星が自化忌星の場合、その建物は頻繁に手を入れなくてはならないようになりがちです。

田宅宮化禄星が財帛宮あるいは福徳宮に入る場合、リフォームや手直しを頻繁にやるか、またそのようなことが好きな方も見られます。田宅宮化忌星が命宮に入る場合は、そうしなければならない事情が起きてくるのです。

夫妻宮は福徳宮から見た財帛宮となります。夫妻宮化忌星が財帛宮に入る場合、部屋や家屋を無計画に改造し、そのために金銭的釣り合いが取りにくくなりがちです。

部屋の中の雰囲気は、田宅宮の福徳宮は奴僕宮となります。四つのパターンが存在します。

①奴僕宮化禄星が子女宮に入る場合、室内環境や雰囲気は、比較的良好です。
②奴僕宮化権星が子女宮に入る場合、室内環境や雰囲気は、やや見栄をはり豪華に見せる人もいます。
③奴僕宮化科星が子女宮に入る場合、室内環境や雰囲気は、割合清楚で質素ですが、品位があり落ち着いています。
④奴僕宮化忌星が子女宮に入る場合、室内環境や雰囲気は、あまり感じよくないか、センスが薄いか、よいものは少ないです。

大限田宅宮の化忌星が、もともとの遷移宮に入り、命宮の対面に入る時期は、家屋の手入れをしなくてはならないように建物が傷むか、またそのような物件を購入しがちです。

陰宅、墓の飛燕瓊林《ひえんけいりん》

福徳宮化忌星が遷移宮に入る場合、その命盤の人は、風水上の問題がある家屋に住むか、悪い心霊上の土地に居住しやすいので、注意が必要です。

田宅宮雑論

田宅宮は、不動産、家の運（建物ではありません）、先祖からの影響、家庭背景など考察可能です。

家の運は、活盤において、田宅宮から見た官禄宮つまり疾厄宮を考察することで、ある程度推察可能です。

田宅宮化忌星が父母宮に入る人は、父母からあまりよい影響を受けません。

田宅宮化忌星が子女宮に入る人は、多くは、子女にあまりよい影響を与えません。

田宅宮化忌星が遷移宮に入る人は、多くは、家庭内に問題があり、秩序は保ちにくくなります。

田宅宮が自化忌星の場合、生活に追われたり、忙しく、家庭のしつけや秩序を保つのが疎かになりがちでしょう。

泥棒その他、家が荒らされる場合

巨門星が命宮、遷移宮、財帛宮、官禄宮にあり、田宅宮あるいは疾厄宮の干が丁の場合、巨門星に化忌星が付きます。このような条件の人は、泥棒、家が荒らさせる場合が比較的多くなりがちです。

田宅宮に巨門星があり、奴僕宮の干が丁の場合、このような条件の人は、泥棒、家が荒らさせる場合が比較的多くなりがちです。また会社などでは、使い込み、横領に注意してください。

疾厄宮に殺星が入り、左補星や右弼星が入る人は、泥棒、家が荒らさせる場合が比較的多くなりがちです。田宅宮や疾厄宮が左補星、右弼星、廉貞星、擎羊星に絡んでも同様な現象に遭遇しやすくなります。

その他の現象

遷移宮化忌星が父母宮に入る場合、小動物や変わった生き物を飼う方も見られます。

遷移宮化忌星が兄弟宮や奴僕宮に入る人は、小動物や変わった生き物を飼ってしまい、金銭的に浪費する傾向があります。

田宅宮化忌星が子女宮に入る場合、あまり家に居るのを好みません（これは田宅宮の水命忌です）。

遷移宮化忌星が子女宮に入る場合も、やはりあまり家に居るのを好みません。

田宅宮を中心とした土地が及ぼす怪異現象

本来の紫微斗数からやや逸脱した内容ですが、紫微斗数を創始したといわれる人々が皆道教を拝していたので、土地や人にまつわる怪異現象を論じてもあながちそれほど道を外れないだろうと考え、若干、解説しようと思います。

台湾などの書籍や資料に目を通すと、道教の神像（日本の仏像に当たります）は、もちろんのこと、仏教の神仏まで登場して、まさに百花繚乱です。私が一時帰依していた九天玄女神も、台北の小さな九天玄女宮など、九天玄女経はありますが、般若心経、観音経はあるわで、楽しい廟（寺）かぎりです。理屈はともかく、少し解説をしてみましょう。

なお、そのような怪異現象については、私は見える、聞こえる、感じる系の人間ではないので、あくまで経験したこと、鑑定において、断易、六壬神課、九星四盤掛けなど、その手の話を見聞きしたあくまで経験則を元に述べてみます。

まず個人が持っている因果です。よい影響、悪い影響は別として、誰しもあるでしょう。家柄ではありません。家系の問題です。よく巷では、江戸時代の先祖が云々で障った、つまり嫌な言葉ですと、祟りとかです。この影響はほとんどないか、百歩譲っても軽微なことです。せいぜい四代前までです。これは命宮を自己とすると、田宅宮がそれに当たります。父方、母方は星の陰陽、宮位を変える方法があるようですが、あまり役に立ちません。

とにかく宗派は別として、そこまでランダムに長い目で供養していくのです。これは徐々にそれなりの効果が不思議で出てきます。

土地に及ぼす怪異現象と星

田宅宮の他に、影響を及ぼす宮位として、もちろん命宮、疾厄宮、引っ越しとか、移動という意味合いから、遷移宮も若干考察対照となるでしょう。

一番その手の星としては、陰煞が挙げられます。等級は高くありませんが、なかなかあなどれません。後は天機星、巨門星、天空星あたりです。これらの星に条件が悪く入る場合、土地や家屋選びは注意が必要です。

宮位を考察していきます。特に以上の星に化忌星が絡むと、災いは強く出がちです。生年化忌星、自化忌星は私は同様に判断します。自化忌星はやや厄介です。なかなか気付きません。

化忌星が絡む怪異現象

①**疾厄宮**　多くは病気というかたちが多く、たちの悪い成仏してない霊体（かの地では鬼と表現）の障り。

②田宅宮 地縛霊が多いです。これは追ってこれませんから、移動すると多くは逃れます。ただしなかなか移動しにくいです。後は風水上の問題、特に墓地の近くには居住してはなりません。

③遷移宮 浮遊している霊体や妖怪に入られやすい傾向です。命宮もやや同様です。

※大限や流年で巡って来てもやや同様な現象に遭遇しやすくなります。

解厄法

本書では、道教的方法論は避けます。奇門遁甲の術遁つまり、法遁にそのような方法がありますが、またいずれの機会に一部書くこともあるでしょう。一般的な仏教的な台湾の資料から抜粋したり、私が見聞きした方法のみ解説します。

病気なら寿量品、般若心経、観音経、抜群に効果あるのは、鎮宅霊符の安宅経です。これは驚く効果です。

三門供養術、三門方位術とも呼ばれています。何ら解決策が見つからない場合、由来は不明ですが、特になかなか治癒しづらい病気の時に効果があるといわれています。以前、六壬神課の山下訓弘氏の書籍に書いてありましたか、実際の方法論は書いておられなかったです。この方法は、故人となられた田口真道先生は占術家という立場と、仏教家という両方の側面を持っておられたので、お話しの中で見聞きすることができました。少し面倒なやり方で、本書の趣旨とやや異なりますので、詳細は『六壬神課学入門』をご覧ください。

餓鬼や亡霊は地蔵経がよいです。私も地蔵菩薩を活用しています。かなりの効果を感じます。

火災を避けるには、暦の十二直（台湾では十二建神の日）の「おさむ」、「とず」の日に寺院や神社の火伏の札を張るか、飲食店など営む方は、三宝荒神様など祭るのもよいでしょう。

やたら食べてしまう場合、施餓鬼供養がよいでしょう。台湾では、拝好兄弟とも呼ばれています。

病気は薬師如来を奉ずるのもよいかもしれません。

福分を上げるには、金剛経と台湾ではいわれています。

紫微斗数をやる方は妙見菩薩を祭るとよいといわれています。

福徳宮について

福徳宮は、精神的な影響を見る宮位と、財帛宮の対面となりますから、少なからず財の取得には影響します。

福徳宮に入る星

福徳宮に擎羊星が入るのを嫌います。一生精神的に落ち着かず、心労も多いです。

福徳宮に天機星と天梁星で、条件がよい場合は、研究や医学などの分野で立場を得る人も見られます。天空星、地劫星、擎羊星、陀羅星が同宮する場合、宗教、哲学、霊学などに精神の安定を求めるのも悪くありません。

福徳宮に天同星と天梁星で、条件がよい場合、よい意味合いの異性縁があり、悪い条件の場合、異性により心が煩悶します。

福徳宮に廉貞星あるいはその組み合わせの場合、四殺星に同宮すると、つまらない連中に罪を着せられたり、仲間入りしたり、公的機関との争いには注意です。

福徳宮に天梁星と文昌星、文曲星に同宮すると、著作、演劇や芝居などに才を発揮する人も時として見られます。

福徳宮に天馬星が入る場合、金銭は条件がよいと入りますが、目の前を通過しがちです（巳亥申寅宮です）。

福徳宮に破軍星あるいは、その組み合わせですと、次の傾向が見られます。

①何事も即断即決を好みます。
②忙しさや喧騒感の中で吉を誘因します。ただし心は何となく空虚です。
③殺星が同宮する場合、憂い多く、一生成功することが少なく、破れることが多いです、安定した職業、安定したライフスタイルを目指すべきです。

福徳宮に天機星が入る場合、同宮する星にもよりますが、物質生活よりも、精神生活を重んじます。殺星に同宮すると、煩悶多くなり、また辛苦を経験し、晩年や中年期に心が空虚になりがちですから、時として、精神世界や人によっては、僧道に入る人も見られます。

福徳宮の七殺星は少し特徴があります。

①刺激を好みます。
②孤独な傾向です。
③女命は、夫婦生活は不安要素を持ちます。何度も結婚する人も見られ、一生落ち着かず、その原因として、愛したり、憎んだりが激しいからです。
④ボス的立場を好みます（老大）。

福徳宮飛燕瓊林《ひえんけいりん》

女命で福徳宮で嫌うのは、化忌星です。特に子午卯酉の化忌星です。同宮や対宮する星にももちろんよりますが、時には身を落とす方も見られます（財帛宮でもやや同様な現象が見ることがあります）。

命宮化忌星が福徳宮に入る場合、逆に福徳宮化忌星が命宮に入る人は、精神的に鬱になったり、悲観的な厭世感にさいなまれたりしがちです。

父母宮について

父母宮に入る星

父母宮に禄存星が入る場合、不思議と銀行や郵便局に財を持っている人がいます。ただし必ず陀羅星や擎羊星が命宮や福徳宮に入るので、何かとごたごたしがちです。

父母宮に七殺星が入る場合、両親のどちらかが、性格上きついか、波乱の親、または本人があまり親孝行でない傾向かのいずれかです。

父母宮に条件の悪い太陽星が入る場合、父親に運気がないか、早く亡くなる人もいます。もし母親が早く亡くなると、不思議と父親は晩年再婚しない場合、とても孤独な環境となりがちで、また父親は孤独な命盤です。

父母宮に太陰星入り、戌亥子の人は、母親を好む人多いです。

父母宮に殺星が入る場合、疾厄宮の対面ですから、父母のどちらかが病気がちか、早く亡くなる場合も考えられます。

父母宮に甲が入る場合、父親が変わる可能性が出てきます。

命盤上何宮を問わず、太陽星に化忌星、自化忌星の人は、次の状況が見られやすいです。

もちろん同宮する星も考察ですが、眼に注意です。また父親はあまり伸びがありません。

父母宮が巳丑亥の天機星で、殺星が加わる場合、養子や養女に行くか、または招く場合がありますが、その良し悪しは、同宮する星や飛星の条件により違いが見られます。

父母宮飛燕瓊林《ひえんけいりん》

父母宮化忌星が入る場合、相貌宮ともいわれています。顔に傷を作ったり、怪我を経験したりしがちです。また親の恩恵を受けにくいか、本人があまり親を好きになれないなど、何がしらの問題はあるでしょう。

命宮の化忌星が父母宮に入る場合、一緒にいる時には、何となく親がうっとうしく感じたりしますが、遠くに行ったり、特に外地に出たりすると、意外に親を想ったりしがちです。

財帛宮の化忌星が父母宮に入る場合、契約などには充分注意してください。また手形や掛け売りより現金主義に徹する方が己を守れます。

父母宮が自化忌星の場合、あるいは化忌星が遷移宮に入る人は、人の保証人になったり、やはり契約には注目すべきです。現金主義が安全です。

第三章

行運の見方

行運判断

行運《こううん》とは10年間の吉凶を主にする大限法《たいげんほう》、1年間の吉凶を主にする流年法《りゅうねんほう》、1か月の吉凶を主にする斗君法《とくんほう》、1日の吉凶を主にする日運法《にちうんほう》がありますが、私の考えでは、1日に起きる出来事は偶然が織り成す吉凶の範囲と思います。

出生の生年月日時に刻印されるというよりは、命占より卜占の範囲ととらえています。私は断易や周易を活用しています。極端にいうと、タロットの1枚引きでもよいでしょう。

以上の理由により、本書では月運までの活用法を解説していきます。すべて説明するのは難しいですが、運気の推移を少しでもわかると、人生の心の安定度にはよい影響を与えてくれることでしょう。

大限法（10年間）

算出方法は命盤作成のページ（95ページ）で解説してありますので、そちらを参照してください。

流年運（1年間）

算出法は特に難しくありません。例えば、申年でしたら申宮がその1年間の吉凶を示します。ただし旧暦の1月1日から次の年の旧暦の1月1日の前日までを見ていきます。

気学や四柱推命は2月4日前後が年の変わり目ですが、紫微斗数はあくまで旧暦を利用します。

斗君（月運）

算出法は命運作成で解説してありますので、そちらを参照してください。すべて旧暦における1か月間の吉凶を主とします。

判断法

大限も流年または月運も同様ですが、それぞれ期間の違いはありますが、判断についてはほぼ同一です。

北斗星、南斗星、中天星によって作用の期間が異なります。

①**北斗星**……大限は原則前5年、流年は前半年、月運ですと月の前半にく作用します。

②**南斗星**……大限は原則後5年、流年は後半年、月運ですと月の後半に強く作用します。

③**中天星**……大限は全10年、流年は全1年、月運ですと全1か月に強く作用します。

④**例外の星**…文昌星、文曲星、左輔星、右弼星、天魁星、天鉞星、擎羊星、陀羅星、火星、鈴星に関しては、同宮する星によって期

間が入れ替わるという説が存在します。本書もそれに準拠します。

⑤**四化星**……化禄星、化科星、化権星、化忌星については、どの星につくかで作用期間に違いが出ます。

鑑定の方法①

大限、流年、斗君（月運）に該当する宮位に、比較的条件がよいといわれている紫微星、天機星、太陽星（輝く場合）、武曲星、天同星、天府星、太陰星（輝く場合）、天相星、天梁星等の甲級主星が入って、文昌星、文曲星、左輔星、右弼星、天魁星、天鉞星、禄存星、化禄星、化権星（若干軋轢があり）、化科星が入ると、その時期は、割合、運気が良好で仕事や健康も落ち着く傾向となり、もし病気になっても何らかのかたちでよい治療を受けられるでしょう。

鑑定の方法②

大限、流年、斗君（月運）に該当する宮位に比較的条件が悪いといわれている廉貞星、貪狼星、巨門星、七殺星、破軍星、擎羊星、陀羅星、火星、鈴星、天空星、地劫星、化忌星が入ると、その時期は、割合、運気が不良で仕事や健康、金銭面でも出費が多く、落ち着かない傾向となり、もし健康を害し病気になったりすると、なかなか治療しづらいか、時として危険な局面に遭遇するかもしれませんので、注意が必要です。

鑑定の方法③

大限、流年、斗君（月運）に該当する宮位に条件のよい星と、条件の悪い星がまざって入ることが多いです。

多くの方が「今年は吉ですか」と聞いてきますが、実際はよい時もあれば、そうでもない時もあるのです。もちろん、吉凶が比較的鮮明な時期もあります。

まず基本的な考え方として条件のよい星が多いか、条件のあまりよくない星が多いかによって最終的判断とします。ただし本書では、四化星を判断の要とします。

鑑定の方法④

過去、紫微斗数はさまざまな段階や変遷において、活用するテクニックも変化してきています。

天姚星、天刑星、陰煞星、紅鸞星、天喜星については宿命より、どちらかというと、大限、流年、斗君（月運）に影響が強く作用するように思われます。私の鑑定経験上、実地鑑定において命宮に天馬星が入る人は、何となく落ち着かないケースが多く見られました。

それでは、以下に個別解説していきます。

天姚星……恋愛や未婚者には出会いのチャンスです。ここで注意です。条件のよくない星が同宮すると、時には酷い目に遭うでしょう。

天刑星……病気や怪我、人との争いなどには注意です。寅、卯、酉、戌の宮は、他の条件がよい場合、作用は軽くなるようです。

陰煞星……決定的な人生に及ぼすことはまずありません。影で小さな邪魔されたり陰口をいわれたり、妬まれたりします。また、この星には霊的という意味もあるので怪しい霊能者や宗教家、土地等には近づかないようにしてください。

紅鸞星……これらの二星が大限、流年、斗君（月運）に入ると、必ず対面の

天喜星　宮にもう一星が入ります。この両星は桃花、つまり色事の星といわれています。未婚の人には恋愛のチャンスです。ただし同宮する星によってよい出会いかそうでない場合があります。

大限、流年、月運の見方

本書では、各行運における巡り来る星の意味合いと起きて来やすい現象を説明して見ましょう。私は現在、本宮に入り、同宮する星と、対面に入る星を中心に考察しています。その他については、六度空間（活盤）との絡みを中心に見るようにしています。

主客論

少し難しくなりますが、本書では、このような考え方が存在しますとのみお知らせします。

例えば、大限命宮を考察する場合、本来の命宮がどのような状態か参考にするのです。

命宮と大限
大限と流年
流年と月運
月運と日運

などです。

行運における単象解釈

本書では、大限、流年、主に月運（斗君）に入って来る星の巡り来る現象を解説してまいります。

私の場合、飛星を重視しますので対面と同宮を見ます。日運はどちらかというとその時間的期間が短いので断易や周易、たまに重要な約束事や仕事があると、六壬神課を活用します。

タロットができる方はそれを活用してもよいと思います。もちろん、理論上は紫微斗数でも考察可能です。

紫微星

左輔星、右弼星、天魁星、天鉞星が同宮、対宮に入る場合、自営業の人は、割合順調にいくでしょう。文昌星、文曲星は化忌星が絡まない時には同様な判断をします。

勤めの人は、昇給や立場の安定を得られやすく、殺星が同宮したり、対宮に入っても最悪の事態は避けられます。ただし化忌星が同宮したり、対宮に入る場合、何かと辛苦を経験します。しかしよい条件の星がないか、少ない場合、特に自営の人は、天空星、地劫星があると、財的損失に注意してください。

勤めの人は、立場の失墜、周囲とのごたごたに注意です。しかし紫微星は最大の吉星ですから、最悪の事態は避けられるでしょう（子地の紫微星はやや不利です。孤君といいます）。

天機星

吉凶は別として変動を伴います。理由は、紫微星を算出して甲級主星を順次配布してまいります。つまり通過点です。ですから変動という意味合いが出てくるのです。人間関係、職場の移動、環境の変化などです。その吉凶は、同宮する星や対宮する星、また四化星の動きに左右されます。特に化忌星が同宮したり、対宮に存在したり、自化忌星だったり、対宮に飛星したり、あるいは、あまり条件のよくない星が絡む場合には、注意です。

天機星の意味合いには、乗り物がありますから、交通事故には気をつけてください。あと四肢の怪我、病気、精神的問題、不眠などにも気を配ってください。

条件がよい星や化禄星、化権星、化科星、化禄星がない場合には、無理に変化を求めると、逆に左回りのスパイラルに入ってしまうので、対処法としては、とにかくむやみに動かないことです。条件がよいと、手に職をつけたり、技術職の人にはよいチャンスとなります。

化忌星と化禄星の絡みはあまり良好となりません。化忌星の持つ作用を増幅させてしまいがちです。

太陽星

この星は入る宮によって大きく作用に違いが出てくるのです。詳細は本書の太陽星のところを参照してください。

よい条件ですと、勤め人、自営業、学生を問わず順調な傾向です。ただし主婦の方などは、家にこもっていると、エネルギーの発散不足になりがちです。何か外で活動するとよいでしょう。

擎羊星、陀羅星、天空星、地劫星が同宮や対宮に入る場合、散財したり、気力不足になる方が多いです。

飛星派の場合、もともとの化忌星が付いたり、自化忌星、棋譜で水命忌（流出忌）の場合など、本来の行動性や積極性が減退しがちです。

武曲星

条件がよいと金銭的に恵まれます。自営業の方は、儲けるチャンスとなります。勤め人の人は、仕事においてはチャンスですが、自営業の人より、おのずと振幅は小さくなるでしょう。

化禄星、化権星、化科星、禄存星が同宮や対宮に入る場合、とても有利です。擎羊星、陀羅星、火星、鈴星、化忌星が同宮や対宮に入る場合、意外な災いに遭遇しやすく、金銭的損失、疾患、怪我に注意してください。

飛星派の場合、もともとの化忌星、自化忌星、水命忌の場合など、本来の吉が減退します。

私は42歳からの大限で武曲星、文昌星、天相星で悪くありませんでしたが、自化忌星でしたので、何も蓄財できませんでした。

天同星

本来は温厚でゆったりした部分があります。条件がよいと、全体的に安定した時期でしょう。自営業や勤め人を問わず、周囲の協力を得られやすく、異性との関係も良好です。

火星、鈴星、擎羊星、陀羅星、化忌星などが同宮や対宮に入る場合、怪我、異性とのごたごた、仕事上の間違いない、ミスなどに注意です。

私の経験ですが、天空星、地劫星は乙級星に区分されているわりには、かなり命盤に与える影響は強いように思われますが、不思議と、天同星にはあまり悪影響を金銭的散財位で、最悪の事態はないような感じです。

自化忌星、水命忌などの条件があると、それなりの内部的葛藤が出てくるのです。

廉貞星

この星は比較的よくない条件の星に区分けされがちですが、行運ではそうとも限りません。

同宮する星や対宮に入る星の条件がよい場合や化科星、化権星、化禄星など絡む時には、割合異性との縁ができやすく、楽しいひとときが過ごせるかもしれません。ただし既婚者に関しては色事の問題が発生しやすいです。

条件が悪い場合には、あまり良好でない起業や転職になりやすく、よく熟慮して答えを導き出してください。

火星、鈴星、擎羊星、陀羅星、化忌星、特に天刑星が同宮したり、対宮に入る場合、怪我、事故、病気、法的トラブル、争いなどには要注意です。

自化忌星、水命忌にも留意願います。内的葛藤には注意です。また天空星、地劫星は悪さは軽微な傾向です。

天府星

南斗星の最大吉星です。他の星は別として、化忌星は付きません。条件のあまり良好でない星と同宮しても、最悪の事態は避けられます。もちろん職種にもよりますが、自己自営業の人には売上の上昇、勤め人の人は、立場の安定や昇給も考えられます。自己を最大限能力発揮したり、何かのステップアップにはとてもよい時期となり、よい周囲の引き立てを受けます。条件の悪い星と同宮や対宮に入ってもあまり心配はありません。

ただし、甲級主星や他の星に化忌星が絡む場合にはそれなりの苦労は伴いますが、やはり最悪の事態は回避可能でしょう。

太陰星

この星は入る宮により大きく違いが出てくるのです。条件のよい星と同宮や対宮に入る場合には、自営業や勤め人を問わず、安定基調です。またよい異性との出会いも期待可能です。

条件のあまりよくない星と同宮や対宮に入る場合には、病気、家庭、異性とのごたごたに注意です。

特に生年化忌星、自化忌星、水命忌に合うと、内部的葛藤、精神的な煩悶に注意してください。

貪狼星

吉凶は別として、喧騒感があり、仕事も日常も何となく落ち着かない傾向です。火星、鈴星（この星とは悪くありません）、化禄星、化権星、化科星、禄存星が同宮したり、対宮に入ると、交流や異性とのよい出会いも期待可能です。また時にはチャンス到来かもしれません。

また殺破狼といって七殺星、破軍星、貪狼星は必ず大限なり、流年で三合の関係となります。つまり活盤財帛宮、官禄星となるのです。

条件がよいと、仕事その他も波乱気味となりますが、何となくこなせます。化忌星、他の同宮や対宮に入る星が条件が悪い場合、仕事は上手くいかない傾向となり、異性とのトラブル、飲食や酒色が元で健康を害したり、精神的に煩悶しがちでしょう。

自化忌星、水命忌は内面的煩悶が多くなりがちなので注意してください。

巨門星

この星は一応条件のあまりよくない星に分類されておりますが、吉凶がくっきり別れます。化禄星、化権星、化科星が同宮したり、対宮に入る場合には、財的にも安定し、自営業の方も口才を発揮するチャンスです。ただしもともと表現力が下手な方は、この時期に訓練するとよいでしょう。日常も割合充実します。

条件が悪い星が同宮したり、対宮に入ると、ごたごたが多くなり、口災となり、家族、職場、知人や友人などとの口論や争いには要注意です。あまり確実ではない人のお世話はおすすめしません。後に禍根を誘発しやすいです。法的なトラブルも気をつけてください。

自化忌星、生年化忌星、水命忌はよさが出にくいので、注意して過ごして安定を図るように願います。特に水命忌は行運自体のエネルギーが減少しがちです。

天相星

条件がよい場合、人間関係も良好な感じで、割合人からの引き立てを得られます。学生の方も勉学に励むチャンスです。この星が巡って来た時の勉強は後に大変役に立ちます。習い事なども同様です。これは自営業、勤め人にもいえることです。

条件が悪い星が同宮や対宮に入る場合、苦労は伴うでしょうが、最悪の事態は避けられます。

ただし化忌星が入る星と同宮したり、対宮に入る時には、やはり厳重に保守すべきです。

水命忌には留意してください。

天梁星

吉星に区分けされます。割合起伏の存在する星ですから、時として、驚くこと経験しますが、条件がよい場合、事なきを得るでしょう。自営業、勤め人を問わず対人関係、他の評価も悪くありません。ただしお金儲けはそこそこです。

あまりよくない星と同宮や対宮に入る人は、他人を当てにせず自力で乗り切ることが求められます。

化忌星の付く星が同宮したり、水命忌には注意してください。

七殺星

とにかくじっとしていない方が多いです。朝から晩まで机の前に居ろといったらかなり苦痛となるでしょう。移動や外に出ることも多いです。人間関係、職場も何となく落ち着かない雰囲気をかもし出します。まれに住居や仕事場の移動をかなり経験する人も見られます。

この星と条件のよい星と同宮したり、対宮に入る場合、意外にスピードを伴い通常より早く物事が成就することも考えられます。

もしあまり条件のよくない星と同宮したり、対宮に入る場合、突然の仕事の失敗、病気、怪我、事故、衝動的に物事に手を出して壊したりしがちなので注意が必要です。

七殺星には化忌星は付きません。

水命忌には注意です。宮のエネルギーが減退します。

破軍星

変動の星です。ある意味、七殺星よりも変動を伴います。私は二十代で七殺星の大限を経験をしましたが、かなり変動を垣間見たものです。アウトローの星ですから、破軍星の場合、それにさらに拍車がかかるのです。特殊な仕事やあまり人と集団を組まないような環境ならば、割合よさを発揮します。

条件のよい星と同宮したり、対宮に入る場合、突然の発展もあり得ます。ただし永続しづらいのです。

条件のよくない星と同宮したり、対宮に入る場合、仕事の問題、健康、怪我、他のトラブルには注意してください。

破軍星には化忌星は付きません。水命忌の場合、宮のエネルギーが減退します。

条件のよいといわれる星について

文昌星、文曲星

基本的には、この星が他の甲級主星が同宮するのは悪くありません。

しかしこの星は、明の中に暗を含む現象が出ることもあるのです。その大きな原因として、化忌星の存在です。生年化忌星、自化忌星の星の問題です。一業専念や技術職、作家、設計士などの方は別として、文章上のトラブル、過敏に神経質になったりしがちです。

読み取りのこつとして、どの星と同宮するかを見ます。四化星、特に化忌星の動きには十分な注意を払ってください。大限なり流年に水命忌は留意願います。基本的にはよい条件の星です。他の条件のよいといわれている星には流派の星には差異がありますが化忌星は原則付きません。

どの星もそうですが、化忌星と化禄星が絡むのは良好と判断しません。

天魁星、天鉞星

基本的には条件のよい星です。自営業、勤め人の方、学生を問わず、目上や上司、周囲の引き立てや協力を得られやすくなるでしょう。もちろん他の同宮する星により若干の差異は出て来るのです。この星には化忌星は付きません。

左輔星、右弼星

基本的に良好な作用をする星です。もちろん同宮する星により、吉の中の振幅は当然ありますが、置かれている環境や立場を問わず、困難に遭遇しても、何らかの助けが入ります。自営業の方は、金銭的安定もまずまずでしょう。また周囲の助けも得られやすくなるのでチャンスを逃さないようにしてください。

同宮する甲級主星にもよりますが、試験運も悪くないでしょう。この星には化忌星は付きません。

禄存星

物質や金銭の星です。六度空間における活盤田宅宮がよい時期ならば、割合、不動産縁は悪くありません。ただしよいことばかりではないです。この星が入る場合、必ず擎羊星と陀羅星が隣宮に入ります。活盤の兄弟宮と父母宮になりますから、身内や友人、知人からの危ない誘いには乗ってはなりません。

禄存星が入る本宮に他に条件のよい星が同宮している場合にはさほど心配はありません。

私は命宮に禄存星が入って、隣宮に擎羊星と陀羅星が入り、単独の紫微星が入って、別名「孤君」といって部下のいない王様になってしまうので、最初からあまり親や兄弟姉妹を当てにしない生活や心持ちで過ごしてきました。

化禄星

基本的に吉星です。ただし化忌星と同宮したり、自化忌星の場合、逆に化禄星が、化忌星の作用を増幅させてしまいます。

飛星派独特な技法です。衣食や物質に恵まれやすくなります。時より桃花現象も起きる方も見られます。四化星は、付く星により出てくるものに差異があるのです。

化権星

能動性が出てきます。やはり同宮する星やどの星に付くかによってさまざまですが、立場の安定には悪くないでしょう。

ただし、ここに競争原理が働き、少し強引になるか、自己の掌握範囲の拡大、影響力の拡大を望む人も時として見受けられます。上手に処世すると、立場や地位の安定を得られます。

化科星

くせのない温厚な傾向の星です。学問や名声の星です。試験、学問、またこの時期に何か勉強を始めるのは悪くないでしょう。
不思議とこの時期は良医に出会いやすいです。
北斗、南斗、中天の時期的判断は留意願います。

化忌星

化忌星に注意することは、もともとの生年化忌星、自化忌星、他の宮からの飛星化忌星ですが、基本的にあまりよい作用はしないでしょう。損財、病気、怪我、さまざまなトラブル、条件のあまりよくない星と同宮や対宮に入ると、凶の作用は強まります。人からの意地悪、嫉妬、金銭的トラブルには注意です。

天馬星

移動の星です。またこの星は何となく落ち着かない時期となります。どの星と同宮するかによって大きく吉凶が左右されます。

移転、部署の移動、旅行、出張、条件のよい星と同宮すると、動くことで吉を誘引し、あまりよくない星と同宮すると、動くことで不利な動きになります。
生年化忌星や自化忌星の存在には留意願います。

紅鸞星、天喜星

恋愛や婚姻を意味します。よくない条件の擎羊星、陀羅星、火星、鈴星と同宮すると、時として、怪我、疾患には注意です。特に擎羊星、陀羅星は手術など災いに注意が必要です。
あと化忌星、自化忌星に留意願います。よい条件の場合、未婚者の方には恋愛や婚姻のチャンスです。すべての移動も吉におもむくでしょう。

天刑星

争い、トラブルの意味合いが存在します。条件が悪いと、法律上の争い（警察、その他）。条件のよくない星と同宮や対宮に遭遇すると、不利な立場になりやすく、裁判なども注意してください。

陰煞星

影の災いを意味します。妬みや邪魔などなかなか自分では気づきにくいのが特徴です。よい条件の星と同宮すると、あまり心配はありません。

この星には、霊的な意味合いが存在します。

自己物件や賃貸を問わず、あまりよくない土地や建物に引っ越すなどは注意です。

また怪しい宗教の勧誘にも気をつけてください。

以上で簡便ですが、行運における星の意味合いを解説いたしました。

次は、前著であまり算出法に触れなかった斗君（月運）を解説してみましょう。

斗君について

斗君は旧暦の1か月間の吉凶を司ります。私は基本的に、その月の本宮と対宮を見ることにしています。星はもちろんですが、生年化忌星を中心とした、他の四化星を使いますが、中心の判断は、災いがないかどうか、自化忌星、水命忌をまず見ます。

この時に、私はあまり活盤は使用しません。その理由として、期間の短さにあります。細かく偶発することが多い月運や日運は、卜占の周易、断易、孔明神卦など時として活用します。

算出法

旧暦の生日と生時により算出します。

例えば、旧暦一月と生時申の場合、申が子年斗君です。丑年ですと、申に子を置き、子丑と行くと酉がその年の旧暦の一月となります。

年運考察

紫微斗数における年運を判断する場合、別名「流年《りゅうねん》」とも呼んでいます。1年間における吉凶の現象をつかむためのテクニックですが、その考察法には太歳法と小限法という二種類が存在するため、ここではその違いを簡単に解説します。

①太歳法

算出法は非常に簡単です。命盤上で占いたい年の十二支となる宮位が太歳宮となり、その宮に入る星やその他の条件により1年間における吉凶を見ていきます。飛星派という流派の多くはこれを重視していますが、台湾では小限法を併用している人も見られます。

❷小限法

「小限運を導く」の項で触れた通り（※小限表もご参照ください）、数え年と生まれ年の十二支を確認し、小限表より小限宮を算出していきます。算出法は少し複雑ですが、三合派を操る術士の方の多くがこのテクニックを活用しています。

太歳法と小限法のどちらが優れているかは大変難しいといえるでしょう。私は太歳法で大きく吉凶をつかみ、この宮から四化を飛星させて細部にわたる現象を読み取って、主体となる運勢を把握してから小限法を従的に活用しています。

私の経験上、十数年前に罹患した難病は小限法のみでは判断しにくく、顕著に太歳法に的確性がありましたので、太歳法の方が本人の苦楽や、また吉凶の現象が強く判断可能で、内部的事情は小限法を従的に見ています。

第四章

その他の技法

紫微斗数にむける主客について

これは主体となるものと、従うものという意味で、体用論ともいわれています。例えば、自分と紫微斗数、あくまで自分が主体で紫微斗数は、自分に近いものが投影された、客体なんです。少し命盤の主客論を簡単に説明してみます。

他の宮もそうですが、まず大限を見てはなりません。元命盤の命宮を見てください。この時は命宮が主となります。命宮の状態を見て、初めて大限命宮を考察するのです。この場合、大限命宮は客体となります。

では年間を見る流年の場合はどうなるかというと、大限命宮を主体とし、流年命宮を客体とします。

斗君（月運）では、流年命宮を主体とし、斗君命宮を客体とします。

活盤をやる時も同様です。

測局

測局とは、国運や世情を考察していく技法です。大きく分けて二種類存在します。大きな国運を見ていく場合と、毎年を見ていく場合とが存在します。

前著で毎年を考察する方法を公開しましたので、本書では大きな国運を見ていく方法について、少し問題提起したいと思います。

まず戦後の新憲法は、1947年5月3日から施行されています。この考察法にはさまざまな意見と考え方があるようです。

まず国家を論じる場合は、女命としています。「母国」、「母船」、「母校」というからです。

私は以前ある方から、昼頃に礼砲をならし祝ったと聞いた記憶があります。そうすると午の刻になり、施行日のみ起点とすると子の刻になります。

またある占星術の方の意見ですと、前年に公布されています。時間はわかりません。

これはひとつの読者の方への投げかけです。研究してみてくだされば幸いです。

私の考える開運法

命の占いである紫微斗数や四柱推命ではかなりの確度で、時として、驚くような判断が可能な場面に遭遇します。では絶対に宿命や運命は変えられないのでしょうか？これら命占に投影される現象は絶対的に論じることは、私はかなり断定的となり、相手を傷つけてしまうことがあると思います。私も時にそのような鑑定をしてしまう場面もあり、反省しなければならないと感じております。

優れた命占は、限りなく正確で、その人物を現していますが、ある幅では改良可能と私は考えています。

私自身のことで恐縮ですが、財帛宮が自化忌星（四馬忌）です。変な話ですが、若干お金儲けをする機械は過去にありましたが、あえてそこに手を出さなかったのは、もしそれをしていたら、私は52歳からの大限で命がなかったかもしれません。特に財と生命はシーソーします。

では簡単に私の考える開運法の定義を述べてみます。

紫微斗数などで自分の各宮の不利と判断した宮の事柄は、人生の主軸にしないことが肝要です。私は、命宮化忌星が官禄宮に飛星します。若い時期、数年間、勤め人の真似事はしましたが、続けていたら今頃大変でしたでしょう。

親や兄弟姉妹、自己を取り巻く人々の影響、マスコミなどで子供を虐待する親の報道を聞くと、胸が痛みます。私は四柱推命などや紫微斗数で見ると、身内縁があまり良好ではありません。家が没落し、相次いで両親を亡くしていますから、早くから自分で何とか生きてきました。幸い奴僕宮が良好なので、さまざまなことはありましたが、よき生徒にも恵まれました。命宮紫微星なので、本来、安逸に流れやすいので、結果としてこれでよかったと今は思ってます。

土地の影響、これは風水的な論理だけではありません。鑑定において、ある土地に引っ越しをしてから、すべて不順になる方をかなり見させてもらいました。俗にいう地縛霊や妖怪などが居る土地です。私は全く無力ですが、力のある僧侶やその手のことが上手な方に依頼するか、その土地を離れるしかありません。ただし高額な謝礼を要求するような人は避けてください。

ここに不思議な現象があります。そのような土地に住んでしまう方は、なかなか離れないような事情が出てくるようです。また土地は自分が選ぶというより、土地が人を選ぶような気がします。

私の風水的技術は、初級から中級のとばくちですが、それでは割り切れません。死ぬまで研究です。

方位について、私は移転は、奇門遁甲や別術を活用しますが、必ず断易や六壬神課を活用します。また時期的考察は、紫微斗数や四柱推命を併用します。いきなり方位ありきではありません。

四代前の先祖、四柱推命や紫微斗数では四代前で先祖帰りする理論です。とにかく宗派に関係なく、四代前まで供養すると、何となく、しだいに景色に違いが少しづつ出てきます。お金をかける必要はないです。自分でやればよいのです。そのために私は除籍謄本を取って、四代前までの家系図を作りました。私は横着な紫微星の午ですから、専門家に依頼しています。

神仏とつながる、ただし自分が好いても、神仏がこちらに興味がないと駄目ですが、如来様、菩薩様、明王様、天部様といらしゃいますが、日常を守護してくださるのは、明王様や天部の神様のような気がします。

時代について、今は我が国は平和です（２０２４年現在）。圧政を敷く国に生まれていたら、紫微斗数もへったくれもありません。生まれた地域性も大切です。また、時代が求めない斜陽産業に従事すると、並の努力では成功しづらいでしょう。

第五章

紫微斗数占例

照葉桜子

I氏（1893年生まれ〜1977年没男性）命盤

天梁 天鉞 丁巳 父母宮	七殺 左輔 戊午 福徳宮	己未 田宅宮	廉貞 右弼 庚申 85〜94 官禄宮
紫微 天相 文曲 天喜 丙辰 5〜14 命宮			辛酉 75〜84 奴僕宮
天機 巨門（化権） 天姚 天魁 火星 乙卯 15〜24 兄弟宮			破軍（化禄） 陰煞 文昌 鈴星 紅鸞 壬戌 65〜74 遷移宮
貪狼（化忌） 甲寅 25〜34 夫妻宮	太陽 太陰（化科） 擎羊 乙丑 35〜44 子女宮	武曲 天府 禄存 甲子 45〜54 財帛宮	天同 天刑 陀羅 天空 地劫 天馬 癸亥 55〜64 疾厄宮

紫微斗数での第一宮は「命宮」のことを指します。命宮とは紫微斗数で最も重要な本人の性質や特性を判断する宮となり、鑑定をする場合はまずこの命宮を主軸に読んで行きます。

例題①I氏は、1893年（明治26年）生まれの男性ですが、もう昔に亡くなられている方でございます。この世代で日本に生まれた方で、出生時間がわかる方は本当に貴重なのですが、このお知り合いの方のお家は古くからの代々の決まりで、子供が生まれた時間を記憶しておく習慣があったそうでございます。そのため、家族の方はみんな自分の生年月日と出生時間を知っているというお話でございました。

この男性は、経営者の方で製造業を営んでいたそうでございます。戦争の時代に生きた方ですが、戦争には近衛兵として天皇を守る役割を得て、国外の戦地には行かないで済んだようでございます。

まず、命宮を読んでいきましょう。命宮は辰宮となります。紫微星・天相星・文曲星・天喜星が入っています。辰の宮の紫微星と天相星の組み合わせは、幼少期から若い時期はとても苦労の多い運命を背負う生まれとなります。

では、四墓（丑・辰・未・戌の宮のこと）の地の紫微星がなぜ困難を背負うといわれているのでしょうか。特に辰と戌は対面の遷移宮に破軍星が入りますし、天羅地網（戌と辰の宮）の地は欠けや何かに囚われる要素が強くなります。

また、『紫微斗数古訣神探』の「北派紫微斗数訳書」の中にも、「墓支の辰宮（天羅）と戌（地網）の宮は帝王である紫微星にとって不利な配置である」ともいわれております。このような意味合いの辰の宮の紫微星と天相星の方は、さまざまな現象により発展を延滞される傾向があり、この方もそのような傾向が幼少期からあったそうでございます。

この方の母親は九州の大名家の薬を扱う武士の側室でありました。しかし、何かの事情で、大名家を二人の男の子を連れて出なくてはならなくなり、母親と兄と弟であるこの方は九州から東京まで流れ旅を余儀なくされました。当時の「旅」は今の旅行のように便利な新幹線もないですし、道なき道を彷徨いながら東京に辿り着いたといえます。

このように、幼少期の生活は厳しく制限の多いものであったのですが、青年期以降は周りの助けによって発展するのがこの宮位の特徴となります。

十代終わりから二十代に数年間近衛兵をつとめ、23歳の時に結婚して後、初期の東芝に勤めてアルマイトのアルミ加工製造の技術を学んだそうでございます。

その後、二十代後半に製造業の工場を立ち上げました。鮑黎明先生の『飛星紫微斗数闡秘』には、「紫微星と天相星が同宮する人は、進取の気性に富み積極的で事業運も旺盛である」とあります。また、命宮には文曲星と天喜星があります。文曲星は語学や学問の星といわれていて、紫微星・文曲星・天喜星の命宮における組み合わせは、同性や異性を問わず人気がある方が多いといわれています。

経営者としての素質は、命宮・財帛宮・官禄宮・遷移宮・父母宮などがよくないと成り立たないところがあります。命宮は紫微星・天相星ですから、やはり一人で何かを成し遂げたいという思いは強いところがあります。そしてさびしがり屋の性格や、人がほっておけない人気運があり、周りに人が集まってくる生まれです。

官禄宮を見ると申の廉貞星と右弼星が入り、左輔星はこの方の福徳宮にいますので、経営者としては目下である優秀な家来を官禄と自分の精神的なところに持つこととなり、よい配置です。

ただ、命宮化忌星が官禄宮に飛び込む配置は、東海林秀樹先生の『完全マスター紫微斗数占い』によれば、「忙しいわりに結果を得にくい」「商売には向いていない」「官禄宮は夫妻宮の対宮となり、早くに結婚するとわかれやすいのです」「子供が、もしいたら病弱だろう」「それは、子女宮を命宮とすると、官禄宮は子女宮の疾厄宮となります」とあります。

確かに、この方は仕事を立ち上げた30歳前後に妻と五人生まれた子供の内の四人を、赤痢などの流行り病で亡くしています。確かに戦争前後の時代の日本は貧しい状態でしたので、人が死ぬことはすぐそばにあった現実だったにせよ、この紫微斗数盤では事業をこの方が起こしていなければ、もしかすると仕事では苦労していたかもしれませんが、家族は失わずに済んだのかもしれません。この貧しい時代に、この方がを起こした初期の頃は食うや食わずの売り上げで、それによって家族は大変苦労を強いられたのかもしれません。

そして、そのことは彼の紫微斗数盤から運命づけられていたといえるかもしれません。夫妻宮の貪狼星には生年化忌星がついています。先ほど述べましたようにこの方の命宮の宮干丙からの化忌星は、夫妻宮の対面の官禄宮の廉貞星に飛び込みます。

また、官禄宮の宮干である庚からの化忌星は、疾厄宮の天同星に飛び込みます。さらに、この方の疾厄宮の宮干癸からの化忌星は、夫妻宮の貪狼星に飛び込みます。そして飛星派の「棋譜」の四化活用法[※1]を使うと、この寅の夫妻宮は四馬忌[※2]であり絶命忌[※3]でもあり、凶意が幾重にも重なって夫妻宮に現れています。四馬忌は飛星派の文献によれば、分離の意味があり夫妻宮の場合はさまざまな理由で配偶者を失う意味があります。

また絶命忌は「棋譜」の中でも凶作用がものすごく強いといわれていて、生年化忌星の入る宮に強烈な災いをもたらすといわれています（それは生きている時代の環境にもよるとは思いますが、絶命忌を持つ命盤の宮の象意には気をつけておくとよいと思います）。

さらに、この方の子女宮を見ると、太陽星・太陰星（自化忌星）・擎羊星が入り、そして飛性派の「棋譜」の四化活用法を使うと、土の宮の化忌星は入庫忌[※4]となります。さらにこの子女宮の宮干は乙となり、そこから化忌星を飛ばすと、子女宮の化科星がついている太陰星につくことになり、子女宮は自化忌星[※6]となります。化科星の吉四化につく化忌星の意味は、逆に何もついていない主星に化忌星がつくよりも悪いといわれています。

また、卯の兄弟宮の宮干の乙からの化忌星は太陰星に飛び込み、寅の夫妻宮の宮干の甲の化忌星は太陽星に飛び込み、子の財帛宮の宮干の甲の化忌星は太陽星に飛び込むこととなり、兄弟宮・夫妻宮・子女宮（自化忌星）・財帛宮の化忌星四つがすべて子女宮に集まっていることがわかります。この方の夫妻宮と子女宮の凶作用はとても重い状態であり、運命的にそのようなよくない作用のレールが敷かれていたとしかいいようがありません。このように、人生の若い頃に苦難と悲しい離別を経験したこの方の人生でありました。

ただ、この方の命盤の財帛宮を見てください。子の財帛宮には、武曲星・天府星・禄存星などの財の吉星が多く入り、商売に対するよいセンスと運をこの方に与えています。

悲しい離別と商売の苦労を経験したこの方の二十代の運勢ではありましたが、だんだんと35歳になる頃には事業も安定していきました。そしてやはり若い頃にとても苦労をしてきた、とてもしっかりものの後妻を三十代の後半にもらい、結婚してからは人生が大きく変わっていったそうでございます。

41歳の年に長女が生まれ、45歳の頃には四人の子供の父親となって、状態のよい財帛宮の大限に入る頃には、土地を二つ買い大きな工場を建てて、日本風の庭園がついた豊かな環境の家に、家族の子供と妻と仲良く暮らすことができるようになっていました。

その後も戦後の日本の経済発展の波に乗り、長男と次男に会社を継がせるほどに従業員も多い会社へと発展いたしました。

棋譜の凶作用は一度出てしまえば長く続くことはないようで、鑑定師として私もこの男性の人生を覗かせてもらい、ちょっとホッといたしました。

この経営者の男性はとても健康で長生きをされて、数え年の85歳まで会社を通して繁栄した家族の多くの子供や孫に囲まれて元気に過ごされたそうです。

85歳の大限である申の生年官禄宮を大限命宮といたしますと、大限命宮の宮干の庚からの化忌星が、大限田宅宮である生年疾厄宮に飛び込んでいます。また対面の大限遷移宮には、生年夫妻宮貪狼星化忌星が入っています。そして、大限財帛宮から大限命宮に宮干化忌星が飛び込んでいます。これは、大限命宮及び、三合宮と対面の重要な宮に化忌星がつくためにとても不利な運勢となりますので、寿命となり天命を謳歌されて長生きされたといえるのではないでしょうか。

そして総合的にこの方の人生を命宮の宮干四化を活用して見ていきます。

この方の命宮の宮干から四化を飛ばしますと、凶作用の意味を持つ化忌星は前にも書きましたように官禄宮の廉貞星につきます。しかし四化星の吉作用の意味のある命宮干化禄星は疾厄宮の天同星につきます。命宮干化科星は対面である遷移宮の文昌星につきます。命宮干化権星は兄弟宮にある天機星につくことになります。四化星の大きな福をもたらす命宮干化禄星が疾厄宮についているので、この方は、災にいても強運の方となり、運命や自然の神の加護を受けやすい生まれとなります。

また命宮干四化が、命宮・遷移宮・財帛宮・官禄宮の人生で重要な四つの宮の、特に対外的な影響を受けやすい遷移宮の知的な星に再度化科星がつくのは、社会での智慧ある方と出会い助けられるという運勢を持っているといえます。そして、兄弟宮は人脈やその方を取り囲む横並びの大衆的な人気を表す場所となり、権力や地位を持つ兄弟や友人や知人たちに助けられる配置であることがわかります。

この男性は死ぬまで亡くなった家族を思い、法華経というお経の本を肌身離さずいつも手元に置いて供養していたのだといわれています。そして、家には商売繁盛の神様の社を建てて、信心深く毎日お供え物を欠かさずに祀っていたといわれています。紫微斗数盤で見る命盤の運勢には、とても厳しい運勢を持つ方を見かけることもございます。ただ、同じ命盤を持っていても自分の心の支えである強いものを心に持っている方は、自分の理想を実現する力を、自然の運命の神様から与えられるような気がいたします。

紫微斗数で見る凶作用の運勢は、なかなかすべてを変えることはできないけれど、自分でそれを熟知していれば、よい方向へ運勢を導いていくことはできるのではないだろうかと私は思っています。

本書にさまざまな占例をお載せさせていただくことで、皆様が自分の人生を実践的に深く知るきっかけになれば嬉しいと思っております。

H氏（50代男性）命盤

巨門 天喜 己 巳 42～51 官禄宮	廉貞（化禄） 天相 庚 午 52～61 奴僕宮	天梁 天鉞 辛 未 62～71 遷移宮	七殺 天刑 壬 申 72～81 疾厄宮
貪狼 陰煞 文曲 戊 辰 32～41 田宅宮			天同 癸 酉 82～91 財帛宮
太陰 左輔 擎羊 丁 卯 22～31 福徳宮			武曲（化科） 文昌 鈴星 甲 戌 92～101 子女宮
紫微 天府 禄存 火星 天馬 丙 寅 12～21 父母宮	天機 陀羅 天魁 丁 丑 2～11 命宮	破軍（化権） 天姚 丙 子 兄弟宮	太陽（化忌） 右弼 天空 地劫 紅鸞 乙 亥 夫妻宮

例題①のＩ氏の事例では第一宮を中心に、命宮の読み方を四化活用法の技法を使用しながら考察していきました。飛星派の四化星を活用いたしますと、本来の地盤の星の意味の奥にまた違う意味が隠されていることがわかりますね。人の人生は決して平坦ではなく、とても複雑なものなのです。その複雑な現象は地を示す平らな星の意味合いだけでは、深くシャープに見ていくことはできません。四化星を飛ばして、その星の意味合いの奥にあるものを見ていくことが、飛星派では重要といわれています。

例題②のＨ氏の事例では、数え17歳の時に労災で痛ましい引火爆発事故にあってしまった男性の事例をご紹介したいと思います。まず、例題②の命盤を見てください。みなさんは、紫微斗数における「事故や病気を意味する星」は何であると思いますか。その命盤のケースバイケースで凶星の組み合わせの意味が変わってきますが、瞬間的な脅威をふるう凶星は、火星・鈴星・陀羅星・擎羊星・天空星・地劫星と凶の四化星の化忌などの星々となります。

まずこの方の命宮を見てみましょう。

この方の命盤の自分を表す命宮と福徳宮は、状態が悪いと突発的な財の損失や病気や事故運などを示す陀羅星と擎羊星の双子の星がセットで入っています。また、病気や災いを見る場所である疾厄宮にも、状態が悪いと怪我や殺人事件に巻き込まれるなど、「血」を意味する凶星の七殺星と争いや訴訟を意味する天刑星がセットで入っています。

この方は、この若い頃の事故以外にも、トラックにはねられたり、給料の袋を車に置いておいて一か月分を丸々置き引きされたり、ケンカして殴られて前歯が飛んだりと、いろいろとハードな訴訟を起こさないとならないような災いに巻き込まれることが日常茶飯事でした。

そして事故が起きたのは数え18歳の時でしたので、大限は寅の父母宮の12歳～21歳の時でした。寅の父母宮には、紫微星・天府星・禄存星・天馬星と、凶星の火星が入っています。そしてこの火星は南斗の星ですので、動き出すのは丁度数え17歳からの後半に差し掛かった時となり、災いが起きやすい時期であると大限命宮が示しています。

また、この数え12歳から21歳の寅の父母宮を大限命宮とすると、宮干化忌星は午の大限官禄宮に入り、午の大限官禄宮の宮干庚の化忌星は、酉の大限疾厄宮の天同星につくことになり、これも仕事での災いを誘引しやすいといえるのではないでしょうか。

また、この方の官禄宮と夫妻宮は、もともと四馬忌となっていて、官禄宮の対面の状態も悪く、さらに生年命宮干の化忌星も官禄宮に飛び込んでいて、仕事での事故に遭いやすい運命の方だといえます。この方は高校を中退していて、初めプレスの機械を扱うラインの仕事に就く予定でしたが、父親が腕や指を落とすような事故を心配して、吹き付け材を扱う左官工事業の職業を選んであげたという話でしたが、やはり父親の心配した悪い結果となってしまいました。

官禄宮の状態が悪く仕事で危険な災い運がある方は、なるべくならば身体を使う仕事よりは安全な事務職の方がよいのですが、この方が高校を中退していたためになかなかそのような仕事には就けなかったということです。命宮はその方の器を見る大事な場所でありますので、凶星が入った場合はどんな作用が出るかを予測していかなくてはいけません。

擎羊星や陀羅星は病気や事故運を示し、刑事事件や怪我や事故、財の損失、対人喧騒、対人不和、変化と混乱、陰湿な執念深い障害などが出てきやすくなります。紫微斗数盤に運命付けられた命宮の災運は、人の力ではどうしようもないタイミングの悪さを呼び込んでしまうことがあります。

また彼の命盤を見ると、田宅宮の化忌星が命宮に飛び込んでいることがわかります。田宅宮は先祖の土地を表すことがあります。この方の父親は、代々続く大きな地主の家の後妻の子供の家系だということでした。しかし父が成人する頃には、大きな藁葺屋根の本家は廃れて潰れてしまい、廃墟のまま放置されているということでした。これは想像でしかありませんが、きっとそれまで、地主として繁栄した家や土地や、そこに祀られていた先祖代々守ってきた神々やお墓などを粗末にしていたのかもしれません。

そして、この方のご両親は、彼が1～2歳の頃に代々の家のお墓を捨てて、新興宗教に入っていたそうです。また、父を表す太陽星が亥の宮にあり、夜に沈んだ太陽となりよい働きをしていません。しかも、太陽星には化忌星がついています。彼は幼い頃に、職人である短気な父から押し入れに閉じ込められ、今でいう酷い虐待を受けて育ったということでした。そのためか、彼が結婚してからも子供への愛情が育つことがなく、子育てや家庭のことが一切できない方であったようで、最後には離婚に至ってしまっています。母親である太陰星は福徳宮にありますが、昼間の太陰星となり状態がよくなく、家族の問題をなかなか解決に導く力のない母親だったといえます。

今回の数え55歳の男性の事例はとてもきつい災いを背負った事例でしたが、きつい災いや事故・病気の事例は、命宮・疾厄宮と本人の肉体や災い運の他に、父母宮・田宅宮・福徳宮の状態に、家族や先祖や住む土地の問題が出ることがあり、そのような事例をたくさん見ています。もし、結婚や家を継がせる子供を選ぶ場合、使用人を長く雇う場合の鑑定などは、相手の田宅宮や父母宮や福徳宮、そしてもちろん器の中心となる命宮の状態をよく確認してみるとよいかと思います。

例題①と②では、波乱万丈の人生を送ったお二人の事例を見ていきましたが、この二つの事例を通して、命盤の状態の悪さを解消していくには、やはり開運法や先祖の供養、神様事などを熱心にすることが、自分のルーツから来る命盤の不安定な運を安定に保つ秘訣なのかもしれないという思いが湧いてまいりました。

M氏（70代男性）命盤

紫微 七殺 陀羅 鈴星 己 巳 3～12 命宮	陰煞 禄存 地劫 庚 午 父母宮	天刑 擎羊 身宮 辛 未 福徳宮	天鉞 天喜 壬 申 田宅宮
天機 天梁（化科） 天空 戊 辰 13～22 兄弟宮			廉貞 破軍 癸 酉 83～92 官禄宮
天相 文昌 丁 卯 23～32 夫妻宮			火星 身宮 甲 戌 奴僕宮
太陽 巨門 左輔 紅鸞 丙 寅 33～42 子女宮	武曲（化禄） 貪狼（化権） 丁 丑 43～52 財帛宮	天同 太陰 右弼 天魁 丙 子 53～62 疾厄宮	天府 天姚 文曲（化忌） 天馬 乙 亥 63～72 遷移宮

次に、命宮から見た二つ目の第二宮は、兄弟宮といって兄弟や友人や社会における人脈、民衆、また凶星が多い場合はライバルの存在などを見る場所となります。

例題③の事例は、父親が初代で起こした会社を兄と二人で継いだ現在七十代男性の命盤です。

兄弟宮を見て兄との関係などを調べていきたいと思います。この方の兄は後で出てきます例題⑨のO氏（七十代男性）となり、例題①のI氏はこの方の父となります。

二人の命盤を比べてみると、やはり兄の方が経営者の社長に向いている命盤でありました。今回の事例の弟は、社長の器というよりは、人に従っていく方がよい少し複雑な生まれでした。

それでは、命盤解説に入りたいと思います。

まず例題のM氏の命盤における地盤の解釈を見ていきたいと思います。命宮には紫微星、七殺星、陀羅星、鈴星が入っています。命宮に二つ星が入る場合は、その宮位によってどちらの主星が強く出るかが変わります。この巳の宮に紫微星と七殺星が入る場合は、紫微星の方が七殺星をコントロールする側に回ります。紫微星の優雅さと、七殺星の明るさとちょっとせっかちなところやテンポの速い俊敏なところが組み合わされて、人の目を引く華やかな性質を作り出していきます。

ただ、七殺星は権威を意味する星なので、その命宮にさらに権威を表す星が入るのを嫌うのですが、この方の命宮には陀羅星と鈴星の二つの激しい星が入っているために、自分の行動の衝動性をやや抑えにくい性質となるかたちになります。

ここからは天盤の飛星派の技法を使い、四化星の特に化忌星という凶の星を飛ばして見ていくことにいたします。

この方の命宮は水命忌[※5]となりますが、遷移宮に文曲星（生年化忌星）の生年化忌星が入るために、このかたちが追加されて回水忌となりますので、飛星した化忌星が戻り凶の作用はなくなります。

また、13歳から22歳の兄弟宮の大限は、天機星・天梁星（生年化科星）・天空星となり、天機星は自化忌星となります。この年齢の時のこの方の運勢は、自分にしかわからない対人関係や友人や兄弟への悩みがあったのかもしれません。ただ、この辰の兄弟宮には天機星・天梁星（生年化科星）・天空星が入るため、知的で周りの状態をよくわきまえた考え方ができる吉星の多い配置となっています。

東海林秀樹先生曰く「生年化科星と自化忌星が同じ宮に揃ってはいる場合は、凶作用を少し抑えてくれます。」とのことで、この方が兄弟宮の兄弟から得る運勢は、吉星が凶星を抑えるかたちでやや吉象意が出ているといえるでしょう。

そして、家族経営の会社に勤めた事情は、一番に遷移宮の悪さ（会社に勤めるためには外に出なくてはならない）があるといえます。官禄宮にも廉貞星と破軍星が入り状態が凶星に偏っているためにやや使いづらくもあるといえますが、こちらは自化禄星※6なので仕事の凶星の状況は緩和されます。逆に財帛宮に武曲星（生年化禄星）・貪狼星（生年化権星）がついていて使いやすいと言えます。そして本人の家族を示す田宅宮には、天鉞星と天喜星が入り、主星がないために対面の寅の子女宮の星を使うと、寅宮の朝の日の出の太陽星が、申宮にうつるため、やや太陽の勢力が弱まりますが、父との関係の吉運がやや弱く、その他の星が巨門星となり星を借りた場合の田宅宮の状態がまあまあであると言えます。

また実の母を表す太陰星は、天同星（自化禄）・右弼星・天魁星と共に子の疾厄宮に入り、ここまでの家族との状態は良いと言えます。

そしてこの後は、飛星四化をもう少し深く見ていくことにいたします。長男に比べて、弟の彼が二代目の社長の器にかけるのは、父母宮の宮干化忌星が疾厄宮の天同星につくことになり、この方の父母宮も水命忌となり、父母宮のよさが削られてしまいます。また父母宮には陰煞星・禄存星・地劫星が入り、主星がないためにこの対面の疾厄宮の星を借りるために、父母宮に対面の疾厄宮の化忌星が入ってしまう状態になり、水命忌であり自化忌星に似たような状態であるので凶の状態が出やすいです。そしてこの疾厄宮は自化禄星となっていますので、化禄の水命禄（疾厄宮干は、丙で丙から化禄を飛ばすと天同に化禄がつき、それが対面の父母宮に星を借りて移動するので水命禄）となります。東海林秀樹先生曰く「化科星と化権星が化忌星と同宮した場合は、やや化忌星の凶作用を弱めてくれますが、化禄星と化忌星が同じ宮に同宮した場合は、逆に化忌星の凶意を強める。」そのため、こちらの父母宮の状態がより弱まることとなります。

これはとても面白い傾向なのですが、父母宮に生年化忌星が入る、または自化忌星になる方に結構自分の家の祖業を継いでいる方が多いのを鑑定などで見ています。これはとても面白い現象だと思います。ただ、その場合二代目で会社をたたむパターンが多く見られていて、父母宮・田宅宮・子女宮の状態意がよい方が、また下の子供の代へと事業を継いでいる家を見ています。

そしてちょっと複雑になりますが、天盤にて飛星四化のすべてを飛ばしてみると、彼が兄や家族から可愛がられ、利益を得ていたという点も見えてきます。

まず、命宮干化禄星と兄弟宮干化禄星が両方財帛宮に飛び込んでいるのがわかるでしょうか。また、田宅宮干化忌星と官禄宮干化忌星も同時に飛び込んでいます。もともと仕事や家の問題は、彼のお金を圧迫する点もありましたが、逆に財帛宮の状態のよい彼は、商売に対する才能もあり、その商売のセンスが兄を助けていたのではないかと解釈いたします。

また、この方の夫妻宮には天相星と文昌星という星があり、対人面でのバランス感覚がよく頭脳明晰な配偶者を表す星が入っています。そして夫妻宮の宮干からの化権星と、財帛宮からの化権星が、彼の疾厄宮に入り、少し疾厄宮の状態をよくしています。

彼は25歳で結婚していますが、兄のお嫁さんとこの弟のお嫁さんは、とても仲がよくて家族みんなでキャンプに行ったりしていたそうです。家族や父母宮の問題を、彼の妻や子供が緩和してくれるよい配置だといえるでしょう。

本来、命宮と父母宮に水命忌と、兄弟宮が自化忌星となり家族に難点を持つ方でありましたが、彼の妻運のよさが家族の和を広げてくれた命盤であることが、最終的な天盤の四化星を飛ばすことでよくわかりました。このように、夫妻宮などの家族の徳が、命宮の悪さをカバーしてくれるケースを時折見かけます。

T氏（50代男性）命盤

巨門 天鉞 乙 巳 夫妻宮	廉貞 天相 文曲 丙 午 兄弟宮	天梁（化禄） 丁 未 2～11 命宮	七殺 天姚 文昌 戊 申 12～21 父母宮
貪狼 天刑 火星 甲 辰 92～101 子女宮			天同 天空 天喜 己 酉 22～31 福徳宮
太陰 右弼 天魁 紅鸞 癸 卯 82～91 財帛宮			武曲（化忌） 陀羅 庚 戌 32～41 田宅宮
紫微（化権） 天府 天馬 壬 寅 72～81 疾厄宮	天機 地劫 癸 丑 62～71 遷移宮	破軍 陰煞 擎羊 鈴星 壬 子 52～61 奴僕宮	太陽（化科） 左輔 禄存 身宮 辛 亥 42～51 官禄宮

例題④の事例は、兄弟の問題を抱えた男性の事例となります。

例題③のM氏は兄と仲良く自営を継いだ事例でしたが、こちらの例題④のT氏は、親が子供の頃から兄を可愛がっていて、親との確執により自営業の実家を出て自分で専門の調査会社を起業して成功した事例となります。親の事業は兄も弟も継がず、人手に渡ることになったそうです。

まず、彼の地盤の判断における、命宮・官禄宮・財帛宮・遷移宮を見てみましょう。命宮には天梁星に生年化禄星がついて入っています。天梁星は、天同星と同様に解厄の吉星といわれていますが、家系の繁栄の最後に生まれ、生まれた状態があまりよくなくてそこから自分の力と周りの力で、人と協力して仕事を成し遂げる星といえます。

対面の遷移宮の天機星と地劫星は彼の対外的な移動運や外や遠方での対人関係などを示しています。また遷移宮は、その命の方の容姿や行動のスタイルなども示しています。

彼は長身でバスケットの部活ではかなり活躍された選手の一人であったようです。賢く機敏な遷移宮の天機星が彼の長身とやや痩せ形の体系を表しています。遷移宮や命宮にある天機星は、痩せている人が多いのですが時折、気を使いすぎてストレス解消のために食べるタイプは太りやすいところがあります。お酒やタバコなど食べ物の他に依存的な習慣がある方は痩せ形の方が多いです。

また、地劫星が入ることから、大学時代に家を出て遠い地方で一人暮らしをしていた彼は、とても倹約家でした。特に住居などはお風呂が共同で水洗ではないトイレがついている古いアパートを借りていました。その倹約家としての側面は遷移宮の天機星と地劫星、そして田宅宮の武曲星（生年化忌星）、陀羅星が物語っているのではないでしょうか。田宅宮の状態の悪さは、その人が選ぶ住居の良し悪しに関係しています。大学時代の遠方の地方での生活はかなり質素なものであったようでした。

次に、官禄宮を見てみましょう。身宮でもある彼の官禄宮には太陽星、左輔星（生年化科星）、禄存星が入り、自化権星[※6]となります。太陽星が亥の冬の太陽星である以外は傷がほとんどなくて、また彼の官禄宮を命宮としておいて人盤の活盤判断をしてみると、官禄宮から見た対面と三合宮もやはり傷がなくてとてもよい状態であります。

彼は大学時代に居酒屋でアルバイトをしていたのですが、さまざまな雑用の仕事から、会計や副店長の補佐の仕事まで器用にこなして、大学の成績も優秀であったようでした。

そして彼の財帛宮を見てみます。彼の財帛宮には太陰星（自化科星）、右弼星、天魁星、紅鸞星が入っています。官禄宮と財帛宮の吉の副星は優秀な周りの人脈を示します。特に双星の左輔星と右弼星が加会しています。これは彼が仕事において優秀な人脈と出会うことを意味しています。また、官禄宮に生年化科星が入り、頭脳を使う仕事や教育関係などの仕事にも適性があることを示しています。ただ、身宮でもある官禄宮からの化忌星が父母宮に入っていますので、親や代々の祖業を継ぐのは難しい生まれとなります。

次に、兄弟宮を見てみましょう。地盤では廉貞星、天相星、文曲星の付いている状態ですが、兄弟宮は自化忌星となり、状態はあまりよいとはいえません。さらに兄弟宮の対面にある奴僕宮の状態は、破軍星・陰煞星・擎羊星・鈴星と凶星が多く並んでいます。また、彼の父母宮も七殺星・天姚星・文昌星が並んでいます。

彼にとって両親は自分にとても厳しい印象があるようでした。地元に居た時の彼は、人に合わせて気を使う、とても人がよいところがあるので周りに可愛がられる方でしたが、家族との感情的なやりとりはあまり上手くいっていませんでした。

彼の田宅宮は最初にお話をいたしましたが、その悪さは住宅だけではなくて、家族との関係にも出ていました。そのため彼は大学の時に家を出て独り暮らしをしていたことは、家族からの解放となり楽しい生活だったようでした。

彼の命宮干から化禄星を飛ばすと、財帛宮に入り、これは自営業をしても吉の象意となります。また、同じように彼の命宮干から化科星を飛ばすと遷移宮に入ります。これは生地を離れて事業で成功する暗示があります。彼は大学卒業後に、専門調査をする会社に入社して5年後に自分で開業して独立をしています。

また、官禄宮には財の星である禄存星という吉星が入っています。すべての紫微斗数盤の星の内容をまとめますと、情報を扱う会社を運営するのにはよい配置といえるのではないでしょうか。

兄弟宮と奴僕宮のあまりよい象意がないために、従業員を雇う場合や共同経営をすることや、仕事をいただくあるいは、下請けに出す場合は注意する必要があります。

Tさん（60代女性）命盤

太陽 天鉞 天空 地劫 乙 35～44 巳 子女宮	破軍 丙 25～34 午 夫妻宮	天機 火星 天喜 丁 15～24 未 兄弟宮	紫微（化権） 天府 天馬 身宮 戊 5～14 申 命宮
武曲（化忌） 左輔（化科） 文昌 甲 45～54 辰 財帛宮			太陰 天刑 鈴星 己 酉 父母宮
天同 天魁 癸 55～64 卯 疾厄宮			貪狼 右弼 陀羅 文曲 庚 戌 福徳宮
七殺 陰煞 壬 65～74 寅 遷移宮	天梁（化禄） 天姚 紅鸞 癸 75～84 丑 奴僕宮	廉貞 天相 擎羊 壬 85～94 子 官禄宮	巨門 禄存 辛 95～104 亥 田宅宮

これまでの例題①～④は、命宮の読み方や兄弟宮の兄弟と父母宮の家族の問題などを見ていきました。

例題⑤では夫妻宮と子女宮のご夫婦と子供の問題に着目して命盤を読んでいきたいと思います。例題⑤のTさんは、国内のエネルギーを扱う会社のよいポジションに勤める旦那様を持ち、子供さんが三人いらっしゃる専業主婦の女性です。短大を卒業後銀行に就職し、結婚後はパートなどをしながら旦那様を支えています。

まず、Tさんの命宮・官禄宮・財帛宮・遷移宮の命宮判断に重要な宮を見てから、夫妻宮と家庭の判断をするための子女宮・田宅宮などを見ていきたいと思います。

まず、Tさんの命宮は申の紫微星に生年化権星がつき、天府星と天馬星が入っています。Tさんの出生時刻は午の刻となりますので、身宮と命宮が一緒であるために、四十代までの人生も40歳以後の人生も命宮身宮が統一されている、個性が変化しない命盤となります。

対面にある遷移宮には七殺星と陰煞星が入っていますので、見た目も行動もちゃきちゃきして活発な印象を受ける方となります。また命宮の紫微星と天府星が人との輪を大切にし、生年化権星が紫微星に付くためにママさん達のグループを作る活動や、友人や知人との人脈のつながりも多く、面倒見のよい姉御気質の女性であるといえます。

次に、財帛宮を見てみましょう。財帛宮は辰の宮となり、武曲星の財の星がせっかく入っているのですが、生年化忌星がついてしまっています。その他の星は、左輔星に生年化科星が付いて文昌星が入っています。この財帛宮は、宮干の甲から化科星を飛ばしてみると、また同じ財帛宮に入る武曲星につくことから、「自化科星」[※6]となります。この自化科星はもともと武曲星についている生年化忌星の凶意を少し和らげてくれています。

土の宮の武曲星の化忌星は、籠るかたちで現象が出やすく、彼女はとてもしまり屋の性格としてこの化忌の星は出ているようでした。また武曲星が自化科星となることからか、ものの価値をよく知りお金の回し方が上手くて、銀行員として働いていたこともこの財帛宮の自化科星が彼女の財の管理能力の賢さを伝えています。また、やや紫微星の生年化権星の影響もあってか、上流思考がありブランド品のバックなどを買うことが好きな趣味があり、それ以外は倹約家で上手く家庭を切り盛りするタイプでした。

ただ、子供さんが三人もおられるため、大学への学費もかなり大変だったのではないかなと思われて、土の財帛宮の化忌星はそんなに自分から使うわけではないのですが、出費がかさむ事情ができやすいといえます。それは、彼女の遷移宮の宮干の化忌星と、官禄宮の宮干からの化忌星がすべて財帛宮に入るので、生年化科星と自化科星を持つ財帛宮なのでやり繰り上手ではありますが、彼女は小さい頃の両親の家がとても貧しくて苦労したといわれていました。

次に官禄宮を見てみましょう。官禄宮は、子の宮であり廉貞星と天相星と擎羊星が入っています。廉貞星の入る官禄宮は大きな企業で独自のポジションでかなり仕事ができるタイプとなるのですが、擎羊星が入っているので周りとの軋轢などが起きやすい配置です。特に、父母宮には太陰星・天刑星・鈴星が入るため、目上の女性との争いごとに注意が必要です。

そして、遷移宮に七殺星と陰煞星などの凶の星が入っていますので、対人面など器用な紫微星を命宮に持っていても、外で働くのは大変だったようでした。そのため仕事を外の社会でするよりは旦那様を支えるかたちで専業主婦として子育てして、家を中心に活動できる環境を整えたようでした。

夫妻宮の宮干から化忌星を飛ばすと、対面にある官禄宮の廉貞星に入るために水命忌となり、午の夫妻宮のエネルギーはあまりよくない状態といえます。水命忌はその化忌星が飛び出した宮の状態が悪くなるといわれています。彼女の旦那様の性質は、割とアウトローで多趣味でお金使いの荒いところがありました。旦那様のお給料はよかったのですが、家計の出費も多く、結婚してからも彼女は、お金のやり繰りが大変なようでした。

財帛宮と夫妻宮の状態があまりよくなくても、基本的な判断の命宮がしっかりとしていると他のところで救いが入る場合をよく見ています。彼女の命宮には吉星が多く傷がほとんどないために、紫微星と天府星のよさを上手く出していけるところがあり、対人関係が上手くて家族・知人・友人などの周りから可愛がられる方でありました。

また、彼女の田宅宮には巨門星・禄存星が入っていてとても状態がよいといえます。彼女の実家はあまりお金に関しては豊かではありませんでしたが、夫の実家がしっかりとしていて、とても人望の厚い祖父で仕事もできた方でしたので、裕福な恩恵を受けていたようでした。

そして、彼女は三人の子供をとても大切に育てていました。彼女の子女宮には、太陽星・天鉞星・天空星・地劫星が入っています。太陽星は昼間の太陽で状態がよく、彼女は、長女・次女と末の子が男の子で、この男の子を大変に可愛がっておられました。きっと、彼女の財帛宮の悪さや夫妻宮の悪さを補ってくれるのはこの子供達のような気がいたします。

それは、子女宮から化科星を飛ばすと彼女の命宮に入るのがわかります。子供と関わることで彼女はよい智慧や知識を社会から授かることができて、子育てが終わる頃には充分に旦那様やお金のバランスをとることができる力をつけていくのではないでしょうか。

Sさん（1914年生まれ〜2003年没）命盤

廉貞（化禄） 貪狼 天姚 文曲 己 巳 3〜12 命宮	巨門 右弼 陰煞 庚 午 父母宮	天相 天鉞 天喜 身宮 辛 未 福徳宮	天同 天梁 左輔 天馬 壬 申 93〜102 田宅宮
太陰 鈴星 戊 辰 13〜22 兄弟宮			武曲（化科） 七殺 文昌 癸 酉 83〜92 官禄宮
天府 擎羊 丁 卯 23〜32 夫妻宮			太陽（化忌） 天空 甲 戌 73〜82 奴僕宮
禄存 火星 丙 寅 33〜42 子女宮	紫微 破軍（化権） 天刑 陀羅 天魁 紅鸞 丁 丑 43〜52 財帛宮	天機 地劫 丙 子 53〜62 疾厄宮	乙 亥 63〜72 遷移宮

今回の例題⑥の事例では、経営者の夫を支える妻の命盤を事例に仕事とお金と夫婦関係や子供や使用人との関係性を見て行きたいと思います。例題⑥のSさんの命盤を見てください。ここまでで、基本的な命盤の見方はだんだん慣れてきたと思います。次に、結婚と仕事が同じ家庭で行われている、自営業の奥様の命盤事例を見ていきたいと思います。

Sさんは小さい頃に両親を亡くし、親戚の家を転々としながらとても過酷な幼少期を過ごしています。年頃になって、先妻を亡くした経営者の後妻に入り夫を支え家業を大きくし、子供を四人産んで男の子二人に家督を継がせています。その過程には並々ならぬ苦労があったとお聞きしています。

まずSさんの命宮、遷移宮、官禄宮、財帛宮の命宮判断に重要な宮を見ていきたいと思います。

巳の命宮には廉貞星（生年化禄星）、貪狼星、天姚星、文曲星（自化忌星）が入っています。宮内に主星が二つある場合はどちらかの主星が強く働くかたちとなります。廉貞星と貪狼星の組み合わせの場合は、廉貞星の方が強くその個性を表していきます。廉

Sさんは廉貞星（生年化禄星）の象意の通り、とても働き者の女性でした。記憶力がよ

く、活動的な性質を持っていました。若い頃から割烹旅館で住み込みで働いたこともあり、調理人並みの和食の腕前を持っていて、親戚のおばさんから教わった和裁の腕はとてもよく、一反を縫い上げるのが速い、高い技術を持っていました。これは廉貞星の俊敏さと貪狼星の衣食住や手仕事を好む性質がとてもよく表れているといえます。

また、お琴や三味線なども得意としていて、芸事の星である天姚星と、知識と技術の星である文曲星のよい面が現れている人生であったようです。

ただ一つ、文曲星には自化忌がついていて、子供の躾などにはとても細かい厳しい母親だったようです。一度ごちそうさまをした後は、絶対にものを食べさせないような、お行儀に厳しい側面があったようです。それは化忌星特有の細かい性質がよく出ているといえます。

次に遷移宮を見ていきます。遷移宮は命無正曜となりますので、命宮の星を借りて使うかたちになります。彼女の社会で出会う方々も、人生を楽しむような働き者の友達や、高い技術を持った方々との交流が多かったようでした。

次に、官禄宮を見ていきましょう。官禄宮には武曲星（生年化科星）、七殺星、文昌星が入ります。彼女が雇われていたお店は、彼女にたくさんの技術と知恵を教えてくれていたようでした。ただ、仕事は肉体労働できつい作業も多かったようでした。

経営者の妻は家庭が仕事のようなもので、経営者は財帛宮のよさを持っていないと、社会からの利益を得ることができません。そのため、経営者の奥さんとなる方は、本人の財帛宮の状態がとても大事になるといえます。彼女の財帛宮の状態を見てみましょう。財帛宮には紫微星、破軍星（生年化権星）、天刑星、陀羅星、天魁星、紅鸞星が入っています。紫微斗数の桃花星は主星では貪狼星、廉貞星、破軍星、副星では天喜星、紅鸞星、天姚星などが挙げられます。彼女の財帛宮、命宮、人生の後半を司る身宮となる福徳宮には、このすべての桃花星が入っています。

この方の若い頃は、当時の女性が身につけるべき嗜みをすべて会得し、雰囲気やお洒落や容姿もとても魅了的な女性でありました。そのために、後妻ではありますが経営者に見染められて、彼女からすると玉の輿に乗れたのではないかと思います。財帛宮に入る紫微星は、社会の力のある方々からの援助を得て財を成すことができる有利な運勢をその命盤に与えます。また、破軍星は経営者的なよい発想やひらめきや目下運の良さを（破軍星は奴僕宮を司る星なので）財帛宮に与えます。

そしてお金に対しての権利を持つことができるのが財帛宮の生年化権星となります。

ただ、彼女の財帛宮はとても賑やかで、凶星である天刑星や陀羅星をも入宮させていますので、商売の発展の過程にはさまざまな周りからの金銭的なトラブルもあったのではないでしょうか。彼女の幼少期の人生が困難であったのは、父母宮の状態にも関係しているといえます。

彼女の父母宮には凶星の主星である巨門星と副の吉星の右弼星、副の凶星の陰煞星が入っています。この父母宮の状態だけを見るとそこまでの悪さはないかたちですが、父親を表す太陽星が西の宮に沈み力がなく、しかも水の星である生年化忌星を従えています。しかも、この宮は自化忌星となり、天空星も入り凶星が重なっています。そして、彼女の母親の星は東の辰の朝の太陰となり力を削がれています。しかも、凶星である鈴星と一緒にいます。そしてこの辰宮は沈んだ太陽星の向かい側となっています。このことから、彼女の両親の状態はとても悪く、彼女が幼い頃に二人が亡くなったことを物語っています。

でも、彼女の後半の人生は福徳宮の身宮にある天相星、天鉞星、天喜星の吉星が彼女の運勢を守り、卯の夫妻宮の天府星と擎羊星の頭がとてもいいが短気な経営者の旦那様に尽くすことで、とても裕福な環境で活動期を過ごされたようです。

ただ残念なことに、子女宮には禄存星、火星が入っていますが、主星がないために田宅宮の星を借りて使うかたちとなり、彼女と子供の関係は難しいものだったようです。長男が家督を継ぎ、数え73～82歳の大限の年に彼女がなる頃には、家族との関係は戌の奴僕宮の星の太陽星（生年化忌星、自化忌星）、天空星のように状態が悪く、子供が自分の目下になる時期には心の交流ができない状態になっていました。

そして、78歳の年に骨折したことによる入院により痴呆症を発症し、15年近くの長い入院生活を余儀なくされることになってしまいました。人の人生とは命宮や主要な宮だけの意味ではなくて、大限の十年スパンの運がよいか悪いかがその人の人生を大きく変えてしまうこともあります。

彼女の中年運はとても華やかなものでしたが、晩年は幼少期のようにさみしい人生となっておりました。それは紫微斗数の命盤にすべて表れていると思いました。ただ、もし彼女が開運法を知っていたら、この晩年の凶星をなんと乗り越えることができたのかもしれないと思うと、とても残念でなりません。

命を学んで自分を知ったならば、その自分にあった開運法を身につけることが、困難な人生を少しでも安定に導くことができると私は信じております。

B氏(50代男性)命盤

天梁 天喜 己巳 兄弟宮	七殺 庚午 5〜14 命宮	天鉞 左輔 右弼 辛未 15〜24 父母宮	廉貞(化禄) 陰煞 壬申 25〜34 福徳宮
紫微 天相 天姚 身宮 戊辰 夫妻宮			鈴星 癸酉 35〜44 田宅宮
天機 巨門 文曲 擎羊 丁卯 95〜104 子女宮			破軍(化権) 地劫 甲戌 45〜54 官禄宮
貪狼 禄存 天馬 丙寅 85〜94 財帛宮	太陽(化忌) 太陰 火星 陀羅 天魁 丁丑 75〜84 疾厄宮	武曲(化科) 天府 天空 丙子 65〜74 遷移宮	天同 文昌 紅鸞 乙亥 55〜64 奴僕宮

今までの例題①~⑥までの事例では、命宮・兄弟宮・夫妻宮・父母宮などの本人と家族の問題を見てきました。今回の例題⑦では、職業的な適性と目下運の見方を考察していきたいと思います。

例題⑦は、たくさんの目下を管理する飲食チェーン店長B氏の事例となります。まず命盤を見てください。今回は適職と能力の判断をこの命盤を使い、行いたいと思います。B氏は海外から入ってきた大型飲食チェーン店の店長を職業としている男性です。

適職と才能や能力の判断をして行く場合は、基本の命宮・官禄宮・財帛宮・遷移宮をまず見ていき、特に仕事の場合は、メンタル面も大切となりますので、福徳宮と会社員の場合は、父母宮・奴僕宮・兄弟宮などが判断に大事になっていきます。そちらを、順番に見て行きたいと思います。

まず、彼の命宮は午の七殺星が独主で入っています。七殺星は本来、官禄宮と遷移宮を司る権力と集団統率の能力を有し、高い理想を掲げて仕事に純粋に全力で取り組む気質があります。尊敬できる目上に出会えると、忠義心や組織や会社への愛社心も強く、組織のために自分を捨ててまで尽くそうとする人情家でもあります。ただやはりそこは、南斗星支配下の凶星な部分もあるため、自分の理念に反することは、いくら利益になるといわれてもかたくなに拒むような高潔な頑固さがあり、曲がったことをした人には、お不動様のように怒りの形相で立ち向かうという一面も兼ね備えています。だからこそ、集団統率の業務にはうってつけの人材となります。大勢の人を一つにまとめて、規則正しくお仕事をしていただくには、甘い顔ばかりはしていられませんので、吉星よりは誇り高き大将星の七殺星の午の命宮のB氏が会社に気に入られて、店長のポジションを比較的若い時から得たのは、紫微斗数の道理にかなっているといえるのではないでしょうか。

次に、彼の官禄宮を見てみましょう。彼の官禄宮は戌宮に入る破軍星（生年化権星）・地劫星となっています。破軍星は、遷移宮・奴僕宮・夫妻宮を司る、ナンバースリーの桃花と呼ばれるカリスマ性のある個性的な星となります。目下を惹きつけ、魅力的な話術と独創性で器用にたくさんの職種の仕事を創造し、組み立てていくことが得意な発明と発見の新規開拓者の星となります。ただ、何事も飽きっぽく器用なのですが、まとまりと持続性に欠け、ぶっきらぼうで短慮なところがあります。そのため、目下運がよいのですが、同僚と目上にやや煙たがられる一面もあり、対人や組織化が得意な吉星達に、アイデアを持っていかれてしまうところがあります。この損耗の星の一面は、破軍星が凶星といえる側面ではないでしょうか。

ただ彼の破軍星には化権星が付いていますので、仕事でのポジションを得やすい配置であります。地劫星はお金の損耗の星となりますので、人事管理の方が得意で売り上げについての営業企画などは慎重に考えないといけないといえます。彼の財帛宮は、貪狼星・禄存星・天馬星が入っていますし、その対面の福徳宮は廉貞星（生年化禄星）が入っていますので、棋譜の判断を見ていきますと、財帛宮のエネルギーを奪う、水命忌となり凶の配置となります。彼はお金を稼ぐけれど、趣味や精神的な癒しを得るための旅行などに、出て行ってしまうといっていらっしゃいました。部下にはとても好かれている方で、人の配置など采配や、お客様との対人関係はとてもよい方のようでした。

彼の不利な命盤の場所は、もともとの生年化忌星が入っている疾厄宮となります。この疾厄宮は、父母宮の対面にあります。彼の父母宮は天鉞星のみの主星がない命無正曜となりますので、対面にある疾厄宮の星を借りて父母宮を判断することとなります。

　では彼の目上運をどのようなものなのかを、彼の疾厄宮のを見ることで判断していきたいと思います。彼の疾厄宮の生年化忌星は太陽星についているのですが、疾厄宮は丑の宮となりますので冬の沈んだ太陽星となり力がない上に、化忌星は水の星なのでダブルで太陽星の力を奪っています。疾厄宮はその他に太陰星（自化禄星）火星・陀羅星・天魁星となり、さらに官禄宮からの宮干化忌星が飛び込んでいますので、彼の対人トラブルは、目上の男性や父親などの男の方に注意しなければなりません。目上は、本来の太陽のあたたかく恵み輝くような器はなくて、やや狭くて暗い考え方や卑屈で細かくめんどくさいタイプの目上の男性に当たりやすいといえます。父母宮に太陽星が入る場合、状態は少し緩和することとなります。

　ただ、救いは母親や目上の女性は夜の太陰星で力があることと、自化禄星で優しい救いの手を、彼に差し伸べてくれています。彼のポジションは店長なので一番トップにいるかたちなので店の中には彼より目上の男性はいませんから、この職業的なポジションは彼にとってとても有利となります。そして、年上の女性や目下の女性を多く使う立場にいるのも、太陰星がよい状態の彼に最適な環境の仕事だといえるでしょう。ただこちらも、未の父母宮に太陰星が入ることを考えれば、やや状態はマイナス要素も出てくるかと思われます。

次に彼の兄弟宮を見てみましょう。兄弟宮は彼の同僚運や民衆からの支持が得られるかを見ていく場所となります。彼の兄弟宮には天梁星と天喜星が入っていて、対面の奴僕宮にも天同星と文昌星と紅鸞星のまずまずの吉星が、入っているために彼の周りの対人関係は良好といえるでしょう。また、奴僕宮の状態も吉星は多いため目下運も天同星のように優しく穏やかな方が多いようです。

最後に、彼の遷移宮を見ていきましょう。遷移宮には武曲星（生年化科）・天府星・天空星が入っています。武曲星と天府星は彼の店長としての外での公的な顔や立ち振る舞いを堂々とした貫禄あるものにしてくれるため、吉の配置となりといえます。

ただ、天空星が入っているので、外の旅行や営業などはうっかりミスに注意の配置です。日々注意していれば、天府星も入っている遷移宮ですので、それほど問題はないかもしれません。武曲星には生年化科星がついていて、彼の知的な面は周りからの信頼を得ますし、慎重な科化星がついていますので、天空星の凶作用は、かなり抑えられているといえます。ただ、遷移宮の宮干化忌星は福徳宮に入りますので、仕事や外の世界でストレスを溜めやすいので注意が必要です。

最後に、もう一つ不利な配置としては、彼の子女宮は巨門星自化忌星となっていま す。その他の星は、天機星・文曲星・擎羊星の繊細な星と凶星の入り混じった配置になっています。この子女宮には、疾厄宮からの宮干化忌星が入りますので、お子さんがいらっしゃる場合は体が弱いか問題がある配置となります。ただ彼はご結婚はされていらっしゃいますが、お子さんはいらっしゃらないので、この子女宮は、お子さんができにくいところで、出てしまったというかたちのようです。

紫微斗数の命盤ではなるべく有利な宮をたくさん活用して、不利な宮はなるべく触らないで静かな状態にしておくのが、人生を有利に渡っていくための秘訣なのだと思います。

Cさん（40代女性）命盤

天機 癸巳 兄弟宮	紫微 天魁 甲午 4～13 命宮	文昌（化忌） 文曲（化科） 乙未 14～23 父母宮	破軍 天空 陀羅 天姚 丙申 24～33 福德宮
七殺 天刑 紅鸞 壬辰 夫妻宮			禄存 丁酉 34～43 田宅宮
太陽（化権） 天梁 右弼 辛卯 94～103 子女宮			廉貞 天府 擎羊 天喜 戊戌 44～53 官禄宮
武曲 天相 地劫 天鉞 庚寅 84～93 財帛宮	天同 巨門（化禄） 鈴星 辛丑 74～83 疾厄宮	貪狼 火星 陰煞 庚子 64～73 遷移宮	太陰 左輔 己亥 54～63 奴僕宮

今回の事例⑧もやはり官禄宮を中心とした仕事とその人の性質がどのように重なっていき、仕事の能率を上げていくかや、目下の使い方や目上との関係性の吉凶などを考察していきたいと思います。

Cさん（四十代女性）アパレル関係のチェーン店の店長職の事例の命盤の解説をしていきたいと思います。前の例題⑦のB氏は飲食店でしたが、今度のCさんはアパレルの女性物のブランドの店舗を任されている方です。仕事の適性の鑑定の時に見るやり方にて、Cさんの命盤を見ていきたいと思います。

まず、Cさんの悩みは、目上との関係とのことでした、細かく売り上げのノルマがかなり厳しいようで、商品の陳列などにはとても気を使われているそうです。紫微斗数の命盤で、目上運を見る場所は、父母宮になります。そして男性の目上を太陽星の状態で推測し、女性の目上を太陰星の状態で判断していきます。

まず基礎的な命宮からの判断と最後に彼女のお悩みである父母宮の状態を見て行きたいと思います。

彼女の命宮は午宮となり紫微星と天魁星が入っています。午の宮の紫微星は子の紫微星よりも太陽星と太陰星の位置が午の紫微星では、太陽星は昼の宮に輝き、太陰星は夜の宮に入ることになります。子の紫微星ではその逆となります。午の紫微星は活動的な方が多く、特に吉星が多く入っている方は、話術とその明るい雰囲気に人が多く集まります。このCさんもそのような明るい雰囲気の方でおおらかな性格と、面倒見のよい、器の広さを持った方です。

次に彼女の官禄宮を見てみましょう。官禄宮には、廉貞星・天府星・擎羊星が入っています。廉貞星と天府星の二つの星が並ぶと、天府星が廉貞星の凶星の物事に執着やこだわりを持ち、激しく囚われやすい性質を、穏やかにしその俊敏の性質を上手く使うことのできる組み合わせとなります。擎羊星の凶星のトラブルや、争うことなどもある仕事運となりますが、穏やかな天府星が、廉貞星と擎羊星の凶を上手く仕事の技術のほうへ向けることが可能な組み合わせとなります。

また、戌と辰の宮では、凶の星の動きも藏に入るようにやや大人しくなる傾向があります。十人前後の店舗内の従業員を束ねる性質としては、この天府星・廉貞星・擎羊星の組み合わせを命宮の紫微星が上手く使えるといえます。彼女は、命盤の官禄宮が表す星のとおりに、やや個性的なアパレル業界のマヌカン様達を、器用で笑いのあるややアップテンポの話術により上手く対応し、売り上げを伸ばしていきました。

彼女の財帛宮は寅の宮となり、武曲星・天相星・天鉞星・地劫星が入っています。武曲星は財を司る星となり、財帛宮に入るのはお金の扱いが上手くなるかたちとなります。武曲星の凶星の面と、地劫星の財の損失の意味を持つ凶意を、天相星と天鉞星が上手く抑えてくれています。また、天鉞星の双子星の天魁星が命宮に入り、命宮と三合宮と加会しています。これは目上の引き立てを得るよい配置となります。店長としての財を得るためのセンスもまずまずといえます。

次に彼女の遷移宮を見てみます。彼女の子の遷移宮は身宮ともなっている重要な宮となり、貪狼星・火星・陰煞星が入っています。貪狼星は商売にはよい星となり、貪狼星と火星の組み合わせは火貪格といって、旺発的に財や対人の発展がある組み合わせとなり、陰煞星の棘のような凶意も小さなものとなります。

命宮・官禄宮・財帛宮・遷移宮を全体的に見てきましたが、配置が仕事や管理職によい星で満たされています。

ではここで、彼女のお悩みの目上運に関する宮を見ていきたいと思います。目上運を見る時は、命盤の父母宮に着目します。彼女の父母宮には文昌星（生年化忌星）・文曲星（生年化科星）が入り、主星がありません。そのため、対面にある疾厄宮の星を借りて使うことになります。対面の疾厄宮には天同星・巨門星（生年化禄星と自化禄星）・鈴星が入ります。基本的に父母宮に生年化忌星が入っているので、目上との意思の疎通や仕事の伝達などに障害が出やすい配置となります。

化忌星が入る六親五類の宮の示す人物は変わった思考であり、物事をしつこく追求しすぎる傾向があります。化忌星のよくいえばこだわりの強く研究熱心な性質、悪くいえば執拗にしつこい狭い世界への執着の性質は、学問や研究や専門技術にでる場合はとても有能な働きをしてくれます。ただ、それが人に向けられた場合は、人のミスが許せない執念深い性質として出てしまいます。

彼女の目上運はそのような偏屈な人物とのご縁ができやすい運となります。そしてさらに、疾厄宮の宮干の辛から化忌星を飛ばすと、父母宮の文昌星に、さらに化忌星がつくこととなります。本来、文昌星には生年化忌星がついていますので、この配置は水命忌ではなくて回水忌となります。化忌星と化禄星の入り混じった命無正曜である父母宮はやはり吉凶混濁となり、彼女の目上運を悪くしています。

彼女の働く環境は自分が一番トップの店長職なので、働き始めた目上の多い状態よりは働きやすい状態に変わってきているといえます。彼女の兄弟宮には天機星が入り傷が無く、対面の奴僕宮には太陰星の吉星と左輔星が入り、状態がとてもよいといえます。そのため彼女は、店でトップの位置につき目下を管理するポジションは最適であるといえます。

彼女の目上運をよくするためには、意思の疎通の確認を何度もすること、目上のこだわりのポイントを押さえること、そしてそのこだわりの意思になるべく悪く引っかからないように言葉を選ぶことが重要だといえます。そのことさえ上手くクリアできれば、彼女の今のお仕事は天職といえるのではないでしょうか。

例題

9

長男であり、会社と家を継いだ二代目社長の事例

O氏（70代男性）命盤

太陽（化忌） 右弼 火星 己 巳 13～22 父母宮	破軍（化権） 天姚 庚 午 23～32 福徳宮	天機 天鉞 文昌 文曲 紅鸞 辛 未 33～42 田宅宮	紫微 天府 天空 壬 申 43～52 官禄宮
武曲（化科） 陰煞 戊 辰 3～12 命宮			太陰 左輔 癸 酉 53～62 奴僕宮
天同 擎羊 丁 卯 兄弟宮			貪狼 身宮 甲 戌 63～72 遷移宮
七殺 天刑 禄存 地劫 天馬 丙 寅 夫妻宮	天梁 陀羅 天魁 鈴星 天喜 丁 丑 93～102 子女宮	廉貞（化禄） 天相 丙 子 83～92 財帛宮	巨門 乙 亥 73～82 疾厄宮

次の例題⑨では、会社の二代目の経営者としての適性や性格の特性や、有利な点・不利な点などを見ていきたいと思います。

例題⑨のO氏は、前の例題③で出てきました「兄が社長をする会社で一緒に働く弟の事例」のM氏の兄に当たる方です。そして、例題①のI氏「(1893年生まれ〜1977年没)苦難の人生を越え会社を設立し成功した事例」は、O氏とM氏の父親となり会社の初代創業者となります。O氏は父であるI氏の後を継ぎ、弟のM氏と共に会社の経営を引き継ぎました。二代目の命はどのような命盤なのかを皆様でご一緒に見ていきたいと思います。

まず、O氏の命宮は辰宮となり、武曲星(生年化科星)と陰煞星が入っています。武曲星は財帛宮を司る財に関する星です。武曲星命宮の方は経営者の二代目の方にもよく見る星です。生年化科星がついているので、とても実用的な頭のよさを持つ方です。陰煞星は霊的な星ともいわれていますが、細かいものの見方や、物事を斜めから捉えるようなやや屈折した側面を性格や性質の中に与えます。凶の星ですが、天刑星と似ていて弁が立ち、細かいところに頭が回る星です。独特で個性的な性格となります。

この方は巳の父母宮の13歳から22歳の大運の時に大学に入りましたが、途中で中退をしています。父母宮の太陽星に生年化忌星・右弼星・火星が入っています。太陽星は父親を表していて、子供の頃はとても気性の荒い父親との感情的な衝突や、男性の先生への反抗があり、かなりやんちゃをした方のようです。太陽星は人脈の意味があり、火の星となりますが、それについている化忌星は水の星となり、とても相性が合わなくて、陰湿な性格や、彼をコントロールしようとする父親の側面がその当初彼の運勢に出ていたといえます。

また、彼自身も本来の武曲星の頑固さや闘争心、化忌星とは違った粘着質の陰煞星の性質、及び大運に回る化忌星の影響で自分をなかなか安定した状態で保つことが難しかったのかもしれません。特に若い頃は、彼の対面にある遷移宮および身宮でもある戌宮の貪狼星が華やかに光るため、さまざまな楽しい誘惑が外の世界から彼を誘う傾向にあるといえます。

彼が経営者の二代目としての適性が伸びて来たのは、23歳から32歳の午の福徳宮に大運が移ってからのことでした。彼の午の福徳宮には、破軍星に生年化権星が付いて、天姚星も入っています。もともと、破軍星は事業を司る官禄宮に関わりが深い星となり、権力を握る星がつくことで、やや広がりやすいむらっけの強い破軍星の思考を、目的や組織や立場に集中する考え方に変えてくれるので、この配置は悪くないといえます。天姚星は技術、対人面でのカリスマ性や魅力を持つ星です。福徳宮に破軍星が入る彼は、子供の頃からの反抗的な性質を、ここでやっと仕事や人を使うことで技術に活かせるようになったのではないでしょうか。父親の後について副社長という地位を得た彼が本来の適性を無理なく発揮することに成功したのは、この頃からだったのかもしれません。

そして、その23歳~32歳の大限の対面に当たる生年財帛宮（大限遷移宮）には、廉貞星に生年化禄星が付き、天相星と一緒に入宮しています。財帛宮に財の星である生年化禄星が入るのは経営者としてとてもよい傾向にあります。廉貞星・天相星も財を得るための対人面や企画や仕事意欲にあふれて、周りの多くの財を得るためのよい人脈を引き寄せる配置となります。

ただ残念なことに、彼の財帛宮の宮干の丙から化忌星を飛ばすと、同宮する廉貞星についてしまうためこの財帛宮は自化忌星となってしまいます。自化忌星は本人にしかわからない財の困難を持つことになります。そしてこの宮には化禄星も入るため、自化忌星の悪さを広げます。彼の財的管理は、財を引き寄せたり会社によい人脈を引き寄せたりする吉の面と、経費やその他の物事にお金を投資しやすい凶の面の両方を持っていることになります。

ただ、彼には先ほどいいましたように片腕となるM氏という弟がいて、この弟さんの財帛宮の状態はすこぶるよくて、O氏の財帛宮の凶作用を上手く抑えてくれていたのではないでしょうか。また、彼の寅の夫妻宮には、七殺星・天刑星・禄存星・地劫星・天馬星が入っています。

彼の二十代で知り合ったスチュワーデスをされていた家柄のよい妻は、かなり資産的にも人脈的にも彼を大きく支えてくれていたようです。そしてこの夫妻宮の対面には紫微星・天府星・天空星の入る彼の官禄宮が来る配置となり、寅の七殺星にとってはよい配置で、しかも禄存星という吉星が入っています。ただ、天刑星や地劫星・天馬星も入るため、かなりしっかり者の冷静でやり手の奥様であったそうです。

また夫妻宮の遷移宮でもある彼の生年官禄宮は、紫微星と天府星という、王様と大臣の星が入り、とても華やかな配置となります。彼は43歳から52歳の官禄宮の大限に入る頃には、地位の高い社会的にも大きな権利を持つ仕事のお客様や人脈を築くことに成功していました。この紫微星・天府星が官禄宮に入る方の中には、大企業で長く働く方も多いです。社長は一人ではできませんので、周りのよい人脈があってこその会社であるといえます。

彼の33歳〜42歳の大限は未の田宅宮が司ります。この宮には天機星・天鉞星・文昌星・文曲星・紅鸞星が入ります。星はほぼ吉星ばかりの配置なのですが、この宮の宮干は辛となりますので、同じ宮の文昌星に宮干化忌星がつくことになります。この宮も自化忌星となり、この時期は、結婚して母親と父親と妻とOさんの同居生活が始まった頃で、嫁姑問題がかなりきついという障害が出ていたようです。文昌星はコミュニケーションの難を示し、それが自化忌星として田宅宮に入っていましたので、彼の同居の選択は古い時代であるので当たり前のことでしたが、表面上には見えなかったのかもしれませんが、かなり神経をすり減らす現象となって33歳〜42歳の彼の人生に影響を与えていたといえます。

二代目の経営者さんには、父母宮に化忌星や自化忌星を持つ方が多く、それだけ目上から執拗に可愛がられていることや、執着されているともとれる自営の方を何人か見ています。この方の経営者としての適性は充分あるといえます。

中小企業の社長様には凶星の荒い性質の方も多く見ています。この方の従業員を示す奴僕宮には、太陰星と左輔星が入り女性の従業員や妻や母の支えはこの方にとっては大きかったのではないでしょうか。

経営者様の紫微斗数命盤の配置でよいかたちは、まず命宮がしっかりしていること、官禄宮・財帛宮・遷移宮の配置がよいこと、そして従業員を雇うような大きな会社となるかどうかは、命宮・官禄宮・財帛宮・遷移宮の仕事に大切となる宮に、紫微星や天府星などの社会的な立場の強い星が入り、奴僕宮に従順なよい吉星が入ることが、今まで見てきました社長様方の命盤により推察することができました。

注釈　『完全マスター紫微斗数占い』東海林秀樹先生著（説話社）より引用

※1 飛星派の「棋譜」の四化活用法

日本では、『完全マスター紫微斗数占い』の中で公開されている飛星派の技法の一つで、四化化禄星・化忌星・化科星・化権星を生年干や宮干などから飛ばして、その四化星の付いた一のかたちにて吉凶を判断する方法。

※2 四馬忌《しばき》

四馬忌とは、飛星派の「棋譜」のかたちの一つとなり、寅・巳・申・亥の紫微斗数盤の四隅にある宮に生年化忌星（生まれ年の干から飛ばしてつく化忌星のこと）および、自化忌星（宮干から飛ばした化忌星がその飛ばした宮内の星につくこと）が入るかたちをいいます。現象といたしましては、何かの分離という意味があり何かが離れていく意味があります。

※3 絶命忌《ぜつめいき》

絶命忌とは、飛星派の「棋譜」のかたちの一つとなり、Aという宮があるとして、そのAの宮から化出した飛星化忌星が、生年化忌星の入っている宮の対宮の宮に入り、他の宮の化忌星が生年化忌星の宮に入った場合のかたちをいいます。出る現象としては生年化忌星の入る宮位の意味合いに凶象意が強く現れます。

※4 入庫忌《にゅうこき》

入庫忌とは、飛星派の「棋譜」のかたちの一つとなり、生年化忌星と自化忌星が、丑・未・辰・戌の土の五行の宮に入った場合のかたちをいいます。現象といたしましては何かに欠けるか、逆に分けるかのどちらかです。分ける場合は、凶意は少ないです。

※5 水命忌《すいめいき》

水命忌とは、有る宮の化忌星が対宮に入る場合をいいます。これはほとんど凶的で吉になりません。まず忌出した宮のエネルギーが削がれます。

※6 自化忌星・自化禄星・自化科星・自化権星

宮の十干から飛ばした四化星が、その十干のつく同じ宮に入ることをそれぞれ自化忌星・自化禄星・自化科星・自化権星といいます。

巻末資料

地方時差早見表

釧　路／＋38分	大　津／　＋4分
札　幌／＋25分	津　／　＋5分
函　館／＋23分	京　都／　＋3分
青　森／＋23分	大　阪／　＋2分
盛　岡／＋25分	奈　良／　＋3分
秋　田／＋21分	和歌山／　＋1分
仙　台／＋24分	神　戸／　＋1分
山　形／＋21分	明　石／　±0分
福　島／＋22分	鳥　取／　−3分
水　戸／＋22分	松　江／　−8分
宇都宮／＋20分	岡　山／　−4分
前　橋／＋17分	広　島／−10分
千　葉／＋21分	山　口／−14分
大　宮／＋19分	高　松／　−4分
東京23区／＋19分	徳　島／　−2分
八王子／＋17分	高　知／　−6分
横　浜／＋19分	松　山／　−9分
新　潟／＋16分	福　岡／−19分
長　野／＋13分	長　崎／−19分
山　梨／＋15分	佐　賀／−19分
静　岡／＋14分	大　分／−13分
名古屋／　＋8分	宮　崎／−14分
岐　阜／　＋7分	熊　本／−17分
富　山／　＋9分	鹿児島／−18分
金　沢／　＋6分	那　覇／−29分
福　井／　＋5分	

時支表

午後11時～午前 1時	子《ね》時
午前 1時～午前 3時	辰《たつ》時
午前 3時～午前 5時	寅《とら》時
午前 5時～午前 7時	卯《う》時
午前 7時～午前 9時	辰《たつ》時
午前 9時～午前11時	巳《み》時
午前11時～午後 1時	午《うま》時
午後 1時～午後 3時	未《ひつじ》時
午後 3時～午後 5時	申《さる》時
午後 5時～午後 7時	酉《とり》時
午後 7時～午後 9時	戌《いぬ》時
午後 9時～午後11時	亥《い》時

命宮・身宮算出表

生時＼旧暦生月	命身	1	2	3	4	5	6	7	8	9	10	11	12
子	命 身	寅	卯	辰	巳	午	未	申	酉	戌	亥	子	丑
丑	命	丑	寅	卯	辰	巳	午	未	申	酉	戌	亥	子
	身	卯	辰	巳	午	未	申	酉	戌	亥	子	丑	寅
寅	命	子	丑	寅	卯	辰	巳	午	未	申	酉	戌	亥
	身	辰	巳	午	未	申	酉	戌	亥	子	丑	寅	卯
卯	命	亥	子	丑	寅	卯	辰	巳	午	未	申	酉	戌
	身	巳	午	未	申	酉	戌	亥	子	丑	寅	卯	辰
辰	命	戌	亥	子	丑	寅	卯	辰	巳	午	未	申	酉
	身	午	未	申	酉	戌	亥	子	丑	寅	卯	辰	巳
巳	命	酉	戌	亥	子	丑	寅	卯	辰	巳	午	未	申
	身	未	申	酉	戌	亥	子	丑	寅	卯	辰	巳	午
午	命 身	申	酉	戌	亥	子	丑	寅	卯	辰	巳	午	未
未	命	未	申	酉	戌	亥	子	丑	寅	卯	辰	巳	午
	身	酉	戌	亥	子	丑	寅	卯	辰	巳	午	未	申
申	命	午	未	申	酉	戌	亥	子	丑	寅	卯	辰	巳
	身	戌	亥	子	丑	寅	卯	辰	巳	午	未	申	酉
酉	命	巳	午	未	申	酉	戌	亥	子	丑	寅	卯	辰
	身	亥	子	丑	寅	卯	辰	巳	午	未	申	酉	戌
戌	命	辰	巳	午	未	申	酉	戌	亥	子	丑	寅	卯
	身	子	丑	寅	卯	辰	巳	午	未	申	酉	戌	亥
亥	命	卯	辰	巳	午	未	申	酉	戌	亥	子	丑	寅
	身	丑	寅	卯	辰	巳	午	未	申	酉	戌	亥	子

十二宮配付表

命宮《めい》 巳	父母《ふぼ》宮 午	福徳《ふくとく》宮 未	田宅《でんたく》宮 申
兄弟《けいてい》宮 辰			官禄《かんろく》宮 酉
夫妻《ふさい》宮 卯			奴僕《ぬぼく》宮 戌
子女《しじょ》宮 寅	財帛《ざいはく》宮 丑	疾厄《しつやく》宮 子	遷移《せんい》宮 亥

十二宮十干配置表

十二宮＼生年干	甲 己	乙 庚	丙 辛	丁 壬	戊 癸
寅	丙	戊	庚	壬	甲

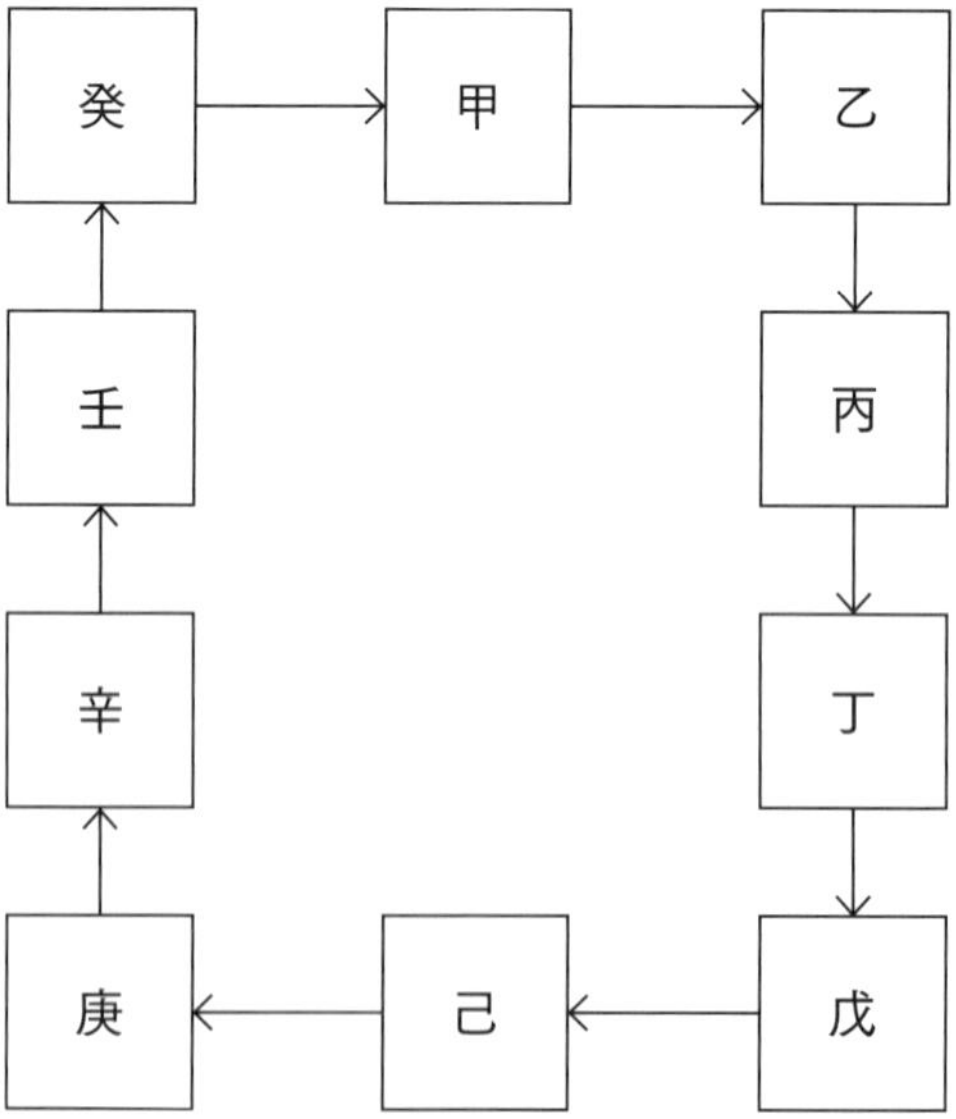

五行局算出表

命宮干 ＼ 命宮支	甲 乙	丙 丁	戊 己	庚 辛	壬 癸
子 丑	金四局	水二局	火六局	土五局	木三局
寅 卯	水二局	火六局	土五局	木三局	金四局
辰 巳	火六局	土五局	木三局	金四局	水二局
午 未	金四局	水二局	火六局	土五局	木三局
申 酉	水二局	火六局	土五局	木三局	金四局
戌 亥	火六局	土五局	木三局	金四局	水二局

紫微星算出表

旧暦生日＼五行局	木	火	土	金	水
1	辰	酉	午	亥	丑
2	丑	午	亥	巳	寅
3	寅	亥	辰	丑	寅
4	巳	辰	丑	寅	卯
5	寅	丑	寅	子	卯
6	卯	寅	未	巳	辰
7	午	戌	子	寅	辰
8	卯	未	巳	卯	巳
9	辰	子	寅	丑	巳
10	未	巳	卯	午	午
11	辰	寅	申	卯	午
12	巳	卯	丑	辰	未
13	申	亥	午	寅	未
14	巳	申	卯	未	申
15	午	丑	辰	辰	申
16	酉	午	酉	巳	酉
17	午	卯	寅	卯	酉
18	未	辰	未	申	戌
19	戌	子	辰	巳	戌
20	未	酉	巳	午	亥
21	申	寅	戌	辰	亥
22	亥	未	卯	酉	子
23	申	辰	申	午	子
24	酉	巳	巳	未	丑
25	子	丑	午	巳	丑
26	酉	戌	亥	戌	寅
27	戌	卯	辰	未	寅
28	丑	申	酉	申	卯
29	戌	巳	午	午	卯
30	亥	午	未	亥	辰

紫微星系主星算出表

紫微星	天機星	太陽星	武曲星	天同星	廉貞星	天府星
子	亥	酉	申	未	辰	辰
丑	子	戌	酉	申	巳	卯
寅	丑	亥	戌	酉	午	寅
卯	寅	子	亥	戌	未	丑
辰	卯	丑	子	亥	申	子
巳	辰	寅	丑	子	酉	亥
午	巳	卯	寅	丑	戌	戌
未	午	辰	卯	寅	亥	酉
申	未	巳	辰	卯	子	申
酉	申	午	巳	辰	丑	未
戌	酉	未	午	巳	寅	午
亥	戌	申	未	午	卯	巳

天府星系主星算出表

天府星	太陰星	貪狼星	巨門星	天相星	天梁星	七殺星	破軍星
子	丑	寅	卯	辰	巳	午	戌
丑	寅	卯	辰	巳	午	未	亥
寅	卯	辰	巳	午	未	申	子
卯	辰	巳	午	未	申	酉	丑
辰	巳	午	未	申	酉	戌	寅
巳	午	未	申	酉	戌	亥	卯
午	未	申	酉	戌	亥	子	辰
未	申	酉	戌	亥	子	丑	巳
申	酉	戌	亥	子	丑	寅	午
酉	戌	亥	子	丑	寅	卯	未
戌	亥	子	丑	寅	卯	辰	申
亥	子	丑	寅	卯	辰	巳	酉

月系星算出表

旧暦 生月 ＼ 星	天姚星	天刑星	左輔星	右弼星	陰煞星
1月	丑	酉	辰	戌	寅
2月	寅	戌	巳	酉	子
3月	卯	亥	午	申	戌
4月	辰	子	未	未	申
5月	巳	丑	申	午	午
6月	午	寅	酉	巳	辰
7月	未	卯	戌	辰	寅
8月	申	辰	亥	卯	子
9月	酉	巳	子	寅	戌
10月	戌	午	丑	丑	申
11月	亥	未	寅	子	午
12月	子	申	卯	亥	辰

年干系星算出表

星／生年干	禄存星	擎羊星	陀羅星	天魁星	天鉞星	化禄星	化権星	化科星	化忌星
甲	寅	卯	丑	丑	未	廉貞星	破軍星	武曲星	太陽星
乙	卯	辰	寅	子	申	天機星	天梁星	紫微星	太陰星
丙	巳	午	辰	亥	酉	天同星	天機星	文昌星	廉貞星
丁	午	未	巳	亥	酉	太陰星	天同星	天機星	巨門星
戊	巳	午	辰	丑	未	貪狼星	太陰星	右弼星	天機星
己	午	未	巳	子	申	武曲星	貪狼星	天梁星	文曲星
庚	申	酉	未	丑	未	太陽星	武曲星	太陰星	天同星
辛	酉	戌	申	午	寅	巨門星	太陽星	文曲星	文昌星
壬	亥	子	戌	卯	巳	天梁星	紫微星	左輔星	武曲星
癸	子	丑	亥	卯	巳	破軍星	巨門星	太陰星	貪狼星

時系星算出表

生年支／生時支					寅／午／戌		申／子／辰		巳／酉／丑		亥／卯／未	
	文昌星	文曲星	天空星	地劫星	火星	鈴星	火星	鈴星	火星	鈴星	火星	鈴星
子	戌	辰	亥	亥	丑	卯	寅	戌	卯	戌	酉	戌
丑	酉	巳	戌	子	寅	辰	卯	亥	辰	亥	戌	亥
寅	申	午	酉	丑	卯	巳	辰	子	巳	子	亥	子
卯	未	未	申	寅	辰	午	巳	丑	午	丑	子	丑
辰	午	申	未	卯	巳	未	午	寅	未	寅	丑	寅
巳	巳	酉	午	辰	午	申	未	卯	申	卯	寅	卯
午	辰	戌	巳	巳	未	酉	申	辰	酉	辰	卯	辰
未	卯	亥	辰	午	申	戌	酉	巳	戌	巳	辰	巳
申	寅	子	卯	未	酉	亥	戌	午	亥	午	巳	午
酉	丑	丑	寅	申	戌	子	亥	未	子	未	午	未
戌	子	寅	丑	酉	亥	丑	子	申	丑	申	未	申
亥	亥	卯	子	戌	子	寅	丑	酉	寅	酉	申	酉

年支系主星算出表

星／生年支	天馬星	紅鸞星	天喜星
子	寅	卯	酉
丑	亥	寅	申
寅	申	丑	未
卯	巳	子	午
辰	寅	亥	巳
巳	亥	戌	辰
午	申	酉	卯
未	巳	申	寅
申	寅	未	丑
酉	亥	午	子
戌	申	巳	亥
亥	巳	辰	戌

太陽星・太陰星光度表

太陽星	力を発揮しやすい宮位	寅　卯　辰　巳　午　未
	力を発揮しにくい宮位	申　酉　戌　亥　子　丑
太陰星	力を発揮しやすい宮位	申　酉　戌　亥　子　丑
	力を発揮しにくい宮位	寅　卯　辰　巳　午　未

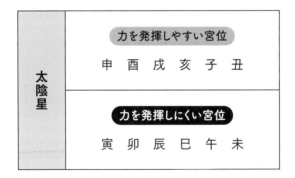

大限早見表

五行局	男女 陰陽 ＼ 大限宮	命宮	兄弟宮	夫妻宮	子女宮	財帛宮	疾厄宮	遷移宮	奴僕宮	官禄宮	田宅宮	福徳宮	父母宮
水二局	陽男 陰女	2-11	112-121	102-111	92-101	82-91	72-81	62-71	52-61	42-51	32-41	22-31	12-21
	陰男 陽女	2-11	12-21	22-31	32-41	42-51	52-61	62-71	72-81	82-91	92-101	102-111	112-121
木三局	陽男 陰女	3-12	113-122	103-112	93-102	83-92	73-82	63-72	53-62	43-52	33-42	23-32	13-22
	陰男 陽女	3-12	13-22	23-32	33-42	43-52	53-62	63-72	73-82	83-92	93-102	103-112	113-122
金四局	陽男 陰女	4-13	114-123	104-113	94-103	84-93	74-83	64-73	54-63	44-53	34-43	24-33	14-23
	陰男 陽女	4-13	14-23	24-33	34-43	44-53	54-63	64-73	74-83	84-93	94-103	104-113	114-123
土五局	陽男 陰女	5-14	115-124	105-114	95-94	85-84	75-84	65-74	55-64	45-54	35-44	25-34	15-24
	陰男 陽女	5-14	15-24	25-34	35-44	45-54	55-64	65-74	75-84	85-94	95-104	105-114	115-124
火六局	陽男 陰女	6-15	116-125	106-115	96-105	86-95	76-85	66-75	56-65	46-55	36-45	26-35	16-25
	陰男 陽女	6-15	16-25	26-35	36-45	46-55	56-65	66-75	76-85	86-95	96-105	106-115	116-125

小限表

本生年支	小限の歳＼小限値宮												
		1	2	3	4	5	6	7	8	9	10	11	12
		13	14	15	16	17	18	19	20	21	22	23	24
		25	26	27	28	29	30	31	32	33	34	35	36
		37	38	39	40	41	42	43	44	45	46	47	48
		49	50	51	52	53	54	55	56	57	58	59	60
		61	62	63	64	65	66	67	68	69	70	71	72
		73	74	75	76	77	78	79	80	81	82	83	84
		85	86	87	88	89	90	91	92	93	94	95	96
		97	98	99	100	101	102	103	104	105	106	107	108
		109	110	111	112	113	114	115	116	117	118	119	120
寅午戌年	男	辰	巳	午	未	申	酉	戌	亥	子	丑	寅	卯
	女	辰	卯	寅	丑	子	亥	戌	酉	申	未	午	巳
巳酉丑年	男	未	申	酉	戌	亥	子	丑	寅	卯	辰	巳	午
	女	未	午	巳	辰	卯	寅	丑	子	亥	戌	酉	申
亥卯未年	男	丑	寅	卯	辰	巳	午	未	申	酉	戌	亥	子
	女	丑	子	亥	戌	酉	申	未	午	巳	辰	卯	寅
申子辰年	男	戌	亥	子	丑	寅	卯	辰	巳	午	未	申	酉
	女	戌	酉	申	未	午	巳	辰	卯	寅	丑	子	亥

子年斗君早見表

生月／生時	1月	2月	3月	4月	5月	6月	7月	8月	9月	10月	11月	12月
子	子	亥	戌	酉	申	未	午	巳	辰	卯	寅	丑
丑	丑	子	亥	戌	酉	申	未	午	巳	辰	卯	寅
寅	寅	丑	子	亥	戌	酉	申	未	午	巳	辰	卯
卯	卯	寅	丑	子	亥	戌	酉	申	未	午	巳	辰
辰	辰	卯	寅	丑	子	亥	戌	酉	申	未	午	巳
巳	巳	辰	卯	寅	丑	子	亥	戌	酉	申	未	午
午	午	巳	辰	卯	寅	丑	子	亥	戌	酉	申	未
未	未	午	巳	辰	卯	寅	丑	子	亥	戌	酉	申
申	申	未	午	巳	辰	卯	寅	丑	子	亥	戌	酉
酉	酉	申	未	午	巳	辰	卯	寅	丑	子	亥	戌
戌	戌	酉	申	未	午	巳	辰	卯	寅	丑	子	亥
亥	亥	戌	酉	申	未	午	巳	辰	卯	寅	丑	子

甲級十四主星早見表

算出する際の参考としてください

太陰《たいいん》星	貪狼《どんろう》星	天同《てんどう》星 巨門《きょもん》星	武曲《ぶきょく》星 天相《てんそう》星
巳	午	未	申
廉貞《れんてい》星 天府《てんぷ》星	紫微星：子宮		太陽《たいよう》星 天梁《てんりょう》星
辰			酉
			七殺《ひっさつ》星
卯			戌
破軍《はぐん》星		紫微《しび》星	天機《てんき》星
寅	丑	子	亥

廉貞《れんてい》星 貪狼《どんろう》星	巨門《きょもん》星	天相《てんそう》星	天同《てんどう》星 天梁《てんりょう》星
巳	午	未	申
太陰《たいいん》星	紫微星：丑宮		武曲《ぶきょく》星 七殺《ひっさつ》星
辰			酉
天府《てんぷ》星			太陽《たいよう》星
卯			戌
	紫微《しび》星 破軍《はぐん》星	天機《てんき》星	
寅	丑	子	亥

巨門《きょもん》星	廉貞《れんてい》星 天相《てんそう》星	天梁《てんりょう》星	七殺《ひっさつ》星
巳	午	未	申
貪狼《どんろう》星	紫微星：寅宮		天同《てんどう》星
辰			酉
太陰《たいいん》星			武曲《ぶきょく》星
卯			戌
紫微《しび》星 天府《てんぷ》星	天機《てんき》星	破軍《はぐん》星	太陽《たいよう》星
寅	丑	子	亥

天相《てんそう》星	天梁《てんりょう》星	廉貞《れんてい》星 七殺《ひっさつ》星	
巳	午	未	申
巨門《きょもん》星	紫微星：卯宮		
辰			酉
紫微《しび》星 貪狼《どんろう》星			天同《てんどう》星
卯			戌
天機《てんき》星 太陰《たいいん》星	天府《てんぷ》星	太陽《たいよう》星	武曲《ぶきょく》星 破軍《はぐん》星
寅	丑	子	亥

甲級十四主星早見表

算出する際の参考としてください

天梁《てんりょう》星 巳	七殺《ひっさつ》星 午	未	廉貞《れんてい》星 申
紫微《しび》星 天相《てんそう》星 辰	紫微星:辰宮		酉
天機《てんき》星 巨門《きょもん》星 卯			破軍《はぐん》星 戌
貪狼《どんろう》星 寅	太陽《たいよう》星 太陰《たいいん》星 丑	武曲《ぶきょく》星 天府《てんぷ》星 子	天同《てんどう》星 亥

紫微《しび》星 七殺《ひっさつ》星 巳	午	未	申
天機《てんき》星 天梁《てんりょう》星 辰	紫微星:巳宮		廉貞《れんてい》星 破軍《はぐん》星 酉
天相《てんそう》星 卯			戌
太陽《たいよう》星 巨門《きょもん》星 寅	武曲《ぶきょく》星 貪狼《どんろう》星 丑	天同《てんどう》星 太陰《たいいん》星 子	天府《てんぷ》星 亥

天機《てんき》星 巳	紫微《しび》星 午	未	破軍《はぐん》星 申
七殺《ひっさつ》星 辰	紫微星:午宮		酉
太陽《たいよう》星 天梁《てんりょう》星 卯			廉貞《れんてい》星 天府《てんぷ》星 戌
武曲《ぶきょく》星 天相《てんそう》星 寅	天同《てんどう》星 巨門《きょもん》星 丑	貪狼《どんろう》星 子	太陰《たいいん》星 亥

巳	天機《てんき》星 午	紫微《しび》星 破軍《はぐん》星 未	申
太陽《たいよう》星 辰	紫微星:未宮		天府《てんぷ》星 酉
武曲《ぶきょく》星 七殺《ひっさつ》星 卯			太陰《たいいん》星 戌
天同《てんどう》星 天梁《てんりょう》星 寅	天相《てんそう》星 丑	巨門《きょもん》星 子	廉貞《れんてい》星 貪狼《どんろう》星 亥

甲級十四主星早見表

算出する際の参考としてください

太陽《たいよう》星 巳	破軍《はぐん》星 午	天機《てんき》星 未	紫微《しび》星 天府《てんぷ》星 申
武曲《ぶきょく》星 辰	紫微星: 申宮		太陰《たいいん》星 酉
天同《てんどう》星 卯			貪狼《どんろう》星 戌
七殺《ひっさつ》星 寅	天梁《てんりょう》星 丑	廉貞《れんてい》星 天相《てんそう》星 子	巨門《きょもん》星 亥

武曲《ぶきょく》星 破軍《はぐん》星 巳	太陽《たいよう》星 午	天府《てんぷ》星 未	天機《てんき》星 太陰《たいいん》星 申
天同《てんどう》星 辰	紫微星: 酉宮		紫微《しび》星 貪狼《どんろう》星 酉
卯			巨門《きょもん》星 戌
寅	廉貞《れんてい》星 七殺《ひっさつ》星 丑	天梁《てんりょう》星 子	天相《てんそう》星 亥

天同《てんどう》星 巳	武曲《ぶきょく》星 天府《てんぷ》星 午	太陽《たいよう》星 太陰《たいいん》星 未	貪狼《どんろう》星 申
破軍《はぐん》星 辰	紫微星: 戌宮		天機《てんき》星 巨門《きょもん》星 酉
卯			紫微《しび》星 天相《てんそう》星 戌
廉貞《れんてい》星 寅	丑	七殺《ひっさつ》星 子	天梁《てんりょう》星 亥

天府《てんぷ》星 巳	天同《てんどう》星 太陰《たいいん》星 午	武曲《ぶきょく》星 貪狼《どんろう》星 未	太陽《たいよう》星 巨門《きょもん》星 申
辰	紫微星: 亥宮		天相《てんそう》星 酉
廉貞《れんてい》星 破軍《はぐん》星 卯			天機《てんき》星 天梁《てんりょう》星 戌
寅	丑	子	紫微《しび》星 七殺《ひっさつ》星 亥

1926年【丙寅】

6月			5月			4月			3月			2月			正月			月別
乙未			甲午			癸巳			壬辰			辛卯			庚寅			月柱
六白			七赤			八白			九紫			一白			二黒			紫白
陽暦		日柱	陽暦		日柱	陽暦		日柱	陽暦		日柱	陽暦		日柱	陽暦		日柱	農暦
月	日		月	日		月	日		月	日		月	日		月	日		
7	10	庚子	6	10	庚午	5	12	辛丑	4	12	辛未	3	14	壬寅	2	13	癸酉	初一
7	11	辛丑	6	11	辛未	5	13	壬寅	4	13	壬申	3	15	癸卯	2	14	甲戌	初二
7	12	壬寅	6	12	壬申	5	14	癸卯	4	14	癸酉	3	16	甲辰	2	15	乙亥	初三
7	13	癸卯	6	13	癸酉	5	15	甲辰	4	15	甲戌	3	17	乙巳	2	16	丙子	初四
7	14	甲辰	6	14	甲戌	5	16	乙巳	4	16	乙亥	3	18	丙午	2	17	丁丑	初五
7	15	乙巳	6	15	乙亥	5	17	丙午	4	17	丙子	3	19	丁未	2	18	戊寅	初六
7	16	丙午	6	16	丙子	5	18	丁未	4	18	丁丑	3	20	戊申	2	19	己卯	初七
7	17	丁未	6	17	丁丑	5	19	戊申	4	19	戊寅	3	21	己酉	2	20	庚辰	初八
7	18	戊申	6	18	戊寅	5	20	己酉	4	20	己卯	3	22	庚戌	2	21	辛巳	初九
7	19	己酉	6	19	己卯	5	21	庚戌	4	21	庚辰	3	23	辛亥	2	22	壬午	初十
7	20	庚戌	6	20	庚辰	5	22	辛亥	4	22	辛巳	3	24	壬子	2	23	癸未	十一
7	21	辛亥	6	21	辛巳	5	23	壬子	4	23	壬午	3	25	癸丑	2	24	甲申	十二
7	22	壬子	6	22	壬午	5	24	癸丑	4	24	癸未	3	26	甲寅	2	25	乙酉	十三
7	23	癸丑	6	23	癸未	5	25	甲寅	4	25	甲申	3	27	乙卯	2	26	丙戌	十四
7	24	甲寅	6	24	甲申	5	26	乙卯	4	26	乙酉	3	28	丙辰	2	27	丁亥	十五
7	25	乙卯	6	25	乙酉	5	27	丙辰	4	27	丙戌	3	29	丁巳	2	28	戊子	十六
7	26	丙辰	6	26	丙戌	5	28	丁巳	4	28	丁亥	3	30	戊午	3	1	己丑	十七
7	27	丁巳	6	27	丁亥	5	29	戊午	4	29	戊子	3	31	己未	3	2	庚寅	十八
7	28	戊午	6	28	戊子	5	30	己未	4	30	己丑	4	1	庚申	3	3	辛卯	十九
7	29	己未	6	29	己丑	5	31	庚申	5	1	庚寅	4	2	辛酉	3	4	壬辰	二十
7	30	庚申	6	30	庚寅	6	1	辛酉	5	2	辛卯	4	3	壬戌	3	5	癸巳	廿一
7	31	辛酉	7	1	辛卯	6	2	壬戌	5	3	壬辰	4	4	癸亥	3	6	甲午	廿二
8	1	壬戌	7	2	壬辰	6	3	癸亥	5	4	癸巳	4	5	甲子	3	7	乙未	廿三
8	2	癸亥	7	3	癸巳	6	4	甲子	5	5	甲午	4	6	乙丑	3	8	丙申	廿四
8	3	甲子	7	4	甲午	6	5	乙丑	5	6	乙未	4	7	丙寅	3	9	丁酉	廿五
8	4	乙丑	7	5	乙未	6	6	丙寅	5	7	丙申	4	8	丁卯	3	10	戊戌	廿六
8	5	丙寅	7	6	丙申	6	7	丁卯	5	8	丁酉	4	9	戊辰	3	11	己亥	廿七
8	6	丁卯	7	7	丁酉	6	8	戊辰	5	9	戊戌	4	10	己巳	3	12	庚子	廿八
8	7	戊辰	7	8	戊戌	6	9	己巳	5	10	己亥	4	11	庚午	3	13	辛丑	廿九
			7	9	己亥				5	11	庚子							三十

月別	12月			11月			10月			9月			8月			7月		
月柱	辛丑			庚子			己亥			戊戌			丁酉			丙申		
紫白	九紫			一白			二黑			三碧			四緑			五黄		
農暦	陽暦		日柱	陽暦		日柱	陽暦		日柱	陽暦		日柱	陽暦		日柱	陽暦		日柱
	月	日		月	日		月	日		月	日		月	日		月	日	
初一	1	4	戊戌	12	5	戊辰	11	5	戊戌	10	7	己巳	9	7	己亥	8	8	己巳
初二	1	5	己亥	12	6	己巳	11	6	己亥	10	8	庚午	9	8	庚子	8	9	庚午
初三	1	6	庚子	12	7	庚午	11	7	庚子	10	9	辛未	9	9	辛丑	8	10	辛未
初四	1	7	辛丑	12	8	辛未	11	8	辛丑	10	10	壬申	9	10	壬寅	8	11	壬申
初五	1	8	壬寅	12	9	壬申	11	9	壬寅	10	11	癸酉	9	11	癸卯	8	12	癸酉
初六	1	9	癸卯	12	10	癸酉	11	10	癸卯	10	12	甲戌	9	12	甲辰	8	13	甲戌
初七	1	10	甲辰	12	11	甲戌	11	11	甲辰	10	13	乙亥	9	13	乙巳	8	14	乙亥
初八	1	11	乙巳	12	12	乙亥	11	12	乙巳	10	14	丙子	9	14	丙午	8	15	丙子
初九	1	12	丙午	12	13	丙子	11	13	丙午	10	15	丁丑	9	15	丁未	8	16	丁丑
初十	1	13	丁未	12	14	丁丑	11	14	丁未	10	16	戊寅	9	16	戊申	8	17	戊寅
十一	1	14	戊申	12	15	戊寅	11	15	戊申	10	17	己卯	9	17	己酉	8	18	己卯
十二	1	15	己酉	12	16	己卯	11	16	己酉	10	18	庚辰	9	18	庚戌	8	19	庚辰
十三	1	16	庚戌	12	17	庚辰	11	17	庚戌	10	19	辛巳	9	19	辛亥	8	20	辛巳
十四	1	17	辛亥	12	18	辛巳	11	18	辛亥	10	20	壬午	9	20	壬子	8	21	壬午
十五	1	18	壬子	12	19	壬午	11	19	壬子	10	21	癸未	9	21	癸丑	8	22	癸未
十六	1	19	癸丑	12	20	癸未	11	20	癸丑	10	22	甲申	9	22	甲寅	8	23	甲申
十七	1	20	甲寅	12	21	甲申	11	21	甲寅	10	23	乙酉	9	23	乙卯	8	24	乙酉
十八	1	21	乙卯	12	22	乙酉	11	22	乙卯	10	24	丙戌	9	24	丙辰	8	25	丙戌
十九	1	22	丙辰	12	23	丙戌	11	23	丙辰	10	25	丁亥	9	25	丁巳	8	26	丁亥
二十	1	23	丁巳	12	24	丁亥	11	24	丁巳	10	26	戊子	9	26	戊午	8	27	戊子
廿一	1	24	戊午	12	25	戊子	11	25	戊午	10	27	己丑	9	27	己未	8	28	己丑
廿二	1	25	己未	12	26	己丑	11	26	己未	10	28	庚寅	9	28	庚申	8	29	庚寅
廿三	1	26	庚申	12	27	庚寅	11	27	庚申	10	29	辛卯	9	29	辛酉	8	30	辛卯
廿四	1	27	辛酉	12	28	辛卯	11	28	辛酉	10	30	壬辰	9	30	壬戌	8	31	壬辰
廿五	1	28	壬戌	12	29	壬辰	11	29	壬戌	10	31	癸巳	10	1	癸亥	9	1	癸巳
廿六	1	29	癸亥	12	30	癸巳	11	30	癸亥	11	1	甲午	10	2	甲子	9	2	甲午
廿七	1	30	甲子	12	31	甲午	12	1	甲子	11	2	乙未	10	3	乙丑	9	3	乙未
廿八	1	31	乙丑	1	1	乙未	12	2	乙丑	11	3	丙申	10	4	丙寅	9	4	丙申
廿九	2	1	丙寅	1	2	丙申	12	3	丙寅	11	4	丁酉	10	5	丁卯	9	5	丁酉
三十				1	3	丁酉	12	4	丁卯				10	6	戊辰	9	6	戊戌

1927年【丁卯】

6月			5月			4月			3月			2月			正月			月別
丁未			丙午			乙巳			甲辰			癸卯			壬寅			月柱
三碧			四緑			五黄			六白			七赤			八白			紫白
陽暦		日柱	陽暦		日柱	陽暦		日柱	陽暦		日柱	陽暦		日柱	陽暦		日柱	農暦
月	日		月	日		月	日		月	日		月	日		月	日		
6	29	甲午	5	31	乙丑	5	1	乙未	4	2	丙寅	3	4	丁酉	2	2	丁卯	初一
6	30	乙未	6	1	丙寅	5	2	丙申	4	3	丁卯	3	5	戊戌	2	3	戊辰	初二
7	1	丙申	6	2	丁卯	5	3	丁酉	4	4	戊辰	3	6	己亥	2	4	己巳	初三
7	2	丁酉	6	3	戊辰	5	4	戊戌	4	5	己巳	3	7	庚子	2	5	庚午	初四
7	3	戊戌	6	4	己巳	5	5	己亥	4	6	庚午	3	8	辛丑	2	6	辛未	初五
7	4	己亥	6	5	庚午	5	6	庚子	4	7	辛未	3	9	壬寅	2	7	壬申	初六
7	5	庚子	6	6	辛未	5	7	辛丑	4	8	壬申	3	10	癸卯	2	8	癸酉	初七
7	6	辛丑	6	7	壬申	5	8	壬寅	4	9	癸酉	3	11	甲辰	2	9	甲戌	初八
7	7	壬寅	6	8	癸酉	5	9	癸卯	4	10	甲戌	3	12	乙巳	2	10	乙亥	初九
7	8	癸卯	6	9	甲戌	5	10	甲辰	4	11	乙亥	3	13	丙午	2	11	丙子	初十
7	9	甲辰	6	10	乙亥	5	11	乙巳	4	12	丙子	3	14	丁未	2	12	丁丑	十一
7	10	乙巳	6	11	丙子	5	12	丙午	4	13	丁丑	3	15	戊申	2	13	戊寅	十二
7	11	丙午	6	12	丁丑	5	13	丁未	4	14	戊寅	3	16	己酉	2	14	己卯	十三
7	12	丁未	6	13	戊寅	5	14	戊申	4	15	己卯	3	17	庚戌	2	15	庚辰	十四
7	13	戊申	6	14	己卯	5	15	己酉	4	16	庚辰	3	18	辛亥	2	16	辛巳	十五
7	14	己酉	6	15	庚辰	5	16	庚戌	4	17	辛巳	3	19	壬子	2	17	壬午	十六
7	15	庚戌	6	16	辛巳	5	17	辛亥	4	18	壬午	3	20	癸丑	2	18	癸未	十七
7	16	辛亥	6	17	壬午	5	18	壬子	4	19	癸未	3	21	甲寅	2	19	甲申	十八
7	17	壬子	6	18	癸未	5	19	癸丑	4	20	甲申	3	22	乙卯	2	20	乙酉	十九
7	18	癸丑	6	19	甲申	5	20	甲寅	4	21	乙酉	3	23	丙辰	2	21	丙戌	二十
7	19	甲寅	6	20	乙酉	5	21	乙卯	4	22	丙戌	3	24	丁巳	2	22	丁亥	廿一
7	20	乙卯	6	21	丙戌	5	22	丙辰	4	23	丁亥	3	25	戊午	2	23	戊子	廿二
7	21	丙辰	6	22	丁亥	5	23	丁巳	4	24	戊子	3	26	己未	2	24	己丑	廿三
7	22	丁巳	6	23	戊子	5	24	戊午	4	25	己丑	3	27	庚申	2	25	庚寅	廿四
7	23	戊午	6	24	己丑	5	25	己未	4	26	庚寅	3	28	辛酉	2	26	辛卯	廿五
7	24	己未	6	25	庚寅	5	26	庚申	4	27	辛卯	3	29	壬戌	2	27	壬辰	廿六
7	25	庚申	6	26	辛卯	5	27	辛酉	4	28	壬辰	3	30	癸亥	2	28	癸巳	廿七
7	26	辛酉	6	27	壬辰	5	28	壬戌	4	29	癸巳	3	31	甲子	3	1	甲午	廿八
7	27	壬戌	6	28	癸巳	5	29	癸亥	4	30	甲午	4	1	乙丑	3	2	乙未	廿九
7	28	癸亥				5	30	甲子							3	3	丙申	三十

月別	12月			11月			10月			9月			8月			7月		
月柱	癸丑			壬子			辛亥			庚戌			己酉			戊申		
紫白	六白			七赤			八白			九紫			一白			二黒		
農暦	陽暦		日柱	陽暦		日柱	陽暦		日柱	陽暦		日柱	陽暦		日柱	陽暦		日柱
	月	日		月	日		月	日		月	日		月	日		月	日	
初一	12	24	壬辰	11	24	壬戌	10	25	壬辰	9	26	癸亥	8	27	癸巳	7	29	甲子
初二	12	25	癸巳	11	25	癸亥	10	26	癸巳	9	27	甲子	8	28	甲午	7	30	乙丑
初三	12	26	甲午	11	26	甲子	10	27	甲午	9	28	乙丑	8	29	乙未	7	31	丙寅
初四	12	27	乙未	11	27	乙丑	10	28	乙未	9	29	丙寅	8	30	丙申	8	1	丁卯
初五	12	28	丙申	11	28	丙寅	10	29	丙申	9	30	丁卯	8	31	丁酉	8	2	戊辰
初六	12	29	丁酉	11	29	丁卯	10	30	丁酉	10	1	戊辰	9	1	戊戌	8	3	己巳
初七	12	30	戊戌	11	30	戊辰	10	31	戊戌	10	2	己巳	9	2	己亥	8	4	庚午
初八	12	31	己亥	12	1	己巳	11	1	己亥	10	3	庚午	9	3	庚子	8	5	辛未
初九	1	1	庚子	12	2	庚午	11	2	庚子	10	4	辛未	9	4	辛丑	8	6	壬申
初十	1	2	辛丑	12	3	辛未	11	3	辛丑	10	5	壬申	9	5	壬寅	8	7	癸酉
十一	1	3	壬寅	12	4	壬申	11	4	壬寅	10	6	癸酉	9	6	癸卯	8	8	甲戌
十二	1	4	癸卯	12	5	癸酉	11	5	癸卯	10	7	甲戌	9	7	甲辰	8	9	乙亥
十三	1	5	甲辰	12	6	甲戌	11	6	甲辰	10	8	乙亥	9	8	乙巳	8	10	丙子
十四	1	6	乙巳	12	7	乙亥	11	7	乙巳	10	9	丙子	9	9	丙午	8	11	丁丑
十五	1	7	丙午	12	8	丙子	11	8	丙午	10	10	丁丑	9	10	丁未	8	12	戊寅
十六	1	8	丁未	12	9	丁丑	11	9	丁未	10	11	戊寅	9	11	戊申	8	13	己卯
十七	1	9	戊申	12	10	戊寅	11	10	戊申	10	12	己卯	9	12	己酉	8	14	庚辰
十八	1	10	己酉	12	11	己卯	11	11	己酉	10	13	庚辰	9	13	庚戌	8	15	辛巳
十九	1	11	庚戌	12	12	庚辰	11	12	庚戌	10	14	辛巳	9	14	辛亥	8	16	壬午
二十	1	12	辛亥	12	13	辛巳	11	13	辛亥	10	15	壬午	9	15	壬子	8	17	癸未
廿一	1	13	壬子	12	14	壬午	11	14	壬子	10	16	癸未	9	16	癸丑	8	18	甲申
廿二	1	14	癸丑	12	15	癸未	11	15	癸丑	10	17	甲申	9	17	甲寅	8	19	乙酉
廿三	1	15	甲寅	12	16	甲申	11	16	甲寅	10	18	乙酉	9	18	乙卯	8	20	丙戌
廿四	1	16	乙卯	12	17	乙酉	11	17	乙卯	10	19	丙戌	9	19	丙辰	8	21	丁亥
廿五	1	17	丙辰	12	18	丙戌	11	18	丙辰	10	20	丁亥	9	20	丁巳	8	22	戊子
廿六	1	18	丁巳	12	19	丁亥	11	19	丁巳	10	21	戊子	9	21	戊午	8	23	己丑
廿七	1	19	戊午	12	20	戊子	11	20	戊午	10	22	己丑	9	22	己未	8	24	庚寅
廿八	1	20	己未	12	21	己丑	11	21	己未	10	23	庚寅	9	23	庚申	8	25	辛卯
廿九	1	21	庚申	12	22	庚寅	11	22	庚申	10	24	辛卯	9	24	辛酉	8	26	壬辰
三十	1	22	辛酉	12	23	辛卯	11	23	辛酉				9	25	壬戌			

1928年【戊辰】

6月			5月			4月			3月			閏2月			2月			正月			月別
己未			戊午			丁巳			丙辰						乙卯			甲寅			月柱
九紫			一白			二黒			三碧						四緑			五黄			紫白
陽暦		日柱	陽暦		日柱	陽暦		日柱	陽暦		日柱	陽暦		日柱	陽暦		日柱	陽暦		日柱	農暦
月	日		月	日		月	日		月	日		月	日		月	日		月	日		
7	17	戊午	6	18	己丑	5	19	己未	4	20	庚寅	3	22	辛酉	2	21	辛卯	1	23	壬戌	初一
7	18	己未	6	19	庚寅	5	20	庚申	4	21	辛卯	3	23	壬戌	2	22	壬辰	1	24	癸亥	初二
7	19	庚申	6	20	辛卯	5	21	辛酉	4	22	壬辰	3	24	癸亥	2	23	癸巳	1	25	甲子	初三
7	20	辛酉	6	21	壬辰	5	22	壬戌	4	23	癸巳	3	25	甲子	2	24	甲午	1	26	乙丑	初四
7	21	壬戌	6	22	癸巳	5	23	癸亥	4	24	甲午	3	26	乙丑	2	25	乙未	1	27	丙寅	初五
7	22	癸亥	6	23	甲午	5	24	甲子	4	25	乙未	3	27	丙寅	2	26	丙申	1	28	丁卯	初六
7	23	甲子	6	24	乙未	5	25	乙丑	4	26	丙申	3	28	丁卯	2	27	丁酉	1	29	戊辰	初七
7	24	乙丑	6	25	丙申	5	26	丙寅	4	27	丁酉	3	29	戊辰	2	28	戊戌	1	30	己巳	初八
7	25	丙寅	6	26	丁酉	5	27	丁卯	4	28	戊戌	3	30	己巳	2	29	己亥	1	31	庚午	初九
7	26	丁卯	6	27	戊戌	5	28	戊辰	4	29	己亥	3	31	庚午	3	1	庚子	2	1	辛未	初十
7	27	戊辰	6	28	己亥	5	29	己巳	4	30	庚子	4	1	辛未	3	2	辛丑	2	2	壬申	十一
7	28	己巳	6	29	庚子	5	30	庚午	5	1	辛丑	4	2	壬申	3	3	壬寅	2	3	癸酉	十二
7	29	庚午	6	30	辛丑	5	31	辛未	5	2	壬寅	4	3	癸酉	3	4	癸卯	2	4	甲戌	十三
7	30	辛未	7	1	壬寅	6	1	壬申	5	3	癸卯	4	4	甲戌	3	5	甲辰	2	5	乙亥	十四
7	31	壬申	7	2	癸卯	6	2	癸酉	5	4	甲辰	4	5	乙亥	3	6	乙巳	2	6	丙子	十五
8	1	癸酉	7	3	甲辰	6	3	甲戌	5	5	乙巳	4	6	丙子	3	7	丙午	2	7	丁丑	十六
8	2	甲戌	7	4	乙巳	6	4	乙亥	5	6	丙午	4	7	丁丑	3	8	丁未	2	8	戊寅	十七
8	3	乙亥	7	5	丙午	6	5	丙子	5	7	丁未	4	8	戊寅	3	9	戊申	2	9	己卯	十八
8	4	丙子	7	6	丁未	6	6	丁丑	5	8	戊申	4	9	己卯	3	10	己酉	2	10	庚辰	十九
8	5	丁丑	7	7	戊申	6	7	戊寅	5	9	己酉	4	10	庚辰	3	11	庚戌	2	11	辛巳	二十
8	6	戊寅	7	8	己酉	6	8	己卯	5	10	庚戌	4	11	辛巳	3	12	辛亥	2	12	壬午	廿一
8	7	己卯	7	9	庚戌	6	9	庚辰	5	11	辛亥	4	12	壬午	3	13	壬子	2	13	癸未	廿二
8	8	庚辰	7	10	辛亥	6	10	辛巳	5	12	壬子	4	13	癸未	3	14	癸丑	2	14	甲申	廿三
8	9	辛巳	7	11	壬子	6	11	壬午	5	13	癸丑	4	14	甲申	3	15	甲寅	2	15	乙酉	廿四
8	10	壬午	7	12	癸丑	6	12	癸未	5	14	甲寅	4	15	乙酉	3	16	乙卯	2	16	丙戌	廿五
8	11	癸未	7	13	甲寅	6	13	甲申	5	15	乙卯	4	16	丙戌	3	17	丙辰	2	17	丁亥	廿六
8	12	甲申	7	14	乙卯	6	14	乙酉	5	16	丙辰	4	17	丁亥	3	18	丁巳	2	18	戊子	廿七
8	13	乙酉	7	15	丙辰	6	15	丙戌	5	17	丁巳	4	18	戊子	3	19	戊午	2	19	己丑	廿八
8	14	丙戌	7	16	丁巳	6	16	丁亥	5	18	戊午	4	19	己丑	3	20	己未	2	20	庚寅	廿九
						6	17	戊子							3	21	庚申				三十

月別	12月			11月			10月			9月			8月			7月		
月柱	乙丑			甲子			癸亥			壬戌			辛酉			庚申		
紫白	三碧			四緑			五黄			六白			七赤			八白		
農暦	陽暦		日柱	陽暦		日柱	陽暦		日柱	陽暦		日柱	陽暦		日柱	陽暦		日柱
	月	日		月	日		月	日		月	日		月	日		月	日	
初一	1	11	丙辰	12	12	丙戌	11	12	丙辰	10	13	丙戌	9	14	丁巳	8	15	丁亥
初二	1	12	丁巳	12	13	丁亥	11	13	丁巳	10	14	丁亥	9	15	戊午	8	16	戊子
初三	1	13	戊午	12	14	戊子	11	14	戊午	10	15	戊子	9	16	己未	8	17	己丑
初四	1	14	己未	12	15	己丑	11	15	己未	10	16	己丑	9	17	庚申	8	18	庚寅
初五	1	15	庚申	12	16	庚寅	11	16	庚申	10	17	庚寅	9	18	辛酉	8	19	辛卯
初六	1	16	辛酉	12	17	辛卯	11	17	辛酉	10	18	辛卯	9	19	壬戌	8	20	壬辰
初七	1	17	壬戌	12	18	壬辰	11	18	壬戌	10	19	壬辰	9	20	癸亥	8	21	癸巳
初八	1	18	癸亥	12	19	癸巳	11	19	癸亥	10	20	癸巳	9	21	甲子	8	22	甲午
初九	1	19	甲子	12	20	甲午	11	20	甲子	10	21	甲午	9	22	乙丑	8	23	乙未
初十	1	20	乙丑	12	21	乙未	11	21	乙丑	10	22	乙未	9	23	丙寅	8	24	丙申
十一	1	21	丙寅	12	22	丙申	11	22	丙寅	10	23	丙申	9	24	丁卯	8	25	丁酉
十二	1	22	丁卯	12	23	丁酉	11	23	丁卯	10	24	丁酉	9	25	戊辰	8	26	戊戌
十三	1	23	戊辰	12	24	戊戌	11	24	戊辰	10	25	戊戌	9	26	己巳	8	27	己亥
十四	1	24	己巳	12	25	己亥	11	25	己巳	10	26	己亥	9	27	庚午	8	28	庚子
十五	1	25	庚午	12	26	庚子	11	26	庚午	10	27	庚子	9	28	辛未	8	29	辛丑
十六	1	26	辛未	12	27	辛丑	11	27	辛未	10	28	辛丑	9	29	壬申	8	30	壬寅
十七	1	27	壬申	12	28	壬寅	11	28	壬申	10	29	壬寅	9	30	癸酉	8	31	癸卯
十八	1	28	癸酉	12	29	癸卯	11	29	癸酉	10	30	癸卯	10	1	甲戌	9	1	甲辰
十九	1	29	甲戌	12	30	甲辰	11	30	甲戌	10	31	甲辰	10	2	乙亥	9	2	乙巳
二十	1	30	乙亥	12	31	乙巳	12	1	乙亥	11	1	乙巳	10	3	丙子	9	3	丙午
廿一	1	31	丙子	1	1	丙午	12	2	丙子	11	2	丙午	10	4	丁丑	9	4	丁未
廿二	2	1	丁丑	1	2	丁未	12	3	丁丑	11	3	丁未	10	5	戊寅	9	5	戊申
廿三	2	2	戊寅	1	3	戊申	12	4	戊寅	11	4	戊申	10	6	己卯	9	6	己酉
廿四	2	3	己卯	1	4	己酉	12	5	己卯	11	5	己酉	10	7	庚辰	9	7	庚戌
廿五	2	4	庚辰	1	5	庚戌	12	6	庚辰	11	6	庚戌	10	8	辛巳	9	8	辛亥
廿六	2	5	辛巳	1	6	辛亥	12	7	辛巳	11	7	辛亥	10	9	壬午	9	9	壬子
廿七	2	6	壬午	1	7	壬子	12	8	壬午	11	8	壬子	10	10	癸未	9	10	癸丑
廿八	2	7	癸未	1	8	癸丑	12	9	癸未	11	9	癸丑	10	11	甲申	9	11	甲寅
廿九	2	8	甲申	1	9	甲寅	12	10	甲申	11	10	甲寅	10	12	乙酉	9	12	乙卯
三十	2	9	乙酉	1	10	乙卯	12	11	乙酉	11	11	乙卯				9	13	丙辰

1929年【己巳】

6月			5月			4月			3月			2月			正月			月別
辛未			庚午			己巳			戊辰			丁卯			丙寅			月柱
六白			七赤			八白			九紫			一白			二黒			紫白
陽暦		日柱	陽暦		日柱	陽暦		日柱	陽暦		日柱	陽暦		日柱	陽暦		日柱	農暦
月	日		月	日		月	日		月	日		月	日		月	日		
7	7	癸丑	6	7	癸未	5	9	甲寅	4	10	乙酉	3	11	乙卯	2	10	丙戌	初一
7	8	甲寅	6	8	甲申	5	10	乙卯	4	11	丙戌	3	12	丙辰	2	11	丁亥	初二
7	9	乙卯	6	9	乙酉	5	11	丙辰	4	12	丁亥	3	13	丁巳	2	12	戊子	初三
7	10	丙辰	6	10	丙戌	5	12	丁巳	4	13	戊子	3	14	戊午	2	13	己丑	初四
7	11	丁巳	6	11	丁亥	5	13	戊午	4	14	己丑	3	15	己未	2	14	庚寅	初五
7	12	戊午	6	12	戊子	5	14	己未	4	15	庚寅	3	16	庚申	2	15	辛卯	初六
7	13	己未	6	13	己丑	5	15	庚申	4	16	辛卯	3	17	辛酉	2	16	壬辰	初七
7	14	庚申	6	14	庚寅	5	16	辛酉	4	17	壬辰	3	18	壬戌	2	17	癸巳	初八
7	15	辛酉	6	15	辛卯	5	17	壬戌	4	18	癸巳	3	19	癸亥	2	18	甲午	初九
7	16	壬戌	6	16	壬辰	5	18	癸亥	4	19	甲午	3	20	甲子	2	19	乙未	初十
7	17	癸亥	6	17	癸巳	5	19	甲子	4	20	乙未	3	21	乙丑	2	20	丙申	十一
7	18	甲子	6	18	甲午	5	20	乙丑	4	21	丙申	3	22	丙寅	2	21	丁酉	十二
7	19	乙丑	6	19	乙未	5	21	丙寅	4	22	丁酉	3	23	丁卯	2	22	戊戌	十三
7	20	丙寅	6	20	丙申	5	22	丁卯	4	23	戊戌	3	24	戊辰	2	23	己亥	十四
7	21	丁卯	6	21	丁酉	5	23	戊辰	4	24	己亥	3	25	己巳	2	24	庚子	十五
7	22	戊辰	6	22	戊戌	5	24	己巳	4	25	庚子	3	26	庚午	2	25	辛丑	十六
7	23	己巳	6	23	己亥	5	25	庚午	4	26	辛丑	3	27	辛未	2	26	壬寅	十七
7	24	庚午	6	24	庚子	5	26	辛未	4	27	壬寅	3	28	壬申	2	27	癸卯	十八
7	25	辛未	6	25	辛丑	5	27	壬申	4	28	癸卯	3	29	癸酉	2	28	甲辰	十九
7	26	壬申	6	26	壬寅	5	28	癸酉	4	29	甲辰	3	30	甲戌	3	1	乙巳	二十
7	27	癸酉	6	27	癸卯	5	29	甲戌	4	30	乙巳	3	31	乙亥	3	2	丙午	廿一
7	28	甲戌	6	28	甲辰	5	30	乙亥	5	1	丙午	4	1	丙子	3	3	丁未	廿二
7	29	乙亥	6	29	乙巳	5	31	丙子	5	2	丁未	4	2	丁丑	3	4	戊申	廿三
7	30	丙子	6	30	丙午	6	1	丁丑	5	3	戊申	4	3	戊寅	3	5	己酉	廿四
7	31	丁丑	7	1	丁未	6	2	戊寅	5	4	己酉	4	4	己卯	3	6	庚戌	廿五
8	1	戊寅	7	2	戊申	6	3	己卯	5	5	庚戌	4	5	庚辰	3	7	辛亥	廿六
8	2	己卯	7	3	己酉	6	4	庚辰	5	6	辛亥	4	6	辛巳	3	8	壬子	廿七
8	3	庚辰	7	4	庚戌	6	5	辛巳	5	7	壬子	4	7	壬午	3	9	癸丑	廿八
8	4	辛巳	7	5	辛亥	6	6	壬午	5	8	癸丑	4	8	癸未	3	10	甲寅	廿九
			7	6	壬子							4	9	甲申				三十

月別	12月			11月			10月			9月			8月			7月		
月柱	丁丑			丙子			乙亥			甲戌			癸酉			壬申		
紫白	九紫			一白			二黒			三碧			四緑			五黄		
農暦	陽暦		日柱	陽暦		日柱	陽暦		日柱	陽暦		日柱	陽暦		日柱	陽暦		日柱
	月	日		月	日		月	日		月	日		月	日		月	日	
初一	12	31	庚戌	12	1	庚辰	11	1	庚戌	10	3	辛巳	9	3	辛亥	8	5	壬午
初二	1	1	辛亥	12	2	辛巳	11	2	辛亥	10	4	壬午	9	4	壬子	8	6	癸未
初三	1	2	壬子	12	3	壬午	11	3	壬子	10	5	癸未	9	5	癸丑	8	7	甲申
初四	1	3	癸丑	12	4	癸未	11	4	癸丑	10	6	甲申	9	6	甲寅	8	8	乙酉
初五	1	4	甲寅	12	5	甲申	11	5	甲寅	10	7	乙酉	9	7	乙卯	8	9	丙戌
初六	1	5	乙卯	12	6	乙酉	11	6	乙卯	10	8	丙戌	9	8	丙辰	8	10	丁亥
初七	1	6	丙辰	12	7	丙戌	11	7	丙辰	10	9	丁亥	9	9	丁巳	8	11	戊子
初八	1	7	丁巳	12	8	丁亥	11	8	丁巳	10	10	戊子	9	10	戊午	8	12	己丑
初九	1	8	戊午	12	9	戊子	11	9	戊午	10	11	己丑	9	11	己未	8	13	庚寅
初十	1	9	己未	12	10	己丑	11	10	己未	10	12	庚寅	9	12	庚申	8	14	辛卯
十一	1	10	庚申	12	11	庚寅	11	11	庚申	10	13	辛卯	9	13	辛酉	8	15	壬辰
十二	1	11	辛酉	12	12	辛卯	11	12	辛酉	10	14	壬辰	9	14	壬戌	8	16	癸巳
十三	1	12	壬戌	12	13	壬辰	11	13	壬戌	10	15	癸巳	9	15	癸亥	8	17	甲午
十四	1	13	癸亥	12	14	癸巳	11	14	癸亥	10	16	甲午	9	16	甲子	8	18	乙未
十五	1	14	甲子	12	15	甲午	11	15	甲子	10	17	乙未	9	17	乙丑	8	19	丙申
十六	1	15	乙丑	12	16	乙未	11	16	乙丑	10	18	丙申	9	18	丙寅	8	20	丁酉
十七	1	16	丙寅	12	17	丙申	11	17	丙寅	10	19	丁酉	9	19	丁卯	8	21	戊戌
十八	1	17	丁卯	12	18	丁酉	11	18	丁卯	10	20	戊戌	9	20	戊辰	8	22	己亥
十九	1	18	戊辰	12	19	戊戌	11	19	戊辰	10	21	己亥	9	21	己巳	8	23	庚子
二十	1	19	己巳	12	20	己亥	11	20	己巳	10	22	庚子	9	22	庚午	8	24	辛丑
廿一	1	20	庚午	12	21	庚子	11	21	庚午	10	23	辛丑	9	23	辛未	8	25	壬寅
廿二	1	21	辛未	12	22	辛丑	11	22	辛未	10	24	壬寅	9	24	壬申	8	26	癸卯
廿三	1	22	壬申	12	23	壬寅	11	23	壬申	10	25	癸卯	9	25	癸酉	8	27	甲辰
廿四	1	23	癸酉	12	24	癸卯	11	24	癸酉	10	26	甲辰	9	26	甲戌	8	28	乙巳
廿五	1	24	甲戌	12	25	甲辰	11	25	甲戌	10	27	乙巳	9	27	乙亥	8	29	丙午
廿六	1	25	乙亥	12	26	乙巳	11	26	乙亥	10	28	丙午	9	28	丙子	8	30	丁未
廿七	1	26	丙子	12	27	丙午	11	27	丙子	10	29	丁未	9	29	丁丑	8	31	戊申
廿八	1	27	丁丑	12	28	丁未	11	28	丁丑	10	30	戊申	9	30	戊寅	9	1	己酉
廿九	1	28	戊寅	12	29	戊申	11	29	戊寅	10	31	己酉	10	1	己卯	9	2	庚戌
三十	1	29	己卯	12	30	己酉	11	30	己卯				10	2	庚辰			

1930年【庚午】

閏6月			6月			5月			4月			3月			2月			正月			月別
			癸未			壬午			辛巳			庚辰			己卯			戊寅			月柱
			三碧			四緑			五黃			六白			七赤			八白			紫白
陽暦		日柱	陽暦		日柱	陽暦		日柱	陽暦		日柱	陽暦		日柱	陽暦		日柱	陽暦		日柱	農暦
月	日		月	日		月	日		月	日		月	日		月	日		月	日		
7	26	丁丑	6	26	丁未	5	28	戊寅	4	29	己酉	3	30	己卯	2	28	己酉	1	30	庚辰	初一
7	27	戊寅	6	27	戊申	5	29	己卯	4	30	庚戌	3	31	庚辰	3	1	庚戌	1	31	辛巳	初二
7	28	己卯	6	28	己酉	5	30	庚辰	5	1	辛亥	4	1	辛巳	3	2	辛亥	2	1	壬午	初三
7	29	庚辰	6	29	庚戌	5	31	辛巳	5	2	壬子	4	2	壬午	3	3	壬子	2	2	癸未	初四
7	30	辛巳	6	30	辛亥	6	1	壬午	5	3	癸丑	4	3	癸未	3	4	癸丑	2	3	甲申	初五
7	31	壬午	7	1	壬子	6	2	癸未	5	4	甲寅	4	4	甲申	3	5	甲寅	2	4	乙酉	初六
8	1	癸未	7	2	癸丑	6	3	甲申	5	5	乙卯	4	5	乙酉	3	6	乙卯	2	5	丙戌	初七
8	2	甲申	7	3	甲寅	6	4	乙酉	5	6	丙辰	4	6	丙戌	3	7	丙辰	2	6	丁亥	初八
8	3	乙酉	7	4	乙卯	6	5	丙戌	5	7	丁巳	4	7	丁亥	3	8	丁巳	2	7	戊子	初九
8	4	丙戌	7	5	丙辰	6	6	丁亥	5	8	戊午	4	8	戊子	3	9	戊午	2	8	己丑	初十
8	5	丁亥	7	6	丁巳	6	7	戊子	5	9	己未	4	9	己丑	3	10	己未	2	9	庚寅	十一
8	6	戊子	7	7	戊午	6	8	己丑	5	10	庚申	4	10	庚寅	3	11	庚申	2	10	辛卯	十二
8	7	己丑	7	8	己未	6	9	庚寅	5	11	辛酉	4	11	辛卯	3	12	辛酉	2	11	壬辰	十三
8	8	庚寅	7	9	庚申	6	10	辛卯	5	12	壬戌	4	12	壬辰	3	13	壬戌	2	12	癸巳	十四
8	9	辛卯	7	10	辛酉	6	11	壬辰	5	13	癸亥	4	13	癸巳	3	14	癸亥	2	13	甲午	十五
8	10	壬辰	7	11	壬戌	6	12	癸巳	5	14	甲子	4	14	甲午	3	15	甲子	2	14	乙未	十六
8	11	癸巳	7	12	癸亥	6	13	甲午	5	15	乙丑	4	15	乙未	3	16	乙丑	2	15	丙申	十七
8	12	甲午	7	13	甲子	6	14	乙未	5	16	丙寅	4	16	丙申	3	17	丙寅	2	16	丁酉	十八
8	13	乙未	7	14	乙丑	6	15	丙申	5	17	丁卯	4	17	丁酉	3	18	丁卯	2	17	戊戌	十九
8	14	丙申	7	15	丙寅	6	16	丁酉	5	18	戊辰	4	18	戊戌	3	19	戊辰	2	18	己亥	二十
8	15	丁酉	7	16	丁卯	6	17	戊戌	5	19	己巳	4	19	己亥	3	20	己巳	2	19	庚子	廿一
8	16	戊戌	7	17	戊辰	6	18	己亥	5	20	庚午	4	20	庚子	3	21	庚午	2	20	辛丑	廿二
8	17	己亥	7	18	己巳	6	19	庚子	5	21	辛未	4	21	辛丑	3	22	辛未	2	21	壬寅	廿三
8	18	庚子	7	19	庚午	6	20	辛丑	5	22	壬申	4	22	壬寅	3	23	壬申	2	22	癸卯	廿四
8	19	辛丑	7	20	辛未	6	21	壬寅	5	23	癸酉	4	23	癸卯	3	24	癸酉	2	23	甲辰	廿五
8	20	壬寅	7	21	壬申	6	22	癸卯	5	24	甲戌	4	24	甲辰	3	25	甲戌	2	24	乙巳	廿六
8	21	癸卯	7	22	癸酉	6	23	甲辰	5	25	乙亥	4	25	乙巳	3	26	乙亥	2	25	丙午	廿七
8	22	甲辰	7	23	甲戌	6	24	乙巳	5	26	丙子	4	26	丙午	3	27	丙子	2	26	丁未	廿八
8	23	乙巳	7	24	乙亥	6	25	丙午	5	27	丁丑	4	27	丁未	3	28	丁丑	2	27	戊申	廿九
			7	25	丙子							4	28	戊申	3	29	戊寅				三十

月別	12月			11月			10月			9月			8月			7月		
月柱	己丑			戊子			丁亥			丙戌			乙酉			甲申		
紫白	六白			七赤			八白			九紫			一白			二黑		
農暦	陽暦		日柱	陽暦		日柱	陽暦		日柱	陽暦		日柱	陽暦		日柱	陽暦		日柱
	月	日		月	日		月	日		月	日		月	日		月	日	
初一	1	19	甲戌	12	20	甲辰	11	20	甲戌	10	22	乙巳	9	22	乙亥	8	24	丙午
初二	1	20	乙亥	12	21	乙巳	11	21	乙亥	10	23	丙午	9	23	丙子	8	25	丁未
初三	1	21	丙子	12	22	丙午	11	22	丙子	10	24	丁未	9	24	丁丑	8	26	戊申
初四	1	22	丁丑	12	23	丁未	11	23	丁丑	10	25	戊申	9	25	戊寅	8	27	己酉
初五	1	23	戊寅	12	24	戊申	11	24	戊寅	10	26	己酉	9	26	己卯	8	28	庚戌
初六	1	24	己卯	12	25	己酉	11	25	己卯	10	27	庚戌	9	27	庚辰	8	29	辛亥
初七	1	25	庚辰	12	26	庚戌	11	26	庚辰	10	28	辛亥	9	28	辛巳	8	30	壬子
初八	1	26	辛巳	12	27	辛亥	11	27	辛巳	10	29	壬子	9	29	壬午	8	31	癸丑
初九	1	27	壬午	12	28	壬子	11	28	壬午	10	30	癸丑	9	30	癸未	9	1	甲寅
初十	1	28	癸未	12	29	癸丑	11	29	癸未	10	31	甲寅	10	1	甲申	9	2	乙卯
十一	1	29	甲申	12	30	甲寅	11	30	甲申	11	1	乙卯	10	2	乙酉	9	3	丙辰
十二	1	30	乙酉	12	31	乙卯	12	1	乙酉	11	2	丙辰	10	3	丙戌	9	4	丁巳
十三	1	31	丙戌	1	1	丙辰	12	2	丙戌	11	3	丁巳	10	4	丁亥	9	5	戊午
十四	2	1	丁亥	1	2	丁巳	12	3	丁亥	11	4	戊午	10	5	戊子	9	6	己未
十五	2	2	戊子	1	3	戊午	12	4	戊子	11	5	己未	10	6	己丑	9	7	庚申
十六	2	3	己丑	1	4	己未	12	5	己丑	11	6	庚申	10	7	庚寅	9	8	辛酉
十七	2	4	庚寅	1	5	庚申	12	6	庚寅	11	7	辛酉	10	8	辛卯	9	9	壬戌
十八	2	5	辛卯	1	6	辛酉	12	7	辛卯	11	8	壬戌	10	9	壬辰	9	10	癸亥
十九	2	6	壬辰	1	7	壬戌	12	8	壬辰	11	9	癸亥	10	10	癸巳	9	11	甲子
二十	2	7	癸巳	1	8	癸亥	12	9	癸巳	11	10	甲子	10	11	甲午	9	12	乙丑
廿一	2	8	甲午	1	9	甲子	12	10	甲午	11	11	乙丑	10	12	乙未	9	13	丙寅
廿二	2	9	乙未	1	10	乙丑	12	11	乙未	11	12	丙寅	10	13	丙申	9	14	丁卯
廿三	2	10	丙申	1	11	丙寅	12	12	丙申	11	13	丁卯	10	14	丁酉	9	15	戊辰
廿四	2	11	丁酉	1	12	丁卯	12	13	丁酉	11	14	戊辰	10	15	戊戌	9	16	己巳
廿五	2	12	戊戌	1	13	戊辰	12	14	戊戌	11	15	己巳	10	16	己亥	9	17	庚午
廿六	2	13	己亥	1	14	己巳	12	15	己亥	11	16	庚午	10	17	庚子	9	18	辛未
廿七	2	14	庚子	1	15	庚午	12	16	庚子	11	17	辛未	10	18	辛丑	9	19	壬申
廿八	2	15	辛丑	1	16	辛未	12	17	辛丑	11	18	壬申	10	19	壬寅	9	20	癸酉
廿九	2	16	壬寅	1	17	壬申	12	18	壬寅	11	19	癸酉	10	20	癸卯	9	21	甲戌
三十				1	18	癸酉	12	19	癸卯				10	21	甲辰			

1931年【辛未】

6月			5月			4月			3月			2月			正月			月別
乙未			甲午			癸巳			壬辰			辛卯			庚寅			月柱
九紫			一白			二黒			三碧			四緑			五黄			紫白
陽暦		日柱	陽暦		日柱	陽暦		日柱	陽暦		日柱	陽暦		日柱	陽暦		日柱	農暦
月	日		月	日		月	日		月	日		月	日		月	日		
7	15	辛未	6	16	壬寅	5	17	壬申	4	18	癸卯	3	19	癸酉	2	17	癸卯	初一
7	16	壬申	6	17	癸卯	5	18	癸酉	4	19	甲辰	3	20	甲戌	2	18	甲辰	初二
7	17	癸酉	6	18	甲辰	5	19	甲戌	4	20	乙巳	3	21	乙亥	2	19	乙巳	初三
7	18	甲戌	6	19	乙巳	5	20	乙亥	4	21	丙午	3	22	丙子	2	20	丙午	初四
7	19	乙亥	6	20	丙午	5	21	丙子	4	22	丁未	3	23	丁丑	2	21	丁未	初五
7	20	丙子	6	21	丁未	5	22	丁丑	4	23	戊申	3	24	戊寅	2	22	戊申	初六
7	21	丁丑	6	22	戊申	5	23	戊寅	4	24	己酉	3	25	己卯	2	23	己酉	初七
7	22	戊寅	6	23	己酉	5	24	己卯	4	25	庚戌	3	26	庚辰	2	24	庚戌	初八
7	23	己卯	6	24	庚戌	5	25	庚辰	4	26	辛亥	3	27	辛巳	2	25	辛亥	初九
7	24	庚辰	6	25	辛亥	5	26	辛巳	4	27	壬子	3	28	壬午	2	26	壬子	初十
7	25	辛巳	6	26	壬子	5	27	壬午	4	28	癸丑	3	29	癸未	2	27	癸丑	十一
7	26	壬午	6	27	癸丑	5	28	癸未	4	29	甲寅	3	30	甲申	2	28	甲寅	十二
7	27	癸未	6	28	甲寅	5	29	甲申	4	30	乙卯	3	31	乙酉	3	1	乙卯	十三
7	28	甲申	6	29	乙卯	5	30	乙酉	5	1	丙辰	4	1	丙戌	3	2	丙辰	十四
7	29	乙酉	6	30	丙辰	5	31	丙戌	5	2	丁巳	4	2	丁亥	3	3	丁巳	十五
7	30	丙戌	7	1	丁巳	6	1	丁亥	5	3	戊午	4	3	戊子	3	4	戊午	十六
7	31	丁亥	7	2	戊午	6	2	戊子	5	4	己未	4	4	己丑	3	5	己未	十七
8	1	戊子	7	3	己未	6	3	己丑	5	5	庚申	4	5	庚寅	3	6	庚申	十八
8	2	己丑	7	4	庚申	6	4	庚寅	5	6	辛酉	4	6	辛卯	3	7	辛酉	十九
8	3	庚寅	7	5	辛酉	6	5	辛卯	5	7	壬戌	4	7	壬辰	3	8	壬戌	二十
8	4	辛卯	7	6	壬戌	6	6	壬辰	5	8	癸亥	4	8	癸巳	3	9	癸亥	廿一
8	5	壬辰	7	7	癸亥	6	7	癸巳	5	9	甲子	4	9	甲午	3	10	甲子	廿二
8	6	癸巳	7	8	甲子	6	8	甲午	5	10	乙丑	4	10	乙未	3	11	乙丑	廿三
8	7	甲午	7	9	乙丑	6	9	乙未	5	11	丙寅	4	11	丙申	3	12	丙寅	廿四
8	8	乙未	7	10	丙寅	6	10	丙申	5	12	丁卯	4	12	丁酉	3	13	丁卯	廿五
8	9	丙申	7	11	丁卯	6	11	丁酉	5	13	戊辰	4	13	戊戌	3	14	戊辰	廿六
8	10	丁酉	7	12	戊辰	6	12	戊戌	5	14	己巳	4	14	己亥	3	15	己巳	廿七
8	11	戊戌	7	13	己巳	6	13	己亥	5	15	庚午	4	15	庚子	3	16	庚午	廿八
8	12	己亥	7	14	庚午	6	14	庚子	5	16	辛未	4	16	辛丑	3	17	辛未	廿九
8	13	庚子				6	15	辛丑				4	17	壬寅	3	18	壬申	三十

月別	12月			11月			10月			9月			8月			7月		
月柱	辛丑			庚子			己亥			戊戌			丁酉			丙申		
紫白	三碧			四緑			五黃			六白			七赤			八白		
農曆	陽曆		日柱	陽曆		日柱	陽曆		日柱	陽曆		日柱	陽曆		日柱	陽曆		日柱
	月	日		月	日		月	日		月	日		月	日		月	日	
初一	1	8	戊辰	12	9	戊戌	11	10	己巳	10	11	己亥	9	12	庚午	8	14	辛丑
初二	1	9	己巳	12	10	己亥	11	11	庚午	10	12	庚子	9	13	辛未	8	15	壬寅
初三	1	10	庚午	12	11	庚子	11	12	辛未	10	13	辛丑	9	14	壬申	8	16	癸卯
初四	1	11	辛未	12	12	辛丑	11	13	壬申	10	14	壬寅	9	15	癸酉	8	17	甲辰
初五	1	12	壬申	12	13	壬寅	11	14	癸酉	10	15	癸卯	9	16	甲戌	8	18	乙巳
初六	1	13	癸酉	12	14	癸卯	11	15	甲戌	10	16	甲辰	9	17	乙亥	8	19	丙午
初七	1	14	甲戌	12	15	甲辰	11	16	乙亥	10	17	乙巳	9	18	丙子	8	20	丁未
初八	1	15	乙亥	12	16	乙巳	11	17	丙子	10	18	丙午	9	19	丁丑	8	21	戊申
初九	1	16	丙子	12	17	丙午	11	18	丁丑	10	19	丁未	9	20	戊寅	8	22	己酉
初十	1	17	丁丑	12	18	丁未	11	19	戊寅	10	20	戊申	9	21	己卯	8	23	庚戌
十一	1	18	戊寅	12	19	戊申	11	20	己卯	10	21	己酉	9	22	庚辰	8	24	辛亥
十二	1	19	己卯	12	20	己酉	11	21	庚辰	10	22	庚戌	9	23	辛巳	8	25	壬子
十三	1	20	庚辰	12	21	庚戌	11	22	辛巳	10	23	辛亥	9	24	壬午	8	26	癸丑
十四	1	21	辛巳	12	22	辛亥	11	23	壬午	10	24	壬子	9	25	癸未	8	27	甲寅
十五	1	22	壬午	12	23	壬子	11	24	癸未	10	25	癸丑	9	26	甲申	8	28	乙卯
十六	1	23	癸未	12	24	癸丑	11	25	甲申	10	26	甲寅	9	27	乙酉	8	29	丙辰
十七	1	24	甲申	12	25	甲寅	11	26	乙酉	10	27	乙卯	9	28	丙戌	8	30	丁巳
十八	1	25	乙酉	12	26	乙卯	11	27	丙戌	10	28	丙辰	9	29	丁亥	8	31	戊午
十九	1	26	丙戌	12	27	丙辰	11	28	丁亥	10	29	丁巳	9	30	戊子	9	1	己未
二十	1	27	丁亥	12	28	丁巳	11	29	戊子	10	30	戊午	10	1	己丑	9	2	庚申
廿一	1	28	戊子	12	29	戊午	11	30	己丑	10	31	己未	10	2	庚寅	9	3	辛酉
廿二	1	29	己丑	12	30	己未	12	1	庚寅	11	1	庚申	10	3	辛卯	9	4	壬戌
廿三	1	30	庚寅	12	31	庚申	12	2	辛卯	11	2	辛酉	10	4	壬辰	9	5	癸亥
廿四	1	31	辛卯	1	1	辛酉	12	3	壬辰	11	3	壬戌	10	5	癸巳	9	6	甲子
廿五	2	1	壬辰	1	2	壬戌	12	4	癸巳	11	4	癸亥	10	6	甲午	9	7	乙丑
廿六	2	2	癸巳	1	3	癸亥	12	5	甲午	11	5	甲子	10	7	乙未	9	8	丙寅
廿七	2	3	甲午	1	4	甲子	12	6	乙未	11	6	乙丑	10	8	丙申	9	9	丁卯
廿八	2	4	乙未	1	5	乙丑	12	7	丙申	11	7	丙寅	10	9	丁酉	9	10	戊辰
廿九	2	5	丙申	1	6	丙寅	12	8	丁酉	11	8	丁卯	10	10	戊戌	9	11	己巳
三十				1	7	丁卯				11	9	戊辰						

1932年【壬申】

6月			5月			4月			3月			2月			正月			月別
丁未			丙午			乙巳			甲辰			癸卯			壬寅			月柱
六白			七赤			八白			九紫			一白			二黒			紫白
陽暦		日柱	陽暦		日柱	陽暦		日柱	陽暦		日柱	陽暦		日柱	陽暦		日柱	農暦
月	日		月	日		月	日		月	日		月	日		月	日		
7	4	丙寅	6	4	丙申	5	6	丁卯	4	6	丁酉	3	7	丁卯	2	6	丁酉	初一
7	5	丁卯	6	5	丁酉	5	7	戊辰	4	7	戊戌	3	8	戊辰	2	7	戊戌	初二
7	6	戊辰	6	6	戊戌	5	8	己巳	4	8	己亥	3	9	己巳	2	8	己亥	初三
7	7	己巳	6	7	己亥	5	9	庚午	4	9	庚子	3	10	庚午	2	9	庚子	初四
7	8	庚午	6	8	庚子	5	10	辛未	4	10	辛丑	3	11	辛未	2	10	辛丑	初五
7	9	辛未	6	9	辛丑	5	11	壬申	4	11	壬寅	3	12	壬申	2	11	壬寅	初六
7	10	壬申	6	10	壬寅	5	12	癸酉	4	12	癸卯	3	13	癸酉	2	12	癸卯	初七
7	11	癸酉	6	11	癸卯	5	13	甲戌	4	13	甲辰	3	14	甲戌	2	13	甲辰	初八
7	12	甲戌	6	12	甲辰	5	14	乙亥	4	14	乙巳	3	15	乙亥	2	14	乙巳	初九
7	13	乙亥	6	13	乙巳	5	15	丙子	4	15	丙午	3	16	丙子	2	15	丙午	初十
7	14	丙子	6	14	丙午	5	16	丁丑	4	16	丁未	3	17	丁丑	2	16	丁未	十一
7	15	丁丑	6	15	丁未	5	17	戊寅	4	17	戊申	3	18	戊寅	2	17	戊申	十二
7	16	戊寅	6	16	戊申	5	18	己卯	4	18	己酉	3	19	己卯	2	18	己酉	十三
7	17	己卯	6	17	己酉	5	19	庚辰	4	19	庚戌	3	20	庚辰	2	19	庚戌	十四
7	18	庚辰	6	18	庚戌	5	20	辛巳	4	20	辛亥	3	21	辛巳	2	20	辛亥	十五
7	19	辛巳	6	19	辛亥	5	21	壬午	4	21	壬子	3	22	壬午	2	21	壬子	十六
7	20	壬午	6	20	壬子	5	22	癸未	4	22	癸丑	3	23	癸未	2	22	癸丑	十七
7	21	癸未	6	21	癸丑	5	23	甲申	4	23	甲寅	3	24	甲申	2	23	甲寅	十八
7	22	甲申	6	22	甲寅	5	24	乙酉	4	24	乙卯	3	25	乙酉	2	24	乙卯	十九
7	23	乙酉	6	23	乙卯	5	25	丙戌	4	25	丙辰	3	26	丙戌	2	25	丙辰	二十
7	24	丙戌	6	24	丙辰	5	26	丁亥	4	26	丁巳	3	27	丁亥	2	26	丁巳	廿一
7	25	丁亥	6	25	丁巳	5	27	戊子	4	27	戊午	3	28	戊子	2	27	戊午	廿二
7	26	戊子	6	26	戊午	5	28	己丑	4	28	己未	3	29	己丑	2	28	己未	廿三
7	27	己丑	6	27	己未	5	29	庚寅	4	29	庚申	3	30	庚寅	2	29	庚申	廿四
7	28	庚寅	6	28	庚申	5	30	辛卯	4	30	辛酉	3	31	辛卯	3	1	辛酉	廿五
7	29	辛卯	6	29	辛酉	5	31	壬辰	5	1	壬戌	4	1	壬辰	3	2	壬戌	廿六
7	30	壬辰	6	30	壬戌	6	1	癸巳	5	2	癸亥	4	2	癸巳	3	3	癸亥	廿七
7	31	癸巳	7	1	癸亥	6	2	甲午	5	3	甲子	4	3	甲午	3	4	甲子	廿八
8	1	甲午	7	2	甲子	6	3	乙未	5	4	乙丑	4	4	乙未	3	5	乙丑	廿九
			7	3	乙丑				5	5	丙寅	4	5	丙申	3	6	丙寅	三十

月別	12月			11月			10月			9月			8月			7月		
月柱	癸丑			壬子			辛亥			庚戌			己酉			戊申		
紫白	九紫			一白			二黑			三碧			四綠			五黃		
農曆	陽曆		日柱	陽曆		日柱	陽曆		日柱	陽曆		日柱	陽曆		日柱	陽曆		日柱
	月	日		月	日		月	日		月	日		月	日		月	日	
初一	12	27	壬戌	11	28	癸巳	10	29	癸亥	9	30	甲午	9	1	乙丑	8	2	乙未
初二	12	28	癸亥	11	29	甲午	10	30	甲子	10	1	乙未	9	2	丙寅	8	3	丙申
初三	12	29	甲子	11	30	乙未	10	31	乙丑	10	2	丙申	9	3	丁卯	8	4	丁酉
初四	12	30	乙丑	12	1	丙申	11	1	丙寅	10	3	丁酉	9	4	戊辰	8	5	戊戌
初五	12	31	丙寅	12	2	丁酉	11	2	丁卯	10	4	戊戌	9	5	己巳	8	6	己亥
初六	1	1	丁卯	12	3	戊戌	11	3	戊辰	10	5	己亥	9	6	庚午	8	7	庚子
初七	1	2	戊辰	12	4	己亥	11	4	己巳	10	6	庚子	9	7	辛未	8	8	辛丑
初八	1	3	己巳	12	5	庚子	11	5	庚午	10	7	辛丑	9	8	壬申	8	9	壬寅
初九	1	4	庚午	12	6	辛丑	11	6	辛未	10	8	壬寅	9	9	癸酉	8	10	癸卯
初十	1	5	辛未	12	7	壬寅	11	7	壬申	10	9	癸卯	9	10	甲戌	8	11	甲辰
十一	1	6	壬申	12	8	癸卯	11	8	癸酉	10	10	甲辰	9	11	乙亥	8	12	乙巳
十二	1	7	癸酉	12	9	甲辰	11	9	甲戌	10	11	乙巳	9	12	丙子	8	13	丙午
十三	1	8	甲戌	12	10	乙巳	11	10	乙亥	10	12	丙午	9	13	丁丑	8	14	丁未
十四	1	9	乙亥	12	11	丙午	11	11	丙子	10	13	丁未	9	14	戊寅	8	15	戊申
十五	1	10	丙子	12	12	丁未	11	12	丁丑	10	14	戊申	9	15	己卯	8	16	己酉
十六	1	11	丁丑	12	13	戊申	11	13	戊寅	10	15	己酉	9	16	庚辰	8	17	庚戌
十七	1	12	戊寅	12	14	己酉	11	14	己卯	10	16	庚戌	9	17	辛巳	8	18	辛亥
十八	1	13	己卯	12	15	庚戌	11	15	庚辰	10	17	辛亥	9	18	壬午	8	19	壬子
十九	1	14	庚辰	12	16	辛亥	11	16	辛巳	10	18	壬子	9	19	癸未	8	20	癸丑
二十	1	15	辛巳	12	17	壬子	11	17	壬午	10	19	癸丑	9	20	甲申	8	21	甲寅
廿一	1	16	壬午	12	18	癸丑	11	18	癸未	10	20	甲寅	9	21	乙酉	8	22	乙卯
廿二	1	17	癸未	12	19	甲寅	11	19	甲申	10	21	乙卯	9	22	丙戌	8	23	丙辰
廿三	1	18	甲申	12	20	乙卯	11	20	乙酉	10	22	丙辰	9	23	丁亥	8	24	丁巳
廿四	1	19	乙酉	12	21	丙辰	11	21	丙戌	10	23	丁巳	9	24	戊子	8	25	戊午
廿五	1	20	丙戌	12	22	丁巳	11	22	丁亥	10	24	戊午	9	25	己丑	8	26	己未
廿六	1	21	丁亥	12	23	戊午	11	23	戊子	10	25	己未	9	26	庚寅	8	27	庚申
廿七	1	22	戊子	12	24	己未	11	24	己丑	10	26	庚申	9	27	辛卯	8	28	辛酉
廿八	1	23	己丑	12	25	庚申	11	25	庚寅	10	27	辛酉	9	28	壬辰	8	29	壬戌
廿九	1	24	庚寅	12	26	辛酉	11	26	辛卯	10	28	壬戌	9	29	癸巳	8	30	癸亥
三十	1	25	辛卯				11	27	壬辰							8	31	甲子

1933年【癸酉】

6月			閏5月			5月			4月			3月			2月			正月			月別
己未						戊午			丁巳			丙辰			乙卯			甲寅			月柱
三碧						四緑			五黄			六白			七赤			八白			紫白
陽暦		日柱	陽暦		日柱	陽暦		日柱	陽暦		日柱	陽暦		日柱	陽暦		日柱	陽暦		日柱	農暦
月	日		月	日		月	日		月	日		月	日		月	日		月	日		
7	23	庚寅	6	23	庚申	5	24	庚寅	4	25	辛酉	3	26	辛卯	2	24	辛酉	1	26	壬辰	初一
7	24	辛卯	6	24	辛酉	5	25	辛卯	4	26	壬戌	3	27	壬辰	2	25	壬戌	1	27	癸巳	初二
7	25	壬辰	6	25	壬戌	5	26	壬辰	4	27	癸亥	3	28	癸巳	2	26	癸亥	1	28	甲午	初三
7	26	癸巳	6	26	癸亥	5	27	癸巳	4	28	甲子	3	29	甲午	2	27	甲子	1	29	乙未	初四
7	27	甲午	6	27	甲子	5	28	甲午	4	29	乙丑	3	30	乙未	2	28	乙丑	1	30	丙申	初五
7	28	乙未	6	28	乙丑	5	29	乙未	4	30	丙寅	3	31	丙申	3	1	丙寅	1	31	丁酉	初六
7	29	丙申	6	29	丙寅	5	30	丙申	5	1	丁卯	4	1	丁酉	3	2	丁卯	2	1	戊戌	初七
7	30	丁酉	6	30	丁卯	5	31	丁酉	5	2	戊辰	4	2	戊戌	3	3	戊辰	2	2	己亥	初八
7	31	戊戌	7	1	戊辰	6	1	戊戌	5	3	己巳	4	3	己亥	3	4	己巳	2	3	庚子	初九
8	1	己亥	7	2	己巳	6	2	己亥	5	4	庚午	4	4	庚子	3	5	庚午	2	4	辛丑	初十
8	2	庚子	7	3	庚午	6	3	庚子	5	5	辛未	4	5	辛丑	3	6	辛未	2	5	壬寅	十一
8	3	辛丑	7	4	辛未	6	4	辛丑	5	6	壬申	4	6	壬寅	3	7	壬申	2	6	癸卯	十二
8	4	壬寅	7	5	壬申	6	5	壬寅	5	7	癸酉	4	7	癸卯	3	8	癸酉	2	7	甲辰	十三
8	5	癸卯	7	6	癸酉	6	6	癸卯	5	8	甲戌	4	8	甲辰	3	9	甲戌	2	8	乙巳	十四
8	6	甲辰	7	7	甲戌	6	7	甲辰	5	9	乙亥	4	9	乙巳	3	10	乙亥	2	9	丙午	十五
8	7	乙巳	7	8	乙亥	6	8	乙巳	5	10	丙子	4	10	丙午	3	11	丙子	2	10	丁未	十六
8	8	丙午	7	9	丙子	6	9	丙午	5	11	丁丑	4	11	丁未	3	12	丁丑	2	11	戊申	十七
8	9	丁未	7	10	丁丑	6	10	丁未	5	12	戊寅	4	12	戊申	3	13	戊寅	2	12	己酉	十八
8	10	戊申	7	11	戊寅	6	11	戊申	5	13	己卯	4	13	己酉	3	14	己卯	2	13	庚戌	十九
8	11	己酉	7	12	己卯	6	12	己酉	5	14	庚辰	4	14	庚戌	3	15	庚辰	2	14	辛亥	二十
8	12	庚戌	7	13	庚辰	6	13	庚戌	5	15	辛巳	4	15	辛亥	3	16	辛巳	2	15	壬子	廿一
8	13	辛亥	7	14	辛巳	6	14	辛亥	5	16	壬午	4	16	壬子	3	17	壬午	2	16	癸丑	廿二
8	14	壬子	7	15	壬午	6	15	壬子	5	17	癸未	4	17	癸丑	3	18	癸未	2	17	甲寅	廿三
8	15	癸丑	7	16	癸未	6	16	癸丑	5	18	甲申	4	18	甲寅	3	19	甲申	2	18	乙卯	廿四
8	16	甲寅	7	17	甲申	6	17	甲寅	5	19	乙酉	4	19	乙卯	3	20	乙酉	2	19	丙辰	廿五
8	17	乙卯	7	18	乙酉	6	18	乙卯	5	20	丙戌	4	20	丙辰	3	21	丙戌	2	20	丁巳	廿六
8	18	丙辰	7	19	丙戌	6	19	丙辰	5	21	丁亥	4	21	丁巳	3	22	丁亥	2	21	戊午	廿七
8	19	丁巳	7	20	丁亥	6	20	丁巳	5	22	戊子	4	22	戊午	3	23	戊子	2	22	己未	廿八
8	20	戊午	7	21	戊子	6	21	戊午	5	23	己丑	4	23	己未	3	24	己丑	2	23	庚申	廿九
			7	22	己丑	6	22	己未				4	24	庚申	3	25	庚寅				三十

月別	12月			11月			10月			9月			8月			7月		
月柱	乙丑			甲子			癸亥			壬戌			辛酉			庚申		
紫白	六白			七赤			八白			九紫			一白			二黑		
農暦	陽暦		日柱	陽暦		日柱	陽暦		日柱	陽暦		日柱	陽暦		日柱	陽暦		日柱
	月	日		月	日		月	日		月	日		月	日		月	日	
初一	1	15	丙戌	12	17	丁巳	11	18	戊子	10	19	戊午	9	20	己丑	8	21	己未
初二	1	16	丁亥	12	18	戊午	11	19	己丑	10	20	己未	9	21	庚寅	8	22	庚申
初三	1	17	戊子	12	19	己未	11	20	庚寅	10	21	庚申	9	22	辛卯	8	23	辛酉
初四	1	18	己丑	12	20	庚申	11	21	辛卯	10	22	辛酉	9	23	壬辰	8	24	壬戌
初五	1	19	庚寅	12	21	辛酉	11	22	壬辰	10	23	壬戌	9	24	癸巳	8	25	癸亥
初六	1	20	辛卯	12	22	壬戌	11	23	癸巳	10	24	癸亥	9	25	甲午	8	26	甲子
初七	1	21	壬辰	12	23	癸亥	11	24	甲午	10	25	甲子	9	26	乙未	8	27	乙丑
初八	1	22	癸巳	12	24	甲子	11	25	乙未	10	26	乙丑	9	27	丙申	8	28	丙寅
初九	1	23	甲午	12	25	乙丑	11	26	丙申	10	27	丙寅	9	28	丁酉	8	29	丁卯
初十	1	24	乙未	12	26	丙寅	11	27	丁酉	10	28	丁卯	9	29	戊戌	8	30	戊辰
十一	1	25	丙申	12	27	丁卯	11	28	戊戌	10	29	戊辰	9	30	己亥	8	31	己巳
十二	1	26	丁酉	12	28	戊辰	11	29	己亥	10	30	己巳	10	1	庚子	9	1	庚午
十三	1	27	戊戌	12	29	己巳	11	30	庚子	10	31	庚午	10	2	辛丑	9	2	辛未
十四	1	28	己亥	12	30	庚午	12	1	辛丑	11	1	辛未	10	3	壬寅	9	3	壬申
十五	1	29	庚子	12	31	辛未	12	2	壬寅	11	2	壬申	10	4	癸卯	9	4	癸酉
十六	1	30	辛丑	1	1	壬申	12	3	癸卯	11	3	癸酉	10	5	甲辰	9	5	甲戌
十七	1	31	壬寅	1	2	癸酉	12	4	甲辰	11	4	甲戌	10	6	乙巳	9	6	乙亥
十八	2	1	癸卯	1	3	甲戌	12	5	乙巳	11	5	乙亥	10	7	丙午	9	7	丙子
十九	2	2	甲辰	1	4	乙亥	12	6	丙午	11	6	丙子	10	8	丁未	9	8	丁丑
二十	2	3	乙巳	1	5	丙子	12	7	丁未	11	7	丁丑	10	9	戊申	9	9	戊寅
廿一	2	4	丙午	1	6	丁丑	12	8	戊申	11	8	戊寅	10	10	己酉	9	10	己卯
廿二	2	5	丁未	1	7	戊寅	12	9	己酉	11	9	己卯	10	11	庚戌	9	11	庚辰
廿三	2	6	戊申	1	8	己卯	12	10	庚戌	11	10	庚辰	10	12	辛亥	9	12	辛巳
廿四	2	7	己酉	1	9	庚辰	12	11	辛亥	11	11	辛巳	10	13	壬子	9	13	壬午
廿五	2	8	庚戌	1	10	辛巳	12	12	壬子	11	12	壬午	10	14	癸丑	9	14	癸未
廿六	2	9	辛亥	1	11	壬午	12	13	癸丑	11	13	癸未	10	15	甲寅	9	15	甲申
廿七	2	10	壬子	1	12	癸未	12	14	甲寅	11	14	甲申	10	16	乙卯	9	16	乙酉
廿八	2	11	癸丑	1	13	甲申	12	15	乙卯	11	15	乙酉	10	17	丙辰	9	17	丙戌
廿九	2	12	甲寅	1	14	乙酉	12	16	丙辰	11	16	丙戌	10	18	丁巳	9	18	丁亥
三十	2	13	乙卯							11	17	丁亥				9	19	戊子

1934年【甲戌】

6月			5月			4月			3月			2月			正月			月別
辛未			庚午			己巳			戊辰			丁卯			丙寅			月柱
九紫			一白			二黑			三碧			四緑			五黄			紫白
陽暦		日柱	陽暦		日柱	陽暦		日柱	陽暦		日柱	陽暦		日柱	陽暦		日柱	農暦
月	日		月	日		月	日		月	日		月	日		月	日		
7	12	甲申	6	12	甲寅	5	13	甲申	4	14	乙卯	3	15	乙酉	2	14	丙辰	初一
7	13	乙酉	6	13	乙卯	5	14	乙酉	4	15	丙辰	3	16	丙戌	2	15	丁巳	初二
7	14	丙戌	6	14	丙辰	5	15	丙戌	4	16	丁巳	3	17	丁亥	2	16	戊午	初三
7	15	丁亥	6	15	丁巳	5	16	丁亥	4	17	戊午	3	18	戊子	2	17	己未	初四
7	16	戊子	6	16	戊午	5	17	戊子	4	18	己未	3	19	己丑	2	18	庚申	初五
7	17	己丑	6	17	己未	5	18	己丑	4	19	庚申	3	20	庚寅	2	19	辛酉	初六
7	18	庚寅	6	18	庚申	5	19	庚寅	4	20	辛酉	3	21	辛卯	2	20	壬戌	初七
7	19	辛卯	6	19	辛酉	5	20	辛卯	4	21	壬戌	3	22	壬辰	2	21	癸亥	初八
7	20	壬辰	6	20	壬戌	5	21	壬辰	4	22	癸亥	3	23	癸巳	2	22	甲子	初九
7	21	癸巳	6	21	癸亥	5	22	癸巳	4	23	甲子	3	24	甲午	2	23	乙丑	初十
7	22	甲午	6	22	甲子	5	23	甲午	4	24	乙丑	3	25	乙未	2	24	丙寅	十一
7	23	乙未	6	23	乙丑	5	24	乙未	4	25	丙寅	3	26	丙申	2	25	丁卯	十二
7	24	丙申	6	24	丙寅	5	25	丙申	4	26	丁卯	3	27	丁酉	2	26	戊辰	十三
7	25	丁酉	6	25	丁卯	5	26	丁酉	4	27	戊辰	3	28	戊戌	2	27	己巳	十四
7	26	戊戌	6	26	戊辰	5	27	戊戌	4	28	己巳	3	29	己亥	2	28	庚午	十五
7	27	己亥	6	27	己巳	5	28	己亥	4	29	庚午	3	30	庚子	3	1	辛未	十六
7	28	庚子	6	28	庚午	5	29	庚子	4	30	辛未	3	31	辛丑	3	2	壬申	十七
7	29	辛丑	6	29	辛未	5	30	辛丑	5	1	壬申	4	1	壬寅	3	3	癸酉	十八
7	30	壬寅	6	30	壬申	5	31	壬寅	5	2	癸酉	4	2	癸卯	3	4	甲戌	十九
7	31	癸卯	7	1	癸酉	6	1	癸卯	5	3	甲戌	4	3	甲辰	3	5	乙亥	二十
8	1	甲辰	7	2	甲戌	6	2	甲辰	5	4	乙亥	4	4	乙巳	3	6	丙子	廿一
8	2	乙巳	7	3	乙亥	6	3	乙巳	5	5	丙子	4	5	丙午	3	7	丁丑	廿二
8	3	丙午	7	4	丙子	6	4	丙午	5	6	丁丑	4	6	丁未	3	8	戊寅	廿三
8	4	丁未	7	5	丁丑	6	5	丁未	5	7	戊寅	4	7	戊申	3	9	己卯	廿四
8	5	戊申	7	6	戊寅	6	6	戊申	5	8	己卯	4	8	己酉	3	10	庚辰	廿五
8	6	己酉	7	7	己卯	6	7	己酉	5	9	庚辰	4	9	庚戌	3	11	辛巳	廿六
8	7	庚戌	7	8	庚辰	6	8	庚戌	5	10	辛巳	4	10	辛亥	3	12	壬午	廿七
8	8	辛亥	7	9	辛巳	6	9	辛亥	5	11	壬午	4	11	壬子	3	13	癸未	廿八
8	9	壬子	7	10	壬午	6	10	壬子	5	12	癸未	4	12	癸丑	3	14	甲申	廿九
			7	11	癸未	6	11	癸丑				4	13	甲寅				三十

月別	12月			11月			10月			9月			8月			7月		
月柱	丁丑			丙子			乙亥			甲戌			癸酉			壬申		
紫白	三碧			四緑			五黄			六白			七赤			八白		
農暦	陽暦		日柱	陽暦		日柱	陽暦		日柱	陽暦		日柱	陽暦		日柱	陽暦		日柱
	月	日		月	日		月	日		月	日		月	日		月	日	
初一	1	5	辛巳	12	7	壬子	11	7	壬午	10	8	壬子	9	9	癸未	8	10	癸丑
初二	1	6	壬午	12	8	癸丑	11	8	癸未	10	9	癸丑	9	10	甲申	8	11	甲寅
初三	1	7	癸未	12	9	甲寅	11	9	甲申	10	10	甲寅	9	11	乙酉	8	12	乙卯
初四	1	8	甲申	12	10	乙卯	11	10	乙酉	10	11	乙卯	9	12	丙戌	8	13	丙辰
初五	1	9	乙酉	12	11	丙辰	11	11	丙戌	10	12	丙辰	9	13	丁亥	8	14	丁巳
初六	1	10	丙戌	12	12	丁巳	11	12	丁亥	10	13	丁巳	9	14	戊子	8	15	戊午
初七	1	11	丁亥	12	13	戊午	11	13	戊子	10	14	戊午	9	15	己丑	8	16	己未
初八	1	12	戊子	12	14	己未	11	14	己丑	10	15	己未	9	16	庚寅	8	17	庚申
初九	1	13	己丑	12	15	庚申	11	15	庚寅	10	16	庚申	9	17	辛卯	8	18	辛酉
初十	1	14	庚寅	12	16	辛酉	11	16	辛卯	10	17	辛酉	9	18	壬辰	8	19	壬戌
十一	1	15	辛卯	12	17	壬戌	11	17	壬辰	10	18	壬戌	9	19	癸巳	8	20	癸亥
十二	1	16	壬辰	12	18	癸亥	11	18	癸巳	10	19	癸亥	9	20	甲午	8	21	甲子
十三	1	17	癸巳	12	19	甲子	11	19	甲午	10	20	甲子	9	21	乙未	8	22	乙丑
十四	1	18	甲午	12	20	乙丑	11	20	乙未	10	21	乙丑	9	22	丙申	8	23	丙寅
十五	1	19	乙未	12	21	丙寅	11	21	丙申	10	22	丙寅	9	23	丁酉	8	24	丁卯
十六	1	20	丙申	12	22	丁卯	11	22	丁酉	10	23	丁卯	9	24	戊戌	8	25	戊辰
十七	1	21	丁酉	12	23	戊辰	11	23	戊戌	10	24	戊辰	9	25	己亥	8	26	己巳
十八	1	22	戊戌	12	24	己巳	11	24	己亥	10	25	己巳	9	26	庚子	8	27	庚午
十九	1	23	己亥	12	25	庚午	11	25	庚子	10	26	庚午	9	27	辛丑	8	28	辛未
二十	1	24	庚子	12	26	辛未	11	26	辛丑	10	27	辛未	9	28	壬寅	8	29	壬申
廿一	1	25	辛丑	12	27	壬申	11	27	壬寅	10	28	壬申	9	29	癸卯	8	30	癸酉
廿二	1	26	壬寅	12	28	癸酉	11	28	癸卯	10	29	癸酉	9	30	甲辰	8	31	甲戌
廿三	1	27	癸卯	12	29	甲戌	11	29	甲辰	10	30	甲戌	10	1	乙巳	9	1	乙亥
廿四	1	28	甲辰	12	30	乙亥	11	30	乙巳	10	31	乙亥	10	2	丙午	9	2	丙子
廿五	1	29	乙巳	12	31	丙子	12	1	丙午	11	1	丙子	10	3	丁未	9	3	丁丑
廿六	1	30	丙午	1	1	丁丑	12	2	丁未	11	2	丁丑	10	4	戊申	9	4	戊寅
廿七	1	31	丁未	1	2	戊寅	12	3	戊申	11	3	戊寅	10	5	己酉	9	5	己卯
廿八	2	1	戊申	1	3	己卯	12	4	己酉	11	4	己卯	10	6	庚戌	9	6	庚辰
廿九	2	2	己酉	1	4	庚辰	12	5	庚戌	11	5	庚辰	10	7	辛亥	9	7	辛巳
三十	2	3	庚戌				12	6	辛亥	11	6	辛巳				9	8	壬午

1935年【乙亥】

6月			5月			4月			3月			2月			正月			月別
癸未			壬午			辛巳			庚辰			己卯			戊寅			月柱
六白			七赤			八白			九紫			一白			二黒			紫白
陽暦		日柱	陽暦		日柱	陽暦		日柱	陽暦		日柱	陽暦		日柱	陽暦		日柱	農暦
月	日		月	日		月	日		月	日		月	日		月	日		
7	1	戊寅	6	1	戊申	5	3	己卯	4	3	己酉	3	5	庚辰	2	4	辛亥	初一
7	2	己卯	6	2	己酉	5	4	庚辰	4	4	庚戌	3	6	辛巳	2	5	壬子	初二
7	3	庚辰	6	3	庚戌	5	5	辛巳	4	5	辛亥	3	7	壬午	2	6	癸丑	初三
7	4	辛巳	6	4	辛亥	5	6	壬午	4	6	壬子	3	8	癸未	2	7	甲寅	初四
7	5	壬午	6	5	壬子	5	7	癸未	4	7	癸丑	3	9	甲申	2	8	乙卯	初五
7	6	癸未	6	6	癸丑	5	8	甲申	4	8	甲寅	3	10	乙酉	2	9	丙辰	初六
7	7	甲申	6	7	甲寅	5	9	乙酉	4	9	乙卯	3	11	丙戌	2	10	丁巳	初七
7	8	乙酉	6	8	乙卯	5	10	丙戌	4	10	丙辰	3	12	丁亥	2	11	戊午	初八
7	9	丙戌	6	9	丙辰	5	11	丁亥	4	11	丁巳	3	13	戊子	2	12	己未	初九
7	10	丁亥	6	10	丁巳	5	12	戊子	4	12	戊午	3	14	己丑	2	13	庚申	初十
7	11	戊子	6	11	戊午	5	13	己丑	4	13	己未	3	15	庚寅	2	14	辛酉	十一
7	12	己丑	6	12	己未	5	14	庚寅	4	14	庚申	3	16	辛卯	2	15	壬戌	十二
7	13	庚寅	6	13	庚申	5	15	辛卯	4	15	辛酉	3	17	壬辰	2	16	癸亥	十三
7	14	辛卯	6	14	辛酉	5	16	壬辰	4	16	壬戌	3	18	癸巳	2	17	甲子	十四
7	15	壬辰	6	15	壬戌	5	17	癸巳	4	17	癸亥	3	19	甲午	2	18	乙丑	十五
7	16	癸巳	6	16	癸亥	5	18	甲午	4	18	甲子	3	20	乙未	2	19	丙寅	十六
7	17	甲午	6	17	甲子	5	19	乙未	4	19	乙丑	3	21	丙申	2	20	丁卯	十七
7	18	乙未	6	18	乙丑	5	20	丙申	4	20	丙寅	3	22	丁酉	2	21	戊辰	十八
7	19	丙申	6	19	丙寅	5	21	丁酉	4	21	丁卯	3	23	戊戌	2	22	己巳	十九
7	20	丁酉	6	20	丁卯	5	22	戊戌	4	22	戊辰	3	24	己亥	2	23	庚午	二十
7	21	戊戌	6	21	戊辰	5	23	己亥	4	23	己巳	3	25	庚子	2	24	辛未	廿一
7	22	己亥	6	22	己巳	5	24	庚子	4	24	庚午	3	26	辛丑	2	25	壬申	廿二
7	23	庚子	6	23	庚午	5	25	辛丑	4	25	辛未	3	27	壬寅	2	26	癸酉	廿三
7	24	辛丑	6	24	辛未	5	26	壬寅	4	26	壬申	3	28	癸卯	2	27	甲戌	廿四
7	25	壬寅	6	25	壬申	5	27	癸卯	4	27	癸酉	3	29	甲辰	2	28	乙亥	廿五
7	26	癸卯	6	26	癸酉	5	28	甲辰	4	28	甲戌	3	30	乙巳	3	1	丙子	廿六
7	27	甲辰	6	27	甲戌	5	29	乙巳	4	29	乙亥	3	31	丙午	3	2	丁丑	廿七
7	28	乙巳	6	28	乙亥	5	30	丙午	4	30	丙子	4	1	丁未	3	3	戊寅	廿八
7	29	丙午	6	29	丙子	5	31	丁未	5	1	丁丑	4	2	戊申	3	4	己卯	廿九
			6	30	丁丑				5	2	戊寅							三十

月別	12月			11月			10月			9月			8月			7月		
月柱	己丑			戊子			丁亥			丙戌			乙酉			甲申		
紫白	九紫			一白			二黑			三碧			四綠			五黃		
農暦	陽暦		日柱	陽暦		日柱	陽暦		日柱	陽暦		日柱	陽暦		日柱	陽暦		日柱
	月	日		月	日		月	日		月	日		月	日		月	日	
初一	12	26	丙子	11	26	丙午	10	27	丙子	9	28	丁未	8	29	丁丑	7	30	丁未
初二	12	27	丁丑	11	27	丁未	10	28	丁丑	9	29	戊申	8	30	戊寅	7	31	戊申
初三	12	28	戊寅	11	28	戊申	10	29	戊寅	9	30	己酉	8	31	己卯	8	1	己酉
初四	12	29	己卯	11	29	己酉	10	30	己卯	10	1	庚戌	9	1	庚辰	8	2	庚戌
初五	12	30	庚辰	11	30	庚戌	10	31	庚辰	10	2	辛亥	9	2	辛巳	8	3	辛亥
初六	12	31	辛巳	12	1	辛亥	11	1	辛巳	10	3	壬子	9	3	壬午	8	4	壬子
初七	1	1	壬午	12	2	壬子	11	2	壬午	10	4	癸丑	9	4	癸未	8	5	癸丑
初八	1	2	癸未	12	3	癸丑	11	3	癸未	10	5	甲寅	9	5	甲申	8	6	甲寅
初九	1	3	甲申	12	4	甲寅	11	4	甲申	10	6	乙卯	9	6	乙酉	8	7	乙卯
初十	1	4	乙酉	12	5	乙卯	11	5	乙酉	10	7	丙辰	9	7	丙戌	8	8	丙辰
十一	1	5	丙戌	12	6	丙辰	11	6	丙戌	10	8	丁巳	9	8	丁亥	8	9	丁巳
十二	1	6	丁亥	12	7	丁巳	11	7	丁亥	10	9	戊午	9	9	戊子	8	10	戊午
十三	1	7	戊子	12	8	戊午	11	8	戊子	10	10	己未	9	10	己丑	8	11	己未
十四	1	8	己丑	12	9	己未	11	9	己丑	10	11	庚申	9	11	庚寅	8	12	庚申
十五	1	9	庚寅	12	10	庚申	11	10	庚寅	10	12	辛酉	9	12	辛卯	8	13	辛酉
十六	1	10	辛卯	12	11	辛酉	11	11	辛卯	10	13	壬戌	9	13	壬辰	8	14	壬戌
十七	1	11	壬辰	12	12	壬戌	11	12	壬辰	10	14	癸亥	9	14	癸巳	8	15	癸亥
十八	1	12	癸巳	12	13	癸亥	11	13	癸巳	10	15	甲子	9	15	甲午	8	16	甲子
十九	1	13	甲午	12	14	甲子	11	14	甲午	10	16	乙丑	9	16	乙未	8	17	乙丑
二十	1	14	乙未	12	15	乙丑	11	15	乙未	10	17	丙寅	9	17	丙申	8	18	丙寅
廿一	1	15	丙申	12	16	丙寅	11	16	丙申	10	18	丁卯	9	18	丁酉	8	19	丁卯
廿二	1	16	丁酉	12	17	丁卯	11	17	丁酉	10	19	戊辰	9	19	戊戌	8	20	戊辰
廿三	1	17	戊戌	12	18	戊辰	11	18	戊戌	10	20	己巳	9	20	己亥	8	21	己巳
廿四	1	18	己亥	12	19	己巳	11	19	己亥	10	21	庚午	9	21	庚子	8	22	庚午
廿五	1	19	庚子	12	20	庚午	11	20	庚子	10	22	辛未	9	22	辛丑	8	23	辛未
廿六	1	20	辛丑	12	21	辛未	11	21	辛丑	10	23	壬申	9	23	壬寅	8	24	壬申
廿七	1	21	壬寅	12	22	壬申	11	22	壬寅	10	24	癸酉	9	24	癸卯	8	25	癸酉
廿八	1	22	癸卯	12	23	癸酉	11	23	癸卯	10	25	甲戌	9	25	甲辰	8	26	甲戌
廿九	1	23	甲辰	12	24	甲戌	11	24	甲辰	10	26	乙亥	9	26	乙巳	8	27	乙亥
三十				12	25	乙亥	11	25	乙巳				9	27	丙午	8	28	丙子

1936年【丙子】

6月			5月			4月			閏3月			3月			2月			正月			月別
乙未			甲午			癸巳						壬辰			辛卯			庚寅			月柱
三碧			四緑			五黄						六白			七赤			八白			紫白
陽暦		日柱	陽暦		日柱	陽暦		日柱	陽暦		日柱	陽暦		日柱	陽暦		日柱	陽暦		日柱	農暦
月	日		月	日		月	日		月	日		月	日		月	日		月	日		
7	18	辛丑	6	19	壬申	5	21	癸卯	4	21	癸酉	3	23	甲辰	2	23	乙亥	1	24	乙巳	初一
7	19	壬寅	6	20	癸酉	5	22	甲辰	4	22	甲戌	3	24	乙巳	2	24	丙子	1	25	丙午	初二
7	20	癸卯	6	21	甲戌	5	23	乙巳	4	23	乙亥	3	25	丙午	2	25	丁丑	1	26	丁未	初三
7	21	甲辰	6	22	乙亥	5	24	丙午	4	24	丙子	3	26	丁未	2	26	戊寅	1	27	戊申	初四
7	22	乙巳	6	23	丙子	5	25	丁未	4	25	丁丑	3	27	戊申	2	27	己卯	1	28	己酉	初五
7	23	丙午	6	24	丁丑	5	26	戊申	4	26	戊寅	3	28	己酉	2	28	庚辰	1	29	庚戌	初六
7	24	丁未	6	25	戊寅	5	27	己酉	4	27	己卯	3	29	庚戌	2	29	辛巳	1	30	辛亥	初七
7	25	戊申	6	26	己卯	5	28	庚戌	4	28	庚辰	3	30	辛亥	3	1	壬午	1	31	壬子	初八
7	26	己酉	6	27	庚辰	5	29	辛亥	4	29	辛巳	3	31	壬子	3	2	癸未	2	1	癸丑	初九
7	27	庚戌	6	28	辛巳	5	30	壬子	4	30	壬午	4	1	癸丑	3	3	甲申	2	2	甲寅	初十
7	28	辛亥	6	29	壬午	5	31	癸丑	5	1	癸未	4	2	甲寅	3	4	乙酉	2	3	乙卯	十一
7	29	壬子	6	30	癸未	6	1	甲寅	5	2	甲申	4	3	乙卯	3	5	丙戌	2	4	丙辰	十二
7	30	癸丑	7	1	甲申	6	2	乙卯	5	3	乙酉	4	4	丙辰	3	6	丁亥	2	5	丁巳	十三
7	31	甲寅	7	2	乙酉	6	3	丙辰	5	4	丙戌	4	5	丁巳	3	7	戊子	2	6	戊午	十四
8	1	乙卯	7	3	丙戌	6	4	丁巳	5	5	丁亥	4	6	戊午	3	8	己丑	2	7	己未	十五
8	2	丙辰	7	4	丁亥	6	5	戊午	5	6	戊子	4	7	己未	3	9	庚寅	2	8	庚申	十六
8	3	丁巳	7	5	戊子	6	6	己未	5	7	己丑	4	8	庚申	3	10	辛卯	2	9	辛酉	十七
8	4	戊午	7	6	己丑	6	7	庚申	5	8	庚寅	4	9	辛酉	3	11	壬辰	2	10	壬戌	十八
8	5	己未	7	7	庚寅	6	8	辛酉	5	9	辛卯	4	10	壬戌	3	12	癸巳	2	11	癸亥	十九
8	6	庚申	7	8	辛卯	6	9	壬戌	5	10	壬辰	4	11	癸亥	3	13	甲午	2	12	甲子	二十
8	7	辛酉	7	9	壬辰	6	10	癸亥	5	11	癸巳	4	12	甲子	3	14	乙未	2	13	乙丑	廿一
8	8	壬戌	7	10	癸巳	6	11	甲子	5	12	甲午	4	13	乙丑	3	15	丙申	2	14	丙寅	廿二
8	9	癸亥	7	11	甲午	6	12	乙丑	5	13	乙未	4	14	丙寅	3	16	丁酉	2	15	丁卯	廿三
8	10	甲子	7	12	乙未	6	13	丙寅	5	14	丙申	4	15	丁卯	3	17	戊戌	2	16	戊辰	廿四
8	11	乙丑	7	13	丙申	6	14	丁卯	5	15	丁酉	4	16	戊辰	3	18	己亥	2	17	己巳	廿五
8	12	丙寅	7	14	丁酉	6	15	戊辰	5	16	戊戌	4	17	己巳	3	19	庚子	2	18	庚午	廿六
8	13	丁卯	7	15	戊戌	6	16	己巳	5	17	己亥	4	18	庚午	3	20	辛丑	2	19	辛未	廿七
8	14	戊辰	7	16	己亥	6	17	庚午	5	18	庚子	4	19	辛未	3	21	壬寅	2	20	壬申	廿八
8	15	己巳	7	17	庚子	6	18	辛未	5	19	辛丑	4	20	壬申	3	22	癸卯	2	21	癸酉	廿九
8	16	庚午							5	20	壬寅							2	22	甲戌	三十

月別	12月			11月			10月			9月			8月			7月		
月柱	辛丑			庚子			己亥			戊戌			丁酉			丙申		
紫白	六白			七赤			八白			九紫			一白			二黒		
農暦	陽暦		日柱	陽暦		日柱	陽暦		日柱	陽暦		日柱	陽暦		日柱	陽暦		日柱
	月	日		月	日		月	日		月	日		月	日		月	日	
初一	1	13	庚子	12	14	庚午	11	14	庚子	10	15	庚午	9	16	辛丑	8	17	辛未
初二	1	14	辛丑	12	15	辛未	11	15	辛丑	10	16	辛未	9	17	壬寅	8	18	壬申
初三	1	15	壬寅	12	16	壬申	11	16	壬寅	10	17	壬申	9	18	癸卯	8	19	癸酉
初四	1	16	癸卯	12	17	癸酉	11	17	癸卯	10	18	癸酉	9	19	甲辰	8	20	甲戌
初五	1	17	甲辰	12	18	甲戌	11	18	甲辰	10	19	甲戌	9	20	乙巳	8	21	乙亥
初六	1	18	乙巳	12	19	乙亥	11	19	乙巳	10	20	乙亥	9	21	丙午	8	22	丙子
初七	1	19	丙午	12	20	丙子	11	20	丙午	10	21	丙子	9	22	丁未	8	23	丁丑
初八	1	20	丁未	12	21	丁丑	11	21	丁未	10	22	丁丑	9	23	戊申	8	24	戊寅
初九	1	21	戊申	12	22	戊寅	11	22	戊申	10	23	戊寅	9	24	己酉	8	25	己卯
初十	1	22	己酉	12	23	己卯	11	23	己酉	10	24	己卯	9	25	庚戌	8	26	庚辰
十一	1	23	庚戌	12	24	庚辰	11	24	庚戌	10	25	庚辰	9	26	辛亥	8	27	辛巳
十二	1	24	辛亥	12	25	辛巳	11	25	辛亥	10	26	辛巳	9	27	壬子	8	28	壬午
十三	1	25	壬子	12	26	壬午	11	26	壬子	10	27	壬午	9	28	癸丑	8	29	癸未
十四	1	26	癸丑	12	27	癸未	11	27	癸丑	10	28	癸未	9	29	甲寅	8	30	甲申
十五	1	27	甲寅	12	28	甲申	11	28	甲寅	10	29	甲申	9	30	乙卯	8	31	乙酉
十六	1	28	乙卯	12	29	乙酉	11	29	乙卯	10	30	乙酉	10	1	丙辰	9	1	丙戌
十七	1	29	丙辰	12	30	丙戌	11	30	丙辰	10	31	丙戌	10	2	丁巳	9	2	丁亥
十八	1	30	丁巳	12	31	丁亥	12	1	丁巳	11	1	丁亥	10	3	戊午	9	3	戊子
十九	1	31	戊午	1	1	戊子	12	2	戊午	11	2	戊子	10	4	己未	9	4	己丑
二十	2	1	己未	1	2	己丑	12	3	己未	11	3	己丑	10	5	庚申	9	5	庚寅
廿一	2	2	庚申	1	3	庚寅	12	4	庚申	11	4	庚寅	10	6	辛酉	9	6	辛卯
廿二	2	3	辛酉	1	4	辛卯	12	5	辛酉	11	5	辛卯	10	7	壬戌	9	7	壬辰
廿三	2	4	壬戌	1	5	壬辰	12	6	壬戌	11	6	壬辰	10	8	癸亥	9	8	癸巳
廿四	2	5	癸亥	1	6	癸巳	12	7	癸亥	11	7	癸巳	10	9	甲子	9	9	甲午
廿五	2	6	甲子	1	7	甲午	12	8	甲子	11	8	甲午	10	10	乙丑	9	10	乙未
廿六	2	7	乙丑	1	8	乙未	12	9	乙丑	11	9	乙未	10	11	丙寅	9	11	丙申
廿七	2	8	丙寅	1	9	丙申	12	10	丙寅	11	10	丙申	10	12	丁卯	9	12	丁酉
廿八	2	9	丁卯	1	10	丁酉	12	11	丁卯	11	11	丁酉	10	13	戊辰	9	13	戊戌
廿九	2	10	戊辰	1	11	戊戌	12	12	戊辰	11	12	戊戌	10	14	己巳	9	14	己亥
三十				1	12	己亥	12	13	己巳	11	13	己亥				9	15	庚子

1937年【丁丑】

6月			5月			4月			3月			2月			正月			月別
丁未			丙午			乙巳			甲辰			癸卯			壬寅			月柱
九紫			一白			二黒			三碧			四緑			五黄			紫白
陽暦		日柱	陽暦		日柱	陽暦		日柱	陽暦		日柱	陽暦		日柱	陽暦		日柱	農暦
月	日		月	日		月	日		月	日		月	日		月	日		
7	8	丙申	6	9	丁卯	5	10	丁酉	4	11	戊辰	3	13	己亥	2	11	己巳	初一
7	9	丁酉	6	10	戊辰	5	11	戊戌	4	12	己巳	3	14	庚子	2	12	庚午	初二
7	10	戊戌	6	11	己巳	5	12	己亥	4	13	庚午	3	15	辛丑	2	13	辛未	初三
7	11	己亥	6	12	庚午	5	13	庚子	4	14	辛未	3	16	壬寅	2	14	壬申	初四
7	12	庚子	6	13	辛未	5	14	辛丑	4	15	壬申	3	17	癸卯	2	15	癸酉	初五
7	13	辛丑	6	14	壬申	5	15	壬寅	4	16	癸酉	3	18	甲辰	2	16	甲戌	初六
7	14	壬寅	6	15	癸酉	5	16	癸卯	4	17	甲戌	3	19	乙巳	2	17	乙亥	初七
7	15	癸卯	6	16	甲戌	5	17	甲辰	4	18	乙亥	3	20	丙午	2	18	丙子	初八
7	16	甲辰	6	17	乙亥	5	18	乙巳	4	19	丙子	3	21	丁未	2	19	丁丑	初九
7	17	乙巳	6	18	丙子	5	19	丙午	4	20	丁丑	3	22	戊申	2	20	戊寅	初十
7	18	丙午	6	19	丁丑	5	20	丁未	4	21	戊寅	3	23	己酉	2	21	己卯	十一
7	19	丁未	6	20	戊寅	5	21	戊申	4	22	己卯	3	24	庚戌	2	22	庚辰	十二
7	20	戊申	6	21	己卯	5	22	己酉	4	23	庚辰	3	25	辛亥	2	23	辛巳	十三
7	21	己酉	6	22	庚辰	5	23	庚戌	4	24	辛巳	3	26	壬子	2	24	壬午	十四
7	22	庚戌	6	23	辛巳	5	24	辛亥	4	25	壬午	3	27	癸丑	2	25	癸未	十五
7	23	辛亥	6	24	壬午	5	25	壬子	4	26	癸未	3	28	甲寅	2	26	甲申	十六
7	24	壬子	6	25	癸未	5	26	癸丑	4	27	甲申	3	29	乙卯	2	27	乙酉	十七
7	25	癸丑	6	26	甲申	5	27	甲寅	4	28	乙酉	3	30	丙辰	2	28	丙戌	十八
7	26	甲寅	6	27	乙酉	5	28	乙卯	4	29	丙戌	3	31	丁巳	3	1	丁亥	十九
7	27	乙卯	6	28	丙戌	5	29	丙辰	4	30	丁亥	4	1	戊午	3	2	戊子	二十
7	28	丙辰	6	29	丁亥	5	30	丁巳	5	1	戊子	4	2	己未	3	3	己丑	廿一
7	29	丁巳	6	30	戊子	5	31	戊午	5	2	己丑	4	3	庚申	3	4	庚寅	廿二
7	30	戊午	7	1	己丑	6	1	己未	5	3	庚寅	4	4	辛酉	3	5	辛卯	廿三
7	31	己未	7	2	庚寅	6	2	庚申	5	4	辛卯	4	5	壬戌	3	6	壬辰	廿四
8	1	庚申	7	3	辛卯	6	3	辛酉	5	5	壬辰	4	6	癸亥	3	7	癸巳	廿五
8	2	辛酉	7	4	壬辰	6	4	壬戌	5	6	癸巳	4	7	甲子	3	8	甲午	廿六
8	3	壬戌	7	5	癸巳	6	5	癸亥	5	7	甲午	4	8	乙丑	3	9	乙未	廿七
8	4	癸亥	7	6	甲午	6	6	甲子	5	8	乙未	4	9	丙寅	3	10	丙申	廿八
8	5	甲子	7	7	乙未	6	7	乙丑	5	9	丙申	4	10	丁卯	3	11	丁酉	廿九
						6	8	丙寅							3	12	戊戌	三十

月別	12月			11月			10月			9月			8月			7月		
月柱	癸丑			壬子			辛亥			庚戌			己酉			戊申		
紫白	三碧			四緑			五黄			六白			七赤			八白		
農暦	陽暦		日柱	陽暦		日柱	陽暦		日柱	陽暦		日柱	陽暦		日柱	陽暦		日柱
	月	日		月	日		月	日		月	日		月	日		月	日	
初一	1	2	甲午	12	3	甲子	11	3	甲午	10	4	甲子	9	5	乙未	8	6	乙丑
初二	1	3	乙未	12	4	乙丑	11	4	乙未	10	5	乙丑	9	6	丙申	8	7	丙寅
初三	1	4	丙申	12	5	丙寅	11	5	丙申	10	6	丙寅	9	7	丁酉	8	8	丁卯
初四	1	5	丁酉	12	6	丁卯	11	6	丁酉	10	7	丁卯	9	8	戊戌	8	9	戊辰
初五	1	6	戊戌	12	7	戊辰	11	7	戊戌	10	8	戊辰	9	9	己亥	8	10	己巳
初六	1	7	己亥	12	8	己巳	11	8	己亥	10	9	己巳	9	10	庚子	8	11	庚午
初七	1	8	庚子	12	9	庚午	11	9	庚子	10	10	庚午	9	11	辛丑	8	12	辛未
初八	1	9	辛丑	12	10	辛未	11	10	辛丑	10	11	辛未	9	12	壬寅	8	13	壬申
初九	1	10	壬寅	12	11	壬申	11	11	壬寅	10	12	壬申	9	13	癸卯	8	14	癸酉
初十	1	11	癸卯	12	12	癸酉	11	12	癸卯	10	13	癸酉	9	14	甲辰	8	15	甲戌
十一	1	12	甲辰	12	13	甲戌	11	13	甲辰	10	14	甲戌	9	15	乙巳	8	16	乙亥
十二	1	13	乙巳	12	14	乙亥	11	14	乙巳	10	15	乙亥	9	16	丙午	8	17	丙子
十三	1	14	丙午	12	15	丙子	11	15	丙午	10	16	丙子	9	17	丁未	8	18	丁丑
十四	1	15	丁未	12	16	丁丑	11	16	丁未	10	17	丁丑	9	18	戊申	8	19	戊寅
十五	1	16	戊申	12	17	戊寅	11	17	戊申	10	18	戊寅	9	19	己酉	8	20	己卯
十六	1	17	己酉	12	18	己卯	11	18	己酉	10	19	己卯	9	20	庚戌	8	21	庚辰
十七	1	18	庚戌	12	19	庚辰	11	19	庚戌	10	20	庚辰	9	21	辛亥	8	22	辛巳
十八	1	19	辛亥	12	20	辛巳	11	20	辛亥	10	21	辛巳	9	22	壬子	8	23	壬午
十九	1	20	壬子	12	21	壬午	11	21	壬子	10	22	壬午	9	23	癸丑	8	24	癸未
二十	1	21	癸丑	12	22	癸未	11	22	癸丑	10	23	癸未	9	24	甲寅	8	25	甲申
廿一	1	22	甲寅	12	23	甲申	11	23	甲寅	10	24	甲申	9	25	乙卯	8	26	乙酉
廿二	1	23	乙卯	12	24	乙酉	11	24	乙卯	10	25	乙酉	9	26	丙辰	8	27	丙戌
廿三	1	24	丙辰	12	25	丙戌	11	25	丙辰	10	26	丙戌	9	27	丁巳	8	28	丁亥
廿四	1	25	丁巳	12	26	丁亥	11	26	丁巳	10	27	丁亥	9	28	戊午	8	29	戊子
廿五	1	26	戊午	12	27	戊子	11	27	戊午	10	28	戊子	9	29	己未	8	30	己丑
廿六	1	27	己未	12	28	己丑	11	28	己未	10	29	己丑	9	30	庚申	8	31	庚寅
廿七	1	28	庚申	12	29	庚寅	11	29	庚申	10	30	庚寅	10	1	辛酉	9	1	辛卯
廿八	1	29	辛酉	12	30	辛卯	11	30	辛酉	10	31	辛卯	10	2	壬戌	9	2	壬辰
廿九	1	30	壬戌	12	31	壬辰	12	1	壬戌	11	1	壬辰	10	3	癸亥	9	3	癸巳
三十				1	1	癸巳	12	2	癸亥	11	2	癸巳				9	4	甲午

1938年【戊寅】

6月			5月			4月			3月			2月			正月			月別
己未			戊午			丁巳			丙辰			乙卯			甲寅			月柱
六白			七赤			八白			九紫			一白			二黒			紫白
陽暦		日柱	陽暦		日柱	陽暦		日柱	陽暦		日柱	陽暦		日柱	陽暦		日柱	農暦
月	日		月	日		月	日		月	日		月	日		月	日		
6	28	辛卯	5	29	辛酉	4	30	壬辰	4	1	癸亥	3	2	癸巳	1	31	癸亥	初一
6	29	壬辰	5	30	壬戌	5	1	癸巳	4	2	甲子	3	3	甲午	2	1	甲子	初二
6	30	癸巳	5	31	癸亥	5	2	甲午	4	3	乙丑	3	4	乙未	2	2	乙丑	初三
7	1	甲午	6	1	甲子	5	3	乙未	4	4	丙寅	3	5	丙申	2	3	丙寅	初四
7	2	乙未	6	2	乙丑	5	4	丙申	4	5	丁卯	3	6	丁酉	2	4	丁卯	初五
7	3	丙申	6	3	丙寅	5	5	丁酉	4	6	戊辰	3	7	戊戌	2	5	戊辰	初六
7	4	丁酉	6	4	丁卯	5	6	戊戌	4	7	己巳	3	8	己亥	2	6	己巳	初七
7	5	戊戌	6	5	戊辰	5	7	己亥	4	8	庚午	3	9	庚子	2	7	庚午	初八
7	6	己亥	6	6	己巳	5	8	庚子	4	9	辛未	3	10	辛丑	2	8	辛未	初九
7	7	庚子	6	7	庚午	5	9	辛丑	4	10	壬申	3	11	壬寅	2	9	壬申	初十
7	8	辛丑	6	8	辛未	5	10	壬寅	4	11	癸酉	3	12	癸卯	2	10	癸酉	十一
7	9	壬寅	6	9	壬申	5	11	癸卯	4	12	甲戌	3	13	甲辰	2	11	甲戌	十二
7	10	癸卯	6	10	癸酉	5	12	甲辰	4	13	乙亥	3	14	乙巳	2	12	乙亥	十三
7	11	甲辰	6	11	甲戌	5	13	乙巳	4	14	丙子	3	15	丙午	2	13	丙子	十四
7	12	乙巳	6	12	乙亥	5	14	丙午	4	15	丁丑	3	16	丁未	2	14	丁丑	十五
7	13	丙午	6	13	丙子	5	15	丁未	4	16	戊寅	3	17	戊申	2	15	戊寅	十六
7	14	丁未	6	14	丁丑	5	16	戊申	4	17	己卯	3	18	己酉	2	16	己卯	十七
7	15	戊申	6	15	戊寅	5	17	己酉	4	18	庚辰	3	19	庚戌	2	17	庚辰	十八
7	16	己酉	6	16	己卯	5	18	庚戌	4	19	辛巳	3	20	辛亥	2	18	辛巳	十九
7	17	庚戌	6	17	庚辰	5	19	辛亥	4	20	壬午	3	21	壬子	2	19	壬午	二十
7	18	辛亥	6	18	辛巳	5	20	壬子	4	21	癸未	3	22	癸丑	2	20	癸未	廿一
7	19	壬子	6	19	壬午	5	21	癸丑	4	22	甲申	3	23	甲寅	2	21	甲申	廿二
7	20	癸丑	6	20	癸未	5	22	甲寅	4	23	乙酉	3	24	乙卯	2	22	乙酉	廿三
7	21	甲寅	6	21	甲申	5	23	乙卯	4	24	丙戌	3	25	丙辰	2	23	丙戌	廿四
7	22	乙卯	6	22	乙酉	5	24	丙辰	4	25	丁亥	3	26	丁巳	2	24	丁亥	廿五
7	23	丙辰	6	23	丙戌	5	25	丁巳	4	26	戊子	3	27	戊午	2	25	戊子	廿六
7	24	丁巳	6	24	丁亥	5	26	戊午	4	27	己丑	3	28	己未	2	26	己丑	廿七
7	25	戊午	6	25	戊子	5	27	己未	4	28	庚寅	3	29	庚申	2	27	庚寅	廿八
7	26	己未	6	26	己丑	5	28	庚申	4	29	辛卯	3	30	辛酉	2	28	辛卯	廿九
			6	27	庚寅							3	31	壬戌	3	1	壬辰	三十

月別	12月			11月			10月			9月			8月			閏7月			7月		
月柱	乙丑			甲子			癸亥			壬戌			辛酉						庚申		
紫白	九紫			一白			二黒			三碧			四緑						五黃		
農暦	陽暦		日柱	陽暦		日柱	陽暦		日柱	陽暦		日柱	陽暦		日柱	陽暦		日柱	陽暦		日柱
	月	日		月	日		月	日		月	日		月	日		月	日		月	日	
初一	1	20	丁巳	12	22	戊子	11	22	戊午	10	23	戊子	9	24	己未	8	25	己丑	7	27	庚申
初二	1	21	戊午	12	23	己丑	11	23	己未	10	24	己丑	9	25	庚申	8	26	庚寅	7	28	辛酉
初三	1	22	己未	12	24	庚寅	11	24	庚申	10	25	庚寅	9	26	辛酉	8	27	辛卯	7	29	壬戌
初四	1	23	庚申	12	25	辛卯	11	25	辛酉	10	26	辛卯	9	27	壬戌	8	28	壬辰	7	30	癸亥
初五	1	24	辛酉	12	26	壬辰	11	26	壬戌	10	27	壬辰	9	28	癸亥	8	29	癸巳	7	31	甲子
初六	1	25	壬戌	12	27	癸巳	11	27	癸亥	10	28	癸巳	9	29	甲子	8	30	甲午	8	1	乙丑
初七	1	26	癸亥	12	28	甲午	11	28	甲子	10	29	甲午	9	30	乙丑	8	31	乙未	8	2	丙寅
初八	1	27	甲子	12	29	乙未	11	29	乙丑	10	30	乙未	10	1	丙寅	9	1	丙申	8	3	丁卯
初九	1	28	乙丑	12	30	丙申	11	30	丙寅	10	31	丙申	10	2	丁卯	9	2	丁酉	8	4	戊辰
初十	1	29	丙寅	12	31	丁酉	12	1	丁卯	11	1	丁酉	10	3	戊辰	9	3	戊戌	8	5	己巳
十一	1	30	丁卯	1	1	戊戌	12	2	戊辰	11	2	戊戌	10	4	己巳	9	4	己亥	8	6	庚午
十二	1	31	戊辰	1	2	己亥	12	3	己巳	11	3	己亥	10	5	庚午	9	5	庚子	8	7	辛未
十三	2	1	己巳	1	3	庚子	12	4	庚午	11	4	庚子	10	6	辛未	9	6	辛丑	8	8	壬申
十四	2	2	庚午	1	4	辛丑	12	5	辛未	11	5	辛丑	10	7	壬申	9	7	壬寅	8	9	癸酉
十五	2	3	辛未	1	5	壬寅	12	6	壬申	11	6	壬寅	10	8	癸酉	9	8	癸卯	8	10	甲戌
十六	2	4	壬申	1	6	癸卯	12	7	癸酉	11	7	癸卯	10	9	甲戌	9	9	甲辰	8	11	乙亥
十七	2	5	癸酉	1	7	甲辰	12	8	甲戌	11	8	甲辰	10	10	乙亥	9	10	乙巳	8	12	丙子
十八	2	6	甲戌	1	8	乙巳	12	9	乙亥	11	9	乙巳	10	11	丙子	9	11	丙午	8	13	丁丑
十九	2	7	乙亥	1	9	丙午	12	10	丙子	11	10	丙午	10	12	丁丑	9	12	丁未	8	14	戊寅
二十	2	8	丙子	1	10	丁未	12	11	丁丑	11	11	丁未	10	13	戊寅	9	13	戊申	8	15	己卯
廿一	2	9	丁丑	1	11	戊申	12	12	戊寅	11	12	戊申	10	14	己卯	9	14	己酉	8	16	庚辰
廿二	2	10	戊寅	1	12	己酉	12	13	己卯	11	13	己酉	10	15	庚辰	9	15	庚戌	8	17	辛巳
廿三	2	11	己卯	1	13	庚戌	12	14	庚辰	11	14	庚戌	10	16	辛巳	9	16	辛亥	8	18	壬午
廿四	2	12	庚辰	1	14	辛亥	12	15	辛巳	11	15	辛亥	10	17	壬午	9	17	壬子	8	19	癸未
廿五	2	13	辛巳	1	15	壬子	12	16	壬午	11	16	壬子	10	18	癸未	9	18	癸丑	8	20	甲申
廿六	2	14	壬午	1	16	癸丑	12	17	癸未	11	17	癸丑	10	19	甲申	9	19	甲寅	8	21	乙酉
廿七	2	15	癸未	1	17	甲寅	12	18	甲申	11	18	甲寅	10	20	乙酉	9	20	乙卯	8	22	丙戌
廿八	2	16	甲申	1	18	乙卯	12	19	乙酉	11	19	乙卯	10	21	丙戌	9	21	丙辰	8	23	丁亥
廿九	2	17	乙酉	1	19	丙辰	12	20	丙戌	11	20	丙辰	10	22	丁亥	9	22	丁巳	8	24	戊子
三十	2	18	丙戌				12	21	丁亥	11	21	丁巳				9	23	戊午			

1939年【己卯】

6月			5月			4月			3月			2月			正月			月別
辛未			庚午			己巳			戊辰			丁卯			丙寅			月柱
三碧			四緑			五黄			六白			七赤			八白			紫白
陽暦		日柱	陽暦		日柱	陽暦		日柱	陽暦		日柱	陽暦		日柱	陽暦		日柱	農暦
月	日		月	日		月	日		月	日		月	日		月	日		
7	17	乙卯	6	17	乙酉	5	19	丙辰	4	20	丁亥	3	21	丁巳	2	19	丁亥	初一
7	18	丙辰	6	18	丙戌	5	20	丁巳	4	21	戊子	3	22	戊午	2	20	戊子	初二
7	19	丁巳	6	19	丁亥	5	21	戊午	4	22	己丑	3	23	己未	2	21	己丑	初三
7	20	戊午	6	20	戊子	5	22	己未	4	23	庚寅	3	24	庚申	2	22	庚寅	初四
7	21	己未	6	21	己丑	5	23	庚申	4	24	辛卯	3	25	辛酉	2	23	辛卯	初五
7	22	庚申	6	22	庚寅	5	24	辛酉	4	25	壬辰	3	26	壬戌	2	24	壬辰	初六
7	23	辛酉	6	23	辛卯	5	25	壬戌	4	26	癸巳	3	27	癸亥	2	25	癸巳	初七
7	24	壬戌	6	24	壬辰	5	26	癸亥	4	27	甲午	3	28	甲子	2	26	甲午	初八
7	25	癸亥	6	25	癸巳	5	27	甲子	4	28	乙未	3	29	乙丑	2	27	乙未	初九
7	26	甲子	6	26	甲午	5	28	乙丑	4	29	丙申	3	30	丙寅	2	28	丙申	初十
7	27	乙丑	6	27	乙未	5	29	丙寅	4	30	丁酉	3	31	丁卯	3	1	丁酉	十一
7	28	丙寅	6	28	丙申	5	30	丁卯	5	1	戊戌	4	1	戊辰	3	2	戊戌	十二
7	29	丁卯	6	29	丁酉	5	31	戊辰	5	2	己亥	4	2	己巳	3	3	己亥	十三
7	30	戊辰	6	30	戊戌	6	1	己巳	5	3	庚子	4	3	庚午	3	4	庚子	十四
7	31	己巳	7	1	己亥	6	2	庚午	5	4	辛丑	4	4	辛未	3	5	辛丑	十五
8	1	庚午	7	2	庚子	6	3	辛未	5	5	壬寅	4	5	壬申	3	6	壬寅	十六
8	2	辛未	7	3	辛丑	6	4	壬申	5	6	癸卯	4	6	癸酉	3	7	癸卯	十七
8	3	壬申	7	4	壬寅	6	5	癸酉	5	7	甲辰	4	7	甲戌	3	8	甲辰	十八
8	4	癸酉	7	5	癸卯	6	6	甲戌	5	8	乙巳	4	8	乙亥	3	9	乙巳	十九
8	5	甲戌	7	6	甲辰	6	7	乙亥	5	9	丙午	4	9	丙子	3	10	丙午	二十
8	6	乙亥	7	7	乙巳	6	8	丙子	5	10	丁未	4	10	丁丑	3	11	丁未	廿一
8	7	丙子	7	8	丙午	6	9	丁丑	5	11	戊申	4	11	戊寅	3	12	戊申	廿二
8	8	丁丑	7	9	丁未	6	10	戊寅	5	12	己酉	4	12	己卯	3	13	己酉	廿三
8	9	戊寅	7	10	戊申	6	11	己卯	5	13	庚戌	4	13	庚辰	3	14	庚戌	廿四
8	10	己卯	7	11	己酉	6	12	庚辰	5	14	辛亥	4	14	辛巳	3	15	辛亥	廿五
8	11	庚辰	7	12	庚戌	6	13	辛巳	5	15	壬子	4	15	壬午	3	16	壬子	廿六
8	12	辛巳	7	13	辛亥	6	14	壬午	5	16	癸丑	4	16	癸未	3	17	癸丑	廿七
8	13	壬午	7	14	壬子	6	15	癸未	5	17	甲寅	4	17	甲申	3	18	甲寅	廿八
8	14	癸未	7	15	癸丑	6	16	甲申	5	18	乙卯	4	18	乙酉	3	19	乙卯	廿九
			7	16	甲寅							4	19	丙戌	3	20	丙辰	三十

月別	12月			11月			10月			9月			8月			7月		
月柱	丁丑			丙子			乙亥			甲戌			癸酉			壬申		
紫白	六白			七赤			八白			九紫			一白			二黒		
農暦	陽暦		日柱	陽暦		日柱	陽暦		日柱	陽暦		日柱	陽暦		日柱	陽暦		日柱
	月	日		月	日		月	日		月	日		月	日		月	日	
初一	1	9	辛亥	12	11	壬午	11	11	壬子	10	13	癸未	9	13	癸丑	8	15	甲申
初二	1	10	壬子	12	12	癸未	11	12	癸丑	10	14	甲申	9	14	甲寅	8	16	乙酉
初三	1	11	癸丑	12	13	甲申	11	13	甲寅	10	15	乙酉	9	15	乙卯	8	17	丙戌
初四	1	12	甲寅	12	14	乙酉	11	14	乙卯	10	16	丙戌	9	16	丙辰	8	18	丁亥
初五	1	13	乙卯	12	15	丙戌	11	15	丙辰	10	17	丁亥	9	17	丁巳	8	19	戊子
初六	1	14	丙辰	12	16	丁亥	11	16	丁巳	10	18	戊子	9	18	戊午	8	20	己丑
初七	1	15	丁巳	12	17	戊子	11	17	戊午	10	19	己丑	9	19	己未	8	21	庚寅
初八	1	16	戊午	12	18	己丑	11	18	己未	10	20	庚寅	9	20	庚申	8	22	辛卯
初九	1	17	己未	12	19	庚寅	11	19	庚申	10	21	辛卯	9	21	辛酉	8	23	壬辰
初十	1	18	庚申	12	20	辛卯	11	20	辛酉	10	22	壬辰	9	22	壬戌	8	24	癸巳
十一	1	19	辛酉	12	21	壬辰	11	21	壬戌	10	23	癸巳	9	23	癸亥	8	25	甲午
十二	1	20	壬戌	12	22	癸巳	11	22	癸亥	10	24	甲午	9	24	甲子	8	26	乙未
十三	1	21	癸亥	12	23	甲午	11	23	甲子	10	25	乙未	9	25	乙丑	8	27	丙申
十四	1	22	甲子	12	24	乙未	11	24	乙丑	10	26	丙申	9	26	丙寅	8	28	丁酉
十五	1	23	乙丑	12	25	丙申	11	25	丙寅	10	27	丁酉	9	27	丁卯	8	29	戊戌
十六	1	24	丙寅	12	26	丁酉	11	26	丁卯	10	28	戊戌	9	28	戊辰	8	30	己亥
十七	1	25	丁卯	12	27	戊戌	11	27	戊辰	10	29	己亥	9	29	己巳	8	31	庚子
十八	1	26	戊辰	12	28	己亥	11	28	己巳	10	30	庚子	9	30	庚午	9	1	辛丑
十九	1	27	己巳	12	29	庚子	11	29	庚午	10	31	辛丑	10	1	辛未	9	2	壬寅
二十	1	28	庚午	12	30	辛丑	11	30	辛未	11	1	壬寅	10	2	壬申	9	3	癸卯
廿一	1	29	辛未	12	31	壬寅	12	1	壬申	11	2	癸卯	10	3	癸酉	9	4	甲辰
廿二	1	30	壬申	1	1	癸卯	12	2	癸酉	11	3	甲辰	10	4	甲戌	9	5	乙巳
廿三	1	31	癸酉	1	2	甲辰	12	3	甲戌	11	4	乙巳	10	5	乙亥	9	6	丙午
廿四	2	1	甲戌	1	3	乙巳	12	4	乙亥	11	5	丙午	10	6	丙子	9	7	丁未
廿五	2	2	乙亥	1	4	丙午	12	5	丙子	11	6	丁未	10	7	丁丑	9	8	戊申
廿六	2	3	丙子	1	5	丁未	12	6	丁丑	11	7	戊申	10	8	戊寅	9	9	己酉
廿七	2	4	丁丑	1	6	戊申	12	7	戊寅	11	8	己酉	10	9	己卯	9	10	庚戌
廿八	2	5	戊寅	1	7	己酉	12	8	己卯	11	9	庚戌	10	10	庚辰	9	11	辛亥
廿九	2	6	己卯	1	8	庚戌	12	9	庚辰	11	10	辛亥	10	11	辛巳	9	12	壬子
三十	2	7	庚辰				12	10	辛巳				10	12	壬午			

1940年【庚辰】

6月			5月			4月			3月			2月			正月			月別
癸未			壬午			辛巳			庚辰			己卯			戊寅			月柱
九紫			一白			二黒			三碧			四緑			五黄			紫白
陽暦		日柱	陽暦		日柱	陽暦		日柱	陽暦		日柱	陽暦		日柱	陽暦		日柱	農暦
月	日		月	日		月	日		月	日		月	日		月	日		
7	5	己酉	6	6	庚辰	5	7	庚戌	4	8	辛巳	3	9	辛亥	2	8	辛巳	初一
7	6	庚戌	6	7	辛巳	5	8	辛亥	4	9	壬午	3	10	壬子	2	9	壬午	初二
7	7	辛亥	6	8	壬午	5	9	壬子	4	10	癸未	3	11	癸丑	2	10	癸未	初三
7	8	壬子	6	9	癸未	5	10	癸丑	4	11	甲申	3	12	甲寅	2	11	甲申	初四
7	9	癸丑	6	10	甲申	5	11	甲寅	4	12	乙酉	3	13	乙卯	2	12	乙酉	初五
7	10	甲寅	6	11	乙酉	5	12	乙卯	4	13	丙戌	3	14	丙辰	2	13	丙戌	初六
7	11	乙卯	6	12	丙戌	5	13	丙辰	4	14	丁亥	3	15	丁巳	2	14	丁亥	初七
7	12	丙辰	6	13	丁亥	5	14	丁巳	4	15	戊子	3	16	戊午	2	15	戊子	初八
7	13	丁巳	6	14	戊子	5	15	戊午	4	16	己丑	3	17	己未	2	16	己丑	初九
7	14	戊午	6	15	己丑	5	16	己未	4	17	庚寅	3	18	庚申	2	17	庚寅	初十
7	15	己未	6	16	庚寅	5	17	庚申	4	18	辛卯	3	19	辛酉	2	18	辛卯	十一
7	16	庚申	6	17	辛卯	5	18	辛酉	4	19	壬辰	3	20	壬戌	2	19	壬辰	十二
7	17	辛酉	6	18	壬辰	5	19	壬戌	4	20	癸巳	3	21	癸亥	2	20	癸巳	十三
7	18	壬戌	6	19	癸巳	5	20	癸亥	4	21	甲午	3	22	甲子	2	21	甲午	十四
7	19	癸亥	6	20	甲午	5	21	甲子	4	22	乙未	3	23	乙丑	2	22	乙未	十五
7	20	甲子	6	21	乙未	5	22	乙丑	4	23	丙申	3	24	丙寅	2	23	丙申	十六
7	21	乙丑	6	22	丙申	5	23	丙寅	4	24	丁酉	3	25	丁卯	2	24	丁酉	十七
7	22	丙寅	6	23	丁酉	5	24	丁卯	4	25	戊戌	3	26	戊辰	2	25	戊戌	十八
7	23	丁卯	6	24	戊戌	5	25	戊辰	4	26	己亥	3	27	己巳	2	26	己亥	十九
7	24	戊辰	6	25	己亥	5	26	己巳	4	27	庚子	3	28	庚午	2	27	庚子	二十
7	25	己巳	6	26	庚子	5	27	庚午	4	28	辛丑	3	29	辛未	2	28	辛丑	廿一
7	26	庚午	6	27	辛丑	5	28	辛未	4	29	壬寅	3	30	壬申	2	29	壬寅	廿二
7	27	辛未	6	28	壬寅	5	29	壬申	4	30	癸卯	3	31	癸酉	3	1	癸卯	廿三
7	28	壬申	6	29	癸卯	5	30	癸酉	5	1	甲辰	4	1	甲戌	3	2	甲辰	廿四
7	29	癸酉	6	30	甲辰	5	31	甲戌	5	2	乙巳	4	2	乙亥	3	3	乙巳	廿五
7	30	甲戌	7	1	乙巳	6	1	乙亥	5	3	丙午	4	3	丙子	3	4	丙午	廿六
7	31	乙亥	7	2	丙午	6	2	丙子	5	4	丁未	4	4	丁丑	3	5	丁未	廿七
8	1	丙子	7	3	丁未	6	3	丁丑	5	5	戊申	4	5	戊寅	3	6	戊申	廿八
8	2	丁丑	7	4	戊申	6	4	戊寅	5	6	己酉	4	6	己卯	3	7	己酉	廿九
8	3	戊寅				6	5	己卯				4	7	庚辰	3	8	庚戌	三十

月別	12月			11月			10月			9月			8月			7月		
月柱	己丑			戊子			丁亥			丙戌			乙酉			甲申		
紫白	三碧			四緑			五黃			六白			七赤			八白		
農暦	陽暦		日柱	陽暦		日柱	陽暦		日柱	陽暦		日柱	陽暦		日柱	陽暦		日柱
	月	日		月	日		月	日		月	日		月	日		月	日	
初一	12	29	丙午	11	29	丙子	10	31	丁未	10	1	丁丑	9	2	戊申	8	4	己卯
初二	12	30	丁未	11	30	丁丑	11	1	戊申	10	2	戊寅	9	3	己酉	8	5	庚辰
初三	12	31	戊申	12	1	戊寅	11	2	己酉	10	3	己卯	9	4	庚戌	8	6	辛巳
初四	1	1	己酉	12	2	己卯	11	3	庚戌	10	4	庚辰	9	5	辛亥	8	7	壬午
初五	1	2	庚戌	12	3	庚辰	11	4	辛亥	10	5	辛巳	9	6	壬子	8	8	癸未
初六	1	3	辛亥	12	4	辛巳	11	5	壬子	10	6	壬午	9	7	癸丑	8	9	甲申
初七	1	4	壬子	12	5	壬午	11	6	癸丑	10	7	癸未	9	8	甲寅	8	10	乙酉
初八	1	5	癸丑	12	6	癸未	11	7	甲寅	10	8	甲申	9	9	乙卯	8	11	丙戌
初九	1	6	甲寅	12	7	甲申	11	8	乙卯	10	9	乙酉	9	10	丙辰	8	12	丁亥
初十	1	7	乙卯	12	8	乙酉	11	9	丙辰	10	10	丙戌	9	11	丁巳	8	13	戊子
十一	1	8	丙辰	12	9	丙戌	11	10	丁巳	10	11	丁亥	9	12	戊午	8	14	己丑
十二	1	9	丁巳	12	10	丁亥	11	11	戊午	10	12	戊子	9	13	己未	8	15	庚寅
十三	1	10	戊午	12	11	戊子	11	12	己未	10	13	己丑	9	14	庚申	8	16	辛卯
十四	1	11	己未	12	12	己丑	11	13	庚申	10	14	庚寅	9	15	辛酉	8	17	壬辰
十五	1	12	庚申	12	13	庚寅	11	14	辛酉	10	15	辛卯	9	16	壬戌	8	18	癸巳
十六	1	13	辛酉	12	14	辛卯	11	15	壬戌	10	16	壬辰	9	17	癸亥	8	19	甲午
十七	1	14	壬戌	12	15	壬辰	11	16	癸亥	10	17	癸巳	9	18	甲子	8	20	乙未
十八	1	15	癸亥	12	16	癸巳	11	17	甲子	10	18	甲午	9	19	乙丑	8	21	丙申
十九	1	16	甲子	12	17	甲午	11	18	乙丑	10	19	乙未	9	20	丙寅	8	22	丁酉
二十	1	17	乙丑	12	18	乙未	11	19	丙寅	10	20	丙申	9	21	丁卯	8	23	戊戌
廿一	1	18	丙寅	12	19	丙申	11	20	丁卯	10	21	丁酉	9	22	戊辰	8	24	己亥
廿二	1	19	丁卯	12	20	丁酉	11	21	戊辰	10	22	戊戌	9	23	己巳	8	25	庚子
廿三	1	20	戊辰	12	21	戊戌	11	22	己巳	10	23	己亥	9	24	庚午	8	26	辛丑
廿四	1	21	己巳	12	22	己亥	11	23	庚午	10	24	庚子	9	25	辛未	8	27	壬寅
廿五	1	22	庚午	12	23	庚子	11	24	辛未	10	25	辛丑	9	26	壬申	8	28	癸卯
廿六	1	23	辛未	12	24	辛丑	11	25	壬申	10	26	壬寅	9	27	癸酉	8	29	甲辰
廿七	1	24	壬申	12	25	壬寅	11	26	癸酉	10	27	癸卯	9	28	甲戌	8	30	乙巳
廿八	1	25	癸酉	12	26	癸卯	11	27	甲戌	10	28	甲辰	9	29	乙亥	8	31	丙午
廿九	1	26	甲戌	12	27	甲辰	11	28	乙亥	10	29	乙巳	9	30	丙子	9	1	丁未
三十				12	28	乙巳				10	30	丙午						

1941年【辛巳】

閏6月			6月			5月			4月			3月			2月			正月			月別
			乙未			甲午			癸巳			壬辰			辛卯			庚寅			月柱
			六白			七赤			八白			九紫			一白			二黒			紫白
陽暦		日柱	陽暦		日柱	陽暦		日柱	陽暦		日柱	陽暦		日柱	陽暦		日柱	陽暦		日柱	農暦
月	日		月	日		月	日		月	日		月	日		月	日		月	日		
7	24	癸酉	6	25	甲辰	5	26	甲戌	4	26	甲辰	3	28	乙亥	2	26	乙巳	1	27	乙亥	初一
7	25	甲戌	6	26	乙巳	5	27	乙亥	4	27	乙巳	3	29	丙子	2	27	丙午	1	28	丙子	初二
7	26	乙亥	6	27	丙午	5	28	丙子	4	28	丙午	3	30	丁丑	2	28	丁未	1	29	丁丑	初三
7	27	丙子	6	28	丁未	5	29	丁丑	4	29	丁未	3	31	戊寅	3	1	戊申	1	30	戊寅	初四
7	28	丁丑	6	29	戊申	5	30	戊寅	4	30	戊申	4	1	己卯	3	2	己酉	1	31	己卯	初五
7	29	戊寅	6	30	己酉	5	31	己卯	5	1	己酉	4	2	庚辰	3	3	庚戌	2	1	庚辰	初六
7	30	己卯	7	1	庚戌	6	1	庚辰	5	2	庚戌	4	3	辛巳	3	4	辛亥	2	2	辛巳	初七
7	31	庚辰	7	2	辛亥	6	2	辛巳	5	3	辛亥	4	4	壬午	3	5	壬子	2	3	壬午	初八
8	1	辛巳	7	3	壬子	6	3	壬午	5	4	壬子	4	5	癸未	3	6	癸丑	2	4	癸未	初九
8	2	壬午	7	4	癸丑	6	4	癸未	5	5	癸丑	4	6	甲申	3	7	甲寅	2	5	甲申	初十
8	3	癸未	7	5	甲寅	6	5	甲申	5	6	甲寅	4	7	乙酉	3	8	乙卯	2	6	乙酉	十一
8	4	甲申	7	6	乙卯	6	6	乙酉	5	7	乙卯	4	8	丙戌	3	9	丙辰	2	7	丙戌	十二
8	5	乙酉	7	7	丙辰	6	7	丙戌	5	8	丙辰	4	9	丁亥	3	10	丁巳	2	8	丁亥	十三
8	6	丙戌	7	8	丁巳	6	8	丁亥	5	9	丁巳	4	10	戊子	3	11	戊午	2	9	戊子	十四
8	7	丁亥	7	9	戊午	6	9	戊子	5	10	戊午	4	11	己丑	3	12	己未	2	10	己丑	十五
8	8	戊子	7	10	己未	6	10	己丑	5	11	己未	4	12	庚寅	3	13	庚申	2	11	庚寅	十六
8	9	己丑	7	11	庚申	6	11	庚寅	5	12	庚申	4	13	辛卯	3	14	辛酉	2	12	辛卯	十七
8	10	庚寅	7	12	辛酉	6	12	辛卯	5	13	辛酉	4	14	壬辰	3	15	壬戌	2	13	壬辰	十八
8	11	辛卯	7	13	壬戌	6	13	壬辰	5	14	壬戌	4	15	癸巳	3	16	癸亥	2	14	癸巳	十九
8	12	壬辰	7	14	癸亥	6	14	癸巳	5	15	癸亥	4	16	甲午	3	17	甲子	2	15	甲午	二十
8	13	癸巳	7	15	甲子	6	15	甲午	5	16	甲子	4	17	乙未	3	18	乙丑	2	16	乙未	廿一
8	14	甲午	7	16	乙丑	6	16	乙未	5	17	乙丑	4	18	丙申	3	19	丙寅	2	17	丙申	廿二
8	15	乙未	7	17	丙寅	6	17	丙申	5	18	丙寅	4	19	丁酉	3	20	丁卯	2	18	丁酉	廿三
8	16	丙申	7	18	丁卯	6	18	丁酉	5	19	丁卯	4	20	戊戌	3	21	戊辰	2	19	戊戌	廿四
8	17	丁酉	7	19	戊辰	6	19	戊戌	5	20	戊辰	4	21	己亥	3	22	己巳	2	20	己亥	廿五
8	18	戊戌	7	20	己巳	6	20	己亥	5	21	己巳	4	22	庚子	3	23	庚午	2	21	庚子	廿六
8	19	己亥	7	21	庚午	6	21	庚子	5	22	庚午	4	23	辛丑	3	24	辛未	2	22	辛丑	廿七
8	20	庚子	7	22	辛未	6	22	辛丑	5	23	辛未	4	24	壬寅	3	25	壬申	2	23	壬寅	廿八
8	21	辛丑	7	23	壬申	6	23	壬寅	5	24	壬申	4	25	癸卯	3	26	癸酉	2	24	癸卯	廿九
8	22	壬寅				6	24	癸卯	5	25	癸酉				3	27	甲戌	2	25	甲辰	三十

月別	12月			11月			10月			9月			8月			7月		
月柱	辛丑			庚子			己亥			戊戌			丁酉			丙申		
紫白	九紫			一白			二黒			三碧			四緑			五黄		
農暦	陽暦		日柱	陽暦		日柱	陽暦		日柱	陽暦		日柱	陽暦		日柱	陽暦		日柱
	月	日		月	日		月	日		月	日		月	日		月	日	
初一	1	17	庚午	12	18	庚子	11	19	辛未	10	20	辛丑	9	21	壬申	8	23	癸卯
初二	1	18	辛未	12	19	辛丑	11	20	壬申	10	21	壬寅	9	22	癸酉	8	24	甲辰
初三	1	19	壬申	12	20	壬寅	11	21	癸酉	10	22	癸卯	9	23	甲戌	8	25	乙巳
初四	1	20	癸酉	12	21	癸卯	11	22	甲戌	10	23	甲辰	9	24	乙亥	8	26	丙午
初五	1	21	甲戌	12	22	甲辰	11	23	乙亥	10	24	乙巳	9	25	丙子	8	27	丁未
初六	1	22	乙亥	12	23	乙巳	11	24	丙子	10	25	丙午	9	26	丁丑	8	28	戊申
初七	1	23	丙子	12	24	丙午	11	25	丁丑	10	26	丁未	9	27	戊寅	8	29	己酉
初八	1	24	丁丑	12	25	丁未	11	26	戊寅	10	27	戊申	9	28	己卯	8	30	庚戌
初九	1	25	戊寅	12	26	戊申	11	27	己卯	10	28	己酉	9	29	庚辰	8	31	辛亥
初十	1	26	己卯	12	27	己酉	11	28	庚辰	10	29	庚戌	9	30	辛巳	9	1	壬子
十一	1	27	庚辰	12	28	庚戌	11	29	辛巳	10	30	辛亥	10	1	壬午	9	2	癸丑
十二	1	28	辛巳	12	29	辛亥	11	30	壬午	10	31	壬子	10	2	癸未	9	3	甲寅
十三	1	29	壬午	12	30	壬子	12	1	癸未	11	1	癸丑	10	3	甲申	9	4	乙卯
十四	1	30	癸未	12	31	癸丑	12	2	甲申	11	2	甲寅	10	4	乙酉	9	5	丙辰
十五	1	31	甲申	1	1	甲寅	12	3	乙酉	11	3	乙卯	10	5	丙戌	9	6	丁巳
十六	2	1	乙酉	1	2	乙卯	12	4	丙戌	11	4	丙辰	10	6	丁亥	9	7	戊午
十七	2	2	丙戌	1	3	丙辰	12	5	丁亥	11	5	丁巳	10	7	戊子	9	8	己未
十八	2	3	丁亥	1	4	丁巳	12	6	戊子	11	6	戊午	10	8	己丑	9	9	庚申
十九	2	4	戊子	1	5	戊午	12	7	己丑	11	7	己未	10	9	庚寅	9	10	辛酉
二十	2	5	己丑	1	6	己未	12	8	庚寅	11	8	庚申	10	10	辛卯	9	11	壬戌
廿一	2	6	庚寅	1	7	庚申	12	9	辛卯	11	9	辛酉	10	11	壬辰	9	12	癸亥
廿二	2	7	辛卯	1	8	辛酉	12	10	壬辰	11	10	壬戌	10	12	癸巳	9	13	甲子
廿三	2	8	壬辰	1	9	壬戌	12	11	癸巳	11	11	癸亥	10	13	甲午	9	14	乙丑
廿四	2	9	癸巳	1	10	癸亥	12	12	甲午	11	12	甲子	10	14	乙未	9	15	丙寅
廿五	2	10	甲午	1	11	甲子	12	13	乙未	11	13	乙丑	10	15	丙申	9	16	丁卯
廿六	2	11	乙未	1	12	乙丑	12	14	丙申	11	14	丙寅	10	16	丁酉	9	17	戊辰
廿七	2	12	丙申	1	13	丙寅	12	15	丁酉	11	15	丁卯	10	17	戊戌	9	18	己巳
廿八	2	13	丁酉	1	14	丁卯	12	16	戊戌	11	16	戊辰	10	18	己亥	9	19	庚午
廿九	2	14	戊戌	1	15	戊辰	12	17	己亥	11	17	己巳	10	19	庚子	9	20	辛未
三十				1	16	己巳				11	18	庚午						

1942年【壬午】

6月			5月			4月			3月			2月			正月			月別
丁未			丙午			乙巳			甲辰			癸卯			壬寅			月柱
三碧			四緑			五黄			六白			七赤			八白			紫白
陽暦		日柱	陽暦		日柱	陽暦		日柱	陽暦		日柱	陽暦		日柱	陽暦		日柱	農暦
月	日		月	日		月	日		月	日		月	日		月	日		
7	13	丁卯	6	14	戊戌	5	15	戊辰	4	15	戊戌	3	17	己巳	2	15	己亥	初一
7	14	戊辰	6	15	己亥	5	16	己巳	4	16	己亥	3	18	庚午	2	16	庚子	初二
7	15	己巳	6	16	庚子	5	17	庚午	4	17	庚子	3	19	辛未	2	17	辛丑	初三
7	16	庚午	6	17	辛丑	5	18	辛未	4	18	辛丑	3	20	壬申	2	18	壬寅	初四
7	17	辛未	6	18	壬寅	5	19	壬申	4	19	壬寅	3	21	癸酉	2	19	癸卯	初五
7	18	壬申	6	19	癸卯	5	20	癸酉	4	20	癸卯	3	22	甲戌	2	20	甲辰	初六
7	19	癸酉	6	20	甲辰	5	21	甲戌	4	21	甲辰	3	23	乙亥	2	21	乙巳	初七
7	20	甲戌	6	21	乙巳	5	22	乙亥	4	22	乙巳	3	24	丙子	2	22	丙午	初八
7	21	乙亥	6	22	丙午	5	23	丙子	4	23	丙午	3	25	丁丑	2	23	丁未	初九
7	22	丙子	6	23	丁未	5	24	丁丑	4	24	丁未	3	26	戊寅	2	24	戊申	初十
7	23	丁丑	6	24	戊申	5	25	戊寅	4	25	戊申	3	27	己卯	2	25	己酉	十一
7	24	戊寅	6	25	己酉	5	26	己卯	4	26	己酉	3	28	庚辰	2	26	庚戌	十二
7	25	己卯	6	26	庚戌	5	27	庚辰	4	27	庚戌	3	29	辛巳	2	27	辛亥	十三
7	26	庚辰	6	27	辛亥	5	28	辛巳	4	28	辛亥	3	30	壬午	2	28	壬子	十四
7	27	辛巳	6	28	壬子	5	29	壬午	4	29	壬子	3	31	癸未	3	1	癸丑	十五
7	28	壬午	6	29	癸丑	5	30	癸未	4	30	癸丑	4	1	甲申	3	2	甲寅	十六
7	29	癸未	6	30	甲寅	5	31	甲申	5	1	甲寅	4	2	乙酉	3	3	乙卯	十七
7	30	甲申	7	1	乙卯	6	1	乙酉	5	2	乙卯	4	3	丙戌	3	4	丙辰	十八
7	31	乙酉	7	2	丙辰	6	2	丙戌	5	3	丙辰	4	4	丁亥	3	5	丁巳	十九
8	1	丙戌	7	3	丁巳	6	3	丁亥	5	4	丁巳	4	5	戊子	3	6	戊午	二十
8	2	丁亥	7	4	戊午	6	4	戊子	5	5	戊午	4	6	己丑	3	7	己未	廿一
8	3	戊子	7	5	己未	6	5	己丑	5	6	己未	4	7	庚寅	3	8	庚申	廿二
8	4	己丑	7	6	庚申	6	6	庚寅	5	7	庚申	4	8	辛卯	3	9	辛酉	廿三
8	5	庚寅	7	7	辛酉	6	7	辛卯	5	8	辛酉	4	9	壬辰	3	10	壬戌	廿四
8	6	辛卯	7	8	壬戌	6	8	壬辰	5	9	壬戌	4	10	癸巳	3	11	癸亥	廿五
8	7	壬辰	7	9	癸亥	6	9	F巳	5	10	癸亥	4	11	甲午	3	12	甲子	廿六
8	8	癸巳	7	10	甲子	6	10	甲午	5	11	甲子	4	12	乙未	3	13	乙丑	廿七
8	9	甲午	7	11	乙丑	6	11	乙未	5	12	乙丑	4	13	丙申	3	14	丙寅	廿八
8	10	乙未	7	12	丙寅	6	12	丙申	5	13	丙寅	4	14	丁酉	3	15	丁卯	廿九
8	11	丙申				6	13	丁酉	5	14	丁卯				3	16	戊辰	三十

月別	12月			11月			10月			9月			8月			7月		
月柱	癸丑			壬子			辛亥			庚戌			己酉			戊申		
紫白	六白			七赤			八白			九紫			一白			二黒		
農暦	陽暦		日柱	陽暦		日柱	陽暦		日柱	陽暦		日柱	陽暦		日柱	陽暦		日柱
	月	日		月	日		月	日		月	日		月	日		月	日	
初一	1	6	甲子	12	8	乙未	11	8	乙丑	10	10	丙申	9	10	丙寅	8	12	丁酉
初二	1	7	乙丑	12	9	丙申	11	9	丙寅	10	11	丁酉	9	11	丁卯	8	13	戊戌
初三	1	8	丙寅	12	10	丁酉	11	10	丁卯	10	12	戊戌	9	12	戊辰	8	14	己亥
初四	1	9	丁卯	12	11	戊戌	11	11	戊辰	10	13	己亥	9	13	己巳	8	15	庚子
初五	1	10	戊辰	12	12	己亥	11	12	己巳	10	14	庚子	9	14	庚午	8	16	辛丑
初六	1	11	己巳	12	13	庚子	11	13	庚午	10	15	辛丑	9	15	辛未	8	17	壬寅
初七	1	12	庚午	12	14	辛丑	11	14	辛未	10	16	壬寅	9	16	壬申	8	18	癸卯
初八	1	13	辛未	12	15	壬寅	11	15	壬申	10	17	癸卯	9	17	癸酉	8	19	甲辰
初九	1	14	壬申	12	16	癸卯	11	16	癸酉	10	18	甲辰	9	18	甲戌	8	20	乙巳
初十	1	15	癸酉	12	17	甲辰	11	17	甲戌	10	19	乙巳	9	19	乙亥	8	21	丙午
十一	1	16	甲戌	12	18	乙巳	11	18	乙亥	10	20	丙午	9	20	丙子	8	22	丁未
十二	1	17	乙亥	12	19	丙午	11	19	丙子	10	21	丁未	9	21	丁丑	8	23	戊申
十三	1	18	丙子	12	20	丁未	11	20	丁丑	10	22	戊申	9	22	戊寅	8	24	己酉
十四	1	19	丁丑	12	21	戊申	11	21	戊寅	10	23	己酉	9	23	己卯	8	25	庚戌
十五	1	20	戊寅	12	22	己酉	11	22	己卯	10	24	庚戌	9	24	庚辰	8	26	辛亥
十六	1	21	己卯	12	23	庚戌	11	23	庚辰	10	25	辛亥	9	25	辛巳	8	27	壬子
十七	1	22	庚辰	12	24	辛亥	11	24	辛巳	10	26	壬子	9	26	壬午	8	28	癸丑
十八	1	23	辛巳	12	25	壬子	11	25	壬午	10	27	癸丑	9	27	癸未	8	29	甲寅
十九	1	24	壬午	12	26	癸丑	11	26	癸未	10	28	甲寅	9	28	甲申	8	30	乙卯
二十	1	25	癸未	12	27	甲寅	11	27	甲申	10	29	乙卯	9	29	乙酉	8	31	丙辰
廿一	1	26	甲申	12	28	乙卯	11	28	乙酉	10	30	丙辰	9	30	丙戌	9	1	丁巳
廿二	1	27	乙酉	12	29	丙辰	11	29	丙戌	10	31	丁巳	10	1	丁亥	9	2	戊午
廿三	1	28	丙戌	12	30	丁巳	11	30	丁亥	11	1	戊午	10	2	戊子	9	3	己未
廿四	1	29	丁亥	12	31	戊午	12	1	戊子	11	2	己未	10	3	己丑	9	4	庚申
廿五	1	30	戊子	1	1	己未	12	2	己丑	11	3	庚申	10	4	庚寅	9	5	辛酉
廿六	1	31	己丑	1	2	庚申	12	3	庚寅	11	4	辛酉	10	5	辛卯	9	6	壬戌
廿七	2	1	庚寅	1	3	辛酉	12	4	辛卯	11	5	壬戌	10	6	壬辰	9	7	癸亥
廿八	2	2	辛卯	1	4	壬戌	12	5	壬辰	11	6	癸亥	10	7	癸巳	9	8	甲子
廿九	2	3	壬辰	1	5	癸亥	12	6	癸巳	11	7	甲子	10	8	甲午	9	9	乙丑
三十	2	4	癸巳				12	7	甲午				10	9	乙未			

1943年【癸未】

6月			5月			4月			3月			2月			正月			月別
己未			戊午			丁巳			丙辰			乙卯			甲寅			月柱
九紫			一白			二黒			三碧			四緑			五黄			紫白
陽暦		日柱	陽暦		日柱	陽暦		日柱	陽暦		日柱	陽暦		日柱	陽暦		日柱	農暦
月	日		月	日		月	日		月	日		月	日		月	日		
7	2	辛酉	6	3	壬辰	5	4	壬戌	4	5	癸巳	3	6	癸亥	2	5	甲午	初一
7	3	壬戌	6	4	癸巳	5	5	癸亥	4	6	甲午	3	7	甲子	2	6	乙未	初二
7	4	癸亥	6	5	甲午	5	6	甲子	4	7	乙未	3	8	乙丑	2	7	丙申	初三
7	5	甲子	6	6	乙未	5	7	乙丑	4	8	丙申	3	9	丙寅	2	8	丁酉	初四
7	6	乙丑	6	7	丙申	5	8	丙寅	4	9	丁酉	3	10	丁卯	2	9	戊戌	初五
7	7	丙寅	6	8	丁酉	5	9	丁卯	4	10	戊戌	3	11	戊辰	2	10	己亥	初六
7	8	丁卯	6	9	戊戌	5	10	戊辰	4	11	己亥	3	12	己巳	2	11	庚子	初七
7	9	戊辰	6	10	己亥	5	11	己巳	4	12	庚子	3	13	庚午	2	12	辛丑	初八
7	10	己巳	6	11	庚子	5	12	庚午	4	13	辛丑	3	14	辛未	2	13	壬寅	初九
7	11	庚午	6	12	辛丑	5	13	辛未	4	14	壬寅	3	15	壬申	2	14	癸卯	初十
7	12	辛未	6	13	壬寅	5	14	壬申	4	15	癸卯	3	16	癸酉	2	15	甲辰	十一
7	13	壬申	6	14	癸卯	5	15	癸酉	4	16	甲辰	3	17	甲戌	2	16	乙巳	十二
7	14	癸酉	6	15	甲辰	5	16	甲戌	4	17	乙巳	3	18	乙亥	2	17	丙午	十三
7	15	甲戌	6	16	乙巳	5	17	乙亥	4	18	丙午	3	19	丙子	2	18	丁未	十四
7	16	乙亥	6	17	丙午	5	18	丙子	4	19	丁未	3	20	丁丑	2	19	戊申	十五
7	17	丙子	6	18	丁未	5	19	丁丑	4	20	戊申	3	21	戊寅	2	20	己酉	十六
7	18	丁丑	6	19	戊申	5	20	戊寅	4	21	己酉	3	22	己卯	2	21	庚戌	十七
7	19	戊寅	6	20	己酉	5	21	己卯	4	22	庚戌	3	23	庚辰	2	22	辛亥	十八
7	20	己卯	6	21	庚戌	5	22	庚辰	4	23	辛亥	3	24	辛巳	2	23	壬子	十九
7	21	庚辰	6	22	辛亥	5	23	辛巳	4	24	壬子	3	25	壬午	2	24	癸丑	二十
7	22	辛巳	6	23	壬子	5	24	壬午	4	25	癸丑	3	26	癸未	2	25	甲寅	廿一
7	23	壬午	6	24	癸丑	5	25	癸未	4	26	甲寅	3	27	甲申	2	26	乙卯	廿二
7	24	癸未	6	25	甲寅	5	26	甲申	4	27	乙卯	3	28	乙酉	2	27	丙辰	廿三
7	25	甲申	6	26	乙卯	5	27	乙酉	4	28	丙辰	3	29	丙戌	2	28	丁巳	廿四
7	26	乙酉	6	27	丙辰	5	28	丙戌	4	29	丁巳	3	30	丁亥	3	1	戊午	廿五
7	27	丙戌	6	28	丁巳	5	29	丁亥	4	30	戊午	3	31	戊子	3	2	己未	廿六
7	28	丁亥	6	29	戊午	5	30	戊子	5	1	己未	4	1	己丑	3	3	庚申	廿七
7	29	戊子	6	30	己未	5	31	己丑	5	2	庚申	4	2	庚寅	3	4	辛酉	廿八
7	30	己丑	7	1	庚申	6	1	庚寅	5	3	辛酉	4	3	辛卯	3	5	壬戌	廿九
7	31	庚寅				6	2	辛卯				4	4	壬辰				三十

月別	12月			11月			10月			9月			8月			7月		
月柱	乙丑			甲子			癸亥			壬戌			辛酉			庚申		
紫白	三碧			四緑			五黄			六白			七赤			八白		
農暦	陽暦		日柱	陽暦		日柱	陽暦		日柱	陽暦		日柱	陽暦		日柱	陽暦		日柱
	月	日		月	日		月	日		月	日		月	日		月	日	
初一	12	27	己未	11	27	己丑	10	29	庚申	9	29	庚寅	8	31	辛酉	8	1	辛卯
初二	12	28	庚申	11	28	庚寅	10	30	辛酉	9	30	辛卯	9	1	壬戌	8	2	壬辰
初三	12	29	辛酉	11	29	辛卯	10	31	壬戌	10	1	壬辰	9	2	癸亥	8	3	癸巳
初四	12	30	壬戌	11	30	壬辰	11	1	癸亥	10	2	癸巳	9	3	甲子	8	4	甲午
初五	12	31	癸亥	12	1	癸巳	11	2	甲子	10	3	甲午	9	4	乙丑	8	5	乙未
初六	1	1	甲子	12	2	甲午	11	3	乙丑	10	4	乙未	9	5	丙寅	8	6	丙申
初七	1	2	乙丑	12	3	乙未	11	4	丙寅	10	5	丙申	9	6	丁卯	8	7	丁酉
初八	1	3	丙寅	12	4	丙申	11	5	丁卯	10	6	丁酉	9	7	戊辰	8	8	戊戌
初九	1	4	丁卯	12	5	丁酉	11	6	戊辰	10	7	戊戌	9	8	己巳	8	9	己亥
初十	1	5	戊辰	12	6	戊戌	11	7	己巳	10	8	己亥	9	9	庚午	8	10	庚子
十一	1	6	己巳	12	7	己亥	11	8	庚午	10	9	庚子	9	10	辛未	8	11	辛丑
十二	1	7	庚午	12	8	庚子	11	9	辛未	10	10	辛丑	9	11	壬申	8	12	壬寅
十三	1	8	辛未	12	9	辛丑	11	10	壬申	10	11	壬寅	9	12	癸酉	8	13	癸卯
十四	1	9	壬申	12	10	壬寅	11	11	癸酉	10	12	癸卯	9	13	甲戌	8	14	甲辰
十五	1	10	癸酉	12	11	癸卯	11	12	甲戌	10	13	甲辰	9	14	乙亥	8	15	乙巳
十六	1	11	甲戌	12	12	甲辰	11	13	乙亥	10	14	乙巳	9	15	丙子	8	16	丙午
十七	1	12	乙亥	12	13	乙巳	11	14	丙子	10	15	丙午	9	16	丁丑	8	17	丁未
十八	1	13	丙子	12	14	丙午	11	15	丁丑	10	16	丁未	9	17	戊寅	8	18	戊申
十九	1	14	丁丑	12	15	丁未	11	16	戊寅	10	17	戊申	9	18	己卯	8	19	己酉
二十	1	15	戊寅	12	16	戊申	11	17	己卯	10	18	己酉	9	19	庚辰	8	20	庚戌
廿一	1	16	己卯	12	17	己酉	11	18	庚辰	10	19	庚戌	9	20	辛巳	8	21	辛亥
廿二	1	17	庚辰	12	18	庚戌	11	19	辛巳	10	20	辛亥	9	21	壬午	8	22	壬子
廿三	1	18	辛巳	12	19	辛亥	11	20	壬午	10	21	壬子	9	22	癸未	8	23	癸丑
廿四	1	19	壬午	12	20	壬子	11	21	癸未	10	22	癸丑	9	23	甲申	8	24	甲寅
廿五	1	20	癸未	12	21	癸丑	11	22	甲申	10	23	甲寅	9	24	乙酉	8	25	乙卯
廿六	1	21	甲申	12	22	甲寅	11	23	乙酉	10	24	乙卯	9	25	丙戌	8	26	丙辰
廿七	1	22	乙酉	12	23	乙卯	11	24	丙戌	10	25	丙辰	9	26	丁亥	8	27	丁巳
廿八	1	23	丙戌	12	24	丙辰	11	25	丁亥	10	26	丁巳	9	27	戊子	8	28	戊午
廿九	1	24	丁亥	12	25	丁巳	11	26	戊子	10	27	戊午	9	28	己丑	8	29	己未
三十				12	26	戊午				10	28	己未				8	30	庚申

1944年【甲申】

6月			5月			閏4月			4月			3月			2月			正月			月別
辛未			庚午						己巳			戊辰			丁卯			丙寅			月柱
六白			七赤						八白			九紫			一白			二黑			紫白
陽暦		日柱	陽暦		日柱	陽暦		日柱	陽暦		日柱	陽暦		日柱	陽暦		日柱	陽暦		日柱	農暦
月	日		月	日		月	日		月	日		月	日		月	日		月	日		
7	20	乙酉	6	21	丙辰	5	22	丙戌	4	23	丁巳	3	24	丁亥	2	24	戊午	1	25	戊子	初一
7	21	丙戌	6	22	丁巳	5	23	丁亥	4	24	戊午	3	25	戊子	2	25	己未	1	26	己丑	初二
7	22	丁亥	6	23	戊午	5	24	戊子	4	25	己未	3	26	己丑	2	26	庚申	1	27	庚寅	初三
7	23	戊子	6	24	己未	5	25	己丑	4	26	庚申	3	27	庚寅	2	27	辛酉	1	28	辛卯	初四
7	24	己丑	6	25	庚申	5	26	庚寅	4	27	辛酉	3	28	辛卯	2	28	壬戌	1	29	壬辰	初五
7	25	庚寅	6	26	辛酉	5	27	辛卯	4	28	壬戌	3	29	壬辰	2	29	癸亥	1	30	癸巳	初六
7	26	辛卯	6	27	壬戌	5	28	壬辰	4	29	癸亥	3	30	癸巳	3	1	甲子	1	31	甲午	初七
7	27	壬辰	6	28	癸亥	5	29	癸巳	4	30	甲子	3	31	甲午	3	2	乙丑	2	1	乙未	初八
7	28	癸巳	6	29	甲子	5	30	甲午	5	1	乙丑	4	1	乙未	3	3	丙寅	2	2	丙申	初九
7	29	甲午	6	30	乙丑	5	31	乙未	5	2	丙寅	4	2	丙申	3	4	丁卯	2	3	丁酉	初十
7	30	乙未	7	1	丙寅	6	1	丙申	5	3	丁卯	4	3	丁酉	3	5	戊辰	2	4	戊戌	十一
7	31	丙申	7	2	丁卯	6	2	丁酉	5	4	戊辰	4	4	戊戌	3	6	己巳	2	5	己亥	十二
8	1	丁酉	7	3	戊辰	6	3	戊戌	5	5	己巳	4	5	己亥	3	7	庚午	2	6	庚子	十三
8	2	戊戌	7	4	己巳	6	4	己亥	5	6	庚午	4	6	庚子	3	8	辛未	2	7	辛丑	十四
8	3	己亥	7	5	庚午	6	5	庚子	5	7	辛未	4	7	辛丑	3	9	壬申	2	8	壬寅	十五
8	4	庚子	7	6	辛未	6	6	辛丑	5	8	壬申	4	8	壬寅	3	10	癸酉	2	9	癸卯	十六
8	5	辛丑	7	7	壬申	6	7	壬寅	5	9	癸酉	4	9	癸卯	3	11	甲戌	2	10	甲辰	十七
8	6	壬寅	7	8	癸酉	6	8	癸卯	5	10	甲戌	4	10	甲辰	3	12	乙亥	2	11	乙巳	十八
8	7	癸卯	7	9	甲戌	6	9	甲辰	5	11	乙亥	4	11	乙巳	3	13	丙子	2	12	丙午	十九
8	8	甲辰	7	10	乙亥	6	10	乙巳	5	12	丙子	4	12	丙午	3	14	丁丑	2	13	丁未	二十
8	9	乙巳	7	11	丙子	6	11	丙午	5	13	丁丑	4	13	丁未	3	15	戊寅	2	14	戊申	廿一
8	10	丙午	7	12	丁丑	6	12	丁未	5	14	戊寅	4	14	戊申	3	16	己卯	2	15	己酉	廿二
8	11	丁未	7	13	戊寅	6	13	戊申	5	15	己卯	4	15	己酉	3	17	庚辰	2	16	庚戌	廿三
8	12	戊申	7	14	己卯	6	14	己酉	5	16	庚辰	4	16	庚戌	3	18	辛巳	2	17	辛亥	廿四
8	13	己酉	7	15	庚辰	6	15	庚戌	5	17	辛巳	4	17	辛亥	3	19	壬午	2	18	壬子	廿五
8	14	庚戌	7	16	辛巳	6	16	辛亥	5	18	壬午	4	18	壬子	3	20	癸未	2	19	癸丑	廿六
8	15	辛亥	7	17	壬午	6	17	壬子	5	19	癸未	4	19	癸丑	3	21	甲申	2	20	甲寅	廿七
8	16	壬子	7	18	癸未	6	18	癸丑	5	20	甲申	4	20	甲寅	3	22	乙酉	2	21	乙卯	廿八
8	17	癸丑	7	19	甲申	6	19	甲寅	5	21	乙酉	4	21	乙卯	3	23	丙戌	2	22	丙辰	廿九
8	18	甲寅				6	20	乙卯				4	22	丙辰				2	23	丁巳	三十

月別	12月			11月			10月			9月			8月			7月		
月柱	丁丑			丙子			乙亥			甲戌			癸酉			壬申		
紫白	九紫			一白			二黑			三碧			四綠			五黃		
農曆	陽曆		日柱	陽曆		日柱	陽曆		日柱	陽曆		日柱	陽曆		日柱	陽曆		日柱
	月	日		月	日		月	日		月	日		月	日		月	日	
初一	1	14	癸未	12	15	癸丑	11	16	甲申	10	17	甲寅	9	17	甲申	8	19	乙卯
初二	1	15	甲申	12	16	甲寅	11	17	乙酉	10	18	乙卯	9	18	乙酉	8	20	丙辰
初三	1	16	乙酉	12	17	乙卯	11	18	丙戌	10	19	丙辰	9	19	丙戌	8	21	丁巳
初四	1	17	丙戌	12	18	丙辰	11	19	丁亥	10	20	丁巳	9	20	丁亥	8	22	戊午
初五	1	18	丁亥	12	19	丁巳	11	20	戊子	10	21	戊午	9	21	戊子	8	23	己未
初六	1	19	戊子	12	20	戊午	11	21	己丑	10	22	己未	9	22	己丑	8	24	庚申
初七	1	20	己丑	12	21	己未	11	22	庚寅	10	23	庚申	9	23	庚寅	8	25	辛酉
初八	1	21	庚寅	12	22	庚申	11	23	辛卯	10	24	辛酉	9	24	辛卯	8	26	壬戌
初九	1	22	辛卯	12	23	辛酉	11	24	壬辰	10	25	壬戌	9	25	壬辰	8	27	癸亥
初十	1	23	壬辰	12	24	壬戌	11	25	癸巳	10	26	癸亥	9	26	癸巳	8	28	甲子
十一	1	24	癸巳	12	25	癸亥	11	26	甲午	10	27	甲子	9	27	甲午	8	29	乙丑
十二	1	25	甲午	12	26	甲子	11	27	乙未	10	28	乙丑	9	28	乙未	8	30	丙寅
十三	1	26	乙未	12	27	乙丑	11	28	丙申	10	29	丙寅	9	29	丙申	8	31	丁卯
十四	1	27	丙申	12	28	丙寅	11	29	丁酉	10	30	丁卯	9	30	丁酉	9	1	戊辰
十五	1	28	丁酉	12	29	丁卯	11	30	戊戌	10	31	戊辰	10	1	戊戌	9	2	己巳
十六	1	29	戊戌	12	30	戊辰	12	1	己亥	11	1	己巳	10	2	己亥	9	3	庚午
十七	1	30	己亥	12	31	己巳	12	2	庚子	11	2	庚午	10	3	庚子	9	4	辛未
十八	1	31	庚子	1	1	庚午	12	3	辛丑	11	3	辛未	10	4	辛丑	9	5	壬申
十九	2	1	辛丑	1	2	辛未	12	4	壬寅	11	4	壬申	10	5	壬寅	9	6	癸酉
二十	2	2	壬寅	1	3	壬申	12	5	癸卯	11	5	癸酉	10	6	癸卯	9	7	甲戌
廿一	2	3	癸卯	1	4	癸酉	12	6	甲辰	11	6	甲戌	10	7	甲辰	9	8	乙亥
廿二	2	4	甲辰	1	5	甲戌	12	7	乙巳	11	7	乙亥	10	8	乙巳	9	9	丙子
廿三	2	5	乙巳	1	6	乙亥	12	8	丙午	11	8	丙子	10	9	丙午	9	10	丁丑
廿四	2	6	丙午	1	7	丙子	12	9	丁未	11	9	丁丑	10	10	丁未	9	11	戊寅
廿五	2	7	丁未	1	8	丁丑	12	10	戊申	11	10	戊寅	10	11	戊申	9	12	己卯
廿六	2	8	戊申	1	9	戊寅	12	11	己酉	11	11	己卯	10	12	己酉	9	13	庚辰
廿七	2	9	己酉	1	10	己卯	12	12	庚戌	11	12	庚辰	10	13	庚戌	9	14	辛巳
廿八	2	10	庚戌	1	11	庚辰	12	13	辛亥	11	13	辛巳	10	14	辛亥	9	15	壬午
廿九	2	11	辛亥	1	12	辛巳	12	14	壬子	11	14	壬午	10	15	壬子	9	16	癸未
三十	2	12	壬子	1	13	壬午				11	15	癸未	10	16	癸丑			

1945年【乙酉】

6月			5月			4月			3月			2月			正月			月別
癸未			壬午			辛巳			庚辰			己卯			戊寅			月柱
三碧			四緑			五黄			六白			七赤			八白			紫白
陽暦		日柱	陽暦		日柱	陽暦		日柱	陽暦		日柱	陽暦		日柱	陽暦		日柱	農暦
月	日		月	日		月	日		月	日		月	日		月	日		
7	9	己卯	6	10	庚戌	5	12	辛巳	4	12	辛亥	3	14	壬午	2	13	癸丑	初一
7	10	庚辰	6	11	辛亥	5	13	壬午	4	13	壬子	3	15	癸未	2	14	甲寅	初二
7	11	辛巳	6	12	壬子	5	14	癸未	4	14	癸丑	3	16	甲申	2	15	乙卯	初三
7	12	壬午	6	13	癸丑	5	15	甲申	4	15	甲寅	3	17	乙酉	2	16	丙辰	初四
7	13	癸未	6	14	甲寅	5	16	乙酉	4	16	乙卯	3	18	丙戌	2	17	丁巳	初五
7	14	甲申	6	15	乙卯	5	17	丙戌	4	17	丙辰	3	19	丁亥	2	18	戊午	初六
7	15	乙酉	6	16	丙辰	5	18	丁亥	4	18	丁巳	3	20	戊子	2	19	己未	初七
7	16	丙戌	6	17	丁巳	5	19	戊子	4	19	戊午	3	21	己丑	2	20	庚申	初八
7	17	丁亥	6	18	戊午	5	20	己丑	4	20	己未	3	22	庚寅	2	21	辛酉	初九
7	18	戊子	6	19	己未	5	21	庚寅	4	21	庚申	3	23	辛卯	2	22	壬戌	初十
7	19	己丑	6	20	庚申	5	22	辛卯	4	22	辛酉	3	24	壬辰	2	23	癸亥	十一
7	20	庚寅	6	21	辛酉	5	23	壬辰	4	23	壬戌	3	25	癸巳	2	24	甲子	十二
7	21	辛卯	6	22	壬戌	5	24	癸巳	4	24	癸亥	3	26	甲午	2	25	乙丑	十三
7	22	壬辰	6	23	癸亥	5	25	甲午	4	25	甲子	3	27	乙未	2	26	丙寅	十四
7	23	癸巳	6	24	甲子	5	26	乙未	4	26	乙丑	3	28	丙申	2	27	丁卯	十五
7	24	甲午	6	25	乙丑	5	27	丙申	4	27	丙寅	3	29	丁酉	2	28	戊辰	十六
7	25	乙未	6	26	丙寅	5	28	丁酉	4	28	丁卯	3	30	戊戌	3	1	己巳	十七
7	26	丙申	6	27	丁卯	5	29	戊戌	4	29	戊辰	3	31	己亥	3	2	庚午	十八
7	27	丁酉	6	28	戊辰	5	30	己亥	4	30	己巳	4	1	庚子	3	3	辛未	十九
7	28	戊戌	6	29	己巳	5	31	庚子	5	1	庚午	4	2	辛丑	3	4	壬申	二十
7	29	己亥	6	30	庚午	6	1	辛丑	5	2	辛未	4	3	壬寅	3	5	癸酉	廿一
7	30	庚子	7	1	辛未	6	2	壬寅	5	3	壬申	4	4	癸卯	3	6	甲戌	廿二
7	31	辛丑	7	2	壬申	6	3	癸卯	5	4	癸酉	4	5	甲辰	3	7	乙亥	廿三
8	1	壬寅	7	3	癸酉	6	4	甲辰	5	5	甲戌	4	6	乙巳	3	8	丙子	廿四
8	2	癸卯	7	4	甲戌	6	5	乙巳	5	6	乙亥	4	7	丙午	3	9	丁丑	廿五
8	3	甲辰	7	5	乙亥	6	6	丙午	5	7	丙子	4	8	丁未	3	10	戊寅	廿六
8	4	乙巳	7	6	丙子	6	7	丁未	5	8	丁丑	4	9	戊申	3	11	己卯	廿七
8	5	丙午	7	7	丁丑	6	8	戊申	5	9	戊寅	4	10	己酉	3	12	庚辰	廿八
8	6	丁未	7	8	戊寅	6	9	己酉	5	10	己卯	4	11	庚戌	3	13	辛巳	廿九
8	7	戊申							5	11	庚辰							三十

月別	12月			11月			10月			9月			8月			7月		
月柱	己丑			戊子			丁亥			丙戌			乙酉			甲申		
紫白	六白			七赤			八白			九紫			一白			二黑		
農暦	陽暦		日柱	陽暦		日柱	陽暦		日柱	陽暦		日柱	陽暦		日柱	陽暦		日柱
	月	日		月	日		月	日		月	日		月	日		月	日	
初一	1	3	丁丑	12	5	戊申	11	5	戊寅	10	6	戊申	9	6	戊寅	8	8	己酉
初二	1	4	戊寅	12	6	己酉	11	6	己卯	10	7	己酉	9	7	己卯	8	9	庚戌
初三	1	5	己卯	12	7	庚戌	11	7	庚辰	10	8	庚戌	9	8	庚辰	8	10	辛亥
初四	1	6	庚辰	12	8	辛亥	11	8	辛巳	10	9	辛亥	9	9	辛巳	8	11	壬子
初五	1	7	辛巳	12	9	壬子	11	9	壬午	10	10	壬子	9	10	壬午	8	12	癸丑
初六	1	8	壬午	12	10	癸丑	11	10	癸未	10	11	癸丑	9	11	癸未	8	13	甲寅
初七	1	9	癸未	12	11	甲寅	11	11	甲申	10	12	甲寅	9	12	甲申	8	14	乙卯
初八	1	10	甲申	12	12	乙卯	11	12	乙酉	10	13	乙卯	9	13	乙酉	8	15	丙辰
初九	1	11	乙酉	12	13	丙辰	11	13	丙戌	10	14	丙辰	9	14	丙戌	8	16	丁巳
初十	1	12	丙戌	12	14	丁巳	11	14	丁亥	10	15	丁巳	9	15	丁亥	8	17	戊午
十一	1	13	丁亥	12	15	戊午	11	15	戊子	10	16	戊午	9	16	戊子	8	18	己未
十二	1	14	戊子	12	16	己未	11	16	己丑	10	17	己未	9	17	己丑	8	19	庚申
十三	1	15	己丑	12	17	庚申	11	17	庚寅	10	18	庚申	9	18	庚寅	8	20	辛酉
十四	1	16	庚寅	12	18	辛酉	11	18	辛卯	10	19	辛酉	9	19	辛卯	8	21	壬戌
十五	1	17	辛卯	12	19	壬戌	11	19	壬辰	10	20	壬戌	9	20	壬辰	8	22	癸亥
十六	1	18	壬辰	12	20	癸亥	11	20	癸巳	10	21	癸亥	9	21	癸巳	8	23	甲子
十七	1	19	癸巳	12	21	甲子	11	21	甲午	10	22	甲子	9	22	甲午	8	24	乙丑
十八	1	20	甲午	12	22	乙丑	11	22	乙未	10	23	乙丑	9	23	乙未	8	25	丙寅
十九	1	21	乙未	12	23	丙寅	11	23	丙申	10	24	丙寅	9	24	丙申	8	26	丁卯
二十	1	22	丙申	12	24	丁卯	11	24	丁酉	10	25	丁卯	9	25	丁酉	8	27	戊辰
廿一	1	23	丁酉	12	25	戊辰	11	25	戊戌	10	26	戊辰	9	26	戊戌	8	28	己巳
廿二	1	24	戊戌	12	26	己巳	11	26	己亥	10	27	己巳	9	27	己亥	8	29	庚午
廿三	1	25	己亥	12	27	庚午	11	27	庚子	10	28	庚午	9	28	庚子	8	30	辛未
廿四	1	26	庚子	12	28	辛未	11	28	辛丑	10	29	辛未	9	29	辛丑	8	31	壬申
廿五	1	27	辛丑	12	29	壬申	11	29	壬寅	10	30	壬申	9	30	壬寅	9	1	癸酉
廿六	1	28	壬寅	12	30	癸酉	11	30	癸卯	10	31	癸酉	10	1	癸卯	9	2	甲戌
廿七	1	29	癸卯	12	31	甲戌	12	1	甲辰	11	1	甲戌	10	2	甲辰	9	3	乙亥
廿八	1	30	甲辰	1	1	乙亥	12	2	乙巳	11	2	乙亥	10	3	乙巳	9	4	丙子
廿九	1	31	乙巳	1	2	丙子	12	3	丙午	11	3	丙子	10	4	丙午	9	5	丁丑
三十	2	1	丙午				12	4	丁未	11	4	丁丑	10	5	丁未			

1946年【丙戌】

6月			5月			4月			3月			2月			正月			月別
乙未			甲午			癸巳			壬辰			辛卯			庚寅			月柱
九紫			一白			二黒			三碧			四緑			五黄			紫白
陽暦		日柱	陽暦		日柱	陽暦		日柱	陽暦		日柱	陽暦		日柱	陽暦		日柱	農暦
月	日		月	日		月	日		月	日		月	日		月	日		
6	29	甲戌	5	31	乙巳	5	1	乙亥	4	2	丙午	3	4	丁丑	2	2	丁未	初一
6	30	乙亥	6	1	丙午	5	2	丙子	4	3	丁未	3	5	戊寅	2	3	戊申	初二
7	1	丙子	6	2	丁未	5	3	丁丑	4	4	戊申	3	6	己卯	2	4	己酉	初三
7	2	丁丑	6	3	戊申	5	4	戊寅	4	5	己酉	3	7	庚辰	2	5	庚戌	初四
7	3	戊寅	6	4	己酉	5	5	己卯	4	6	庚戌	3	8	辛巳	2	6	辛亥	初五
7	4	己卯	6	5	庚戌	5	6	庚辰	4	7	辛亥	3	9	壬午	2	7	壬子	初六
7	5	庚辰	6	6	辛亥	5	7	辛巳	4	8	壬子	3	10	癸未	2	8	癸丑	初七
7	6	辛巳	6	7	壬子	5	8	壬午	4	9	癸丑	3	11	甲申	2	9	甲寅	初八
7	7	壬午	6	8	癸丑	5	9	癸未	4	10	甲寅	3	12	乙酉	2	10	乙卯	初九
7	8	癸未	6	9	甲寅	5	10	甲申	4	11	乙卯	3	13	丙戌	2	11	丙辰	初十
7	9	甲申	6	10	乙卯	5	11	乙酉	4	12	丙辰	3	14	丁亥	2	12	丁巳	十一
7	10	乙酉	6	11	丙辰	5	12	丙戌	4	13	丁巳	3	15	戊子	2	13	戊午	十二
7	11	丙戌	6	12	丁巳	5	13	丁亥	4	14	戊午	3	16	己丑	2	14	己未	十三
7	12	丁亥	6	13	戊午	5	14	戊子	4	15	己未	3	17	庚寅	2	15	庚申	十四
7	13	戊子	6	14	己未	5	15	己丑	4	16	庚申	3	18	辛卯	2	16	辛酉	十五
7	14	己丑	6	15	庚申	5	16	庚寅	4	17	辛酉	3	19	壬辰	2	17	壬戌	十六
7	15	庚寅	6	16	辛酉	5	17	辛卯	4	18	壬戌	3	20	癸巳	2	18	癸亥	十七
7	16	辛卯	6	17	壬戌	5	18	壬辰	4	19	癸亥	3	21	甲午	2	19	甲子	十八
7	17	壬辰	6	18	癸亥	5	19	癸巳	4	20	甲子	3	22	乙未	2	20	乙丑	十九
7	18	癸巳	6	19	甲子	5	20	甲午	4	21	乙丑	3	23	丙申	2	21	丙寅	二十
7	19	甲午	6	20	乙丑	5	21	乙未	4	22	丙寅	3	24	丁酉	2	22	丁卯	廿一
7	20	乙未	6	21	丙寅	5	22	丙申	4	23	丁卯	3	25	戊戌	2	23	戊辰	廿二
7	21	丙申	6	22	丁卯	5	23	丁酉	4	24	戊辰	3	26	己亥	2	24	己巳	廿三
7	22	丁酉	6	23	戊辰	5	24	戊戌	4	25	己巳	3	27	庚子	2	25	庚午	廿四
7	23	戊戌	6	24	己巳	5	25	己亥	4	26	庚午	3	28	辛丑	2	26	辛未	廿五
7	24	己亥	6	25	庚午	5	26	庚子	4	27	辛未	3	29	壬寅	2	27	壬申	廿六
7	25	庚子	6	26	辛未	5	27	辛丑	4	28	壬申	3	30	癸卯	2	28	癸酉	廿七
7	26	辛丑	6	27	壬申	5	28	壬寅	4	29	癸酉	3	31	甲辰	3	1	甲戌	廿八
7	27	壬寅	6	28	癸酉	5	29	癸卯	4	30	甲戌	4	1	乙巳	3	2	乙亥	廿九
						5	30	甲辰							3	3	丙子	三十

月別	12月			11月			10月			9月			8月			7月		
月柱	辛丑			庚子			己亥			戊戌			丁酉			丙申		
紫白	三碧			四緑			五黃			六白			七赤			八白		
農暦	陽暦		日柱	陽暦		日柱	陽暦		日柱	陽暦		日柱	陽暦		日柱	陽暦		日柱
	月	日		月	日		月	日		月	日		月	日		月	日	
初一	12	23	辛未	11	24	壬寅	10	25	壬申	9	25	壬寅	8	27	癸酉	7	28	癸卯
初二	12	24	壬申	11	25	癸卯	10	26	癸酉	9	26	癸卯	8	28	甲戌	7	29	甲辰
初三	12	25	癸酉	11	26	甲辰	10	27	甲戌	9	27	甲辰	8	29	乙亥	7	30	乙巳
初四	12	26	甲戌	11	27	乙巳	10	28	乙亥	9	28	乙巳	8	30	丙子	7	31	丙午
初五	12	27	乙亥	11	28	丙午	10	29	丙子	9	29	丙午	8	31	丁丑	8	1	丁未
初六	12	28	丙子	11	29	丁未	10	30	丁丑	9	30	丁未	9	1	戊寅	8	2	戊申
初七	12	29	丁丑	11	30	戊申	10	31	戊寅	10	1	戊申	9	2	己卯	8	3	己酉
初八	12	30	戊寅	12	1	己酉	11	1	己卯	10	2	己酉	9	3	庚辰	8	4	庚戌
初九	12	31	己卯	12	2	庚戌	11	2	庚辰	10	3	庚戌	9	4	辛巳	8	5	辛亥
初十	1	1	庚辰	12	3	辛亥	11	3	辛巳	10	4	辛亥	9	5	壬午	8	6	壬子
十一	1	2	辛巳	12	4	壬子	11	4	壬午	10	5	壬子	9	6	癸未	8	7	癸丑
十二	1	3	壬午	12	5	癸丑	11	5	癸未	10	6	癸丑	9	7	甲申	8	8	甲寅
十三	1	4	癸未	12	6	甲寅	11	6	甲申	10	7	甲寅	9	8	乙酉	8	9	乙卯
十四	1	5	甲申	12	7	乙卯	11	7	乙酉	10	8	乙卯	9	9	丙戌	8	10	丙辰
十五	1	6	乙酉	12	8	丙辰	11	8	丙戌	10	9	丙辰	9	10	丁亥	8	11	丁巳
十六	1	7	丙戌	12	9	丁巳	11	9	丁亥	10	10	丁巳	9	11	戊子	8	12	戊午
十七	1	8	丁亥	12	10	戊午	11	10	戊子	10	11	戊午	9	12	己丑	8	13	己未
十八	1	9	戊子	12	11	己未	11	11	己丑	10	12	己未	9	13	庚寅	8	14	庚申
十九	1	10	己丑	12	12	庚申	11	12	庚寅	10	13	庚申	9	14	辛卯	8	15	辛酉
二十	1	11	庚寅	12	13	辛酉	11	13	辛卯	10	14	辛酉	9	15	壬辰	8	16	壬戌
廿一	1	12	辛卯	12	14	壬戌	11	14	壬辰	10	15	壬戌	9	16	癸巳	8	17	癸亥
廿二	1	13	壬辰	12	15	癸亥	11	15	癸巳	10	16	癸亥	9	17	甲午	8	18	甲子
廿三	1	14	癸巳	12	16	甲子	11	16	甲午	10	17	甲子	9	18	乙未	8	19	乙丑
廿四	1	15	甲午	12	17	乙丑	11	17	乙未	10	18	乙丑	9	19	丙申	8	20	丙寅
廿五	1	16	乙未	12	18	丙寅	11	18	丙申	10	19	丙寅	9	20	丁酉	8	21	丁卯
廿六	1	17	丙申	12	19	丁卯	11	19	丁酉	10	20	丁卯	9	21	戊戌	8	22	戊辰
廿七	1	18	丁酉	12	20	戊辰	11	20	戊戌	10	21	戊辰	9	22	己亥	8	23	己巳
廿八	1	19	戊戌	12	21	己巳	11	21	己亥	10	22	己巳	9	23	庚子	8	24	庚午
廿九	1	20	己亥	12	22	庚午	11	22	庚子	10	23	庚午	9	24	辛丑	8	25	辛未
三十	1	21	庚子				11	23	辛丑	10	24	辛未				8	26	壬申

1947年【丁亥】

6月			5月			4月			3月			閏2月			2月			正月			月別
丁未			丙午			乙巳			甲辰						癸卯			壬寅			月柱
六白			七赤			八白			九紫						一白			二黒			紫白
陽暦		日柱	陽暦		日柱	陽暦		日柱	陽暦		日柱	陽暦		日柱	陽暦		日柱	陽暦		日柱	農暦
月	日		月	日		月	日		月	日		月	日		月	日		月	日		
7	18	戊戌	6	19	己巳	5	20	己亥	4	21	庚午	3	23	辛丑	2	21	辛未	1	22	辛丑	初一
7	19	己亥	6	20	庚午	5	21	庚子	4	22	辛未	3	24	壬寅	2	22	壬申	1	23	壬寅	初二
7	20	庚子	6	21	辛未	5	22	辛丑	4	23	壬申	3	25	癸卯	2	23	癸酉	1	24	癸卯	初三
7	21	辛丑	6	22	壬申	5	23	壬寅	4	24	癸酉	3	26	甲辰	2	24	甲戌	1	25	甲辰	初四
7	22	壬寅	6	23	癸酉	5	24	癸卯	4	25	甲戌	3	27	乙巳	2	25	乙亥	1	26	乙巳	初五
7	23	癸卯	6	24	甲戌	5	25	甲辰	4	26	乙亥	3	28	丙午	2	26	丙子	1	27	丙午	初六
7	24	甲辰	6	25	乙亥	5	26	乙巳	4	27	丙子	3	29	丁未	2	27	丁丑	1	28	丁未	初七
7	25	乙巳	6	26	丙子	5	27	丙午	4	28	丁丑	3	30	戊申	2	28	戊寅	1	29	戊申	初八
7	26	丙午	6	27	丁丑	5	28	丁未	4	29	戊寅	3	31	己酉	3	1	己卯	1	30	己酉	初九
7	27	丁未	6	28	戊寅	5	29	戊申	4	30	己卯	4	1	庚戌	3	2	庚辰	1	31	庚戌	初十
7	28	戊申	6	29	己卯	5	30	己酉	5	1	庚辰	4	2	辛亥	3	3	辛巳	2	1	辛亥	十一
7	29	己酉	6	30	庚辰	5	31	庚戌	5	2	辛巳	4	3	壬子	3	4	壬午	2	2	壬子	十二
7	30	庚戌	7	1	辛巳	6	1	辛亥	5	3	壬午	4	4	癸丑	3	5	癸未	2	3	癸丑	十三
7	31	辛亥	7	2	壬午	6	2	壬子	5	4	癸未	4	5	甲寅	3	6	甲申	2	4	甲寅	十四
8	1	壬子	7	3	癸未	6	3	癸丑	5	5	甲申	4	6	乙卯	3	7	乙酉	2	5	乙卯	十五
8	2	癸丑	7	4	甲申	6	4	甲寅	5	6	乙酉	4	7	丙辰	3	8	丙戌	2	6	丙辰	十六
8	3	甲寅	7	5	乙酉	6	5	乙卯	5	7	丙戌	4	8	丁巳	3	9	丁亥	2	7	丁巳	十七
8	4	乙卯	7	6	丙戌	6	6	丙辰	5	8	丁亥	4	9	戊午	3	10	戊子	2	8	戊午	十八
8	5	丙辰	7	7	丁亥	6	7	丁巳	5	9	戊子	4	10	己未	3	11	己丑	2	9	己未	十九
8	6	丁巳	7	8	戊子	6	8	戊午	5	10	己丑	4	11	庚申	3	12	庚寅	2	10	庚申	二十
8	7	戊午	7	9	己丑	6	9	己未	5	11	庚寅	4	12	辛酉	3	13	辛卯	2	11	辛酉	廿一
8	8	己未	7	10	庚寅	6	10	庚申	5	12	辛卯	4	13	壬戌	3	14	壬辰	2	12	壬戌	廿二
8	9	庚申	7	11	辛卯	6	11	辛酉	5	13	壬辰	4	14	癸亥	3	15	癸巳	2	13	癸亥	廿三
8	10	辛酉	7	12	壬辰	6	12	壬戌	5	14	癸巳	4	15	甲子	3	16	甲午	2	14	甲子	廿四
8	11	壬戌	7	13	癸巳	6	13	癸亥	5	15	甲午	4	16	乙丑	3	17	乙未	2	15	乙丑	廿五
8	12	癸亥	7	14	甲午	6	14	甲子	5	16	乙未	4	17	丙寅	3	18	丙申	2	16	丙寅	廿六
8	13	甲子	7	15	乙未	6	15	乙丑	5	17	丙申	4	18	丁卯	3	19	丁酉	2	17	丁卯	廿七
8	14	乙丑	7	16	丙申	6	16	丙寅	5	18	丁酉	4	19	戊辰	3	20	戊戌	2	18	戊辰	廿八
8	15	丙寅	7	17	丁酉	6	17	丁卯	5	19	戊戌	4	20	己巳	3	21	己亥	2	19	己巳	廿九
						6	18	戊辰							3	22	庚子	2	20	庚午	三十

月別	12月			11月			10月			9月			8月			7月		
月柱	癸丑			壬子			辛亥			庚戌			己酉			戊申		
紫白	九紫			一白			二黑			三碧			四綠			五黃		
農暦	陽暦		日柱	陽暦		日柱	陽暦		日柱	陽暦		日柱	陽暦		日柱	陽暦		日柱
	月	日		月	日		月	日		月	日		月	日		月	日	
初一	1	11	乙未	12	12	乙丑	11	13	丙申	10	14	丙寅	9	15	丁酉	8	16	丁卯
初二	1	12	丙申	12	13	丙寅	11	14	丁酉	10	15	丁卯	9	16	戊戌	8	17	戊辰
初三	1	13	丁酉	12	14	丁卯	11	15	戊戌	10	16	戊辰	9	17	己亥	8	18	己巳
初四	1	14	戊戌	12	15	戊辰	11	16	己亥	10	17	己巳	9	18	庚子	8	19	庚午
初五	1	15	己亥	12	16	己巳	11	17	庚子	10	18	庚午	9	19	辛丑	8	20	辛未
初六	1	16	庚子	12	17	庚午	11	18	辛丑	10	19	辛未	9	20	壬寅	8	21	壬申
初七	1	17	辛丑	12	18	辛未	11	19	壬寅	10	20	壬申	9	21	癸卯	8	22	癸酉
初八	1	18	壬寅	12	19	壬申	11	20	癸卯	10	21	癸酉	9	22	甲辰	8	23	甲戌
初九	1	19	癸卯	12	20	癸酉	11	21	甲辰	10	22	甲戌	9	23	乙巳	8	24	乙亥
初十	1	20	甲辰	12	21	甲戌	11	22	乙巳	10	23	乙亥	9	24	丙午	8	25	丙子
十一	1	21	乙巳	12	22	乙亥	11	23	丙午	10	24	丙子	9	25	丁未	8	26	丁丑
十二	1	22	丙午	12	23	丙子	11	24	丁未	10	25	丁丑	9	26	戊申	8	27	戊寅
十三	1	23	丁未	12	24	丁丑	11	25	戊申	10	26	戊寅	9	27	己酉	8	28	己卯
十四	1	24	戊申	12	25	戊寅	11	26	己酉	10	27	己卯	9	28	庚戌	8	29	庚辰
十五	1	25	己酉	12	26	己卯	11	27	庚戌	10	28	庚辰	9	29	辛亥	8	30	辛巳
十六	1	26	庚戌	12	27	庚辰	11	28	辛亥	10	29	辛巳	9	30	壬子	8	31	壬午
十七	1	27	辛亥	12	28	辛巳	11	29	壬子	10	30	壬午	10	1	癸丑	9	1	癸未
十八	1	28	壬子	12	29	壬午	11	30	癸丑	10	31	癸未	10	2	甲寅	9	2	甲申
十九	1	29	癸丑	12	30	癸未	12	1	甲寅	11	1	甲申	10	3	乙卯	9	3	乙酉
二十	1	30	甲寅	12	31	甲申	12	2	乙卯	11	2	乙酉	10	4	丙辰	9	4	丙戌
廿一	1	31	乙卯	1	1	乙酉	12	3	丙辰	11	3	丙戌	10	5	丁巳	9	5	丁亥
廿二	2	1	丙辰	1	2	丙戌	12	4	丁巳	11	4	丁亥	10	6	戊午	9	6	戊子
廿三	2	2	丁巳	1	3	丁亥	12	5	戊午	11	5	戊子	10	7	己未	9	7	己丑
廿四	2	3	戊午	1	4	戊子	12	6	己未	11	6	己丑	10	8	庚申	9	8	庚寅
廿五	2	4	己未	1	5	己丑	12	7	庚申	11	7	庚寅	10	9	辛酉	9	9	辛卯
廿六	2	5	庚申	1	6	庚寅	12	8	辛酉	11	8	辛卯	10	10	壬戌	9	10	壬辰
廿七	2	6	辛酉	1	7	辛卯	12	9	壬戌	11	9	壬辰	10	11	癸亥	9	11	癸巳
廿八	2	7	壬戌	1	8	壬辰	12	10	癸亥	11	10	癸巳	10	12	甲子	9	12	甲午
廿九	2	8	癸亥	1	9	癸巳	12	11	甲子	11	11	甲午	10	13	乙丑	9	13	乙未
三十	2	9	甲子	1	10	甲午				11	12	乙未				9	14	丙申

1948年【戊子】

6月			5月			4月			3月			2月			正月			月別
己未			戊午			丁巳			丙辰			乙卯			甲寅			月柱
三碧			四緑			五黄			六白			七赤			八白			紫白
陽暦		日柱	陽暦		日柱	陽暦		日柱	陽暦		日柱	陽暦		日柱	陽暦		日柱	農暦
月	日		月	日		月	日		月	日		月	日		月	日		
7	7	癸巳	6	7	癸亥	5	9	甲午	4	9	甲子	3	11	乙未	2	10	乙丑	初一
7	8	甲午	6	8	甲子	5	10	乙未	4	10	乙丑	3	12	丙申	2	11	丙寅	初二
7	9	乙未	6	9	乙丑	5	11	丙申	4	11	丙寅	3	13	丁酉	2	12	丁卯	初三
7	10	丙申	6	10	丙寅	5	12	丁酉	4	12	丁卯	3	14	戊戌	2	13	戊辰	初四
7	11	丁酉	6	11	丁卯	5	13	戊戌	4	13	戊辰	3	15	己亥	2	14	己巳	初五
7	12	戊戌	6	12	戊辰	5	14	己亥	4	14	己巳	3	16	庚子	2	15	庚午	初六
7	13	己亥	6	13	己巳	5	15	庚子	4	15	庚午	3	17	辛丑	2	16	辛未	初七
7	14	庚子	6	14	庚午	5	16	辛丑	4	16	辛未	3	18	壬寅	2	17	壬申	初八
7	15	辛丑	6	15	辛未	5	17	壬寅	4	17	壬申	3	19	癸卯	2	18	癸酉	初九
7	16	壬寅	6	16	壬申	5	18	癸卯	4	18	癸酉	3	20	甲辰	2	19	甲戌	初十
7	17	癸卯	6	17	癸酉	5	19	甲辰	4	19	甲戌	3	21	乙巳	2	20	乙亥	十一
7	18	甲辰	6	18	甲戌	5	20	乙巳	4	20	乙亥	3	22	丙午	2	21	丙子	十二
7	19	乙巳	6	19	乙亥	5	21	丙午	4	21	丙子	3	23	丁未	2	22	丁丑	十三
7	20	丙午	6	20	丙子	5	22	丁未	4	22	丁丑	3	24	戊申	2	23	戊寅	十四
7	21	丁未	6	21	丁丑	5	23	戊申	4	23	戊寅	3	25	己酉	2	24	己卯	十五
7	22	戊申	6	22	戊寅	5	24	己酉	4	24	己卯	3	26	庚戌	2	25	庚辰	十六
7	23	己酉	6	23	己卯	5	25	庚戌	4	25	庚辰	3	27	辛亥	2	26	辛巳	十七
7	24	庚戌	6	24	庚辰	5	26	辛亥	4	26	辛巳	3	28	壬子	2	27	壬午	十八
7	25	辛亥	6	25	辛巳	5	27	壬子	4	27	壬午	3	29	癸丑	2	28	癸未	十九
7	26	壬子	6	26	壬午	5	28	癸丑	4	28	癸未	3	30	甲寅	2	29	甲申	二十
7	27	癸丑	6	27	癸未	5	29	甲寅	4	29	甲申	3	31	乙卯	3	1	乙酉	廿一
7	28	甲寅	6	28	甲申	5	30	乙卯	4	30	乙酉	4	1	丙辰	3	2	丙戌	廿二
7	29	乙卯	6	29	乙酉	5	31	丙辰	5	1	丙戌	4	2	丁巳	3	3	丁亥	廿三
7	30	丙辰	6	30	丙戌	6	1	丁巳	5	2	丁亥	4	3	戊午	3	4	戊子	廿四
7	31	丁巳	7	1	丁亥	6	2	戊午	5	3	戊子	4	4	己未	3	5	己丑	廿五
8	1	戊午	7	2	戊子	6	3	己未	5	4	己丑	4	5	庚申	3	6	庚寅	廿六
8	2	己未	7	3	己丑	6	4	庚申	5	5	庚寅	4	6	辛酉	3	7	辛卯	廿七
8	3	庚申	7	4	庚寅	6	5	辛酉	5	6	辛卯	4	7	壬戌	3	8	壬辰	廿八
8	4	辛酉	7	5	辛卯	6	6	壬戌	5	7	壬辰	4	8	癸亥	3	9	癸巳	廿九
			7	6	壬辰				5	8	癸巳				3	10	甲午	三十

月別	12月			11月			10月			9月			8月			7月		
月柱	乙丑			甲子			癸亥			壬戌			辛酉			庚申		
紫白	六白			七赤			八白			九紫			一白			二黑		
農暦	陽暦		日柱	陽暦		日柱	陽暦		日柱	陽暦		日柱	陽暦		日柱	陽暦		日柱
	月	日		月	日		月	日		月	日		月	日		月	日	
初一	12	30	己丑	12	1	庚申	11	1	庚寅	10	3	辛酉	9	3	辛卯	8	5	壬戌
初二	12	31	庚寅	12	2	辛酉	11	2	辛卯	10	4	壬戌	9	4	壬辰	8	6	癸亥
初三	1	1	辛卯	12	3	壬戌	11	3	壬辰	10	5	癸亥	9	5	癸巳	8	7	甲子
初四	1	2	壬辰	12	4	癸亥	11	4	癸巳	10	6	甲子	9	6	甲午	8	8	乙丑
初五	1	3	癸巳	12	5	甲子	11	5	甲午	10	7	乙丑	9	7	乙未	8	9	丙寅
初六	1	4	甲午	12	6	乙丑	11	6	乙未	10	8	丙寅	9	8	丙申	8	10	丁卯
初七	1	5	乙未	12	7	丙寅	11	7	丙申	10	9	丁卯	9	9	丁酉	8	11	戊辰
初八	1	6	丙申	12	8	丁卯	11	8	丁酉	10	10	戊辰	9	10	戊戌	8	12	己巳
初九	1	7	丁酉	12	9	戊辰	11	9	戊戌	10	11	己巳	9	11	己亥	8	13	庚午
初十	1	8	戊戌	12	10	己巳	11	10	己亥	10	12	庚午	9	12	庚子	8	14	辛未
十一	1	9	己亥	12	11	庚午	11	11	庚子	10	13	辛未	9	13	辛丑	8	15	壬申
十二	1	10	庚子	12	12	辛未	11	12	辛丑	10	14	壬申	9	14	壬寅	8	16	癸酉
十三	1	11	辛丑	12	13	壬申	11	13	壬寅	10	15	癸酉	9	15	癸卯	8	17	甲戌
十四	1	12	壬寅	12	14	癸酉	11	14	癸卯	10	16	甲戌	9	16	甲辰	8	18	乙亥
十五	1	13	癸卯	12	15	甲戌	11	15	甲辰	10	17	乙亥	9	17	乙巳	8	19	丙子
十六	1	14	甲辰	12	16	乙亥	11	16	乙巳	10	18	丙子	9	18	丙午	8	20	丁丑
十七	1	15	乙巳	12	17	丙子	11	17	丙午	10	19	丁丑	9	19	丁未	8	21	戊寅
十八	1	16	丙午	12	18	丁丑	11	18	丁未	10	20	戊寅	9	20	戊申	8	22	己卯
十九	1	17	丁未	12	19	戊寅	11	19	戊申	10	21	己卯	9	21	己酉	8	23	庚辰
二十	1	18	戊申	12	20	己卯	11	20	己酉	10	22	庚辰	9	22	庚戌	8	24	辛巳
廿一	1	19	己酉	12	21	庚辰	11	21	庚戌	10	23	辛巳	9	23	辛亥	8	25	壬午
廿二	1	20	庚戌	12	22	辛巳	11	22	辛亥	10	24	壬午	9	24	壬子	8	26	癸未
廿三	1	21	辛亥	12	23	壬午	11	23	壬子	10	25	癸未	9	25	癸丑	8	27	甲申
廿四	1	22	壬子	12	24	癸未	11	24	癸丑	10	26	甲申	9	26	甲寅	8	28	乙酉
廿五	1	23	癸丑	12	25	甲申	11	25	甲寅	10	27	乙酉	9	27	乙卯	8	29	丙戌
廿六	1	24	甲寅	12	26	乙酉	11	26	乙卯	10	28	丙戌	9	28	丙辰	8	30	丁亥
廿七	1	25	乙卯	12	27	丙戌	11	27	丙辰	10	29	丁亥	9	29	丁巳	8	31	戊子
廿八	1	26	丙辰	12	28	丁亥	11	28	丁巳	10	30	戊子	9	30	戊午	9	1	己丑
廿九	1	27	丁巳	12	29	戊子	11	29	戊午	10	31	己丑	10	1	己未	9	2	庚寅
三十	1	28	戊午				11	30	己未				10	2	庚申			

1949年【己丑】

6月			5月			4月			3月			2月			正月			月別
辛未			庚午			己巳			戊辰			丁卯			丙寅			月柱
九紫			一白			二黒			三碧			四緑			五黄			紫白
陽暦		日柱	陽暦		日柱	陽暦		日柱	陽暦		日柱	陽暦		日柱	陽暦		日柱	農暦
月	日		月	日		月	日		月	日		月	日		月	日		
6	26	丁亥	5	28	戊午	4	28	戊子	3	29	戊午	2	28	己丑	1	29	己未	初一
6	27	戊子	5	29	己未	4	29	己丑	3	30	己未	3	1	庚寅	1	30	庚申	初二
6	28	己丑	5	30	庚申	4	30	庚寅	3	31	庚申	3	2	辛卯	1	31	辛酉	初三
6	29	庚寅	5	31	辛酉	5	1	辛卯	4	1	辛酉	3	3	壬辰	2	1	壬戌	初四
6	30	辛卯	6	1	壬戌	5	2	壬辰	4	2	壬戌	3	4	癸巳	2	2	癸亥	初五
7	1	壬辰	6	2	癸亥	5	3	癸巳	4	3	癸亥	3	5	甲午	2	3	甲子	初六
7	2	癸巳	6	3	甲子	5	4	甲午	4	4	甲子	3	6	乙未	2	4	乙丑	初七
7	3	甲午	6	4	乙丑	5	5	乙未	4	5	乙丑	3	7	丙申	2	5	丙寅	初八
7	4	乙未	6	5	丙寅	5	6	丙申	4	6	丙寅	3	8	丁酉	2	6	丁卯	初九
7	5	丙申	6	6	丁卯	5	7	丁酉	4	7	丁卯	3	9	戊戌	2	7	戊辰	初十
7	6	丁酉	6	7	戊辰	5	8	戊戌	4	8	戊辰	3	10	己亥	2	8	己巳	十一
7	7	戊戌	6	8	己巳	5	9	己亥	4	9	己巳	3	11	庚子	2	9	庚午	十二
7	8	己亥	6	9	庚午	5	10	庚子	4	10	庚午	3	12	辛丑	2	10	辛未	十三
7	9	庚子	6	10	辛未	5	11	辛丑	4	11	辛未	3	13	壬寅	2	11	壬申	十四
7	10	辛丑	6	11	壬申	5	12	壬寅	4	12	壬申	3	14	癸卯	2	12	癸酉	十五
7	11	壬寅	6	12	癸酉	5	13	癸卯	4	13	癸酉	3	15	甲辰	2	13	甲戌	十六
7	12	癸卯	6	13	甲戌	5	14	甲辰	4	14	甲戌	3	16	乙巳	2	14	乙亥	十七
7	13	甲辰	6	14	乙亥	5	15	乙巳	4	15	乙亥	3	17	丙午	2	15	丙子	十八
7	14	乙巳	6	15	丙子	5	16	丙午	4	16	丙子	3	18	丁未	2	16	丁丑	十九
7	15	丙午	6	16	丁丑	5	17	丁未	4	17	丁丑	3	19	戊申	2	17	戊寅	二十
7	16	丁未	6	17	戊寅	5	18	戊申	4	18	戊寅	3	20	己酉	2	18	己卯	廿一
7	17	戊申	6	18	己卯	5	19	己酉	4	19	己卯	3	21	庚戌	2	19	庚辰	廿二
7	18	己酉	6	19	庚辰	5	20	庚戌	4	20	庚辰	3	22	辛亥	2	20	辛巳	廿三
7	19	庚戌	6	20	辛巳	5	21	辛亥	4	21	辛巳	3	23	壬子	2	21	壬午	廿四
7	20	辛亥	6	21	壬午	5	22	壬子	4	22	壬午	3	24	癸丑	2	22	癸未	廿五
7	21	壬子	6	22	癸未	5	23	癸丑	4	23	癸未	3	25	甲寅	2	23	甲申	廿六
7	22	癸丑	6	23	甲申	5	24	甲寅	4	24	甲申	3	26	乙卯	2	24	乙酉	廿七
7	23	甲寅	6	24	乙酉	5	25	乙卯	4	25	乙酉	3	27	丙辰	2	25	丙戌	廿八
7	24	乙卯	6	25	丙戌	5	26	丙辰	4	26	丙戌	3	28	丁巳	2	26	丁亥	廿九
7	25	丙辰				5	27	丁巳	4	27	丁亥				2	27	戊子	三十

月別	12月			11月			10月			9月			8月			閏7月			7月		
月柱	丁丑			丙子			乙亥			甲戌			癸酉						壬申		
紫白	三碧			四緑			五黄			六白			七赤						八白		
農暦	陽暦		日柱	陽暦		日柱	陽暦		日柱	陽暦		日柱	陽暦		日柱	陽暦		日柱	陽暦		日柱
	月	日		月	日		月	日		月	日		月	日		月	日		月	日	
初一	1	18	癸丑	12	20	甲申	11	20	甲寅	10	22	乙酉	9	22	乙卯	8	24	丙戌	7	26	丁巳
初二	1	19	甲寅	12	21	乙酉	11	21	乙卯	10	23	丙戌	9	23	丙辰	8	25	丁亥	7	27	戊午
初三	1	20	乙卯	12	22	丙戌	11	22	丙辰	10	24	丁亥	9	24	丁巳	8	26	戊子	7	28	己未
初四	1	21	丙辰	12	23	丁亥	11	23	丁巳	10	25	戊子	9	25	戊午	8	27	己丑	7	29	庚申
初五	1	22	丁巳	12	24	戊子	11	24	戊午	10	26	己丑	9	26	己未	8	28	庚寅	7	30	辛酉
初六	1	23	戊午	12	25	己丑	11	25	己未	10	27	庚寅	9	27	庚申	8	29	辛卯	7	31	壬戌
初七	1	24	己未	12	26	庚寅	11	26	庚申	10	28	辛卯	9	28	辛酉	8	30	壬辰	8	1	癸亥
初八	1	25	庚申	12	27	辛卯	11	27	辛酉	10	29	壬辰	9	29	壬戌	8	31	癸巳	8	2	甲子
初九	1	26	辛酉	12	28	壬辰	11	28	壬戌	10	30	癸巳	9	30	癸亥	9	1	甲午	8	3	乙丑
初十	1	27	壬戌	12	29	癸巳	11	29	癸亥	10	31	甲午	10	1	甲子	9	2	乙未	8	4	丙寅
十一	1	28	癸亥	12	30	甲午	11	30	甲子	11	1	乙未	10	2	乙丑	9	3	丙申	8	5	丁卯
十二	1	29	甲子	12	31	乙未	12	1	乙丑	11	2	丙申	10	3	丙寅	9	4	丁酉	8	6	戊辰
十三	1	30	乙丑	1	1	丙申	12	2	丙寅	11	3	丁酉	10	4	丁卯	9	5	戊戌	8	7	己巳
十四	1	31	丙寅	1	2	丁酉	12	3	丁卯	11	4	戊戌	10	5	戊辰	9	6	己亥	8	8	庚午
十五	2	1	丁卯	1	3	戊戌	12	4	戊辰	11	5	己亥	10	6	己巳	9	7	庚子	8	9	辛未
十六	2	2	戊辰	1	4	己亥	12	5	己巳	11	6	庚子	10	7	庚午	9	8	辛丑	8	10	壬申
十七	2	3	己巳	1	5	庚子	12	6	庚午	11	7	辛丑	10	8	辛未	9	9	壬寅	8	11	癸酉
十八	2	4	庚午	1	6	辛丑	12	7	辛未	11	8	壬寅	10	9	壬申	9	10	癸卯	8	12	甲戌
十九	2	5	辛未	1	7	壬寅	12	8	壬申	11	9	癸卯	10	10	癸酉	9	11	甲辰	8	13	乙亥
二十	2	6	壬申	1	8	癸卯	12	9	癸酉	11	10	甲辰	10	11	甲戌	9	12	乙巳	8	14	丙子
廿一	2	7	癸酉	1	9	甲辰	12	10	甲戌	11	11	乙巳	10	12	乙亥	9	13	丙午	8	15	丁丑
廿二	2	8	甲戌	1	10	乙巳	12	11	乙亥	11	12	丙午	10	13	丙子	9	14	丁未	8	16	戊寅
廿三	2	9	乙亥	1	11	丙午	12	12	丙子	11	13	丁未	10	14	丁丑	9	15	戊申	8	17	己卯
廿四	2	10	丙子	1	12	丁未	12	13	丁丑	11	14	戊申	10	15	戊寅	9	16	己酉	8	18	庚辰
廿五	2	11	丁丑	1	13	戊申	12	14	戊寅	11	15	己酉	10	16	己卯	9	17	庚戌	8	19	辛巳
廿六	2	12	戊寅	1	14	己酉	12	15	己卯	11	16	庚戌	10	17	庚辰	9	18	辛亥	8	20	壬午
廿七	2	13	己卯	1	15	庚戌	12	16	庚辰	11	17	辛亥	10	18	辛巳	9	19	壬子	8	21	癸未
廿八	2	14	庚辰	1	16	辛亥	12	17	辛巳	11	18	壬子	10	19	壬午	9	20	癸丑	8	22	甲申
廿九	2	15	辛巳	1	17	壬子	12	18	壬午	11	19	癸丑	10	20	癸未	9	21	甲寅	8	23	乙酉
三十	2	16	壬午				12	19	癸未				10	21	甲申						

1950年【庚寅】

6月			5月			4月			3月			2月			正月			月別
癸未			壬午			辛巳			庚辰			己卯			戊寅			月柱
六白			七赤			八白			九紫			一白			二黒			紫白
陽暦		日柱	陽暦		日柱	陽暦		日柱	陽暦		日柱	陽暦		日柱	陽暦		日柱	農暦
月	日		月	日		月	日		月	日		月	日		月	日		
7	15	辛亥	6	15	辛巳	5	17	壬子	4	17	壬午	3	18	壬子	2	17	癸未	初一
7	16	壬子	6	16	壬午	5	18	癸丑	4	18	癸未	3	19	癸丑	2	18	甲申	初二
7	17	癸丑	6	17	癸未	5	19	甲寅	4	19	甲申	3	20	甲寅	2	19	乙酉	初三
7	18	甲寅	6	18	甲申	5	20	乙卯	4	20	乙酉	3	21	乙卯	2	20	丙戌	初四
7	19	乙卯	6	19	乙酉	5	21	丙辰	4	21	丙戌	3	22	丙辰	2	21	丁亥	初五
7	20	丙辰	6	20	丙戌	5	22	丁巳	4	22	丁亥	3	23	丁巳	2	22	戊子	初六
7	21	丁巳	6	21	丁亥	5	23	戊午	4	23	戊子	3	24	戊午	2	23	己丑	初七
7	22	戊午	6	22	戊子	5	24	己未	4	24	己丑	3	25	己未	2	24	庚寅	初八
7	23	己未	6	23	己丑	5	25	庚申	4	25	庚寅	3	26	庚申	2	25	辛卯	初九
7	24	庚申	6	24	庚寅	5	26	辛酉	4	26	辛卯	3	27	辛酉	2	26	壬辰	初十
7	25	辛酉	6	25	辛卯	5	27	壬戌	4	27	壬辰	3	28	壬戌	2	27	癸巳	十一
7	26	壬戌	6	26	壬辰	5	28	癸亥	4	28	癸巳	3	29	癸亥	2	28	甲午	十二
7	27	癸亥	6	27	癸巳	5	29	甲子	4	29	甲午	3	30	甲子	3	1	乙未	十三
7	28	甲子	6	28	甲午	5	30	乙丑	4	30	乙未	3	31	乙丑	3	2	丙申	十四
7	29	乙丑	6	29	乙未	5	31	丙寅	5	1	丙申	4	1	丙寅	3	3	丁酉	十五
7	30	丙寅	6	30	丙申	6	1	丁卯	5	2	丁酉	4	2	丁卯	3	4	戊戌	十六
7	31	丁卯	7	1	丁酉	6	2	戊辰	5	3	戊戌	4	3	戊辰	3	5	己亥	十七
8	1	戊辰	7	2	戊戌	6	3	己巳	5	4	己亥	4	4	己巳	3	6	庚子	十八
8	2	己巳	7	3	己亥	6	4	庚午	5	5	庚子	4	5	庚午	3	7	辛丑	十九
8	3	庚午	7	4	庚子	6	5	辛未	5	6	辛丑	4	6	辛未	3	8	壬寅	二十
8	4	辛未	7	5	辛丑	6	6	壬申	5	7	壬寅	4	7	壬申	3	9	癸卯	廿一
8	5	壬申	7	6	壬寅	6	7	癸酉	5	8	癸卯	4	8	癸酉	3	10	甲辰	廿二
8	6	癸酉	7	7	癸卯	6	8	甲戌	5	9	甲辰	4	9	甲戌	3	11	乙巳	廿三
8	7	甲戌	7	8	甲辰	6	9	乙亥	5	10	乙巳	4	10	乙亥	3	12	丙午	廿四
8	8	乙亥	7	9	乙巳	6	10	丙子	5	11	丙午	4	11	丙子	3	13	丁未	廿五
8	9	丙子	7	10	丙午	6	11	丁丑	5	12	丁未	4	12	丁丑	3	14	戊申	廿六
8	10	丁丑	7	11	丁未	6	12	戊寅	5	13	戊申	4	13	戊寅	3	15	己酉	廿七
8	11	戊寅	7	12	戊申	6	13	己卯	5	14	己酉	4	14	己卯	3	16	庚戌	廿八
8	12	己卯	7	13	己酉	6	14	庚辰	5	15	庚戌	4	15	庚辰	3	17	辛亥	廿九
8	13	庚辰	7	14	庚戌				5	16	辛亥	4	16	辛巳				三十

月別	12月			11月			10月			9月			8月			7月		
月柱	己丑			戊子			丁亥			丙戌			乙酉			甲申		
紫白	九紫			一白			二黒			三碧			四緑			五黄		
農暦	陽暦		日柱	陽暦		日柱	陽暦		日柱	陽暦		日柱	陽暦		日柱	陽暦		日柱
	月	日		月	日		月	日		月	日		月	日		月	日	
初一	1	8	戊申	12	9	戊寅	11	10	己酉	10	11	己卯	9	12	庚戌	8	14	辛巳
初二	1	9	己酉	12	10	己卯	11	11	庚戌	10	12	庚辰	9	13	辛亥	8	15	壬午
初三	1	10	庚戌	12	11	庚辰	11	12	辛亥	10	13	辛巳	9	14	壬子	8	16	癸未
初四	1	11	辛亥	12	12	辛巳	11	13	壬子	10	14	壬午	9	15	癸丑	8	17	甲申
初五	1	12	壬子	12	13	壬午	11	14	癸丑	10	15	癸未	9	16	甲寅	8	18	乙酉
初六	1	13	癸丑	12	14	癸未	11	15	甲寅	10	16	甲申	9	17	乙卯	8	19	丙戌
初七	1	14	甲寅	12	15	甲申	11	16	乙卯	10	17	乙酉	9	18	丙辰	8	20	丁亥
初八	1	15	乙卯	12	16	乙酉	11	17	丙辰	10	18	丙戌	9	19	丁巳	8	21	戊子
初九	1	16	丙辰	12	17	丙戌	11	18	丁巳	10	19	丁亥	9	20	戊午	8	22	己丑
初十	1	17	丁巳	12	18	丁亥	11	19	戊午	10	20	戊子	9	21	己未	8	23	庚寅
十一	1	18	戊午	12	19	戊子	11	20	己未	10	21	己丑	9	22	庚申	8	24	辛卯
十二	1	19	己未	12	20	己丑	11	21	庚申	10	22	庚寅	9	23	辛酉	8	25	壬辰
十三	1	20	庚申	12	21	庚寅	11	22	辛酉	10	23	辛卯	9	24	壬戌	8	26	癸巳
十四	1	21	辛酉	12	22	辛卯	11	23	壬戌	10	24	壬辰	9	25	癸亥	8	27	甲午
十五	1	22	壬戌	12	23	壬辰	11	24	癸亥	10	25	癸巳	9	26	甲子	8	28	乙未
十六	1	23	癸亥	12	24	癸巳	11	25	甲子	10	26	甲午	9	27	乙丑	8	29	丙申
十七	1	24	甲子	12	25	甲午	11	26	乙丑	10	27	乙未	9	28	丙寅	8	30	丁酉
十八	1	25	乙丑	12	26	乙未	11	27	丙寅	10	28	丙申	9	29	丁卯	8	31	戊戌
十九	1	26	丙寅	12	27	丙申	11	28	丁卯	10	29	丁酉	9	30	戊辰	9	1	己亥
二十	1	27	丁卯	12	28	丁酉	11	29	戊辰	10	30	戊戌	10	1	己巳	9	2	庚子
廿一	1	28	戊辰	12	29	戊戌	11	30	己巳	10	31	己亥	10	2	庚午	9	3	辛丑
廿二	1	29	己巳	12	30	己亥	12	1	庚午	11	1	庚子	10	3	辛未	9	4	壬寅
廿三	1	30	庚午	12	31	庚子	12	2	辛未	11	2	辛丑	10	4	壬申	9	5	癸卯
廿四	1	31	辛未	1	1	辛丑	12	3	壬申	11	3	壬寅	10	5	癸酉	9	6	甲辰
廿五	2	1	壬申	1	2	壬寅	12	4	癸酉	11	4	癸卯	10	6	甲戌	9	7	乙巳
廿六	2	2	癸酉	1	3	癸卯	12	5	甲戌	11	5	甲辰	10	7	乙亥	9	8	丙午
廿七	2	3	甲戌	1	4	甲辰	12	6	乙亥	11	6	乙巳	10	8	丙子	9	9	丁未
廿八	2	4	乙亥	1	5	乙巳	12	7	丙子	11	7	丙午	10	9	丁丑	9	10	戊申
廿九	2	5	丙子	1	6	丙午	12	8	丁丑	11	8	丁未	10	10	戊寅	9	11	己酉
三十				1	7	丁未				11	9	戊申						

1951年【辛卯】

6月			5月			4月			3月			2月			正月			月別
乙未			甲午			癸巳			壬辰			辛卯			庚寅			月柱
三碧			四緑			五黄			六白			七赤			八白			紫白
陽暦		日柱	陽暦		日柱	陽暦		日柱	陽暦		日柱	陽暦		日柱	陽暦		日柱	農暦
月	日		月	日		月	日		月	日		月	日		月	日		
7	4	乙巳	6	5	丙子	5	6	丙午	4	6	丙子	3	8	丁未	2	6	丁丑	初一
7	5	丙午	6	6	丁丑	5	7	丁未	4	7	丁丑	3	9	戊申	2	7	戊寅	初二
7	6	丁未	6	7	戊寅	5	8	戊申	4	8	戊寅	3	10	己酉	2	8	己卯	初三
7	7	戊申	6	8	己卯	5	9	己酉	4	9	己卯	3	11	庚戌	2	9	庚辰	初四
7	8	己酉	6	9	庚辰	5	10	庚戌	4	10	庚辰	3	12	辛亥	2	10	辛巳	初五
7	9	庚戌	6	10	辛巳	5	11	辛亥	4	11	辛巳	3	13	壬子	2	11	壬午	初六
7	10	辛亥	6	11	壬午	5	12	壬子	4	12	壬午	3	14	癸丑	2	12	癸未	初七
7	11	壬子	6	12	癸未	5	13	癸丑	4	13	癸未	3	15	甲寅	2	13	甲申	初八
7	12	癸丑	6	13	甲申	5	14	甲寅	4	14	甲申	3	16	乙卯	2	14	乙酉	初九
7	13	甲寅	6	14	乙酉	5	15	乙卯	4	15	乙酉	3	17	丙辰	2	15	丙戌	初十
7	14	乙卯	6	15	丙戌	5	16	丙辰	4	16	丙戌	3	18	丁巳	2	16	丁亥	十一
7	15	丙辰	6	16	丁亥	5	17	丁巳	4	17	丁亥	3	19	戊午	2	17	戊子	十二
7	16	丁巳	6	17	戊子	5	18	戊午	4	18	戊子	3	20	己未	2	18	己丑	十三
7	17	戊午	6	18	己丑	5	19	己未	4	19	己丑	3	21	庚申	2	19	庚寅	十四
7	18	己未	6	19	庚寅	5	20	庚申	4	20	庚寅	3	22	辛酉	2	20	辛卯	十五
7	19	庚申	6	20	辛卯	5	21	辛酉	4	21	辛卯	3	23	壬戌	2	21	壬辰	十六
7	20	辛酉	6	21	壬辰	5	22	壬戌	4	22	壬辰	3	24	癸亥	2	22	癸巳	十七
7	21	壬戌	6	22	癸巳	5	23	癸亥	4	23	癸巳	3	25	甲子	2	23	甲午	十八
7	22	癸亥	6	23	甲午	5	24	甲子	4	24	甲午	3	26	乙丑	2	24	乙未	十九
7	23	甲子	6	24	乙未	5	25	乙丑	4	25	乙未	3	27	丙寅	2	25	丙申	二十
7	24	乙丑	6	25	丙申	5	26	丙寅	4	26	丙申	3	28	丁卯	2	26	丁酉	廿一
7	25	丙寅	6	26	丁酉	5	27	丁卯	4	27	丁酉	3	29	戊辰	2	27	戊戌	廿二
7	26	丁卯	6	27	戊戌	5	28	戊辰	4	28	戊戌	3	30	己巳	2	28	己亥	廿三
7	27	戊辰	6	28	己亥	5	29	己巳	4	29	己亥	3	31	庚午	3	1	庚子	廿四
7	28	己巳	6	29	庚子	5	30	庚午	4	30	庚子	4	1	辛未	3	2	辛丑	廿五
7	29	庚午	6	30	辛丑	5	31	辛未	5	1	辛丑	4	2	壬申	3	3	壬寅	廿六
7	30	辛未	7	1	壬寅	6	1	壬申	5	2	壬寅	4	3	癸酉	3	4	癸卯	廿七
7	31	壬申	7	2	癸卯	6	2	癸酉	5	3	癸卯	4	4	甲戌	3	5	甲辰	廿八
8	1	癸酉	7	3	甲辰	6	3	甲戌	5	4	甲辰	4	5	乙亥	3	6	乙巳	廿九
8	2	甲戌				6	4	乙亥	5	5	乙巳				3	7	丙午	三十

月別	12月			11月			10月			9月			8月			7月		
月柱	辛丑			庚子			己亥			戊戌			丁酉			丙申		
紫白	六白			七赤			八白			九紫			一白			二黒		
農暦	陽暦		日柱	陽暦		日柱	陽暦		日柱	陽暦		日柱	陽暦		日柱	陽暦		日柱
	月	日		月	日		月	日		月	日		月	日		月	日	
初一	12	28	壬寅	11	29	癸酉	10	30	癸卯	10	1	甲戌	9	1	甲辰	8	3	乙亥
初二	12	29	癸卯	11	30	甲戌	10	31	甲辰	10	2	乙亥	9	2	乙巳	8	4	丙子
初三	12	30	甲辰	12	1	乙亥	11	1	乙巳	10	3	丙子	9	3	丙午	8	5	丁丑
初四	12	31	乙巳	12	2	丙子	11	2	丙午	10	4	丁丑	9	4	丁未	8	6	戊寅
初五	1	1	丙午	12	3	丁丑	11	3	丁未	10	5	戊寅	9	5	戊申	8	7	己卯
初六	1	2	丁未	12	4	戊寅	11	4	戊申	10	6	己卯	9	6	己酉	8	8	庚辰
初七	1	3	戊申	12	5	己卯	11	5	己酉	10	7	庚辰	9	7	庚戌	8	9	辛巳
初八	1	4	己酉	12	6	庚辰	11	6	庚戌	10	8	辛巳	9	8	辛亥	8	10	壬午
初九	1	5	庚戌	12	7	辛巳	11	7	辛亥	10	9	壬午	9	9	壬子	8	11	癸未
初十	1	6	辛亥	12	8	壬午	11	8	壬子	10	10	癸未	9	10	癸丑	8	12	甲申
十一	1	7	壬子	12	9	癸未	11	9	癸丑	10	11	甲申	9	11	甲寅	8	13	乙酉
十二	1	8	癸丑	12	10	甲申	11	10	甲寅	10	12	乙酉	9	12	乙卯	8	14	丙戌
十三	1	9	甲寅	12	11	乙酉	11	11	乙卯	10	13	丙戌	9	13	丙辰	8	15	丁亥
十四	1	10	乙卯	12	12	丙戌	11	12	丙辰	10	14	丁亥	9	14	丁巳	8	16	戊子
十五	1	11	丙辰	12	13	丁亥	11	13	丁巳	10	15	戊子	9	15	戊午	8	17	己丑
十六	1	12	丁巳	12	14	戊子	11	14	戊午	10	16	己丑	9	16	己未	8	18	庚寅
十七	1	13	戊午	12	15	己丑	11	15	己未	10	17	庚寅	9	17	庚申	8	19	辛卯
十八	1	14	己未	12	16	庚寅	11	16	庚申	10	18	辛卯	9	18	辛酉	8	20	壬辰
十九	1	15	庚申	12	17	辛卯	11	17	辛酉	10	19	壬辰	9	19	壬戌	8	21	癸巳
二十	1	16	辛酉	12	18	壬辰	11	18	壬戌	10	20	癸巳	9	20	癸亥	8	22	甲午
廿一	1	17	壬戌	12	19	癸巳	11	19	癸亥	10	21	甲午	9	21	甲子	8	23	乙未
廿二	1	18	癸亥	12	20	甲午	11	20	甲子	10	22	乙未	9	22	乙丑	8	24	丙申
廿三	1	19	甲子	12	21	乙未	11	21	乙丑	10	23	丙申	9	23	丙寅	8	25	丁酉
廿四	1	20	乙丑	12	22	丙申	11	22	丙寅	10	24	丁酉	9	24	丁卯	8	26	戊戌
廿五	1	21	丙寅	12	23	丁酉	11	23	丁卯	10	25	戊戌	9	25	戊辰	8	27	己亥
廿六	1	22	丁卯	12	24	戊戌	11	24	戊辰	10	26	己亥	9	26	己巳	8	28	庚子
廿七	1	23	戊辰	12	25	己亥	11	25	己巳	10	27	庚子	9	27	庚午	8	29	辛丑
廿八	1	24	己巳	12	26	庚子	11	26	庚午	10	28	辛丑	9	28	辛未	8	30	壬寅
廿九	1	25	庚午	12	27	辛丑	11	27	辛未	10	29	壬寅	9	29	壬申	8	31	癸卯
三十	1	26	辛未				11	28	壬申				9	30	癸酉			

1952年【壬辰】

6月			閏5月			5月			4月			3月			2月			正月			月別
丁未						丙午			乙巳			甲辰			癸卯			壬寅			月柱
九紫						一白			二黒			三碧			四緑			五黃			紫白
陽暦		日柱	陽暦		日柱	陽暦		日柱	陽暦		日柱	陽暦		日柱	陽暦		日柱	陽暦		日柱	農暦
月	日		月	日		月	日		月	日		月	日		月	日		月	日		
7	22	己巳	6	22	己亥	5	24	庚午	4	24	庚子	3	26	辛未	2	25	辛丑	1	27	壬申	初一
7	23	庚午	6	23	庚子	5	25	辛未	4	25	辛丑	3	27	壬申	2	26	壬寅	1	28	癸酉	初二
7	24	辛未	6	24	辛丑	5	26	壬申	4	26	壬寅	3	28	癸酉	2	27	癸卯	1	29	甲戌	初三
7	25	壬申	6	25	壬寅	5	27	癸酉	4	27	癸卯	3	29	甲戌	2	28	甲辰	1	30	乙亥	初四
7	26	癸酉	6	26	癸卯	5	28	甲戌	4	28	甲辰	3	30	乙亥	2	29	乙巳	1	31	丙子	初五
7	27	甲戌	6	27	甲辰	5	29	乙亥	4	29	乙巳	3	31	丙子	3	1	丙午	2	1	丁丑	初六
7	28	乙亥	6	28	乙巳	5	30	丙子	4	30	丙午	4	1	丁丑	3	2	丁未	2	2	戊寅	初七
7	29	丙子	6	29	丙午	5	31	丁丑	5	1	丁未	4	2	戊寅	3	3	戊申	2	3	己卯	初八
7	30	丁丑	6	30	丁未	6	1	戊寅	5	2	戊申	4	3	己卯	3	4	己酉	2	4	庚辰	初九
7	31	戊寅	7	1	戊申	6	2	己卯	5	3	己酉	4	4	庚辰	3	5	庚戌	2	5	辛巳	初十
8	1	己卯	7	2	己酉	6	3	庚辰	5	4	庚戌	4	5	辛巳	3	6	辛亥	2	6	壬午	十一
8	2	庚辰	7	3	庚戌	6	4	辛巳	5	5	辛亥	4	6	壬午	3	7	壬子	2	7	癸未	十二
8	3	辛巳	7	4	辛亥	6	5	壬午	5	6	壬子	4	7	癸未	3	8	癸丑	2	8	甲申	十三
8	4	壬午	7	5	壬子	6	6	癸未	5	7	癸丑	4	8	甲申	3	9	甲寅	2	9	乙酉	十四
8	5	癸未	7	6	癸丑	6	7	甲申	5	8	甲寅	4	9	乙酉	3	10	乙卯	2	10	丙戌	十五
8	6	甲申	7	7	甲寅	6	8	乙酉	5	9	乙卯	4	10	丙戌	3	11	丙辰	2	11	丁亥	十六
8	7	乙酉	7	8	乙卯	6	9	丙戌	5	10	丙辰	4	11	丁亥	3	12	丁巳	2	12	戊子	十七
8	8	丙戌	7	9	丙辰	6	10	丁亥	5	11	丁巳	4	12	戊子	3	13	戊午	2	13	己丑	十八
8	9	丁亥	7	10	丁巳	6	11	戊子	5	12	戊午	4	13	己丑	3	14	己未	2	14	庚寅	十九
8	10	戊子	7	11	戊午	6	12	己丑	5	13	己未	4	14	庚寅	3	15	庚申	2	15	辛卯	二十
8	11	己丑	7	12	己未	6	13	庚寅	5	14	庚申	4	15	辛卯	3	16	辛酉	2	16	壬辰	廿一
8	12	庚寅	7	13	庚申	6	14	辛卯	5	15	辛酉	4	16	壬辰	3	17	壬戌	2	17	癸巳	廿二
8	13	辛卯	7	14	辛酉	6	15	壬辰	5	16	壬戌	4	17	癸巳	3	18	癸亥	2	18	甲午	廿三
8	14	壬辰	7	15	壬戌	6	16	癸巳	5	17	癸亥	4	18	甲午	3	19	甲子	2	19	乙未	廿四
8	15	癸巳	7	16	癸亥	6	17	甲午	5	18	甲子	4	19	乙未	3	20	乙丑	2	20	丙申	廿五
8	16	甲午	7	17	甲子	6	18	乙未	5	19	乙丑	4	20	丙申	3	21	丙寅	2	21	丁酉	廿六
8	17	乙未	7	18	乙丑	6	19	丙申	5	20	丙寅	4	21	丁酉	3	22	丁卯	2	22	戊戌	廿七
8	18	丙申	7	19	丙寅	6	20	丁酉	5	21	丁卯	4	22	戊戌	3	23	戊辰	2	23	己亥	廿八
8	19	丁酉	7	20	丁卯	6	21	戊戌	5	22	戊辰	4	23	己亥	3	24	己巳	2	24	庚子	廿九
			7	21	戊辰				5	23	己巳				3	25	庚午				三十

月別	12月			11月			10月			9月			8月			7月		
月柱	癸丑			壬子			辛亥			庚戌			己酉			戊申		
紫白	三碧			四緑			五黄			六白			七赤			八白		
農暦	陽暦		日柱	陽暦		日柱	陽暦		日柱	陽暦		日柱	陽暦		日柱	陽暦		日柱
	月	日		月	日		月	日		月	日		月	日		月	日	
初一	1	15	丙寅	12	17	丁酉	11	17	丁卯	10	19	戊戌	9	19	戊辰	8	20	戊戌
初二	1	16	丁卯	12	18	戊戌	11	18	戊辰	10	20	己亥	9	20	己巳	8	21	己亥
初三	1	17	戊辰	12	19	己亥	11	19	己巳	10	21	庚子	9	21	庚午	8	22	庚子
初四	1	18	己巳	12	20	庚子	11	20	庚午	10	22	辛丑	9	22	辛未	8	23	辛丑
初五	1	19	庚午	12	21	辛丑	11	21	辛未	10	23	壬寅	9	23	壬申	8	24	壬寅
初六	1	20	辛未	12	22	壬寅	11	22	壬申	10	24	癸卯	9	24	癸酉	8	25	癸卯
初七	1	21	壬申	12	23	癸卯	11	23	癸酉	10	25	甲辰	9	25	甲戌	8	26	甲辰
初八	1	22	癸酉	12	24	甲辰	11	24	甲戌	10	26	乙巳	9	26	乙亥	8	27	乙巳
初九	1	23	甲戌	12	25	乙巳	11	25	乙亥	10	27	丙午	9	27	丙子	8	28	丙午
初十	1	24	乙亥	12	26	丙午	11	26	丙子	10	28	丁未	9	28	丁丑	8	29	丁未
十一	1	25	丙子	12	27	丁未	11	27	丁丑	10	29	戊申	9	29	戊寅	8	30	戊申
十二	1	26	丁丑	12	28	戊申	11	28	戊寅	10	30	己酉	9	30	己卯	8	31	己酉
十三	1	27	戊寅	12	29	己酉	11	29	己卯	10	31	庚戌	10	1	庚辰	9	1	庚戌
十四	1	28	己卯	12	30	庚戌	11	30	庚辰	11	1	辛亥	10	2	辛巳	9	2	辛亥
十五	1	29	庚辰	12	31	辛亥	12	1	辛巳	11	2	壬子	10	3	壬午	9	3	壬子
十六	1	30	辛巳	1	1	壬子	12	2	壬午	11	3	癸丑	10	4	癸未	9	4	癸丑
十七	1	31	壬午	1	2	癸丑	12	3	癸未	11	4	甲寅	10	5	甲申	9	5	甲寅
十八	2	1	癸未	1	3	甲寅	12	4	甲申	11	5	乙卯	10	6	乙酉	9	6	乙卯
十九	2	2	甲申	1	4	乙卯	12	5	乙酉	11	6	丙辰	10	7	丙戌	9	7	丙辰
二十	2	3	乙酉	1	5	丙辰	12	6	丙戌	11	7	丁巳	10	8	丁亥	9	8	丁巳
廿一	2	4	丙戌	1	6	丁巳	12	7	丁亥	11	8	戊午	10	9	戊子	9	9	戊午
廿二	2	5	丁亥	1	7	戊午	12	8	戊子	11	9	己未	10	10	己丑	9	10	己未
廿三	2	6	戊子	1	8	己未	12	9	己丑	11	10	庚申	10	11	庚寅	9	11	庚申
廿四	2	7	己丑	1	9	庚申	12	10	庚寅	11	11	辛酉	10	12	辛卯	9	12	辛酉
廿五	2	8	庚寅	1	10	辛酉	12	11	辛卯	11	12	壬戌	10	13	壬辰	9	13	壬戌
廿六	2	9	辛卯	1	11	壬戌	12	12	壬辰	11	13	癸亥	10	14	癸巳	9	14	癸亥
廿七	2	10	壬辰	1	12	癸亥	12	13	癸巳	11	14	甲子	10	15	甲午	9	15	甲子
廿八	2	11	癸巳	1	13	甲子	12	14	甲午	11	15	乙丑	10	16	乙未	9	16	乙丑
廿九	2	12	甲午	1	14	乙丑	12	15	乙未	11	16	丙寅	10	17	丙申	9	17	丙寅
三十	2	13	乙未				12	16	丙申				10	18	丁酉	9	18	丁卯

1953年【癸巳】

6月			5月			4月			3月			2月			正月			月別
己未			戊午			丁巳			丙辰			乙卯			甲寅			月柱
六白			七赤			八白			九紫			一白			二黒			紫白
陽暦		日柱	陽暦		日柱	陽暦		日柱	陽暦		日柱	陽暦		日柱	陽暦		日柱	農暦
月	日		月	日		月	日		月	日		月	日		月	日		
7	11	癸亥	6	11	癸巳	5	13	甲子	4	14	乙未	3	15	乙丑	2	15	丙申	初一
7	12	甲子	6	12	甲午	5	14	乙丑	4	15	丙申	3	16	丙寅	2	15	丁酉	初二
7	13	乙丑	6	13	乙未	5	15	丙寅	4	16	丁酉	3	17	丁卯	2	16	戊戌	初三
7	14	丙寅	6	14	丙申	5	16	丁卯	4	17	戊戌	3	18	戊辰	2	17	己亥	初四
7	15	丁卯	6	15	丁酉	5	17	戊辰	4	18	己亥	3	19	己巳	2	18	庚子	初五
7	16	戊辰	6	16	戊戌	5	18	己巳	4	19	庚子	3	20	庚午	2	19	辛丑	初六
7	17	己巳	6	17	己亥	5	19	庚午	4	20	辛丑	3	21	辛未	2	20	壬寅	初七
7	18	庚午	6	18	庚子	5	20	辛未	4	21	壬寅	3	22	壬申	2	21	癸卯	初八
7	19	辛未	6	19	辛丑	5	21	壬申	4	22	癸卯	3	23	癸酉	2	22	甲辰	初九
7	20	壬申	6	20	壬寅	5	22	癸酉	4	23	甲辰	3	24	甲戌	2	23	乙巳	初十
7	21	癸酉	6	21	癸卯	5	23	甲戌	4	24	乙巳	3	25	乙亥	2	24	丙午	十一
7	22	甲戌	6	22	甲辰	5	24	乙亥	4	25	丙午	3	26	丙子	2	25	丁未	十二
7	23	乙亥	6	23	乙巳	5	25	丙子	4	26	丁未	3	27	丁丑	2	26	戊申	十三
7	24	丙子	6	24	丙午	5	26	丁丑	4	27	戊申	3	28	戊寅	2	27	己酉	十四
7	25	丁丑	6	25	丁未	5	27	戊寅	4	28	己酉	3	29	己卯	2	28	庚戌	十五
7	26	戊寅	6	26	戊申	5	28	己卯	4	29	庚戌	3	30	庚辰	3	1	辛亥	十六
7	27	己卯	6	27	己酉	5	29	庚辰	4	30	辛亥	3	31	辛巳	3	2	壬子	十七
7	28	庚辰	6	28	庚戌	5	30	辛巳	5	1	壬子	4	1	壬午	3	3	癸丑	十八
7	29	辛巳	6	29	辛亥	5	31	壬午	5	2	癸丑	4	2	癸未	3	4	甲寅	十九
7	30	壬午	6	30	壬子	6	1	癸未	5	3	甲寅	4	3	甲申	3	5	乙卯	二十
7	31	癸未	7	1	癸丑	6	2	甲申	5	4	乙卯	4	4	乙酉	3	6	丙辰	廿一
8	1	甲申	7	2	甲寅	6	3	乙酉	5	5	丙辰	4	5	丙戌	3	7	丁巳	廿二
8	2	乙酉	7	3	乙卯	6	4	丙戌	5	6	丁巳	4	6	丁亥	3	8	戊午	廿三
8	3	丙戌	7	4	丙辰	6	5	丁亥	5	7	戊午	4	7	戊子	3	9	己未	廿四
8	4	丁亥	7	5	丁巳	6	6	戊子	5	8	己未	4	8	己丑	3	10	庚申	廿五
8	5	戊子	7	6	戊午	6	7	己丑	5	9	庚申	4	9	庚寅	3	11	辛酉	廿六
8	6	己丑	7	7	己未	6	8	庚寅	5	10	辛酉	4	10	辛卯	3	12	壬戌	廿七
8	7	庚寅	7	8	庚申	6	9	辛卯	5	11	壬戌	4	11	壬辰	3	13	癸亥	廿八
8	8	辛卯	7	9	辛酉	6	10	壬辰	5	12	癸亥	4	12	癸巳	3	14	甲子	廿九
8	9	壬辰	7	10	壬戌							4	13	甲午				三十

月別	12月			11月			10月			9月			8月			7月		
月柱	乙丑			甲子			癸亥			壬戌			辛酉			庚申		
紫白	九紫			一白			二黑			三碧			四綠			五黃		
農曆	陽曆		日柱	陽曆		日柱	陽曆		日柱	陽曆		日柱	陽曆		日柱	陽曆		日柱
	月	日		月	日		月	日		月	日		月	日		月	日	
初一	1	5	辛酉	12	6	辛卯	11	7	壬戌	10	8	壬辰	9	8	壬戌	8	10	癸巳
初二	1	6	壬戌	12	7	壬辰	11	8	癸亥	10	9	癸巳	9	9	癸亥	8	11	甲午
初三	1	7	癸亥	12	8	癸巳	11	9	甲子	10	10	甲午	9	10	甲子	8	12	乙未
初四	1	8	甲子	12	9	甲午	11	10	乙丑	10	11	乙未	9	11	乙丑	8	13	丙申
初五	1	9	乙丑	12	10	乙未	11	11	丙寅	10	12	丙申	9	12	丙寅	8	14	丁酉
初六	1	10	丙寅	12	11	丙申	11	12	丁卯	10	13	丁酉	9	13	丁卯	8	15	戊戌
初七	1	11	丁卯	12	12	丁酉	11	13	戊辰	10	14	戊戌	9	14	戊辰	8	16	己亥
初八	1	12	戊辰	12	13	戊戌	11	14	己巳	10	15	己亥	9	15	己巳	8	17	庚子
初九	1	13	己巳	12	14	己亥	11	15	庚午	10	16	庚子	9	16	庚午	8	18	辛丑
初十	1	14	庚午	12	15	庚子	11	16	辛未	10	17	辛丑	9	17	辛未	8	19	壬寅
十一	1	15	辛未	12	16	辛丑	11	17	壬申	10	18	壬寅	9	18	壬申	8	20	癸卯
十二	1	16	壬申	12	17	壬寅	11	18	癸酉	10	19	癸卯	9	19	癸酉	8	21	甲辰
十三	1	17	癸酉	12	18	癸卯	11	19	甲戌	10	20	甲辰	9	20	甲戌	8	22	乙巳
十四	1	18	甲戌	12	19	甲辰	11	20	乙亥	10	21	乙巳	9	21	乙亥	8	23	丙午
十五	1	19	乙亥	12	20	乙巳	11	21	丙子	10	22	丙午	9	22	丙子	8	24	丁未
十六	1	20	丙子	12	21	丙午	11	22	丁丑	10	23	丁未	9	23	丁丑	8	25	戊申
十七	1	21	丁丑	12	22	丁未	11	23	戊寅	10	24	戊申	9	24	戊寅	8	26	己酉
十八	1	22	戊寅	12	23	戊申	11	24	己卯	10	25	己酉	9	25	己卯	8	27	庚戌
十九	1	23	己卯	12	24	己酉	11	25	庚辰	10	26	庚戌	9	26	庚辰	8	28	辛亥
二十	1	24	庚辰	12	25	庚戌	11	26	辛巳	10	27	辛亥	9	27	辛巳	8	29	壬子
廿一	1	25	辛巳	12	26	辛亥	11	27	壬午	10	28	壬子	9	28	壬午	8	30	癸丑
廿二	1	26	壬午	12	27	壬子	11	28	癸未	10	29	癸丑	9	29	癸未	8	31	甲寅
廿三	1	27	癸未	12	28	癸丑	11	29	甲申	10	30	甲寅	9	30	甲申	9	1	乙卯
廿四	1	28	甲申	12	29	甲寅	11	30	乙酉	10	31	乙卯	10	1	乙酉	9	2	丙辰
廿五	1	29	乙酉	12	30	乙卯	12	1	丙戌	11	1	丙辰	10	2	丙戌	9	3	丁巳
廿六	1	30	丙戌	12	31	丙辰	12	2	丁亥	11	2	丁巳	10	3	丁亥	9	4	戊午
廿七	1	31	丁亥	1	1	丁巳	12	3	戊子	11	3	戊午	10	4	戊子	9	5	己未
廿八	2	1	戊子	1	2	戊午	12	4	己丑	11	4	己未	10	5	己丑	9	6	庚申
廿九	2	2	己丑	1	3	己未	12	5	庚寅	11	5	庚申	10	6	庚寅	9	7	辛酉
三十				1	4	庚申				11	6	辛酉	10	7	辛卯			

1954年【甲午】

6月			5月			4月			3月			2月			正月			月別
辛未			庚午			己巳			戊辰			丁卯			丙寅			月柱
三碧			四緑			五黄			六白			七赤			八白			紫白
陽暦		日柱	陽暦		日柱	陽暦		日柱	陽暦		日柱	陽暦		日柱	陽暦		日柱	農暦
月	日		月	日		月	日		月	日		月	日		月	日		
6	30	丁巳	6	1	戊子	5	3	己未	4	3	己丑	3	5	庚申	2	3	庚寅	初一
7	1	戊午	6	2	己丑	5	4	庚申	4	4	庚寅	3	6	辛酉	2	4	辛卯	初二
7	2	己未	6	3	庚寅	5	5	辛酉	4	5	辛卯	3	7	壬戌	2	5	壬辰	初三
7	3	庚申	6	4	辛卯	5	6	壬戌	4	6	壬辰	3	8	癸亥	2	6	癸巳	初四
7	4	辛酉	6	5	壬辰	5	7	癸亥	4	7	癸巳	3	9	甲子	2	7	甲午	初五
7	5	壬戌	6	6	癸巳	5	8	甲子	4	8	甲午	3	10	乙丑	2	8	乙未	初六
7	6	癸亥	6	7	甲午	5	9	乙丑	4	9	乙未	3	11	丙寅	2	9	丙申	初七
7	7	甲子	6	8	乙未	5	10	丙寅	4	10	丙申	3	12	丁卯	2	10	丁酉	初八
7	8	乙丑	6	9	丙申	5	11	丁卯	4	11	丁酉	3	13	戊辰	2	11	戊戌	初九
7	9	丙寅	6	10	丁酉	5	12	戊辰	4	12	戊戌	3	14	己巳	2	12	己亥	初十
7	10	丁卯	6	11	戊戌	5	13	己巳	4	13	己亥	3	15	庚午	2	13	庚子	十一
7	11	戊辰	6	12	己亥	5	14	庚午	4	14	庚子	3	16	辛未	2	14	辛丑	十二
7	12	己巳	6	13	庚子	5	15	辛未	4	15	辛丑	3	17	壬申	2	15	壬寅	十三
7	13	庚午	6	14	辛丑	5	16	壬申	4	16	壬寅	3	18	癸酉	2	16	癸卯	十四
7	14	辛未	6	15	壬寅	5	17	癸酉	4	17	癸卯	3	19	甲戌	2	17	甲辰	十五
7	15	壬申	6	16	癸卯	5	18	甲戌	4	18	甲辰	3	20	乙亥	2	18	乙巳	十六
7	16	癸酉	6	17	甲辰	5	19	乙亥	4	19	乙巳	3	21	丙子	2	19	丙午	十七
7	17	甲戌	6	18	乙巳	5	20	丙子	4	20	丙午	3	22	丁丑	2	20	丁未	十八
7	18	乙亥	6	19	丙午	5	21	丁丑	4	21	丁未	3	23	戊寅	2	21	戊申	十九
7	19	丙子	6	20	丁未	5	22	戊寅	4	22	戊申	3	24	己卯	2	22	己酉	二十
7	20	丁丑	6	21	戊申	5	23	己卯	4	23	己酉	3	25	庚辰	2	23	庚戌	廿一
7	21	戊寅	6	22	己酉	5	24	庚辰	4	24	庚戌	3	26	辛巳	2	24	辛亥	廿二
7	22	己卯	6	23	庚戌	5	25	辛巳	4	25	辛亥	3	27	壬午	2	25	壬子	廿三
7	23	庚辰	6	24	辛亥	5	26	壬午	4	26	壬子	3	28	癸未	2	26	癸丑	廿四
7	24	辛巳	6	25	壬子	5	27	癸未	4	27	癸丑	3	29	甲申	2	27	甲寅	廿五
7	25	壬午	6	26	癸丑	5	28	甲申	4	28	甲寅	3	30	乙酉	2	28	乙卯	廿六
7	26	癸未	6	27	甲寅	5	29	乙酉	4	29	乙卯	3	31	丙戌	3	1	丙辰	廿七
7	27	甲申	6	28	乙卯	5	30	丙戌	4	30	丙辰	4	1	丁亥	3	2	丁巳	廿八
7	28	乙酉	6	29	丙辰	5	31	丁亥	5	1	丁巳	4	2	戊子	3	3	戊午	廿九
7	29	丙戌							5	2	戊午				3	4	己未	三十

月別	12月			11月			10月			9月			8月			7月		
月柱	丁丑			丙子			乙亥			甲戌			癸酉			壬申		
紫白	六白			七赤			八白			九紫			一白			二黑		
農曆	陽曆		日柱	陽曆		日柱	陽曆		日柱	陽曆		日柱	陽曆		日柱	陽曆		日柱
	月	日		月	日		月	日		月	日		月	日		月	日	
初一	12	25	乙卯	11	25	乙酉	10	27	丙辰	9	27	丙戌	8	28	丙辰	7	30	丁亥
初二	12	26	丙辰	11	26	丙戌	10	28	丁巳	9	28	丁亥	8	29	丁巳	7	31	戊子
初三	12	27	丁巳	11	27	丁亥	10	29	戊午	9	29	戊子	8	30	戊午	8	1	己丑
初四	12	28	戊午	11	28	戊子	10	30	己未	9	30	己丑	8	31	己未	8	2	庚寅
初五	12	29	己未	11	29	己丑	10	31	庚申	10	1	庚寅	9	1	庚申	8	3	辛卯
初六	12	30	庚申	11	30	庚寅	11	1	辛酉	10	2	辛卯	9	2	辛酉	8	4	壬辰
初七	12	31	辛酉	12	1	辛卯	11	2	壬戌	10	3	壬辰	9	3	壬戌	8	5	癸巳
初八	1	1	壬戌	12	2	壬辰	11	3	癸亥	10	4	癸巳	9	4	癸亥	8	6	甲午
初九	1	2	癸亥	12	3	癸巳	11	4	甲子	10	5	甲午	9	5	甲子	8	7	乙未
初十	1	3	甲子	12	4	甲午	11	5	乙丑	10	6	乙未	9	6	乙丑	8	8	丙申
十一	1	4	乙丑	12	5	乙未	11	6	丙寅	10	7	丙申	9	7	丙寅	8	9	丁酉
十二	1	5	丙寅	12	6	丙申	11	7	丁卯	10	8	丁酉	9	8	丁卯	8	10	戊戌
十三	1	6	丁卯	12	7	丁酉	11	8	戊辰	10	9	戊戌	9	9	戊辰	8	11	己亥
十四	1	7	戊辰	12	8	戊戌	11	9	己巳	10	10	己亥	9	10	己巳	8	12	庚子
十五	1	8	己巳	12	9	己亥	11	10	庚午	10	11	庚子	9	11	庚午	8	13	辛丑
十六	1	9	庚午	12	10	庚子	11	11	辛未	10	12	辛丑	9	12	辛未	8	14	壬寅
十七	1	10	辛未	12	11	辛丑	11	12	壬申	10	13	壬寅	9	13	壬申	8	15	癸卯
十八	1	11	壬申	12	12	壬寅	11	13	癸酉	10	14	癸卯	9	14	癸酉	8	16	甲辰
十九	1	12	癸酉	12	13	癸卯	11	14	甲戌	10	15	甲辰	9	15	甲戌	8	17	乙巳
二十	1	13	甲戌	12	14	甲辰	11	15	乙亥	10	16	乙巳	9	16	乙亥	8	18	丙午
廿一	1	14	乙亥	12	15	乙巳	11	16	丙子	10	17	丙午	9	17	丙子	8	19	丁未
廿二	1	15	丙子	12	16	丙午	11	17	丁丑	10	18	丁未	9	18	丁丑	8	20	戊申
廿三	1	16	丁丑	12	17	丁未	11	18	戊寅	10	19	戊申	9	19	戊寅	8	21	己酉
廿四	1	17	戊寅	12	18	戊申	11	19	己卯	10	20	己酉	9	20	己卯	8	22	庚戌
廿五	1	18	己卯	12	19	己酉	11	20	庚辰	10	21	庚戌	9	21	庚辰	8	23	辛亥
廿六	1	19	庚辰	12	20	庚戌	11	21	辛巳	10	22	辛亥	9	22	辛巳	8	24	壬子
廿七	1	20	辛巳	12	21	辛亥	11	22	壬午	10	23	壬子	9	23	壬午	8	25	癸丑
廿八	1	21	壬午	12	22	壬子	11	23	癸未	10	24	癸丑	9	24	癸未	8	26	甲寅
廿九	1	22	癸未	12	23	癸丑	11	24	甲申	10	25	甲寅	9	25	甲申	8	27	乙卯
三十	1	23	甲申	12	24	甲寅				10	26	乙卯	9	26	乙酉			

1955年【乙未】

6月			5月			4月			閏3月			3月			2月			正月			月別
癸未			壬午			辛巳						庚辰			己卯			戊寅			月柱
九紫			一白			二黒						三碧			四緑			五黄			紫白
陽暦		日柱	陽暦		日柱	陽暦		日柱	陽暦		日柱	陽暦		日柱	陽暦		日柱	陽暦		日柱	農暦
月	日		月	日		月	日		月	日		月	日		月	日		月	日		
7	19	辛巳	6	20	壬子	5	22	癸未	4	22	癸丑	3	24	甲申	2	22	甲寅	1	24	乙酉	初一
7	20	壬午	6	21	癸丑	5	23	甲申	4	23	甲寅	3	25	乙酉	2	23	乙卯	1	25	丙戌	初二
7	21	癸未	6	22	甲寅	5	24	乙酉	4	24	乙卯	3	26	丙戌	2	24	丙辰	1	26	丁亥	初三
7	22	甲申	6	23	乙卯	5	25	丙戌	4	25	丙辰	3	27	丁亥	2	25	丁巳	1	27	戊子	初四
7	23	乙酉	6	24	丙辰	5	26	丁亥	4	26	丁巳	3	28	戊子	2	26	戊午	1	28	己丑	初五
7	24	丙戌	6	25	丁巳	5	27	戊子	4	27	戊午	3	29	己丑	2	27	己未	1	29	庚寅	初六
7	25	丁亥	6	26	戊午	5	28	己丑	4	28	己未	3	30	庚寅	2	28	庚申	1	30	辛卯	初七
7	26	戊子	6	27	己未	5	29	庚寅	4	29	庚申	3	31	辛卯	3	1	辛酉	1	31	壬辰	初八
7	27	己丑	6	28	庚申	5	30	辛卯	4	30	辛酉	4	1	壬辰	3	2	壬戌	2	1	癸巳	初九
7	28	庚寅	6	29	辛酉	5	31	壬辰	5	1	壬戌	4	2	癸巳	3	3	癸亥	2	2	甲午	初十
7	29	辛卯	6	30	壬戌	6	1	癸巳	5	2	癸亥	4	3	甲午	3	4	甲子	2	3	乙未	十一
7	30	壬辰	7	1	癸亥	6	2	甲午	5	3	甲子	4	4	乙未	3	5	乙丑	2	4	丙申	十二
7	31	癸巳	7	2	甲子	6	3	乙未	5	4	乙丑	4	5	丙申	3	6	丙寅	2	5	丁酉	十三
8	1	甲午	7	3	乙丑	6	4	丙申	5	5	丙寅	4	6	丁酉	3	7	丁卯	2	6	戊戌	十四
8	2	乙未	7	4	丙寅	6	5	丁酉	5	6	丁卯	4	7	戊戌	3	8	戊辰	2	7	己亥	十五
8	3	丙申	7	5	丁卯	6	6	戊戌	5	7	戊辰	4	8	己亥	3	9	己巳	2	8	庚子	十六
8	4	丁酉	7	6	戊辰	6	7	己亥	5	8	己巳	4	9	庚子	3	10	庚午	2	9	辛丑	十七
8	5	戊戌	7	7	己巳	6	8	庚子	5	9	庚午	4	10	辛丑	3	11	辛未	2	10	壬寅	十八
8	6	己亥	7	8	庚午	6	9	辛丑	5	10	辛未	4	11	壬寅	3	12	壬申	2	11	癸卯	十九
8	7	庚子	7	9	辛未	6	10	壬寅	5	11	壬申	4	12	癸卯	3	13	癸酉	2	12	甲辰	二十
8	8	辛丑	7	10	壬申	6	11	癸卯	5	12	癸酉	4	13	甲辰	3	14	甲戌	2	13	乙巳	廿一
8	9	壬寅	7	11	癸酉	6	12	甲辰	5	13	甲戌	4	14	乙巳	3	15	乙亥	2	14	丙午	廿二
8	10	癸卯	7	12	甲戌	6	13	乙巳	5	14	乙亥	4	15	丙午	3	16	丙子	2	15	丁未	廿三
8	11	甲辰	7	13	乙亥	6	14	丙午	5	15	丙子	4	16	丁未	3	17	丁丑	2	16	戊申	廿四
8	12	乙巳	7	14	丙子	6	15	丁未	5	16	丁丑	4	17	戊申	3	18	戊寅	2	17	己酉	廿五
8	13	丙午	7	15	丁丑	6	16	戊申	5	17	戊寅	4	18	己酉	3	19	己卯	2	18	庚戌	廿六
8	14	丁未	7	16	戊寅	6	17	己酉	5	18	己卯	4	19	庚戌	3	20	庚辰	2	19	辛亥	廿七
8	15	戊申	7	17	己卯	6	18	庚戌	5	19	庚辰	4	20	辛亥	3	21	辛巳	2	20	壬子	廿八
8	16	己酉	7	18	庚辰	6	19	辛亥	5	20	辛巳	4	21	壬子	3	22	壬午	2	21	癸丑	廿九
8	17	庚戌							5	21	壬午				3	23	癸未				三十

月別	12月			11月			10月			9月			8月			7月		
月柱	己丑			戊子			丁亥			丙戌			乙酉			甲申		
紫白	三碧			四緑			五黄			六白			七赤			八白		
農暦	陽暦		日柱	陽暦		日柱	陽暦		日柱	陽暦		日柱	陽暦		日柱	陽暦		日柱
	月	日		月	日		月	日		月	日		月	日		月	日	
初一	1	13	己卯	12	14	己酉	11	14	己卯	10	16	庚戌	9	16	庚辰	8	18	辛亥
初二	1	14	庚辰	12	15	庚戌	11	15	庚辰	10	17	辛亥	9	17	辛巳	8	19	壬子
初三	1	15	辛巳	12	16	辛亥	11	16	辛巳	10	18	壬子	9	18	壬午	8	20	癸丑
初四	1	16	壬午	12	17	壬子	11	17	壬午	10	19	癸丑	9	19	癸未	8	21	甲寅
初五	1	17	癸未	12	18	癸丑	11	18	癸未	10	20	甲寅	9	20	甲申	8	22	乙卯
初六	1	18	甲申	12	19	甲寅	11	19	甲申	10	21	乙卯	9	21	乙酉	8	23	丙辰
初七	1	19	乙酉	12	20	乙卯	11	20	乙酉	10	22	丙辰	9	22	丙戌	8	24	丁巳
初八	1	20	丙戌	12	21	丙辰	11	21	丙戌	10	23	丁巳	9	23	丁亥	8	25	戊午
初九	1	21	丁亥	12	22	丁巳	11	22	丁亥	10	24	戊午	9	24	戊子	8	26	己未
初十	1	22	戊子	12	23	戊午	11	23	戊子	10	25	己未	9	25	己丑	8	27	庚申
十一	1	23	己丑	12	24	己未	11	24	己丑	10	26	庚申	9	26	庚寅	8	28	辛酉
十二	1	24	庚寅	12	25	庚申	11	25	庚寅	10	27	辛酉	9	27	辛卯	8	29	壬戌
十三	1	25	辛卯	12	26	辛酉	11	26	辛卯	10	28	壬戌	9	28	壬辰	8	30	癸亥
十四	1	26	壬辰	12	27	壬戌	11	27	壬辰	10	29	癸亥	9	29	癸巳	8	31	甲子
十五	1	27	癸巳	12	28	癸亥	11	28	癸巳	10	30	甲子	9	30	甲午	9	1	乙丑
十六	1	28	甲午	12	29	甲子	11	29	甲午	10	31	乙丑	10	1	乙未	9	2	丙寅
十七	1	29	乙未	12	30	乙丑	11	30	乙未	11	1	丙寅	10	2	丙申	9	3	丁卯
十八	1	30	丙申	12	31	丙寅	12	1	丙申	11	2	丁卯	10	3	丁酉	9	4	戊辰
十九	1	31	丁酉	1	1	丁卯	12	2	丁酉	11	3	戊辰	10	4	戊戌	9	5	己巳
二十	2	1	戊戌	1	2	戊辰	12	3	戊戌	11	4	己巳	10	5	己亥	9	6	庚午
廿一	2	2	己亥	1	3	己巳	12	4	己亥	11	5	庚午	10	6	庚子	9	7	辛未
廿二	2	3	庚子	1	4	庚午	12	5	庚子	11	6	辛未	10	7	辛丑	9	8	壬申
廿三	2	4	辛丑	1	5	辛未	12	6	辛丑	11	7	壬申	10	8	壬寅	9	9	癸酉
廿四	2	5	壬寅	1	6	壬申	12	7	壬寅	11	8	癸酉	10	9	癸卯	9	10	甲戌
廿五	2	6	癸卯	1	7	癸酉	12	8	癸卯	11	9	甲戌	10	10	甲辰	9	11	乙亥
廿六	2	7	甲辰	1	8	甲戌	12	9	甲辰	11	10	乙亥	10	11	乙巳	9	12	丙子
廿七	2	8	乙巳	1	9	乙亥	12	10	乙巳	11	11	丙子	10	12	丙午	9	13	丁丑
廿八	2	9	丙午	1	10	丙子	12	11	丙午	11	12	丁丑	10	13	丁未	9	14	戊寅
廿九	2	10	丁未	1	11	丁丑	12	12	丁未	11	13	戊寅	10	14	戊申	9	15	己卯
三十	2	11	戊申	1	12	戊寅	12	13	戊申				10	15	己酉			

1956年【丙申】

6月			5月			4月			3月			2月			正月			月別
乙未			甲午			癸巳			壬辰			辛卯			庚寅			月柱
六白			七赤			八白			九紫			一白			二黒			紫白
陽暦		日柱	陽暦		日柱	陽暦		日柱	陽暦		日柱	陽暦		日柱	陽暦		日柱	農暦
月	日		月	日		月	日		月	日		月	日		月	日		
7	8	丙子	6	9	丁未	5	10	丁丑	4	11	戊申	3	12	戊寅	2	12	己酉	初一
7	9	丁丑	6	10	戊申	5	11	戊寅	4	12	己酉	3	13	己卯	2	13	庚戌	初二
7	10	戊寅	6	11	己酉	5	12	己卯	4	13	庚戌	3	14	庚辰	2	14	辛亥	初三
7	11	己卯	6	12	庚戌	5	13	庚辰	4	14	辛亥	3	15	辛巳	2	15	壬子	初四
7	12	庚辰	6	13	辛亥	5	14	辛巳	4	15	壬子	3	16	壬午	2	16	癸丑	初五
7	13	辛巳	6	14	壬子	5	15	壬午	4	16	癸丑	3	17	癸未	2	17	甲寅	初六
7	14	壬午	6	15	癸丑	5	16	癸未	4	17	甲寅	3	18	甲申	2	18	乙卯	初七
7	15	癸未	6	16	甲寅	5	17	甲申	4	18	乙卯	3	19	乙酉	2	19	丙辰	初八
7	16	甲申	6	17	乙卯	5	18	乙酉	4	19	丙辰	3	20	丙戌	2	20	丁巳	初九
7	17	乙酉	6	18	丙辰	5	19	丙戌	4	20	丁巳	3	21	丁亥	2	21	戊午	初十
7	18	丙戌	6	19	丁巳	5	20	丁亥	4	21	戊午	3	22	戊子	2	22	己未	十一
7	19	丁亥	6	20	戊午	5	21	戊子	4	22	己未	3	23	己丑	2	23	庚申	十二
7	20	戊子	6	21	己未	5	22	己丑	4	23	庚申	3	24	庚寅	2	24	辛酉	十三
7	21	己丑	6	22	庚申	5	23	庚寅	4	24	辛酉	3	25	辛卯	2	25	壬戌	十四
7	22	庚寅	6	23	辛酉	5	24	辛卯	4	25	壬戌	3	26	壬辰	2	26	癸亥	十五
7	23	辛卯	6	24	壬戌	5	25	壬辰	4	26	癸亥	3	27	癸巳	2	27	甲子	十六
7	24	壬辰	6	25	癸亥	5	26	癸巳	4	27	甲子	3	28	甲午	2	28	乙丑	十七
7	25	癸巳	6	26	甲子	5	27	甲午	4	28	乙丑	3	29	乙未	2	29	丙寅	十八
7	26	甲午	6	27	乙丑	5	28	乙未	4	29	丙寅	3	30	丙申	3	1	丁卯	十九
7	27	乙未	6	28	丙寅	5	29	丙申	4	30	丁卯	3	31	丁酉	3	2	戊辰	二十
7	28	丙申	6	29	丁卯	5	30	丁酉	5	1	戊辰	4	1	戊戌	3	3	己巳	廿一
7	29	丁酉	6	30	戊辰	5	31	戊戌	5	2	己巳	4	2	己亥	3	4	庚午	廿二
7	30	戊戌	7	1	己巳	6	1	己亥	5	3	庚午	4	3	庚子	3	5	辛未	廿三
7	31	己亥	7	2	庚午	6	2	庚子	5	4	辛未	4	4	辛丑	3	6	壬申	廿四
8	1	庚子	7	3	辛未	6	3	辛丑	5	5	壬申	4	5	壬寅	3	7	癸酉	廿五
8	2	辛丑	7	4	壬申	6	4	壬寅	5	6	癸酉	4	6	癸卯	3	8	甲戌	廿六
8	3	壬寅	7	5	癸酉	6	5	癸卯	5	7	甲戌	4	7	甲辰	3	9	乙亥	廿七
8	4	癸卯	7	6	甲戌	6	6	甲辰	5	8	乙亥	4	8	乙巳	3	10	丙子	廿八
8	5	甲辰	7	7	乙亥	6	7	乙巳	5	9	丙子	4	9	丙午	3	11	丁丑	廿九
						6	8	丙午				4	10	丁未				三十

月別	12月			11月			10月			9月			8月			7月		
月柱	辛丑			庚子			己亥			戊戌			丁酉			丙申		
紫白	九紫			一白			二黒			三碧			四緑			五黄		
農暦	陽暦		日柱	陽暦		日柱	陽暦		日柱	陽暦		日柱	陽暦		日柱	陽暦		日柱
	月	日		月	日		月	日		月	日		月	日		月	日	
初一	1	1	癸酉	12	2	癸卯	11	3	甲戌	10	4	甲辰	9	5	乙亥	8	6	乙巳
初二	1	2	甲戌	12	3	甲辰	11	4	乙亥	10	5	乙巳	9	6	丙子	8	7	丙午
初三	1	3	乙亥	12	4	乙巳	11	5	丙子	10	6	丙午	9	7	丁丑	8	8	丁未
初四	1	4	丙子	12	5	丙午	11	6	丁丑	10	7	丁未	9	8	戊寅	8	9	戊申
初五	1	5	丁丑	12	6	丁未	11	7	戊寅	10	8	戊申	9	9	己卯	8	10	己酉
初六	1	6	戊寅	12	7	戊申	11	8	己卯	10	9	己酉	9	10	庚辰	8	11	庚戌
初七	1	7	己卯	12	8	己酉	11	9	庚辰	10	10	庚戌	9	11	辛巳	8	12	辛亥
初八	1	8	庚辰	12	9	庚戌	11	10	辛巳	10	11	辛亥	9	12	壬午	8	13	壬子
初九	1	9	辛巳	12	10	辛亥	11	11	壬午	10	12	壬子	9	13	癸未	8	14	癸丑
初十	1	10	壬午	12	11	壬子	11	12	癸未	10	13	癸丑	9	14	甲申	8	15	甲寅
十一	1	11	癸未	12	12	癸丑	11	13	甲申	10	14	甲寅	9	15	乙酉	8	16	乙卯
十二	1	12	甲申	12	13	甲寅	11	14	乙酉	10	15	乙卯	9	16	丙戌	8	17	丙辰
十三	1	13	乙酉	12	14	乙卯	11	15	丙戌	10	16	丙辰	9	17	丁亥	8	18	丁巳
十四	1	14	丙戌	12	15	丙辰	11	16	丁亥	10	17	丁巳	9	18	戊子	8	19	戊午
十五	1	15	丁亥	12	16	丁巳	11	17	戊子	10	18	戊午	9	19	己丑	8	20	己未
十六	1	16	戊子	12	17	戊午	11	18	己丑	10	19	己未	9	20	庚寅	8	21	庚申
十七	1	17	己丑	12	18	己未	11	19	庚寅	10	20	庚申	9	21	辛卯	8	22	辛酉
十八	1	18	庚寅	12	19	庚申	11	20	辛卯	10	21	辛酉	9	22	壬辰	8	23	壬戌
十九	1	19	辛卯	12	20	辛酉	11	21	壬辰	10	22	壬戌	9	23	癸巳	8	24	癸亥
二十	1	20	壬辰	12	21	壬戌	11	22	癸巳	10	23	癸亥	9	24	甲午	8	25	甲子
廿一	1	21	癸巳	12	22	癸亥	11	23	甲午	10	24	甲子	9	25	乙未	8	26	乙丑
廿二	1	22	甲午	12	23	甲子	11	24	乙未	10	25	乙丑	9	26	丙申	8	27	丙寅
廿三	1	23	乙未	12	24	乙丑	11	25	丙申	10	26	丙寅	9	27	丁酉	8	28	丁卯
廿四	1	24	丙申	12	25	丙寅	12	26	丁酉	10	27	丁卯	9	28	戊戌	8	29	戊辰
廿五	1	25	丁酉	12	26	丁卯	11	27	戊戌	10	28	戊辰	9	29	己亥	8	30	己巳
廿六	1	26	戊戌	12	27	戊辰	11	28	己亥	10	29	己巳	9	30	庚子	8	31	庚午
廿七	1	27	己亥	12	28	己巳	11	29	庚子	10	30	庚午	10	1	辛丑	9	1	辛未
廿八	1	28	庚子	12	29	庚午	11	30	辛丑	10	31	辛未	10	2	壬寅	9	2	壬申
廿九	1	29	辛丑	12	30	辛未	12	1	壬寅	11	1	壬申	10	3	癸卯	9	3	癸酉
三十	1	30	壬寅	12	31	壬申				11	2	癸酉				9	4	甲戌

1957年【丁酉】

6月			5月			4月			3月			2月			正月			月別
丁未			丙午			乙巳			甲辰			癸卯			壬寅			月柱
三碧			四緑			五黃			六白			七赤			八白			紫白
陽暦		日柱	陽暦		日柱	陽暦		日柱	陽暦		日柱	陽暦		日柱	陽暦		日柱	農暦
月	日		月	日		月	日		月	日		月	日		月	日		
6	28	辛未	5	29	辛丑	4	30	壬申	3	31	壬寅	3	2	癸酉	1	31	癸卯	初一
6	29	壬申	5	30	壬寅	5	1	癸酉	4	1	癸卯	3	3	甲戌	2	1	甲辰	初二
6	30	癸酉	5	31	癸卯	5	2	甲戌	4	2	甲辰	3	4	乙亥	2	2	乙巳	初三
7	1	甲戌	6	1	甲辰	5	3	乙亥	4	3	乙巳	3	5	丙子	2	3	丙午	初四
7	2	乙亥	6	2	乙巳	5	4	丙子	4	4	丙午	3	6	丁丑	2	4	丁未	初五
7	3	丙子	6	3	丙午	5	5	丁丑	4	5	丁未	3	7	戊寅	2	5	戊申	初六
7	4	丁丑	6	4	丁未	5	6	戊寅	4	6	戊申	3	8	己卯	2	6	己酉	初七
7	5	戊寅	6	5	戊申	5	7	己卯	4	7	己酉	3	9	庚辰	2	7	庚戌	初八
7	6	己卯	6	6	己酉	5	8	庚辰	4	8	庚戌	3	10	辛巳	2	8	辛亥	初九
7	7	庚辰	6	7	庚戌	5	9	辛巳	4	9	辛亥	3	11	壬午	2	9	壬子	初十
7	8	辛巳	6	8	辛亥	5	10	壬午	4	10	壬子	3	12	癸未	2	10	癸丑	十一
7	9	壬午	6	9	壬子	5	11	癸未	4	11	癸丑	3	13	甲申	2	11	甲寅	十二
7	10	癸未	6	10	癸丑	5	12	甲申	4	12	甲寅	3	14	乙酉	2	12	乙卯	十三
7	11	甲申	6	11	甲寅	5	13	乙酉	4	13	乙卯	3	15	丙戌	2	13	丙辰	十四
7	12	乙酉	6	12	乙卯	5	14	丙戌	4	14	丙辰	3	16	丁亥	3	14	丁巳	十五
7	13	丙戌	6	13	丙辰	5	15	丁亥	4	15	丁巳	3	17	戊子	2	15	戊午	十六
7	14	丁亥	6	14	丁巳	5	16	戊子	4	16	戊午	3	18	己丑	2	16	己未	十七
7	15	戊子	6	15	戊午	5	17	己丑	4	17	己未	3	19	庚寅	2	17	庚申	十八
7	16	己丑	6	16	己未	5	18	庚寅	4	18	庚申	3	20	辛卯	2	18	辛酉	十九
7	17	庚寅	6	17	庚申	5	19	辛卯	4	19	辛酉	3	21	壬辰	2	19	壬戌	二十
7	18	辛卯	6	18	辛酉	5	20	壬辰	4	20	壬戌	3	22	癸巳	2	20	癸亥	廿一
7	19	壬辰	6	19	壬戌	5	21	癸巳	4	21	癸亥	3	23	甲午	2	21	甲子	廿二
7	20	癸巳	6	20	癸亥	5	22	甲午	4	22	甲子	3	24	乙未	2	22	乙丑	廿三
7	21	甲午	6	21	甲子	5	23	乙未	4	23	乙丑	3	25	丙申	2	23	丙寅	廿四
7	22	乙未	6	22	乙丑	5	24	丙申	4	24	丙寅	3	26	丁酉	2	24	丁卯	廿五
7	23	丙申	6	23	丙寅	5	25	丁酉	4	25	丁卯	3	27	戊戌	2	25	戊辰	廿六
7	24	丁酉	6	24	丁卯	5	26	戊戌	4	26	戊辰	3	28	己亥	2	26	己巳	廿七
7	25	戊戌	6	25	戊辰	5	27	己亥	4	27	己巳	3	29	庚子	2	27	庚午	廿八
7	26	己亥	6	26	己巳	5	28	庚子	4	28	庚午	3	30	辛丑	2	28	辛未	廿九
			6	27	庚午				4	29	辛未				3	1	壬申	三十

月別	12月			11月			10月			9月			閏8月			8月			7月		
月柱	癸丑			壬子			辛亥			庚戌						己酉			戊申		
紫白	六白			七赤			八白			九紫						一白			二黒		
農暦	陽暦		日柱	陽暦		日柱	陽暦		日柱	陽暦		日柱	陽暦		日柱	陽暦		日柱	陽暦		日柱
	月	日		月	日		月	日		月	日		月	日		月	日		月	日	
初一	1	20	丁酉	12	21	丁卯	11	22	戊戌	10	23	戊辰	9	24	己亥	8	25	己巳	7	27	庚子
初二	1	21	戊戌	12	22	戊辰	11	23	己亥	10	24	己巳	9	25	庚子	8	26	庚午	7	28	辛丑
初三	1	22	己亥	12	23	己巳	11	24	庚子	10	25	庚午	9	26	辛丑	8	27	辛未	7	29	壬寅
初四	1	23	庚子	12	24	庚午	11	25	辛丑	10	26	辛未	9	27	壬寅	8	28	壬申	7	30	癸卯
初五	1	24	辛丑	12	25	辛未	11	26	壬寅	10	27	壬申	9	28	癸卯	8	29	癸酉	7	31	甲辰
初六	1	25	壬寅	12	26	壬申	11	27	癸卯	10	28	癸酉	9	29	甲辰	8	30	甲戌	8	1	乙巳
初七	1	26	癸卯	12	27	癸酉	11	28	甲辰	10	29	甲戌	9	30	乙巳	8	31	乙亥	8	2	丙午
初八	1	27	甲辰	12	28	甲戌	11	29	乙巳	10	30	乙亥	10	1	丙午	9	1	丙子	8	3	丁未
初九	1	28	乙巳	12	29	乙亥	11	30	丙午	10	31	丙子	10	2	丁未	9	2	丁丑	8	4	戊申
初十	1	29	丙午	12	30	丙子	12	1	丁未	11	1	丁丑	10	3	戊申	9	3	戊寅	8	5	己酉
十一	1	30	丁未	12	31	丁丑	12	2	戊申	11	2	戊寅	10	4	己酉	9	4	己卯	8	6	庚戌
十二	1	31	戊申	1	1	戊寅	12	3	己酉	11	3	己卯	10	5	庚戌	9	5	庚辰	8	7	辛亥
十三	2	1	己酉	1	2	己卯	12	4	庚戌	11	4	庚辰	10	6	辛亥	9	6	辛巳	8	8	壬子
十四	2	2	庚戌	1	3	庚辰	12	5	辛亥	11	5	辛巳	10	7	壬子	9	7	壬午	8	9	癸丑
十五	2	3	辛亥	1	4	辛巳	12	6	壬子	11	6	壬午	10	8	癸丑	9	8	癸未	8	10	甲寅
十六	2	4	壬子	1	5	壬午	12	7	癸丑	11	7	癸未	10	9	甲寅	9	9	甲申	8	11	乙卯
十七	2	5	癸丑	1	6	癸未	12	8	甲寅	11	8	甲申	10	10	乙卯	9	10	乙酉	8	12	丙辰
十八	2	6	甲寅	1	7	甲申	12	9	乙卯	11	9	乙酉	10	11	丙辰	9	11	丙戌	8	13	丁巳
十九	2	7	乙卯	1	8	乙酉	12	10	丙辰	11	10	丙戌	10	12	丁巳	9	12	丁亥	8	14	戊午
二十	2	8	丙辰	1	9	丙戌	12	11	丁巳	11	11	丁亥	10	13	戊午	9	13	戊子	8	15	己未
廿一	2	9	丁巳	1	10	丁亥	12	12	戊午	11	12	戊子	10	14	己未	9	14	己丑	8	16	庚申
廿二	2	10	戊午	1	11	戊子	12	13	己未	11	13	己丑	10	15	庚申	9	15	庚寅	8	17	辛酉
廿三	2	11	己未	1	12	己丑	12	14	庚申	11	14	庚寅	10	16	辛酉	9	16	辛卯	8	18	壬戌
廿四	2	12	庚申	1	13	庚寅	12	15	辛酉	11	15	辛卯	10	17	壬戌	9	17	壬辰	8	19	癸亥
廿五	2	13	辛酉	1	14	辛卯	12	16	壬戌	11	16	壬辰	10	18	癸亥	9	18	癸巳	8	20	甲子
廿六	2	14	壬戌	1	15	壬辰	12	17	癸亥	11	17	癸巳	10	19	甲子	9	19	甲午	8	21	乙丑
廿七	2	15	癸亥	1	16	癸巳	12	18	甲子	11	18	甲午	10	20	乙丑	9	20	乙未	8	22	丙寅
廿八	2	16	甲子	1	17	甲午	12	19	乙丑	11	19	乙未	10	21	丙寅	9	21	丙申	8	23	丁卯
廿九	2	17	乙丑	1	18	乙未	12	20	丙寅	11	20	丙申	10	22	丁卯	9	22	丁酉	8	24	戊辰
三十				1	19	丙申				11	21	丁酉				9	23	戊戌			

1958年【戊戌】

6月			5月			4月			3月			2月			正月			月別
己未			戊午			丁巳			丙辰			乙卯			甲寅			月柱
九紫			一白			二黒			三碧			四緑			五黃			紫白
陽暦		日柱	陽暦		日柱	陽暦		日柱	陽暦		日柱	陽暦		日柱	陽暦		日柱	農暦
月	日		月	日		月	日		月	日		月	日		月	日		
7	17	乙未	6	17	乙丑	5	19	丙申	4	19	丙寅	3	20	丙申	2	18	丙寅	初一
7	18	丙申	6	18	丙寅	5	20	丁酉	4	20	丁卯	3	21	丁酉	2	19	丁卯	初二
7	19	丁酉	6	19	丁卯	5	21	戊戌	4	21	戊辰	3	22	戊戌	2	20	戊辰	初三
7	20	戊戌	6	20	戊辰	5	22	己亥	4	22	己巳	3	23	己亥	2	21	己巳	初四
7	21	己亥	6	21	己巳	5	23	庚子	4	23	庚午	3	24	庚子	2	22	庚午	初五
7	22	庚子	6	22	庚午	5	24	辛丑	4	24	辛未	3	25	辛丑	2	23	辛未	初六
7	23	辛丑	6	23	辛未	5	25	壬寅	4	25	壬申	3	26	壬寅	2	24	壬申	初七
7	24	壬寅	6	24	壬申	5	26	癸卯	4	26	癸酉	3	27	癸卯	2	25	癸酉	初八
7	25	癸卯	6	25	癸酉	5	27	甲辰	4	27	甲戌	3	28	甲辰	2	26	甲戌	初九
7	26	甲辰	6	26	甲戌	5	28	乙巳	4	28	乙亥	3	29	乙巳	2	27	乙亥	初十
7	27	乙巳	6	27	乙亥	5	29	丙午	4	29	丙子	3	30	丙午	2	28	丙子	十一
7	28	丙午	6	28	丙子	5	30	丁未	4	30	丁丑	3	31	丁未	3	1	丁丑	十二
7	29	丁未	6	29	丁丑	5	31	戊申	5	1	戊寅	4	1	戊申	3	2	戊寅	十三
7	30	戊申	6	30	戊寅	6	1	己酉	5	2	己卯	4	2	己酉	3	3	己卯	十四
7	31	己酉	7	1	己卯	6	2	庚戌	5	3	庚辰	4	3	庚戌	3	4	庚辰	十五
8	1	庚戌	7	2	庚辰	6	3	辛亥	5	4	辛巳	4	4	辛亥	3	5	辛巳	十六
8	2	辛亥	7	3	辛巳	6	4	壬子	5	5	壬午	4	5	壬子	3	6	壬午	十七
8	3	壬子	7	4	壬午	6	5	癸丑	5	6	癸未	4	6	癸丑	3	7	癸未	十八
8	4	癸丑	7	5	癸未	6	6	甲寅	5	7	甲申	4	7	甲寅	3	8	甲申	十九
8	5	甲寅	7	6	甲申	6	7	乙卯	5	8	乙酉	4	8	乙卯	3	9	乙酉	二十
8	6	乙卯	7	7	乙酉	6	8	丙辰	5	9	丙戌	4	9	丙辰	3	10	丙戌	廿一
8	7	丙辰	7	8	丙戌	6	9	丁巳	5	10	丁亥	4	10	丁巳	3	11	丁亥	廿二
8	8	丁巳	7	9	丁亥	6	10	戊午	5	11	戊子	4	11	戊午	3	12	戊子	廿三
8	9	戊午	7	10	戊子	6	11	己未	5	12	己丑	4	12	己未	3	13	己丑	廿四
8	10	己未	7	11	己丑	6	12	庚申	5	13	庚寅	4	13	庚申	3	14	庚寅	廿五
8	11	庚申	7	12	庚寅	6	13	辛酉	5	14	辛卯	4	14	辛酉	3	15	辛卯	廿六
8	12	辛酉	7	13	辛卯	6	14	壬戌	5	15	壬辰	4	15	壬戌	3	16	壬辰	廿七
8	13	壬戌	7	14	壬辰	6	15	癸亥	5	16	癸巳	4	16	癸亥	3	17	癸巳	廿八
8	14	癸亥	7	15	癸巳	6	16	甲子	5	17	甲午	4	17	甲子	3	18	甲午	廿九
			7	16	甲午				5	18	乙未	4	18	乙丑	3	19	乙未	三十

月別	12月			11月			10月			9月			8月			7月		
月柱	乙丑			甲子			癸亥			壬戌			辛酉			庚申		
紫白	三碧			四緑			五黄			六白			七赤			八白		
農暦	陽暦		日柱	陽暦		日柱	陽暦		日柱	陽暦		日柱	陽暦		日柱	陽暦		日柱
	月	日		月	日		月	日		月	日		月	日		月	日	
初一	1	9	辛卯	12	11	壬戌	11	11	壬辰	10	13	癸亥	9	13	癸巳	8	15	甲子
初二	1	10	壬辰	12	12	癸亥	11	12	癸巳	10	14	甲子	9	14	甲午	8	16	乙丑
初三	1	11	癸巳	12	13	甲子	11	13	甲午	10	15	乙丑	9	15	乙未	8	17	丙寅
初四	1	12	甲午	12	14	乙丑	11	14	乙未	10	16	丙寅	9	16	丙申	8	18	丁卯
初五	1	13	乙未	12	15	丙寅	11	15	丙申	10	17	丁卯	9	17	丁酉	8	19	戊辰
初六	1	14	丙申	12	16	丁卯	11	16	丁酉	10	18	戊辰	9	18	戊戌	8	20	己巳
初七	1	15	丁酉	12	17	戊辰	11	17	戊戌	10	19	己巳	9	19	己亥	8	21	庚午
初八	1	16	戊戌	12	18	己巳	11	18	己亥	10	20	庚午	9	20	庚子	8	22	辛未
初九	1	17	己亥	12	19	庚午	11	19	庚子	10	21	辛未	9	21	辛丑	8	23	壬申
初十	1	18	庚子	12	20	辛未	11	20	辛丑	10	22	壬申	9	22	壬寅	8	24	癸酉
十一	1	19	辛丑	12	21	壬申	11	21	壬寅	10	23	癸酉	9	23	癸卯	8	25	甲戌
十二	1	20	壬寅	12	22	癸酉	11	22	癸卯	10	24	甲戌	9	24	甲辰	8	26	乙亥
十三	1	21	癸卯	12	23	甲戌	11	23	甲辰	10	25	乙亥	9	25	乙巳	8	27	丙子
十四	1	22	甲辰	12	24	乙亥	11	24	乙巳	10	26	丙子	9	26	丙午	8	28	丁丑
十五	1	23	乙巳	12	25	丙子	11	25	丙午	10	27	丁丑	9	27	丁未	8	29	戊寅
十六	1	24	丙午	12	26	丁丑	11	26	丁未	10	28	戊寅	9	28	戊申	8	30	己卯
十七	1	25	丁未	12	27	戊寅	11	27	戊申	10	29	己卯	9	29	己酉	8	31	庚辰
十八	1	26	戊申	12	28	己卯	11	28	己酉	10	30	庚辰	9	30	庚戌	9	1	辛巳
十九	1	27	己酉	12	29	庚辰	11	29	庚戌	10	31	辛巳	10	1	辛亥	9	2	壬午
二十	1	28	庚戌	12	30	辛巳	11	30	辛亥	11	1	壬午	10	2	壬子	9	3	癸未
廿一	1	29	辛亥	12	31	壬午	12	1	壬子	11	2	癸未	10	3	癸丑	9	4	甲申
廿二	1	30	壬子	1	1	癸未	12	2	癸丑	11	3	甲申	10	4	甲寅	9	5	乙酉
廿三	1	31	癸丑	1	2	甲申	12	3	甲寅	11	4	乙酉	10	5	乙卯	9	6	丙戌
廿四	2	1	甲寅	1	3	乙酉	12	4	乙卯	11	5	丙戌	10	6	丙辰	9	7	丁亥
廿五	2	2	乙卯	1	4	丙戌	12	5	丙辰	11	6	丁亥	10	7	丁巳	9	8	戊子
廿六	2	3	丙辰	1	5	丁亥	12	6	丁巳	11	7	戊子	10	8	戊午	9	9	己丑
廿七	2	4	丁巳	1	6	戊子	12	7	戊午	11	8	己丑	10	9	己未	9	10	庚寅
廿八	2	5	戊午	1	7	己丑	12	8	己未	11	9	庚寅	10	10	庚申	9	11	辛卯
廿九	2	6	己未	1	8	庚寅	12	9	庚申	11	10	辛卯	10	11	辛酉	9	12	壬辰
三十	2	7	庚申				12	10	辛酉				10	12	壬戌			

1959年【己亥】

6月			5月			4月			3月			2月			正月			月別
辛未			庚午			己巳			戊辰			丁卯			丙寅			月柱
六白			七赤			八白			九紫			一白			二黒			紫白
陽暦		日柱	陽暦		日柱	陽暦		日柱	陽暦		日柱	陽暦		日柱	陽暦		日柱	農暦
月	日		月	日		月	日		月	日		月	日		月	日		
7	6	己丑	6	6	己未	5	8	庚寅	4	8	庚申	3	9	庚寅	2	8	辛酉	初一
7	7	庚寅	6	7	庚申	5	9	辛卯	4	9	辛酉	3	10	辛卯	2	9	壬戌	初二
7	8	辛卯	6	8	辛酉	5	10	壬辰	4	10	壬戌	3	11	壬辰	2	10	癸亥	初三
7	9	壬辰	6	9	壬戌	5	11	癸巳	4	11	癸亥	3	12	癸巳	2	11	甲子	初四
7	10	癸巳	6	10	癸亥	5	12	甲午	4	12	甲子	3	13	甲午	2	12	乙丑	初五
7	11	甲午	6	11	甲子	5	13	乙未	4	13	乙丑	3	14	乙未	2	13	丙寅	初六
7	12	乙未	6	12	乙丑	5	14	丙申	4	14	丙寅	3	15	丙申	2	14	丁卯	初七
7	13	丙申	6	13	丙寅	5	15	丁酉	4	15	丁卯	3	16	丁酉	2	15	戊辰	初八
7	14	丁酉	6	14	丁卯	5	16	戊戌	4	16	戊辰	3	17	戊戌	2	16	己巳	初九
7	15	戊戌	6	15	戊辰	5	17	己亥	4	17	己巳	3	18	己亥	2	17	庚午	初十
7	16	己亥	6	16	己巳	5	18	庚子	4	18	庚午	3	19	庚子	2	18	辛未	十一
7	17	庚子	6	17	庚午	5	19	辛丑	4	19	辛未	3	20	辛丑	2	19	壬申	十二
7	18	辛丑	6	18	辛未	5	20	壬寅	4	20	壬申	3	21	壬寅	2	20	癸酉	十三
7	19	壬寅	6	19	壬申	5	21	癸卯	4	21	癸酉	3	22	癸卯	2	21	甲戌	十四
7	20	癸卯	6	20	癸酉	5	22	甲辰	4	22	甲戌	3	23	甲辰	2	22	乙亥	十五
7	21	甲辰	6	21	甲戌	5	23	乙巳	4	23	乙亥	3	24	乙巳	2	23	丙子	十六
7	22	乙巳	6	22	乙亥	5	24	丙午	4	24	丙子	3	25	丙午	2	24	丁丑	十七
7	23	丙午	6	23	丙子	5	25	丁未	4	25	丁丑	3	26	丁未	2	25	戊寅	十八
7	24	丁未	6	24	丁丑	5	26	戊申	4	26	戊寅	3	27	戊申	2	26	己卯	十九
7	25	戊申	6	25	戊寅	5	27	己酉	4	27	己卯	3	28	己酉	2	27	庚辰	二十
7	26	己酉	6	26	己卯	5	28	庚戌	4	28	庚辰	3	29	庚戌	2	28	辛巳	廿一
7	27	庚戌	6	27	庚辰	5	29	辛亥	4	29	辛巳	3	30	辛亥	3	1	壬午	廿二
7	28	辛亥	6	28	辛巳	5	30	壬子	4	30	壬午	3	31	壬子	3	2	癸未	廿三
7	29	壬子	6	29	壬午	5	31	癸丑	5	1	癸未	4	1	癸丑	3	3	甲申	廿四
7	30	癸丑	6	30	癸未	6	1	甲寅	5	2	甲申	4	2	甲寅	3	4	乙酉	廿五
7	31	甲寅	7	1	甲申	6	2	乙卯	5	3	乙酉	4	3	乙卯	3	5	丙戌	廿六
8	1	乙卯	7	2	乙酉	6	3	丙辰	5	4	丙戌	4	4	丙辰	3	6	丁亥	廿七
8	2	丙辰	7	3	丙戌	6	4	丁巳	5	5	丁亥	4	5	丁巳	3	7	戊子	廿八
8	3	丁巳	7	4	丁亥	6	5	戊午	5	6	戊子	4	6	戊午	3	8	己丑	廿九
			7	5	戊子				5	7	己丑	4	7	己未				三十

月別	12月			11月			10月			9月			8月			7月		
月柱	丁丑			丙子			乙亥			甲戌			癸酉			壬申		
紫白	九紫			一白			二黒			三碧			四緑			五黄		
農曆	陽曆		日柱	陽曆		日柱	陽曆		日柱	陽曆		日柱	陽曆		日柱	陽曆		日柱
	月	日		月	日		月	日		月	日		月	日		月	日	
初一	12	30	丙戌	11	30	丙辰	11	1	丁亥	10	2	丁巳	9	3	戊子	8	4	戊午
初二	12	31	丁亥	12	1	丁巳	11	2	戊子	10	3	戊午	9	4	己丑	8	5	己未
初三	1	1	戊子	12	2	戊午	11	3	己丑	10	4	己未	9	5	庚寅	8	6	庚申
初四	1	2	己丑	12	3	己未	11	4	庚寅	10	5	庚申	9	6	辛卯	8	7	辛酉
初五	1	3	庚寅	12	4	庚申	11	5	辛卯	10	6	辛酉	9	7	壬辰	8	8	壬戌
初六	1	4	辛卯	12	5	辛酉	11	6	壬辰	10	7	壬戌	9	8	癸巳	8	9	癸亥
初七	1	5	壬辰	12	6	壬戌	11	7	癸巳	10	8	癸亥	9	9	甲午	8	10	甲子
初八	1	6	癸巳	12	7	癸亥	11	8	甲午	10	9	甲子	9	10	乙未	8	11	乙丑
初九	1	7	甲午	12	8	甲子	11	9	乙未	10	10	乙丑	9	11	丙申	8	12	丙寅
初十	1	8	乙未	12	9	乙丑	11	10	丙申	10	11	丙寅	9	12	丁酉	8	13	丁卯
十一	1	9	丙申	12	10	丙寅	11	11	丁酉	10	12	丁卯	9	13	戊戌	8	14	戊辰
十二	1	10	丁酉	12	11	丁卯	11	12	戊戌	10	13	戊辰	9	14	己亥	8	15	己巳
十三	1	11	戊戌	12	12	戊辰	11	13	己亥	10	14	己巳	9	15	庚子	8	16	庚午
十四	1	12	己亥	12	13	己巳	11	14	庚子	10	15	庚午	9	16	辛丑	8	17	辛未
十五	1	13	庚子	12	14	庚午	11	15	辛丑	10	16	辛未	9	17	壬寅	8	18	壬申
十六	1	14	辛丑	12	15	辛未	11	16	壬寅	10	17	壬申	9	18	癸卯	8	19	癸酉
十七	1	15	壬寅	12	16	壬申	11	17	癸卯	10	18	癸酉	9	19	甲辰	8	20	甲戌
十八	1	16	癸卯	12	17	癸酉	11	18	甲辰	10	19	甲戌	9	20	乙巳	8	21	乙亥
十九	1	17	甲辰	12	18	甲戌	11	19	乙巳	10	20	乙亥	9	21	丙午	8	22	丙子
二十	1	18	乙巳	12	19	乙亥	11	20	丙午	10	21	丙子	9	22	丁未	8	23	丁丑
廿一	1	19	丙午	12	20	丙子	11	21	丁未	10	22	丁丑	9	23	戊申	9	24	戊寅
廿二	1	20	丁未	12	21	丁丑	11	22	戊申	10	23	戊寅	9	24	己酉	8	25	己卯
廿三	1	21	戊申	12	22	戊寅	11	23	己酉	10	24	己卯	9	25	庚戌	8	26	庚辰
廿四	1	22	己酉	12	23	己卯	11	24	庚戌	10	25	庚辰	9	26	辛亥	8	27	辛巳
廿五	1	23	庚戌	12	24	庚辰	11	25	辛亥	10	26	辛巳	9	27	壬子	8	28	壬午
廿六	1	24	辛亥	12	25	辛巳	11	26	壬子	10	27	壬午	9	28	癸丑	8	29	癸未
廿七	1	25	壬子	12	26	壬午	11	27	癸丑	10	28	癸未	9	29	甲寅	8	30	甲申
廿八	1	26	癸丑	12	27	癸未	11	28	甲寅	10	29	甲申	9	30	乙卯	8	31	乙酉
廿九	1	27	甲寅	12	28	甲申	11	29	乙卯	10	30	乙酉	10	1	丙辰	9	1	丙戌
三十				12	29	乙酉				10	31	丙戌				9	2	丁亥

1960年【庚子】

閏6月			6月			5月			4月			3月			2月			正月			月別
			癸未			壬午			辛巳			庚辰			己卯			戊寅			月柱
			三碧			四緑			五黄			六白			七赤			八白			紫白
陽暦		日柱	陽暦		日柱	陽暦		日柱	陽暦		日柱	陽暦		日柱	陽暦		日柱	陽暦		日柱	農暦
月	日		月	日		月	日		月	日		月	日		月	日		月	日		
7	24	癸丑	6	24	癸未	5	25	癸丑	4	26	甲申	3	27	甲寅	2	27	乙酉	1	28	乙卯	初一
7	25	甲寅	6	25	甲申	5	26	甲寅	4	27	乙酉	3	28	乙卯	2	28	丙戌	1	29	丙辰	初二
7	26	乙卯	6	26	乙酉	5	27	乙卯	4	28	丙戌	3	29	丙辰	2	29	丁亥	1	30	丁巳	初三
7	27	丙辰	6	27	丙戌	5	28	丙辰	4	29	丁亥	3	30	丁巳	3	1	戊子	1	31	戊午	初四
7	28	丁巳	6	28	丁亥	5	29	丁巳	4	30	戊子	3	31	戊午	3	2	己丑	2	1	己未	初五
7	29	戊午	6	29	戊子	5	30	戊午	5	1	己丑	4	1	己未	3	3	庚寅	2	2	庚申	初六
7	30	己未	6	30	己丑	5	31	己未	5	2	庚寅	4	2	庚申	3	4	辛卯	2	3	辛酉	初七
7	31	庚申	7	1	庚寅	6	1	庚申	5	3	辛卯	4	3	辛酉	3	5	壬辰	2	4	壬戌	初八
8	1	辛酉	7	2	辛卯	6	2	辛酉	5	4	壬辰	4	4	壬戌	3	6	癸巳	2	5	癸亥	初九
8	2	壬戌	7	3	壬辰	6	3	壬戌	5	5	癸巳	4	5	癸亥	3	7	甲午	2	6	甲子	初十
8	3	癸亥	7	4	癸巳	6	4	癸亥	5	6	甲午	4	6	甲子	3	8	乙未	2	7	乙丑	十一
8	4	甲子	7	5	甲午	6	5	甲子	5	7	乙未	4	7	乙丑	3	9	丙申	2	8	丙寅	十二
8	5	乙丑	7	6	乙未	6	6	乙丑	5	8	丙申	4	8	丙寅	3	10	丁酉	2	9	丁卯	十三
8	6	丙寅	7	7	丙申	6	7	丙寅	5	9	丁酉	4	9	丁卯	3	11	戊戌	2	10	戊辰	十四
8	7	丁卯	7	8	丁酉	6	8	丁卯	5	10	戊戌	4	10	戊辰	3	12	己亥	2	11	己巳	十五
8	8	戊辰	7	9	戊戌	6	9	戊辰	5	11	己亥	4	11	己巳	3	13	庚子	2	12	庚午	十六
8	9	己巳	7	10	己亥	6	10	己巳	5	12	庚子	4	12	庚午	3	14	辛丑	2	13	辛未	十七
8	10	庚午	7	11	庚子	6	11	庚午	5	13	辛丑	4	13	辛未	3	15	壬寅	2	14	壬申	十八
8	11	辛未	7	12	辛丑	6	12	辛未	5	14	壬寅	4	14	壬申	3	16	癸卯	2	15	癸酉	十九
8	12	壬申	7	13	壬寅	6	13	壬申	5	15	癸卯	4	15	癸酉	3	17	甲辰	2	16	甲戌	二十
8	13	癸酉	7	14	癸卯	6	14	癸酉	5	16	甲辰	4	16	甲戌	3	18	乙巳	2	17	乙亥	廿一
8	14	甲戌	7	15	甲辰	6	15	甲戌	5	17	乙巳	4	17	乙亥	3	19	丙午	2	18	丙子	廿二
8	15	乙亥	7	16	乙巳	6	16	乙亥	5	18	丙午	4	18	丙子	3	20	丁未	2	19	丁丑	廿三
8	16	丙子	7	17	丙午	6	17	丙子	5	19	丁未	4	19	丁丑	3	21	戊申	2	20	戊寅	廿四
8	17	丁丑	7	18	丁未	6	18	丁丑	5	20	戊申	4	20	戊寅	3	22	己酉	2	21	己卯	廿五
8	18	戊寅	7	19	戊申	6	19	戊寅	5	21	己酉	4	21	己卯	3	23	庚戌	2	22	庚辰	廿六
8	19	己卯	7	20	己酉	6	20	己卯	5	22	庚戌	4	22	庚辰	3	24	辛亥	2	23	辛巳	廿七
8	20	庚辰	7	21	庚戌	6	21	庚辰	5	23	辛亥	4	23	辛巳	3	25	壬子	2	24	壬午	廿八
8	21	辛巳	7	22	辛亥	6	22	辛巳	5	24	壬子	4	24	壬午	3	26	癸丑	2	25	癸未	廿九
			7	23	壬子	6	23	壬午				4	25	癸未				2	26	甲申	三十

月別	12月			11月			10月			9月			8月			7月		
月柱	己丑			戊子			丁亥			丙戌			乙酉			甲申		
紫白	六白			七赤			八白			九紫			一白			二黑		
農暦	陽暦		日柱	陽暦		日柱	陽暦		日柱	陽暦		日柱	陽暦		日柱	陽暦		日柱
	月	日		月	日		月	日		月	日		月	日		月	日	
初一	1	17	庚戌	12	18	庚辰	11	19	辛亥	10	20	辛巳	9	21	壬子	8	22	壬午
初二	1	18	辛亥	12	19	辛巳	11	20	壬子	10	21	壬午	9	22	癸丑	8	23	癸未
初三	1	19	壬子	12	20	壬午	11	21	癸丑	10	22	癸未	9	23	甲寅	8	24	甲申
初四	1	20	癸丑	12	21	癸未	11	22	甲寅	10	23	甲申	9	24	乙卯	8	25	乙酉
初五	1	21	甲寅	12	22	甲申	11	23	乙卯	10	24	乙酉	9	25	丙辰	8	26	丙戌
初六	1	22	乙卯	12	23	乙酉	11	24	丙辰	10	25	丙戌	9	26	丁巳	8	27	丁亥
初七	1	23	丙辰	12	24	丙戌	11	25	丁巳	10	26	丁亥	9	27	戊午	8	28	戊子
初八	1	24	丁巳	12	25	丁亥	11	26	戊午	10	27	戊子	9	28	己未	8	29	己丑
初九	1	25	戊午	12	26	戊子	11	27	己未	10	28	己丑	9	29	庚申	8	30	庚寅
初十	1	26	己未	12	27	己丑	11	28	庚申	10	29	庚寅	9	30	辛酉	8	31	辛卯
十一	1	27	庚申	12	28	庚寅	11	29	辛酉	10	30	辛卯	10	1	壬戌	9	1	壬辰
十二	1	28	辛酉	12	29	辛卯	11	30	壬戌	10	31	壬辰	10	2	癸亥	9	2	癸巳
十三	1	29	壬戌	12	30	壬辰	12	1	癸亥	11	1	癸巳	10	3	甲子	9	3	甲午
十四	1	30	癸亥	12	31	癸巳	12	2	甲子	11	2	甲午	10	4	乙丑	9	4	乙未
十五	1	31	甲子	1	1	甲午	12	3	乙丑	11	3	乙未	10	5	丙寅	9	5	丙申
十六	2	1	乙丑	1	2	乙未	12	4	丙寅	11	4	丙申	10	6	丁卯	9	6	丁酉
十七	2	2	丙寅	1	3	丙申	12	5	丁卯	11	5	丁酉	10	7	戊辰	9	7	戊戌
十八	2	3	丁卯	1	4	丁酉	12	6	戊辰	11	6	戊戌	10	8	己巳	9	8	己亥
十九	2	4	戊辰	1	5	戊戌	12	7	己巳	11	7	己亥	10	9	庚午	9	9	庚子
二十	2	5	己巳	1	6	己亥	12	8	庚午	11	8	庚子	10	10	辛未	9	10	辛丑
廿一	2	6	庚午	1	7	庚子	12	9	辛未	11	9	辛丑	10	11	壬申	9	11	壬寅
廿二	2	7	辛未	1	8	辛丑	12	10	壬申	11	10	壬寅	10	12	癸酉	9	12	癸卯
廿三	2	8	壬申	1	9	壬寅	12	11	癸酉	11	11	癸卯	10	13	甲戌	9	13	甲辰
廿四	2	9	癸酉	1	10	癸卯	12	12	甲戌	11	12	甲辰	10	14	乙亥	9	14	乙巳
廿五	2	10	甲戌	1	11	甲辰	12	13	乙亥	11	13	乙巳	10	15	丙子	9	15	丙午
廿六	2	11	乙亥	1	12	乙巳	12	14	丙子	11	14	丙午	10	16	丁丑	9	16	丁未
廿七	2	12	丙子	1	13	丙午	12	15	丁丑	11	15	丁未	10	17	戊寅	9	17	戊申
廿八	2	13	丁丑	1	14	丁未	12	16	戊寅	11	16	戊申	10	18	己卯	9	18	己酉
廿九	2	14	戊寅	1	15	戊申	12	17	己卯	11	17	己酉	10	19	庚辰	9	19	庚戌
三十				1	16	己酉				11	18	庚戌				9	20	辛亥

1961年【辛丑】

6月			5月			4月			3月			2月			正月			月別
乙未			甲午			癸巳			壬辰			辛卯			庚寅			月柱
九紫			一白			二黒			三碧			四緑			五黄			紫白
陽暦		日柱	陽暦		日柱	陽暦		日柱	陽暦		日柱	陽暦		日柱	陽暦		日柱	農暦
月	日		月	日		月	日		月	日		月	日		月	日		
7	13	丁未	6	13	丁丑	5	15	戊申	4	15	戊寅	3	17	己酉	2	15	己卯	初一
7	14	戊申	6	14	戊寅	5	16	己酉	4	16	己卯	3	18	庚戌	2	16	庚辰	初二
7	15	己酉	6	15	己卯	5	17	庚戌	4	17	庚辰	3	19	辛亥	2	17	辛巳	初三
7	16	庚戌	6	16	庚辰	5	18	辛亥	4	18	辛巳	3	20	壬子	2	18	壬午	初四
7	17	辛亥	6	17	辛巳	5	19	壬子	4	19	壬午	3	21	癸丑	2	19	癸未	初五
7	18	壬子	6	18	壬午	5	20	癸丑	4	20	癸未	3	22	甲寅	2	20	甲申	初六
7	19	癸丑	6	19	癸未	5	21	甲寅	4	21	甲申	3	23	乙卯	2	21	乙酉	初七
7	20	甲寅	6	20	甲申	5	22	乙卯	4	22	乙酉	3	24	丙辰	2	22	丙戌	初八
7	21	乙卯	6	21	乙酉	5	23	丙辰	4	23	丙戌	3	25	丁巳	2	23	丁亥	初九
7	22	丙辰	6	22	丙戌	5	24	丁巳	4	24	丁亥	3	26	戊午	2	24	戊子	初十
7	23	丁巳	6	23	丁亥	5	25	戊午	4	25	戊子	3	27	己未	2	25	己丑	十一
7	24	戊午	6	24	戊子	5	26	己未	4	26	己丑	3	28	庚申	2	26	庚寅	十二
7	25	己未	6	25	己丑	5	27	庚申	4	27	庚寅	3	29	辛酉	2	27	辛卯	十三
7	26	庚申	6	26	庚寅	5	28	辛酉	4	28	辛卯	3	30	壬戌	2	28	壬辰	十四
7	27	辛酉	6	27	辛卯	5	29	壬戌	4	29	壬辰	3	31	癸亥	3	1	癸巳	十五
7	28	壬戌	6	28	壬辰	5	30	癸亥	4	30	癸巳	4	1	甲子	3	2	甲午	十六
7	29	癸亥	6	29	癸巳	5	31	甲子	5	1	甲午	4	2	乙丑	3	3	乙未	十七
7	30	甲子	6	30	甲午	6	1	乙丑	5	2	乙未	4	3	丙寅	3	4	丙申	十八
7	31	乙丑	7	1	乙未	6	2	丙寅	5	3	丙申	4	4	丁卯	3	5	丁酉	十九
8	1	丙寅	7	2	丙申	6	3	丁卯	5	4	丁酉	4	5	戊辰	3	6	戊戌	二十
8	2	丁卯	7	3	丁酉	6	4	戊辰	5	5	戊戌	4	6	己巳	3	7	己亥	廿一
8	3	戊辰	7	4	戊戌	6	5	己巳	5	6	己亥	4	7	庚午	3	8	庚子	廿二
8	4	己巳	7	5	己亥	6	6	庚午	5	7	庚子	4	8	辛未	3	9	辛丑	廿三
8	5	庚午	7	6	庚子	6	7	辛未	5	8	辛丑	4	9	壬申	3	10	壬寅	廿四
8	6	辛未	7	7	辛丑	6	8	壬申	5	9	壬寅	4	10	癸酉	3	11	癸卯	廿五
8	7	壬申	7	8	壬寅	6	9	癸酉	5	10	癸卯	4	11	甲戌	3	12	甲辰	廿六
8	8	癸酉	7	9	癸卯	6	10	甲戌	5	11	甲辰	4	12	乙亥	3	13	乙巳	廿七
8	9	甲戌	7	10	甲辰	6	11	乙亥	5	12	乙巳	4	13	丙子	3	14	丙午	廿八
8	10	乙亥	7	11	乙巳	6	12	丙子	5	13	丙午	4	14	丁丑	3	15	丁未	廿九
			7	12	丙午				5	14	丁未				3	16	戊申	三十

月別	12月			11月			10月			9月			8月			7月		
月柱	辛丑			庚子			己亥			戊戌			丁酉			丙申		
紫白	三碧			四緑			五黄			六白			七赤			八白		
農暦	陽暦		日柱	陽暦		日柱	陽暦		日柱	陽暦		日柱	陽暦		日柱	陽暦		日柱
	月	日		月	日		月	日		月	日		月	日		月	日	
初一	1	6	甲辰	12	8	乙亥	11	8	乙巳	10	10	丙子	9	10	丙午	8	11	丙子
初二	1	7	乙巳	12	9	丙子	11	9	丙午	10	11	丁丑	9	11	丁未	8	12	丁丑
初三	1	8	丙午	12	10	丁丑	11	10	丁未	10	12	戊寅	9	12	戊申	8	13	戊寅
初四	1	9	丁未	12	11	戊寅	11	11	戊申	10	13	己卯	9	13	己酉	8	14	己卯
初五	1	10	戊申	12	12	己卯	11	12	己酉	10	14	庚辰	9	14	庚戌	8	15	庚辰
初六	1	11	己酉	12	13	庚辰	11	13	庚戌	10	15	辛巳	9	15	辛亥	8	16	辛巳
初七	1	12	庚戌	12	14	辛巳	11	14	辛亥	10	16	壬午	9	16	壬子	8	17	壬午
初八	1	13	辛亥	12	15	壬午	11	15	壬子	10	17	癸未	9	17	癸丑	8	18	癸未
初九	1	14	壬子	12	16	癸未	11	16	癸丑	10	18	甲申	9	18	甲寅	8	19	甲申
初十	1	15	癸丑	12	17	甲申	11	17	甲寅	10	19	乙酉	9	19	乙卯	8	20	乙酉
十一	1	16	甲寅	12	18	乙酉	11	18	乙卯	10	20	丙戌	9	20	丙辰	8	21	丙戌
十二	1	17	乙卯	12	19	丙戌	11	19	丙辰	10	21	丁亥	9	21	丁巳	8	22	丁亥
十三	1	18	丙辰	12	20	丁亥	11	20	丁巳	10	22	戊子	9	22	戊午	8	23	戊子
十四	1	19	丁巳	12	21	戊子	11	21	戊午	10	23	己丑	9	23	己未	8	24	己丑
十五	1	20	戊午	12	22	己丑	11	22	己未	10	24	庚寅	9	24	庚申	8	25	庚寅
十六	1	21	己未	12	23	庚寅	11	23	庚申	10	25	辛卯	9	25	辛酉	8	26	辛卯
十七	1	22	庚申	12	24	辛卯	11	24	辛酉	10	26	壬辰	9	26	壬戌	8	27	壬辰
十八	1	23	辛酉	12	25	壬辰	11	25	壬戌	10	27	癸巳	9	27	癸亥	8	28	癸巳
十九	1	24	壬戌	12	26	癸巳	11	26	癸亥	10	28	甲午	9	28	甲子	8	29	甲午
二十	1	25	癸亥	12	27	甲午	11	27	甲子	10	29	乙未	9	29	乙丑	8	30	乙未
廿一	1	26	甲子	12	28	乙未	11	28	乙丑	10	30	丙申	9	30	丙寅	8	31	丙申
廿二	1	27	乙丑	12	29	丙申	11	29	丙寅	10	31	丁酉	10	1	丁卯	9	1	丁酉
廿三	1	28	丙寅	12	30	丁酉	11	30	丁卯	11	1	戊戌	10	2	戊辰	9	2	戊戌
廿四	1	29	丁卯	12	31	戊戌	12	1	戊辰	11	2	己亥	10	3	己巳	9	3	己亥
廿五	1	30	戊辰	1	1	己亥	12	2	己巳	11	3	庚子	10	4	庚午	9	4	庚子
廿六	1	31	己巳	1	2	庚子	12	3	庚午	11	4	辛丑	10	5	辛未	9	5	辛丑
廿七	2	1	庚午	1	3	辛丑	12	4	辛未	11	5	壬寅	10	6	壬申	9	6	壬寅
廿八	2	2	辛未	1	4	壬寅	12	5	壬申	11	6	癸卯	10	7	癸酉	9	7	癸卯
廿九	2	3	壬申	1	5	癸卯	12	6	癸酉	11	7	甲辰	10	8	甲戌	9	8	甲辰
三十	2	4	癸酉				12	7	甲戌				10	9	乙亥	9	9	乙巳

1962年【壬寅】

6月			5月			4月			3月			2月			正月			月別
丁未			丙午			乙巳			甲辰			癸卯			壬寅			月柱
六白			七赤			八白			九紫			一白			二黒			紫白
陽暦		日柱	陽暦		日柱	陽暦		日柱	陽暦		日柱	陽暦		日柱	陽暦		日柱	農暦
月	日		月	日		月	日		月	日		月	日		月	日		
7	2	辛丑	6	2	辛未	5	4	壬寅	4	5	癸酉	3	6	癸卯	2	5	甲戌	初一
7	3	壬寅	6	3	壬申	5	5	癸卯	4	6	甲戌	3	7	甲辰	2	6	乙亥	初二
7	4	癸卯	6	4	癸酉	5	6	甲辰	4	7	乙亥	3	8	乙巳	2	7	丙子	初三
7	5	甲辰	6	5	甲戌	5	7	乙巳	4	8	丙子	3	9	丙午	2	8	丁丑	初四
7	6	乙巳	6	6	乙亥	5	8	丙午	4	9	丁丑	3	10	丁未	2	9	戊寅	初五
7	7	丙午	6	7	丙子	5	9	丁未	4	10	戊寅	3	11	戊申	2	10	己卯	初六
7	8	丁未	6	8	丁丑	5	10	戊申	4	11	己卯	3	12	己酉	2	11	庚辰	初七
7	9	戊申	6	9	戊寅	5	11	己酉	4	12	庚辰	3	13	庚戌	2	12	辛巳	初八
7	10	己酉	6	10	己卯	5	12	庚戌	4	13	辛巳	3	14	辛亥	2	13	壬午	初九
7	11	庚戌	6	11	庚辰	5	13	辛亥	4	14	壬午	3	15	壬子	2	14	癸未	初十
7	12	辛亥	6	12	辛巳	5	14	壬子	4	15	癸未	3	16	癸丑	2	15	甲申	十一
7	13	壬子	6	13	壬午	5	15	癸丑	4	16	甲申	3	17	甲寅	2	16	乙酉	十二
7	14	癸丑	6	14	癸未	5	16	甲寅	4	17	乙酉	3	18	乙卯	2	17	丙戌	十三
7	15	甲寅	6	15	甲申	5	17	乙卯	4	18	丙戌	3	19	丙辰	2	18	丁亥	十四
7	16	乙卯	6	16	乙酉	5	18	丙辰	4	19	丁亥	3	20	丁巳	2	19	戊子	十五
7	17	丙辰	6	17	丙戌	5	19	丁巳	4	20	戊子	3	21	戊午	2	20	己丑	十六
7	18	丁巳	6	18	丁亥	5	20	戊午	4	21	己丑	3	22	己未	2	21	庚寅	十七
7	19	戊午	6	19	戊子	5	21	己未	4	22	庚寅	3	23	庚申	2	22	辛卯	十八
7	20	己未	6	20	己丑	5	22	庚申	4	23	辛卯	3	24	辛酉	2	23	壬辰	十九
7	21	庚申	6	21	庚寅	5	23	辛酉	4	24	壬辰	3	25	壬戌	2	24	癸巳	二十
7	22	辛酉	6	22	辛卯	5	24	壬戌	4	25	癸巳	3	26	癸亥	2	25	甲午	廿一
7	23	壬戌	6	23	壬辰	5	25	癸亥	4	26	甲午	3	27	甲子	2	26	乙未	廿二
7	24	癸亥	6	24	癸巳	5	26	甲子	4	27	乙未	3	28	乙丑	2	27	丙申	廿三
7	25	甲子	6	25	甲午	5	27	乙丑	4	28	丙申	3	29	丙寅	2	28	丁酉	廿四
7	26	乙丑	6	26	乙未	5	28	丙寅	4	29	丁酉	3	30	丁卯	3	1	戊戌	廿五
7	27	丙寅	6	27	丙申	5	29	丁卯	4	30	戊戌	3	31	戊辰	3	2	己亥	廿六
7	28	丁卯	6	28	丁酉	5	30	戊辰	5	1	己亥	4	1	己巳	3	3	庚子	廿七
7	29	戊辰	6	29	戊戌	5	31	己巳	5	2	庚子	4	2	庚午	3	4	辛丑	廿八
7	30	己巳	6	30	己亥	6	1	庚午	5	3	辛丑	4	3	辛未	3	5	壬寅	廿九
			7	1	庚子							4	4	壬申				三十

月別	12月			11月			10月			9月			8月			7月		
月柱	癸丑			壬子			辛亥			庚戌			己酉			戊申		
紫白	九紫			一白			二黒			三碧			四緑			五黄		
農暦	陽暦		日柱	陽暦		日柱	陽暦		日柱	陽暦		日柱	陽暦		日柱	陽暦		日柱
	月	日		月	日		月	日		月	日		月	日		月	日	
初一	12	27	己亥	11	27	己巳	10	28	己亥	9	29	庚午	8	30	庚子	7	31	庚午
初二	12	28	庚子	11	28	庚午	10	29	庚子	9	30	辛未	8	31	辛丑	8	1	辛未
初三	12	29	辛丑	11	29	辛未	10	30	辛丑	10	1	壬申	9	1	壬寅	8	2	壬申
初四	12	30	壬寅	11	30	壬申	10	31	壬寅	10	2	癸酉	9	2	癸卯	8	3	癸酉
初五	12	31	癸卯	12	1	癸酉	11	1	癸卯	10	3	甲戌	9	3	甲辰	8	4	甲戌
初六	1	1	甲辰	12	2	甲戌	11	2	甲辰	10	4	乙亥	9	4	乙巳	8	5	乙亥
初七	1	2	乙巳	12	3	乙亥	11	3	乙巳	10	5	丙子	9	5	丙午	8	6	丙子
初八	1	3	丙午	12	4	丙子	11	4	丙午	10	6	丁丑	9	6	丁未	8	7	丁丑
初九	1	4	丁未	12	5	丁丑	11	5	丁未	10	7	戊寅	9	7	戊申	8	8	戊寅
初十	1	5	戊申	12	6	戊寅	11	6	戊申	10	8	己卯	9	8	己酉	8	9	己卯
十一	1	6	己酉	12	7	己卯	11	7	己酉	10	9	庚辰	9	9	庚戌	8	10	庚辰
十二	1	7	庚戌	12	8	庚辰	11	8	庚戌	10	10	辛巳	9	10	辛亥	8	11	辛巳
十三	1	8	辛亥	12	9	辛巳	11	9	辛亥	10	11	壬午	9	11	壬子	8	12	壬午
十四	1	9	壬子	12	10	壬午	11	10	壬子	10	12	癸未	9	12	癸丑	8	13	癸未
十五	1	10	癸丑	12	11	癸未	11	11	癸丑	10	13	甲申	9	13	甲寅	8	14	甲申
十六	1	11	甲寅	12	12	甲申	11	12	甲寅	10	14	乙酉	9	14	乙卯	8	15	乙酉
十七	1	12	乙卯	12	13	乙酉	11	13	乙卯	10	15	丙戌	9	15	丙辰	8	16	丙戌
十八	1	13	丙辰	12	14	丙戌	11	14	丙辰	10	16	丁亥	9	16	丁巳	8	17	丁亥
十九	1	14	丁巳	12	15	丁亥	11	15	丁巳	10	17	戊子	9	17	戊午	8	18	戊子
二十	1	15	戊午	12	16	戊子	11	16	戊午	10	18	己丑	9	18	己未	8	19	己丑
廿一	1	16	己未	12	17	己丑	11	17	己未	10	19	庚寅	9	19	庚申	8	20	庚寅
廿二	1	17	庚申	12	18	庚寅	11	18	庚申	10	20	辛卯	9	20	辛酉	8	21	辛卯
廿三	1	18	辛酉	12	19	辛卯	11	19	辛酉	10	21	壬辰	9	21	壬戌	8	22	壬辰
廿四	1	19	壬戌	12	20	壬辰	11	20	壬戌	10	22	癸巳	9	22	癸亥	8	23	癸巳
廿五	1	20	癸亥	12	21	癸巳	11	21	癸亥	10	23	甲午	9	23	甲子	8	24	甲午
廿六	1	21	甲子	12	22	甲午	11	22	甲子	10	24	乙未	9	24	乙丑	8	25	乙未
廿七	1	22	乙丑	12	23	乙未	11	23	乙丑	10	25	丙申	9	25	丙寅	8	26	丙申
廿八	1	23	丙寅	12	24	丙申	11	24	丙寅	10	26	丁酉	9	26	丁卯	8	27	丁酉
廿九	1	24	丁卯	12	25	丁酉	11	25	丁卯	10	27	戊戌	9	27	戊辰	8	28	戊戌
三十				12	26	戊戌	11	26	戊辰				9	28	己巳	8	29	己亥

1963年【癸卯】

6月			5月			閏4月			4月			3月			2月			正月			月別
己未			戊午						丁巳			丙辰			乙卯			甲寅			月柱
三碧			四緑						五黃			六白			七赤			八白			紫白
陽暦		日柱	陽暦		日柱	陽暦		日柱	陽暦		日柱	陽暦		日柱	陽暦		日柱	陽暦		日柱	農暦
月	日		月	日		月	日		月	日		月	日		月	日		月	日		
7	21	乙丑	6	21	乙未	5	23	丙寅	4	24	丁酉	3	25	丁卯	2	24	戊戌	1	25	戊辰	初一
7	22	丙寅	6	22	丙申	5	24	丁卯	4	25	戊戌	3	26	戊辰	2	25	己亥	1	26	己巳	初二
7	23	丁卯	6	23	丁酉	5	25	戊辰	4	26	己亥	3	27	己巳	2	26	庚子	1	27	庚午	初三
7	24	戊辰	6	24	戊戌	5	26	己巳	4	27	庚子	3	28	庚午	2	27	辛丑	1	28	辛未	初四
7	25	己巳	6	25	己亥	5	27	庚午	4	28	辛丑	3	29	辛未	2	28	壬寅	1	29	壬申	初五
7	26	庚午	6	26	庚子	5	28	辛未	4	29	壬寅	3	30	壬申	3	1	癸卯	1	30	癸酉	初六
7	27	辛未	6	27	辛丑	5	29	壬申	4	30	癸卯	3	31	癸酉	3	2	甲辰	1	31	甲戌	初七
7	28	壬申	6	28	壬寅	5	30	癸酉	5	1	甲辰	4	1	甲戌	3	3	乙巳	2	1	乙亥	初八
7	29	癸酉	6	29	癸卯	5	31	甲戌	5	2	乙巳	4	2	乙亥	3	4	丙午	2	2	丙子	初九
7	30	甲戌	6	30	甲辰	6	1	乙亥	5	3	丙午	4	3	丙子	3	5	丁未	2	3	丁丑	初十
7	31	乙亥	7	1	乙巳	6	2	丙子	5	4	丁未	4	4	丁丑	3	6	戊申	2	4	戊寅	十一
8	1	丙子	7	2	丙午	6	3	丁丑	5	5	戊申	4	5	戊寅	3	7	己酉	2	5	己卯	十二
8	2	丁丑	7	3	丁未	6	4	戊寅	5	6	己酉	4	6	己卯	3	8	庚戌	2	6	庚辰	十三
8	3	戊寅	7	4	戊申	6	5	己卯	5	7	庚戌	4	7	庚辰	3	9	辛亥	2	7	辛巳	十四
8	4	己卯	7	5	己酉	6	6	庚辰	5	8	辛亥	4	8	辛巳	3	10	壬子	2	8	壬午	十五
8	5	庚辰	7	6	庚戌	6	7	辛巳	5	9	壬子	4	9	壬午	3	11	癸丑	2	9	癸未	十六
8	6	辛巳	7	7	辛亥	6	8	壬午	5	10	癸丑	4	10	癸未	3	12	甲寅	2	10	甲申	十七
8	7	壬午	7	8	壬子	6	9	癸未	5	11	甲寅	4	11	甲申	3	13	乙卯	2	11	乙酉	十八
8	8	癸未	7	9	癸丑	6	10	甲申	5	12	乙卯	4	12	乙酉	3	14	丙辰	2	12	丙戌	十九
8	9	甲申	7	10	甲寅	6	11	乙酉	5	13	丙辰	4	13	丙戌	3	15	丁巳	2	13	丁亥	二十
8	10	乙酉	7	11	乙卯	6	12	丙戌	5	14	丁巳	4	14	丁亥	3	16	戊午	2	14	戊子	廿一
8	11	丙戌	7	12	丙辰	6	13	丁亥	5	15	戊午	4	15	戊子	3	17	己未	2	15	己丑	廿二
8	12	丁亥	7	13	丁巳	6	14	戊子	5	16	己未	4	16	己丑	3	18	庚申	2	16	庚寅	廿三
8	13	戊子	7	14	戊午	6	15	己丑	5	17	庚申	4	17	庚寅	3	19	辛酉	2	17	辛卯	廿四
8	14	己丑	7	15	己未	6	16	庚寅	5	18	辛酉	4	18	辛卯	3	20	壬戌	2	18	壬辰	廿五
8	15	庚寅	7	16	庚申	6	17	辛卯	5	19	壬戌	4	19	壬辰	3	21	癸亥	2	19	癸巳	廿六
8	16	辛卯	7	17	辛酉	6	18	壬辰	5	20	癸亥	4	20	癸巳	3	22	甲子	2	20	甲午	廿七
8	17	壬辰	7	18	壬戌	6	19	癸巳	5	21	甲子	4	21	甲午	3	23	乙丑	2	21	乙未	廿八
8	18	癸巳	7	19	癸亥	6	20	甲午	5	22	乙丑	4	22	乙未	3	24	丙寅	2	22	丙申	廿九
			7	20	甲子							4	23	丙申				2	23	丁酉	三十

月別	12月			11月			10月			9月			8月			7月		
月柱	乙丑			甲子			癸亥			壬戌			辛酉			庚申		
紫白	六白			七赤			八白			九紫			一白			二黒		
農暦	陽暦		日柱	陽暦		日柱	陽暦		日柱	陽暦		日柱	陽暦		日柱	陽暦		日柱
	月	日		月	日		月	日		月	日		月	日		月	日	
初一	1	15	癸亥	12	16	癸巳	11	16	癸亥	10	17	癸巳	9	18	甲子	8	19	甲午
初二	1	16	甲子	12	17	甲午	11	17	甲子	10	18	甲午	9	19	乙丑	8	20	乙未
初三	1	17	乙丑	12	18	乙未	11	18	乙丑	10	19	乙未	9	20	丙寅	8	21	丙申
初四	1	18	丙寅	12	19	丙申	11	19	丙寅	10	20	丙申	9	21	丁卯	8	22	丁酉
初五	1	19	丁卯	12	20	丁酉	11	20	丁卯	10	21	丁酉	9	22	戊辰	8	23	戊戌
初六	1	20	戊辰	12	21	戊戌	11	21	戊辰	10	22	戊戌	9	23	己巳	8	24	己亥
初七	1	21	己巳	12	22	己亥	11	22	己巳	10	23	己亥	9	24	庚午	8	25	庚子
初八	1	22	庚午	12	23	庚子	11	23	庚午	10	24	庚子	9	25	辛未	8	26	辛丑
初九	1	23	辛未	12	24	辛丑	11	24	辛未	10	25	辛丑	9	26	壬申	8	27	壬寅
初十	1	24	壬申	12	25	壬寅	11	25	壬申	10	26	壬寅	9	27	癸酉	8	28	癸卯
十一	1	25	癸酉	12	26	癸卯	11	26	癸酉	10	27	癸卯	9	28	甲戌	8	29	甲辰
十二	1	26	甲戌	12	27	甲辰	11	27	甲戌	10	28	甲辰	9	29	乙亥	8	30	乙巳
十三	1	27	乙亥	12	28	乙巳	11	28	乙亥	10	29	乙巳	9	30	丙子	8	31	丙午
十四	1	28	丙子	12	29	丙午	11	29	丙子	10	30	丙午	10	1	丁丑	9	1	丁未
十五	1	29	丁丑	12	30	丁未	11	30	丁丑	10	31	丁未	10	2	戊寅	9	2	戊申
十六	1	30	戊寅	12	31	戊申	12	1	戊寅	11	1	戊申	10	3	己卯	9	3	己酉
十七	1	31	己卯	1	1	己酉	12	2	己卯	11	2	己酉	10	4	庚辰	9	4	庚戌
十八	2	1	庚辰	1	2	庚戌	12	3	庚辰	11	3	庚戌	10	5	辛巳	9	5	辛亥
十九	2	2	辛巳	1	3	辛亥	12	4	辛巳	11	4	辛亥	10	6	壬午	9	6	壬子
二十	2	3	壬午	1	4	壬子	12	5	壬午	11	5	壬子	10	7	癸未	9	7	癸丑
廿一	2	4	癸未	1	5	癸丑	12	6	癸未	11	6	癸丑	10	8	甲申	9	8	甲寅
廿二	2	5	甲申	1	6	甲寅	12	7	甲申	11	7	甲寅	10	9	乙酉	9	9	乙卯
廿三	2	6	乙酉	1	7	乙卯	12	8	乙酉	11	8	乙卯	10	10	丙戌	9	10	丙辰
廿四	2	7	丙戌	1	8	丙辰	12	9	丙戌	11	9	丙辰	10	11	丁亥	9	11	丁巳
廿五	2	8	丁亥	1	9	丁巳	12	10	丁亥	11	10	丁巳	10	12	戊子	9	12	戊午
廿六	2	9	戊子	1	10	戊午	12	11	戊子	11	11	戊午	10	13	己丑	9	13	己未
廿七	2	10	己丑	1	11	己未	12	12	己丑	11	12	己未	10	14	庚寅	9	14	庚申
廿八	2	11	庚寅	1	12	庚申	12	13	庚寅	11	13	庚申	10	15	辛卯	9	15	辛酉
廿九	2	12	辛卯	1	13	辛酉	12	14	辛卯	11	14	辛酉	10	16	壬辰	9	16	壬戌
三十				1	14	壬戌	12	15	壬辰	11	15	壬戌				9	17	癸亥

1964年【甲辰】

6月			5月			4月			3月			2月			正月			月別
辛未			庚午			己巳			戊辰			丁卯			丙寅			月柱
九紫			一白			二黒			三碧			四緑			五黄			紫白
陽暦		日柱	陽暦		日柱	陽暦		日柱	陽暦		日柱	陽暦		日柱	陽暦		日柱	農暦
月	日		月	日		月	日		月	日		月	日		月	日		
7	9	己未	6	10	庚寅	5	12	辛酉	4	12	辛卯	3	14	壬戌	2	13	壬辰	初一
7	10	庚申	6	11	辛卯	5	13	壬戌	4	13	壬辰	3	15	癸亥	2	14	癸巳	初二
7	11	辛酉	6	12	壬辰	5	14	癸亥	4	14	癸巳	3	16	甲子	2	15	甲午	初三
7	12	壬戌	6	13	癸巳	5	15	甲子	4	15	甲午	3	17	乙丑	2	16	乙未	初四
7	13	癸亥	6	14	甲午	5	16	乙丑	4	16	乙未	3	18	丙寅	2	17	丙申	初五
7	14	甲子	6	15	乙未	5	17	丙寅	4	17	丙申	3	19	丁卯	2	18	丁酉	初六
7	15	乙丑	6	16	丙申	5	18	丁卯	4	18	丁酉	3	20	戊辰	2	19	戊戌	初七
7	16	丙寅	6	17	丁酉	5	19	戊辰	4	19	戊戌	3	21	己巳	2	20	己亥	初八
7	17	丁卯	6	18	戊戌	5	20	己巳	4	20	己亥	3	22	庚午	2	21	庚子	初九
7	18	戊辰	6	19	己亥	5	21	庚午	4	21	庚子	3	23	辛未	2	22	辛丑	初十
7	19	己巳	6	20	庚子	5	22	辛未	4	22	辛丑	3	24	壬申	2	23	壬寅	十一
7	20	庚午	6	21	辛丑	5	23	壬申	4	23	壬寅	3	25	癸酉	2	24	癸卯	十二
7	21	辛未	6	22	壬寅	5	24	癸酉	4	24	癸卯	3	26	甲戌	2	25	甲辰	十三
7	22	壬申	6	23	癸卯	5	25	甲戌	4	25	甲辰	3	27	乙亥	2	26	乙巳	十四
7	23	癸酉	6	24	甲辰	5	26	乙亥	4	26	乙巳	3	28	丙子	2	27	丙午	十五
7	24	甲戌	6	25	乙巳	5	27	丙子	4	27	丙午	3	29	丁丑	2	28	丁未	十六
7	25	乙亥	6	26	丙午	5	28	丁丑	4	28	丁未	3	30	戊寅	2	29	戊申	十七
7	26	丙子	6	27	丁未	5	29	戊寅	4	29	戊申	3	31	己卯	3	1	己酉	十八
7	27	丁丑	6	28	戊申	5	30	己卯	4	30	己酉	4	1	庚辰	3	2	庚戌	十九
7	28	戊寅	6	29	己酉	5	31	庚辰	5	1	庚戌	4	2	辛巳	3	3	辛亥	二十
7	29	己卯	6	30	庚戌	6	1	辛巳	5	2	辛亥	4	3	壬午	3	4	壬子	廿一
7	30	庚辰	7	1	辛亥	6	2	壬午	5	3	壬子	4	4	癸未	3	5	癸丑	廿二
7	31	辛巳	7	2	壬子	6	3	癸未	5	4	癸丑	4	5	甲申	3	6	甲寅	廿三
8	1	壬午	7	3	癸丑	6	4	甲申	5	5	甲寅	4	6	乙酉	3	7	乙卯	廿四
8	2	癸未	7	4	甲寅	6	5	乙酉	5	6	乙卯	4	7	丙戌	3	8	丙辰	廿五
8	3	甲申	7	5	乙卯	6	6	丙戌	5	7	丙辰	4	8	丁亥	3	9	丁巳	廿六
8	4	乙酉	7	6	丙辰	6	7	丁亥	5	8	丁巳	4	9	戊子	3	10	戊午	廿七
8	5	丙戌	7	7	丁巳	6	8	戊子	5	9	戊午	4	10	己丑	3	11	己未	廿八
8	6	丁亥	7	8	戊午	6	9	己丑	5	10	己未	4	11	庚寅	3	12	庚申	廿九
8	7	戊子							5	11	庚申				3	13	辛酉	三十

月別	12月			11月			10月			9月			8月			7月		
月柱	丁丑			丙子			乙亥			甲戌			癸酉			壬申		
紫白	三碧			四綠			五黃			六白			七赤			八白		
農曆	陽曆		日柱	陽曆		日柱	陽曆		日柱	陽曆		日柱	陽曆		日柱	陽曆		日柱
	月	日		月	日		月	日		月	日		月	日		月	日	
初一	1	3	丁巳	12	4	丁亥	11	4	丁巳	10	6	戊子	9	6	戊午	8	8	己丑
初二	1	4	戊午	12	5	戊子	11	5	戊午	10	7	己丑	9	7	己未	8	9	庚寅
初三	1	5	己未	12	6	己丑	11	6	己未	10	8	庚寅	9	8	庚申	8	10	辛卯
初四	1	6	庚申	12	7	庚寅	11	7	庚申	10	9	辛卯	9	9	辛酉	8	11	壬辰
初五	1	7	辛酉	12	8	辛卯	11	8	辛酉	10	10	壬辰	9	10	壬戌	8	12	癸巳
初六	1	8	壬戌	12	9	壬辰	11	9	壬戌	10	11	癸巳	9	11	癸亥	8	13	甲午
初七	1	9	癸亥	12	10	癸巳	11	10	癸亥	10	12	甲午	9	12	甲子	8	14	乙未
初八	1	10	甲子	12	11	甲午	11	11	甲子	10	13	乙未	9	13	乙丑	8	15	丙申
初九	1	11	乙丑	12	12	乙未	11	12	乙丑	10	14	丙申	9	14	丙寅	8	16	丁酉
初十	1	12	丙寅	12	13	丙申	11	13	丙寅	10	15	丁酉	9	15	丁卯	8	17	戊戌
十一	1	13	丁卯	12	14	丁酉	11	14	丁卯	10	16	戊戌	9	16	戊辰	8	18	己亥
十二	1	14	戊辰	12	15	戊戌	11	15	戊辰	10	17	己亥	9	17	己巳	8	19	庚子
十三	1	15	己巳	12	16	己亥	11	16	己巳	10	18	庚子	9	18	庚午	8	20	辛丑
十四	1	16	庚午	12	17	庚子	11	17	庚午	10	19	辛丑	9	19	辛未	8	21	壬寅
十五	1	17	辛未	12	18	辛丑	11	18	辛未	10	20	壬寅	9	20	壬申	8	22	癸卯
十六	1	18	壬申	12	19	壬寅	11	19	壬申	10	21	癸卯	9	21	癸酉	8	23	甲辰
十七	1	19	癸酉	12	20	癸卯	11	20	癸酉	10	22	甲辰	9	22	甲戌	8	24	乙巳
十八	1	20	甲戌	12	21	甲辰	11	21	甲戌	10	23	乙巳	9	23	乙亥	8	25	丙午
十九	1	21	乙亥	12	22	乙巳	11	22	乙亥	10	24	丙午	9	24	丙子	8	26	丁未
二十	1	22	丙子	12	23	丙午	11	23	丙子	10	25	丁未	9	25	丁丑	8	27	戊申
廿一	1	23	丁丑	12	24	丁未	11	24	丁丑	10	26	戊申	9	26	戊寅	8	28	己酉
廿二	1	24	戊寅	12	25	戊申	11	25	戊寅	10	27	己酉	9	27	己卯	8	29	庚戌
廿三	1	25	己卯	12	26	己酉	11	26	己卯	10	28	庚戌	9	28	庚辰	8	30	辛亥
廿四	1	26	庚辰	12	27	庚戌	11	27	庚辰	10	29	辛亥	9	29	辛巳	8	31	壬子
廿五	1	27	辛巳	12	28	辛亥	11	28	辛巳	10	30	壬子	9	30	壬午	9	1	癸丑
廿六	1	28	壬午	12	29	壬子	11	29	壬午	10	31	癸丑	10	1	癸未	9	2	甲寅
廿七	1	29	癸未	12	30	癸丑	11	30	癸未	11	1	甲寅	10	2	甲申	9	3	乙卯
廿八	1	30	甲申	12	31	甲寅	12	1	甲申	11	2	乙卯	10	3	乙酉	9	4	丙辰
廿九	1	31	乙酉	1	1	乙卯	12	2	乙酉	11	3	丙辰	10	4	丙戌	9	5	丁巳
三十	2	1	丙戌	1	2	丙辰	12	3	丙戌				10	5	丁亥			

1965年【乙巳】

6月			5月			4月			3月			2月			正月			月別
癸未			壬午			辛巳			庚辰			己卯			戊寅			月柱
六白			七赤			八白			九紫			一白			二黒			紫白
陽暦		日柱	陽暦		日柱	陽暦		日柱	陽暦		日柱	陽暦		日柱	陽暦		日柱	農暦
月	日		月	日		月	日		月	日		月	日		月	日		
6	29	甲寅	5	31	乙酉	5	1	乙卯	4	2	丙戌	3	3	丙辰	2	2	丁亥	初一
6	30	乙卯	6	1	丙戌	5	2	丙辰	4	3	丁亥	3	4	丁巳	2	3	戊子	初二
7	1	丙辰	6	2	丁亥	5	3	丁巳	4	4	戊子	3	5	戊午	2	4	己丑	初三
7	2	丁巳	6	3	戊子	5	4	戊午	4	5	己丑	3	6	己未	2	5	庚寅	初四
7	3	戊午	6	4	己丑	5	5	己未	4	6	庚寅	3	7	庚申	2	6	辛卯	初五
7	4	己未	6	5	庚寅	5	6	庚申	4	7	辛卯	3	8	辛酉	2	7	壬辰	初六
7	5	庚申	6	6	辛卯	5	7	辛酉	4	8	壬辰	3	9	壬戌	2	8	癸巳	初七
7	6	辛酉	6	7	壬辰	5	8	壬戌	4	9	癸巳	3	10	癸亥	2	9	甲午	初八
7	7	壬戌	6	8	癸巳	5	9	癸亥	4	10	甲午	3	11	甲子	2	10	乙未	初九
7	8	癸亥	6	9	甲午	5	10	甲子	4	11	乙未	3	12	乙丑	2	11	丙申	初十
7	9	甲子	6	10	乙未	5	11	乙丑	4	12	丙申	3	13	丙寅	2	12	丁酉	十一
7	10	乙丑	6	11	丙申	5	12	丙寅	4	13	丁酉	3	14	丁卯	2	13	戊戌	十二
7	11	丙寅	6	12	丁酉	5	13	丁卯	4	14	戊戌	3	15	戊辰	2	14	己亥	十三
7	12	丁卯	6	13	戊戌	5	14	戊辰	4	15	己亥	3	16	己巳	2	15	庚子	十四
7	13	戊辰	6	14	己亥	5	15	己巳	4	16	庚子	3	17	庚午	2	16	辛丑	十五
7	14	己巳	6	15	庚子	5	16	庚午	4	17	辛丑	3	18	辛未	2	17	壬寅	十六
7	15	庚午	6	16	辛丑	5	17	辛未	4	18	壬寅	3	19	壬申	2	18	癸卯	十七
7	16	辛未	6	17	壬寅	5	18	壬申	4	19	癸卯	3	20	癸酉	2	19	甲辰	十八
7	17	壬申	6	18	癸卯	5	19	癸酉	4	20	甲辰	3	21	甲戌	2	20	乙巳	十九
7	18	癸酉	6	19	甲辰	5	20	甲戌	4	21	乙巳	3	22	乙亥	2	21	丙午	二十
7	19	甲戌	6	20	乙巳	5	21	乙亥	4	22	丙午	3	23	丙子	2	22	丁未	廿一
7	20	乙亥	6	21	丙午	5	22	丙子	4	23	丁未	3	24	丁丑	2	23	戊申	廿二
7	21	丙子	6	22	丁未	5	23	丁丑	4	24	戊申	3	25	戊寅	2	24	己酉	廿三
7	22	丁丑	6	23	戊申	5	24	戊寅	4	25	己酉	3	26	己卯	2	25	庚戌	廿四
7	23	戊寅	6	24	己酉	5	25	己卯	4	26	庚戌	3	27	庚辰	2	26	辛亥	廿五
7	24	己卯	6	25	庚戌	5	26	庚辰	4	27	辛亥	3	28	辛巳	2	27	壬子	廿六
7	25	庚辰	6	26	辛亥	5	27	辛巳	4	28	壬子	3	29	壬午	2	28	癸丑	廿七
7	26	辛巳	6	27	壬子	5	28	壬午	4	29	癸丑	3	30	癸未	3	1	甲寅	廿八
7	27	壬午	6	28	癸丑	5	29	癸未	4	30	甲寅	3	31	甲申	3	2	乙卯	廿九
						5	30	甲申				4	1	乙酉				三十

月別	12月			11月			10月			9月			8月			7月		
月柱	己丑			戊子			丁亥			丙戌			乙酉			甲申		
紫白	九紫			一白			二黒			三碧			四緑			五黄		
農暦	陽暦		日柱	陽暦		日柱	陽暦		日柱	陽暦		日柱	陽暦		日柱	陽暦		日柱
	月	日		月	日		月	日		月	日		月	日		月	日	
初一	12	23	辛亥	11	23	辛巳	10	24	辛亥	9	25	壬午	8	27	癸丑	7	28	癸未
初二	12	24	壬子	11	24	壬午	10	25	壬子	9	26	癸未	8	28	甲寅	7	29	甲申
初三	12	25	癸丑	11	25	癸未	10	26	癸丑	9	27	甲申	8	29	乙卯	7	30	乙酉
初四	12	26	甲寅	11	26	甲申	10	27	甲寅	9	28	乙酉	8	30	丙辰	7	31	丙戌
初五	12	27	乙卯	11	27	乙酉	10	28	乙卯	9	29	丙戌	8	31	丁巳	8	1	丁亥
初六	12	28	丙辰	11	28	丙戌	10	29	丙辰	9	30	丁亥	9	1	戊午	8	2	戊子
初七	12	29	丁巳	11	29	丁亥	10	30	丁巳	10	1	戊子	9	2	己未	8	3	己丑
初八	12	30	戊午	11	30	戊子	10	31	戊午	10	2	己丑	9	3	庚申	8	4	庚寅
初九	12	31	己未	12	1	己丑	11	1	己未	10	3	庚寅	9	4	辛酉	8	5	辛卯
初十	1	1	庚申	12	2	庚寅	11	2	庚申	10	4	辛卯	9	5	壬戌	8	6	壬辰
十一	1	2	辛酉	12	3	辛卯	11	3	辛酉	10	5	壬辰	9	6	癸亥	8	7	癸巳
十二	1	3	壬戌	12	4	壬辰	11	4	壬戌	10	6	癸巳	9	7	甲子	8	8	甲午
十三	1	4	癸亥	12	5	癸巳	11	5	癸亥	10	7	甲午	9	8	乙丑	8	9	乙未
十四	1	5	甲子	12	6	甲午	11	6	甲子	10	8	乙未	9	9	丙寅	8	10	丙申
十五	1	6	乙丑	12	7	乙未	11	7	乙丑	10	9	丙申	9	10	丁卯	8	11	丁酉
十六	1	7	丙寅	12	8	丙申	11	8	丙寅	10	10	丁酉	9	11	戊辰	8	12	戊戌
十七	1	8	丁卯	12	9	丁酉	11	9	丁卯	10	11	戊戌	9	12	己巳	8	13	己亥
十八	1	9	戊辰	12	10	戊戌	11	10	戊辰	10	12	己亥	9	13	庚午	8	14	庚子
十九	1	10	己巳	12	11	己亥	11	11	己巳	10	13	庚子	9	14	辛未	8	15	辛丑
二十	1	11	庚午	12	12	庚子	11	12	庚午	10	14	辛丑	9	15	壬申	8	16	壬寅
廿一	1	12	辛未	12	13	辛丑	11	13	辛未	10	15	壬寅	9	16	癸酉	8	17	癸卯
廿二	1	13	壬申	12	14	壬寅	11	14	壬申	10	16	癸卯	9	17	甲戌	8	18	甲辰
廿三	1	14	癸酉	12	15	癸卯	11	15	癸酉	10	17	甲辰	9	18	乙亥	8	19	乙巳
廿四	1	15	甲戌	12	16	甲辰	11	16	甲戌	10	18	乙巳	9	19	丙子	8	20	丙午
廿五	1	16	乙亥	12	17	乙巳	11	17	乙亥	10	19	丙午	9	20	丁丑	8	21	丁未
廿六	1	17	丙子	12	18	丙午	11	18	丙子	10	20	丁未	9	21	戊寅	8	22	戊申
廿七	1	18	丁丑	12	19	丁未	11	19	丁丑	10	21	戊申	9	22	己卯	8	23	己酉
廿八	1	19	戊寅	12	20	戊申	11	20	戊寅	10	22	己酉	9	23	庚辰	8	24	庚戌
廿九	1	20	己卯	12	21	己酉	11	21	己卯	10	23	庚戌	9	24	辛巳	8	25	辛亥
三十				12	22	庚戌	11	22	庚辰							8	26	壬子

1966年【丙午】

6月			5月			4月			閏3月			3月			2月			正月			月別
乙未			甲午			癸巳						壬辰			辛卯			庚寅			月柱
三碧			四緑			五黄						六白			七赤			八白			紫白
陽暦		日柱	陽暦		日柱	陽暦		日柱	陽暦		日柱	陽暦		日柱	陽暦		日柱	陽暦		日柱	農暦
月	日		月	日		月	日		月	日		月	日		月	日		月	日		
7	18	戊寅	6	19	己酉	5	20	己卯	4	21	庚戌	3	22	庚辰	2	20	庚戌	1	21	庚辰	初一
7	19	己卯	6	20	庚戌	5	21	庚辰	4	22	辛亥	3	23	辛巳	2	21	辛亥	1	22	辛巳	初二
7	20	庚辰	6	21	辛亥	5	22	辛巳	4	23	壬子	3	24	壬午	2	22	壬子	1	23	壬午	初三
7	21	辛巳	6	22	壬子	5	23	壬午	4	24	癸丑	3	25	癸未	2	23	癸丑	1	24	癸未	初四
7	22	壬午	6	23	癸丑	5	24	癸未	4	25	甲寅	3	26	甲申	2	24	甲寅	1	25	甲申	初五
7	23	癸未	6	24	甲寅	5	25	甲申	4	26	乙卯	3	27	乙酉	2	25	乙卯	1	26	乙酉	初六
7	24	甲申	6	25	乙卯	5	26	乙酉	4	27	丙辰	3	28	丙戌	2	26	丙辰	1	27	丙戌	初七
7	25	乙酉	6	26	丙辰	5	27	丙戌	4	28	丁巳	3	29	丁亥	2	27	丁巳	1	28	丁亥	初八
7	26	丙戌	6	27	丁巳	5	28	丁亥	4	29	戊午	3	30	戊子	2	28	戊午	1	29	戊子	初九
7	27	丁亥	6	28	戊午	5	29	戊子	4	30	己未	3	31	己丑	3	1	己未	1	30	己丑	初十
7	28	戊子	6	29	己未	5	30	己丑	5	1	庚申	4	1	庚寅	3	2	庚申	1	31	庚寅	十一
7	29	己丑	6	30	庚申	5	31	庚寅	5	2	辛酉	4	2	辛卯	3	3	辛酉	2	1	辛卯	十二
7	30	庚寅	7	1	辛酉	6	1	辛卯	5	3	壬戌	4	3	壬辰	3	4	壬戌	2	2	壬辰	十三
7	31	辛卯	7	2	壬戌	6	2	壬辰	5	4	癸亥	4	4	癸巳	3	5	癸亥	2	3	癸巳	十四
8	1	壬辰	7	3	癸亥	6	3	癸巳	5	5	甲子	4	5	甲午	3	6	甲子	2	4	甲午	十五
8	2	癸巳	7	4	甲子	6	4	甲午	5	6	乙丑	4	6	乙未	3	7	乙丑	2	5	乙未	十六
8	3	甲午	7	5	乙丑	6	5	乙未	5	7	丙寅	4	7	丙申	3	8	丙寅	2	6	丙申	十七
8	4	乙未	7	6	丙寅	6	6	丙申	5	8	丁卯	4	8	丁酉	3	9	丁卯	2	7	丁酉	十八
8	5	丙申	7	7	丁卯	6	7	丁酉	5	9	戊辰	4	9	戊戌	3	10	戊辰	2	8	戊戌	十九
8	6	丁酉	7	8	戊辰	6	8	戊戌	5	10	己巳	4	10	己亥	3	11	己巳	2	9	己亥	二十
8	7	戊戌	7	9	己巳	6	9	己亥	5	11	庚午	4	11	庚子	3	12	庚午	2	10	庚子	廿一
8	8	己亥	7	10	庚午	6	10	庚子	5	12	辛未	4	12	辛丑	3	13	辛未	2	11	辛丑	廿二
8	9	庚子	7	11	辛未	6	11	辛丑	5	13	壬申	4	13	壬寅	3	14	壬申	2	12	壬寅	廿三
8	10	辛丑	7	12	壬申	6	12	壬寅	5	14	癸酉	4	14	癸卯	3	15	癸酉	2	13	癸卯	廿四
8	11	壬寅	7	13	癸酉	6	13	癸卯	5	15	甲戌	4	15	甲辰	3	16	甲戌	2	14	甲辰	廿五
8	12	癸卯	7	14	甲戌	6	14	甲辰	5	16	乙亥	4	16	乙巳	3	17	乙亥	2	15	乙巳	廿六
8	13	甲辰	7	15	乙亥	6	15	乙巳	5	17	丙子	4	17	丙午	3	18	丙子	2	16	丙午	廿七
8	14	乙巳	7	16	丙子	6	16	丙午	5	18	丁丑	4	18	丁未	3	19	丁丑	2	17	丁未	廿八
8	15	丙午	7	17	丁丑	6	17	丁未	5	19	戊寅	4	19	戊申	3	20	戊寅	2	18	戊申	廿九
						6	18	戊申				4	20	己酉	3	21	己卯	2	19	己酉	三十

月別	12月			11月			10月			9月			8月			7月		
月柱	辛丑			庚子			己亥			戊戌			丁酉			丙申		
紫白	六白			七赤			八白			九紫			一白			二黒		
農暦	陽暦		日柱	陽暦		日柱	陽暦		日柱	陽暦		日柱	陽暦		日柱	陽暦		日柱
	月	日		月	日		月	日		月	日		月	日		月	日	
初一	1	11	乙亥	12	12	乙巳	11	12	乙亥	10	14	丙午	9	15	丁丑	8	16	丁未
初二	1	12	丙子	12	13	丙午	11	13	丙子	10	15	丁未	9	16	戊寅	8	17	戊申
初三	1	13	丁丑	12	14	丁未	11	14	丁丑	10	16	戊申	9	17	己卯	8	18	己酉
初四	1	14	戊寅	12	15	戊申	11	15	戊寅	10	17	己酉	9	18	庚辰	8	19	庚戌
初五	1	15	己卯	12	16	己酉	11	16	己卯	10	18	庚戌	9	19	辛巳	8	20	辛亥
初六	1	16	庚辰	12	17	庚戌	11	17	庚辰	10	19	辛亥	9	20	壬午	8	21	壬子
初七	1	17	辛巳	12	18	辛亥	11	18	辛巳	10	20	壬子	9	21	癸未	8	22	癸丑
初八	1	18	壬午	12	19	壬子	11	19	壬午	10	21	癸丑	9	22	甲申	8	23	甲寅
初九	1	19	癸未	12	20	癸丑	11	20	癸未	10	22	甲寅	9	23	乙酉	8	24	乙卯
初十	1	20	甲申	12	21	甲寅	11	21	甲申	10	23	乙卯	9	24	丙戌	8	25	丙辰
十一	1	21	乙酉	12	22	乙卯	11	22	乙酉	10	24	丙辰	9	25	丁亥	8	26	丁巳
十二	1	22	丙戌	12	23	丙辰	11	23	丙戌	10	25	丁巳	9	26	戊子	8	27	戊午
十三	1	23	丁亥	12	24	丁巳	11	24	丁亥	10	26	戊午	9	27	己丑	8	28	己未
十四	1	24	戊子	12	25	戊午	11	25	戊子	10	27	己未	9	28	庚寅	8	29	庚申
十五	1	25	己丑	12	26	己未	11	26	己丑	10	28	庚申	9	29	辛卯	8	30	辛酉
十六	1	26	庚寅	12	27	庚申	11	27	庚寅	10	29	辛酉	9	30	壬辰	8	31	壬戌
十七	1	27	辛卯	12	28	辛酉	11	28	辛卯	10	30	壬戌	10	1	癸巳	9	1	癸亥
十八	1	28	壬辰	12	29	壬戌	11	29	壬辰	10	31	癸亥	10	2	甲午	9	2	甲子
十九	1	29	癸巳	12	30	癸亥	11	30	癸巳	11	1	甲子	10	3	乙未	9	3	乙丑
二十	1	30	甲午	12	31	甲子	12	1	甲午	11	2	乙丑	10	4	丙申	9	4	丙寅
廿一	1	31	乙未	1	1	乙丑	12	2	乙未	11	3	丙寅	10	5	丁酉	9	5	丁卯
廿二	2	1	丙申	1	2	丙寅	12	3	丙申	11	4	丁卯	10	6	戊戌	9	6	戊辰
廿三	2	2	丁酉	1	3	丁卯	12	4	丁酉	11	5	戊辰	10	7	己亥	9	7	己巳
廿四	2	3	戊戌	1	4	戊辰	12	5	戊戌	11	6	己巳	10	8	庚子	9	8	庚午
廿五	2	4	己亥	1	5	己巳	12	6	己亥	11	7	庚午	10	9	辛丑	9	9	辛未
廿六	2	5	庚子	1	6	庚午	12	7	庚子	11	8	辛未	10	10	壬寅	9	10	壬申
廿七	2	6	辛丑	1	7	辛未	12	8	辛丑	11	9	壬申	10	11	癸卯	9	11	癸酉
廿八	2	7	壬寅	1	8	壬申	12	9	壬寅	11	10	癸酉	10	12	甲辰	9	12	甲戌
廿九	2	8	癸卯	1	9	癸酉	12	10	癸卯	11	11	甲戌	10	13	乙巳	9	13	乙亥
三十				1	10	甲戌	12	11	甲辰							9	14	丙子

1967年【丁未】

6月			5月			4月			3月			2月			正月			月別
丁未			丙午			乙巳			甲辰			癸卯			壬寅			月柱
九紫			一白			二黒			三碧			四緑			五黄			紫白
陽暦		日柱	陽暦		日柱	陽暦		日柱	陽暦		日柱	陽暦		日柱	陽暦		日柱	農暦
月	日		月	日		月	日		月	日		月	日		月	日		
7	8	癸酉	6	8	癸卯	5	9	癸酉	4	10	甲辰	3	11	甲戌	2	9	甲辰	初一
7	9	甲戌	6	9	甲辰	5	10	甲戌	4	11	乙巳	3	12	乙亥	2	10	乙巳	初二
7	10	乙亥	6	10	乙巳	5	11	乙亥	4	12	丙午	3	13	丙子	2	11	丙午	初三
7	11	丙子	6	11	丙午	5	12	丙子	4	13	丁未	3	14	丁丑	2	12	丁未	初四
7	12	丁丑	6	12	丁未	5	13	丁丑	4	14	戊申	3	15	戊寅	2	13	戊申	初五
7	13	戊寅	6	13	戊申	5	14	戊寅	4	15	己酉	3	16	己卯	2	14	己酉	初六
7	14	己卯	6	14	己酉	5	15	己卯	4	16	庚戌	3	17	庚辰	2	15	庚戌	初七
7	15	庚辰	6	15	庚戌	5	16	庚辰	4	17	辛亥	3	18	辛巳	2	16	辛亥	初八
7	16	辛巳	6	16	辛亥	5	17	辛巳	4	18	壬子	3	19	壬午	2	17	壬子	初九
7	17	壬午	6	17	壬子	5	18	壬午	4	19	癸丑	3	20	癸未	2	18	癸丑	初十
7	18	癸未	6	18	癸丑	5	19	癸未	4	20	甲寅	3	21	甲申	2	19	甲寅	十一
7	19	甲申	6	19	甲寅	5	20	甲申	4	21	乙卯	3	22	乙酉	2	20	乙卯	十二
7	20	乙酉	6	20	乙卯	5	21	乙酉	4	22	丙辰	3	23	丙戌	2	21	丙辰	十三
7	21	丙戌	6	21	丙辰	5	22	丙戌	4	23	丁巳	3	24	丁亥	2	22	丁巳	十四
7	22	丁亥	6	22	丁巳	5	23	丁亥	4	24	戊午	3	25	戊子	2	23	戊午	十五
7	23	戊子	6	23	戊午	5	24	戊子	4	25	己未	3	26	己丑	2	24	己未	十六
7	24	己丑	6	24	己未	5	25	己丑	4	26	庚申	3	27	庚寅	2	25	庚申	十七
7	25	庚寅	6	25	庚申	5	26	庚寅	4	27	辛酉	3	28	辛卯	2	26	辛酉	十八
7	26	辛卯	6	26	辛酉	5	27	辛卯	4	28	壬戌	3	29	壬辰	2	27	壬戌	十九
7	27	壬辰	6	27	壬戌	5	28	壬辰	4	29	癸亥	3	30	癸巳	2	28	癸亥	二十
7	28	癸巳	6	28	癸亥	5	29	癸巳	4	30	甲子	3	31	甲午	3	1	甲子	廿一
7	29	甲午	6	29	甲子	5	30	甲午	5	1	乙丑	4	1	乙未	3	2	乙丑	廿二
7	30	乙未	6	30	乙丑	5	31	乙未	5	2	丙寅	4	2	丙申	3	3	丙寅	廿三
7	31	丙申	7	1	丙寅	6	1	丙申	5	3	丁卯	4	3	丁酉	3	4	丁卯	廿四
8	1	丁酉	7	2	丁卯	6	2	丁酉	5	4	戊辰	4	4	戊戌	3	5	戊辰	廿五
8	2	戊戌	7	3	戊辰	6	3	戊戌	5	5	己巳	4	5	己亥	3	6	己巳	廿六
8	3	己亥	7	4	己巳	6	4	己亥	5	6	庚午	4	6	庚子	3	7	庚午	廿七
8	4	庚子	7	5	庚午	6	5	庚子	5	7	辛未	4	7	辛丑	3	8	辛未	廿八
8	5	辛丑	7	6	辛未	6	6	辛丑	5	8	壬申	4	8	壬寅	3	9	壬申	廿九
			7	7	壬申	6	7	壬寅				4	9	癸卯	3	10	癸酉	三十

月別	12月			11月			10月			9月			8月			7月		
月柱	癸丑			壬子			辛亥			庚戌			己酉			戊申		
紫白	三碧			四緑			五黄			六白			七赤			八白		
農暦	陽暦		日柱	陽暦		日柱	陽暦		日柱	陽暦		日柱	陽暦		日柱	陽暦		日柱
	月	日		月	日		月	日		月	日		月	日		月	日	
初一	12	31	己巳	12	2	庚子	11	2	庚午	10	4	辛丑	9	4	辛未	8	6	壬寅
初二	1	1	庚午	12	3	辛丑	11	3	辛未	10	5	壬寅	9	5	壬申	8	7	癸卯
初三	1	2	辛未	12	4	壬寅	11	4	壬申	10	6	癸卯	9	6	癸酉	8	8	甲辰
初四	1	3	壬申	12	5	癸卯	11	5	癸酉	10	7	甲辰	9	7	甲戌	8	9	乙巳
初五	1	4	癸酉	12	6	甲辰	11	6	甲戌	10	8	乙巳	9	8	乙亥	8	10	丙午
初六	1	5	甲戌	12	7	乙巳	11	7	乙亥	10	9	丙午	9	9	丙子	8	11	丁未
初七	1	6	乙亥	12	8	丙午	11	8	丙子	10	10	丁未	9	10	丁丑	8	12	戊申
初八	1	7	丙子	12	9	丁未	11	9	丁丑	10	11	戊申	9	11	戊寅	8	13	己酉
初九	1	8	丁丑	12	10	戊申	11	10	戊寅	10	12	己酉	9	12	己卯	8	14	庚戌
初十	1	9	戊寅	12	11	己酉	11	11	己卯	10	13	庚戌	9	13	庚辰	8	15	辛亥
十一	1	10	己卯	12	12	庚戌	11	12	庚辰	10	14	辛亥	9	14	辛巳	8	16	壬子
十二	1	11	庚辰	12	13	辛亥	11	13	辛巳	10	15	壬子	9	15	壬午	8	17	癸丑
十三	1	12	辛巳	12	14	壬子	11	14	壬午	10	16	癸丑	9	16	癸未	8	18	甲寅
十四	1	13	壬午	12	15	癸丑	11	15	癸未	10	17	甲寅	9	17	甲申	8	19	乙卯
十五	1	14	癸未	12	16	甲寅	11	16	甲申	10	18	乙卯	9	18	乙酉	8	20	丙辰
十六	1	15	甲申	12	17	乙卯	11	17	乙酉	10	19	丙辰	9	19	丙戌	8	21	丁巳
十七	1	16	乙酉	12	18	丙辰	11	18	丙戌	10	20	丁巳	9	20	丁亥	8	22	戊午
十八	1	17	丙戌	12	19	丁巳	11	19	丁亥	10	21	戊午	9	21	戊子	8	23	己未
十九	1	18	丁亥	12	20	戊午	11	20	戊子	10	22	己未	9	22	己丑	8	24	庚申
二十	1	19	戊子	12	21	己未	11	21	己丑	10	23	庚申	9	23	庚寅	8	25	辛酉
廿一	1	20	己丑	12	22	庚申	11	22	庚寅	10	24	辛酉	9	24	辛卯	8	26	壬戌
廿二	1	21	庚寅	12	23	辛酉	11	23	辛卯	10	25	壬戌	9	25	壬辰	8	27	癸亥
廿三	1	22	辛卯	12	24	壬戌	11	24	壬辰	10	26	癸亥	9	26	癸巳	8	28	甲子
廿四	1	23	壬辰	12	25	癸亥	11	25	癸巳	10	27	甲子	9	27	甲午	8	29	乙丑
廿五	1	24	癸巳	12	26	甲子	11	26	甲午	10	28	乙丑	9	28	乙未	8	30	丙寅
廿六	1	25	甲午	12	27	乙丑	11	27	乙未	10	29	丙寅	9	29	丙申	8	31	丁卯
廿七	1	26	乙未	12	28	丙寅	11	28	丙申	10	30	丁卯	9	30	丁酉	9	1	戊辰
廿八	1	27	丙申	12	29	丁卯	11	29	丁酉	10	31	戊辰	10	1	戊戌	9	2	己巳
廿九	1	28	丁酉	12	30	戊辰	11	30	戊戌	11	1	己巳	10	2	己亥	9	3	庚午
三十	1	29	戊戌				12	1	己亥				10	3	庚子			

1968年【戊申】

6月			5月			4月			3月			2月			正月			月別
己未			戊午			丁巳			丙辰			乙卯			甲寅			月柱
六白			七赤			八白			九紫			一白			二黒			紫白
陽暦		日柱	陽暦		日柱	陽暦		日柱	陽暦		日柱	陽暦		日柱	陽暦		日柱	農暦
月	日		月	日		月	日		月	日		月	日		月	日		
6	26	丁卯	5	27	丁酉	4	27	丁卯	3	29	戊戌	2	28	戊辰	1	30	己亥	初一
6	27	戊辰	5	28	戊戌	4	28	戊辰	3	30	己亥	2	29	己巳	1	31	庚子	初二
6	28	己巳	5	29	己亥	4	29	己巳	3	31	庚子	3	1	庚午	2	1	辛丑	初三
6	29	庚午	5	30	庚子	4	30	庚午	4	1	辛丑	3	2	辛未	2	2	壬寅	初四
6	30	辛未	5	31	辛丑	5	1	辛未	4	2	壬寅	3	3	壬申	2	3	癸卯	初五
7	1	壬申	6	1	壬寅	5	2	壬申	4	3	癸卯	3	4	癸酉	2	4	甲辰	初六
7	2	癸酉	6	2	癸卯	5	3	癸酉	4	4	甲辰	3	5	甲戌	2	5	乙巳	初七
7	3	甲戌	6	3	甲辰	5	4	甲戌	4	5	乙巳	3	6	乙亥	2	6	丙午	初八
7	4	乙亥	6	4	乙巳	5	5	乙亥	4	6	丙午	3	7	丙子	2	7	丁未	初九
7	5	丙子	6	5	丙午	5	6	丙子	4	7	丁未	3	8	丁丑	2	8	戊申	初十
7	6	丁丑	6	6	丁未	5	7	丁丑	4	8	戊申	3	9	戊寅	2	9	己酉	十一
7	7	戊寅	6	7	戊申	5	8	戊寅	4	9	己酉	3	10	己卯	2	10	庚戌	十二
7	8	己卯	6	8	己酉	5	9	己卯	4	10	庚戌	3	11	庚辰	2	11	辛亥	十三
7	9	庚辰	6	9	庚戌	5	10	庚辰	4	11	辛亥	3	12	辛巳	2	12	壬子	十四
7	10	辛巳	6	10	辛亥	5	11	辛巳	4	12	壬子	3	13	壬午	2	13	癸丑	十五
7	11	壬午	6	11	壬子	5	12	壬午	4	13	癸丑	3	14	癸未	2	14	甲寅	十六
7	12	癸未	6	12	癸丑	5	13	癸未	4	14	甲寅	3	15	甲申	2	15	乙卯	十七
7	13	甲申	6	13	甲寅	5	14	甲申	4	15	乙卯	3	16	乙酉	2	16	丙辰	十八
7	14	乙酉	6	14	乙卯	5	15	乙酉	4	16	丙辰	3	17	丙戌	2	17	丁巳	十九
7	15	丙戌	6	15	丙辰	5	16	丙戌	4	17	丁巳	3	18	丁亥	2	18	戊午	二十
7	16	丁亥	6	16	丁巳	5	17	丁亥	4	18	戊午	3	19	戊子	2	19	己未	廿一
7	17	戊子	6	17	戊午	5	18	戊子	4	19	己未	3	20	己丑	2	20	庚申	廿二
7	18	己丑	6	18	己未	5	19	己丑	4	20	庚申	3	21	庚寅	2	21	辛酉	廿三
7	19	庚寅	6	19	庚申	5	20	庚寅	4	21	辛酉	3	22	辛卯	2	22	壬戌	廿四
7	20	辛卯	6	20	辛酉	5	21	辛卯	4	22	壬戌	3	23	壬辰	2	23	癸亥	廿五
7	21	壬辰	6	21	壬戌	5	22	壬辰	4	23	癸亥	3	24	癸巳	2	24	甲子	廿六
7	22	癸巳	6	22	癸亥	5	23	癸巳	4	24	甲子	3	25	甲午	2	25	乙丑	廿七
7	23	甲午	6	23	甲子	5	24	甲午	4	25	乙丑	3	26	乙未	2	26	丙寅	廿八
7	24	乙未	6	24	乙丑	5	25	乙未	4	26	丙寅	3	27	丙申	2	27	丁卯	廿九
			6	25	丙寅	5	26	丙申				3	28	丁酉				三十

月別	12月			11月			10月			9月			8月			閏7月			7月		
月柱	乙丑			甲子			癸亥			壬戌			辛酉						庚申		
紫白	九紫			一白			二黒			三碧			四緑						五黄		
農暦	陽暦		日柱	陽暦		日柱	陽暦		日柱	陽暦		日柱	陽暦		日柱	陽暦		日柱	陽暦		日柱
	月	日		月	日		月	日		月	日		月	日		月	日		月	日	
初一	1	18	癸巳	12	20	甲子	11	20	甲午	10	22	乙丑	9	22	乙未	8	24	丙寅	7	25	丙申
初二	1	19	甲午	12	21	乙丑	11	21	乙未	10	23	丙寅	9	23	丙申	8	25	丁卯	7	26	丁酉
初三	1	20	乙未	12	22	丙寅	11	22	丙申	10	24	丁卯	9	24	丁酉	8	26	戊辰	7	27	戊戌
初四	1	21	丙申	12	23	丁卯	11	23	丁酉	10	25	戊辰	9	25	戊戌	8	27	己巳	7	28	己亥
初五	1	22	丁酉	12	24	戊辰	11	24	戊戌	10	26	己巳	9	26	己亥	8	28	庚午	7	29	庚子
初六	1	23	戊戌	12	25	己巳	11	25	己亥	10	27	庚午	9	27	庚子	8	29	辛未	7	30	辛丑
初七	1	24	己亥	12	26	庚午	11	26	庚子	10	28	辛未	9	28	辛丑	8	30	壬申	7	31	壬寅
初八	1	25	庚子	12	27	辛未	11	27	辛丑	10	29	壬申	9	29	壬寅	8	31	癸酉	8	1	癸卯
初九	1	26	辛丑	12	28	壬申	11	28	壬寅	10	30	癸酉	9	30	癸卯	9	1	甲戌	8	2	甲辰
初十	1	27	壬寅	12	29	癸酉	11	29	癸卯	10	31	甲戌	10	1	甲辰	9	2	乙亥	8	3	乙巳
十一	1	28	癸卯	12	30	甲戌	11	30	甲辰	11	1	乙亥	10	2	乙巳	9	3	丙子	8	4	丙午
十二	1	29	甲辰	12	31	乙亥	12	1	乙巳	11	2	丙子	10	3	丙午	9	4	丁丑	8	5	丁未
十三	1	30	乙巳	1	1	丙子	12	2	丙午	11	3	丁丑	10	4	丁未	9	5	戊寅	8	6	戊申
十四	1	31	丙午	1	2	丁丑	12	3	丁未	11	4	戊寅	10	5	戊申	9	6	己卯	8	7	己酉
十五	2	1	丁未	1	3	戊寅	12	4	戊申	11	5	己卯	10	6	己酉	9	7	庚辰	8	8	庚戌
十六	2	2	戊申	1	4	己卯	12	5	己酉	11	6	庚辰	10	7	庚戌	9	8	辛巳	8	9	辛亥
十七	2	3	己酉	1	5	庚辰	12	6	庚戌	11	7	辛巳	10	8	辛亥	9	9	壬午	8	10	壬子
十八	2	4	庚戌	1	6	辛巳	12	7	辛亥	11	8	壬午	10	9	壬子	9	10	癸未	8	11	癸丑
十九	2	5	辛亥	1	7	壬午	12	8	壬子	11	9	癸未	10	10	癸丑	9	11	甲申	8	12	甲寅
二十	2	6	壬子	1	8	癸未	12	9	癸丑	11	10	甲申	10	11	甲寅	9	12	乙酉	8	13	乙卯
廿一	2	7	癸丑	1	9	甲申	12	10	甲寅	11	11	乙酉	10	12	乙卯	9	13	丙戌	8	14	丙辰
廿二	2	8	甲寅	1	10	乙酉	12	11	乙卯	11	12	丙戌	10	13	丙辰	9	14	丁亥	8	15	丁巳
廿三	2	9	乙卯	1	11	丙戌	12	12	丙辰	11	13	丁亥	10	14	丁巳	9	15	戊子	8	16	戊午
廿四	2	10	丙辰	1	12	丁亥	12	13	丁巳	11	14	戊子	10	15	戊午	9	16	己丑	8	17	己未
廿五	2	11	丁巳	1	13	戊子	12	14	戊午	11	15	己丑	10	16	己未	9	17	庚寅	8	18	庚申
廿六	2	12	戊午	1	14	己丑	12	15	己未	11	16	庚寅	10	17	庚申	9	18	辛卯	8	19	辛酉
廿七	2	13	己未	1	15	庚寅	12	16	庚申	11	17	辛卯	10	18	辛酉	9	19	壬辰	8	20	壬戌
廿八	2	14	庚申	1	16	辛卯	12	17	辛酉	11	18	壬辰	10	19	壬戌	9	20	癸巳	8	21	癸亥
廿九	2	15	辛酉	1	17	壬辰	12	18	壬戌	11	19	癸巳	10	20	癸亥	9	21	甲午	8	22	甲子
三十	2	16	壬戌				12	19	癸亥				10	21	甲子				8	23	乙丑

1969年【己酉】

6月			5月			4月			3月			2月			正月			月別
辛未			庚午			己巳			戊辰			丁卯			丙寅			月柱
三碧			四緑			五黄			六白			七赤			八白			紫白
陽暦		日柱	陽暦		日柱	陽暦		日柱	陽暦		日柱	陽暦		日柱	陽暦		日柱	農暦
月	日		月	日		月	日		月	日		月	日		月	日		
7	14	庚寅	6	15	辛酉	5	16	辛卯	4	17	壬戌	3	18	壬辰	2	17	癸亥	初一
7	15	辛卯	6	16	壬戌	5	17	壬辰	4	18	癸亥	3	19	癸巳	2	18	甲子	初二
7	16	壬辰	6	17	癸亥	5	18	癸巳	4	19	甲子	3	20	甲午	2	19	乙丑	初三
7	17	癸巳	6	18	甲子	5	19	甲午	4	20	乙丑	3	21	乙未	2	20	丙寅	初四
7	18	甲午	6	19	乙丑	5	20	乙未	4	21	丙寅	3	22	丙申	2	21	丁卯	初五
7	19	乙未	6	20	丙寅	5	21	丙申	4	22	丁卯	3	23	丁酉	2	22	戊辰	初六
7	20	丙申	6	21	丁卯	5	22	丁酉	4	23	戊辰	3	24	戊戌	2	23	己巳	初七
7	21	丁酉	6	22	戊辰	5	23	戊戌	4	24	己巳	3	25	己亥	2	24	庚午	初八
7	22	戊戌	6	23	己巳	5	24	己亥	4	25	庚午	3	26	庚子	2	25	辛未	初九
7	23	己亥	6	24	庚午	5	25	庚子	4	26	辛未	3	27	辛丑	2	26	壬申	初十
7	24	庚子	6	25	辛未	5	26	辛丑	4	27	壬申	3	28	壬寅	2	27	癸酉	十一
7	25	辛丑	6	26	壬申	5	27	壬寅	4	28	癸酉	3	29	癸卯	2	28	甲戌	十二
7	26	壬寅	6	27	癸酉	5	28	癸卯	4	29	甲戌	3	30	甲辰	3	1	乙亥	十三
7	27	癸卯	6	28	甲戌	5	29	甲辰	4	30	乙亥	3	31	乙巳	3	2	丙子	十四
7	28	甲辰	6	29	乙亥	5	30	乙巳	5	1	丙子	4	1	丙午	3	3	丁丑	十五
7	29	乙巳	6	30	丙子	5	31	丙午	5	2	丁丑	4	2	丁未	3	4	戊寅	十六
7	30	丙午	7	1	丁丑	6	1	丁未	5	3	戊寅	4	3	戊申	3	5	己卯	十七
7	31	丁未	7	2	戊寅	6	2	戊申	5	4	己卯	4	4	己酉	3	6	庚辰	十八
8	1	戊申	7	3	己卯	6	3	己酉	5	5	庚辰	4	5	庚戌	3	7	辛巳	十九
8	2	己酉	7	4	庚辰	6	4	庚戌	5	6	辛巳	4	6	辛亥	3	8	壬午	二十
8	3	庚戌	7	5	辛巳	6	5	辛亥	5	7	壬午	4	7	壬子	3	9	癸未	廿一
8	4	辛亥	7	6	壬午	6	6	壬子	5	8	癸未	4	8	癸丑	3	10	甲申	廿二
8	5	壬子	7	7	癸未	6	7	癸丑	5	9	甲申	4	9	甲寅	3	11	乙酉	廿三
8	6	癸丑	7	8	甲申	6	8	甲寅	5	10	乙酉	4	10	乙卯	3	12	丙戌	廿四
8	7	甲寅	7	9	乙酉	6	9	乙卯	5	11	丙戌	4	11	丙辰	3	13	丁亥	廿五
8	8	乙卯	7	10	丙戌	6	10	丙辰	5	12	丁亥	4	12	丁巳	3	14	戊子	廿六
8	9	丙辰	7	11	丁亥	6	11	丁巳	5	13	戊子	4	13	戊午	3	15	己丑	廿七
8	10	丁巳	7	12	戊子	6	12	戊午	5	14	己丑	4	14	己未	3	16	庚寅	廿八
8	11	戊午	7	13	己丑	6	13	己未	5	15	庚寅	4	15	庚申	3	17	辛卯	廿九
8	12	己未				6	14	庚申				4	16	辛酉				三十

月別	12月			11月			10月			9月			8月			7月		
月柱	丁丑			丙子			乙亥			甲戌			癸酉			壬申		
紫白	六白			七赤			八白			九紫			一白			二黑		
農曆	陽曆		日柱	陽曆		日柱	陽曆		日柱	陽曆		日柱	陽曆		日柱	陽曆		日柱
	月	日		月	日		月	日		月	日		月	日		月	日	
初一	1	8	戊子	12	9	戊午	11	10	己丑	10	11	己未	9	12	庚寅	8	13	庚申
初二	1	9	己丑	12	10	己未	11	11	庚寅	10	12	庚申	9	13	辛卯	8	14	辛酉
初三	1	10	庚寅	12	11	庚申	11	12	辛卯	10	13	辛酉	9	14	壬辰	8	15	壬戌
初四	1	11	辛卯	12	12	辛酉	11	13	壬辰	10	14	壬戌	9	15	癸巳	8	16	癸亥
初五	1	12	壬辰	12	13	壬戌	11	14	癸巳	10	15	癸亥	9	16	甲午	8	17	甲子
初六	1	13	癸巳	12	14	癸亥	11	15	甲午	10	16	甲子	9	17	乙未	8	18	乙丑
初七	1	14	甲午	12	15	甲子	11	16	乙未	10	17	乙丑	9	18	丙申	8	19	丙寅
初八	1	15	乙未	12	16	乙丑	11	17	丙申	10	18	丙寅	9	19	丁酉	8	20	丁卯
初九	1	16	丙申	12	17	丙寅	11	18	丁酉	10	19	丁卯	9	20	戊戌	8	21	戊辰
初十	1	17	丁酉	12	18	丁卯	11	19	戊戌	10	20	戊辰	9	21	己亥	8	22	己巳
十一	1	18	戊戌	12	19	戊辰	11	20	己亥	10	21	己巳	9	22	庚子	8	23	庚午
十二	1	19	己亥	12	20	己巳	11	21	庚子	10	22	庚午	9	23	辛丑	8	24	辛未
十三	1	20	庚子	12	21	庚午	11	22	辛丑	10	23	辛未	9	24	壬寅	8	25	壬申
十四	1	21	辛丑	12	22	辛未	11	23	壬寅	10	24	壬申	9	25	癸卯	8	26	癸酉
十五	1	22	壬寅	12	23	壬申	11	24	癸卯	10	25	癸酉	9	26	甲辰	8	27	甲戌
十六	1	23	癸卯	12	24	癸酉	11	25	甲辰	10	26	甲戌	9	27	乙巳	8	28	乙亥
十七	1	24	甲辰	12	25	甲戌	11	26	乙巳	10	27	乙亥	9	28	丙午	8	29	丙子
十八	1	25	乙巳	12	26	乙亥	11	27	丙午	10	28	丙子	9	29	丁未	8	30	丁丑
十九	1	26	丙午	12	27	丙子	11	28	丁未	10	29	丁丑	9	30	戊申	8	31	戊寅
二十	1	27	丁未	12	28	丁丑	11	29	戊申	10	30	戊寅	10	1	己酉	9	1	己卯
廿一	1	28	戊申	12	29	戊寅	11	30	己酉	10	31	己卯	10	2	庚戌	9	2	庚辰
廿二	1	29	己酉	12	30	己卯	12	1	庚戌	11	1	庚辰	10	3	辛亥	9	3	辛巳
廿三	1	30	庚戌	12	31	庚辰	12	2	辛亥	11	2	辛巳	10	4	壬子	9	4	壬午
廿四	1	31	辛亥	1	1	辛巳	12	3	壬子	11	3	壬午	10	5	癸丑	9	5	癸未
廿五	2	1	壬子	1	2	壬午	12	4	癸丑	11	4	癸未	10	6	甲寅	9	6	甲申
廿六	2	2	癸丑	1	3	癸未	12	5	甲寅	11	5	甲申	10	7	乙卯	9	7	乙酉
廿七	2	3	甲寅	1	4	甲申	12	6	乙卯	11	6	乙酉	10	8	丙辰	9	8	丙戌
廿八	2	4	乙卯	1	5	乙酉	12	7	丙辰	11	7	丙戌	10	9	丁巳	9	9	丁亥
廿九	2	5	丙辰	1	6	丙戌	12	8	丁巳	11	8	丁亥	10	10	戊午	9	10	戊子
三十				1	7	丁亥				11	9	戊子				9	11	己丑

1970年【庚戌】

6月			5月			4月			3月			2月			正月			月別
癸未			壬午			辛巳			庚辰			己卯			戊寅			月柱
九紫			一白			二黒			三碧			四緑			五黄			紫白
陽暦		日柱	陽暦		日柱	陽暦		日柱	陽暦		日柱	陽暦		日柱	陽暦		日柱	農暦
月	日		月	日		月	日		月	日		月	日		月	日		
7	3	甲申	6	4	乙卯	5	5	乙酉	4	6	丙辰	3	8	丁亥	2	6	丁巳	初一
7	4	乙酉	6	5	丙辰	5	6	丙戌	4	7	丁巳	3	9	戊子	2	7	戊午	初二
7	5	丙戌	6	6	丁巳	5	7	丁亥	4	8	戊午	3	10	己丑	2	8	己未	初三
7	6	丁亥	6	7	戊午	5	8	戊子	4	9	己未	3	11	庚寅	2	9	庚申	初四
7	7	戊子	6	8	己未	5	9	己丑	4	10	庚申	3	12	辛卯	2	10	辛酉	初五
7	8	己丑	6	9	庚申	5	10	庚寅	4	11	辛酉	3	13	壬辰	2	11	壬戌	初六
7	9	庚寅	6	10	辛酉	5	11	辛卯	4	12	壬戌	3	14	癸巳	2	12	癸亥	初七
7	10	辛卯	6	11	壬戌	5	12	壬辰	4	13	癸亥	3	15	甲午	2	13	甲子	初八
7	11	壬辰	6	12	癸亥	5	13	癸巳	4	14	甲子	3	16	乙未	2	14	乙丑	初九
7	12	癸巳	6	13	甲子	5	14	甲午	4	15	乙丑	3	17	丙申	2	15	丙寅	初十
7	13	甲午	6	14	乙丑	5	15	乙未	4	16	丙寅	3	18	丁酉	2	16	丁卯	十一
7	14	乙未	6	15	丙寅	5	16	丙申	4	17	丁卯	3	19	戊戌	2	17	戊辰	十二
7	15	丙申	6	16	丁卯	5	17	丁酉	4	18	戊辰	3	20	己亥	2	18	己巳	十三
7	16	丁酉	6	17	戊辰	5	18	戊戌	4	19	己巳	3	21	庚子	2	19	庚午	十四
7	17	戊戌	6	18	己巳	5	19	己亥	4	20	庚午	3	22	辛丑	2	20	辛未	十五
7	18	己亥	6	19	庚午	5	20	庚子	4	21	辛未	3	23	壬寅	2	21	壬申	十六
7	19	庚子	6	20	辛未	5	21	辛丑	4	22	壬申	3	24	癸卯	2	22	癸酉	十七
7	20	辛丑	6	21	壬申	5	22	壬寅	4	23	癸酉	3	25	甲辰	2	23	甲戌	十八
7	21	壬寅	6	22	癸酉	5	23	癸卯	4	24	甲戌	3	26	乙巳	2	24	乙亥	十九
7	22	癸卯	6	23	甲戌	5	24	甲辰	4	25	乙亥	3	27	丙午	2	25	丙子	二十
7	23	甲辰	6	24	乙亥	5	25	乙巳	4	26	丙子	3	28	丁未	2	26	丁丑	廿一
7	24	乙巳	6	25	丙子	5	26	丙午	4	27	丁丑	3	29	戊申	2	27	戊寅	廿二
7	25	丙午	6	26	丁丑	5	27	丁未	4	28	戊寅	3	30	己酉	2	28	己卯	廿三
7	26	丁未	6	27	戊寅	5	28	戊申	4	29	己卯	3	31	庚戌	3	1	庚辰	廿四
7	27	戊申	6	28	己卯	5	29	己酉	4	30	庚辰	4	1	辛亥	3	2	辛巳	廿五
7	28	己酉	6	29	庚辰	5	30	庚戌	5	1	辛巳	4	2	壬子	3	3	壬午	廿六
7	29	庚戌	6	30	辛巳	5	31	辛亥	5	2	壬午	4	3	癸丑	3	4	癸未	廿七
7	30	辛亥	7	1	壬午	6	1	壬子	5	3	癸未	4	4	甲寅	3	5	甲申	廿八
7	31	壬子	7	2	癸未	6	2	癸丑	5	4	甲申	4	5	乙卯	3	6	乙酉	廿九
8	1	癸丑				6	3	甲寅							3	7	丙戌	三十

月別	12月			11月			10月			9月			8月			7月		
月柱	己丑			戊子			丁亥			丙戌			乙酉			甲申		
紫白	三碧			四緑			五黄			六白			七赤			八白		
農暦	陽暦		日柱	陽暦		日柱	陽暦		日柱	陽暦		日柱	陽暦		日柱	陽暦		日柱
	月	日		月	日		月	日		月	日		月	日		月	日	
初一	12	28	壬午	11	29	癸丑	10	30	癸未	9	30	癸丑	9	1	甲申	8	2	甲寅
初二	12	29	癸未	11	30	甲寅	10	31	甲申	10	1	甲寅	9	2	乙酉	8	3	乙卯
初三	12	30	甲申	12	1	乙卯	11	1	乙酉	10	2	乙卯	9	3	丙戌	8	4	丙辰
初四	12	31	乙酉	12	2	丙辰	11	2	丙戌	10	3	丙辰	9	4	丁亥	8	5	丁巳
初五	1	1	丙戌	12	3	丁巳	11	3	丁亥	10	4	丁巳	9	5	戊子	8	6	戊午
初六	1	2	丁亥	12	4	戊午	11	4	戊子	10	5	戊午	9	6	己丑	8	7	己未
初七	1	3	戊子	12	5	己未	11	5	己丑	10	6	己未	9	7	庚寅	8	8	庚申
初八	1	4	己丑	12	6	庚申	11	6	庚寅	10	7	庚申	9	8	辛卯	8	9	辛酉
初九	1	5	庚寅	12	7	辛酉	11	7	辛卯	10	8	辛酉	9	9	壬辰	8	10	壬戌
初十	1	6	辛卯	12	8	壬戌	11	8	壬辰	10	9	壬戌	9	10	癸巳	8	11	癸亥
十一	1	7	壬辰	12	9	癸亥	11	9	癸巳	10	10	癸亥	9	11	甲午	8	12	甲子
十二	1	8	癸巳	12	10	甲子	11	10	甲午	10	11	甲子	9	12	乙未	8	13	乙丑
十三	1	9	甲午	12	11	乙丑	11	11	乙未	10	12	乙丑	9	13	丙申	8	14	丙寅
十四	1	10	乙未	12	12	丙寅	11	12	丙申	10	13	丙寅	9	14	丁酉	8	15	丁卯
十五	1	11	丙申	12	13	丁卯	11	13	丁酉	10	14	丁卯	9	15	戊戌	8	16	戊辰
十六	1	12	丁酉	12	14	戊辰	11	14	戊戌	10	15	戊辰	9	16	己亥	8	17	己巳
十七	1	13	戊戌	12	15	己巳	11	15	己亥	10	16	己巳	9	17	庚子	8	18	庚午
十八	1	14	己亥	12	16	庚午	11	16	庚子	10	17	庚午	9	18	辛丑	8	19	辛未
十九	1	15	庚子	12	17	辛未	11	17	辛丑	10	18	辛未	9	19	壬寅	8	20	壬申
二十	1	16	辛丑	12	18	壬申	11	18	壬寅	10	19	壬申	9	20	癸卯	8	21	癸酉
廿一	1	17	壬寅	12	19	癸酉	11	19	癸卯	10	20	癸酉	9	21	甲辰	8	22	甲戌
廿二	1	18	癸卯	12	20	甲戌	11	20	甲辰	10	21	甲戌	9	22	乙巳	8	23	乙亥
廿三	1	19	甲辰	12	21	乙亥	11	21	乙巳	10	22	乙亥	9	23	丙午	8	24	丙子
廿四	1	20	乙巳	12	22	丙子	11	22	丙午	10	23	丙子	9	24	丁未	8	25	丁丑
廿五	1	21	丙午	12	23	丁丑	11	23	丁未	10	24	丁丑	9	25	戊申	8	26	戊寅
廿六	1	22	丁未	12	24	戊寅	11	24	戊申	10	25	戊寅	9	26	己酉	8	27	己卯
廿七	1	23	戊申	12	25	己卯	11	25	己酉	10	26	己卯	9	27	庚戌	8	28	庚辰
廿八	1	24	己酉	12	26	庚辰	11	26	庚戌	10	27	庚辰	9	28	辛亥	8	29	辛巳
廿九	1	25	庚戌	12	27	辛巳	11	27	辛亥	10	28	辛巳	9	29	壬子	8	30	壬午
三十	1	26	辛亥				11	28	壬子	10	29	壬午				8	31	癸未

1971年【辛亥】

6月			閏5月			5月			4月			3月			2月			正月			月別
乙未						甲午			癸巳			壬辰			辛卯			庚寅			月柱
六白						七赤			八白			九紫			一白			二黒			紫白
陽暦		日柱	陽暦		日柱	陽暦		日柱	陽暦		日柱	陽暦		日柱	陽暦		日柱	陽暦		日柱	農暦
月	日		月	日		月	日		月	日		月	日		月	日		月	日		
7	22	戊申	6	23	己卯	5	24	己酉	4	25	庚辰	3	27	辛亥	2	25	辛巳	1	27	壬子	初一
7	23	己酉	6	24	庚辰	5	25	庚戌	4	26	辛巳	3	28	壬子	2	26	壬午	1	28	癸丑	初二
7	24	庚戌	6	25	辛巳	5	26	辛亥	4	27	壬午	3	29	癸丑	2	27	癸未	1	29	甲寅	初三
7	25	辛亥	6	26	壬午	5	27	壬子	4	28	癸未	3	30	甲寅	2	28	甲申	1	30	乙卯	初四
7	26	壬子	6	27	癸未	5	28	癸丑	4	29	甲申	3	31	乙卯	3	1	乙酉	1	31	丙辰	初五
7	27	癸丑	6	28	甲申	5	29	甲寅	4	30	乙酉	4	1	丙辰	3	2	丙戌	2	1	丁巳	初六
7	28	甲寅	6	29	乙酉	5	30	乙卯	5	1	丙戌	4	2	丁巳	3	3	丁亥	2	2	戊午	初七
7	29	乙卯	6	30	丙戌	5	31	丙辰	5	2	丁亥	4	3	戊午	3	4	戊子	2	3	己未	初八
7	30	丙辰	7	1	丁亥	6	1	丁巳	5	3	戊子	4	4	己未	3	5	己丑	2	4	庚申	初九
7	31	丁巳	7	2	戊子	6	2	戊午	5	4	己丑	4	5	庚申	3	6	庚寅	2	5	辛酉	初十
8	1	戊午	7	3	己丑	6	3	己未	5	5	庚寅	4	6	辛酉	3	7	辛卯	2	6	壬戌	十一
8	2	己未	7	4	庚寅	6	4	庚申	5	6	辛卯	4	7	壬戌	3	8	壬辰	2	7	癸亥	十二
8	3	庚申	7	5	辛卯	6	5	辛酉	5	7	壬辰	4	8	癸亥	3	9	癸巳	2	8	甲子	十三
8	4	辛酉	7	6	壬辰	6	6	壬戌	5	8	癸巳	4	9	甲子	3	10	甲午	2	9	乙丑	十四
8	5	壬戌	7	7	癸巳	6	7	癸亥	5	9	甲午	4	10	乙丑	3	11	乙未	2	10	丙寅	十五
8	6	癸亥	7	8	甲午	6	8	甲子	5	10	乙未	4	11	丙寅	3	12	丙申	2	11	丁卯	十六
8	7	甲子	7	9	乙未	6	9	乙丑	5	11	丙申	4	12	丁卯	3	13	丁酉	2	12	戊辰	十七
8	8	乙丑	7	10	丙申	6	10	丙寅	5	12	丁酉	4	13	戊辰	3	14	戊戌	2	13	己巳	十八
8	9	丙寅	7	11	丁酉	6	11	丁卯	5	13	戊戌	4	14	己巳	3	15	己亥	2	14	庚午	十九
8	10	丁卯	7	12	戊戌	6	12	戊辰	5	14	己亥	4	15	庚午	3	16	庚子	2	15	辛未	二十
8	11	戊辰	7	13	己亥	6	13	己巳	5	15	庚子	4	16	辛未	3	17	辛丑	2	16	壬申	廿一
8	12	己巳	7	14	庚子	6	14	庚午	5	16	辛丑	4	17	壬申	3	18	壬寅	2	17	癸酉	廿二
8	13	庚午	7	15	辛丑	6	15	辛未	5	17	壬寅	4	18	癸酉	3	19	癸卯	2	18	甲戌	廿三
8	14	辛未	7	16	壬寅	6	16	壬申	5	18	癸卯	4	19	甲戌	3	20	甲辰	2	19	乙亥	廿四
8	15	壬申	7	17	癸卯	6	17	癸酉	5	19	甲辰	4	20	乙亥	3	21	乙巳	2	20	丙子	廿五
8	16	癸酉	7	18	甲辰	6	18	甲戌	5	20	乙巳	4	21	丙子	3	22	丙午	2	21	丁丑	廿六
8	17	甲戌	7	19	乙巳	6	19	乙亥	5	21	丙午	4	22	丁丑	3	23	丁未	2	22	戊寅	廿七
8	18	乙亥	7	20	丙午	6	20	丙子	5	22	丁未	4	23	戊寅	3	24	戊申	2	23	己卯	廿八
8	19	丙子	7	21	丁未	6	21	丁丑	5	23	戊申	4	24	己卯	3	25	己酉	2	24	庚辰	廿九
8	20	丁丑				6	22	戊寅							3	26	庚戌				三十

月別	12月			11月			10月			9月			8月			7月		
月柱	辛丑			庚子			己亥			戊戌			丁酉			丙申		
紫白	九紫			一白			二黒			三碧			四緑			五黄		
農暦	陽暦		日柱	陽暦		日柱	陽暦		日柱	陽暦		日柱	陽暦		日柱	陽暦		日柱
	月	日		月	日		月	日		月	日		月	日		月	日	
初一	1	16	丙午	12	18	丁丑	11	18	丁未	10	19	丁丑	9	19	丁未	8	21	戊寅
初二	1	17	丁未	12	19	戊寅	11	19	戊申	10	20	戊寅	9	20	戊申	8	22	己卯
初三	1	18	戊申	12	20	己卯	11	20	己酉	10	21	己卯	9	21	己酉	8	23	庚辰
初四	1	19	己酉	12	21	庚辰	11	21	庚戌	10	22	庚辰	9	22	庚戌	8	24	辛巳
初五	1	20	庚戌	12	22	辛巳	11	22	辛亥	10	23	辛巳	9	23	辛亥	8	25	壬午
初六	1	21	辛亥	12	23	壬午	11	23	壬子	10	24	壬午	9	24	壬子	8	26	癸未
初七	1	22	壬子	12	24	癸未	11	24	癸丑	10	25	癸未	9	25	癸丑	8	27	甲申
初八	1	23	癸丑	12	25	甲申	11	25	甲寅	10	26	甲申	9	26	甲寅	8	28	乙酉
初九	1	24	甲寅	12	26	乙酉	11	26	乙卯	10	27	乙酉	9	27	乙卯	8	29	丙戌
初十	1	25	乙卯	12	27	丙戌	11	27	丙辰	10	28	丙戌	9	28	丙辰	8	30	丁亥
十一	1	26	丙辰	12	28	丁亥	11	28	丁巳	10	29	丁亥	9	29	丁巳	8	31	戊子
十二	1	27	丁巳	12	29	戊子	11	29	戊午	10	30	戊子	9	30	戊午	9	1	己丑
十三	1	28	戊午	12	30	己丑	11	30	己未	10	31	己丑	10	1	己未	9	2	庚寅
十四	1	29	己未	12	31	庚寅	12	1	庚申	11	1	庚寅	10	2	庚申	9	3	辛卯
十五	1	30	庚申	1	1	辛卯	12	2	辛酉	11	2	辛卯	10	3	辛酉	9	4	壬辰
十六	1	31	辛酉	1	2	壬辰	12	3	壬戌	11	3	壬辰	10	4	壬戌	9	5	癸巳
十七	2	1	壬戌	1	3	癸巳	12	4	癸亥	11	4	癸巳	10	5	癸亥	9	6	甲午
十八	2	2	癸亥	1	4	甲午	12	5	甲子	11	5	甲午	10	6	甲子	9	7	乙未
十九	2	3	甲子	1	5	乙未	12	6	乙丑	11	6	乙未	10	7	乙丑	9	8	丙申
二十	2	4	乙丑	1	6	丙申	12	7	丙寅	11	7	丙申	10	8	丙寅	9	9	丁酉
廿一	2	5	丙寅	1	7	丁酉	12	8	丁卯	11	8	丁酉	10	9	丁卯	9	10	戊戌
廿二	2	6	丁卯	1	8	戊戌	12	9	戊辰	11	9	戊戌	10	10	戊辰	9	11	己亥
廿三	2	7	戊辰	1	9	己亥	12	10	己巳	11	10	己亥	10	11	己巳	9	12	庚子
廿四	2	8	己巳	1	10	庚子	12	11	庚午	11	11	庚子	10	12	庚午	9	13	辛丑
廿五	2	9	庚午	1	11	辛丑	12	12	辛未	11	12	辛丑	10	13	辛未	9	14	壬寅
廿六	2	10	辛未	1	12	壬寅	12	13	壬申	11	13	壬寅	10	14	壬申	9	15	癸卯
廿七	2	11	壬申	1	13	癸卯	12	14	癸酉	11	14	癸卯	10	15	癸酉	9	16	甲辰
廿八	2	12	癸酉	1	14	甲辰	12	15	甲戌	11	15	甲辰	10	16	甲戌	9	17	乙巳
廿九	2	13	甲戌	1	15	乙巳	12	16	乙亥	11	16	乙巳	10	17	乙亥	9	18	丙午
三十	2	14	乙亥				12	17	丙子	11	17	丙午	10	18	丙子			

1972年【壬子】

6月			5月			4月			3月			2月			正月			月別
丁未			丙午			乙巳			甲辰			癸卯			壬寅			月柱
三碧			四緑			五黄			六白			七赤			八白			紫白
陽暦		日柱	陽暦		日柱	陽暦		日柱	陽暦		日柱	陽暦		日柱	陽暦		日柱	農暦
月	日		月	日		月	日		月	日		月	日		月	日		
7	11	癸卯	6	11	癸酉	5	13	甲辰	4	14	乙亥	3	15	乙巳	2	15	丙子	初一
7	12	甲辰	6	12	甲戌	5	14	乙巳	4	15	丙子	3	16	丙午	2	16	丁丑	初二
7	13	乙巳	6	13	乙亥	5	15	丙午	4	16	丁丑	3	17	丁未	2	17	戊寅	初三
7	14	丙午	6	14	丙子	5	16	丁未	4	17	戊寅	3	18	戊申	2	18	己卯	初四
7	15	丁未	6	15	丁丑	5	17	戊申	4	18	己卯	3	19	己酉	2	19	庚辰	初五
7	16	戊申	6	16	戊寅	5	18	己酉	4	19	庚辰	3	20	庚戌	2	20	辛巳	初六
7	17	己酉	6	17	己卯	5	19	庚戌	4	20	辛巳	3	21	辛亥	2	21	壬午	初七
7	18	庚戌	6	18	庚辰	5	20	辛亥	4	21	壬午	3	22	壬子	2	22	癸未	初八
7	19	辛亥	6	19	辛巳	5	21	壬子	4	22	癸未	3	23	癸丑	2	23	甲申	初九
7	20	壬子	6	20	壬午	5	22	癸丑	4	23	甲申	3	24	甲寅	2	24	乙酉	初十
7	21	癸丑	6	21	癸未	5	23	甲寅	4	24	乙酉	3	25	乙卯	2	25	丙戌	十一
7	22	甲寅	6	22	甲申	5	24	乙卯	4	25	丙戌	3	26	丙辰	2	26	丁亥	十二
7	23	乙卯	6	23	乙酉	5	25	丙辰	4	26	丁亥	3	27	丁巳	2	27	戊子	十三
7	24	丙辰	6	24	丙戌	5	26	丁巳	4	27	戊子	3	28	戊午	2	28	己丑	十四
7	25	丁巳	6	25	丁亥	5	27	戊午	4	28	己丑	3	29	己未	2	29	庚寅	十五
7	26	戊午	6	26	戊子	5	28	己未	4	29	庚寅	3	30	庚申	3	1	辛卯	十六
7	27	己未	6	27	己丑	5	29	庚申	4	30	辛卯	3	31	辛酉	3	2	壬辰	十七
7	28	庚申	6	28	庚寅	5	30	辛酉	5	1	壬辰	4	1	壬戌	3	3	癸巳	十八
7	29	辛酉	6	29	辛卯	5	31	壬戌	5	2	癸巳	4	2	癸亥	3	4	甲午	十九
7	30	壬戌	6	30	壬辰	6	1	癸亥	5	3	甲午	4	3	甲子	3	5	乙未	二十
7	31	癸亥	7	1	癸巳	6	2	甲子	5	4	乙未	4	4	乙丑	3	6	丙申	廿一
8	1	甲子	7	2	甲午	6	3	乙丑	5	5	丙申	4	5	丙寅	3	7	丁酉	廿二
8	2	乙丑	7	3	乙未	6	4	丙寅	5	6	丁酉	4	6	丁卯	3	8	戊戌	廿三
8	3	丙寅	7	4	丙申	6	5	丁卯	5	7	戊戌	4	7	戊辰	3	9	己亥	廿四
8	4	丁卯	7	5	丁酉	6	6	戊辰	5	8	己亥	4	8	己巳	3	10	庚子	廿五
8	5	戊辰	7	6	戊戌	6	7	己巳	5	9	庚子	4	9	庚午	3	11	辛丑	廿六
8	6	己巳	7	7	己亥	6	8	庚午	5	10	辛丑	4	10	辛未	3	12	壬寅	廿七
8	7	庚午	7	8	庚子	6	9	辛未	5	11	壬寅	4	11	壬申	3	13	癸卯	廿八
8	8	辛未	7	9	辛丑	6	10	壬申	5	12	癸卯	4	12	癸酉	3	14	甲辰	廿九
			7	10	壬寅							4	13	甲戌				三十

月別	12月			11月			10月			9月			8月			7月		
月柱	癸丑			壬子			辛亥			庚戌			己酉			戊申		
紫白	六白			七赤			八白			九紫			一白			二黒		
農暦	陽暦		日柱	陽暦		日柱	陽暦		日柱	陽暦		日柱	陽暦		日柱	陽暦		日柱
	月	日		月	日		月	日		月	日		月	日		月	日	
初一	1	4	庚子	12	6	辛未	11	6	辛丑	10	7	辛未	9	8	壬寅	8	9	壬申
初二	1	5	辛丑	12	7	壬申	11	7	壬寅	10	8	壬申	9	9	癸卯	8	10	癸酉
初三	1	6	壬寅	12	8	癸酉	11	8	癸卯	10	9	癸酉	9	10	甲辰	8	11	甲戌
初四	1	7	癸卯	12	9	甲戌	11	9	甲辰	10	10	甲戌	9	11	乙巳	8	12	乙亥
初五	1	8	甲辰	12	10	乙亥	11	10	乙巳	10	11	乙亥	9	12	丙午	8	13	丙子
初六	1	9	乙巳	12	11	丙子	11	11	丙午	10	12	丙子	9	13	丁未	8	14	丁丑
初七	1	10	丙午	12	12	丁丑	11	12	丁未	10	13	丁丑	9	14	戊申	8	15	戊寅
初八	1	11	丁未	12	13	戊寅	11	13	戊申	10	14	戊寅	9	15	己酉	8	16	己卯
初九	1	12	戊申	12	14	己卯	11	14	己酉	10	15	己卯	9	16	庚戌	8	17	庚辰
初十	1	13	己酉	12	15	庚辰	11	15	庚戌	10	16	庚辰	9	17	辛亥	8	18	辛巳
十一	1	14	庚戌	12	16	辛巳	11	16	辛亥	10	17	辛巳	9	18	壬子	8	19	壬午
十二	1	15	辛亥	12	17	壬午	11	17	壬子	10	18	壬午	9	19	癸丑	8	20	癸未
十三	1	16	壬子	12	18	癸未	11	18	癸丑	10	19	癸未	9	20	甲寅	8	21	甲申
十四	1	17	癸丑	12	19	甲申	11	19	甲寅	10	20	甲申	9	21	乙卯	8	22	乙酉
十五	1	18	甲寅	12	20	乙酉	11	20	乙卯	10	21	乙酉	9	22	丙辰	8	23	丙戌
十六	1	19	乙卯	12	21	丙戌	11	21	丙辰	10	22	丙戌	9	23	丁巳	8	24	丁亥
十七	1	20	丙辰	12	22	丁亥	11	22	丁巳	10	23	丁亥	9	24	戊午	8	25	戊子
十八	1	21	丁巳	12	23	戊子	11	23	戊午	10	24	戊子	9	25	己未	8	26	己丑
十九	1	22	戊午	12	24	己丑	11	24	己未	10	25	己丑	9	26	庚申	8	27	庚寅
二十	1	23	己未	12	25	庚寅	11	25	庚申	10	26	庚寅	9	27	辛酉	8	28	辛卯
廿一	1	24	庚申	12	26	辛卯	11	26	辛酉	10	27	辛卯	9	28	壬戌	8	29	壬辰
廿二	1	25	辛酉	12	27	壬辰	11	27	壬戌	10	28	壬辰	9	29	癸亥	8	30	癸巳
廿三	1	26	壬戌	12	28	癸巳	11	28	癸亥	10	29	癸巳	9	30	甲子	8	31	甲午
廿四	1	27	癸亥	12	29	甲午	11	29	甲子	10	30	甲午	10	1	乙丑	9	1	乙未
廿五	1	28	甲子	12	30	乙未	11	30	乙丑	10	31	乙未	10	2	丙寅	9	2	丙申
廿六	1	29	乙丑	12	31	丙申	12	1	丙寅	11	1	丙申	10	3	丁卯	9	3	丁酉
廿七	1	30	丙寅	1	1	丁酉	12	2	丁卯	11	2	丁酉	10	4	戊辰	9	4	戊戌
廿八	1	31	丁卯	1	2	戊戌	12	3	戊辰	11	3	戊戌	10	5	己巳	9	5	己亥
廿九	2	1	戊辰	1	3	己亥	12	4	己巳	11	4	己亥	10	6	庚午	9	6	庚子
三十	2	2	己巳				12	5	庚午	11	5	庚子				9	7	辛丑

1973年【癸丑】

6月			5月			4月			3月			2月			正月			月別
己未			戊午			丁巳			丙辰			乙卯			甲寅			月柱
九紫			一白			二黒			三碧			四緑			五黄			紫白
陽暦		日柱	陽暦		日柱	陽暦		日柱	陽暦		日柱	陽暦		日柱	陽暦		日柱	農暦
月	日		月	日		月	日		月	日		月	日		月	日		
6	30	丁酉	6	1	戊辰	5	3	己亥	4	3	己巳	3	5	庚子	2	3	庚午	初一
7	1	戊戌	6	2	己巳	5	4	庚子	4	4	庚午	3	6	辛丑	2	4	辛未	初二
7	2	己亥	6	3	庚午	5	5	辛丑	4	5	辛未	3	7	壬寅	2	5	壬申	初三
7	3	庚子	6	4	辛未	5	6	壬寅	4	6	壬申	3	8	癸卯	2	6	癸酉	初四
7	4	辛丑	6	5	壬申	5	7	癸卯	4	7	癸酉	3	9	甲辰	2	7	甲戌	初五
7	5	壬寅	6	6	癸酉	5	8	甲辰	4	8	甲戌	3	10	乙巳	2	8	乙亥	初六
7	6	癸卯	6	7	甲戌	5	9	乙巳	4	9	乙亥	3	11	丙午	2	9	丙子	初七
7	7	甲辰	6	8	乙亥	5	10	丙午	4	10	丙子	3	12	丁未	2	10	丁丑	初八
7	8	乙巳	6	9	丙子	5	11	丁未	4	11	丁丑	3	13	戊申	2	11	戊寅	初九
7	9	丙午	6	10	丁丑	5	12	戊申	4	12	戊寅	3	14	己酉	2	12	己卯	初十
7	10	丁未	6	11	戊寅	5	13	己酉	4	13	己卯	3	15	庚戌	2	13	庚辰	十一
7	11	戊申	6	12	己卯	5	14	庚戌	4	14	庚辰	3	16	辛亥	2	14	辛巳	十二
7	12	己酉	6	13	庚辰	5	15	辛亥	4	15	辛巳	3	17	壬子	2	15	壬午	十三
7	13	庚戌	6	14	辛巳	5	16	壬子	4	16	壬午	3	18	癸丑	2	16	癸未	十四
7	14	辛亥	6	15	壬午	5	17	癸丑	4	17	癸未	3	19	甲寅	2	17	甲申	十五
7	15	壬子	6	16	癸未	5	18	甲寅	4	18	甲申	3	20	乙卯	2	18	乙酉	十六
7	16	癸丑	6	17	甲申	5	19	乙卯	4	19	乙酉	3	21	丙辰	2	19	丙戌	十七
7	17	甲寅	6	18	乙酉	5	20	丙辰	4	20	丙戌	3	22	丁巳	2	20	丁亥	十八
7	18	乙卯	6	19	丙戌	5	21	丁巳	4	21	丁亥	3	23	戊午	2	21	戊子	十九
7	19	丙辰	6	20	丁亥	5	22	戊午	4	22	戊子	3	24	己未	2	22	己丑	二十
7	20	丁巳	6	21	戊子	5	23	己未	4	23	己丑	3	25	庚申	2	23	庚寅	廿一
7	21	戊午	6	22	己丑	5	24	庚申	4	24	庚寅	3	26	辛酉	2	24	辛卯	廿二
7	22	己未	6	23	庚寅	5	25	辛酉	4	25	辛卯	3	27	壬戌	2	25	壬辰	廿三
7	23	庚申	6	24	辛卯	5	26	壬戌	4	26	壬辰	3	28	癸亥	2	26	癸巳	廿四
7	24	辛酉	6	25	壬辰	5	27	癸亥	4	27	癸巳	3	29	甲子	2	27	甲午	廿五
7	25	壬戌	6	26	癸巳	5	28	甲子	4	28	甲午	3	30	乙丑	2	28	乙未	廿六
7	26	癸亥	6	27	甲午	5	29	乙丑	4	29	乙未	3	31	丙寅	3	1	丙申	廿七
7	27	甲子	6	28	乙未	5	30	丙寅	4	30	丙申	4	1	丁卯	3	2	丁酉	廿八
7	28	乙丑	6	29	丙申	5	31	丁卯	5	1	丁酉	4	2	戊辰	3	3	戊戌	廿九
7	29	丙寅							5	2	戊戌				3	4	己亥	三十

月別	12月			11月			10月			9月			8月			7月		
月柱	乙丑			甲子			癸亥			壬戌			辛酉			庚申		
紫白	三碧			四綠			五黃			六白			七赤			八白		
農曆	陽曆		日柱	陽曆		日柱	陽曆		日柱	陽曆		日柱	陽曆		日柱	陽曆		日柱
	月	日		月	日		月	日		月	日		月	日		月	日	
初一	12	24	甲午	11	25	乙丑	10	26	乙未	9	26	乙丑	8	28	丙申	7	30	丁卯
初二	12	25	乙未	11	26	丙寅	10	27	丙申	9	27	丙寅	8	29	丁酉	7	31	戊辰
初三	12	26	丙申	11	27	丁卯	10	28	丁酉	9	28	丁卯	8	30	戊戌	8	1	己巳
初四	12	27	丁酉	11	28	戊辰	10	29	戊戌	9	29	戊辰	8	31	己亥	8	2	庚午
初五	12	28	戊戌	11	29	己巳	10	30	己亥	9	30	己巳	9	1	庚子	8	3	辛未
初六	12	29	己亥	11	30	庚午	10	31	庚子	10	1	庚午	9	2	辛丑	8	4	壬申
初七	12	30	庚子	12	1	辛未	11	1	辛丑	10	2	辛未	9	3	壬寅	8	5	癸酉
初八	12	31	辛丑	12	2	壬申	11	2	壬寅	10	3	壬申	9	4	癸卯	8	6	甲戌
初九	1	1	壬寅	12	3	癸酉	11	3	癸卯	10	4	癸酉	9	5	甲辰	8	7	乙亥
初十	1	2	癸卯	12	4	甲戌	11	4	甲辰	10	5	甲戌	9	6	乙巳	8	8	丙子
十一	1	3	甲辰	12	5	乙亥	11	5	乙巳	10	6	乙亥	9	7	丙午	8	9	丁丑
十二	1	4	乙巳	12	6	丙子	11	6	丙午	10	7	丙子	9	8	丁未	8	10	戊寅
十三	1	5	丙午	12	7	丁丑	11	7	丁未	10	8	丁丑	9	9	戊申	8	11	己卯
十四	1	6	丁未	12	8	戊寅	11	8	戊申	10	9	戊寅	9	10	己酉	8	12	庚辰
十五	1	7	戊申	12	9	己卯	11	9	己酉	10	10	己卯	9	11	庚戌	8	13	辛巳
十六	1	8	己酉	12	10	庚辰	11	10	庚戌	10	11	庚辰	9	12	辛亥	8	14	壬午
十七	1	9	庚戌	12	11	辛巳	11	11	辛亥	10	12	辛巳	9	13	壬子	8	15	癸未
十八	1	10	辛亥	12	12	壬午	11	12	壬子	10	13	壬午	9	14	癸丑	8	16	甲申
十九	1	11	壬子	12	13	癸未	11	13	癸丑	10	14	癸未	9	15	甲寅	8	17	乙酉
二十	1	12	癸丑	12	14	甲申	11	14	甲寅	10	15	甲申	9	16	乙卯	8	18	丙戌
廿一	1	13	甲寅	12	15	乙酉	11	15	乙卯	10	16	乙酉	9	17	丙辰	8	19	丁亥
廿二	1	14	乙卯	12	16	丙戌	11	16	丙辰	10	17	丙戌	9	18	丁巳	8	20	戊子
廿三	1	15	丙辰	12	17	丁亥	11	17	丁巳	10	18	丁亥	9	19	戊午	8	21	己丑
廿四	1	16	丁巳	12	18	戊子	11	18	戊午	10	19	戊子	9	20	己未	8	22	庚寅
廿五	1	17	戊午	12	19	己丑	11	19	己未	10	20	己丑	9	21	庚申	8	23	辛卯
廿六	1	18	己未	12	20	庚寅	11	20	庚申	10	21	庚寅	9	22	辛酉	8	24	壬辰
廿七	1	19	庚申	12	21	辛卯	11	21	辛酉	10	22	辛卯	9	23	壬戌	8	25	癸巳
廿八	1	20	辛酉	12	22	壬辰	11	22	壬戌	10	23	壬辰	9	24	癸亥	8	26	甲午
廿九	1	21	壬戌	12	23	癸巳	11	23	癸亥	10	24	癸巳	9	25	甲子	8	27	乙未
三十	1	22	癸亥				11	24	甲子	10	25	甲午						

1974年【申寅】

6月			5月			閏4月			4月			3月			2月			正月			月別
辛未			庚午						己巳			戊辰			丁卯			丙寅			月柱
六白			七赤						八白			九紫			一白			二黒			紫白
陽暦		日柱	陽暦		日柱	陽暦		日柱	陽暦		日柱	陽暦		日柱	陽暦		日柱	陽暦		日柱	農暦
月	日		月	日		月	日		月	日		月	日		月	日		月	日		
7	19	辛酉	6	20	壬辰	5	22	癸亥	4	22	癸巳	3	24	甲子	2	22	甲午	1	23	甲子	初一
7	20	壬戌	6	21	癸巳	5	23	甲子	4	23	甲午	3	25	乙丑	2	23	乙未	1	24	乙丑	初二
7	21	癸亥	6	22	甲午	5	24	乙丑	4	24	乙未	3	26	丙寅	2	24	丙申	1	25	丙寅	初三
7	22	甲子	6	23	乙未	5	25	丙寅	4	25	丙申	3	27	丁卯	2	25	丁酉	1	26	丁卯	初四
7	23	乙丑	6	24	丙申	5	26	丁卯	4	26	丁酉	3	28	戊辰	2	26	戊戌	1	27	戊辰	初五
7	24	丙寅	6	25	丁酉	5	27	戊辰	4	27	戊戌	3	29	己巳	2	27	己亥	1	28	己巳	初六
7	25	丁卯	6	26	戊戌	5	28	己巳	4	28	己亥	3	30	庚午	2	28	庚子	1	29	庚午	初七
7	26	戊辰	6	27	己亥	5	29	庚午	4	29	庚子	3	31	辛未	3	1	辛丑	1	30	辛未	初八
7	27	己巳	6	28	庚子	5	30	辛未	4	30	辛丑	4	1	壬申	3	2	壬寅	1	31	壬申	初九
7	28	庚午	6	29	辛丑	5	31	壬申	5	1	壬寅	4	2	癸酉	3	3	癸卯	2	1	癸酉	初十
7	29	辛未	6	30	壬寅	6	1	癸酉	5	2	癸卯	4	3	甲戌	3	4	甲辰	2	2	甲戌	十一
7	30	壬申	7	1	癸卯	6	2	甲戌	5	3	甲辰	4	4	乙亥	3	5	乙巳	2	3	乙亥	十二
7	31	癸酉	7	2	甲辰	6	3	乙亥	5	4	乙巳	4	5	丙子	3	6	丙午	2	4	丙子	十三
8	1	甲戌	7	3	乙巳	6	4	丙子	5	5	丙午	4	6	丁丑	3	7	丁未	2	5	丁丑	十四
8	2	乙亥	7	4	丙午	6	5	丁丑	5	6	丁未	4	7	戊寅	3	8	戊申	2	6	戊寅	十五
8	3	丙子	7	5	丁未	6	6	戊寅	5	7	戊申	4	8	己卯	3	9	己酉	2	7	己卯	十六
8	4	丁丑	7	6	戊申	6	7	己卯	5	8	己酉	4	9	庚辰	3	10	庚戌	2	8	庚辰	十七
8	5	戊寅	7	7	己酉	6	8	庚辰	5	9	庚戌	4	10	辛巳	3	11	辛亥	2	9	辛巳	十八
8	6	己卯	7	8	庚戌	6	9	辛巳	5	10	辛亥	4	11	壬午	3	12	壬子	2	10	壬午	十九
8	7	庚辰	7	9	辛亥	6	10	壬午	5	11	壬子	4	12	癸未	3	13	癸丑	2	11	癸未	二十
8	8	辛巳	7	10	壬子	6	11	癸未	5	12	癸丑	4	13	甲申	3	14	甲寅	2	12	甲申	廿一
8	9	壬午	7	11	癸丑	6	12	甲申	5	13	甲寅	4	14	乙酉	3	15	乙卯	2	13	乙酉	廿二
8	10	癸未	7	12	甲寅	6	13	乙酉	5	14	乙卯	4	15	丙戌	3	16	丙辰	2	14	丙戌	廿三
8	11	甲申	7	13	乙卯	6	14	丙戌	5	15	丙辰	4	16	丁亥	3	17	丁巳	2	15	丁亥	廿四
8	12	乙酉	7	14	丙辰	6	15	丁亥	5	16	丁巳	4	17	戊子	3	18	戊午	2	16	戊子	廿五
8	13	丙戌	7	15	丁巳	6	16	戊子	5	17	戊午	4	18	己丑	3	19	己未	2	17	己丑	廿六
8	14	丁亥	7	16	戊午	6	17	己丑	5	18	己未	4	19	庚寅	3	20	庚申	2	18	庚寅	廿七
8	15	戊子	7	17	己未	6	18	庚寅	5	19	庚申	4	20	辛卯	3	21	辛酉	2	19	辛卯	廿八
8	16	己丑	7	18	庚申	6	19	辛卯	5	20	辛酉	4	21	壬辰	3	22	壬戌	2	20	壬辰	廿九
8	17	庚寅							5	21	壬戌				3	23	癸亥	2	21	癸巳	三十

月別	12月			11月			10月			9月			8月			7月		
月柱	丁丑			丙子			乙亥			甲戌			癸酉			壬申		
紫白	九紫			一白			二黑			三碧			四緑			五黃		
農暦	陽暦		日柱	陽暦		日柱	陽暦		日柱	陽暦		日柱	陽暦		日柱	陽暦		日柱
	月	日		月	日		月	日		月	日		月	日		月	日	
初一	1	12	戊午	12	14	己丑	11	14	己未	10	15	己丑	9	16	庚申	8	18	辛卯
初二	1	13	己未	12	15	庚寅	11	15	庚申	10	16	庚寅	9	17	辛酉	8	19	壬辰
初三	1	14	庚申	12	16	辛卯	11	16	辛酉	10	17	辛卯	9	18	壬戌	8	20	癸巳
初四	1	15	辛酉	12	17	壬辰	11	17	壬戌	10	18	壬辰	9	19	癸亥	8	21	甲午
初五	1	16	壬戌	12	18	癸巳	11	18	癸亥	10	19	癸巳	9	20	甲子	8	22	乙未
初六	1	17	癸亥	12	19	甲午	11	19	甲子	10	20	甲午	9	21	乙丑	8	23	丙申
初七	1	18	甲子	12	20	乙未	11	20	乙丑	10	21	乙未	9	22	丙寅	8	24	丁酉
初八	1	19	乙丑	12	21	丙申	11	21	丙寅	10	22	丙申	9	23	丁卯	8	25	戊戌
初九	1	20	丙寅	12	22	丁酉	11	22	丁卯	10	23	丁酉	9	24	戊辰	8	26	己亥
初十	1	21	丁卯	12	23	戊戌	11	23	戊辰	10	24	戊戌	9	25	己巳	8	27	庚子
十一	1	22	戊辰	12	24	己亥	11	24	己巳	10	25	己亥	9	26	庚午	8	28	辛丑
十二	1	23	己巳	12	25	庚子	11	25	庚午	10	26	庚子	9	27	辛未	8	29	壬寅
十三	1	24	庚午	12	26	辛丑	11	26	辛未	10	27	辛丑	9	28	壬申	8	30	癸卯
十四	1	25	辛未	12	27	壬寅	11	27	壬申	10	28	壬寅	9	29	癸酉	8	31	甲辰
十五	1	26	壬申	12	28	癸卯	11	28	癸酉	10	29	癸卯	9	30	甲戌	9	1	乙巳
十六	1	27	癸酉	12	29	甲辰	11	29	甲戌	10	30	甲辰	10	1	乙亥	9	2	丙午
十七	1	28	甲戌	12	30	乙巳	11	30	乙亥	10	31	乙巳	10	2	丙子	9	3	丁未
十八	1	29	乙亥	1	31	丙午	12	1	丙子	11	1	丙午	10	3	丁丑	9	4	戊申
十九	1	30	丙子	1	1	丁未	12	2	丁丑	11	2	丁未	10	4	戊寅	9	5	己酉
二十	1	31	丁丑	1	2	戊申	12	3	戊寅	11	3	戊申	10	5	己卯	9	6	庚戌
廿一	2	1	戊寅	1	3	己酉	12	4	己卯	11	4	己酉	10	6	庚辰	9	7	辛亥
廿二	2	2	己卯	1	4	庚戌	12	5	庚辰	11	5	庚戌	10	7	辛巳	9	8	壬子
廿三	2	3	庚辰	1	5	辛亥	12	6	辛巳	11	6	辛亥	10	8	壬午	9	9	癸丑
廿四	2	4	辛巳	1	6	壬子	12	7	壬午	11	7	壬子	10	9	癸未	9	10	甲寅
廿五	2	5	壬午	1	7	癸丑	12	8	癸未	11	8	癸丑	10	10	甲申	9	11	乙卯
廿六	2	6	癸未	1	8	甲寅	12	9	甲申	11	9	甲寅	10	11	乙酉	9	12	丙辰
廿七	2	7	甲申	1	9	乙卯	12	10	乙酉	11	10	乙卯	10	12	丙戌	9	13	丁巳
廿八	2	8	乙酉	1	10	丙辰	12	11	丙戌	11	11	丙辰	10	13	丁亥	9	14	戊午
廿九	2	9	丙戌	1	11	丁巳	12	12	丁亥	11	12	丁巳	10	14	戊子	9	15	己未
三十	2	10	丁亥				12	13	戊子	11	13	戊午						

1975年【乙卯】

6月			5月			4月			3月			2月			正月			月別
癸未			壬午			辛巳			庚辰			己卯			戊寅			月柱
三碧			四緑			五黃			六白			七赤			八白			紫白
陽暦		日柱	陽暦		日柱	陽暦		日柱	陽暦		日柱	陽暦		日柱	陽暦		日柱	農暦
月	日		月	日		月	日		月	日		月	日		月	日		
7	9	丙辰	6	10	丁亥	5	11	丁巳	4	12	戊子	3	13	戊午	2	11	戊子	初一
7	10	丁巳	6	11	戊子	5	12	戊午	4	13	己丑	3	14	己未	2	12	己丑	初二
7	11	戊午	6	12	己丑	5	13	己未	4	14	庚寅	3	15	庚申	2	13	庚寅	初三
7	12	己未	6	13	庚寅	5	14	庚申	4	15	辛卯	3	16	辛酉	2	14	辛卯	初四
7	13	庚申	6	14	辛卯	5	15	辛酉	4	16	壬辰	3	17	壬戌	2	15	壬辰	初五
7	14	辛酉	6	15	壬辰	5	16	壬戌	4	17	癸巳	3	18	癸亥	2	16	癸巳	初六
7	15	壬戌	6	16	癸巳	5	17	癸亥	4	18	甲午	3	19	甲子	2	17	甲午	初七
7	16	癸亥	6	17	甲午	5	18	甲子	4	19	乙未	3	20	乙丑	2	18	乙未	初八
7	17	甲子	6	18	乙未	5	19	乙丑	4	20	丙申	3	21	丙寅	2	19	丙申	初九
7	18	乙丑	6	19	丙申	5	20	丙寅	4	21	丁酉	3	22	丁卯	2	20	丁酉	初十
7	19	丙寅	6	20	丁酉	5	21	丁卯	4	22	戊戌	3	23	戊辰	2	21	戊戌	十一
7	20	丁卯	6	21	戊戌	5	22	戊辰	4	23	己亥	3	24	己巳	2	22	己亥	十二
7	21	戊辰	6	22	己亥	5	23	己巳	4	24	庚子	3	25	庚午	2	23	庚子	十三
7	22	己巳	6	23	庚子	5	24	庚午	4	25	辛丑	3	26	辛未	2	24	辛丑	十四
7	23	庚午	6	24	辛丑	5	25	辛未	4	26	壬寅	3	27	壬申	2	25	壬寅	十五
7	24	辛未	6	25	壬寅	5	26	壬申	4	27	癸卯	3	28	癸酉	2	26	癸卯	十六
7	25	壬申	6	26	癸卯	5	27	癸酉	4	28	甲辰	3	29	甲戌	2	27	甲辰	十七
7	26	癸酉	6	27	甲辰	5	28	甲戌	4	29	乙巳	3	30	乙亥	2	28	乙巳	十八
7	27	甲戌	6	28	乙巳	5	29	乙亥	4	30	丙午	3	31	丙子	3	1	丙午	十九
7	28	乙亥	6	29	丙午	5	30	丙子	5	1	丁未	4	1	丁丑	3	2	丁未	二十
7	29	丙子	6	30	丁未	5	31	丁丑	5	2	戊申	4	2	戊寅	3	3	戊申	廿一
7	30	丁丑	7	1	戊申	6	1	戊寅	5	3	己酉	4	3	己卯	3	4	己酉	廿二
7	31	戊寅	7	2	己酉	6	2	己卯	5	4	庚戌	4	4	庚辰	3	5	庚戌	廿三
8	1	己卯	7	3	庚戌	6	3	庚辰	5	5	辛亥	4	5	辛巳	3	6	辛亥	廿四
8	2	庚辰	7	4	辛亥	6	4	辛巳	5	6	壬子	4	6	壬午	3	7	壬子	廿五
8	3	辛巳	7	5	壬子	6	5	壬午	5	7	癸丑	4	7	癸未	3	8	癸丑	廿六
8	4	壬午	7	6	癸丑	6	6	癸未	5	8	甲寅	4	8	甲申	3	9	甲寅	廿七
8	5	癸未	7	7	甲寅	6	7	甲申	5	9	乙卯	4	9	乙酉	3	10	乙卯	廿八
8	6	甲申	7	8	乙卯	6	8	乙酉	5	10	丙辰	4	10	丙戌	3	11	丙辰	廿九
						6	9	丙戌				4	11	丁亥	3	12	丁巳	三十

月別	12月			11月			10月			9月			8月			7月		
月柱	己丑			戊子			丁亥			丙戌			乙酉			甲申		
紫白	六白			七赤			八白			九紫			一白			二黑		
農暦	陽暦		日柱	陽暦		日柱	陽暦		日柱	陽暦		日柱	陽暦		日柱	陽暦		日柱
	月	日		月	日		月	日		月	日		月	日		月	日	
初一	1	1	壬子	12	3	癸未	11	3	癸丑	10	5	甲申	9	6	乙卯	8	7	乙酉
初二	1	2	癸丑	12	4	甲申	11	4	甲寅	10	6	乙酉	9	7	丙辰	8	8	丙戌
初三	1	3	甲寅	12	5	乙酉	11	5	乙卯	10	7	丙戌	9	8	丁巳	8	9	丁亥
初四	1	4	乙卯	12	6	丙戌	11	6	丙辰	10	8	丁亥	9	9	戊午	8	10	戊子
初五	1	5	丙辰	12	7	丁亥	11	7	丁巳	10	9	戊子	9	10	己未	8	11	己丑
初六	1	6	丁巳	12	8	戊子	11	8	戊午	10	10	己丑	9	11	庚申	8	12	庚寅
初七	1	7	戊午	12	9	己丑	11	9	己未	10	11	庚寅	9	12	辛酉	8	13	辛卯
初八	1	8	己未	12	10	庚寅	11	10	庚申	10	12	辛卯	9	13	壬戌	8	14	壬辰
初九	1	9	庚申	12	11	辛卯	11	11	辛酉	10	13	壬辰	9	14	癸亥	8	15	癸巳
初十	1	10	辛酉	12	12	壬辰	11	12	壬戌	10	14	癸巳	9	15	甲子	8	16	甲午
十一	1	11	壬戌	12	13	癸巳	11	13	癸亥	10	15	甲午	9	16	乙丑	8	17	乙未
十二	1	12	癸亥	12	14	甲午	11	14	甲子	10	16	乙未	9	17	丙寅	8	18	丙申
十三	1	13	甲子	12	15	乙未	11	15	乙丑	10	17	丙申	9	18	丁卯	8	19	丁酉
十四	1	14	乙丑	12	16	丙申	11	16	丙寅	10	18	丁酉	9	19	戊辰	8	20	戊戌
十五	1	15	丙寅	12	17	丁酉	11	17	丁卯	10	19	戊戌	9	20	己巳	8	21	己亥
十六	1	16	丁卯	12	18	戊戌	11	18	戊辰	10	20	己亥	9	21	庚午	8	22	庚子
十七	1	17	戊辰	12	19	己亥	11	19	己巳	10	21	庚子	9	22	辛未	8	23	辛丑
十八	1	18	己巳	12	20	庚子	11	20	庚午	10	22	辛丑	9	23	壬申	8	24	壬寅
十九	1	19	庚午	12	21	辛丑	11	21	辛未	10	23	壬寅	9	24	癸酉	8	25	癸卯
二十	1	20	辛未	12	22	壬寅	11	22	壬申	10	24	癸卯	9	25	甲戌	8	26	甲辰
廿一	1	21	壬申	12	23	癸卯	11	23	癸酉	10	25	甲辰	9	26	乙亥	8	27	乙巳
廿二	1	22	癸酉	12	24	甲辰	11	24	甲戌	10	26	乙巳	9	27	丙子	8	28	丙午
廿三	1	23	甲戌	12	25	乙巳	11	25	乙亥	10	27	丙午	9	28	丁丑	8	29	丁未
廿四	1	24	乙亥	12	26	丙午	11	26	丙子	10	28	丁未	9	29	戊寅	8	30	戊申
廿五	1	25	丙子	12	27	丁未	11	27	丁丑	10	29	戊申	9	30	己卯	8	31	己酉
廿六	1	26	丁丑	12	28	戊申	11	28	戊寅	10	30	己酉	10	1	庚辰	9	1	庚戌
廿七	1	27	戊寅	12	29	己酉	11	29	己卯	10	31	庚戌	10	2	辛巳	9	2	辛亥
廿八	1	28	己卯	12	30	庚戌	11	30	庚辰	11	1	辛亥	10	3	壬午	9	3	壬子
廿九	1	29	庚辰	12	31	辛亥	12	1	辛巳	11	2	壬子	10	4	癸未	9	4	癸丑
三十	1	30	辛巳				12	2	壬午							9	5	甲寅

1976年【丙辰】

6月			5月			4月			3月			2月			正月			月別
乙未			甲午			癸巳			壬辰			辛卯			庚寅			月柱
九紫			一白			二黒			三碧			四緑			五黄			紫白
陽暦		日柱	陽暦		日柱	陽暦		日柱	陽暦		日柱	陽暦		日柱	陽暦		日柱	農暦
月	日		月	日		月	日		月	日		月	日		月	日		
6	27	庚戌	5	29	辛巳	4	29	辛亥	3	31	壬午	3	1	壬子	1	31	壬午	初一
6	28	辛亥	5	30	壬午	4	30	壬子	4	1	癸未	3	2	癸丑	2	1	癸未	初二
6	29	壬子	5	31	癸未	5	1	癸丑	4	2	甲申	3	3	甲寅	2	2	甲申	初三
6	30	癸丑	6	1	甲申	5	2	甲寅	4	3	乙酉	3	4	乙卯	2	3	乙酉	初四
7	1	甲寅	6	2	乙酉	5	3	乙卯	4	4	丙戌	3	5	丙辰	2	4	丙戌	初五
7	2	乙卯	6	3	丙戌	5	4	丙辰	4	5	丁亥	3	6	丁巳	2	5	丁亥	初六
7	3	丙辰	6	4	丁亥	5	5	丁巳	4	6	戊子	3	7	戊午	2	6	戊子	初七
7	4	丁巳	6	5	戊子	5	6	戊午	4	7	己丑	3	8	己未	2	7	己丑	初八
7	5	戊午	6	6	己丑	5	7	己未	4	8	庚寅	3	9	庚申	2	8	庚寅	初九
7	6	己未	6	7	庚寅	5	8	庚申	4	9	辛卯	3	10	辛酉	2	9	辛卯	初十
7	7	庚申	6	8	辛卯	5	9	辛酉	4	10	壬辰	3	11	壬戌	2	10	壬辰	十一
7	8	辛酉	6	9	壬辰	5	10	壬戌	4	11	癸巳	3	12	癸亥	2	11	癸巳	十二
7	9	壬戌	6	10	癸巳	5	11	癸亥	4	12	甲午	3	13	甲子	2	12	甲午	十三
7	10	癸亥	6	11	甲午	5	12	甲子	4	13	乙未	3	14	乙丑	2	13	乙未	十四
7	11	甲子	6	12	乙未	5	13	乙丑	4	14	丙申	3	15	丙寅	2	14	丙申	十五
7	12	乙丑	6	13	丙申	5	14	丙寅	4	15	丁酉	3	16	丁卯	2	15	丁酉	十六
7	13	丙寅	6	14	丁酉	5	15	丁卯	4	16	戊戌	3	17	戊辰	2	16	戊戌	十七
7	14	丁卯	6	15	戊戌	5	16	戊辰	4	17	己亥	3	18	己巳	2	17	己亥	十八
7	15	戊辰	6	16	己亥	5	17	己巳	4	18	庚子	3	19	庚午	2	18	庚子	十九
7	16	己巳	6	17	庚子	5	18	庚午	4	19	辛丑	3	20	辛未	2	19	辛丑	二十
7	17	庚午	6	18	辛丑	5	19	辛未	4	20	壬寅	3	21	壬申	2	20	壬寅	廿一
7	18	辛未	6	19	壬寅	5	20	壬申	4	21	癸卯	3	22	癸酉	2	21	癸卯	廿二
7	19	壬申	6	20	癸卯	5	21	癸酉	4	22	甲辰	3	23	甲戌	2	22	甲辰	廿三
7	20	癸酉	6	21	甲辰	5	22	甲戌	4	23	乙巳	3	24	乙亥	2	23	乙巳	廿四
7	21	甲戌	6	22	乙巳	5	23	乙亥	4	24	丙午	3	25	丙子	2	24	丙午	廿五
7	22	乙亥	6	23	丙午	5	24	丙子	4	25	丁未	3	26	丁丑	2	25	丁未	廿六
7	23	丙子	6	24	丁未	5	25	丁丑	4	26	戊申	3	27	戊寅	2	26	戊申	廿七
7	24	丁丑	6	25	戊申	5	26	戊寅	4	27	己酉	3	28	己卯	2	27	己酉	廿八
7	25	戊寅	6	26	己酉	5	27	己卯	4	28	庚戌	3	29	庚辰	2	28	庚戌	廿九
7	26	己卯				5	28	庚辰				3	30	辛巳	2	29	辛亥	三十

月別	12月			11月			10月			9月			閏8月			8月			7月		
月柱	辛丑			庚子			己亥			戊戌						丁酉			丙申		
紫白	三碧			四緑			五黄			六白						七赤			八白		
農暦	陽暦		日柱	陽暦		日柱	陽暦		日柱	陽暦		日柱	陽暦		日柱	陽暦		日柱	陽暦		日柱
	月	日		月	日		月	日		月	日		月	日		月	日		月	日	
初一	1	19	丙子	12	21	丁未	11	21	丁丑	10	23	戊申	9	24	己卯	8	25	己酉	7	27	庚辰
初二	1	20	丁丑	12	22	戊申	11	22	戊寅	10	24	己酉	9	25	庚辰	8	26	庚戌	7	28	辛巳
初三	1	21	戊寅	12	23	己酉	11	23	己卯	10	25	庚戌	9	26	辛巳	8	27	辛亥	7	29	壬午
初四	1	22	己卯	12	24	庚戌	11	24	庚辰	10	26	辛亥	9	27	壬午	8	28	壬子	7	30	癸未
初五	1	23	庚辰	12	25	辛亥	11	25	辛巳	10	27	壬子	9	28	癸未	8	29	癸丑	7	31	甲申
初六	1	24	辛巳	12	26	壬子	11	26	壬午	10	28	癸丑	9	29	甲申	8	30	甲寅	8	1	乙酉
初七	1	25	壬午	12	27	癸丑	11	27	癸未	10	29	甲寅	9	30	乙酉	8	31	乙卯	8	2	丙戌
初八	1	26	癸未	12	28	甲寅	11	28	甲申	10	30	乙卯	10	1	丙戌	9	1	丙辰	8	3	丁亥
初九	1	27	甲申	12	29	乙卯	11	29	乙酉	10	31	丙辰	10	2	丁亥	9	2	丁巳	8	4	戊子
初十	1	28	乙酉	12	30	丙辰	11	30	丙戌	11	1	丁巳	10	3	戊子	9	3	戊午	8	5	己丑
十一	1	29	丙戌	12	31	丁巳	12	1	丁亥	11	2	戊午	10	4	己丑	9	4	己未	8	6	庚寅
十二	1	30	丁亥	1	1	戊午	12	2	戊子	11	3	己未	10	5	庚寅	9	5	庚申	8	7	辛卯
十三	1	31	戊子	1	2	己未	12	3	己丑	11	4	庚申	10	6	辛卯	9	6	辛酉	8	8	壬辰
十四	2	1	己丑	1	3	庚申	12	4	庚寅	11	5	辛酉	10	7	壬辰	9	7	壬戌	8	9	癸巳
十五	2	2	庚寅	1	4	辛酉	12	5	辛卯	11	6	壬戌	10	8	癸巳	9	8	癸亥	8	10	甲午
十六	2	3	辛卯	1	5	壬戌	12	6	壬辰	11	7	癸亥	10	9	甲午	9	9	甲子	8	11	乙未
十七	2	4	壬辰	1	6	癸亥	12	7	癸巳	11	8	甲子	10	10	乙未	9	10	乙丑	8	12	丙申
十八	2	5	癸巳	1	7	甲子	12	8	甲午	11	9	乙丑	10	11	丙申	9	11	丙寅	8	13	丁酉
十九	2	6	甲午	1	8	乙丑	12	9	乙未	11	10	丙寅	10	12	丁酉	9	12	丁卯	8	14	戊戌
二十	2	7	乙未	1	9	丙寅	12	10	丙申	11	11	丁卯	10	13	戊戌	9	13	戊辰	8	15	己亥
廿一	2	8	丙申	1	10	丁卯	12	11	丁酉	11	12	戊辰	10	14	己亥	9	14	己巳	8	16	庚子
廿二	2	9	丁酉	1	11	戊辰	12	12	戊戌	11	13	己巳	10	15	庚子	9	15	庚午	8	17	辛丑
廿三	2	10	戊戌	1	12	己巳	12	13	己亥	11	14	庚午	10	16	辛丑	9	16	辛未	8	18	壬寅
廿四	2	11	己亥	1	13	庚午	12	14	庚子	11	15	辛未	10	17	壬寅	9	17	壬申	8	19	癸卯
廿五	2	12	庚子	1	14	辛未	12	15	辛丑	11	16	壬申	10	18	癸卯	9	18	癸酉	8	20	甲辰
廿六	2	13	辛丑	1	15	壬申	12	16	壬寅	11	17	癸酉	10	19	甲辰	9	19	甲戌	8	21	乙巳
廿七	2	14	壬寅	1	16	癸酉	12	17	癸卯	11	18	甲戌	10	20	乙巳	9	20	乙亥	8	22	丙午
廿八	2	15	癸卯	1	17	甲戌	12	18	甲辰	11	19	乙亥	10	21	丙午	9	21	丙子	8	23	丁未
廿九	2	16	甲辰	1	18	乙亥	12	19	乙巳	11	20	丙子	10	22	丁未	9	22	丁丑	8	24	戊申
三十	2	17	乙巳				12	20	丙午							9	23	戊寅			

1977年【丁巳】

6月			5月			4月			3月			2月			正月			月別
丁未			丙午			乙巳			甲辰			癸卯			壬寅			月柱
六白			七赤			八白			九紫			一白			二黒			紫白
陽暦		日柱	陽暦		日柱	陽暦		日柱	陽暦		日柱	陽暦		日柱	陽暦		日柱	農暦
月	日		月	日		月	日		月	日		月	日		月	日		
7	16	甲戌	6	17	乙巳	5	18	乙亥	4	18	乙巳	3	20	丙子	2	18	丙午	初一
7	17	乙亥	6	18	丙午	5	19	丙子	4	19	丙午	3	21	丁丑	2	19	丁未	初二
7	18	丙子	6	19	丁未	5	20	丁丑	4	20	丁未	3	22	戊寅	2	20	戊申	初三
7	19	丁丑	6	20	戊申	5	21	戊寅	4	21	戊申	3	23	己卯	2	21	己酉	初四
7	20	戊寅	6	21	己酉	5	22	己卯	4	22	己酉	3	24	庚辰	2	22	庚戌	初五
7	21	己卯	6	22	庚戌	5	23	庚辰	4	23	庚戌	3	25	辛巳	2	23	辛亥	初六
7	22	庚辰	6	23	辛亥	5	24	辛巳	4	24	辛亥	3	26	壬午	2	24	壬子	初七
7	23	辛巳	6	24	壬子	5	25	壬午	4	25	壬子	3	27	癸未	2	25	癸丑	初八
7	24	壬午	6	25	癸丑	5	26	癸未	4	26	癸丑	3	28	甲申	2	26	甲寅	初九
7	25	癸未	6	26	甲寅	5	27	甲申	4	27	甲寅	3	29	乙酉	2	27	乙卯	初十
7	26	甲申	6	27	乙卯	5	28	乙酉	4	28	乙卯	3	30	丙戌	2	28	丙辰	十一
7	27	乙酉	6	28	丙辰	5	29	丙戌	4	29	丙辰	3	31	丁亥	3	1	丁巳	十二
7	28	丙戌	6	29	丁巳	5	30	丁亥	4	30	丁巳	4	1	戊子	3	2	戊午	十三
7	29	丁亥	6	30	戊午	5	31	戊子	5	1	戊午	4	2	己丑	3	3	己未	十四
7	30	戊子	7	1	己未	6	1	己丑	5	2	己未	4	3	庚寅	3	4	庚申	十五
7	31	己丑	7	2	庚申	6	2	庚寅	5	3	庚申	4	4	辛卯	3	5	辛酉	十六
8	1	庚寅	7	3	辛酉	6	3	辛卯	5	4	辛酉	4	5	壬辰	3	6	壬戌	十七
8	2	辛卯	7	4	壬戌	6	4	壬辰	5	5	壬戌	4	6	癸巳	3	7	癸亥	十八
8	3	壬辰	7	5	癸亥	6	5	癸巳	5	6	癸亥	4	7	甲午	3	8	甲子	十九
8	4	癸巳	7	6	甲子	6	6	甲午	5	7	甲子	4	8	乙未	3	9	乙丑	二十
8	5	甲午	7	7	乙丑	6	7	乙未	5	8	乙丑	4	9	丙申	3	10	丙寅	廿一
8	6	乙未	7	8	丙寅	6	8	丙申	5	9	丙寅	4	10	丁酉	3	11	丁卯	廿二
8	7	丙申	7	9	丁卯	6	9	丁酉	5	10	丁卯	4	11	戊戌	3	12	戊辰	廿三
8	8	丁酉	7	10	戊辰	6	10	戊戌	5	11	戊辰	4	12	己亥	3	13	己巳	廿四
8	9	戊戌	7	11	己巳	6	11	己亥	5	12	己巳	4	13	庚子	3	14	庚午	廿五
8	10	己亥	7	12	庚午	6	12	庚子	5	13	庚午	4	14	辛丑	3	15	辛未	廿六
8	11	庚子	7	13	辛未	6	13	辛丑	5	14	辛未	4	15	壬寅	3	16	壬申	廿七
8	12	辛丑	7	14	壬申	6	14	壬寅	5	15	壬申	4	16	癸卯	3	17	癸酉	廿八
8	13	壬寅	7	15	癸酉	6	15	癸卯	5	16	癸酉	4	17	甲辰	3	18	甲戌	廿九
8	14	癸卯				6	16	甲辰	5	17	甲戌				3	19	乙亥	三十

月別	12月			11月			10月			9月			8月			7月		
月柱	癸丑			壬子			辛亥			庚戌			己酉			戊申		
紫白	九紫			一白			二黑			三碧			四綠			五黃		
農曆	陽曆		日柱	陽曆		日柱	陽曆		日柱	陽曆		日柱	陽曆		日柱	陽曆		日柱
	月	日		月	日		月	日		月	日		月	日		月	日	
初一	1	9	辛未	12	11	壬寅	11	11	壬申	10	13	癸卯	9	13	癸酉	8	15	甲辰
初二	1	10	壬申	12	12	癸卯	11	12	癸酉	10	14	甲辰	9	14	甲戌	8	16	乙巳
初三	1	11	癸酉	12	13	甲辰	11	13	甲戌	10	15	乙巳	9	15	乙亥	8	17	丙午
初四	1	12	甲戌	12	14	乙巳	11	14	乙亥	10	16	丙午	9	16	丙子	8	18	丁未
初五	1	13	乙亥	12	15	丙午	11	15	丙子	10	17	丁未	9	17	丁丑	8	19	戊申
初六	1	14	丙子	12	16	丁未	11	16	丁丑	10	18	戊申	9	18	戊寅	8	20	己酉
初七	1	15	丁丑	12	17	戊申	11	17	戊寅	10	19	己酉	9	19	己卯	8	21	庚戌
初八	1	16	戊寅	12	18	己酉	11	18	己卯	10	20	庚戌	9	20	庚辰	8	22	辛亥
初九	1	17	己卯	12	19	庚戌	11	19	庚辰	10	21	辛亥	9	21	辛巳	8	23	壬子
初十	1	18	庚辰	12	20	辛亥	11	20	辛巳	10	22	壬子	9	22	壬午	8	24	癸丑
十一	1	19	辛巳	12	21	壬子	11	21	壬午	10	23	癸丑	9	23	癸未	8	25	甲寅
十二	1	20	壬午	12	22	癸丑	11	22	癸未	10	24	甲寅	9	24	甲申	8	26	乙卯
十三	1	21	癸未	12	23	甲寅	11	23	甲申	10	25	乙卯	9	25	乙酉	8	27	丙辰
十四	1	22	甲申	12	24	乙卯	11	24	乙酉	10	26	丙辰	9	26	丙戌	8	28	丁巳
十五	1	23	乙酉	12	25	丙辰	11	25	丙戌	10	27	丁巳	9	27	丁亥	8	29	戊午
十六	1	24	丙戌	12	26	丁巳	11	26	丁亥	10	28	戊午	9	28	戊子	8	30	己未
十七	1	25	丁亥	12	27	戊午	11	27	戊子	10	29	己未	9	29	己丑	8	31	庚申
十八	1	26	戊子	12	28	己未	11	28	己丑	10	30	庚申	9	30	庚寅	9	1	辛酉
十九	1	27	己丑	12	29	庚申	11	29	庚寅	10	31	辛酉	10	1	辛卯	9	2	壬戌
二十	1	28	庚寅	12	30	辛酉	11	30	辛卯	11	1	壬戌	10	2	壬辰	9	3	癸亥
廿一	1	29	辛卯	12	31	壬戌	12	1	壬辰	11	2	癸亥	10	3	癸巳	9	4	甲子
廿二	1	30	壬辰	1	1	癸亥	12	2	癸巳	11	3	甲子	10	4	甲午	9	5	乙丑
廿三	1	31	癸巳	1	2	甲子	12	3	甲午	11	4	乙丑	10	5	乙未	9	6	丙寅
廿四	2	1	甲午	1	3	乙丑	12	4	乙未	11	5	丙寅	10	6	丙申	9	7	丁卯
廿五	2	2	乙未	1	4	丙寅	12	5	丙申	11	6	丁卯	10	7	丁酉	9	8	戊辰
廿六	2	3	丙申	1	5	丁卯	12	6	丁酉	11	7	戊辰	10	8	戊戌	9	9	己巳
廿七	2	4	丁酉	1	6	戊辰	12	7	戊戌	11	8	己巳	10	9	己亥	9	10	庚午
廿八	2	5	戊戌	1	7	己巳	12	8	己亥	11	9	庚午	10	10	庚子	9	11	辛未
廿九	2	6	己亥	1	8	庚午	12	9	庚子	11	10	辛未	10	11	辛丑	9	12	壬申
三十							12	10	辛丑				10	12	壬寅			

1978年【戊午】

6月			5月			4月			3月			2月			正月			月別
己未			戊午			丁巳			丙辰			乙卯			甲寅			月柱
三碧			四緑			五黄			六白			七赤			八白			紫白
陽暦		日柱	陽暦		日柱	陽暦		日柱	陽暦		日柱	陽暦		日柱	陽暦		日柱	農暦
月	日		月	日		月	日		月	日		月	日		月	日		
7	5	戊辰	6	6	己亥	5	7	己巳	4	7	己亥	3	9	庚午	2	7	庚子	初一
7	6	己巳	6	7	庚子	5	8	庚午	4	8	庚子	3	10	辛未	2	8	辛丑	初二
7	7	庚午	6	8	辛丑	5	9	辛未	4	9	辛丑	3	11	壬申	2	9	壬寅	初三
7	8	辛未	6	9	壬寅	5	10	壬申	4	10	壬寅	3	12	癸酉	2	10	癸卯	初四
7	9	壬申	6	10	癸卯	5	11	癸酉	4	11	癸卯	3	13	甲戌	2	11	甲辰	初五
7	10	癸酉	6	11	甲辰	5	12	甲戌	4	12	甲辰	3	14	乙亥	2	12	乙巳	初六
7	11	甲戌	6	12	乙巳	5	13	乙亥	4	13	乙巳	3	15	丙子	2	13	丙午	初七
7	12	乙亥	6	13	丙午	5	14	丙子	4	14	丙午	3	16	丁丑	2	14	丁未	初八
7	13	丙子	6	14	丁未	5	15	丁丑	4	15	丁未	3	17	戊寅	2	15	戊申	初九
7	14	丁丑	6	15	戊申	5	16	戊寅	4	16	戊申	3	18	己卯	2	16	己酉	初十
7	15	戊寅	6	16	己酉	5	17	己卯	4	17	己酉	3	19	庚辰	2	17	庚戌	十一
7	16	己卯	6	17	庚戌	5	18	庚辰	4	18	庚戌	3	20	辛巳	2	18	辛亥	十二
7	17	庚辰	6	18	辛亥	5	19	辛巳	4	19	辛亥	3	21	壬午	2	19	壬子	十三
7	18	辛巳	6	19	壬子	5	20	壬午	4	20	壬子	3	22	癸未	2	20	癸丑	十四
7	19	壬午	6	20	癸丑	5	21	癸未	4	21	癸丑	3	23	甲申	2	21	甲寅	十五
7	20	癸未	6	21	甲寅	5	22	甲申	4	22	甲寅	3	24	乙酉	2	22	乙卯	十六
7	21	甲申	6	22	乙卯	5	23	乙酉	4	23	乙卯	3	25	丙戌	2	23	丙辰	十七
7	22	乙酉	6	23	丙辰	5	24	丙戌	4	24	丙辰	3	26	丁亥	2	24	丁巳	十八
7	23	丙戌	6	24	丁巳	5	25	丁亥	4	25	丁巳	3	27	戊子	2	25	戊午	十九
7	24	丁亥	6	25	戊午	5	26	戊子	4	26	戊午	3	28	己丑	2	26	己未	二十
7	25	戊子	6	26	己未	5	27	己丑	4	27	己未	3	29	庚寅	2	27	庚申	廿一
7	26	己丑	6	27	庚申	5	28	庚寅	4	28	庚申	3	30	辛卯	2	28	辛酉	廿二
7	27	庚寅	6	28	辛酉	5	29	辛卯	4	29	辛酉	3	31	壬辰	3	1	壬戌	廿三
7	28	辛卯	6	29	壬戌	5	30	壬辰	4	30	壬戌	4	1	癸巳	3	2	癸亥	廿四
7	29	壬辰	6	30	癸亥	5	31	癸巳	5	1	癸亥	4	2	甲午	3	3	甲子	廿五
7	30	癸巳	7	1	甲子	6	1	甲午	5	2	甲子	4	3	乙未	3	4	乙丑	廿六
7	31	甲午	7	2	乙丑	6	2	乙未	5	3	乙丑	4	4	丙申	3	5	丙寅	廿七
8	1	乙未	7	3	丙寅	6	3	丙申	5	4	丙寅	4	5	丁酉	3	6	丁卯	廿八
8	2	丙申	7	4	丁卯	6	4	丁酉	5	5	丁卯	4	6	戊戌	3	7	戊辰	廿九
8	3	丁酉				6	5	戊戌	5	6	戊辰				3	8	己巳	三十

月別	12月			11月			10月			9月			8月			7月		
月柱	乙丑			甲子			癸亥			壬戌			辛酉			庚申		
紫白	六白			七赤			八白			九紫			一白			二黒		
農暦	陽暦		日柱	陽暦		日柱	陽暦		日柱	陽暦		日柱	陽暦		日柱	陽暦		日柱
	月	日		月	日		月	日		月	日		月	日		月	日	
初一	12	30	丙寅	11	30	丙申	11	1	丁卯	10	2	丁酉	9	3	戊辰	8	4	戊戌
初二	12	31	丁卯	12	1	丁酉	11	2	戊辰	10	3	戊戌	9	4	己巳	8	5	己亥
初三	1	1	戊辰	12	2	戊戌	11	3	己巳	10	4	己亥	9	5	庚午	8	6	庚子
初四	1	2	己巳	12	3	己亥	11	4	庚午	10	5	庚子	9	6	辛未	8	7	辛丑
初五	1	3	庚午	12	4	庚子	11	5	辛未	10	6	辛丑	9	7	壬申	8	8	壬寅
初六	1	4	辛未	12	5	辛丑	11	6	壬申	10	7	壬寅	9	8	癸酉	8	9	癸卯
初七	1	5	壬申	12	6	壬寅	11	7	癸酉	10	8	癸卯	9	9	甲戌	8	10	甲辰
初八	1	6	癸酉	12	7	癸卯	11	8	甲戌	10	9	甲辰	9	10	乙亥	8	11	乙巳
初九	1	7	甲戌	12	8	甲辰	11	9	乙亥	10	10	乙巳	9	11	丙子	8	12	丙午
初十	1	8	乙亥	12	9	乙巳	11	10	丙子	10	11	丙午	9	12	丁丑	8	13	丁未
十一	1	9	丙子	12	10	丙午	11	11	丁丑	10	12	丁未	9	13	戊寅	8	14	戊申
十二	1	10	丁丑	12	11	丁未	11	12	戊寅	10	13	戊申	9	14	己卯	8	15	己酉
十三	1	11	戊寅	12	12	戊申	11	13	己卯	10	14	己酉	9	15	庚辰	8	16	庚戌
十四	1	12	己卯	12	13	己酉	11	14	庚辰	10	15	庚戌	9	16	辛巳	8	17	辛亥
十五	1	13	庚辰	12	14	庚戌	11	15	辛巳	10	16	辛亥	9	17	壬午	8	18	壬子
十六	1	14	辛巳	12	15	辛亥	11	16	壬午	10	17	壬子	9	18	癸未	8	19	癸丑
十七	1	15	壬午	12	16	壬子	11	17	癸未	10	18	癸丑	9	19	甲申	8	20	甲寅
十八	1	16	癸未	12	17	癸丑	11	18	甲申	10	19	甲寅	9	20	乙酉	8	21	乙卯
十九	1	17	甲申	12	18	甲寅	11	19	乙酉	10	20	乙卯	9	21	丙戌	8	22	丙辰
二十	1	18	乙酉	12	19	乙卯	11	20	丙戌	10	21	丙辰	9	22	丁亥	8	23	丁巳
廿一	1	19	丙戌	12	20	丙辰	11	21	丁亥	10	22	丁巳	9	23	戊子	8	24	戊午
廿二	1	20	丁亥	12	21	丁巳	11	22	戊子	10	23	戊午	9	24	己丑	8	25	己未
廿三	1	21	戊子	12	22	戊午	11	23	己丑	10	24	己未	9	25	庚寅	8	26	庚申
廿四	1	22	己丑	12	23	己未	11	24	庚寅	10	25	庚申	9	26	辛卯	8	27	辛酉
廿五	1	23	庚寅	12	24	庚申	11	25	辛卯	10	26	辛酉	9	27	壬辰	8	28	壬戌
廿六	1	24	辛卯	12	25	辛酉	11	26	壬辰	10	27	壬戌	9	28	癸巳	8	29	癸亥
廿七	1	25	壬辰	12	26	壬戌	11	27	癸巳	10	28	癸亥	9	29	甲午	8	30	甲子
廿八	1	26	癸巳	12	27	癸亥	11	28	甲午	10	29	甲子	9	30	乙未	8	31	乙丑
廿九	1	27	甲午	12	28	甲子	11	29	乙未	10	30	乙丑	10	1	丙申	9	1	丙寅
三十				12	29	乙丑				10	31	丙寅				9	2	丁卯

1979年【己未】

閏6月			6月			5月			4月			3月			2月			正月			月別
			辛未			庚午			己巳			戊辰			丁卯			丙寅			月柱
			九紫			一白			二黒			三碧			四緑			五黄			紫白
陽暦		日柱	陽暦		日柱	陽暦		日柱	陽暦		日柱	陽暦		日柱	陽暦		日柱	陽暦		日柱	農暦
月	日		月	日		月	日		月	日		月	日		月	日		月	日		
7	24	壬辰	6	24	壬戌	5	26	癸巳	4	26	癸亥	3	28	甲午	2	27	乙丑	1	28	乙未	初一
7	25	癸巳	6	25	癸亥	5	27	甲午	4	27	甲子	3	29	乙未	2	28	丙寅	1	29	丙申	初二
7	26	甲午	6	26	甲子	5	28	乙未	4	28	乙丑	3	30	丙申	3	1	丁卯	1	30	丁酉	初三
7	27	乙未	6	27	乙丑	5	29	丙申	4	29	丙寅	3	31	丁酉	3	2	戊辰	1	31	戊戌	初四
7	28	丙申	6	28	丙寅	5	30	丁酉	4	30	丁卯	4	1	戊戌	3	3	己巳	2	1	己亥	初五
7	29	丁酉	6	29	丁卯	5	31	戊戌	5	1	戊辰	4	2	己亥	3	4	庚午	2	2	庚子	初六
7	30	戊戌	6	30	戊辰	6	1	己亥	5	2	己巳	4	3	庚子	3	5	辛未	2	3	辛丑	初七
7	31	己亥	7	1	己巳	6	2	庚子	5	3	庚午	4	4	辛丑	3	6	壬申	2	4	壬寅	初八
8	1	庚子	7	2	庚午	6	3	辛丑	5	4	辛未	4	5	壬寅	3	7	癸酉	2	5	癸卯	初九
8	2	辛丑	7	3	辛未	6	4	壬寅	5	5	壬申	4	6	癸卯	3	8	甲戌	2	6	甲辰	初十
8	3	壬寅	7	4	壬申	6	5	癸卯	5	6	癸酉	4	7	甲辰	3	9	乙亥	2	7	乙巳	十一
8	4	癸卯	7	5	癸酉	6	6	甲辰	5	7	甲戌	4	8	乙巳	3	10	丙子	2	8	丙午	十二
8	5	甲辰	7	6	甲戌	6	7	乙巳	5	8	乙亥	4	9	丙午	3	11	丁丑	2	9	丁未	十三
8	6	乙巳	7	7	乙亥	6	8	丙午	5	9	丙子	4	10	丁未	3	12	戊寅	2	10	戊申	十四
8	7	丙午	7	8	丙子	6	9	丁未	5	10	丁丑	4	11	戊申	3	13	己卯	2	11	己酉	十五
8	8	丁未	7	9	丁丑	6	10	戊申	5	11	戊寅	4	12	己酉	3	14	庚辰	2	12	庚戌	十六
8	9	戊申	7	10	戊寅	6	11	己酉	5	12	己卯	4	13	庚戌	3	15	辛巳	2	13	辛亥	十七
8	10	己酉	7	11	己卯	6	12	庚戌	5	13	庚辰	4	14	辛亥	3	16	壬午	2	14	壬子	十八
8	11	庚戌	7	12	庚辰	6	13	辛亥	5	14	辛巳	4	15	壬子	3	17	癸未	2	15	癸丑	十九
8	12	辛亥	7	13	辛巳	6	14	壬子	5	15	壬午	4	16	癸丑	3	18	甲申	2	16	甲寅	二十
8	13	壬子	7	14	壬午	6	15	癸丑	5	16	癸未	4	17	甲寅	3	19	乙酉	2	17	乙卯	廿一
8	14	癸丑	7	15	癸未	6	16	甲寅	5	17	甲申	4	18	乙卯	3	20	丙戌	2	18	丙辰	廿二
8	15	甲寅	7	16	甲申	6	17	乙卯	5	18	乙酉	4	19	丙辰	3	21	丁亥	2	19	丁巳	廿三
8	16	乙卯	7	17	乙酉	6	18	丙辰	5	19	丙戌	4	20	丁巳	3	22	戊子	2	20	戊午	廿四
8	17	丙辰	7	18	丙戌	6	19	丁巳	5	20	丁亥	4	21	戊午	3	23	己丑	2	21	己未	廿五
8	18	丁巳	7	19	丁亥	6	20	戊午	5	21	戊子	4	22	己未	3	24	庚寅	2	22	庚申	廿六
8	19	戊午	7	20	戊子	6	21	己未	5	22	己丑	4	23	庚申	3	25	辛卯	2	23	辛酉	廿七
8	20	己未	7	21	己丑	6	22	庚申	5	23	庚寅	4	24	辛酉	3	26	壬辰	2	24	壬戌	廿八
8	21	庚申	7	22	庚寅	6	23	辛酉	5	24	辛卯	4	25	壬戌	3	27	癸巳	2	25	癸亥	廿九
8	22	辛酉	7	23	辛卯				5	25	壬辰							2	26	甲子	三十

月別	12月			11月			10月			9月			8月			7月		
月柱	丁丑			丙子			乙亥			甲戌			癸酉			壬申		
紫白	三碧			四緑			五黃			六白			七赤			八白		
農暦	陽暦		日柱	陽暦		日柱	陽暦		日柱	陽暦		日柱	陽暦		日柱	陽暦		日柱
	月	日		月	日		月	日		月	日		月	日		月	日	
初一	1	18	庚寅	12	19	庚申	11	20	辛卯	10	21	辛酉	9	21	辛卯	8	23	壬戌
初二	1	19	辛卯	12	20	辛酉	11	21	壬辰	10	22	壬戌	9	22	壬辰	8	24	癸亥
初三	1	20	壬辰	12	21	壬戌	11	22	癸巳	10	23	癸亥	9	23	癸巳	8	25	甲子
初四	1	21	癸巳	12	22	癸亥	11	23	甲午	10	24	甲子	9	24	甲午	8	26	乙丑
初五	1	22	甲午	12	23	甲子	11	24	乙未	10	25	乙丑	9	25	乙未	8	27	丙寅
初六	1	23	乙未	12	24	乙丑	11	25	丙申	10	26	丙寅	9	26	丙申	8	28	丁卯
初七	1	24	丙申	12	25	丙寅	11	26	丁酉	10	27	丁卯	9	27	丁酉	8	29	戊辰
初八	1	25	丁酉	12	26	丁卯	11	27	戊戌	10	28	戊辰	9	28	戊戌	8	30	己巳
初九	1	26	戊戌	12	27	戊辰	11	28	己亥	10	29	己巳	9	29	己亥	8	31	庚午
初十	1	27	己亥	12	28	己巳	11	29	庚子	10	30	庚午	9	30	庚子	9	1	辛未
十一	1	28	庚子	12	29	庚午	11	30	辛丑	10	31	辛未	10	1	辛丑	9	2	壬申
十二	1	29	辛丑	12	30	辛未	12	1	壬寅	11	1	壬申	10	2	壬寅	9	3	癸酉
十三	1	30	壬寅	12	31	壬申	12	2	癸卯	11	2	癸酉	10	3	癸卯	9	4	甲戌
十四	1	31	癸卯	1	1	癸酉	12	3	甲辰	11	3	甲戌	10	4	甲辰	9	5	乙亥
十五	2	1	甲辰	1	2	甲戌	12	4	乙巳	11	4	乙亥	10	5	乙巳	9	6	丙子
十六	2	2	乙巳	1	3	乙亥	12	5	丙午	11	5	丙子	10	6	丙午	9	7	丁丑
十七	2	3	丙午	1	4	丙子	12	6	丁未	11	6	丁丑	10	7	丁未	9	8	戊寅
十八	2	4	丁未	1	5	丁丑	12	7	戊申	11	7	戊寅	10	8	戊申	9	9	己卯
十九	2	5	戊申	1	6	戊寅	12	8	己酉	11	8	己卯	10	9	己酉	9	10	庚辰
二十	2	6	己酉	1	7	己卯	12	9	庚戌	11	9	庚辰	10	10	庚戌	9	11	辛巳
廿一	2	7	庚戌	1	8	庚辰	12	10	辛亥	11	10	辛巳	10	11	辛亥	9	12	壬午
廿二	2	8	辛亥	1	9	辛巳	12	11	壬子	11	11	壬午	10	12	壬子	9	13	癸未
廿三	2	9	壬子	1	10	壬午	12	12	癸丑	11	12	癸未	10	13	癸丑	9	14	甲申
廿四	2	10	癸丑	1	11	癸未	12	13	甲寅	11	13	甲申	10	14	甲寅	9	15	乙酉
廿五	2	11	甲寅	1	12	甲申	12	14	乙卯	11	14	乙酉	10	15	乙卯	9	16	丙戌
廿六	2	12	乙卯	1	13	乙酉	12	15	丙辰	11	15	丙戌	10	16	丙辰	9	17	丁亥
廿七	2	13	丙辰	1	14	丙戌	12	16	丁巳	11	16	丁亥	10	17	丁巳	9	18	戊子
廿八	2	14	丁巳	1	15	丁亥	12	17	戊午	11	17	戊子	10	18	戊午	9	19	己丑
廿九	2	15	戊午	1	16	戊子	12	18	己未	11	18	己丑	10	19	己未	9	20	庚寅
三十				1	17	己丑				11	19	庚寅	10	20	庚申			

1980年【庚申】

6月			5月			4月			3月			2月			正月			月別
癸未			壬午			辛巳			庚辰			己卯			戊寅			月柱
六白			七赤			八白			九紫			一白			二黒			紫白
陽暦		日柱	陽暦		日柱	陽暦		日柱	陽暦		日柱	陽暦		日柱	陽暦		日柱	農暦
月	日		月	日		月	日		月	日		月	日		月	日		
7	12	丙戌	6	13	丁巳	5	14	丁亥	4	15	戊午	3	17	己丑	2	16	己未	初一
7	13	丁亥	6	14	戊午	5	15	戊子	4	16	己未	3	18	庚寅	2	17	庚申	初二
7	14	戊子	6	15	己未	5	16	己丑	4	17	庚申	3	19	辛卯	2	18	辛酉	初三
7	15	己丑	6	16	庚申	5	17	庚寅	4	18	辛酉	3	20	壬辰	2	19	壬戌	初四
7	16	庚寅	6	17	辛酉	5	18	辛卯	4	19	壬戌	3	21	癸巳	2	20	癸亥	初五
7	17	辛卯	6	18	壬戌	5	19	壬辰	4	20	癸亥	3	22	甲午	2	21	甲子	初六
7	18	壬辰	6	19	癸亥	5	20	癸巳	4	21	甲子	3	23	乙未	2	22	乙丑	初七
7	19	癸巳	6	20	甲子	5	21	甲午	4	22	乙丑	3	24	丙申	2	23	丙寅	初八
7	20	甲午	6	21	乙丑	5	22	乙未	4	23	丙寅	3	25	丁酉	2	24	丁卯	初九
7	21	乙未	6	22	丙寅	5	23	丙申	4	24	丁卯	3	26	戊戌	2	25	戊辰	初十
7	22	丙申	6	23	丁卯	5	24	丁酉	4	25	戊辰	3	27	己亥	2	26	己巳	十一
7	23	丁酉	6	24	戊辰	5	25	戊戌	4	26	己巳	3	28	庚子	2	27	庚午	十二
7	24	戊戌	6	25	己巳	5	26	己亥	4	27	庚午	3	29	辛丑	2	28	辛未	十三
7	25	己亥	6	26	庚午	5	27	庚子	4	28	辛未	3	30	壬寅	2	29	壬申	十四
7	26	庚子	6	27	辛未	5	28	辛丑	4	29	壬申	3	31	癸卯	3	1	癸酉	十五
7	27	辛丑	6	28	壬申	5	29	壬寅	4	30	癸酉	4	1	甲辰	3	2	甲戌	十六
7	28	壬寅	6	29	癸酉	5	30	癸卯	5	1	甲戌	4	2	乙巳	3	3	乙亥	十七
7	29	癸卯	6	30	甲戌	5	31	甲辰	5	2	乙亥	4	3	丙午	3	4	丙子	十八
7	30	甲辰	7	1	乙亥	6	1	乙巳	5	3	丙子	4	4	丁未	3	5	丁丑	十九
7	31	乙巳	7	2	丙子	6	2	丙午	5	4	丁丑	4	5	戊申	3	6	戊寅	二十
8	1	丙午	7	3	丁丑	6	3	丁未	5	5	戊寅	4	6	己酉	3	7	己卯	廿一
8	2	丁未	7	4	戊寅	6	4	戊申	5	6	己卯	4	7	庚戌	3	8	庚辰	廿二
8	3	戊申	7	5	己卯	6	5	己酉	5	7	庚辰	4	8	辛亥	3	9	辛巳	廿三
8	4	己酉	7	6	庚辰	6	6	庚戌	5	8	辛巳	4	9	壬子	3	10	壬午	廿四
8	5	庚戌	7	7	辛巳	6	7	辛亥	5	9	壬午	4	10	癸丑	3	11	癸未	廿五
8	6	辛亥	7	8	壬午	6	8	壬子	5	10	癸未	4	11	甲寅	3	12	甲申	廿六
8	7	壬子	7	9	癸未	6	9	癸丑	5	11	甲申	4	12	乙卯	3	13	乙酉	廿七
8	8	癸丑	7	10	甲申	6	10	甲寅	5	12	乙酉	4	13	丙辰	3	14	丙戌	廿八
8	9	甲寅	7	11	乙酉	6	11	乙卯	5	13	丙戌	4	14	丁巳	3	15	丁亥	廿九
8	10	乙卯				6	12	丙辰							3	16	戊子	三十

月別	12月			11月			10月			9月			8月			7月		
月柱	己丑			戊子			丁亥			丙戌			乙酉			甲申		
紫白	九紫			一白			二黑			三碧			四緑			五黄		
農暦	陽暦		日柱	陽暦		日柱	陽暦		日柱	陽暦		日柱	陽暦		日柱	陽暦		日柱
	月	日		月	日		月	日		月	日		月	日		月	日	
初一	1	6	甲申	12	7	甲寅	11	8	乙酉	10	9	乙卯	9	9	乙酉	8	11	丙辰
初二	1	7	乙酉	12	8	乙卯	11	9	丙戌	10	10	丙辰	9	10	丙戌	8	12	丁巳
初三	1	8	丙戌	12	9	丙辰	11	10	丁亥	10	11	丁巳	9	11	丁亥	8	13	戊午
初四	1	9	丁亥	12	10	丁巳	11	11	戊子	10	12	戊午	9	12	戊子	8	14	己未
初五	1	10	戊子	12	11	戊午	11	12	己丑	10	13	己未	9	13	己丑	8	15	庚申
初六	1	11	己丑	12	12	己未	11	13	庚寅	10	14	庚申	9	14	庚寅	8	16	辛酉
初七	1	12	庚寅	12	13	庚申	11	14	辛卯	10	15	辛酉	9	15	辛卯	8	17	壬戌
初八	1	13	辛卯	12	14	辛酉	11	15	壬辰	10	16	壬戌	9	16	壬辰	8	18	癸亥
初九	1	14	壬辰	12	15	壬戌	11	16	癸巳	10	17	癸亥	9	17	癸巳	8	19	甲子
初十	1	15	癸巳	12	16	癸亥	11	17	甲午	10	18	甲子	9	18	甲午	8	20	乙丑
十一	1	16	甲午	12	17	甲子	11	18	乙未	10	19	乙丑	9	19	乙未	8	21	丙寅
十二	1	17	乙未	12	18	乙丑	11	19	丙申	10	20	丙寅	9	20	丙申	8	22	丁卯
十三	1	18	丙申	12	19	丙寅	11	20	丁酉	10	21	丁卯	9	21	丁酉	8	23	戊辰
十四	1	19	丁酉	12	20	丁卯	11	21	戊戌	10	22	戊辰	9	22	戊戌	8	24	己巳
十五	1	20	戊戌	12	21	戊辰	11	22	己亥	10	23	己巳	9	23	己亥	8	25	庚午
十六	1	21	己亥	12	22	己巳	11	23	庚子	10	24	庚午	9	24	庚子	8	26	辛未
十七	1	22	庚子	12	23	庚午	11	24	辛丑	10	25	辛未	9	25	辛丑	8	27	壬申
十八	1	23	辛丑	12	24	辛未	11	25	壬寅	10	26	壬申	9	26	壬寅	8	28	癸酉
十九	1	24	壬寅	12	25	壬申	11	26	癸卯	10	27	癸酉	9	27	癸卯	8	29	甲戌
二十	1	25	癸卯	12	26	癸酉	11	27	甲辰	10	28	甲戌	9	28	甲辰	8	30	乙亥
廿一	1	26	甲辰	12	27	甲戌	11	28	乙巳	10	29	乙亥	9	29	乙巳	8	31	丙子
廿二	1	27	乙巳	12	28	乙亥	11	29	丙午	10	30	丙子	9	30	丙午	9	1	丁丑
廿三	1	28	丙午	12	29	丙子	11	30	丁未	10	31	丁丑	10	1	丁未	9	2	戊寅
廿四	1	29	丁未	12	30	丁丑	12	1	戊申	11	1	戊寅	10	2	戊申	9	3	己卯
廿五	1	30	戊申	12	31	戊寅	12	2	己酉	11	2	己卯	10	3	己酉	9	4	庚辰
廿六	1	31	己酉	1	1	己卯	12	3	庚戌	11	3	庚辰	10	4	庚戌	9	5	辛巳
廿七	2	1	庚戌	1	2	庚辰	12	4	辛亥	11	4	辛巳	10	5	辛亥	9	6	壬午
廿八	2	2	辛亥	1	3	辛巳	12	5	壬子	11	5	壬午	10	6	壬子	9	7	癸未
廿九	2	3	壬子	1	4	壬午	12	6	癸丑	11	6	癸未	10	7	癸丑	9	8	甲申
三十	2	4	癸丑	1	5	癸未				11	7	甲申	10	8	甲寅			

1981年【辛酉】

6月			5月			4月			3月			2月			正月			月別
乙未			甲午			癸巳			壬辰			辛卯			庚寅			月柱
三碧			四緑			五黄			六白			七赤			八白			紫白
陽暦		日柱	陽暦		日柱	陽暦		日柱	陽暦		日柱	陽暦		日柱	陽暦		日柱	農暦
月	日		月	日		月	日		月	日		月	日		月	日		
7	2	辛巳	6	2	辛亥	5	4	壬午	4	5	癸丑	3	6	癸未	2	5	甲寅	初一
7	3	壬午	6	3	壬子	5	5	癸未	4	6	甲寅	3	7	甲申	2	6	乙卯	初二
7	4	癸未	6	4	癸丑	5	6	甲申	4	7	乙卯	3	8	乙酉	2	7	丙辰	初三
7	5	甲申	6	5	甲寅	5	7	乙酉	4	8	丙辰	3	9	丙戌	2	8	丁巳	初四
7	6	乙酉	6	6	乙卯	5	8	丙戌	4	9	丁巳	3	10	丁亥	2	9	戊午	初五
7	7	丙戌	6	7	丙辰	5	9	丁亥	4	10	戊午	3	11	戊子	2	10	己未	初六
7	8	丁亥	6	8	丁巳	5	10	戊子	4	11	己未	3	12	己丑	2	11	庚申	初七
7	9	戊子	6	9	戊午	5	11	己丑	4	12	庚申	3	13	庚寅	2	12	辛酉	初八
7	10	己丑	6	10	己未	5	12	庚寅	4	13	辛酉	3	14	辛卯	2	13	壬戌	初九
7	11	庚寅	6	11	庚申	5	13	辛卯	4	14	壬戌	3	15	壬辰	2	14	癸亥	初十
7	12	辛卯	6	12	辛酉	5	14	壬辰	4	15	癸亥	3	16	癸巳	2	15	甲子	十一
7	13	壬辰	6	13	壬戌	5	15	癸巳	4	16	甲子	3	17	甲午	2	16	乙丑	十二
7	14	癸巳	6	14	癸亥	5	16	甲午	4	17	乙丑	3	18	乙未	2	17	丙寅	十三
7	15	甲午	6	15	甲子	5	17	乙未	4	18	丙寅	3	19	丙申	2	18	丁卯	十四
7	16	乙未	6	16	乙丑	5	18	丙申	4	19	丁卯	3	20	丁酉	2	19	戊辰	十五
7	17	丙申	6	17	丙寅	5	19	丁酉	4	20	戊辰	3	21	戊戌	2	20	己巳	十六
7	18	丁酉	6	18	丁卯	5	20	戊戌	4	21	己巳	3	22	己亥	2	21	庚午	十七
7	19	戊戌	6	19	戊辰	5	21	己亥	4	22	庚午	3	23	庚子	2	22	辛未	十八
7	20	己亥	6	20	己巳	5	22	庚子	4	23	辛未	3	24	辛丑	2	23	壬申	十九
7	21	庚子	6	21	庚午	5	23	辛丑	4	24	壬申	3	25	壬寅	2	24	癸酉	二十
7	22	辛丑	6	22	辛未	5	24	壬寅	4	25	癸酉	3	26	癸卯	2	25	甲戌	廿一
7	23	壬寅	6	23	壬申	5	25	癸卯	4	26	甲戌	3	27	甲辰	2	26	乙亥	廿二
7	24	癸卯	6	24	癸酉	5	26	甲辰	4	27	乙亥	3	28	乙巳	2	27	丙子	廿三
7	25	甲辰	6	25	甲戌	5	27	乙巳	4	28	丙子	3	29	丙午	2	28	丁丑	廿四
7	26	乙巳	6	26	乙亥	5	28	丙午	4	29	丁丑	3	30	丁未	3	1	戊寅	廿五
7	27	丙午	6	27	丙子	5	29	丁未	4	30	戊寅	3	31	戊申	3	2	己卯	廿六
7	28	丁未	6	28	丁丑	5	30	戊申	5	1	己卯	4	1	己酉	3	3	庚辰	廿七
7	29	戊申	6	29	戊寅	5	31	己酉	5	2	庚辰	4	2	庚戌	3	4	辛巳	廿八
7	30	己酉	6	30	己卯	6	1	庚戌	5	3	辛巳	4	3	辛亥	3	5	壬午	廿九
			7	1	庚辰							4	4	壬子				三十

月別	12月			11月			10月			9月			8月			7月		
月柱	辛丑			庚子			己亥			戊戌			丁酉			丙申		
紫白	六白			七赤			八白			九紫			一白			二黑		
農暦	陽暦		日柱	陽暦		日柱	陽暦		日柱	陽暦		日柱	陽暦		日柱	陽暦		日柱
	月	日		月	日		月	日		月	日		月	日		月	日	
初一	12	26	戊寅	11	26	戊申	10	28	己卯	9	28	己酉	8	29	己卯	7	31	庚戌
初二	12	27	己卯	11	27	己酉	10	29	庚辰	9	29	庚戌	8	30	庚辰	8	1	辛亥
初三	12	28	庚辰	11	28	庚戌	10	30	辛巳	9	30	辛亥	8	31	辛巳	8	2	壬子
初四	12	29	辛巳	11	29	辛亥	10	31	壬午	10	1	壬子	9	1	壬午	8	3	癸丑
初五	12	30	壬午	11	30	壬子	11	1	癸未	10	2	癸丑	9	2	癸未	8	4	甲寅
初六	12	31	癸未	12	1	癸丑	11	2	甲申	10	3	甲寅	9	3	甲申	8	5	乙卯
初七	1	1	甲申	12	2	甲寅	11	3	乙酉	10	4	乙卯	9	4	乙酉	8	6	丙辰
初八	1	2	乙酉	12	3	乙卯	11	4	丙戌	10	5	丙辰	9	5	丙戌	8	7	丁巳
初九	1	3	丙戌	12	4	丙辰	11	5	丁亥	10	6	丁巳	9	6	丁亥	8	8	戊午
初十	1	4	丁亥	12	5	丁巳	11	6	戊子	10	7	戊午	9	7	戊子	8	9	己未
十一	1	5	戊子	12	6	戊午	11	7	己丑	10	8	己未	9	8	己丑	8	10	庚申
十二	1	6	己丑	12	7	己未	11	8	庚寅	10	9	庚申	9	9	庚寅	8	11	辛酉
十三	1	7	庚寅	12	8	庚申	11	9	辛卯	10	10	辛酉	9	10	辛卯	8	12	壬戌
十四	1	8	辛卯	12	9	辛酉	11	10	壬辰	10	11	壬戌	9	11	壬辰	8	13	癸亥
十五	1	9	壬辰	12	10	壬戌	11	11	癸巳	10	12	癸亥	9	12	癸巳	8	14	甲子
十六	1	10	癸巳	12	11	癸亥	11	12	甲午	10	13	甲子	9	13	甲午	8	15	乙丑
十七	1	11	甲午	12	12	甲子	11	13	乙未	10	14	乙丑	9	14	乙未	8	16	丙寅
十八	1	12	乙未	12	13	乙丑	11	14	丙申	10	15	丙寅	9	15	丙申	8	17	丁卯
十九	1	13	丙申	12	14	丙寅	11	15	丁酉	10	16	丁卯	9	16	丁酉	8	18	戊辰
二十	1	14	丁酉	12	15	丁卯	11	16	戊戌	10	17	戊辰	9	17	戊戌	8	19	己巳
廿一	1	15	戊戌	12	16	戊辰	11	17	己亥	10	18	己巳	9	18	己亥	8	20	庚午
廿二	1	16	己亥	12	17	己巳	11	18	庚子	10	19	庚午	9	19	庚子	8	21	辛未
廿三	1	17	庚子	12	18	庚午	11	19	辛丑	10	20	辛未	9	20	辛丑	8	22	壬申
廿四	1	18	辛丑	12	19	辛未	11	20	壬寅	10	21	壬申	9	21	壬寅	8	23	癸酉
廿五	1	19	壬寅	12	20	壬申	11	21	癸卯	10	22	癸酉	9	22	癸卯	8	24	甲戌
廿六	1	20	癸卯	12	21	癸酉	11	22	甲辰	10	23	甲戌	9	23	甲辰	8	25	乙亥
廿七	1	21	甲辰	12	22	甲戌	11	23	乙巳	10	24	乙亥	9	24	乙巳	8	26	丙子
廿八	1	22	乙巳	12	23	乙亥	11	24	丙午	10	25	丙子	9	25	丙午	8	27	丁丑
廿九	1	23	丙午	12	24	丙子	11	25	丁未	10	26	丁丑	9	26	丁未	8	28	戊寅
三十	1	24	丁未	12	25	丁丑				10	27	戊寅	9	27	戊申			

1982年【壬戌】

6月			5月			閏4月			4月			3月			2月			正月			月別
丁未			丙午						乙巳			甲辰			癸卯			壬寅			月柱
九紫			一白						二黒			三碧			四緑			五黄			紫白
陽暦		日柱	陽暦		日柱	陽暦		日柱	陽暦		日柱	陽暦		日柱	陽暦		日柱	陽暦		日柱	農暦
月	日		月	日		月	日		月	日		月	日		月	日		月	日		
7	21	乙巳	6	21	乙亥	5	23	丙午	4	24	丁丑	3	25	丁未	2	24	戊寅	1	25	戊申	初一
7	22	丙午	6	22	丙子	5	24	丁未	4	25	戊寅	3	26	戊申	2	25	己卯	1	26	己酉	初二
7	23	丁未	6	23	丁丑	5	25	戊申	4	26	己卯	3	27	己酉	2	26	庚辰	1	27	庚戌	初三
7	24	戊申	6	24	戊寅	5	26	己酉	4	27	庚辰	3	28	庚戌	2	27	辛巳	1	28	辛亥	初四
7	25	己酉	6	25	己卯	5	27	庚戌	4	28	辛巳	3	29	辛亥	2	28	壬午	1	29	壬子	初五
7	26	庚戌	6	26	庚辰	5	28	辛亥	4	29	壬午	3	30	壬子	3	1	癸未	1	30	癸丑	初六
7	27	辛亥	6	27	辛巳	5	29	壬子	4	30	癸未	3	31	癸丑	3	2	甲申	1	31	甲寅	初七
7	28	壬子	5	28	壬午	5	30	癸丑	5	1	甲申	4	1	甲寅	3	3	乙酉	2	1	乙卯	初八
7	29	癸丑	6	29	癸未	5	31	甲寅	5	2	乙酉	4	2	乙卯	3	4	丙戌	2	2	丙辰	初九
7	30	甲寅	6	30	甲申	6	1	乙卯	5	3	丙戌	4	3	丙辰	3	5	丁亥	2	3	丁巳	初十
7	31	乙卯	7	1	乙酉	6	2	丙辰	5	4	丁亥	4	4	丁巳	3	6	戊子	2	4	戊午	十一
8	1	丙辰	7	2	丙戌	6	3	丁巳	5	5	戊子	4	5	戊午	3	7	己丑	2	5	己未	十二
8	2	丁巳	7	3	丁亥	6	4	戊午	5	6	己丑	4	6	己未	3	8	庚寅	2	6	庚申	十三
8	3	戊午	7	4	戊子	6	5	己未	5	7	庚寅	4	7	庚申	3	9	辛卯	2	7	辛酉	十四
8	4	己未	7	5	己丑	6	6	庚申	5	8	辛卯	4	8	辛酉	3	10	壬辰	2	8	壬戌	十五
8	5	庚申	7	6	庚寅	6	7	辛酉	5	9	壬辰	4	9	壬戌	3	11	癸巳	2	9	癸亥	十六
8	6	辛酉	7	7	辛卯	6	8	壬戌	5	10	癸巳	4	10	癸亥	3	12	甲午	2	10	甲子	十七
8	7	壬戌	7	8	壬辰	6	9	癸亥	5	11	甲午	4	11	甲子	3	13	乙未	2	11	乙丑	十八
8	8	癸亥	7	9	癸巳	6	10	甲子	5	12	乙未	4	12	乙丑	3	14	丙申	2	12	丙寅	十九
8	9	甲子	7	10	甲午	6	11	乙丑	5	13	丙申	4	13	丙寅	3	15	丁酉	2	13	丁卯	二十
8	10	乙丑	7	11	乙未	6	12	丙寅	5	14	丁酉	4	14	丁卯	3	16	戊戌	2	14	戊辰	廿一
8	11	丙寅	7	12	丙申	6	13	丁卯	5	15	戊戌	4	15	戊辰	3	17	己亥	2	15	己巳	廿二
8	12	丁卯	7	13	丁酉	6	14	戊辰	5	16	己亥	4	16	己巳	3	18	庚子	2	16	庚午	廿三
8	13	戊辰	7	14	戊戌	6	15	己巳	5	17	庚子	4	17	庚午	3	19	辛丑	2	17	辛未	廿四
8	14	己巳	7	15	己亥	6	16	庚午	5	18	辛丑	4	18	辛未	3	20	壬寅	2	18	壬申	廿五
8	15	庚午	7	16	庚子	6	17	辛未	5	19	壬寅	4	19	壬申	3	21	癸卯	2	19	癸酉	廿六
8	16	辛未	7	17	辛丑	6	18	壬申	5	20	癸卯	4	20	癸酉	3	22	甲辰	2	20	甲戌	廿七
8	17	壬申	7	18	壬寅	6	19	癸酉	5	21	甲辰	4	21	甲戌	3	23	乙巳	2	21	乙亥	廿八
8	18	癸酉	7	19	癸卯	6	20	甲戌	5	22	乙巳	4	22	乙亥	3	24	丙午	2	22	丙子	廿九
			7	20	甲辰							4	23	丙子				2	23	丁丑	三十

月別	12月			11月			10月			9月			8月			7月		
月柱	癸丑			壬子			辛亥			庚戌			己酉			戊申		
紫白	三碧			四緑			五黄			六白			七赤			八白		
農暦	陽暦		日柱	陽暦		日柱	陽暦		日柱	陽暦		日柱	陽暦		日柱	陽暦		日柱
	月	日		月	日		月	日		月	日		月	日		月	日	
初一	1	14	壬寅	12	15	壬申	11	15	壬寅	10	17	癸酉	9	17	癸卯	8	19	甲戌
初二	1	15	癸卯	12	16	癸酉	11	16	癸卯	10	18	甲戌	9	18	甲辰	8	20	乙亥
初三	1	16	甲辰	12	17	甲戌	11	17	甲辰	10	19	乙亥	9	19	乙巳	8	21	丙子
初四	1	17	乙巳	12	18	乙亥	11	18	乙巳	10	20	丙子	9	20	丙午	8	22	丁丑
初五	1	18	丙午	12	19	丙子	11	19	丙午	10	21	丁丑	9	21	丁未	8	23	戊寅
初六	1	19	丁未	12	20	丁丑	11	20	丁未	10	22	戊寅	9	22	戊申	8	24	己卯
初七	1	20	戊申	12	21	戊寅	11	21	戊申	10	23	己卯	9	23	己酉	8	25	庚辰
初八	1	21	己酉	12	22	己卯	11	22	己酉	10	24	庚辰	9	24	庚戌	8	26	辛巳
初九	1	22	庚戌	12	23	庚辰	11	23	庚戌	10	25	辛巳	9	25	辛亥	8	27	壬午
初十	1	23	辛亥	12	24	辛巳	11	24	辛亥	10	26	壬午	9	26	壬子	8	28	癸未
十一	1	24	壬子	12	25	壬午	11	25	壬子	10	27	癸未	9	27	癸丑	8	29	甲申
十二	1	25	癸丑	12	26	癸未	11	26	癸丑	10	28	甲申	9	28	甲寅	8	30	乙酉
十三	1	26	甲寅	12	27	甲申	11	27	甲寅	10	29	乙酉	9	29	乙卯	8	31	丙戌
十四	1	27	乙卯	12	28	乙酉	11	28	乙卯	10	30	丙戌	9	30	丙辰	9	1	丁亥
十五	1	28	丙辰	12	29	丙戌	11	29	丙辰	10	31	丁亥	10	1	丁巳	9	2	戊子
十六	1	29	丁巳	12	30	丁亥	11	30	丁巳	11	1	戊子	10	2	戊午	9	3	己丑
十七	1	30	戊午	12	31	戊子	12	1	戊午	11	2	己丑	10	3	己未	9	4	庚寅
十八	1	31	己未	1	1	己丑	12	2	己未	11	3	庚寅	10	4	庚申	9	5	辛卯
十九	2	1	庚申	1	2	庚寅	12	3	庚申	11	4	辛卯	10	5	辛酉	9	6	壬辰
二十	2	2	辛酉	1	3	辛卯	12	4	辛酉	11	5	壬辰	10	6	壬戌	9	7	癸巳
廿一	2	3	壬戌	1	4	壬辰	12	5	壬戌	11	6	癸巳	10	7	癸亥	9	8	甲午
廿二	2	4	癸亥	1	5	癸巳	12	6	癸亥	11	7	甲午	10	8	甲子	9	9	乙未
廿三	2	5	甲子	1	6	甲午	12	7	甲子	11	8	乙未	10	9	乙丑	9	10	丙申
廿四	2	6	乙丑	1	7	乙未	12	8	乙丑	11	9	丙申	10	10	丙寅	9	11	丁酉
廿五	2	7	丙寅	1	8	丙申	12	9	丙寅	11	10	丁酉	10	11	丁卯	9	12	戊戌
廿六	2	8	丁卯	1	9	丁酉	12	10	丁卯	11	11	戊戌	10	12	戊辰	9	13	己亥
廿七	2	9	戊辰	1	10	戊戌	12	11	戊辰	11	12	己亥	10	13	己巳	9	14	庚子
廿八	2	10	己巳	1	11	己亥	12	12	己巳	11	13	庚子	10	14	庚午	9	15	辛丑
廿九	2	11	庚午	1	12	庚子	12	13	庚午	11	14	辛丑	10	15	辛未	9	16	壬寅
三十	2	12	辛未	1	13	辛丑	12	14	辛未				10	16	壬申			

1983年【癸亥】

6月			5月			4月			3月			2月			正月			月別
己未			戊午			丁巳			丙辰			乙卯			甲寅			月柱
六白			七赤			八白			九紫			一白			二黒			紫白
陽暦		日柱	陽暦		日柱	陽暦		日柱	陽暦		日柱	陽暦		日柱	陽暦		日柱	農暦
月	日		月	日		月	日		月	日		月	日		月	日		
7	10	己亥	6	11	庚午	5	13	辛丑	4	13	辛未	3	15	壬寅	2	13	壬申	初一
7	11	庚子	6	12	辛未	5	14	壬寅	4	14	壬申	3	16	癸卯	2	14	癸酉	初二
7	12	辛丑	6	13	壬申	5	15	癸卯	4	15	癸酉	3	17	甲辰	2	15	甲戌	初三
7	13	壬寅	6	14	癸酉	5	16	甲辰	4	16	甲戌	3	18	乙巳	2	16	乙亥	初四
7	14	癸卯	6	15	甲戌	5	17	乙巳	4	17	乙亥	3	19	丙午	2	17	丙子	初五
7	15	甲辰	6	16	乙亥	5	18	丙午	4	18	丙子	3	20	丁未	2	18	丁丑	初六
7	16	乙巳	6	17	丙子	5	19	丁未	4	19	丁丑	3	21	戊申	2	19	戊寅	初七
7	17	丙午	6	18	丁丑	5	20	戊申	4	20	戊寅	3	22	己酉	2	20	己卯	初八
7	18	丁未	6	19	戊寅	5	21	己酉	4	21	己卯	3	23	庚戌	2	21	庚辰	初九
7	19	戊申	6	20	己卯	5	22	庚戌	4	22	庚辰	3	24	辛亥	2	22	辛巳	初十
7	20	己酉	6	21	庚辰	5	23	辛亥	4	23	辛巳	3	25	壬子	2	23	壬午	十一
7	21	庚戌	6	22	辛巳	5	24	壬子	4	24	壬午	3	26	癸丑	2	24	癸未	十二
7	22	辛亥	6	23	壬午	5	25	癸丑	4	25	癸未	3	27	甲寅	2	25	甲申	十三
7	23	壬子	6	24	癸未	5	26	甲寅	4	26	甲申	3	28	乙卯	2	26	乙酉	十四
7	24	癸丑	6	25	甲申	5	27	乙卯	4	27	乙酉	3	29	丙辰	2	27	丙戌	十五
7	25	甲寅	6	26	乙酉	5	28	丙辰	4	28	丙戌	3	30	丁巳	2	28	丁亥	十六
7	26	乙卯	6	27	丙戌	5	29	丁巳	4	29	丁亥	3	31	戊午	3	1	戊子	十七
7	27	丙辰	6	28	丁亥	5	30	戊午	4	30	戊子	4	1	己未	3	2	己丑	十八
7	28	丁巳	6	29	戊子	5	31	己未	5	1	己丑	4	2	庚申	3	3	庚寅	十九
7	29	戊午	6	30	己丑	6	1	庚申	5	2	庚寅	4	3	辛酉	3	4	辛卯	二十
7	30	己未	7	1	庚寅	6	2	辛酉	5	3	辛卯	4	4	壬戌	3	5	壬辰	廿一
7	31	庚申	7	2	辛卯	6	3	壬戌	5	4	壬辰	4	5	癸亥	3	6	癸巳	廿二
8	1	辛酉	7	3	壬辰	6	4	癸亥	5	5	癸巳	4	6	甲子	3	7	甲午	廿三
8	2	壬戌	7	4	癸巳	6	5	甲子	5	6	甲午	4	7	乙丑	3	8	乙未	廿四
8	3	癸亥	7	5	甲午	6	6	乙丑	5	7	乙未	4	8	丙寅	3	9	丙申	廿五
8	4	甲子	7	6	乙未	6	7	丙寅	5	8	丙申	4	9	丁卯	3	10	丁酉	廿六
8	5	乙丑	7	7	丙申	6	8	丁卯	5	9	丁酉	4	10	戊辰	3	11	戊戌	廿七
8	6	丙寅	7	8	丁酉	6	9	戊辰	5	10	戊戌	4	11	己巳	3	12	己亥	廿八
8	7	丁卯	7	9	戊戌	6	10	己巳	5	11	己亥	4	12	庚午	3	13	庚子	廿九
8	8	戊辰							5	12	庚子				3	14	辛丑	三十

月別	12月			11月			10月			9月			8月			7月		
月柱	乙丑			甲子			癸亥			壬戌			辛酉			庚申		
紫白	九紫			一白			二黒			三碧			四緑			五黄		
農暦	陽暦		日柱	陽暦		日柱	陽暦		日柱	陽暦		日柱	陽暦		日柱	陽暦		日柱
	月	日		月	日		月	日		月	日		月	日		月	日	
初一	1	3	丙申	12	4	丙寅	11	5	丁酉	10	6	丁卯	9	7	戊戌	8	9	己巳
初二	1	4	丁酉	12	5	丁卯	11	6	戊戌	10	7	戊辰	9	8	己亥	8	10	庚午
初三	1	5	戊戌	12	6	戊辰	11	7	己亥	10	8	己巳	9	9	庚子	8	11	辛未
初四	1	6	己亥	12	7	己巳	11	8	庚子	10	9	庚午	9	10	辛丑	8	12	壬申
初五	1	7	庚子	12	8	庚午	11	9	辛丑	10	10	辛未	9	11	壬寅	8	13	癸酉
初六	1	8	辛丑	12	9	辛未	11	10	壬寅	10	11	壬申	9	12	癸卯	8	14	甲戌
初七	1	9	壬寅	12	10	壬申	11	11	癸卯	10	12	癸酉	9	13	甲辰	8	15	乙亥
初八	1	10	癸卯	12	11	癸酉	11	12	甲辰	10	13	甲戌	9	14	乙巳	8	16	丙子
初九	1	11	甲辰	12	12	甲戌	11	13	乙巳	10	14	乙亥	9	15	丙午	8	17	丁丑
初十	1	12	乙巳	12	13	乙亥	11	14	丙午	10	15	丙子	9	16	丁未	8	18	戊寅
十一	1	13	丙午	12	14	丙子	11	15	丁未	10	16	丁丑	9	17	戊申	8	19	己卯
十二	1	14	丁未	12	15	丁丑	11	16	戊申	10	17	戊寅	9	18	己酉	8	20	庚辰
十三	1	15	戊申	12	16	戊寅	11	17	己酉	10	18	己卯	9	19	庚戌	8	21	辛巳
十四	1	16	己酉	12	17	己卯	11	18	庚戌	10	19	庚辰	9	20	辛亥	8	22	壬午
十五	1	17	庚戌	12	18	庚辰	11	19	辛亥	10	20	辛巳	9	21	壬子	8	23	癸未
十六	1	18	辛亥	12	19	辛巳	11	20	壬子	10	21	壬午	9	22	癸丑	8	24	甲申
十七	1	19	壬子	12	20	壬午	11	21	癸丑	10	22	癸未	9	23	甲寅	8	25	乙酉
十八	1	20	癸丑	12	21	癸未	11	22	甲寅	10	23	甲申	9	24	乙卯	8	26	丙戌
十九	1	21	甲寅	12	22	甲申	11	23	乙卯	10	24	乙酉	9	25	丙辰	8	27	丁亥
二十	1	22	乙卯	12	23	乙酉	11	24	丙辰	10	25	丙戌	9	26	丁巳	8	28	戊子
廿一	1	23	丙辰	12	24	丙戌	11	25	丁巳	10	26	丁亥	9	27	戊午	8	29	己丑
廿二	1	24	丁巳	12	25	丁亥	11	26	戊午	10	27	戊子	9	28	己未	8	30	庚寅
廿三	1	25	戊午	12	26	戊子	11	27	己未	10	28	己丑	9	29	庚申	8	31	辛卯
廿四	1	26	己未	12	27	己丑	11	28	庚申	10	29	庚寅	9	30	辛酉	9	1	壬辰
廿五	1	27	庚申	12	28	庚寅	11	29	辛酉	10	30	辛卯	10	1	壬戌	9	2	癸巳
廿六	1	28	辛酉	12	29	辛卯	11	30	壬戌	10	31	壬辰	10	2	癸亥	9	3	甲午
廿七	1	29	壬戌	12	30	壬辰	12	1	癸亥	11	1	癸巳	10	3	甲子	9	4	乙未
廿八	1	30	癸亥	12	31	癸巳	12	2	甲子	11	2	甲午	10	4	乙丑	9	5	丙申
廿九	1	31	甲子	1	1	甲午	12	3	乙丑	11	3	乙未	10	5	丙寅	9	6	丁酉
三十	2	1	乙丑	1	2	乙未				11	4	丙申						

1984年【甲子】

6月			5月			4月			3月			2月			正月			月別
辛未			庚午			己巳			戊辰			丁卯			丙寅			月柱
三碧			四緑			五黄			六白			七赤			八白			紫白
陽暦		日柱	陽暦		日柱	陽暦		日柱	陽暦		日柱	陽暦		日柱	陽暦		日柱	農暦
月	日		月	日		月	日		月	日		月	日		月	日		
6	29	甲午	5	31	乙丑	5	1	乙未	4	1	乙丑	3	3	丙申	2	2	丙寅	初一
6	30	乙未	6	1	丙寅	5	2	丙申	4	2	丙寅	3	4	丁酉	2	3	丁卯	初二
7	1	丙申	6	2	丁卯	5	3	丁酉	4	3	丁卯	3	5	戊戌	2	4	戊辰	初三
7	2	丁酉	6	3	戊辰	5	4	戊戌	4	4	戊辰	3	6	己亥	2	5	己巳	初四
7	3	戊戌	6	4	己巳	5	5	己亥	4	5	己巳	3	7	庚子	2	6	庚午	初五
7	4	己亥	6	5	庚午	5	6	庚子	4	6	庚午	3	8	辛丑	2	7	辛未	初六
7	5	庚子	6	6	辛未	5	7	辛丑	4	7	辛未	3	9	壬寅	2	8	壬申	初七
7	6	辛丑	6	7	壬申	5	8	壬寅	4	8	壬申	3	10	癸卯	2	9	癸酉	初八
7	7	壬寅	6	8	癸酉	5	9	癸卯	4	9	癸酉	3	11	甲辰	2	10	甲戌	初九
7	8	癸卯	6	9	甲戌	5	10	甲辰	4	10	甲戌	3	12	乙巳	2	11	乙亥	初十
7	9	甲辰	6	10	乙亥	5	11	乙巳	4	11	乙亥	3	13	丙午	2	12	丙子	十一
7	10	乙巳	6	11	丙子	5	12	丙午	4	12	丙子	3	14	丁未	2	13	丁丑	十二
7	11	丙午	6	12	丁丑	5	13	丁未	4	13	丁丑	3	15	戊申	2	14	戊寅	十三
7	12	丁未	6	13	戊寅	5	14	戊申	4	14	戊寅	3	16	己酉	2	15	己卯	十四
7	13	戊申	6	14	己卯	5	15	己酉	4	15	己卯	3	17	庚戌	2	16	庚辰	十五
7	14	己酉	6	15	庚辰	5	16	庚戌	4	16	庚辰	3	18	辛亥	2	17	辛巳	十六
7	15	庚戌	6	16	辛巳	5	17	辛亥	4	17	辛巳	3	19	壬子	2	18	壬午	十七
7	16	辛亥	6	17	壬午	5	18	壬子	4	18	壬午	3	20	癸丑	2	19	癸未	十八
7	17	壬子	6	18	癸未	5	19	癸丑	4	19	癸未	3	21	甲寅	2	20	甲申	十九
7	18	癸丑	6	19	甲申	5	20	甲寅	4	20	甲申	3	22	乙卯	2	21	乙酉	二十
7	19	甲寅	6	20	乙酉	5	21	乙卯	4	21	乙酉	3	23	丙辰	2	22	丙戌	廿一
7	20	乙卯	6	21	丙戌	5	22	丙辰	4	22	丙戌	3	24	丁巳	2	23	丁亥	廿二
7	21	丙辰	6	22	丁亥	5	23	丁巳	4	23	丁亥	3	25	戊午	2	24	戊子	廿三
7	22	丁巳	6	23	戊子	5	24	戊午	4	24	戊子	3	26	己未	2	25	己丑	廿四
7	23	戊午	6	24	己丑	5	25	己未	4	25	己丑	3	27	庚申	2	26	庚寅	廿五
7	24	己未	6	25	庚寅	5	26	庚申	4	26	庚寅	3	28	辛酉	2	27	辛卯	廿六
7	25	庚申	6	26	辛卯	5	27	辛酉	4	27	辛卯	3	29	壬戌	2	28	壬辰	廿七
7	26	辛酉	6	27	壬辰	5	28	壬戌	4	28	壬辰	3	30	癸亥	2	29	癸巳	廿八
7	27	壬戌	6	28	癸巳	5	29	癸亥	4	29	癸巳	3	31	甲子	3	1	甲午	廿九
						5	30	甲子	4	30	甲午				3	2	乙未	三十

月別	12月			11月			閏10月			10月			9月			8月			7月		
月柱	丁丑			丙子						乙亥			甲戌			癸酉			壬申		
紫白	六白			七赤						八白			九紫			一白			二黒		
農暦	陽暦		日柱	陽暦		日柱	陽暦		日柱	陽暦		日柱	陽暦		日柱	陽暦		日柱	陽暦		日柱
	月	日		月	日		月	日		月	日		月	日		月	日		月	日	
初一	1	21	庚申	12	22	庚寅	11	23	辛酉	10	24	辛卯	9	25	壬戌	8	27	癸巳	7	28	癸亥
初二	1	22	辛酉	12	23	辛卯	11	24	壬戌	10	25	壬辰	9	26	癸亥	8	28	甲午	7	29	甲子
初三	1	23	壬戌	12	24	壬辰	11	25	癸亥	10	26	癸巳	9	27	甲子	8	29	乙未	7	30	乙丑
初四	1	24	癸亥	12	25	癸巳	11	26	甲子	10	27	甲午	9	28	乙丑	8	30	丙申	7	31	丙寅
初五	1	25	甲子	12	26	甲午	11	27	乙丑	10	28	乙未	9	29	丙寅	8	31	丁酉	8	1	丁卯
初六	1	26	乙丑	12	27	乙未	11	28	丙寅	10	29	丙申	9	30	丁卯	9	1	戊戌	8	2	戊辰
初七	1	27	丙寅	12	28	丙申	11	29	丁卯	10	30	丁酉	10	1	戊辰	9	2	己亥	8	3	己巳
初八	1	28	丁卯	12	29	丁酉	11	30	戊辰	10	31	戊戌	10	2	己巳	9	3	庚子	8	4	庚午
初九	1	29	戊辰	12	30	戊戌	12	1	己巳	11	1	己亥	10	3	庚午	9	4	辛丑	8	5	辛未
初十	1	30	己巳	12	31	己亥	12	2	庚午	11	2	庚子	10	4	辛未	9	5	壬寅	8	6	壬申
十一	1	31	庚午	1	1	庚子	12	3	辛未	11	3	辛丑	10	5	壬申	9	6	癸卯	8	7	癸酉
十二	2	1	辛未	1	2	辛丑	12	4	壬申	11	4	壬寅	10	6	癸酉	9	7	甲辰	8	8	甲戌
十三	2	2	壬申	1	3	壬寅	12	5	癸酉	11	5	癸卯	10	7	甲戌	9	8	乙巳	8	9	乙亥
十四	2	3	癸酉	1	4	癸卯	12	6	甲戌	11	6	甲辰	10	8	乙亥	9	9	丙午	8	10	丙子
十五	2	4	甲戌	1	5	甲辰	12	7	乙亥	11	7	乙巳	10	9	丙子	9	10	丁未	8	11	丁丑
十六	2	5	乙亥	1	6	乙巳	12	8	丙子	11	8	丙午	10	10	丁丑	9	11	戊申	8	12	戊寅
十七	2	6	丙子	1	7	丙午	12	9	丁丑	11	9	丁未	10	11	戊寅	9	12	己酉	8	13	己卯
十八	2	7	丁丑	1	8	丁未	12	10	戊寅	11	10	戊申	10	12	己卯	9	13	庚戌	8	14	庚辰
十九	2	8	戊寅	1	9	戊申	12	11	己卯	11	11	己酉	10	13	庚辰	9	14	辛亥	8	15	辛巳
二十	2	9	己卯	1	10	己酉	12	12	庚辰	11	12	庚戌	10	14	辛巳	9	15	壬子	8	16	壬午
廿一	2	10	庚辰	1	11	庚戌	12	13	辛巳	11	13	辛亥	10	15	壬午	9	16	癸丑	8	17	癸未
廿二	2	11	辛巳	1	12	辛亥	12	14	壬午	11	14	壬子	10	16	癸未	9	17	甲寅	8	18	甲申
廿三	2	12	壬午	1	13	壬子	12	15	癸未	11	15	癸丑	10	17	甲申	9	18	乙卯	8	19	乙酉
廿四	2	13	癸未	1	14	癸丑	12	16	甲申	11	16	甲寅	10	18	乙酉	9	19	丙辰	8	20	丙戌
廿五	2	14	甲申	1	15	甲寅	12	17	乙酉	11	17	乙卯	10	19	丙戌	9	20	丁巳	8	21	丁亥
廿六	2	15	乙酉	1	16	乙卯	12	18	丙戌	11	18	丙辰	10	20	丁亥	9	21	戊午	8	22	戊子
廿七	2	16	丙戌	1	17	丙辰	12	19	丁亥	11	19	丁巳	10	21	戊子	9	22	己未	8	23	己丑
廿八	2	17	丁亥	1	18	丁巳	12	20	戊子	11	20	戊午	10	22	己丑	9	23	庚申	8	24	庚寅
廿九	2	18	戊子	1	19	戊午	12	21	己丑	11	21	己未	10	23	庚寅	9	24	辛酉	8	25	辛卯
三十	2	19	己丑	1	20	己未				11	22	庚申							8	26	壬辰

1985年【乙丑】

6月			5月			4月			3月			2月			正月			月別
癸未			壬午			辛巳			庚辰			己卯			戊寅			月柱
九紫			一白			二黒			三碧			四緑			五黄			紫白
陽暦		日柱	陽暦		日柱	陽暦		日柱	陽暦		日柱	陽暦		日柱	陽暦		日柱	農暦
月	日		月	日		月	日		月	日		月	日		月	日		
7	18	戊午	6	18	戊子	5	20	己未	4	20	己丑	3	21	己未	2	20	庚寅	初一
7	19	己未	6	19	己丑	5	21	庚申	4	21	庚寅	3	22	庚申	2	21	辛卯	初二
7	20	庚申	6	20	庚寅	5	22	辛酉	4	22	辛卯	3	23	辛酉	2	22	壬辰	初三
7	21	辛酉	6	21	辛卯	5	23	壬戌	4	23	壬辰	3	24	壬戌	2	23	癸巳	初四
7	22	壬戌	6	22	壬辰	5	24	癸亥	4	24	癸巳	3	25	癸亥	2	24	甲午	初五
7	23	癸亥	6	23	癸巳	5	25	甲子	4	25	甲午	3	26	甲子	2	25	乙未	初六
7	24	甲子	6	24	甲午	5	26	乙丑	4	26	乙未	3	27	乙丑	2	26	丙申	初七
7	25	乙丑	6	25	乙未	5	27	丙寅	4	27	丙申	3	28	丙寅	2	27	丁酉	初八
7	26	丙寅	6	26	丙申	5	28	丁卯	4	28	丁酉	3	29	丁卯	2	28	戊戌	初九
7	27	丁卯	6	27	丁酉	5	29	戊辰	4	29	戊戌	3	30	戊辰	3	1	己亥	初十
7	28	戊辰	6	28	戊戌	5	30	己巳	4	30	己亥	3	31	己巳	3	2	庚子	十一
7	29	己巳	6	29	己亥	5	31	庚午	5	1	庚子	4	1	庚午	3	3	辛丑	十二
7	30	庚午	6	30	庚子	6	1	辛未	5	2	辛丑	4	2	辛未	3	4	壬寅	十三
7	31	辛未	7	1	辛丑	6	2	壬申	5	3	壬寅	4	3	壬申	3	5	癸卯	十四
8	1	壬申	7	2	壬寅	6	3	癸酉	5	4	癸卯	4	4	癸酉	3	6	甲辰	十五
8	2	癸酉	7	3	癸卯	6	4	甲戌	5	5	甲辰	4	5	甲戌	3	7	乙巳	十六
8	3	甲戌	7	4	甲辰	6	5	乙亥	5	6	乙巳	4	6	乙亥	3	8	丙午	十七
8	4	乙亥	7	5	乙巳	6	6	丙子	5	7	丙午	4	7	丙子	3	9	丁未	十八
8	5	丙子	7	6	丙午	6	7	丁丑	5	8	丁未	4	8	丁丑	3	10	戊申	十九
8	6	丁丑	7	7	丁未	6	8	戊寅	5	9	戊申	4	9	戊寅	3	11	己酉	二十
8	7	戊寅	7	8	戊申	6	9	己卯	5	10	己酉	4	10	己卯	3	12	庚戌	廿一
8	8	己卯	7	9	己酉	6	10	庚辰	5	11	庚戌	4	11	庚辰	3	13	辛亥	廿二
8	9	庚辰	7	10	庚戌	6	11	辛巳	5	12	辛亥	4	12	辛巳	3	14	壬子	廿三
8	10	辛巳	7	11	辛亥	6	12	壬午	5	13	壬子	4	13	壬午	3	15	癸丑	廿四
8	11	壬午	7	12	壬子	6	13	癸未	5	14	癸丑	4	14	癸未	3	16	甲寅	廿五
8	12	癸未	7	13	癸丑	6	14	甲申	5	15	甲寅	4	15	甲申	3	17	乙卯	廿六
8	13	甲申	7	14	甲寅	6	15	乙酉	5	16	乙卯	4	16	乙酉	3	18	丙辰	廿七
8	14	乙酉	7	15	乙卯	6	16	丙戌	5	17	丙辰	4	17	丙戌	3	19	丁巳	廿八
8	15	丙戌	7	16	丙辰	6	17	丁亥	5	18	丁巳	4	18	丁亥	3	20	戊午	廿九
			7	17	丁巳				5	19	戊午	4	19	戊子				三十

月別	12月			11月			10月			9月			8月			7月		
月柱	己丑			戊子			丁亥			丙戌			乙酉			甲申		
紫白	三碧			四緑			五黃			六白			七赤			八白		
農曆	陽曆		日柱	陽曆		日柱	陽曆		日柱	陽曆		日柱	陽曆		日柱	陽曆		日柱
	月	日		月	日		月	日		月	日		月	日		月	日	
初一	1	10	甲寅	12	12	乙酉	11	12	乙卯	10	14	丙戌	9	15	丁巳	8	16	丁亥
初二	1	11	乙卯	12	13	丙戌	11	13	丙辰	10	15	丁亥	9	16	戊午	8	17	戊子
初三	1	12	丙辰	12	14	丁亥	11	14	丁巳	10	16	戊子	9	17	己未	8	18	己丑
初四	1	13	丁巳	12	15	戊子	11	15	戊午	10	17	己丑	9	18	庚申	8	19	庚寅
初五	1	14	戊午	12	16	己丑	11	16	己未	10	18	庚寅	9	19	辛酉	8	20	辛卯
初六	1	15	己未	12	17	庚寅	11	17	庚申	10	19	辛卯	9	20	壬戌	8	21	壬辰
初七	1	16	庚申	12	18	辛卯	11	18	辛酉	10	20	壬辰	9	21	癸亥	8	22	癸巳
初八	1	17	辛酉	12	19	壬辰	11	19	壬戌	10	21	癸巳	9	22	甲子	8	23	甲午
初九	1	18	壬戌	12	20	癸巳	11	20	癸亥	10	22	甲午	9	23	乙丑	8	24	乙未
初十	1	19	癸亥	12	21	甲午	11	21	甲子	10	23	乙未	9	24	丙寅	8	25	丙申
十一	1	20	甲子	12	22	乙未	11	22	乙丑	10	24	丙申	9	25	丁卯	8	26	丁酉
十二	1	21	乙丑	12	23	丙申	11	23	丙寅	10	25	丁酉	9	26	戊辰	8	27	戊戌
十三	1	22	丙寅	12	24	丁酉	11	24	丁卯	10	26	戊戌	9	27	己巳	8	28	己亥
十四	1	23	丁卯	12	25	戊戌	11	25	戊辰	10	27	己亥	9	28	庚午	8	29	庚子
十五	1	24	戊辰	12	26	己亥	11	26	己巳	10	28	庚子	9	29	辛未	8	30	辛丑
十六	1	25	己巳	12	27	庚子	11	27	庚午	10	29	辛丑	9	30	壬申	8	31	壬寅
十七	1	26	庚午	12	28	辛丑	11	28	辛未	10	30	壬寅	10	1	癸酉	9	1	癸卯
十八	1	27	辛未	12	29	壬寅	11	29	壬申	10	31	癸卯	10	2	甲戌	9	2	甲辰
十九	1	28	壬申	12	30	癸卯	11	30	癸酉	11	1	甲辰	10	3	乙亥	9	3	乙巳
二十	1	29	癸酉	12	31	甲辰	12	1	甲戌	11	2	乙巳	10	4	丙子	9	4	丙午
廿一	1	30	甲戌	1	1	乙巳	12	2	乙亥	11	3	丙午	10	5	丁丑	9	5	丁未
廿二	1	31	乙亥	1	2	丙午	12	3	丙子	11	4	丁未	10	6	戊寅	9	6	戊申
廿三	2	1	丙子	1	3	丁未	12	4	丁丑	11	5	戊申	10	7	己卯	9	7	己酉
廿四	2	2	丁丑	1	4	戊申	12	5	戊寅	11	6	己酉	10	8	庚辰	9	8	庚戌
廿五	2	3	戊寅	1	5	己酉	12	6	己卯	11	7	庚戌	10	9	辛巳	9	9	辛亥
廿六	2	4	己卯	1	6	庚戌	12	7	庚辰	11	8	辛亥	10	10	壬午	9	10	壬子
廿七	2	5	庚辰	1	7	辛亥	12	8	辛巳	11	9	壬子	10	11	癸未	9	11	癸丑
廿八	2	6	辛巳	1	8	壬子	12	9	壬午	11	10	癸丑	10	12	甲申	9	12	甲寅
廿九	2	7	壬午	1	9	癸丑	12	10	癸未	11	11	甲寅	10	13	乙酉	9	13	乙卯
三十	2	8	癸未				12	11	甲申							9	14	丙辰

1986年【丙寅】

6月			5月			4月			3月			2月			正月			月別
乙未			甲午			癸巳			壬辰			辛卯			庚寅			月柱
六白			七赤			八白			九紫			一白			二黒			紫白
陽暦		日柱	陽暦		日柱	陽暦		日柱	陽暦		日柱	陽暦		日柱	陽暦		日柱	農暦
月	日		月	日		月	日		月	日		月	日		月	日		
7	7	壬子	6	7	壬午	5	9	癸丑	4	9	癸未	3	10	癸丑	2	9	甲申	初一
7	8	癸丑	6	8	癸未	5	10	甲寅	4	10	甲申	3	11	甲寅	2	10	乙酉	初二
7	9	甲寅	6	9	甲申	5	11	乙卯	4	11	乙酉	3	12	乙卯	2	11	丙戌	初三
7	10	乙卯	6	10	乙酉	5	12	丙辰	4	12	丙戌	3	13	丙辰	2	12	丁亥	初四
7	11	丙辰	6	11	丙戌	5	13	丁巳	4	13	丁亥	3	14	丁巳	2	13	戊子	初五
7	12	丁巳	6	12	丁亥	5	14	戊午	4	14	戊子	3	15	戊午	2	14	己丑	初六
7	13	戊午	6	13	戊子	5	15	己未	4	15	己丑	3	16	己未	2	15	庚寅	初七
7	14	己未	6	14	己丑	5	16	庚申	4	16	庚寅	3	17	庚申	2	16	辛卯	初八
7	15	庚申	6	15	庚寅	5	17	辛酉	4	17	辛卯	3	18	辛酉	2	17	壬辰	初九
7	16	辛酉	6	16	辛卯	5	18	壬戌	4	18	壬辰	3	19	壬戌	2	18	癸巳	初十
7	17	壬戌	6	17	壬辰	5	19	癸亥	4	19	癸巳	3	20	癸亥	2	19	甲午	十一
7	18	癸亥	6	18	癸巳	5	20	甲子	4	20	甲午	3	21	甲子	2	20	乙未	十二
7	19	甲子	6	19	甲午	5	21	乙丑	4	21	乙未	3	22	乙丑	2	21	丙申	十三
7	20	乙丑	6	20	乙未	5	22	丙寅	4	22	丙申	3	23	丙寅	2	22	丁酉	十四
7	21	丙寅	6	21	丙申	5	23	丁卯	4	23	丁酉	3	24	丁卯	2	23	戊戌	十五
7	22	丁卯	6	22	丁酉	5	24	戊辰	4	24	戊戌	3	25	戊辰	2	24	己亥	十六
7	23	戊辰	6	23	戊戌	5	25	己巳	4	25	己亥	3	26	己巳	2	25	庚子	十七
7	24	己巳	6	24	己亥	5	26	庚午	4	26	庚子	3	27	庚午	2	26	辛丑	十八
7	25	庚午	6	25	庚子	5	27	辛未	4	27	辛丑	3	28	辛未	2	27	壬寅	十九
7	26	辛未	6	26	辛丑	5	28	壬申	4	28	壬寅	3	29	壬申	2	28	癸卯	二十
7	27	壬申	6	27	壬寅	5	29	癸酉	4	29	癸卯	3	30	癸酉	3	1	甲辰	廿一
7	28	癸酉	6	28	癸卯	5	30	甲戌	4	30	甲辰	3	31	甲戌	3	2	乙巳	廿二
7	29	甲戌	6	29	甲辰	5	31	乙亥	5	1	乙巳	4	1	乙亥	3	3	丙午	廿三
7	30	乙亥	6	30	乙巳	6	1	丙子	5	2	丙午	4	2	丙子	3	4	丁未	廿四
7	31	丙子	7	1	丙午	6	2	丁丑	5	3	丁未	4	3	丁丑	3	5	戊申	廿五
8	1	丁丑	7	2	丁未	6	3	戊寅	5	4	戊申	4	4	戊寅	3	6	己酉	廿六
8	2	戊寅	7	3	戊申	6	4	己卯	5	5	己酉	4	5	己卯	3	7	庚戌	廿七
8	3	己卯	7	4	己酉	6	5	庚辰	5	6	庚戌	4	6	庚辰	3	8	辛亥	廿八
8	4	庚辰	7	5	庚戌	6	6	辛巳	5	7	辛亥	4	7	辛巳	3	9	壬子	廿九
8	5	辛巳	7	6	辛亥				5	8	壬子	4	8	壬午				三十

月別	12月			11月			10月			9月			8月			7月		
月柱	辛丑			庚子			己亥			戊戌			丁酉			丙申		
紫白	九紫			一白			二黑			三碧			四綠			五黃		
農曆	陽曆		日柱	陽曆		日柱	陽曆		日柱	陽曆		日柱	陽曆		日柱	陽曆		日柱
	月	日		月	日		月	日		月	日		月	日		月	日	
初一	12	31	己酉	12	2	庚辰	11	2	庚戌	10	4	辛巳	9	4	辛亥	8	6	壬午
初二	1	1	庚戌	12	3	辛巳	11	3	辛亥	10	5	壬午	9	5	壬子	8	7	癸未
初三	1	2	辛亥	12	4	壬午	11	4	壬子	10	6	癸未	9	6	癸丑	8	8	甲申
初四	1	3	壬子	12	5	癸未	11	5	癸丑	10	7	甲申	9	7	甲寅	8	9	乙酉
初五	1	4	癸丑	12	6	甲申	11	6	甲寅	10	8	乙酉	9	8	乙卯	8	10	丙戌
初六	1	5	甲寅	12	7	乙酉	11	7	乙卯	10	9	丙戌	9	9	丙辰	8	11	丁亥
初七	1	6	乙卯	12	8	丙戌	11	8	丙辰	10	10	丁亥	9	10	丁巳	8	12	戊子
初八	1	7	丙辰	12	9	丁亥	11	9	丁巳	10	11	戊子	9	11	戊午	8	13	己丑
初九	1	8	丁巳	12	10	戊子	11	10	戊午	10	12	己丑	9	12	己未	8	14	庚寅
初十	1	9	戊午	12	11	己丑	11	11	己未	10	13	庚寅	9	13	庚申	8	15	辛卯
十一	1	10	己未	12	12	庚寅	11	12	庚申	10	14	辛卯	9	14	辛酉	8	16	壬辰
十二	1	11	庚申	12	13	辛卯	11	13	辛酉	10	15	壬辰	9	15	壬戌	8	17	癸巳
十三	1	12	辛酉	12	14	壬辰	11	14	壬戌	10	16	癸巳	9	16	癸亥	8	18	甲午
十四	1	13	壬戌	12	15	癸巳	11	15	癸亥	10	17	甲午	9	17	甲子	8	19	乙未
十五	1	14	癸亥	12	16	甲午	11	16	甲子	10	18	乙未	9	18	乙丑	8	20	丙申
十六	1	15	甲子	12	17	乙未	11	17	乙丑	10	19	丙申	9	19	丙寅	8	21	丁酉
十七	1	16	乙丑	12	18	丙申	11	18	丙寅	10	20	丁酉	9	20	丁卯	8	22	戊戌
十八	1	17	丙寅	12	19	丁酉	11	19	丁卯	10	21	戊戌	9	21	戊辰	8	23	己亥
十九	1	18	丁卯	12	20	戊戌	11	20	戊辰	10	22	己亥	9	22	己巳	8	24	庚子
二十	1	19	戊辰	12	21	己亥	11	21	己巳	10	23	庚子	9	23	庚午	8	25	辛丑
廿一	1	20	己巳	12	22	庚子	11	22	庚午	10	24	辛丑	9	24	辛未	8	26	壬寅
廿二	1	21	庚午	12	23	辛丑	11	23	辛未	10	25	壬寅	9	25	壬申	8	27	癸卯
廿三	1	22	辛未	12	24	壬寅	11	24	壬申	10	26	癸卯	9	26	癸酉	8	28	甲辰
廿四	1	23	壬申	12	25	癸卯	11	25	癸酉	10	27	甲辰	9	27	甲戌	8	29	乙巳
廿五	1	24	癸酉	12	26	甲辰	11	26	甲戌	10	28	乙巳	9	28	乙亥	8	30	丙午
廿六	1	25	甲戌	12	27	乙巳	11	27	乙亥	10	29	丙午	9	29	丙子	8	31	丁未
廿七	1	26	乙亥	12	28	丙午	11	28	丙子	10	30	丁未	9	30	丁丑	9	1	戊申
廿八	1	27	丙子	12	29	丁未	11	29	丁丑	10	31	戊申	10	1	戊寅	9	2	己酉
廿九	1	28	丁丑	12	30	戊申	11	30	戊寅	11	1	己酉	10	2	己卯	9	3	庚戌
三十							12	1	己卯				10	3	庚辰			

1987年【丁卯】

閏6月			6月			5月			4月			3月			2月			正月			月別
			丁未			丙午			乙巳			甲辰			癸卯			壬寅			月柱
			三碧			四緑			五黄			六白			七赤			八白			紫白
陽暦		日柱	陽暦		日柱	陽暦		日柱	陽暦		日柱	陽暦		日柱	陽暦		日柱	陽暦		日柱	農暦
月	日		月	日		月	日		月	日		月	日		月	日		月	日		
7	26	丙子	6	26	丙午	5	27	丙子	4	28	丁未	3	29	丁丑	2	28	戊申	1	29	戊寅	初一
7	27	丁丑	6	27	丁未	5	28	丁丑	4	29	戊申	3	30	戊寅	3	1	己酉	1	30	己卯	初二
7	28	戊寅	6	28	戊申	5	29	戊寅	4	30	己酉	3	31	己卯	3	2	庚戌	1	31	庚辰	初三
7	29	己卯	6	29	己酉	5	30	己卯	5	1	庚戌	4	1	庚辰	3	3	辛亥	2	1	辛巳	初四
7	30	庚辰	6	30	庚戌	5	31	庚辰	5	2	辛亥	4	2	辛巳	3	4	壬子	2	2	壬午	初五
7	31	辛巳	7	1	辛亥	6	1	辛巳	5	3	壬子	4	3	壬午	3	5	癸丑	2	3	癸未	初六
8	1	壬午	7	2	壬子	6	2	壬午	5	4	癸丑	4	4	癸未	3	6	甲寅	2	4	甲申	初七
8	2	癸未	7	3	癸丑	6	3	癸未	5	5	甲寅	4	5	甲申	3	7	乙卯	2	5	乙酉	初八
8	3	甲申	7	4	甲寅	6	4	甲申	5	6	乙卯	4	6	乙酉	3	8	丙辰	2	6	丙戌	初九
8	4	乙酉	7	5	乙卯	6	5	乙酉	5	7	丙辰	4	7	丙戌	3	9	丁巳	2	7	丁亥	初十
8	5	丙戌	7	6	丙辰	6	6	丙戌	5	8	丁巳	4	8	丁亥	3	10	戊午	2	8	戊子	十一
8	6	丁亥	7	7	丁巳	6	7	丁亥	5	9	戊午	4	9	戊子	3	11	己未	2	9	己丑	十二
8	7	戊子	7	8	戊午	6	8	戊子	5	10	己未	4	10	己丑	3	12	庚申	2	10	庚寅	十三
8	8	己丑	7	9	己未	6	9	己丑	5	11	庚申	4	11	庚寅	3	13	辛酉	2	11	辛卯	十四
8	9	庚寅	7	10	庚申	6	10	庚寅	5	12	辛酉	4	12	辛卯	3	14	壬戌	2	12	壬辰	十五
8	10	辛卯	7	11	辛酉	6	11	辛卯	5	13	壬戌	4	13	壬辰	3	15	癸亥	2	13	癸巳	十六
8	11	壬辰	7	12	壬戌	6	12	壬辰	5	14	癸亥	4	14	癸巳	3	16	甲子	2	14	甲午	十七
8	12	癸巳	7	13	癸亥	6	13	癸巳	5	15	甲子	4	15	甲午	3	17	乙丑	2	15	乙未	十八
8	13	甲午	7	14	甲子	6	14	甲午	5	16	乙丑	4	16	乙未	3	18	丙寅	2	16	丙申	十九
8	14	乙未	7	15	乙丑	6	15	乙未	5	17	丙寅	4	17	丙申	3	19	丁卯	2	17	丁酉	二十
8	15	丙申	7	16	丙寅	6	16	丙申	5	18	丁卯	4	18	丁酉	3	20	戊辰	2	18	戊戌	廿一
8	16	丁酉	7	17	丁卯	6	17	丁酉	5	19	戊辰	4	19	戊戌	3	21	己巳	2	19	己亥	廿二
8	17	戊戌	7	18	戊辰	6	18	戊戌	5	20	己巳	4	20	己亥	3	22	庚午	2	20	庚子	廿三
8	18	己亥	7	19	己巳	6	19	己亥	5	21	庚午	4	21	庚子	3	23	辛未	2	21	辛丑	廿四
8	19	庚子	7	20	庚午	6	20	庚子	5	22	辛未	4	22	辛丑	3	24	壬申	2	22	壬寅	廿五
8	20	辛丑	7	21	辛未	6	21	辛丑	5	23	壬申	4	23	壬寅	3	25	癸酉	2	23	癸卯	廿六
8	21	壬寅	7	22	壬申	6	22	壬寅	5	24	癸酉	4	24	癸卯	3	26	甲戌	2	24	甲辰	廿七
8	22	癸卯	7	23	癸酉	6	23	癸卯	5	25	甲戌	4	25	甲辰	3	27	乙亥	2	25	乙巳	廿八
8	23	甲辰	7	24	甲戌	6	24	甲辰	5	26	乙亥	4	26	乙巳	3	28	丙子	2	26	丙午	廿九
			7	25	乙亥	6	25	乙巳				4	27	丙午				2	27	丁未	三十

月別	12月			11月			10月			9月			8月			7月		
月柱	癸丑			壬子			辛亥			庚戌			己酉			戊申		
紫白	六白			七赤			八白			九紫			一白			二黒		
農暦	陽暦		日柱	陽暦		日柱	陽暦		日柱	陽暦		日柱	陽暦		日柱	陽暦		日柱
	月	日		月	日		月	日		月	日		月	日		月	日	
初一	1	19	癸酉	12	21	甲辰	11	21	甲戌	10	23	乙巳	9	23	乙亥	8	24	乙巳
初二	1	20	甲戌	12	22	乙巳	11	22	乙亥	10	24	丙午	9	24	丙子	8	25	丙午
初三	1	21	乙亥	12	23	丙午	11	23	丙子	10	25	丁未	9	25	丁丑	8	26	丁未
初四	1	22	丙子	12	24	丁未	11	24	丁丑	10	26	戊申	9	26	戊寅	8	27	戊申
初五	1	23	丁丑	12	25	戊申	11	25	戊寅	10	27	己酉	9	27	己卯	8	28	己酉
初六	1	24	戊寅	12	26	己酉	11	26	己卯	10	28	庚戌	9	28	庚辰	8	29	庚戌
初七	1	25	己卯	12	27	庚戌	11	27	庚辰	10	29	辛亥	9	29	辛巳	8	30	辛亥
初八	1	26	庚辰	12	28	辛亥	11	28	辛巳	10	30	壬子	9	30	壬午	8	31	壬子
初九	1	27	辛巳	12	29	壬子	11	29	壬午	10	31	癸丑	10	1	癸未	9	1	癸丑
初十	1	28	壬午	12	30	癸丑	11	30	癸未	11	1	甲寅	10	2	甲申	9	2	甲寅
十一	1	29	癸未	12	31	甲寅	12	1	甲申	11	2	乙卯	10	3	乙酉	9	3	乙卯
十二	1	30	甲申	1	1	乙卯	12	2	乙酉	11	3	丙辰	10	4	丙戌	9	4	丙辰
十三	1	31	乙酉	1	2	丙辰	12	3	丙戌	11	4	丁巳	10	5	丁亥	9	5	丁巳
十四	2	1	丙戌	1	3	丁巳	12	4	丁亥	11	5	戊午	10	6	戊子	9	6	戊午
十五	2	2	丁亥	1	4	戊午	12	5	戊子	11	6	己未	10	7	己丑	9	7	己未
十六	2	3	戊子	1	5	己未	12	6	己丑	11	7	庚申	10	8	庚寅	9	8	庚申
十七	2	4	己丑	1	6	庚申	12	7	庚寅	11	8	辛酉	10	9	辛卯	9	9	辛酉
十八	2	5	庚寅	1	7	辛酉	12	8	辛卯	11	9	壬戌	10	10	壬辰	9	10	壬戌
十九	2	6	辛卯	1	8	壬戌	12	9	壬辰	11	10	癸亥	10	11	癸巳	9	11	癸亥
二十	2	7	壬辰	1	9	癸亥	12	10	癸巳	11	11	甲子	10	12	甲午	9	12	甲子
廿一	2	8	癸巳	1	10	甲子	12	11	甲午	11	12	乙丑	10	13	乙未	9	13	乙丑
廿二	2	9	甲午	1	11	乙丑	12	12	乙未	11	13	丙寅	10	14	丙申	9	14	丙寅
廿三	2	10	乙未	1	12	丙寅	12	13	丙申	11	14	丁卯	10	15	丁酉	9	15	丁卯
廿四	2	11	丙申	1	13	丁卯	12	14	丁酉	11	15	戊辰	10	16	戊戌	9	16	戊辰
廿五	2	12	丁酉	1	14	戊辰	12	15	戊戌	11	16	己巳	10	17	己亥	9	17	己巳
廿六	2	13	戊戌	1	15	己巳	12	16	己亥	11	17	庚午	10	18	庚子	9	18	庚午
廿七	2	14	己亥	1	16	庚午	12	17	庚子	11	18	辛未	10	19	辛丑	9	19	辛未
廿八	2	15	庚子	1	17	辛未	12	18	辛丑	11	19	壬申	10	20	壬寅	9	20	壬申
廿九	2	16	辛丑	1	18	壬申	12	19	壬寅	11	20	癸酉	10	21	癸卯	9	21	癸酉
三十							12	20	癸卯				10	22	甲辰	9	22	甲戌

1988年【戊辰】

6月			5月			4月			3月			2月			正月			月別
己未			戊午			丁巳			丙辰			乙卯			甲寅			月柱
九紫			一白			二黒			三碧			四緑			五黄			紫白
陽暦 月	日	日柱	陽暦 月	日	日柱	陽暦 月	日	日柱	陽暦 月	日	日柱	陽暦 月	日	日柱	陽暦 月	日	日柱	農暦
7	14	庚午	6	14	庚子	5	16	辛未	4	16	辛丑	3	18	壬申	2	17	壬寅	初一
7	15	辛未	6	15	辛丑	5	17	壬申	4	17	壬寅	3	19	癸酉	2	18	癸卯	初二
7	16	壬申	6	16	壬寅	5	18	癸酉	4	18	癸卯	3	20	甲戌	2	19	甲辰	初三
7	17	癸酉	6	17	癸卯	5	19	甲戌	4	19	甲辰	3	21	乙亥	2	20	乙巳	初四
7	18	甲戌	6	18	甲辰	5	20	乙亥	4	20	乙巳	3	22	丙子	2	21	丙午	初五
7	19	乙亥	6	19	乙巳	5	21	丙子	4	21	丙午	3	23	丁丑	2	22	丁未	初六
7	20	丙子	6	20	丙午	5	22	丁丑	4	22	丁未	3	24	戊寅	2	23	戊申	初七
7	21	丁丑	6	21	丁未	5	23	戊寅	4	23	戊申	3	25	己卯	2	24	己酉	初八
7	22	戊寅	6	22	戊申	5	24	己卯	4	24	己酉	3	26	庚辰	2	25	庚戌	初九
7	23	己卯	6	23	己酉	5	25	庚辰	4	25	庚戌	3	27	辛巳	2	26	辛亥	初十
7	24	庚辰	6	24	庚戌	5	26	辛巳	4	26	辛亥	3	28	壬午	2	27	壬子	十一
7	25	辛巳	6	25	辛亥	5	27	壬午	4	27	壬子	3	29	癸未	2	28	癸丑	十二
7	26	壬午	6	26	壬子	5	28	癸未	4	28	癸丑	3	30	甲申	2	29	甲寅	十三
7	27	癸未	6	27	癸丑	5	29	甲申	4	29	甲寅	3	31	乙酉	3	1	乙卯	十四
7	28	甲申	6	28	甲寅	5	30	乙酉	4	30	乙卯	4	1	丙戌	3	2	丙辰	十五
7	29	乙酉	6	29	乙卯	5	31	丙戌	5	1	丙辰	4	2	丁亥	3	3	丁巳	十六
7	30	丙戌	6	30	丙辰	6	1	丁亥	5	2	丁巳	4	3	戊子	3	4	戊午	十七
7	31	丁亥	7	1	丁巳	6	2	戊子	5	3	戊午	4	4	己丑	3	5	己未	十八
8	1	戊子	7	2	戊午	6	3	己丑	5	4	己未	4	5	庚寅	3	6	庚申	十九
8	2	己丑	7	3	己未	6	4	庚寅	5	5	庚申	4	6	辛卯	3	7	辛酉	二十
8	3	庚寅	7	4	庚申	6	5	辛卯	5	6	辛酉	4	7	壬辰	3	8	壬戌	廿一
8	4	辛卯	7	5	辛酉	6	6	壬辰	5	7	壬戌	4	8	癸巳	3	9	癸亥	廿二
8	5	壬辰	7	6	壬戌	6	7	癸巳	5	8	癸亥	4	9	甲午	3	10	甲子	廿三
8	6	癸巳	7	7	癸亥	6	8	甲午	5	9	甲子	4	10	乙未	3	11	乙丑	廿四
8	7	甲午	7	8	甲子	6	9	乙未	5	10	乙丑	4	11	丙申	3	12	丙寅	廿五
8	8	乙未	7	9	乙丑	6	10	丙申	5	11	丙寅	4	12	丁酉	3	13	丁卯	廿六
8	9	丙申	7	10	丙寅	6	11	丁酉	5	12	丁卯	4	13	戊戌	3	14	戊辰	廿七
8	10	丁酉	7	11	丁卯	6	12	戊戌	5	13	戊辰	4	14	己亥	3	15	己巳	廿八
8	11	戊戌	7	12	戊辰	6	13	己亥	5	14	己巳	4	15	庚子	3	16	庚午	廿九
			7	13	己巳				5	15	庚午				3	17	辛未	三十

月別	12月			11月			10月			9月			8月			7月		
月柱	乙丑			甲子			癸亥			壬戌			辛酉			庚申		
紫白	三碧			四緑			五黄			六白			七赤			八白		
農暦	陽暦		日柱	陽暦		日柱	陽暦		日柱	陽暦		日柱	陽暦		日柱	陽暦		日柱
	月	日		月	日		月	日		月	日		月	日		月	日	
初一	1	8	戊辰	12	9	戊戌	11	9	戊辰	10	11	己亥	9	11	己巳	8	12	己亥
初二	1	9	己巳	12	10	己亥	11	10	己巳	10	12	庚子	9	12	庚午	8	13	庚子
初三	1	10	庚午	12	11	庚子	11	11	庚午	10	13	辛丑	9	13	辛未	8	14	辛丑
初四	1	11	辛未	12	12	辛丑	11	12	辛未	10	14	壬寅	9	14	壬申	8	15	壬寅
初五	1	12	壬申	12	13	壬寅	11	13	壬申	10	15	癸卯	9	15	癸酉	8	16	癸卯
初六	1	13	癸酉	12	14	癸卯	11	14	癸酉	10	16	甲辰	9	16	甲戌	8	17	甲辰
初七	1	14	甲戌	12	15	甲辰	11	15	甲戌	10	17	乙巳	9	17	乙亥	8	18	乙巳
初八	1	15	乙亥	12	16	乙巳	11	16	乙亥	10	18	丙午	9	18	丙子	8	19	丙午
初九	1	16	丙子	12	17	丙午	11	17	丙子	10	19	丁未	9	19	丁丑	8	20	丁未
初十	1	17	丁丑	12	18	丁未	11	18	丁丑	10	20	戊申	9	20	戊寅	8	21	戊申
十一	1	18	戊寅	12	19	戊申	11	19	戊寅	10	21	己酉	9	21	己卯	8	22	己酉
十二	1	19	己卯	12	20	己酉	11	20	己卯	10	22	庚戌	9	22	庚辰	8	23	庚戌
十三	1	20	庚辰	12	21	庚戌	11	21	庚辰	10	23	辛亥	9	23	辛巳	8	24	辛亥
十四	1	21	辛巳	12	22	辛亥	11	22	辛巳	10	24	壬子	9	24	壬午	8	25	壬子
十五	1	22	壬午	12	23	壬子	11	23	壬午	10	25	癸丑	9	25	癸未	8	26	癸丑
十六	1	23	癸未	12	24	癸丑	11	24	癸未	10	26	甲寅	9	26	甲申	8	27	甲寅
十七	1	24	甲申	12	25	甲寅	11	25	甲申	10	27	乙卯	9	27	乙酉	8	28	乙卯
十八	1	25	乙酉	12	26	乙卯	11	26	乙酉	10	28	丙辰	9	28	丙戌	8	29	丙辰
十九	1	26	丙戌	12	27	丙辰	11	27	丙戌	10	29	丁巳	9	29	丁亥	8	30	丁巳
二十	1	27	丁亥	12	28	丁巳	11	28	丁亥	10	30	戊午	9	30	戊子	8	31	戊午
廿一	1	28	戊子	12	29	戊午	11	29	戊子	10	31	己未	10	1	己丑	9	1	己未
廿二	1	29	己丑	12	30	己未	11	30	己丑	11	1	庚申	10	2	庚寅	9	2	庚申
廿三	1	30	庚寅	12	31	庚申	12	1	庚寅	11	2	辛酉	10	3	辛卯	9	3	辛酉
廿四	1	31	辛卯	1	1	辛酉	12	2	辛卯	11	3	壬戌	10	4	壬辰	9	4	壬戌
廿五	2	1	壬辰	1	2	壬戌	12	3	壬辰	11	4	癸亥	10	5	癸巳	9	5	癸亥
廿六	2	2	癸巳	1	3	癸亥	12	4	癸巳	11	5	甲子	10	6	甲午	9	6	甲子
廿七	2	3	甲午	1	4	甲子	12	5	甲午	11	6	乙丑	10	7	乙未	9	7	乙丑
廿八	2	4	乙未	1	5	乙丑	12	6	乙未	11	7	丙寅	10	8	丙申	9	8	丙寅
廿九	2	5	丙申	1	6	丙寅	12	7	丙申	11	8	丁卯	10	9	丁酉	9	9	丁卯
三十				1	7	丁卯	12	8	丁酉				10	10	戊戌	9	10	戊辰

1989年【己巳】

6月			5月			4月			3月			2月			正月			月別
辛未			庚午			己巳			戊辰			丁卯			丙寅			月柱
六白			七赤			八白			九紫			一白			二黒			紫白
陽暦		日柱	陽暦		日柱	陽暦		日柱	陽暦		日柱	陽暦		日柱	陽暦		日柱	農暦
月	日		月	日		月	日		月	日		月	日		月	日		
7	3	甲子	6	4	乙未	5	5	乙丑	4	6	丙申	3	8	丁卯	2	6	丁酉	初一
7	4	乙丑	6	5	丙申	5	6	丙寅	4	7	丁酉	3	9	戊辰	2	7	戊戌	初二
7	5	丙寅	6	6	丁酉	5	7	丁卯	4	8	戊戌	3	10	己巳	2	8	己亥	初三
7	6	丁卯	6	7	戊戌	5	8	戊辰	4	9	己亥	3	11	庚午	2	9	庚子	初四
7	7	戊辰	6	8	己亥	5	9	己巳	4	10	庚子	3	12	辛未	2	10	辛丑	初五
7	8	己巳	6	9	庚子	5	10	庚午	4	11	辛丑	3	13	壬申	2	11	壬寅	初六
7	9	庚午	6	10	辛丑	5	11	辛未	4	12	壬寅	3	14	癸酉	2	12	癸卯	初七
7	10	辛未	6	11	壬寅	5	12	壬申	4	13	癸卯	3	15	甲戌	2	13	甲辰	初八
7	11	壬申	6	12	癸卯	5	13	癸酉	4	14	甲辰	3	16	乙亥	2	14	乙巳	初九
7	12	癸酉	6	13	甲辰	5	14	甲戌	4	15	乙巳	3	17	丙子	2	15	丙午	初十
7	13	甲戌	6	14	乙巳	5	15	乙亥	4	16	丙午	3	18	丁丑	2	16	丁未	十一
7	14	乙亥	6	15	丙午	5	16	丙子	4	17	丁未	3	19	戊寅	2	17	戊申	十二
7	15	丙子	6	16	丁未	5	17	丁丑	4	18	戊申	3	20	己卯	2	18	己酉	十三
7	16	丁丑	6	17	戊申	5	18	戊寅	4	19	己酉	3	21	庚辰	2	19	庚戌	十四
7	17	戊寅	6	18	己酉	5	19	己卯	4	20	庚戌	3	22	辛巳	2	20	辛亥	十五
7	18	己卯	6	19	庚戌	5	20	庚辰	4	21	辛亥	3	23	壬午	2	21	壬子	十六
7	19	庚辰	6	20	辛亥	5	21	辛巳	4	22	壬子	3	24	癸未	2	22	癸丑	十七
7	20	辛巳	6	21	壬子	5	22	壬午	4	23	癸丑	3	25	甲申	2	23	甲寅	十八
7	21	壬午	6	22	癸丑	5	23	癸未	4	24	甲寅	3	26	乙酉	2	24	乙卯	十九
7	22	癸未	6	23	甲寅	5	24	甲申	4	25	乙卯	3	27	丙戌	2	25	丙辰	二十
7	23	甲申	6	24	乙卯	5	25	乙酉	4	26	丙辰	3	28	丁亥	2	26	丁巳	廿一
7	24	乙酉	6	25	丙辰	5	26	丙戌	4	27	丁巳	3	29	戊子	2	27	戊午	廿二
7	25	丙戌	6	26	丁巳	5	27	丁亥	4	28	戊午	3	30	己丑	2	28	己未	廿三
7	26	丁亥	6	27	戊午	5	28	戊子	4	29	己未	3	31	庚寅	3	1	庚申	廿四
7	27	戊子	6	28	己未	5	29	己丑	4	30	庚申	4	1	辛卯	3	2	辛酉	廿五
7	28	己丑	6	29	庚申	5	30	庚寅	5	1	辛酉	4	2	壬辰	3	3	壬戌	廿六
7	29	庚寅	6	30	辛酉	5	31	辛卯	5	2	壬戌	4	3	癸巳	3	4	癸亥	廿七
7	30	辛卯	7	1	壬戌	6	1	壬辰	5	3	癸亥	4	4	甲午	3	5	甲子	廿八
7	31	壬辰	7	2	癸亥	6	2	癸巳	5	4	甲子	4	5	乙未	3	6	乙丑	廿九
8	1	癸巳				6	3	甲午							3	7	丙寅	三十

月別	12月			11月			10月			9月			8月			7月		
月柱	丁丑			丙子			乙亥			甲戌			癸酉			壬申		
紫白	九紫			一白			二黑			三碧			四綠			五黃		
農曆	陽曆		日柱	陽曆		日柱	陽曆		日柱	陽曆		日柱	陽曆		日柱	陽曆		日柱
	月	日		月	日		月	日		月	日		月	日		月	日	
初一	12	28	壬戌	11	28	壬辰	10	29	壬戌	9	30	癸巳	8	31	癸亥	8	2	甲午
初二	12	29	癸亥	11	29	癸巳	10	30	癸亥	10	1	甲午	9	1	甲子	8	3	乙未
初三	12	30	甲子	11	30	甲午	10	31	甲子	10	2	乙未	9	2	乙丑	8	4	丙申
初四	12	31	乙丑	12	1	乙未	11	1	乙丑	10	3	丙申	9	3	丙寅	8	5	丁酉
初五	1	1	丙寅	12	2	丙申	11	2	丙寅	10	4	丁酉	9	4	丁卯	8	6	戊戌
初六	1	2	丁卯	12	3	丁酉	11	3	丁卯	10	5	戊戌	9	5	戊辰	8	7	己亥
初七	1	3	戊辰	12	4	戊戌	11	4	戊辰	10	6	己亥	9	6	己巳	8	8	庚子
初八	1	4	己巳	12	5	己亥	11	5	己巳	10	7	庚子	9	7	庚午	8	9	辛丑
初九	1	5	庚午	12	6	庚子	11	6	庚午	10	8	辛丑	9	8	辛未	8	10	壬寅
初十	1	6	辛未	12	7	辛丑	11	7	辛未	10	9	壬寅	9	9	壬申	8	11	癸卯
十一	1	7	壬申	12	8	壬寅	11	8	壬申	10	10	癸卯	9	10	癸酉	8	12	甲辰
十二	1	8	癸酉	12	9	癸卯	11	9	癸酉	10	11	甲辰	9	11	甲戌	8	13	乙巳
十三	1	9	甲戌	12	10	甲辰	11	10	甲戌	10	12	乙巳	9	12	乙亥	8	14	丙午
十四	1	10	乙亥	12	11	乙巳	11	11	乙亥	10	13	丙午	9	13	丙子	8	15	丁未
十五	1	11	丙子	12	12	丙午	11	12	丙子	10	14	丁未	9	14	丁丑	8	16	戊申
十六	1	12	丁丑	12	13	丁未	11	13	丁丑	10	15	戊申	9	15	戊寅	8	17	己酉
十七	1	13	戊寅	12	14	戊申	11	14	戊寅	10	16	己酉	9	16	己卯	8	18	庚戌
十八	1	14	己卯	12	15	己酉	11	15	己卯	10	17	庚戌	9	17	庚辰	8	19	辛亥
十九	1	15	庚辰	12	16	庚戌	11	16	庚辰	10	18	辛亥	9	18	辛巳	8	20	壬子
二十	1	16	辛巳	12	17	辛亥	11	17	辛巳	10	19	壬子	9	19	壬午	8	21	癸丑
廿一	1	17	壬午	12	18	壬子	11	18	壬午	10	20	癸丑	9	20	癸未	8	22	甲寅
廿二	1	18	癸未	12	19	癸丑	11	19	癸未	10	21	甲寅	9	21	甲申	8	23	乙卯
廿三	1	19	甲申	12	20	甲寅	11	20	甲申	10	22	乙卯	9	22	乙酉	8	24	丙辰
廿四	1	20	乙酉	12	21	乙卯	11	21	乙酉	10	23	丙辰	9	23	丙戌	8	25	丁巳
廿五	1	21	丙戌	12	22	丙辰	11	22	丙戌	10	24	丁巳	9	24	丁亥	8	26	戊午
廿六	1	22	丁亥	12	23	丁巳	11	23	丁亥	10	25	戊午	9	25	戊子	8	27	己未
廿七	1	23	戊子	12	24	戊午	11	24	戊子	10	26	己未	9	26	己丑	8	28	庚申
廿八	1	24	己丑	12	25	己未	11	25	己丑	10	27	庚申	9	27	庚寅	8	29	辛酉
廿九	1	25	庚寅	12	26	庚申	11	26	庚寅	10	28	辛酉	9	28	辛卯	8	30	壬戌
三十	1	26	辛卯	12	27	辛酉	11	27	辛卯				9	29	壬辰			

1990年【庚午】

6月			閏5月			5月			4月			3月			2月			正月			月別
癸未						壬午			辛巳			庚辰			己卯			戊寅			月柱
三碧						四緑			五黃			六白			七赤			八白			紫白
陽暦		日柱	陽暦		日柱	陽暦		日柱	陽暦		日柱	陽暦		日柱	陽暦		日柱	陽暦		日柱	農暦
月	日		月	日		月	日		月	日		月	日		月	日		月	日		
7	22	戊子	6	23	己未	5	24	己丑	4	25	庚申	3	27	辛卯	2	25	辛酉	1	27	壬辰	初一
7	23	己丑	6	24	庚申	5	25	庚寅	4	26	辛酉	3	28	壬辰	2	26	壬戌	1	28	癸巳	初二
7	24	庚寅	6	25	辛酉	5	26	辛卯	4	27	壬戌	3	29	癸巳	2	27	癸亥	1	29	甲午	初三
7	25	辛卯	6	26	壬戌	5	27	壬辰	4	28	癸亥	3	30	甲午	2	28	甲子	1	30	乙未	初四
7	26	壬辰	6	27	癸亥	5	28	癸巳	4	29	甲子	3	31	乙未	3	1	乙丑	1	31	丙申	初五
7	27	癸巳	6	28	甲子	5	29	甲午	4	30	乙丑	4	1	丙申	3	2	丙寅	2	1	丁酉	初六
7	28	甲午	6	29	乙丑	5	30	乙未	5	1	丙寅	4	2	丁酉	3	3	丁卯	2	2	戊戌	初七
7	29	乙未	6	30	丙寅	5	31	丙申	5	2	丁卯	4	3	戊戌	3	4	戊辰	2	3	己亥	初八
7	30	丙申	7	1	丁卯	6	1	丁酉	5	3	戊辰	4	4	己亥	3	5	己巳	2	4	庚子	初九
7	31	丁酉	7	2	戊辰	6	2	戊戌	5	4	己巳	4	5	庚子	3	6	庚午	2	5	辛丑	初十
8	1	戊戌	7	3	己巳	6	3	己亥	5	5	庚午	4	6	辛丑	3	7	辛未	2	6	壬寅	十一
8	2	己亥	7	4	庚午	6	4	庚子	5	6	辛未	4	7	壬寅	3	8	壬申	2	7	癸卯	十二
8	3	庚子	7	5	辛未	6	5	辛丑	5	7	壬申	4	8	癸卯	3	9	癸酉	2	8	甲辰	十三
8	4	辛丑	7	6	壬申	6	6	壬寅	5	8	癸酉	4	9	甲辰	3	10	甲戌	2	9	乙巳	十四
8	5	壬寅	7	7	癸酉	6	7	癸卯	5	9	甲戌	4	10	乙巳	3	11	乙亥	2	10	丙午	十五
8	6	癸卯	7	8	甲戌	6	8	甲辰	5	10	乙亥	4	11	丙午	3	12	丙子	2	11	丁未	十六
8	7	甲辰	7	9	乙亥	6	9	乙巳	5	11	丙子	4	12	丁未	3	13	丁丑	2	12	戊申	十七
8	8	乙巳	7	10	丙子	6	10	丙午	5	12	丁丑	4	13	戊申	3	14	戊寅	2	13	己酉	十八
8	9	丙午	7	11	丁丑	6	11	丁未	5	13	戊寅	4	14	己酉	3	15	己卯	2	14	庚戌	十九
8	10	丁未	7	12	戊寅	6	12	戊申	5	14	己卯	4	15	庚戌	3	16	庚辰	2	15	辛亥	二十
8	11	戊申	7	13	己卯	6	13	己酉	5	15	庚辰	4	16	辛亥	3	17	辛巳	2	16	壬子	廿一
8	12	己酉	7	14	庚辰	6	14	庚戌	5	16	辛巳	4	17	壬子	3	18	壬午	2	17	癸丑	廿二
8	13	庚戌	7	15	辛巳	6	15	辛亥	5	17	壬午	4	18	癸丑	3	19	癸未	2	18	甲寅	廿三
8	14	辛亥	7	16	壬午	6	16	壬子	5	18	癸未	4	19	甲寅	3	20	甲申	2	19	乙卯	廿四
8	15	壬子	7	17	癸未	6	17	癸丑	5	19	甲申	4	20	乙卯	3	21	乙酉	2	20	丙辰	廿五
8	16	癸丑	7	18	甲申	6	18	甲寅	5	20	乙酉	4	21	丙辰	3	22	丙戌	2	21	丁巳	廿六
8	17	甲寅	7	19	乙酉	6	19	乙卯	5	21	丙戌	4	22	丁巳	3	23	丁亥	2	22	戊午	廿七
8	18	乙卯	7	20	丙戌	6	20	丙辰	5	22	丁亥	4	23	戊午	3	24	戊子	2	23	己未	廿八
8	19	丙辰	7	21	丁亥	6	21	丁巳	5	23	戊子	4	24	己未	3	25	己丑	2	24	庚申	廿九
						6	22	戊午							3	26	庚寅				三十

月別	12月			11月			10月			9月			8月			7月		
月柱	己丑			戊子			丁亥			丙戌			乙酉			甲申		
紫白	六白			七赤			八白			九紫			一白			二黑		
農曆	陽曆		日柱	陽曆		日柱	陽曆		日柱	陽曆		日柱	陽曆		日柱	陽曆		日柱
	月	日		月	日		月	日		月	日		月	日		月	日	
初一	1	16	丙戌	12	17	丙辰	11	17	丙戌	10	18	丙辰	9	19	丁亥	8	20	丁巳
初二	1	17	丁亥	12	18	丁巳	11	18	丁亥	10	19	丁巳	9	20	戊子	8	21	戊午
初三	1	18	戊子	12	19	戊午	11	19	戊子	10	20	戊午	9	21	己丑	8	22	己未
初四	1	19	己丑	12	20	己未	11	20	己丑	10	21	己未	9	22	庚寅	8	23	庚申
初五	1	20	庚寅	12	21	庚申	11	21	庚寅	10	22	庚申	9	23	辛卯	8	24	辛酉
初六	1	21	辛卯	12	22	辛酉	11	22	辛卯	10	23	辛酉	9	24	壬辰	8	25	壬戌
初七	1	22	壬辰	12	23	壬戌	11	23	壬辰	10	24	壬戌	9	25	癸巳	8	26	癸亥
初八	1	23	癸巳	12	24	癸亥	11	24	癸巳	10	25	癸亥	9	26	甲午	8	27	甲子
初九	1	24	甲午	12	25	甲子	11	25	甲午	10	26	甲子	9	27	乙未	8	28	乙丑
初十	1	25	乙未	12	26	乙丑	11	26	乙未	10	27	乙丑	9	28	丙申	8	29	丙寅
十一	1	26	丙申	12	27	丙寅	11	27	丙申	10	28	丙寅	9	29	丁酉	8	30	丁卯
十二	1	27	丁酉	12	28	丁卯	11	28	丁酉	10	29	丁卯	9	30	戊戌	8	31	戊辰
十三	1	28	戊戌	12	29	戊辰	11	29	戊戌	10	30	戊辰	10	1	己亥	9	1	己巳
十四	1	29	己亥	12	30	己巳	11	30	己亥	10	31	己巳	10	2	庚子	9	2	庚午
十五	1	30	庚子	12	31	庚午	12	1	庚子	11	1	庚午	10	3	辛丑	9	3	辛未
十六	1	31	辛丑	1	1	辛未	12	2	辛丑	11	2	辛未	10	4	壬寅	9	4	壬申
十七	2	1	壬寅	1	2	壬申	12	3	壬寅	11	3	壬申	10	5	癸卯	9	5	癸酉
十八	2	2	癸卯	1	3	癸酉	12	4	癸卯	11	4	癸酉	10	6	甲辰	9	6	甲戌
十九	2	3	甲辰	1	4	甲戌	12	5	甲辰	11	5	甲戌	10	7	乙巳	9	7	乙亥
二十	2	4	乙巳	1	5	乙亥	12	6	乙巳	11	6	乙亥	10	8	丙午	9	8	丙子
廿一	2	5	丙午	1	6	丙子	12	7	丙午	11	7	丙子	10	9	丁未	9	9	丁丑
廿二	2	6	丁未	1	7	丁丑	12	8	丁未	11	8	丁丑	10	10	戊申	9	10	戊寅
廿三	2	7	戊申	1	8	戊寅	12	9	戊申	11	9	戊寅	10	11	己酉	9	11	己卯
廿四	2	8	己酉	1	9	己卯	12	10	己酉	11	10	己卯	10	12	庚戌	9	12	庚辰
廿五	2	9	庚戌	1	10	庚辰	12	11	庚戌	11	11	庚辰	10	13	辛亥	9	13	辛巳
廿六	2	10	辛亥	1	11	辛巳	12	12	辛亥	11	12	辛巳	10	14	壬子	9	14	壬午
廿七	2	11	壬子	1	12	壬午	12	13	壬子	11	13	壬午	10	15	癸丑	9	15	癸未
廿八	2	12	癸丑	1	13	癸未	12	14	癸丑	11	14	癸未	10	16	甲寅	9	16	甲申
廿九	2	13	甲寅	1	14	甲申	12	15	甲寅	11	15	甲申	10	17	乙卯	9	17	乙酉
三十	2	14	乙卯	1	15	乙酉	12	16	乙卯	11	16	乙酉				9	18	丙戌

1991年【辛未】

6月			5月			4月			3月			2月			正月			月別
乙未			甲午			癸巳			壬辰			辛卯			庚寅			月柱
九紫			一白			二黒			三碧			四緑			五黄			紫白
陽暦		日柱	陽暦		日柱	陽暦		日柱	陽暦		日柱	陽暦		日柱	陽暦		日柱	農暦
月	日		月	日		月	日		月	日		月	日		月	日		
7	12	癸未	6	12	癸丑	5	14	甲申	4	15	乙卯	3	16	乙酉	2	15	丙辰	初一
7	13	甲申	6	13	甲寅	5	15	乙酉	4	16	丙辰	3	17	丙戌	2	16	丁巳	初二
7	14	乙酉	6	14	乙卯	5	16	丙戌	4	17	丁巳	3	18	丁亥	2	17	戊午	初三
7	15	丙戌	6	15	丙辰	5	17	丁亥	4	18	戊午	3	19	戊子	2	18	己未	初四
7	16	丁亥	6	16	丁巳	5	18	戊子	4	19	己未	3	20	己丑	2	19	庚申	初五
7	17	戊子	6	17	戊午	5	19	己丑	4	20	庚申	3	21	庚寅	2	20	辛酉	初六
7	18	己丑	6	18	己未	5	20	庚寅	4	21	辛酉	3	22	辛卯	2	21	壬戌	初七
7	19	庚寅	6	19	庚申	5	21	辛卯	4	22	壬戌	3	23	壬辰	2	22	癸亥	初八
7	20	辛卯	6	20	辛酉	5	22	壬辰	4	23	癸亥	3	24	癸巳	2	23	甲子	初九
7	21	壬辰	6	21	壬戌	5	23	癸巳	4	24	甲子	3	25	甲午	2	24	乙丑	初十
7	22	癸巳	6	22	癸亥	5	24	甲午	4	25	乙丑	3	26	乙未	2	25	丙寅	十一
7	23	甲午	6	23	甲子	5	25	乙未	4	26	丙寅	3	27	丙申	2	26	丁卯	十二
7	24	乙未	6	24	乙丑	5	26	丙申	4	27	丁卯	3	28	丁酉	2	27	戊辰	十三
7	25	丙申	6	25	丙寅	5	27	丁酉	4	28	戊辰	3	29	戊戌	2	28	己巳	十四
7	26	丁酉	6	26	丁卯	5	28	戊戌	4	29	己巳	3	30	己亥	3	1	庚午	十五
7	27	戊戌	6	27	戊辰	5	29	己亥	4	30	庚午	3	31	庚子	3	2	辛未	十六
7	28	己亥	6	28	己巳	5	30	庚子	5	1	辛未	4	1	辛丑	3	3	壬申	十七
7	29	庚子	6	29	庚午	5	31	辛丑	5	2	壬申	4	2	壬寅	3	4	癸酉	十八
7	30	辛丑	6	30	辛未	6	1	壬寅	5	3	癸酉	4	3	癸卯	3	5	甲戌	十九
7	31	壬寅	7	1	壬申	6	2	癸卯	5	4	甲戌	4	4	甲辰	3	6	乙亥	二十
8	1	癸卯	7	2	癸酉	6	3	甲辰	5	5	乙亥	4	5	乙巳	3	7	丙子	廿一
8	2	甲辰	7	3	甲戌	6	4	乙巳	5	6	丙子	4	6	丙午	3	8	丁丑	廿二
8	3	乙巳	7	4	乙亥	6	5	丙午	5	7	丁丑	4	7	丁未	3	9	戊寅	廿三
8	4	丙午	7	5	丙子	6	6	丁未	5	8	戊寅	4	8	戊申	3	10	己卯	廿四
8	5	丁未	7	6	丁丑	6	7	戊申	5	9	己卯	4	9	己酉	3	11	庚辰	廿五
8	6	戊申	7	7	戊寅	6	8	己酉	5	10	庚辰	4	10	庚戌	3	12	辛巳	廿六
8	7	己酉	7	8	己卯	6	9	庚戌	5	11	辛巳	4	11	辛亥	3	13	壬午	廿七
8	8	庚戌	7	9	庚辰	6	10	辛亥	5	12	壬午	4	12	壬子	3	14	癸未	廿八
8	9	辛亥	7	10	辛巳	6	11	壬子	5	13	癸未	4	13	癸丑	3	15	甲申	廿九
			7	11	壬午							4	14	甲寅				三十

月別	12月			11月			10月			9月			8月			7月		
月柱	辛丑			庚子			己亥			戊戌			丁酉			丙申		
紫白	三碧			四緑			五黄			六白			七赤			八白		
農暦	陽暦		日柱	陽暦		日柱	陽暦		日柱	陽暦		日柱	陽暦		日柱	陽暦		日柱
	月	日		月	日		月	日		月	日		月	日		月	日	
初一	1	5	庚辰	12	6	庚戌	11	6	庚辰	10	8	辛亥	9	8	辛巳	8	10	壬子
初二	1	6	辛巳	12	7	辛亥	11	7	辛巳	10	9	壬子	9	9	壬午	8	11	癸丑
初三	1	7	壬午	12	8	壬子	11	8	壬午	10	10	癸丑	9	10	癸未	8	12	甲寅
初四	1	8	癸未	12	9	癸丑	11	9	癸未	10	11	甲寅	9	11	甲申	8	13	乙卯
初五	1	9	甲申	12	10	甲寅	11	10	甲申	10	12	乙卯	9	12	乙酉	8	14	丙辰
初六	1	10	乙酉	12	11	乙卯	11	11	乙酉	10	13	丙辰	9	13	丙戌	8	15	丁巳
初七	1	11	丙戌	12	12	丙辰	11	12	丙戌	10	14	丁巳	9	14	丁亥	8	16	戊午
初八	1	12	丁亥	12	13	丁巳	11	13	丁亥	10	15	戊午	9	15	戊子	8	17	己未
初九	1	13	戊子	12	14	戊午	11	14	戊子	10	16	己未	9	16	己丑	8	18	庚申
初十	1	14	己丑	12	15	己未	11	15	己丑	10	17	庚申	9	17	庚寅	8	19	辛酉
十一	1	15	庚寅	12	16	庚申	11	16	庚寅	10	18	辛酉	9	18	辛卯	8	20	壬戌
十二	1	16	辛卯	12	17	辛酉	11	17	辛卯	10	19	壬戌	9	19	壬辰	8	21	癸亥
十三	1	17	壬辰	12	18	壬戌	11	18	壬辰	10	20	癸亥	9	20	癸巳	8	22	甲子
十四	1	18	癸巳	12	19	癸亥	11	19	癸巳	10	21	甲子	9	21	甲午	8	23	乙丑
十五	1	19	甲午	12	20	甲子	11	20	甲午	10	22	乙丑	9	22	乙未	8	24	丙寅
十六	1	20	乙未	12	21	乙丑	11	21	乙未	10	23	丙寅	9	23	丙申	8	25	丁卯
十七	1	21	丙申	12	22	丙寅	11	22	丙申	10	24	丁卯	9	24	丁酉	8	26	戊辰
十八	1	22	丁酉	12	23	丁卯	11	23	丁酉	10	25	戊辰	9	25	戊戌	8	27	己巳
十九	1	23	戊戌	12	24	戊辰	11	24	戊戌	10	26	己巳	9	26	己亥	8	28	庚午
二十	1	24	己亥	12	25	己巳	11	25	己亥	10	27	庚午	9	27	庚子	8	29	辛未
廿一	1	25	庚子	12	26	庚午	11	26	庚子	10	28	辛未	9	28	辛丑	8	30	壬申
廿二	1	26	辛丑	12	27	辛未	11	27	辛丑	10	29	壬申	9	29	壬寅	8	31	癸酉
廿三	1	27	壬寅	12	28	壬申	11	28	壬寅	10	30	癸酉	9	30	癸卯	9	1	甲戌
廿四	1	28	癸卯	12	29	癸酉	11	29	癸卯	10	31	甲戌	10	1	甲辰	9	2	乙亥
廿五	1	29	甲辰	12	30	甲戌	11	30	甲辰	11	1	乙亥	10	2	乙巳	9	3	丙子
廿六	1	30	乙巳	12	31	乙亥	12	1	乙巳	11	2	丙子	10	3	丙午	9	4	丁丑
廿七	1	31	丙午	1	1	丙子	12	2	丙午	11	3	丁丑	10	4	丁未	9	5	戊寅
廿八	2	1	丁未	1	2	丁丑	12	3	丁未	11	4	戊寅	10	5	戊申	9	6	己卯
廿九	2	2	戊申	1	3	戊寅	12	4	戊申	11	5	己卯	10	6	己酉	9	7	庚辰
三十	2	3	己酉	1	4	己卯	12	5	己酉				10	7	庚戌			

1992年【壬申】

6月			5月			4月			3月			2月			正月			月別
丁未			丙午			乙巳			甲辰			癸卯			壬寅			月柱
六白			七赤			八白			九紫			一白			二黒			紫白
陽暦		日柱	陽暦		日柱	陽暦		日柱	陽暦		日柱	陽暦		日柱	陽暦		日柱	農暦
月	日		月	日		月	日		月	日		月	日		月	日		
6	30	丁丑	6	1	戊申	5	3	己卯	4	3	己酉	3	4	己卯	2	4	庚戌	初一
7	1	戊寅	6	2	己酉	5	4	庚辰	4	4	庚戌	3	5	庚辰	2	5	辛亥	初二
7	2	己卯	6	3	庚戌	5	5	辛巳	4	5	辛亥	3	6	辛巳	2	6	壬子	初三
7	3	庚辰	6	4	辛亥	5	6	壬午	4	6	壬子	3	7	壬午	2	7	癸丑	初四
7	4	辛巳	6	5	壬子	5	7	癸未	4	7	癸丑	3	8	癸未	2	8	甲寅	初五
7	5	壬午	6	6	癸丑	5	8	甲申	4	8	甲寅	3	9	甲申	2	9	乙卯	初六
7	6	癸未	6	7	甲寅	5	9	乙酉	4	9	乙卯	3	10	乙酉	2	10	丙辰	初七
7	7	甲申	6	8	乙卯	5	10	丙戌	4	10	丙辰	3	11	丙戌	2	11	丁巳	初八
7	8	乙酉	6	9	丙辰	5	11	丁亥	4	11	丁巳	3	12	丁亥	2	12	戊午	初九
7	9	丙戌	6	10	丁巳	5	12	戊子	4	12	戊午	3	13	戊子	2	13	己未	初十
7	10	丁亥	6	11	戊午	5	13	己丑	4	13	己未	3	14	己丑	2	14	庚申	十一
7	11	戊子	6	12	己未	5	14	庚寅	4	14	庚申	3	15	庚寅	2	15	辛酉	十二
7	12	己丑	6	13	庚申	5	15	辛卯	4	15	辛酉	3	16	辛卯	2	16	壬戌	十三
7	13	庚寅	6	14	辛酉	5	16	壬辰	4	16	壬戌	3	17	壬辰	2	17	癸亥	十四
7	14	辛卯	6	15	壬戌	5	17	癸巳	4	17	癸亥	3	18	癸巳	2	18	甲子	十五
7	15	壬辰	6	16	癸亥	5	18	甲午	4	18	甲子	3	19	甲午	2	19	乙丑	十六
7	16	癸巳	6	17	甲子	5	19	乙未	4	19	乙丑	3	20	乙未	2	20	丙寅	十七
7	17	甲午	6	18	乙丑	5	20	丙申	4	20	丙寅	3	21	丙申	2	21	丁卯	十八
7	18	乙未	6	19	丙寅	5	21	丁酉	4	21	丁卯	3	22	丁酉	2	22	戊辰	十九
7	19	丙申	6	20	丁卯	5	22	戊戌	4	22	戊辰	3	23	戊戌	2	23	己巳	二十
7	20	丁酉	6	21	戊辰	5	23	己亥	4	23	己巳	3	24	己亥	2	24	庚午	廿一
7	21	戊戌	6	22	己巳	5	24	庚子	4	24	庚午	3	25	庚子	2	25	辛未	廿二
7	22	己亥	6	23	庚午	5	25	辛丑	4	25	辛未	3	26	辛丑	2	26	壬申	廿三
7	23	庚子	6	24	辛未	5	26	壬寅	4	26	壬申	3	27	壬寅	2	27	癸酉	廿四
7	24	辛丑	6	25	壬申	5	27	癸卯	4	27	癸酉	3	28	癸卯	2	28	甲戌	廿五
7	25	壬寅	6	26	癸酉	5	28	甲辰	4	28	甲戌	3	29	甲辰	2	29	乙亥	廿六
7	26	癸卯	6	27	甲戌	5	29	乙巳	4	29	乙亥	3	30	乙巳	3	1	丙子	廿七
7	27	甲辰	6	28	乙亥	5	30	丙午	4	30	丙子	3	31	丙午	3	2	丁丑	廿八
7	28	乙巳	6	29	丙子	5	31	丁未	5	1	丁丑	4	1	丁未	3	3	戊寅	廿九
7	29	丙午							5	2	戊寅	4	2	戊申				三十

月別	12月			11月			10月			9月			8月			7月		
月柱	癸丑			壬子			辛亥			庚戌			己酉			戊申		
紫白	九紫			一白			二黒			三碧			四緑			五黄		
農暦	陽暦		日柱	陽暦		日柱	陽暦		日柱	陽暦		日柱	陽暦		日柱	陽暦		日柱
	月	日		月	日		月	日		月	日		月	日		月	日	
初一	12	24	甲戌	11	24	甲辰	10	26	乙亥	9	26	乙巳	8	28	丙子	7	30	丁未
初二	12	25	乙亥	11	25	乙巳	10	27	丙子	9	27	丙午	8	29	丁丑	7	31	戊申
初三	12	26	丙子	11	26	丙午	10	28	丁丑	9	28	丁未	8	30	戊寅	8	1	己酉
初四	12	27	丁丑	11	27	丁未	10	29	戊寅	9	29	戊申	8	31	己卯	8	2	庚戌
初五	12	28	戊寅	11	28	戊申	10	30	己卯	9	30	己酉	9	1	庚辰	8	3	辛亥
初六	12	29	己卯	11	29	己酉	10	31	庚辰	10	1	庚戌	9	2	辛巳	8	4	壬子
初七	12	30	庚辰	11	30	庚戌	11	1	辛巳	10	2	辛亥	9	3	壬午	8	5	癸丑
初八	12	31	辛巳	12	1	辛亥	11	2	壬午	10	3	壬子	9	4	癸未	8	6	甲寅
初九	1	1	壬午	12	2	壬子	11	3	癸未	10	4	癸丑	9	5	甲申	8	7	乙卯
初十	1	2	癸未	12	3	癸丑	11	4	甲申	10	5	甲寅	9	6	乙酉	8	8	丙辰
十一	1	3	甲申	12	4	甲寅	11	5	乙酉	10	6	乙卯	9	7	丙戌	8	9	丁巳
十二	1	4	乙酉	12	5	乙卯	11	6	丙戌	10	7	丙辰	9	8	丁亥	8	10	戊午
十三	1	5	丙戌	12	6	丙辰	11	7	丁亥	10	8	丁巳	9	9	戊子	8	11	己未
十四	1	6	丁亥	12	7	丁巳	11	8	戊子	10	9	戊午	9	10	己丑	8	12	庚申
十五	1	7	戊子	12	8	戊午	11	9	己丑	10	10	己未	9	11	庚寅	8	13	辛酉
十六	1	8	己丑	12	9	己未	11	10	庚寅	10	11	庚申	9	12	辛卯	8	14	壬戌
十七	1	9	庚寅	12	10	庚申	11	11	辛卯	10	12	辛酉	9	13	壬辰	8	15	癸亥
十八	1	10	辛卯	12	11	辛酉	11	12	壬辰	10	13	壬戌	9	14	癸巳	8	16	甲子
十九	1	11	壬辰	12	12	壬戌	11	13	癸巳	10	14	癸亥	9	15	甲午	8	17	乙丑
二十	1	12	癸巳	12	13	癸亥	11	14	甲午	10	15	甲子	9	16	乙未	8	18	丙寅
廿一	1	13	甲午	12	14	甲子	11	15	乙未	10	16	乙丑	9	17	丙申	8	19	丁卯
廿二	1	14	乙未	12	15	乙丑	11	16	丙申	10	17	丙寅	9	18	丁酉	8	20	戊辰
廿三	1	15	丙申	12	16	丙寅	11	17	丁酉	10	18	丁卯	9	19	戊戌	8	21	己巳
廿四	1	16	丁酉	12	17	丁卯	11	18	戊戌	10	19	戊辰	9	20	己亥	8	22	庚午
廿五	1	17	戊戌	12	18	戊辰	11	19	己亥	10	20	己巳	9	21	庚子	8	23	辛未
廿六	1	18	己亥	12	19	己巳	11	20	庚子	10	21	庚午	9	22	辛丑	8	24	壬申
廿七	1	19	庚子	12	20	庚午	11	21	辛丑	10	22	辛未	9	23	壬寅	8	25	癸酉
廿八	1	20	辛丑	12	21	辛未	11	22	壬寅	10	23	壬申	9	24	癸卯	8	26	甲戌
廿九	1	21	壬寅	12	22	壬申	11	23	癸卯	10	24	癸酉	9	25	甲辰	8	27	乙亥
三十	1	22	癸卯	12	23	癸酉				10	25	甲戌						

1993年【癸酉】

6月			5月			4月			閏3月			3月			2月			正月			月別
己未			戊午			丁巳						丙辰			乙卯			甲寅			月柱
三碧			四緑			五黄						六白			七赤			八白			紫白
陽暦		日柱	陽暦		日柱	陽暦		日柱	陽暦		日柱	陽暦		日柱	陽暦		日柱	陽暦		日柱	農暦
月	日		月	日		月	日		月	日		月	日		月	日		月	日		
7	19	辛丑	6	20	壬申	5	21	壬寅	4	22	癸酉	3	23	癸卯	2	21	癸酉	1	23	甲辰	初一
7	20	壬寅	6	21	癸酉	5	22	癸卯	4	23	甲戌	3	24	甲辰	2	22	甲戌	1	24	乙巳	初二
7	21	癸卯	6	22	甲戌	5	23	甲辰	4	24	乙亥	3	25	乙巳	2	23	乙亥	1	25	丙午	初三
7	22	甲辰	6	23	乙亥	5	24	乙巳	4	25	丙子	3	26	丙午	2	24	丙子	1	26	丁未	初四
7	23	乙巳	6	24	丙子	5	25	丙午	4	26	丁丑	3	27	丁未	2	25	丁丑	1	27	戊申	初五
7	24	丙午	6	25	丁丑	5	26	丁未	4	27	戊寅	3	28	戊申	2	26	戊寅	1	28	己酉	初六
7	25	丁未	6	26	戊寅	5	27	戊申	4	28	己卯	3	29	己酉	2	27	己卯	1	29	庚戌	初七
7	26	戊申	6	27	己卯	5	28	己酉	4	29	庚辰	3	30	庚戌	2	28	庚辰	1	30	辛亥	初八
7	27	己酉	6	28	庚辰	5	29	庚戌	4	30	辛巳	3	31	辛亥	3	1	辛巳	1	31	壬子	初九
7	28	庚戌	6	29	辛巳	5	30	辛亥	5	1	壬午	4	1	壬子	3	2	壬午	2	1	癸丑	初十
7	29	辛亥	6	30	壬午	5	31	壬子	5	2	癸未	4	2	癸丑	3	3	癸未	2	2	甲寅	十一
7	30	壬子	7	1	癸未	6	1	癸丑	5	3	甲申	4	3	甲寅	3	4	甲申	2	3	乙卯	十二
7	31	癸丑	7	2	甲申	6	2	甲寅	5	4	乙酉	4	4	乙卯	3	5	乙酉	2	4	丙辰	十三
8	1	甲寅	7	3	乙酉	6	3	乙卯	5	5	丙戌	4	5	丙辰	3	6	丙戌	2	5	丁巳	十四
8	2	乙卯	7	4	丙戌	6	4	丙辰	5	6	丁亥	4	6	丁巳	3	7	丁亥	2	6	戊午	十五
8	3	丙辰	7	5	丁亥	6	5	丁巳	5	7	戊子	4	7	戊午	3	8	戊子	2	7	己未	十六
8	4	丁巳	7	6	戊子	6	6	戊午	5	8	己丑	4	8	己未	3	9	己丑	2	8	庚申	十七
8	5	戊午	7	7	己丑	6	7	己未	5	9	庚寅	4	9	庚申	3	10	庚寅	2	9	辛酉	十八
8	6	己未	7	8	庚寅	6	8	庚申	5	10	辛卯	4	10	辛酉	3	11	辛卯	2	10	壬戌	十九
8	7	庚申	7	9	辛卯	6	9	辛酉	5	11	壬辰	4	11	壬戌	3	12	壬辰	2	11	癸亥	二十
8	8	辛酉	7	10	壬辰	6	10	壬戌	5	12	癸巳	4	12	癸亥	3	13	癸巳	2	12	甲子	廿一
8	9	壬戌	7	11	癸巳	6	11	癸亥	5	13	甲午	4	13	甲子	3	14	甲午	2	13	乙丑	廿二
8	10	癸亥	7	12	甲午	6	12	甲子	5	14	乙未	4	14	乙丑	3	15	乙未	2	14	丙寅	廿三
8	11	甲子	7	13	乙未	6	13	乙丑	5	15	丙申	4	15	丙寅	3	16	丙申	2	15	丁卯	廿四
8	12	乙丑	7	14	丙申	6	14	丙寅	5	16	丁酉	4	16	丁卯	3	17	丁酉	2	16	戊辰	廿五
8	13	丙寅	7	15	丁酉	6	15	丁卯	5	17	戊戌	4	17	戊辰	3	18	戊戌	2	17	己巳	廿六
8	14	丁卯	7	16	戊戌	6	16	戊辰	5	18	己亥	4	18	己巳	3	19	己亥	2	18	庚午	廿七
8	15	戊辰	7	17	己亥	6	17	己巳	5	19	庚子	4	19	庚午	3	20	庚子	2	19	辛未	廿八
8	16	己巳	7	18	庚子	6	18	庚午	5	20	辛丑	4	20	辛未	3	21	辛丑	2	20	壬申	廿九
8	17	庚午				6	19	辛未				4	21	壬申	3	22	壬寅				三十

月別	12月			11月			10月			9月			8月			7月		
月柱	乙丑			甲子			癸亥			壬戌			辛酉			庚申		
紫白	六白			七赤			八白			九紫			一白			二黑		
農暦	陽暦		日柱	陽暦		日柱	陽暦		日柱	陽暦		日柱	陽暦		日柱	陽暦		日柱
	月	日		月	日		月	日		月	日		月	日		月	日	
初一	1	12	戊戌	12	13	戊辰	11	14	己亥	10	15	己巳	9	16	庚子	8	18	辛未
初二	1	13	己亥	12	14	己巳	11	15	庚子	10	16	庚午	9	17	辛丑	8	19	壬申
初三	1	14	庚子	12	15	庚午	11	16	辛丑	10	17	辛未	9	18	壬寅	8	20	癸酉
初四	1	15	辛丑	12	16	辛未	11	17	壬寅	10	18	壬申	9	19	癸卯	8	21	甲戌
初五	1	16	壬寅	12	17	壬申	11	18	癸卯	10	19	癸酉	9	20	甲辰	8	22	乙亥
初六	1	17	癸卯	12	18	癸酉	11	19	甲辰	10	20	甲戌	9	21	乙巳	8	23	丙子
初七	1	18	甲辰	12	19	甲戌	11	20	乙巳	10	21	乙亥	9	22	丙午	8	24	丁丑
初八	1	19	乙巳	12	20	乙亥	11	21	丙午	10	22	丙子	9	23	丁未	8	25	戊寅
初九	1	20	丙午	12	21	丙子	11	22	丁未	10	23	丁丑	9	24	戊申	8	26	己卯
初十	1	21	丁未	12	22	丁丑	11	23	戊申	10	24	戊寅	9	25	己酉	8	27	庚辰
十一	1	22	戊申	12	23	戊寅	11	24	己酉	10	25	己卯	9	26	庚戌	8	28	辛巳
十二	1	23	己酉	12	24	己卯	11	25	庚戌	10	26	庚辰	9	27	辛亥	8	29	壬午
十三	1	24	庚戌	12	25	庚辰	11	26	辛亥	10	27	辛巳	9	28	壬子	8	30	癸未
十四	1	25	辛亥	12	26	辛巳	11	27	壬子	10	28	壬午	9	29	癸丑	8	31	甲申
十五	1	26	壬子	12	27	壬午	11	28	癸丑	10	29	癸未	9	30	甲寅	9	1	乙酉
十六	1	27	癸丑	12	28	癸未	11	29	甲寅	10	30	甲申	10	1	乙卯	9	2	丙戌
十七	1	28	甲寅	12	29	甲申	11	30	乙卯	10	31	乙酉	10	2	丙辰	9	3	丁亥
十八	1	29	乙卯	12	30	乙酉	12	1	丙辰	11	1	丙戌	10	3	丁巳	9	4	戊子
十九	1	30	丙辰	12	31	丙戌	12	2	丁巳	11	2	丁亥	10	4	戊午	9	5	己丑
二十	1	31	丁巳	1	1	丁亥	12	3	戊午	11	3	戊子	10	5	己未	9	6	庚寅
廿一	2	1	戊午	1	2	戊子	12	4	己未	11	4	己丑	10	6	庚申	9	7	辛卯
廿二	2	2	己未	1	3	己丑	12	5	庚申	11	5	庚寅	10	7	辛酉	9	8	壬辰
廿三	2	3	庚申	1	4	庚寅	12	6	辛酉	11	6	辛卯	10	8	壬戌	9	9	癸巳
廿四	2	4	辛酉	1	5	辛卯	12	7	壬戌	11	7	壬辰	10	9	癸亥	9	10	甲午
廿五	2	5	壬戌	1	6	壬辰	12	8	癸亥	11	8	癸巳	10	10	甲子	9	11	乙未
廿六	2	6	癸亥	1	7	癸巳	12	9	甲子	11	9	甲午	10	11	乙丑	9	12	丙申
廿七	2	7	甲子	1	8	甲午	12	10	乙丑	11	10	乙未	10	12	丙寅	9	13	丁酉
廿八	2	8	乙丑	1	9	乙未	12	11	丙寅	11	11	丙申	10	13	丁卯	9	14	戊戌
廿九	2	9	丙寅	1	10	丙申	12	12	丁卯	11	12	丁酉	10	14	戊辰	9	15	己亥
三十				1	11	丁酉				11	13	戊戌						

1994年【甲戌】

6月			5月			4月			3月			2月			正月			月別
辛未			庚午			己巳			戊辰			丁卯			丙寅			月柱
九紫			一白			二黒			三碧			四緑			五黄			紫白
陽暦		日柱	陽暦		日柱	陽暦		日柱	陽暦		日柱	陽暦		日柱	陽暦		日柱	農暦
月	日		月	日		月	日		月	日		月	日		月	日		
7	9	丙申	6	9	丙寅	5	11	丁酉	4	11	丁卯	3	12	丁酉	2	10	丁卯	初一
7	10	丁酉	6	10	丁卯	5	12	戊戌	4	12	戊辰	3	13	戊戌	2	11	戊辰	初二
7	11	戊戌	6	11	戊辰	5	13	己亥	4	13	己巳	3	14	己亥	2	12	己巳	初三
7	12	己亥	6	12	己巳	5	14	庚子	4	14	庚午	3	15	庚子	2	13	庚午	初四
7	13	庚子	6	13	庚午	5	15	辛丑	4	15	辛未	3	16	辛丑	2	14	辛未	初五
7	14	辛丑	6	14	辛未	5	16	壬寅	4	16	壬申	3	17	壬寅	2	15	壬申	初六
7	15	壬寅	6	15	壬申	5	17	癸卯	4	17	癸酉	3	18	癸卯	2	16	癸酉	初七
7	16	癸卯	6	16	癸酉	5	18	甲辰	4	18	甲戌	3	19	甲辰	2	17	甲戌	初八
7	17	甲辰	6	17	甲戌	5	19	乙巳	4	19	乙亥	3	20	乙巳	2	18	乙亥	初九
7	18	乙巳	6	18	乙亥	5	20	丙午	4	20	丙子	3	21	丙午	2	19	丙子	初十
7	19	丙午	6	19	丙子	5	21	丁未	4	21	丁丑	3	22	丁未	2	20	丁丑	十一
7	20	丁未	6	20	丁丑	5	22	戊申	4	22	戊寅	3	23	戊申	2	21	戊寅	十二
7	21	戊申	6	21	戊寅	5	23	己酉	4	23	己卯	3	24	己酉	2	22	己卯	十三
7	22	己酉	6	22	己卯	5	24	庚戌	4	24	庚辰	3	25	庚戌	2	23	庚辰	十四
7	23	庚戌	6	23	庚辰	5	25	辛亥	4	25	辛巳	3	26	辛亥	2	24	辛巳	十五
7	24	辛亥	6	24	辛巳	5	26	壬子	4	26	壬午	3	27	壬子	2	25	壬午	十六
7	25	壬子	6	25	壬午	5	27	癸丑	4	27	癸未	3	28	癸丑	2	26	癸未	十七
7	26	癸丑	6	26	癸未	5	28	甲寅	4	28	甲申	3	29	甲寅	2	27	甲申	十八
7	27	甲寅	6	27	甲申	5	29	乙卯	4	29	乙酉	3	30	乙卯	2	28	乙酉	十九
7	28	乙卯	6	28	乙酉	5	30	丙辰	4	30	丙戌	3	31	丙辰	3	1	丙戌	二十
7	29	丙辰	6	29	丙戌	5	31	丁巳	5	1	丁亥	4	1	丁巳	3	2	丁亥	廿一
7	30	丁巳	6	30	丁亥	6	1	戊午	5	2	戊子	4	2	戊午	3	3	戊子	廿二
7	31	戊午	7	1	戊子	6	2	己未	5	3	己丑	4	3	己未	3	4	己丑	廿三
8	1	己未	7	2	己丑	6	3	庚申	5	4	庚寅	4	4	庚申	3	5	庚寅	廿四
8	2	庚申	7	3	庚寅	6	4	辛酉	5	5	辛卯	4	5	辛酉	3	6	辛卯	廿五
8	3	辛酉	7	4	辛卯	6	5	壬戌	5	6	壬辰	4	6	壬戌	3	7	壬辰	廿六
8	4	壬戌	7	5	壬辰	6	6	癸亥	5	7	癸巳	4	7	癸亥	3	8	癸巳	廿七
8	5	癸亥	7	6	癸巳	6	7	甲子	5	8	甲午	4	8	甲子	3	9	甲午	廿八
8	6	甲子	7	7	甲午	6	8	乙丑	5	9	乙未	4	9	乙丑	3	10	乙未	廿九
			7	8	乙未				5	10	丙申	4	10	丙寅	3	11	丙申	三十

月別	12月			11月			10月			9月			8月			7月		
月柱	丁丑			丙子			乙亥			甲戌			癸酉			壬申		
紫白	三碧			四緑			五黃			六白			七赤			八白		
農暦	陽暦		日柱	陽暦		日柱	陽暦		日柱	陽暦		日柱	陽暦		日柱	陽暦		日柱
	月	日		月	日		月	日		月	日		月	日		月	日	
初一	1	1	壬辰	12	3	癸亥	11	3	癸巳	10	5	甲子	9	6	乙未	8	7	乙丑
初二	1	2	癸巳	12	4	甲子	11	4	甲午	10	6	乙丑	9	7	丙申	8	8	丙寅
初三	1	3	甲午	12	5	乙丑	11	5	乙未	10	7	丙寅	9	8	丁酉	8	9	丁卯
初四	1	4	乙未	12	6	丙寅	11	6	丙申	10	8	丁卯	9	9	戊戌	8	10	戊辰
初五	1	5	丙申	12	7	丁卯	11	7	丁酉	10	9	戊辰	9	10	己亥	8	11	己巳
初六	1	6	丁酉	12	8	戊辰	11	8	戊戌	10	10	己巳	9	11	庚子	8	12	庚午
初七	1	7	戊戌	12	9	己巳	11	9	己亥	10	11	庚午	9	12	辛丑	8	13	辛未
初八	1	8	己亥	12	10	庚午	11	10	庚子	10	12	辛未	9	13	壬寅	8	14	壬申
初九	1	9	庚子	12	11	辛未	11	11	辛丑	10	13	壬申	9	14	癸卯	8	15	癸酉
初十	1	10	辛丑	12	12	壬申	11	12	壬寅	10	14	癸酉	9	15	甲辰	8	16	甲戌
十一	1	11	壬寅	12	13	癸酉	11	13	癸卯	10	15	甲戌	9	16	乙巳	8	17	乙亥
十二	1	12	癸卯	12	14	甲戌	11	14	甲辰	10	16	乙亥	9	17	丙午	8	18	丙子
十三	1	13	甲辰	12	15	乙亥	11	15	乙巳	10	17	丙子	9	18	丁未	8	19	丁丑
十四	1	14	乙巳	12	16	丙子	11	16	丙午	10	18	丁丑	9	19	戊申	8	20	戊寅
十五	1	15	丙午	12	17	丁丑	11	17	丁未	10	19	戊寅	9	20	己酉	8	21	己卯
十六	1	16	丁未	12	18	戊寅	11	18	戊申	10	20	己卯	9	21	庚戌	8	22	庚辰
十七	1	17	戊申	12	19	己卯	11	19	己酉	10	21	庚辰	9	22	辛亥	8	23	辛巳
十八	1	18	己酉	12	20	庚辰	11	20	庚戌	10	22	辛巳	9	23	壬子	8	24	壬午
十九	1	19	庚戌	12	21	辛巳	11	21	辛亥	10	23	壬午	9	24	癸丑	8	25	癸未
二十	1	20	辛亥	12	22	壬午	11	22	壬子	10	24	癸未	9	25	甲寅	8	26	甲申
廿一	1	21	壬子	12	23	癸未	11	23	癸丑	10	25	甲申	9	26	乙卯	8	27	乙酉
廿二	1	22	癸丑	12	24	甲申	11	24	甲寅	10	26	乙酉	9	27	丙辰	8	28	丙戌
廿三	1	23	甲寅	12	25	乙酉	11	25	乙卯	10	27	丙戌	9	28	丁巳	8	29	丁亥
廿四	1	24	乙卯	12	26	丙戌	11	26	丙辰	10	28	丁亥	9	29	戊午	8	30	戊子
廿五	1	25	丙辰	12	27	丁亥	11	27	丁巳	10	29	戊子	9	30	己未	8	31	己丑
廿六	1	26	丁巳	12	28	戊子	11	28	戊午	10	30	己丑	10	1	庚申	9	1	庚寅
廿七	1	27	戊午	12	29	己丑	11	29	己未	10	31	庚寅	10	2	辛酉	9	2	辛卯
廿八	1	28	己未	12	30	庚寅	11	30	庚申	11	1	辛卯	10	3	壬戌	9	3	壬辰
廿九	1	29	庚申	12	31	辛卯	12	1	辛酉	11	2	壬辰	10	4	癸亥	9	4	癸巳
三十	1	30	辛酉				12	2	壬戌							9	5	甲午

1995年【乙亥】

6月			5月			4月			3月			2月			正月			月別
癸未			壬午			辛巳			庚辰			己卯			戊寅			月柱
六白			七赤			八白			九紫			一白			二黒			紫白
陽暦		日柱	陽暦		日柱	陽暦		日柱	陽暦		日柱	陽暦		日柱	陽暦		日柱	農暦
月	日		月	日		月	日		月	日		月	日		月	日		
6	28	庚寅	5	29	庚申	4	30	辛卯	3	31	辛酉	3	1	辛卯	1	31	壬戌	初一
6	29	辛卯	5	30	辛酉	5	1	壬辰	4	1	壬戌	3	2	壬辰	2	1	癸亥	初二
6	30	壬辰	5	31	壬戌	5	2	癸巳	4	2	癸亥	3	3	癸巳	2	2	甲子	初三
7	1	癸巳	6	1	癸亥	5	3	甲午	4	3	甲子	3	4	甲午	2	3	乙丑	初四
7	2	甲午	6	2	甲子	5	4	乙未	4	4	乙丑	3	5	乙未	2	4	丙寅	初五
7	3	乙未	6	3	乙丑	5	5	丙申	4	5	丙寅	3	6	丙申	2	5	丁卯	初六
7	4	丙申	6	4	丙寅	5	6	丁酉	4	6	丁卯	3	7	丁酉	2	6	戊辰	初七
7	5	丁酉	6	5	丁卯	5	7	戊戌	4	7	戊辰	3	8	戊戌	2	7	己巳	初八
7	6	戊戌	6	6	戊辰	5	8	己亥	4	8	己巳	3	9	己亥	2	8	庚午	初九
7	7	己亥	6	7	己巳	5	9	庚子	4	9	庚午	3	10	庚子	2	9	辛未	初十
7	8	庚子	6	8	庚午	5	10	辛丑	4	10	辛未	3	11	辛丑	2	10	壬申	十一
7	9	辛丑	6	9	辛未	5	11	壬寅	4	11	壬申	3	12	壬寅	2	11	癸酉	十二
7	10	壬寅	6	10	壬申	5	12	癸卯	4	12	癸酉	3	13	癸卯	2	12	甲戌	十三
7	11	癸卯	6	11	癸酉	5	13	甲辰	4	13	甲戌	3	14	甲辰	2	13	乙亥	十四
7	12	甲辰	6	12	甲戌	5	14	乙巳	4	14	乙亥	3	15	乙巳	2	14	丙子	十五
7	13	乙巳	6	13	乙亥	5	15	丙午	4	15	丙子	3	16	丙午	2	15	丁丑	十六
7	14	丙午	6	14	丙子	5	16	丁未	4	16	丁丑	3	17	丁未	2	16	戊寅	十七
7	15	丁未	6	15	丁丑	5	17	戊申	4	17	戊寅	3	18	戊申	2	17	己卯	十八
7	16	戊申	6	16	戊寅	5	18	己酉	4	18	己卯	3	19	己酉	2	18	庚辰	十九
7	17	己酉	6	17	己卯	5	19	庚戌	4	19	庚辰	3	20	庚戌	2	19	辛巳	二十
7	18	庚戌	6	18	庚辰	5	20	辛亥	4	20	辛巳	3	21	辛亥	2	20	壬午	廿一
7	19	辛亥	6	19	辛巳	5	21	壬子	4	21	壬午	3	22	壬子	2	21	癸未	廿二
7	20	壬子	6	20	壬午	5	22	癸丑	4	22	癸未	3	23	癸丑	2	22	甲申	廿三
7	21	癸丑	6	21	癸未	5	23	甲寅	4	23	甲申	3	24	甲寅	2	23	乙酉	廿四
7	22	甲寅	6	22	甲申	5	24	乙卯	4	24	乙酉	3	25	乙卯	2	24	丙戌	廿五
7	23	乙卯	6	23	乙酉	5	25	丙辰	4	25	丙戌	3	26	丙辰	2	25	丁亥	廿六
7	24	丙辰	6	24	丙戌	5	26	丁巳	4	26	丁亥	3	27	丁巳	2	26	戊子	廿七
7	25	丁巳	6	25	丁亥	5	27	戊午	4	27	戊子	3	28	戊午	2	27	己丑	廿八
7	26	戊午	6	26	戊子	5	28	己未	4	28	己丑	3	29	己未	2	28	庚寅	廿九
			6	27	己丑				4	29	庚寅	3	30	庚申				三十

月別	12月			11月			10月			9月			閏8月			8月			7月		
月柱	己丑			戊子			丁亥			丙戌						乙酉			甲申		
紫白	九紫			一白			二黒			三碧						四緑			五黄		
農暦	陽暦		日柱	陽暦		日柱	陽暦		日柱	陽暦		日柱	陽暦		日柱	陽暦		日柱	陽暦		日柱
	月	日		月	日		月	日		月	日		月	日		月	日		月	日	
初一	1	20	丙辰	12	22	丁亥	11	22	丁巳	10	24	戊子	9	25	己未	8	26	己丑	7	27	己未
初二	1	21	丁巳	12	23	戊子	11	23	戊午	10	25	己丑	9	26	庚申	8	27	庚寅	7	28	庚申
初三	1	22	戊午	12	24	己丑	11	24	己未	10	26	庚寅	9	27	辛酉	8	28	辛卯	7	29	辛酉
初四	1	23	己未	12	25	庚寅	11	25	庚申	10	27	辛卯	9	28	壬戌	8	29	壬辰	7	30	壬戌
初五	1	24	庚申	12	26	辛卯	11	26	辛酉	10	28	壬辰	9	29	癸亥	8	30	癸巳	7	31	癸亥
初六	1	25	辛酉	12	27	壬辰	11	27	壬戌	10	29	癸巳	9	30	甲子	8	31	甲午	8	1	甲子
初七	1	26	壬戌	12	28	癸巳	11	28	癸亥	10	30	甲午	10	1	乙丑	9	1	乙未	8	2	乙丑
初八	1	27	癸亥	12	29	甲午	11	29	甲子	10	31	乙未	10	2	丙寅	9	2	丙申	8	3	丙寅
初九	1	28	甲子	12	30	乙未	11	30	乙丑	11	1	丙申	10	3	丁卯	9	3	丁酉	8	4	丁卯
初十	1	29	乙丑	12	31	丙申	12	1	丙寅	11	2	丁酉	10	4	戊辰	9	4	戊戌	8	5	戊辰
十一	1	30	丙寅	1	1	丁酉	12	2	丁卯	11	3	戊戌	10	5	己巳	9	5	己亥	8	6	己巳
十二	1	31	丁卯	1	2	戊戌	12	3	戊辰	11	4	己亥	10	6	庚午	9	6	庚子	8	7	庚午
十三	2	1	戊辰	1	3	己亥	12	4	己巳	11	5	庚子	10	7	辛未	9	7	辛丑	8	8	辛未
十四	2	2	己巳	1	4	庚子	12	5	庚午	11	6	辛丑	10	8	壬申	9	8	壬寅	8	9	壬申
十五	2	3	庚午	1	5	辛丑	12	6	辛未	11	7	壬寅	10	9	癸酉	9	9	癸卯	8	10	癸酉
十六	2	4	辛未	1	6	壬寅	12	7	壬申	11	8	癸卯	10	10	甲戌	9	10	甲辰	8	11	甲戌
十七	2	5	壬申	1	7	癸卯	12	8	癸酉	11	9	甲辰	10	11	乙亥	9	11	乙巳	8	12	乙亥
十八	2	6	癸酉	1	8	甲辰	12	9	甲戌	11	10	乙巳	10	12	丙子	9	12	丙午	8	13	丙子
十九	2	7	甲戌	1	9	乙巳	12	10	乙亥	11	11	丙午	10	13	丁丑	9	13	丁未	8	14	丁丑
二十	2	8	乙亥	1	10	丙午	12	11	丙子	11	12	丁未	10	14	戊寅	9	14	戊申	8	15	戊寅
廿一	2	9	丙子	1	11	丁未	12	12	丁丑	11	13	戊申	10	15	己卯	9	15	己酉	8	16	己卯
廿二	2	10	丁丑	1	12	戊申	12	13	戊寅	11	14	己酉	10	16	庚辰	9	16	庚戌	8	17	庚辰
廿三	2	11	戊寅	1	13	己酉	12	14	己卯	11	15	庚戌	10	17	辛巳	9	17	辛亥	8	18	辛巳
廿四	2	12	己卯	1	14	庚戌	12	15	庚辰	11	16	辛亥	10	18	壬午	9	18	壬子	8	19	壬午
廿五	2	13	庚辰	1	15	辛亥	12	16	辛巳	11	17	壬子	10	19	癸未	9	19	癸丑	8	20	癸未
廿六	2	14	辛巳	1	16	壬子	12	17	壬午	11	18	癸丑	10	20	甲申	9	20	甲寅	8	21	甲申
廿七	2	15	壬午	1	17	癸丑	12	18	癸未	11	19	甲寅	10	21	乙酉	9	21	乙卯	8	22	乙酉
廿八	2	16	癸未	1	18	甲寅	12	19	甲申	11	20	乙卯	10	22	丙戌	9	22	丙辰	8	23	丙戌
廿九	2	17	甲申	1	19	乙卯	12	20	乙酉	11	21	丙辰	10	23	丁亥	9	23	丁巳	8	24	丁亥
三十	2	18	乙酉				12	21	丙戌							9	24	戊午	8	25	戊子

1996年【丙子】

6月			5月			4月			3月			2月			正月			月別
乙未			甲午			癸巳			壬辰			辛卯			庚寅			月柱
三碧			四緑			五黃			六白			七赤			八白			紫白
陽暦		日柱	陽暦		日柱	陽暦		日柱	陽暦		日柱	陽暦		日柱	陽暦		日柱	農暦
月	日		月	日		月	日		月	日		月	日		月	日		
7	16	甲寅	6	16	甲申	5	17	甲寅	4	18	乙酉	3	19	乙卯	2	19	丙戌	初一
7	17	乙卯	6	17	乙酉	5	18	乙卯	4	19	丙戌	3	20	丙辰	2	20	丁亥	初二
7	18	丙辰	6	18	丙戌	5	19	丙辰	4	20	丁亥	3	21	丁巳	2	21	戊子	初三
7	19	丁巳	6	19	丁亥	5	20	丁巳	4	21	戊子	3	22	戊午	2	22	己丑	初四
7	20	戊午	6	20	戊子	5	21	戊午	4	22	己丑	3	23	己未	2	23	庚寅	初五
7	21	己未	6	21	己丑	5	22	己未	4	23	庚寅	3	24	庚申	2	24	辛卯	初六
7	22	庚申	6	22	庚寅	5	23	庚申	4	24	辛卯	3	25	辛酉	2	25	壬辰	初七
7	23	辛酉	6	23	辛卯	5	24	辛酉	4	25	壬辰	3	26	壬戌	2	26	癸巳	初八
7	24	壬戌	6	24	壬辰	5	25	壬戌	4	26	癸巳	3	27	癸亥	2	27	甲午	初九
7	25	癸亥	6	25	癸巳	5	26	癸亥	4	27	甲午	3	28	甲子	2	28	乙未	初十
7	26	甲子	6	26	甲午	5	27	甲子	4	28	乙未	3	29	乙丑	2	29	丙申	十一
7	27	乙丑	6	27	乙未	5	28	乙丑	4	29	丙申	3	30	丙寅	3	1	丁酉	十二
7	28	丙寅	6	28	丙申	5	29	丙寅	4	30	丁酉	3	31	丁卯	3	2	戊戌	十三
7	29	丁卯	6	29	丁酉	5	30	丁卯	5	1	戊戌	4	1	戊辰	3	3	己亥	十四
7	30	戊辰	6	30	戊戌	5	31	戊辰	5	2	己亥	4	2	己巳	3	4	庚子	十五
7	31	己巳	7	1	己亥	6	1	己巳	5	3	庚子	4	3	庚午	3	5	辛丑	十六
8	1	庚午	7	2	庚子	6	2	庚午	5	4	辛丑	4	4	辛未	3	6	壬寅	十七
8	2	辛未	7	3	辛丑	6	3	辛未	5	5	壬寅	4	5	壬申	3	7	癸卯	十八
8	3	壬申	7	4	壬寅	6	4	壬申	5	6	癸卯	4	6	癸酉	3	8	甲辰	十九
8	4	癸酉	7	5	癸卯	6	5	癸酉	5	7	甲辰	4	7	甲戌	3	9	乙巳	二十
8	5	甲戌	7	6	甲辰	6	6	甲戌	5	8	乙巳	4	8	乙亥	3	10	丙午	廿一
8	6	乙亥	7	7	乙巳	6	7	乙亥	5	9	丙午	4	9	丙子	3	11	丁未	廿二
8	7	丙子	7	8	丙午	6	8	丙子	5	10	丁未	4	10	丁丑	3	12	戊申	廿三
8	8	丁丑	7	9	丁未	6	9	丁丑	5	11	戊申	4	11	戊寅	3	13	己酉	廿四
8	9	戊寅	7	10	戊申	6	10	戊寅	5	12	己酉	4	12	己卯	3	14	庚戌	廿五
8	10	己卯	7	11	己酉	6	11	己卯	5	13	庚戌	4	13	庚辰	3	15	辛亥	廿六
8	11	庚辰	7	12	庚戌	6	12	庚辰	5	14	辛亥	4	14	辛巳	3	16	壬子	廿七
8	12	辛巳	7	13	辛亥	6	13	辛巳	5	15	壬子	4	15	壬午	3	17	癸丑	廿八
8	13	壬午	7	14	壬子	6	14	壬午	5	16	癸丑	4	16	癸未	3	18	甲寅	廿九
			7	15	癸丑	6	15	癸未				4	17	甲申				三十

月別	12月			11月			10月			9月			8月			7月		
月柱	辛丑			庚子			己亥			戊戌			丁酉			丙申		
紫白	六白			七赤			八白			九紫			一白			二黒		
農暦	陽暦		日柱	陽暦		日柱	陽暦		日柱	陽暦		日柱	陽暦		日柱	陽暦		日柱
	月	日		月	日		月	日		月	日		月	日		月	日	
初一	1	9	辛亥	12	11	壬午	11	11	壬子	10	12	壬午	9	13	癸丑	8	14	癸未
初二	1	10	壬子	12	12	癸未	11	12	癸丑	10	13	癸未	9	14	甲寅	8	15	甲申
初三	1	11	癸丑	12	13	甲申	11	13	甲寅	10	14	甲申	9	15	乙卯	8	16	乙酉
初四	1	12	甲寅	12	14	乙酉	11	14	乙卯	10	15	乙酉	9	16	丙辰	8	17	丙戌
初五	1	13	乙卯	12	15	丙戌	11	15	丙辰	10	16	丙戌	9	17	丁巳	8	18	丁亥
初六	1	14	丙辰	12	16	丁亥	11	16	丁巳	10	17	丁亥	9	18	戊午	8	19	戊子
初七	1	15	丁巳	12	17	戊子	11	17	戊午	10	18	戊子	9	19	己未	8	20	己丑
初八	1	16	戊午	12	18	己丑	11	18	己未	10	19	己丑	9	20	庚申	8	21	庚寅
初九	1	17	己未	12	19	庚寅	11	19	庚申	10	20	庚寅	9	21	辛酉	8	22	辛卯
初十	1	18	庚申	12	20	辛卯	11	20	辛酉	10	21	辛卯	9	22	壬戌	8	23	壬辰
十一	1	19	辛酉	12	21	壬辰	11	21	壬戌	10	22	壬辰	9	23	癸亥	8	24	癸巳
十二	1	20	壬戌	12	22	癸巳	11	22	癸亥	10	23	癸巳	9	24	甲子	8	25	甲午
十三	1	21	癸亥	12	23	甲午	11	23	甲子	10	24	甲午	9	25	乙丑	8	26	乙未
十四	1	22	甲子	12	24	乙未	11	24	乙丑	10	25	乙未	9	26	丙寅	8	27	丙申
十五	1	23	乙丑	12	25	丙申	11	25	丙寅	10	26	丙申	9	27	丁卯	8	28	丁酉
十六	1	24	丙寅	12	26	丁酉	11	26	丁卯	10	27	丁酉	9	28	戊辰	8	29	戊戌
十七	1	25	丁卯	12	27	戊戌	11	27	戊辰	10	28	戊戌	9	29	己巳	8	30	己亥
十八	1	26	戊辰	12	28	己亥	11	28	己巳	10	29	己亥	9	30	庚午	8	31	庚子
十九	1	27	己巳	12	29	庚子	11	29	庚午	10	30	庚子	10	1	辛未	9	1	辛丑
二十	1	28	庚午	12	30	辛丑	11	30	辛未	10	31	辛丑	10	2	壬申	9	2	壬寅
廿一	1	29	辛未	12	31	壬寅	12	1	壬申	11	1	壬寅	10	3	癸酉	9	3	癸卯
廿二	1	30	壬申	1	1	癸卯	12	2	癸酉	11	2	癸卯	10	4	甲戌	9	4	甲辰
廿三	1	31	癸酉	1	2	甲辰	12	3	甲戌	11	3	甲辰	10	5	乙亥	9	5	乙巳
廿四	2	1	甲戌	1	3	乙巳	12	4	乙亥	11	4	乙巳	10	6	丙子	9	6	丙午
廿五	2	2	乙亥	1	4	丙午	12	5	丙子	11	5	丙午	10	7	丁丑	9	7	丁未
廿六	2	3	丙子	1	5	丁未	12	6	丁丑	11	6	丁未	10	8	戊寅	9	8	戊申
廿七	2	4	丁丑	1	6	戊申	12	7	戊寅	11	7	戊申	10	9	己卯	9	9	己酉
廿八	2	5	戊寅	1	7	己酉	12	8	己卯	11	8	己酉	10	10	庚辰	9	10	庚戌
廿九	2	6	己卯	1	8	庚戌	12	9	庚辰	11	9	庚戌	10	11	辛巳	9	11	辛亥
三十							12	10	辛巳	11	10	辛亥				9	12	壬子

1997年【丁丑】

6月			5月			4月			3月			2月			正月			月別
丁未			丙午			乙巳			甲辰			癸卯			壬寅			月柱
九紫			一白			二黒			三碧			四緑			五黄			紫白
陽暦		日柱	陽暦		日柱	陽暦		日柱	陽暦		日柱	陽暦		日柱	陽暦		日柱	農暦
月	日		月	日		月	日		月	日		月	日		月	日		
7	5	戊申	6	5	戊寅	5	7	己酉	4	7	己卯	3	9	庚戌	2	7	庚辰	初一
7	6	己酉	6	6	己卯	5	8	庚戌	4	8	庚辰	3	10	辛亥	2	8	辛巳	初二
7	7	庚戌	6	7	庚辰	5	9	辛亥	4	9	辛巳	3	11	壬子	2	9	壬午	初三
7	8	辛亥	6	8	辛巳	5	10	壬子	4	10	壬午	3	12	癸丑	2	10	癸未	初四
7	9	壬子	6	9	壬午	5	11	癸丑	4	11	癸未	3	13	甲寅	2	11	甲申	初五
7	10	癸丑	6	10	癸未	5	12	甲寅	4	12	甲申	3	14	乙卯	2	12	乙酉	初六
7	11	甲寅	6	11	甲申	5	13	乙卯	4	13	乙酉	3	15	丙辰	2	13	丙戌	初七
7	12	乙卯	6	12	乙酉	5	14	丙辰	4	14	丙戌	3	16	丁巳	2	14	丁亥	初八
7	13	丙辰	6	13	丙戌	5	15	丁巳	4	15	丁亥	3	17	戊午	2	15	戊子	初九
7	14	丁巳	6	14	丁亥	5	16	戊午	4	16	戊子	3	18	己未	2	16	己丑	初十
7	15	戊午	6	15	戊子	5	17	己未	4	17	己丑	3	19	庚申	2	17	庚寅	十一
7	16	己未	6	16	己丑	5	18	庚申	4	18	庚寅	3	20	辛酉	2	18	辛卯	十二
7	17	庚申	6	17	庚寅	5	19	辛酉	4	19	辛卯	3	21	壬戌	2	19	壬辰	十三
7	18	辛酉	6	18	辛卯	5	20	壬戌	4	20	壬辰	3	22	癸亥	2	20	癸巳	十四
7	19	壬戌	6	19	壬辰	5	21	癸亥	4	21	癸巳	3	23	甲子	2	21	甲午	十五
7	20	癸亥	6	20	癸巳	5	22	甲子	4	22	甲午	3	24	乙丑	2	22	乙未	十六
7	21	甲子	6	21	甲午	5	23	乙丑	4	23	乙未	3	25	丙寅	2	23	丙申	十七
7	22	乙丑	6	22	乙未	5	24	丙寅	4	24	丙申	3	26	丁卯	2	24	丁酉	十八
7	23	丙寅	6	23	丙申	5	25	丁卯	4	25	丁酉	3	27	戊辰	2	25	戊戌	十九
7	24	丁卯	6	24	丁酉	5	26	戊辰	4	26	戊戌	3	28	己巳	2	26	己亥	二十
7	25	戊辰	6	25	戊戌	5	27	己巳	4	27	己亥	3	29	庚午	2	27	庚子	廿一
7	26	己巳	6	26	己亥	5	28	庚午	4	28	庚子	3	30	辛未	2	28	辛丑	廿二
7	27	庚午	6	27	庚子	5	29	辛未	4	29	辛丑	3	31	壬申	3	1	壬寅	廿三
7	28	辛未	6	28	辛丑	5	30	壬申	4	30	壬寅	4	1	癸酉	3	2	癸卯	廿四
7	29	壬申	6	29	壬寅	5	31	癸酉	5	1	癸卯	4	2	甲戌	3	3	甲辰	廿五
7	30	癸酉	6	30	癸卯	6	1	甲戌	5	2	甲辰	4	3	乙亥	3	4	乙巳	廿六
7	31	甲戌	7	1	甲辰	6	2	乙亥	5	3	乙巳	4	4	丙子	3	5	丙午	廿七
8	1	乙亥	7	2	乙巳	6	3	丙子	5	4	丙午	4	5	丁丑	3	6	丁未	廿八
8	2	丙子	7	3	丙午	6	4	丁丑	5	5	丁未	4	6	戊寅	3	7	戊申	廿九
			7	4	丁未				5	6	戊申				3	8	己酉	三十

月別	12月			11月			10月			9月			8月			7月		
月柱	癸丑			壬子			辛亥			庚戌			己酉			戊申		
紫白	三碧			四緑			五黃			六白			七赤			八白		
農曆	陽曆		日柱	陽曆		日柱	陽曆		日柱	陽曆		日柱	陽曆		日柱	陽曆		日柱
	月	日		月	日		月	日		月	日		月	日		月	日	
初一	12	30	丙午	11	30	丙子	10	31	丙午	10	2	丁丑	9	2	丁未	8	3	丁丑
初二	12	31	丁未	12	1	丁丑	11	1	丁未	10	3	戊寅	9	3	戊申	8	4	戊寅
初三	1	1	戊申	12	2	戊寅	11	2	戊申	10	4	己卯	9	4	己酉	8	5	己卯
初四	1	2	己酉	12	3	己卯	11	3	己酉	10	5	庚辰	9	5	庚戌	8	6	庚辰
初五	1	3	庚戌	12	4	庚辰	11	4	庚戌	10	6	辛巳	9	6	辛亥	8	7	辛巳
初六	1	4	辛亥	12	5	辛巳	11	5	辛亥	10	7	壬午	9	7	壬子	8	8	壬午
初七	1	5	壬子	12	6	壬午	11	6	壬子	10	8	癸未	9	8	癸丑	8	9	癸未
初八	1	6	癸丑	12	7	癸未	11	7	癸丑	10	9	甲申	9	9	甲寅	8	10	甲申
初九	1	7	甲寅	12	8	甲申	11	8	甲寅	10	10	乙酉	9	10	乙卯	8	11	乙酉
初十	1	8	乙卯	12	9	乙酉	11	9	乙卯	10	11	丙戌	9	11	丙辰	8	12	丙戌
十一	1	9	丙辰	12	10	丙戌	11	10	丙辰	10	12	丁亥	9	12	丁巳	8	13	丁亥
十二	1	10	丁巳	12	11	丁亥	11	11	丁巳	10	13	戊子	9	13	戊午	8	14	戊子
十三	1	11	戊午	12	12	戊子	11	12	戊午	10	14	己丑	9	14	己未	8	15	己丑
十四	1	12	己未	12	13	己丑	11	13	己未	10	15	庚寅	9	15	庚申	8	16	庚寅
十五	1	13	庚申	12	14	庚寅	11	14	庚申	10	16	辛卯	9	16	辛酉	8	17	辛卯
十六	1	14	辛酉	12	15	辛卯	11	15	辛酉	10	17	壬辰	9	17	壬戌	8	18	壬辰
十七	1	15	壬戌	12	16	壬辰	11	16	壬戌	10	18	癸巳	9	18	癸亥	8	19	癸巳
十八	1	16	癸亥	12	17	癸巳	11	17	癸亥	10	19	甲午	9	19	甲子	8	20	甲午
十九	1	17	甲子	12	18	甲午	11	18	甲子	10	20	乙未	9	20	乙丑	8	21	乙未
二十	1	18	乙丑	12	19	乙未	11	19	乙丑	10	21	丙申	9	21	丙寅	8	22	丙申
廿一	1	19	丙寅	12	20	丙申	11	20	丙寅	10	22	丁酉	9	22	丁卯	8	23	丁酉
廿二	1	20	丁卯	12	21	丁酉	11	21	丁卯	10	23	戊戌	9	23	戊辰	8	24	戊戌
廿三	1	21	戊辰	12	22	戊戌	11	22	戊辰	10	24	己亥	9	24	己巳	8	25	己亥
廿四	1	22	己巳	12	23	己亥	11	23	己巳	10	25	庚子	9	25	庚午	8	26	庚子
廿五	1	23	庚午	12	24	庚子	11	24	庚午	10	26	辛丑	9	26	辛未	8	27	辛丑
廿六	1	24	辛未	12	25	辛丑	11	25	辛未	10	27	壬寅	9	27	壬申	8	28	壬寅
廿七	1	25	壬申	12	26	壬寅	11	26	壬申	10	28	癸卯	9	28	癸酉	8	29	癸卯
廿八	1	26	癸酉	12	27	癸卯	11	27	癸酉	10	29	甲辰	9	29	甲戌	8	30	甲辰
廿九	1	27	甲戌	12	28	甲辰	11	28	甲戌	10	30	乙巳	9	30	乙亥	8	31	乙巳
三十				12	29	乙巳	11	29	乙亥				10	1	丙子	9	1	丙午

1998年【戊寅】

6月			閏5月			5月			4月			3月			2月			正月			月別
己未						戊午			丁巳			丙辰			乙卯			甲寅			月柱
六白						七赤			八白			九紫			一白			二黒			紫白
陽暦		日柱	陽暦		日柱	陽暦		日柱	陽暦		日柱	陽暦		日柱	陽暦		日柱	陽暦		日柱	農暦
月	日		月	日		月	日		月	日		月	日		月	日		月	日		
7	23	辛未	6	24	壬寅	5	26	癸酉	4	26	癸卯	3	28	甲戌	2	27	乙巳	1	28	乙亥	初一
7	24	壬申	6	25	癸卯	5	27	甲戌	4	27	甲辰	3	29	乙亥	2	28	丙午	1	29	丙子	初二
7	25	癸酉	6	26	甲辰	5	28	乙亥	4	28	乙巳	3	30	丙子	3	1	丁未	1	30	丁丑	初三
7	26	甲戌	6	27	乙巳	5	29	丙子	4	29	丙午	3	31	丁丑	3	2	戊申	1	31	戊寅	初四
7	27	乙亥	6	28	丙午	5	30	丁丑	4	30	丁未	4	1	戊寅	3	3	己酉	2	1	己卯	初五
7	28	丙子	6	29	丁未	5	31	戊寅	5	1	戊申	4	2	己卯	3	4	庚戌	2	2	庚辰	初六
7	29	丁丑	6	30	戊申	6	1	己卯	5	2	己酉	4	3	庚辰	3	5	辛亥	2	3	辛巳	初七
7	30	戊寅	7	1	己酉	6	2	庚辰	5	3	庚戌	4	4	辛巳	3	6	壬子	2	4	壬午	初八
7	31	己卯	7	2	庚戌	6	3	辛巳	5	4	辛亥	4	5	壬午	3	7	癸丑	2	5	癸未	初九
8	1	庚辰	7	3	辛亥	6	4	壬午	5	5	壬子	4	6	癸未	3	8	甲寅	2	6	甲申	初十
8	2	辛巳	7	4	壬子	6	5	癸未	5	6	癸丑	4	7	甲申	3	9	乙卯	2	7	乙酉	十一
8	3	壬午	7	5	癸丑	6	6	甲申	5	7	甲寅	4	8	乙酉	3	10	丙辰	2	8	丙戌	十二
8	4	癸未	7	6	甲寅	6	7	乙酉	5	8	乙卯	4	9	丙戌	3	11	丁巳	2	9	丁亥	十三
8	5	甲申	7	7	乙卯	6	8	丙戌	5	9	丙辰	4	10	丁亥	3	12	戊午	2	10	戊子	十四
8	6	乙酉	7	8	丙辰	6	9	丁亥	5	10	丁巳	4	11	戊子	3	13	己未	2	11	己丑	十五
8	7	丙戌	7	9	丁巳	6	10	戊子	5	11	戊午	4	12	己丑	3	14	庚申	2	12	庚寅	十六
8	8	丁亥	7	10	戊午	6	11	己丑	5	12	己未	4	13	庚寅	3	15	辛酉	2	13	辛卯	十七
8	9	戊子	7	11	己未	6	12	庚寅	5	13	庚申	4	14	辛卯	3	16	壬戌	2	14	壬辰	十八
8	10	己丑	7	12	庚申	6	13	辛卯	5	14	辛酉	4	15	壬辰	3	17	癸亥	2	15	癸巳	十九
8	11	庚寅	7	13	辛酉	6	14	壬辰	5	15	壬戌	4	16	癸巳	3	18	甲子	2	16	甲午	二十
8	12	辛卯	7	14	壬戌	6	15	癸巳	5	16	癸亥	4	17	甲午	3	19	乙丑	2	17	乙未	廿一
8	13	壬辰	7	15	癸亥	6	16	甲午	5	17	甲子	4	18	乙未	3	20	丙寅	2	18	丙申	廿二
8	14	癸巳	7	16	甲子	6	17	乙未	5	18	乙丑	4	19	丙申	3	21	丁卯	2	19	丁酉	廿三
8	15	甲午	7	17	乙丑	6	18	丙申	5	19	丙寅	4	20	丁酉	3	22	戊辰	2	20	戊戌	廿四
8	16	乙未	7	18	丙寅	6	19	丁酉	5	20	丁卯	4	21	戊戌	3	23	己巳	3	21	己亥	廿五
8	17	丙申	7	19	丁卯	6	20	戊戌	5	21	戊辰	4	22	己亥	3	24	庚午	2	22	庚子	廿六
8	18	丁酉	7	20	戊辰	6	21	己亥	5	22	己巳	4	23	庚子	3	25	辛未	2	23	辛丑	廿七
8	19	戊戌	7	21	己巳	6	22	庚子	5	23	庚午	4	24	辛丑	3	26	壬申	2	24	壬寅	廿八
8	20	己亥	7	22	庚午	6	23	辛丑	5	24	辛未	4	25	壬寅	3	27	癸酉	2	25	癸卯	廿九
8	21	庚子							5	25	壬申							2	26	甲辰	三十

月別	12月			11月			10月			9月			8月			7月		
月柱	乙丑			甲子			癸亥			壬戌			辛酉			庚申		
紫白	九紫			一白			二黒			三碧			四緑			五黄		
農暦	陽暦		日柱	陽暦		日柱	陽暦		日柱	陽暦		日柱	陽暦		日柱	陽暦		日柱
	月	日		月	日		月	日		月	日		月	日		月	日	
初一	1	17	己巳	12	19	庚子	11	19	庚午	10	20	庚子	9	21	辛未	8	22	辛丑
初二	1	18	庚午	12	20	辛丑	11	20	辛未	10	21	辛丑	9	22	壬申	8	23	壬寅
初三	1	19	辛未	12	21	壬寅	11	21	壬申	10	22	壬寅	9	23	癸酉	8	24	癸卯
初四	1	20	壬申	12	22	癸卯	11	22	癸酉	10	23	癸卯	9	24	甲戌	8	25	甲辰
初五	1	21	癸酉	12	23	甲辰	11	23	甲戌	10	24	甲辰	9	25	乙亥	8	26	乙巳
初六	1	22	甲戌	12	24	乙巳	11	24	乙亥	10	25	乙巳	9	26	丙子	8	27	丙午
初七	1	23	乙亥	12	25	丙午	11	25	丙子	10	26	丙午	9	27	丁丑	8	28	丁未
初八	1	24	丙子	12	26	丁未	11	26	丁丑	10	27	丁未	9	28	戊寅	8	29	戊申
初九	1	25	丁丑	12	27	戊申	11	27	戊寅	10	28	戊申	9	29	己卯	8	30	己酉
初十	1	26	戊寅	12	28	己酉	11	28	己卯	10	29	己酉	9	30	庚辰	8	31	庚戌
十一	1	27	己卯	12	29	庚戌	11	29	庚辰	10	30	庚戌	10	1	辛巳	9	1	辛亥
十二	1	28	庚辰	12	30	辛亥	11	30	辛巳	10	31	辛亥	10	2	壬午	9	2	壬子
十三	1	29	辛巳	12	31	壬子	12	1	壬午	11	1	壬子	10	3	癸未	9	3	癸丑
十四	1	30	壬午	1	1	癸丑	12	2	癸未	11	2	癸丑	10	4	甲申	9	4	甲寅
十五	1	31	癸未	1	2	甲寅	12	3	甲申	11	3	甲寅	10	5	乙酉	9	5	乙卯
十六	2	1	甲申	1	3	乙卯	12	4	乙酉	11	4	乙卯	10	6	丙戌	9	6	丙辰
十七	2	2	乙酉	1	4	丙辰	12	5	丙戌	11	5	丙辰	10	7	丁亥	9	7	丁巳
十八	2	3	丙戌	1	5	丁巳	12	6	丁亥	11	6	丁巳	10	8	戊子	9	8	戊午
十九	2	4	丁亥	1	6	戊午	12	7	戊子	11	7	戊午	10	9	己丑	9	9	己未
二十	2	5	戊子	1	7	己未	12	8	己丑	11	8	己未	10	10	庚寅	9	10	庚申
廿一	2	6	己丑	1	8	庚申	12	9	庚寅	11	9	庚申	10	11	辛卯	9	11	辛酉
廿二	2	7	庚寅	1	9	辛酉	12	10	辛卯	11	10	辛酉	10	12	壬辰	9	12	壬戌
廿三	2	8	辛卯	1	10	壬戌	12	11	壬辰	11	11	壬戌	10	13	癸巳	9	13	癸亥
廿四	2	9	壬辰	1	11	癸亥	12	12	癸巳	11	12	癸亥	10	14	甲午	9	14	甲子
廿五	2	10	癸巳	1	12	甲子	12	13	甲午	11	13	甲子	10	15	乙未	9	15	乙丑
廿六	2	11	甲午	1	13	乙丑	12	14	乙未	11	14	乙丑	10	16	丙申	9	16	丙寅
廿七	2	12	乙未	1	14	丙寅	12	15	丙申	11	15	丙寅	10	17	丁酉	9	17	丁卯
廿八	2	13	丙申	1	15	丁卯	12	16	丁酉	11	16	丁卯	10	18	戊戌	9	18	戊辰
廿九	2	14	丁酉	1	16	戊辰	12	17	戊戌	11	17	戊辰	10	19	己亥	9	19	己巳
三十	2	15	戊戌				12	18	己亥	11	18	己巳				9	20	庚午

1999年【己卯】

6月			5月			4月			3月			2月			正月			月別
辛未			庚午			己巳			戊辰			丁卯			丙寅			月柱
三碧			四緑			五黄			六白			七赤			八白			紫白
陽暦		日柱	陽暦		日柱	陽暦		日柱	陽暦		日柱	陽暦		日柱	陽暦		日柱	農暦
月	日		月	日		月	日		月	日		月	日		月	日		
7	13	丙寅	6	14	丁酉	5	15	丁卯	4	16	戊戌	3	18	己巳	2	16	己亥	初一
7	14	丁卯	6	15	戊戌	5	16	戊辰	4	17	己亥	3	19	庚午	2	17	庚子	初二
7	15	戊辰	6	16	己亥	5	17	己巳	4	18	庚子	3	20	辛未	2	18	辛丑	初三
7	16	己巳	6	17	庚子	5	18	庚午	4	19	辛丑	3	21	壬申	2	19	壬寅	初四
7	17	庚午	6	18	辛丑	5	19	辛未	4	20	壬寅	3	22	癸酉	2	20	癸卯	初五
7	18	辛未	6	19	壬寅	5	20	壬申	4	21	癸卯	3	23	甲戌	2	21	甲辰	初六
7	19	壬申	6	20	癸卯	5	21	癸酉	4	22	甲辰	3	24	乙亥	2	22	乙巳	初七
7	20	癸酉	6	21	甲辰	5	22	甲戌	4	23	乙巳	3	25	丙子	2	23	丙午	初八
7	21	甲戌	6	22	乙巳	5	23	乙亥	4	24	丙午	3	26	丁丑	2	24	丁未	初九
7	22	乙亥	6	23	丙午	5	24	丙子	4	25	丁未	3	27	戊寅	2	25	戊申	初十
7	23	丙子	6	24	丁未	5	25	丁丑	4	26	戊申	3	28	己卯	2	26	己酉	十一
7	24	丁丑	6	25	戊申	5	26	戊寅	4	27	己酉	3	29	庚辰	2	27	庚戌	十二
7	25	戊寅	6	26	己酉	5	27	己卯	4	28	庚戌	3	30	辛巳	2	28	辛亥	十三
7	26	己卯	6	27	庚戌	5	28	庚辰	4	29	辛亥	3	31	壬午	3	1	壬子	十四
7	27	庚辰	6	28	辛亥	5	29	辛巳	4	30	壬子	4	1	癸未	3	2	癸丑	十五
7	28	辛巳	6	29	壬子	5	30	壬午	5	1	癸丑	4	2	甲申	3	3	甲寅	十六
7	29	壬午	6	30	癸丑	5	31	癸未	5	2	甲寅	4	3	乙酉	3	4	乙卯	十七
7	30	癸未	7	1	甲寅	6	1	甲申	5	3	乙卯	4	4	丙戌	3	5	丙辰	十八
7	31	甲申	7	2	乙卯	6	2	乙酉	5	4	丙辰	4	5	丁亥	3	6	丁巳	十九
8	1	乙酉	7	3	丙辰	6	3	丙戌	5	5	丁巳	4	6	戊子	3	7	戊午	二十
8	2	丙戌	7	4	丁巳	6	4	丁亥	5	6	戊午	4	7	己丑	3	8	己未	廿一
8	3	丁亥	7	5	戊午	6	5	戊子	5	7	己未	4	8	庚寅	3	9	庚申	廿二
8	4	戊子	7	6	己未	6	6	己丑	5	8	庚申	4	9	辛卯	3	10	辛酉	廿三
8	5	己丑	7	7	庚申	6	7	庚寅	5	9	辛酉	4	10	壬辰	3	11	壬戌	廿四
8	6	庚寅	7	8	辛酉	6	8	辛卯	5	10	壬戌	4	11	癸巳	3	12	癸亥	廿五
8	7	辛卯	7	9	壬戌	6	9	壬辰	5	11	癸亥	4	12	甲午	3	13	甲子	廿六
8	8	壬辰	7	10	癸亥	6	10	癸巳	5	12	甲子	4	13	乙未	3	14	乙丑	廿七
8	9	癸巳	7	11	甲子	6	11	甲午	5	13	乙丑	4	14	丙申	3	15	丙寅	廿八
8	10	甲午	7	12	乙丑	6	12	乙未	5	14	丙寅	4	15	丁酉	3	16	丁卯	廿九
						6	13	丙申							3	17	戊辰	三十

月別	12月			11月			10月			9月			8月			7月		
月柱	丁丑			丙子			乙亥			甲戌			癸酉			壬申		
紫白	六白			七赤			八白			九紫			一白			二黒		
農暦	陽暦		日柱	陽暦		日柱	陽暦		日柱	陽暦		日柱	陽暦		日柱	陽暦		日柱
	月	日		月	日		月	日		月	日		月	日		月	日	
初一	1	7	甲子	12	8	甲午	11	8	甲子	10	9	甲午	9	10	乙丑	8	11	乙未
初二	1	8	乙丑	12	9	乙未	11	9	乙丑	10	10	乙未	9	11	丙寅	8	12	丙申
初三	1	9	丙寅	12	10	丙申	11	10	丙寅	10	11	丙申	9	12	丁卯	8	13	丁酉
初四	1	10	丁卯	12	11	丁酉	11	11	丁卯	10	12	丁酉	9	13	戊辰	8	14	戊戌
初五	1	11	戊辰	12	12	戊戌	11	12	戊辰	10	13	戊戌	9	14	己巳	8	15	己亥
初六	1	12	己巳	12	13	己亥	11	13	己巳	10	14	己亥	9	15	庚午	8	16	庚子
初七	1	13	庚午	12	14	庚子	11	14	庚午	10	15	庚子	9	16	辛未	8	17	辛丑
初八	1	14	辛未	12	15	辛丑	11	15	辛未	10	16	辛丑	9	17	壬申	8	18	壬寅
初九	1	15	壬申	12	16	壬寅	11	16	壬申	10	17	壬寅	9	18	癸酉	8	19	癸卯
初十	1	16	癸酉	12	17	癸卯	11	17	癸酉	10	18	癸卯	9	19	甲戌	8	20	甲辰
十一	1	17	甲戌	12	18	甲辰	11	18	甲戌	10	19	甲辰	9	20	乙亥	8	21	乙巳
十二	1	18	乙亥	12	19	乙巳	11	19	乙亥	10	20	乙巳	9	21	丙子	8	22	丙午
十三	1	19	丙子	12	20	丙午	11	20	丙子	10	21	丙午	9	22	丁丑	8	23	丁未
十四	1	20	丁丑	12	21	丁未	11	21	丁丑	10	22	丁未	9	23	戊寅	8	24	戊申
十五	1	21	戊寅	12	22	戊申	11	22	戊寅	10	23	戊申	9	24	己卯	8	25	己酉
十六	1	22	己卯	12	23	己酉	11	23	己卯	10	24	己酉	9	25	庚辰	8	26	庚戌
十七	1	23	庚辰	12	24	庚戌	11	24	庚辰	10	25	庚戌	9	26	辛巳	8	27	辛亥
十八	1	24	辛巳	12	25	辛亥	11	25	辛巳	10	26	辛亥	9	27	壬午	8	28	壬子
十九	1	25	壬午	12	26	壬子	11	26	壬午	10	27	壬子	9	28	癸未	8	29	癸丑
二十	1	26	癸未	12	27	癸丑	11	27	癸未	10	28	癸丑	9	29	甲申	8	30	甲寅
廿一	1	27	甲申	12	28	甲寅	11	28	甲申	10	29	甲寅	9	30	乙酉	8	31	乙卯
廿二	1	28	乙酉	12	29	乙卯	11	29	乙酉	10	30	乙卯	10	1	丙戌	9	1	丙辰
廿三	1	29	丙戌	12	30	丙辰	11	30	丙戌	10	31	丙辰	10	2	丁亥	9	2	丁巳
廿四	1	30	丁亥	12	31	丁巳	12	1	丁亥	11	1	丁巳	10	3	戊子	9	3	戊午
廿五	1	31	戊子	1	1	戊午	12	2	戊子	11	2	戊午	10	4	己丑	9	4	己未
廿六	2	1	己丑	1	2	己未	12	3	己丑	11	3	己未	10	5	庚寅	9	5	庚申
廿七	2	2	庚寅	1	3	庚申	12	4	庚寅	11	4	庚申	10	6	辛卯	9	6	辛酉
廿八	2	3	辛卯	1	4	辛酉	12	5	辛卯	11	5	辛酉	10	7	壬辰	9	7	壬戌
廿九	2	4	壬辰	1	5	壬戌	12	6	壬辰	11	6	壬戌	10	8	癸巳	9	8	癸亥
三十				1	6	癸亥	12	7	癸巳	11	7	癸亥				9	9	甲子

2000年【庚辰】

6月			5月			4月			3月			2月			正月			月別
癸未			壬午			辛巳			庚辰			己卯			戊寅			月柱
九紫			一白			二黒			三碧			四緑			五黄			紫白
陽暦		日柱	陽暦		日柱	陽暦		日柱	陽暦		日柱	陽暦		日柱	陽暦		日柱	農暦
月	日		月	日		月	日		月	日		月	日		月	日		
7	2	辛酉	6	2	辛卯	5	4	壬戌	4	5	癸巳	3	6	癸亥	2	5	癸巳	初一
7	3	壬戌	6	3	壬辰	5	5	癸亥	4	6	甲午	3	7	甲子	2	6	甲午	初二
7	4	癸亥	6	4	癸巳	5	6	甲子	4	7	乙未	3	8	乙丑	2	7	乙未	初三
7	5	甲子	6	5	甲午	5	7	乙丑	4	8	丙申	3	9	丙寅	2	8	丙申	初四
7	6	乙丑	6	6	乙未	5	8	丙寅	4	9	丁酉	3	10	丁卯	2	9	丁酉	初五
7	7	丙寅	6	7	丙申	5	9	丁卯	4	10	戊戌	3	11	戊辰	2	10	戊戌	初六
7	8	丁卯	6	8	丁酉	5	10	戊辰	4	11	己亥	3	12	己巳	2	11	己亥	初七
7	9	戊辰	6	9	戊戌	5	11	己巳	4	12	庚子	3	13	庚午	2	12	庚子	初八
7	10	己巳	6	10	己亥	5	12	庚午	4	13	辛丑	3	14	辛未	2	13	辛丑	初九
7	11	庚午	6	11	庚子	5	13	辛未	4	14	壬寅	3	15	壬申	2	14	壬寅	初十
7	12	辛未	6	12	辛丑	5	14	壬申	4	15	癸卯	3	16	癸酉	2	15	癸卯	十一
7	13	壬申	6	13	壬寅	5	15	癸酉	4	16	甲辰	3	17	甲戌	2	16	甲辰	十二
7	14	癸酉	6	14	癸卯	5	16	甲戌	4	17	乙巳	3	18	乙亥	2	17	乙巳	十三
7	15	甲戌	6	15	甲辰	5	17	乙亥	4	18	丙午	3	19	丙子	2	18	丙午	十四
7	16	乙亥	6	16	乙巳	5	18	丙子	4	19	丁未	3	20	丁丑	2	19	丁未	十五
7	17	丙子	6	17	丙午	5	19	丁丑	4	20	戊申	3	21	戊寅	2	20	戊申	十六
7	18	丁丑	6	18	丁未	5	20	戊寅	4	21	己酉	3	22	己卯	2	21	己酉	十七
7	19	戊寅	6	19	戊申	5	21	己卯	4	22	庚戌	3	23	庚辰	2	22	庚戌	十八
7	20	己卯	6	20	己酉	5	22	庚辰	4	23	辛亥	3	24	辛巳	2	23	辛亥	十九
7	21	庚辰	6	21	庚戌	5	23	辛巳	4	24	壬子	3	25	壬午	2	24	壬子	二十
7	22	辛巳	6	22	辛亥	5	24	壬午	4	25	癸丑	3	26	癸未	2	25	癸丑	廿一
7	23	壬午	6	23	壬子	5	25	癸未	4	26	甲寅	3	27	甲申	2	26	甲寅	廿二
7	24	癸未	6	24	癸丑	5	26	甲申	4	27	乙卯	3	28	乙酉	2	27	乙卯	廿三
7	25	甲申	6	25	甲寅	5	27	乙酉	4	28	丙辰	3	29	丙戌	2	28	丙辰	廿四
7	26	乙酉	6	26	乙卯	5	28	丙戌	4	29	丁巳	3	30	丁亥	2	29	丁巳	廿五
7	27	丙戌	6	27	丙辰	5	29	丁亥	4	30	戊午	3	31	戊子	3	1	戊午	廿六
7	28	丁亥	6	28	丁巳	5	30	戊子	5	1	己未	4	1	己丑	3	2	己未	廿七
7	29	戊子	6	29	戊午	5	31	己丑	5	2	庚申	4	2	庚寅	3	3	庚申	廿八
7	30	己丑	6	30	己未	6	1	庚寅	5	3	辛酉	4	3	辛卯	3	4	辛酉	廿九
			7	1	庚申							4	4	壬辰	3	5	壬戌	三十

月別	12月			11月			10月			9月			8月			7月		
月柱	己丑			戊子			丁亥			丙戌			乙酉			甲申		
紫白	三碧			四緑			五黃			六白			七赤			八白		
農曆	陽曆		日柱	陽曆		日柱	陽曆		日柱	陽曆		日柱	陽曆		日柱	陽曆		日柱
	月	日		月	日		月	日		月	日		月	日		月	日	
初一	12	26	戊午	11	26	戊子	10	27	戊午	9	28	己丑	8	29	己未	7	31	庚寅
初二	12	27	己未	11	27	己丑	10	28	己未	9	29	庚寅	8	30	庚申	8	1	辛卯
初三	12	28	庚申	11	28	庚寅	10	29	庚申	9	30	辛卯	8	31	辛酉	8	2	壬辰
初四	12	29	辛酉	11	29	辛卯	10	30	辛酉	10	1	壬辰	9	1	壬戌	8	3	癸巳
初五	12	30	壬戌	11	30	壬辰	10	31	壬戌	10	2	癸巳	9	2	癸亥	8	4	甲午
初六	12	31	癸亥	12	1	癸巳	11	1	癸亥	10	3	甲午	9	3	甲子	8	5	乙未
初七	1	1	甲子	12	2	甲午	11	2	甲子	10	4	乙未	9	4	乙丑	8	6	丙申
初八	1	2	乙丑	12	3	乙未	11	3	乙丑	10	5	丙申	9	5	丙寅	8	7	丁酉
初九	1	3	丙寅	12	4	丙申	11	4	丙寅	10	6	丁酉	9	6	丁卯	8	8	戊戌
初十	1	4	丁卯	12	5	丁酉	11	5	丁卯	10	7	戊戌	9	7	戊辰	8	9	己亥
十一	1	5	戊辰	12	6	戊戌	11	6	戊辰	10	8	己亥	9	8	己巳	8	10	庚子
十二	1	6	己巳	12	7	己亥	11	7	己巳	10	9	庚子	9	9	庚午	8	11	辛丑
十三	1	7	庚午	12	8	庚子	11	8	庚午	10	10	辛丑	9	10	辛未	8	12	壬寅
十四	1	8	辛未	12	9	辛丑	11	9	辛未	10	11	壬寅	9	11	壬申	8	13	癸卯
十五	1	9	壬申	12	10	壬寅	11	10	壬申	10	12	癸卯	9	12	癸酉	8	14	甲辰
十六	1	10	癸酉	12	11	癸卯	11	11	癸酉	10	13	甲辰	9	13	甲戌	8	15	乙巳
十七	1	11	甲戌	12	12	甲辰	11	12	甲戌	10	14	乙巳	9	14	乙亥	8	16	丙午
十八	1	12	乙亥	12	13	乙巳	11	13	乙亥	10	15	丙午	9	15	丙子	8	17	丁未
十九	1	13	丙子	12	14	丙午	11	14	丙子	10	16	丁未	9	16	丁丑	8	18	戊申
二十	1	14	丁丑	12	15	丁未	11	15	丁丑	10	17	戊申	9	17	戊寅	8	19	己酉
廿一	1	15	戊寅	12	16	戊申	11	16	戊寅	10	18	己酉	9	18	己卯	8	20	庚戌
廿二	1	16	己卯	12	17	己酉	11	17	己卯	10	19	庚戌	9	19	庚辰	8	21	辛亥
廿三	1	17	庚辰	12	18	庚戌	11	18	庚辰	10	20	辛亥	9	20	辛巳	8	22	壬子
廿四	1	18	辛巳	12	19	辛亥	11	19	辛巳	10	21	壬子	9	21	壬午	8	23	癸丑
廿五	1	19	壬午	12	20	壬子	11	20	壬午	10	22	癸丑	9	22	癸未	8	24	甲寅
廿六	1	20	癸未	12	21	癸丑	11	21	癸未	10	23	甲寅	9	23	甲申	8	25	乙卯
廿七	1	21	甲申	12	22	甲寅	11	22	甲申	10	24	乙卯	9	24	乙酉	8	26	丙辰
廿八	1	22	乙酉	12	23	乙卯	11	23	乙酉	10	25	丙辰	9	25	丙戌	8	27	丁巳
廿九	1	23	丙戌	12	24	丙辰	11	24	丙戌	10	26	丁巳	9	26	丁亥	8	28	戊午
三十				12	25	丁巳	11	25	丁亥				9	27	戊子			

2001年【辛巳】

6月			5月			閏4月			4月			3月			2月			正月			月別
乙未			甲午						癸巳			壬辰			辛卯			庚寅			月柱
六白			七赤						八白			九紫			一白			二黒			紫白
陽暦		日柱	陽暦		日柱	陽暦		日柱	陽暦		日柱	陽暦		日柱	陽暦		日柱	陽暦		日柱	農暦
月	日		月	日		月	日		月	日		月	日		月	日		月	日		
7	21	乙酉	6	21	乙卯	5	23	丙戌	4	23	丙辰	3	25	丁亥	2	23	丁巳	1	24	丁亥	初一
7	22	丙戌	6	22	丙辰	5	24	丁亥	4	24	丁巳	3	26	戊子	2	24	戊午	1	25	戊子	初二
7	23	丁亥	6	23	丁巳	5	25	戊子	4	25	戊午	3	27	己丑	2	25	己未	1	26	己丑	初三
7	24	戊子	6	24	戊午	5	26	己丑	4	26	己未	3	28	庚寅	2	26	庚申	1	27	庚寅	初四
7	25	己丑	6	25	己未	5	27	庚寅	4	27	庚申	3	29	辛卯	2	27	辛酉	1	28	辛卯	初五
7	26	庚寅	6	26	庚申	5	28	辛卯	4	28	辛酉	3	30	壬辰	2	28	壬戌	1	29	壬辰	初六
7	27	辛卯	6	27	辛酉	5	29	壬辰	4	29	壬戌	3	31	癸巳	3	1	癸亥	1	30	癸巳	初七
7	28	壬辰	6	28	壬戌	5	30	癸巳	4	30	癸亥	4	1	甲午	3	2	甲子	1	31	甲午	初八
7	29	癸巳	6	29	癸亥	5	31	甲午	5	1	甲子	4	2	乙未	3	3	乙丑	2	1	乙未	初九
7	30	甲午	6	30	甲子	6	1	乙未	5	2	乙丑	4	3	丙申	3	4	丙寅	2	2	丙申	初十
7	31	乙未	7	1	乙丑	6	2	丙申	5	3	丙寅	4	4	丁酉	3	5	丁卯	2	3	丁酉	十一
8	1	丙申	7	2	丙寅	6	3	丁酉	5	4	丁卯	4	5	戊戌	3	6	戊辰	2	4	戊戌	十二
8	2	丁酉	7	3	丁卯	6	4	戊戌	5	5	戊辰	4	6	己亥	3	7	己巳	2	5	己亥	十三
8	3	戊戌	7	4	戊辰	6	5	己亥	5	6	己巳	4	7	庚子	3	8	庚午	2	6	庚子	十四
8	4	己亥	7	5	己巳	6	6	庚子	5	7	庚午	4	8	辛丑	3	9	辛未	2	7	辛丑	十五
8	5	庚子	7	6	庚午	6	7	辛丑	5	8	辛未	4	9	壬寅	3	10	壬申	2	8	壬寅	十六
8	6	辛丑	7	7	辛未	6	8	壬寅	5	9	壬申	4	10	癸卯	3	11	癸酉	2	9	癸卯	十七
8	7	壬寅	7	8	壬申	6	9	癸卯	5	10	癸酉	4	11	甲辰	3	12	甲戌	2	10	甲辰	十八
8	8	癸卯	7	9	癸酉	6	10	甲辰	5	11	甲戌	4	12	乙巳	3	13	乙亥	2	11	乙巳	十九
8	9	甲辰	7	10	甲戌	6	11	乙巳	5	12	乙亥	4	13	丙午	3	14	丙子	2	12	丙午	二十
8	10	乙巳	7	11	乙亥	6	12	丙午	5	13	丙子	4	14	丁未	3	15	丁丑	2	13	丁未	廿一
8	11	丙午	7	12	丙子	6	13	丁未	5	14	丁丑	4	15	戊申	3	16	戊寅	2	14	戊申	廿二
8	12	丁未	7	13	丁丑	6	14	戊申	5	15	戊寅	4	16	己酉	3	17	己卯	2	15	己酉	廿三
8	13	戊申	7	14	戊寅	6	15	己酉	5	16	己卯	4	17	庚戌	3	18	庚辰	2	16	庚戌	廿四
8	14	己酉	7	15	己卯	6	16	庚戌	5	17	庚辰	4	18	辛亥	3	19	辛巳	2	17	辛亥	廿五
8	15	庚戌	7	16	庚辰	6	17	辛亥	5	18	辛巳	4	19	壬子	3	20	壬午	2	18	壬子	廿六
8	16	辛亥	7	17	辛巳	6	18	壬子	5	19	壬午	4	20	癸丑	3	21	癸未	2	19	癸丑	廿七
8	17	壬子	7	18	壬午	6	19	癸丑	5	20	癸未	4	21	甲寅	3	22	甲申	2	20	甲寅	廿八
8	18	癸丑	7	19	癸未	6	20	甲寅	5	21	甲申	4	22	乙卯	3	23	乙酉	2	21	乙卯	廿九
			7	20	甲申				5	22	乙酉				3	24	丙戌	2	22	丙辰	三十

月別	12月			11月			10月			9月			8月			7月		
月柱	辛丑			庚子			己亥			戊戌			丁酉			丙申		
紫白	九紫			一白			二黒			三碧			四緑			五黃		
農曆	陽曆		日柱	陽曆		日柱	陽曆		日柱	陽曆		日柱	陽曆		日柱	陽曆		日柱
	月	日		月	日		月	日		月	日		月	日		月	日	
初一	1	13	辛巳	12	15	壬子	11	15	壬午	10	17	癸丑	9	17	癸未	8	19	甲寅
初二	1	14	壬午	12	16	癸丑	11	16	癸未	10	18	甲寅	9	18	甲申	8	20	乙卯
初三	1	15	癸未	12	17	甲寅	11	17	甲申	10	19	乙卯	9	19	乙酉	8	21	丙辰
初四	1	16	甲申	12	18	乙卯	11	18	乙酉	10	20	丙辰	9	20	丙戌	8	22	丁巳
初五	1	17	乙酉	12	19	丙辰	11	19	丙戌	10	21	丁巳	9	21	丁亥	8	23	戊午
初六	1	18	丙戌	12	20	丁巳	11	20	丁亥	10	22	戊午	9	22	戊子	8	24	己未
初七	1	19	丁亥	12	21	戊午	11	21	戊子	10	23	己未	9	23	己丑	8	25	庚申
初八	1	20	戊子	12	22	己未	11	22	己丑	10	24	庚申	9	24	庚寅	8	26	辛酉
初九	1	21	己丑	12	23	庚申	11	23	庚寅	10	25	辛酉	9	25	辛卯	8	27	壬戌
初十	1	22	庚寅	12	24	辛酉	11	24	辛卯	10	26	壬戌	9	26	壬辰	8	28	癸亥
十一	1	23	辛卯	12	25	壬戌	11	25	壬辰	10	27	癸亥	9	27	癸巳	8	29	甲子
十二	1	24	壬辰	12	26	癸亥	11	26	癸巳	10	28	甲子	9	28	甲午	8	30	乙丑
十三	1	25	癸巳	12	27	甲子	11	27	甲午	10	29	乙丑	9	29	乙未	8	31	丙寅
十四	1	26	甲午	12	28	乙丑	11	28	乙未	10	30	丙寅	9	30	丙申	9	1	丁卯
十五	1	27	乙未	12	29	丙寅	11	29	丙申	10	31	丁卯	10	1	丁酉	9	2	戊辰
十六	1	28	丙申	12	30	丁卯	11	30	丁酉	11	1	戊辰	10	2	戊戌	9	3	己巳
十七	1	29	丁酉	12	31	戊辰	12	1	戊戌	11	2	己巳	10	3	己亥	9	4	庚午
十八	1	30	戊戌	1	1	己巳	12	2	己亥	11	3	庚午	10	4	庚子	9	5	辛未
十九	1	31	己亥	1	2	庚午	12	3	庚子	11	4	辛未	10	5	辛丑	9	6	壬申
二十	2	1	庚子	1	3	辛未	12	4	辛丑	11	5	壬申	10	6	壬寅	9	7	癸酉
廿一	2	2	辛丑	1	4	壬申	12	5	壬寅	11	6	癸酉	10	7	癸卯	9	8	甲戌
廿二	2	3	壬寅	1	5	癸酉	12	6	癸卯	11	7	甲戌	10	8	甲辰	9	9	乙亥
廿三	2	4	癸卯	1	6	甲戌	12	7	甲辰	11	8	乙亥	10	9	乙巳	9	10	丙子
廿四	2	5	甲辰	1	7	乙亥	12	8	乙巳	11	9	丙子	10	10	丙午	9	11	丁丑
廿五	2	6	乙巳	1	8	丙子	12	9	丙午	11	10	丁丑	10	11	丁未	9	12	戊寅
廿六	2	7	丙午	1	9	丁丑	12	10	丁未	11	11	戊寅	10	12	戊申	9	13	己卯
廿七	2	8	丁未	1	10	戊寅	12	11	戊申	11	12	己卯	10	13	己酉	9	14	庚辰
廿八	2	9	戊申	1	11	己卯	12	12	己酉	11	13	庚辰	10	14	庚戌	9	15	辛巳
廿九	2	10	己酉	1	12	庚辰	12	13	庚戌	11	14	辛巳	10	15	辛亥	9	16	壬午
三十	2	11	庚戌				12	14	辛亥				10	16	壬子			

2002年【壬午】

6月			5月			4月			3月			2月			正月			月別
丁未			丙午			乙巳			甲辰			癸卯			壬寅			月柱
三碧			四緑			五黄			六白			七赤			八白			紫白
陽暦		日柱	陽暦		日柱	陽暦		日柱	陽暦		日柱	陽暦		日柱	陽暦		日柱	農暦
月	日		月	日		月	日		月	日		月	日		月	日		
7	10	己卯	6	11	庚戌	5	12	庚辰	4	13	辛亥	3	14	辛巳	2	12	辛亥	初一
7	11	庚辰	6	12	辛亥	5	13	辛巳	4	14	壬子	3	15	壬午	2	13	壬子	初二
7	12	辛巳	6	13	壬子	5	14	壬午	4	15	癸丑	3	16	癸未	2	14	癸丑	初三
7	13	壬午	6	14	癸丑	5	15	癸未	4	16	甲寅	3	17	甲申	2	15	甲寅	初四
7	14	癸未	6	15	甲寅	5	16	甲申	4	17	乙卯	3	18	乙酉	2	16	乙卯	初五
7	15	甲申	6	16	乙卯	5	17	乙酉	4	18	丙辰	3	19	丙戌	2	17	丙辰	初六
7	16	乙酉	6	17	丙辰	5	18	丙戌	4	19	丁巳	3	20	丁亥	2	18	丁巳	初七
7	17	丙戌	6	18	丁巳	5	19	丁亥	4	20	戊午	3	21	戊子	2	19	戊午	初八
7	18	丁亥	6	19	戊午	5	20	戊子	4	21	己未	3	22	己丑	2	20	己未	初九
7	19	戊子	6	20	己未	5	21	己丑	4	22	庚申	3	23	庚寅	2	21	庚申	初十
7	20	己丑	6	21	庚申	5	22	庚寅	4	23	辛酉	3	24	辛卯	2	22	辛酉	十一
7	21	庚寅	6	22	辛酉	5	23	辛卯	4	24	壬戌	3	25	壬辰	2	23	壬戌	十二
7	22	辛卯	6	23	壬戌	5	24	壬辰	4	25	癸亥	3	26	癸巳	2	24	癸亥	十三
7	23	壬辰	6	24	癸亥	5	25	癸巳	4	26	甲子	3	27	甲午	2	25	甲子	十四
7	24	癸巳	6	25	甲子	5	26	甲午	4	27	乙丑	3	28	乙未	2	26	乙丑	十五
7	25	甲午	6	26	乙丑	5	27	乙未	4	28	丙寅	3	29	丙申	2	27	丙寅	十六
7	26	乙未	6	27	丙寅	5	28	丙申	4	29	丁卯	3	30	丁酉	2	28	丁卯	十七
7	27	丙申	6	28	丁卯	5	29	丁酉	4	30	戊辰	3	31	戊戌	3	1	戊辰	十八
7	28	丁酉	6	29	戊辰	5	30	戊戌	5	1	己巳	4	1	己亥	3	2	己巳	十九
7	29	戊戌	6	30	己巳	5	31	己亥	5	2	庚午	4	2	庚子	3	3	庚午	二十
7	30	己亥	7	1	庚午	6	1	庚子	5	3	辛未	4	3	辛丑	3	4	辛未	廿一
7	31	庚子	7	2	辛未	6	2	辛丑	5	4	壬申	4	4	壬寅	3	5	壬申	廿二
8	1	辛丑	7	3	壬申	6	3	壬寅	5	5	癸酉	4	5	癸卯	3	6	癸酉	廿三
8	2	壬寅	7	4	癸酉	6	4	癸卯	5	6	甲戌	4	6	甲辰	3	7	甲戌	廿四
8	3	癸卯	7	5	甲戌	6	5	甲辰	5	7	乙亥	4	7	乙巳	3	8	乙亥	廿五
8	4	甲辰	7	6	乙亥	6	6	乙巳	5	8	丙子	4	8	丙午	3	9	丙子	廿六
8	5	乙巳	7	7	丙子	6	7	丙午	5	9	丁丑	4	9	丁未	3	10	丁丑	廿七
8	6	丙午	7	8	丁丑	6	8	丁未	5	10	戊寅	4	10	戊申	3	11	戊寅	廿八
8	7	丁未	7	9	戊寅	6	9	戊申	5	11	己卯	4	11	己酉	3	12	己卯	廿九
8	8	戊申				6	10	己酉				4	12	庚戌	3	13	庚辰	三十

月別	12月			11月			10月			9月			8月			7月		
月柱	癸丑			壬子			辛亥			庚戌			己酉			戊申		
紫白	六白			七赤			八白			九紫			一白			二黒		
農暦	陽暦		日柱	陽暦		日柱	陽暦		日柱	陽暦		日柱	陽暦		日柱	陽暦		日柱
	月	日		月	日		月	日		月	日		月	日		月	日	
初一	1	3	丙子	12	4	丙午	11	5	丁丑	10	6	丁未	9	7	戊寅	8	9	己酉
初二	1	4	丁丑	12	5	丁未	11	6	戊寅	10	7	戊申	9	8	己卯	8	10	庚戌
初三	1	5	戊寅	12	6	戊申	11	7	己卯	10	8	己酉	9	9	庚辰	8	11	辛亥
初四	1	6	己卯	12	7	己酉	11	8	庚辰	10	9	庚戌	9	10	辛巳	8	12	壬子
初五	1	7	庚辰	12	8	庚戌	11	9	辛巳	10	10	辛亥	9	11	壬午	8	13	癸丑
初六	1	8	辛巳	12	9	辛亥	11	10	壬午	10	11	壬子	9	12	癸未	8	14	甲寅
初七	1	9	壬午	12	10	壬子	11	11	癸未	10	12	癸丑	9	13	甲申	8	15	乙卯
初八	1	10	癸未	12	11	癸丑	11	12	甲申	10	13	甲寅	9	14	乙酉	8	16	丙辰
初九	1	11	甲申	12	12	甲寅	11	13	乙酉	10	14	乙卯	9	15	丙戌	8	17	丁巳
初十	1	12	乙酉	12	13	乙卯	11	14	丙戌	10	15	丙辰	9	16	丁亥	8	18	戊午
十一	1	13	丙戌	12	14	丙辰	11	15	丁亥	10	16	丁巳	9	17	戊子	8	19	己未
十二	1	14	丁亥	12	15	丁巳	11	16	戊子	10	17	戊午	9	18	己丑	8	20	庚申
十三	1	15	戊子	12	16	戊午	11	17	己丑	10	18	己未	9	19	庚寅	8	21	辛酉
十四	1	16	己丑	12	17	己未	11	18	庚寅	10	19	庚申	9	20	辛卯	8	22	壬戌
十五	1	17	庚寅	12	18	庚申	11	19	辛卯	10	20	辛酉	9	21	壬辰	8	23	癸亥
十六	1	18	辛卯	12	19	辛酉	11	20	壬辰	10	21	壬戌	9	22	癸巳	8	24	甲子
十七	1	19	壬辰	12	20	壬戌	11	21	癸巳	10	22	癸亥	9	23	甲午	8	25	乙丑
十八	1	20	癸巳	12	21	癸亥	11	22	甲午	10	23	甲子	9	24	乙未	8	26	丙寅
十九	1	21	甲午	12	22	甲子	11	23	乙未	10	24	乙丑	9	25	丙申	8	27	丁卯
二十	1	22	乙未	12	23	乙丑	11	24	丙申	10	25	丙寅	9	26	丁酉	8	28	戊辰
廿一	1	23	丙申	12	24	丙寅	11	25	丁酉	10	26	丁卯	9	27	戊戌	8	29	己巳
廿二	1	24	丁酉	12	25	丁卯	11	26	戊戌	10	27	戊辰	9	28	己亥	8	30	庚午
廿三	1	25	戊戌	12	26	戊辰	11	27	己亥	10	28	己巳	9	29	庚子	8	31	辛未
廿四	1	26	己亥	12	27	己巳	11	28	庚子	10	29	庚午	9	30	辛丑	9	1	壬申
廿五	1	27	庚子	12	28	庚午	11	29	辛丑	10	30	辛未	10	1	壬寅	9	2	癸酉
廿六	1	28	辛丑	12	29	辛未	11	30	壬寅	10	31	壬申	10	2	癸卯	9	3	甲戌
廿七	1	29	壬寅	12	30	壬申	12	1	癸卯	11	1	癸酉	10	3	甲辰	9	4	乙亥
廿八	1	30	癸卯	12	31	癸酉	12	2	甲辰	11	2	甲戌	10	4	乙巳	9	5	丙子
廿九	1	31	甲辰	1	1	甲戌	12	3	乙巳	11	3	乙亥	10	5	丙午	9	6	丁丑
三十				1	2	乙亥				11	4	丙子						

2003年【癸未】

6月			5月			4月			3月			2月			正月			月別
己未			戊午			丁巳			丙辰			乙卯			甲寅			月柱
九紫			一白			二黒			三碧			四緑			五黄			紫白
陽暦		日柱	陽暦		日柱	陽暦		日柱	陽暦		日柱	陽暦		日柱	陽暦		日柱	農暦
月	日		月	日		月	日		月	日		月	日		月	日		
6	30	甲戌	5	31	甲辰	5	1	甲戌	4	2	乙巳	3	3	乙亥	2	1	乙巳	初一
7	1	乙亥	6	1	乙巳	5	2	乙亥	4	3	丙午	3	4	丙子	2	2	丙午	初二
7	2	丙子	6	2	丙午	5	3	丙子	4	4	丁未	3	5	丁丑	2	3	丁未	初三
7	3	丁丑	6	3	丁未	5	4	丁丑	4	5	戊申	3	6	戊寅	2	4	戊申	初四
7	4	戊寅	6	4	戊申	5	5	戊寅	4	6	己酉	3	7	己卯	2	5	己酉	初五
7	5	己卯	6	5	己酉	5	6	己卯	4	7	庚戌	3	8	庚辰	2	6	庚戌	初六
7	6	庚辰	6	6	庚戌	5	7	庚辰	4	8	辛亥	3	9	辛巳	2	7	辛亥	初七
7	7	辛巳	6	7	辛亥	5	8	辛巳	4	9	壬子	3	10	壬午	2	8	壬子	初八
7	8	壬午	6	8	壬子	5	9	壬午	4	10	癸丑	3	11	癸未	2	9	癸丑	初九
7	9	癸未	6	9	癸丑	5	10	癸未	4	11	甲寅	3	12	甲申	2	10	甲寅	初十
7	10	甲申	6	10	甲寅	5	11	甲申	4	12	乙卯	3	13	乙酉	2	11	乙卯	十一
7	11	乙酉	6	11	乙卯	5	12	乙酉	4	13	丙辰	3	14	丙戌	2	12	丙辰	十二
7	12	丙戌	6	12	丙辰	5	13	丙戌	4	14	丁巳	3	15	丁亥	2	13	丁巳	十三
7	13	丁亥	6	13	丁巳	5	14	丁亥	4	15	戊午	3	16	戊子	2	14	戊午	十四
7	14	戊子	6	14	戊午	5	15	戊子	4	16	己未	3	17	己丑	2	15	己未	十五
7	15	己丑	6	15	己未	5	16	己丑	4	17	庚申	3	18	庚寅	2	16	庚申	十六
7	16	庚寅	6	16	庚申	5	17	庚寅	4	18	辛酉	3	19	辛卯	2	17	辛酉	十七
7	17	辛卯	6	17	辛酉	5	18	辛卯	4	19	壬戌	3	20	壬辰	2	18	壬戌	十八
7	18	壬辰	6	18	壬戌	5	19	壬辰	4	20	癸亥	3	21	癸巳	2	19	癸亥	十九
7	19	癸巳	6	19	癸亥	5	20	癸巳	4	21	甲子	3	22	甲午	2	20	甲子	二十
7	20	甲午	6	20	甲子	5	21	甲午	4	22	乙丑	3	23	乙未	2	21	乙丑	廿一
7	21	乙未	6	21	乙丑	5	22	乙未	4	23	丙寅	3	24	丙申	2	22	丙寅	廿二
7	22	丙申	6	22	丙寅	5	23	丙申	4	24	丁卯	3	25	丁酉	2	23	丁卯	廿三
7	23	丁酉	6	23	丁卯	5	24	丁酉	4	25	戊辰	3	26	戊戌	2	24	戊辰	廿四
7	24	戊戌	6	24	戊辰	5	25	戊戌	4	26	己巳	3	27	己亥	2	25	己巳	廿五
7	25	己亥	6	25	己巳	5	26	己亥	4	27	庚午	3	28	庚子	2	26	庚午	廿六
7	26	庚子	6	26	庚午	5	27	庚子	4	28	辛未	3	29	辛丑	2	27	辛未	廿七
7	27	辛丑	6	27	辛未	5	28	辛丑	4	29	壬申	3	30	壬寅	2	28	壬申	廿八
7	28	壬寅	6	28	壬申	5	29	壬寅	4	30	癸酉	3	31	癸卯	3	1	癸酉	廿九
			6	29	癸酉	5	30	癸卯				4	1	甲辰	3	2	甲戌	三十

月別	12月			11月			10月			9月			8月			7月		
月柱	乙丑			甲子			癸亥			壬戌			辛酉			庚申		
紫白	三碧			四緑			五黃			六白			七赤			八白		
農暦	陽暦		日柱	陽暦		日柱	陽暦		日柱	陽暦		日柱	陽暦		日柱	陽暦		日柱
	月	日		月	日		月	日		月	日		月	日		月	日	
初一	12	23	庚午	11	24	辛丑	10	25	辛未	9	26	壬寅	8	28	癸酉	7	29	癸卯
初二	12	24	辛未	11	25	壬寅	10	26	壬申	9	27	癸卯	8	29	甲戌	7	30	甲辰
初三	12	25	壬申	11	26	癸卯	10	27	癸酉	9	28	甲辰	8	30	乙亥	7	31	乙巳
初四	12	26	癸酉	11	27	甲辰	10	28	甲戌	9	29	乙巳	8	31	丙子	8	1	丙午
初五	12	27	甲戌	11	28	乙巳	10	29	乙亥	9	30	丙午	9	1	丁丑	8	2	丁未
初六	12	28	乙亥	11	29	丙午	10	30	丙子	10	1	丁未	9	2	戊寅	8	3	戊申
初七	12	29	丙子	11	30	丁未	10	31	丁丑	10	2	戊申	9	3	己卯	8	4	己酉
初八	12	30	丁丑	12	1	戊申	11	1	戊寅	10	3	己酉	9	4	庚辰	8	5	庚戌
初九	12	31	戊寅	12	2	己酉	11	2	己卯	10	4	庚戌	9	5	辛巳	8	6	辛亥
初十	1	1	己卯	12	3	庚戌	11	3	庚辰	10	5	辛亥	9	6	壬午	8	7	壬子
十一	1	2	庚辰	12	4	辛亥	11	4	辛巳	10	6	壬子	9	7	癸未	8	8	癸丑
十二	1	3	辛巳	12	5	壬子	11	5	壬午	10	7	癸丑	9	8	甲申	8	9	甲寅
十三	1	4	壬午	12	6	癸丑	11	6	癸未	10	8	甲寅	9	9	乙酉	8	10	乙卯
十四	1	5	癸未	12	7	甲寅	11	7	甲申	10	9	乙卯	9	10	丙戌	8	11	丙辰
十五	1	6	甲申	12	8	乙卯	11	8	乙酉	10	10	丙辰	9	11	丁亥	8	12	丁巳
十六	1	7	乙酉	12	9	丙辰	11	9	丙戌	10	11	丁巳	9	12	戊子	8	13	戊午
十七	1	8	丙戌	12	10	丁巳	11	10	丁亥	10	12	戊午	9	13	己丑	8	14	己未
十八	1	9	丁亥	12	11	戊午	11	11	戊子	10	13	己未	9	14	庚寅	8	15	庚申
十九	1	10	戊子	12	12	己未	11	12	己丑	10	14	庚申	9	15	辛卯	8	16	辛酉
二十	1	11	己丑	12	13	庚申	11	13	庚寅	10	15	辛酉	9	16	壬辰	8	17	壬戌
廿一	1	12	庚寅	12	14	辛酉	11	14	辛卯	10	16	壬戌	9	17	癸巳	8	18	癸亥
廿二	1	13	辛卯	12	15	壬戌	11	15	壬辰	10	17	癸亥	9	18	甲午	8	19	甲子
廿三	1	14	壬辰	12	16	癸亥	11	16	癸巳	10	18	甲子	9	19	乙未	8	20	乙丑
廿四	1	15	癸巳	12	17	甲子	11	17	甲午	10	19	乙丑	9	20	丙申	8	21	丙寅
廿五	1	16	甲午	12	18	乙丑	11	18	乙未	10	20	丙寅	9	21	丁酉	8	22	丁卯
廿六	1	17	乙未	12	19	丙寅	11	19	丙申	10	21	丁卯	9	22	戊戌	8	23	戊辰
廿七	1	18	丙申	12	20	丁卯	11	20	丁酉	10	22	戊辰	9	23	己亥	8	24	己巳
廿八	1	19	丁酉	12	21	戊辰	11	21	戊戌	10	23	己巳	9	24	庚子	8	25	庚午
廿九	1	20	戊戌	12	22	己巳	11	22	己亥	10	24	庚午	9	25	辛丑	8	26	辛未
三十	1	21	己亥				11	23	庚子							8	27	壬申

2004年【甲申】

6月			5月			4月			3月			閏2月			2月			正月			月別
辛未			庚午			己巳			戊辰						丁卯			丙寅			月柱
六白			七赤			八白			九紫						一白			二黒			紫白
陽暦		日柱	陽暦		日柱	陽暦		日柱	陽暦		日柱	陽暦		日柱	陽暦		日柱	陽暦		日柱	農暦
月	日		月	日		月	日		月	日		月	日		月	日		月	日		
7	17	丁酉	6	18	戊辰	5	19	戊戌	4	19	戊辰	3	21	己亥	2	20	己巳	1	22	庚子	初一
7	18	戊戌	6	19	己巳	5	20	己亥	4	20	己巳	3	22	庚子	2	21	庚午	1	23	辛丑	初二
7	19	己亥	6	20	庚午	5	21	庚子	4	21	庚午	3	23	辛丑	2	22	辛未	1	24	壬寅	初三
7	20	庚子	6	21	辛未	5	22	辛丑	4	22	辛未	3	24	壬寅	2	23	壬申	1	25	癸卯	初四
7	21	辛丑	6	22	壬申	5	23	壬寅	4	23	壬申	3	25	癸卯	2	24	癸酉	1	26	甲辰	初五
7	22	壬寅	6	23	癸酉	5	24	癸卯	4	24	癸酉	3	26	甲辰	2	25	甲戌	1	27	乙巳	初六
7	23	癸卯	6	24	甲戌	5	25	甲辰	4	25	甲戌	3	27	乙巳	2	26	乙亥	1	28	丙午	初七
7	24	甲辰	6	25	乙亥	5	26	乙巳	4	26	乙亥	3	28	丙午	2	27	丙子	1	29	丁未	初八
7	25	乙巳	6	26	丙子	5	27	丙午	4	27	丙子	3	29	丁未	2	28	丁丑	1	30	戊申	初九
7	26	丙午	6	27	丁丑	5	28	丁未	4	28	丁丑	3	30	戊申	2	29	戊寅	1	31	己酉	初十
7	27	丁未	6	28	戊寅	5	29	戊申	4	29	戊寅	3	31	己酉	3	1	己卯	2	1	庚戌	十一
7	28	戊申	6	29	己卯	5	30	己酉	4	30	己卯	4	1	庚戌	3	2	庚辰	2	2	辛亥	十二
7	29	己酉	6	30	庚辰	5	31	庚戌	5	1	庚辰	4	2	辛亥	3	3	辛巳	2	3	壬子	十三
7	30	庚戌	7	1	辛巳	6	1	辛亥	5	2	辛巳	4	3	壬子	3	4	壬午	2	4	癸丑	十四
7	31	辛亥	7	2	壬午	6	2	壬子	5	3	壬午	4	4	癸丑	3	5	癸未	2	5	甲寅	十五
8	1	壬子	7	3	癸未	6	3	癸丑	5	4	癸未	4	5	甲寅	3	6	甲申	2	6	乙卯	十六
8	2	癸丑	7	4	甲申	6	4	甲寅	5	5	甲申	4	6	乙卯	3	7	乙酉	2	7	丙辰	十七
8	3	甲寅	7	5	乙酉	6	5	乙卯	5	6	乙酉	4	7	丙辰	3	8	丙戌	2	8	丁巳	十八
8	4	乙卯	7	6	丙戌	6	6	丙辰	5	7	丙戌	4	8	丁巳	3	9	丁亥	2	9	戊午	十九
8	5	丙辰	7	7	丁亥	6	7	丁巳	5	8	丁亥	4	9	戊午	3	10	戊子	2	10	己未	二十
8	6	丁巳	7	8	戊子	6	8	戊午	5	9	戊子	4	10	己未	3	11	己丑	2	11	庚申	廿一
8	7	戊午	7	9	己丑	6	9	己未	5	10	己丑	4	11	庚申	3	12	庚寅	2	12	辛酉	廿二
8	8	己未	7	10	庚寅	6	10	庚申	5	11	庚寅	4	12	辛酉	3	13	辛卯	2	13	壬戌	廿三
8	9	庚申	7	11	辛卯	6	11	辛酉	5	12	辛卯	4	13	壬戌	3	14	壬辰	2	14	癸亥	廿四
8	10	辛酉	7	12	壬辰	6	12	壬戌	5	13	壬辰	4	14	癸亥	3	15	癸巳	2	15	甲子	廿五
8	11	壬戌	7	13	癸巳	6	13	癸亥	5	14	癸巳	4	15	甲子	3	16	甲午	2	16	乙丑	廿六
8	12	癸亥	7	14	甲午	6	14	甲子	5	15	甲午	4	16	乙丑	3	17	乙未	2	17	丙寅	廿七
8	13	甲子	7	15	乙未	6	15	乙丑	5	16	乙未	4	17	丙寅	3	18	丙申	2	18	丁卯	廿八
8	14	乙丑	7	16	丙申	6	16	丙寅	5	17	丙申	4	18	丁卯	3	19	丁酉	2	19	戊辰	廿九
8	15	丙寅				6	17	丁卯	5	18	丁酉				3	20	戊戌				三十

月別	12月			11月			10月			9月			8月			7月		
月柱	丁丑			丙子			乙亥			甲戌			癸酉			壬申		
紫白	九紫			一白			二黒			三碧			四緑			五黃		
農暦	陽暦		日柱	陽暦		日柱	陽暦		日柱	陽暦		日柱	陽暦		日柱	陽暦		日柱
	月	日		月	日		月	日		月	日		月	日		月	日	
初一	1	10	甲午	12	12	乙丑	11	12	乙未	10	14	丙寅	9	14	丙申	8	16	丁卯
初二	1	11	乙未	12	13	丙寅	11	13	丙申	10	15	丁卯	9	15	丁酉	8	17	戊辰
初三	1	12	丙申	12	14	丁卯	11	14	丁酉	10	16	戊辰	9	16	戊戌	8	18	己巳
初四	1	13	丁酉	12	15	戊辰	11	15	戊戌	10	17	己巳	9	17	己亥	8	19	庚午
初五	1	14	戊戌	12	16	己巳	11	16	己亥	10	18	庚午	9	18	庚子	8	20	辛未
初六	1	15	己亥	12	17	庚午	11	17	庚子	10	19	辛未	9	19	辛丑	8	21	壬申
初七	1	16	庚子	12	18	辛未	11	18	辛丑	10	20	壬申	9	20	壬寅	8	22	癸酉
初八	1	17	辛丑	12	19	壬申	11	19	壬寅	10	21	癸酉	9	21	癸卯	8	23	甲戌
初九	1	18	壬寅	12	20	癸酉	11	20	癸卯	10	22	甲戌	9	22	甲辰	8	24	乙亥
初十	1	19	癸卯	12	21	甲戌	11	21	甲辰	10	23	乙亥	9	23	乙巳	8	25	丙子
十一	1	20	甲辰	12	22	乙亥	11	22	乙巳	10	24	丙子	9	24	丙午	8	26	丁丑
十二	1	21	乙巳	12	23	丙子	11	23	丙午	10	25	丁丑	9	25	丁未	8	27	戊寅
十三	1	22	丙午	12	24	丁丑	11	24	丁未	10	26	戊寅	9	26	戊申	8	28	己卯
十四	1	23	丁未	12	25	戊寅	11	25	戊申	10	27	己卯	9	27	己酉	8	29	庚辰
十五	1	24	戊申	12	26	己卯	11	26	己酉	10	28	庚辰	9	28	庚戌	8	30	辛巳
十六	1	25	己酉	12	27	庚辰	11	27	庚戌	10	29	辛巳	9	29	辛亥	8	31	壬午
十七	1	26	庚戌	12	28	辛巳	11	28	辛亥	10	30	壬午	9	30	壬子	9	1	癸未
十八	1	27	辛亥	12	29	壬午	11	29	壬子	10	31	癸未	10	1	癸丑	9	2	甲申
十九	1	28	壬子	12	30	癸未	11	30	癸丑	11	1	甲申	10	2	甲寅	9	3	乙酉
二十	1	29	癸丑	12	31	甲申	12	1	甲寅	11	2	乙酉	10	3	乙卯	9	4	丙戌
廿一	1	30	甲寅	1	1	乙酉	12	2	乙卯	11	3	丙戌	10	4	丙辰	9	5	丁亥
廿二	1	31	乙卯	1	2	丙戌	12	3	丙辰	11	4	丁亥	10	5	丁巳	9	6	戊子
廿三	2	1	丙辰	1	3	丁亥	12	4	丁巳	11	5	戊子	10	6	戊午	9	7	己丑
廿四	2	2	丁巳	1	4	戊子	12	5	戊午	11	6	己丑	10	7	己未	9	8	庚寅
廿五	2	3	戊午	1	5	己丑	12	6	己未	11	7	庚寅	10	8	庚申	9	9	辛卯
廿六	2	4	己未	1	6	庚寅	12	7	庚申	11	8	辛卯	10	9	辛酉	9	10	壬辰
廿七	2	5	庚申	1	7	辛卯	12	8	辛酉	11	9	壬辰	10	10	壬戌	9	11	癸巳
廿八	2	6	辛酉	1	8	壬辰	12	9	壬戌	11	10	癸巳	10	11	癸亥	9	12	甲午
廿九	2	7	壬戌	1	9	癸巳	12	10	癸亥	11	11	甲午	10	12	甲子	9	13	乙未
三十	2	8	癸亥				12	11	甲子				10	13	乙丑			

2005年【乙酉】

6月			5月			4月			3月			2月			正月			月別
癸未			壬午			辛巳			庚辰			己卯			戊寅			月柱
三碧			四緑			五黄			六白			七赤			八白			紫白
陽暦		日柱	陽暦		日柱	陽暦		日柱	陽暦		日柱	陽暦		日柱	陽暦		日柱	農暦
月	日		月	日		月	日		月	日		月	日		月	日		
7	6	辛卯	6	7	壬戌	5	8	壬辰	4	9	癸亥	3	10	癸巳	2	9	甲子	初一
7	7	壬辰	6	8	癸亥	5	9	癸巳	4	10	甲子	3	11	甲午	2	10	乙丑	初二
7	8	癸巳	6	9	甲子	5	10	甲午	4	11	乙丑	3	12	乙未	2	11	丙寅	初三
7	9	甲午	6	10	乙丑	5	11	乙未	4	12	丙寅	3	13	丙申	2	12	丁卯	初四
7	10	乙未	6	11	丙寅	5	12	丙申	4	13	丁卯	3	14	丁酉	2	13	戊辰	初五
7	11	丙申	6	12	丁卯	5	13	丁酉	4	14	戊辰	3	15	戊戌	2	14	己巳	初六
7	12	丁酉	6	13	戊辰	5	14	戊戌	4	15	己巳	3	16	己亥	2	15	庚午	初七
7	13	戊戌	6	14	己巳	5	15	己亥	4	16	庚午	3	17	庚子	2	16	辛未	初八
7	14	己亥	6	15	庚午	5	16	庚子	4	17	辛未	3	18	辛丑	2	17	壬申	初九
7	15	庚子	6	16	辛未	5	17	辛丑	4	18	壬申	3	19	壬寅	2	18	癸酉	初十
7	16	辛丑	6	17	壬申	5	18	壬寅	4	19	癸酉	3	20	癸卯	2	19	甲戌	十一
7	17	壬寅	6	18	癸酉	5	19	癸卯	4	20	甲戌	3	21	甲辰	2	20	乙亥	十二
7	18	癸卯	6	19	甲戌	5	20	甲辰	4	21	乙亥	3	22	乙巳	2	21	丙子	十三
7	19	甲辰	6	20	乙亥	5	21	乙巳	4	22	丙子	3	23	丙午	2	22	丁丑	十四
7	20	乙巳	6	21	丙子	5	22	丙午	4	23	丁丑	3	24	丁未	2	23	戊寅	十五
7	21	丙午	6	22	丁丑	5	23	丁未	4	24	戊寅	3	25	戊申	2	24	己卯	十六
7	22	丁未	6	23	戊寅	5	24	戊申	4	25	己卯	3	26	己酉	2	25	庚辰	十七
7	23	戊申	6	24	己卯	5	25	己酉	4	26	庚辰	3	27	庚戌	2	26	辛巳	十八
7	24	己酉	6	25	庚辰	5	26	庚戌	4	27	辛巳	3	28	辛亥	2	27	壬午	十九
7	25	庚戌	6	26	辛巳	5	27	辛亥	4	28	壬午	3	29	壬子	2	28	癸未	二十
7	26	辛亥	6	27	壬午	5	28	壬子	4	29	癸未	3	30	癸丑	3	1	甲申	廿一
7	27	壬子	6	28	癸未	5	29	癸丑	4	30	甲申	3	31	甲寅	3	2	乙酉	廿二
7	28	癸丑	6	29	甲申	5	30	甲寅	5	1	乙酉	4	1	乙卯	3	3	丙戌	廿三
7	29	甲寅	6	30	乙酉	5	31	乙卯	5	2	丙戌	4	2	丙辰	3	4	丁亥	廿四
7	30	乙卯	7	1	丙戌	6	1	丙辰	5	3	丁亥	4	3	丁巳	3	5	戊子	廿五
7	31	丙辰	7	2	丁亥	6	2	丁巳	5	4	戊子	4	4	戊午	3	6	己丑	廿六
8	1	丁巳	7	3	戊子	6	3	戊午	5	5	己丑	4	5	己未	3	7	庚寅	廿七
8	2	戊午	7	4	己丑	6	4	己未	5	6	庚寅	4	6	庚申	3	8	辛卯	廿八
8	3	己未	7	5	庚寅	6	5	庚申	5	7	辛卯	4	7	辛酉	3	9	壬辰	廿九
8	4	庚申				6	6	辛酉				4	8	壬戌				三十

月別	12月			11月			10月			9月			8月			7月		
月柱	己丑			戊子			丁亥			丙戌			乙酉			甲申		
紫白	六白			七赤			八白			九紫			一白			二黑		
農暦	陽暦		日柱	陽暦		日柱	陽暦		日柱	陽暦		日柱	陽暦		日柱	陽暦		日柱
	月	日		月	日		月	日		月	日		月	日		月	日	
初一	12	31	己丑	12	1	己未	11	2	庚寅	10	3	庚申	9	4	辛卯	8	5	辛酉
初二	1	1	庚寅	12	2	庚申	11	3	辛卯	10	4	辛酉	9	5	壬辰	8	6	壬戌
初三	1	2	辛卯	12	3	辛酉	11	4	壬辰	10	5	壬戌	9	6	癸巳	8	7	癸亥
初四	1	3	壬辰	12	4	壬戌	11	5	癸巳	10	6	癸亥	9	7	甲午	8	8	甲子
初五	1	4	癸巳	12	5	癸亥	11	6	甲午	10	7	甲子	9	8	乙未	8	9	乙丑
初六	1	5	甲午	12	6	甲子	11	7	乙未	10	8	乙丑	9	9	丙申	8	10	丙寅
初七	1	6	乙未	12	7	乙丑	11	8	丙申	10	9	丙寅	9	10	丁酉	8	11	丁卯
初八	1	7	丙申	12	8	丙寅	11	9	丁酉	10	10	丁卯	9	11	戊戌	8	12	戊辰
初九	1	8	丁酉	12	9	丁卯	11	10	戊戌	10	11	戊辰	9	12	己亥	8	13	己巳
初十	1	9	戊戌	12	10	戊辰	11	11	己亥	10	12	己巳	9	13	庚子	8	14	庚午
十一	1	10	己亥	12	11	己巳	11	12	庚子	10	13	庚午	9	14	辛丑	8	15	辛未
十二	1	11	庚子	12	12	庚午	11	13	辛丑	10	14	辛未	9	15	壬寅	8	16	壬申
十三	1	12	辛丑	12	13	辛未	11	14	壬寅	10	15	壬申	9	16	癸卯	8	17	癸酉
十四	1	13	壬寅	12	14	壬申	11	15	癸卯	10	16	癸酉	9	17	甲辰	8	18	甲戌
十五	1	14	癸卯	12	15	癸酉	11	16	甲辰	10	17	甲戌	9	18	乙巳	8	19	乙亥
十六	1	15	甲辰	12	16	甲戌	11	17	乙巳	10	18	乙亥	9	19	丙午	8	20	丙子
十七	1	16	乙巳	12	17	乙亥	11	18	丙午	10	19	丙子	9	20	丁未	8	21	丁丑
十八	1	17	丙午	12	18	丙子	11	19	丁未	10	20	丁丑	9	21	戊申	8	22	戊寅
十九	1	18	丁未	12	19	丁丑	11	20	戊申	10	21	戊寅	9	22	己酉	8	23	己卯
二十	1	19	戊申	12	20	戊寅	11	21	己酉	10	22	己卯	9	23	庚戌	8	24	庚辰
廿一	1	20	己酉	12	21	己卯	11	22	庚戌	10	23	庚辰	9	24	辛亥	8	25	辛巳
廿二	1	21	庚戌	12	22	庚辰	11	23	辛亥	10	24	辛巳	9	25	壬子	8	26	壬午
廿三	1	22	辛亥	12	23	辛巳	11	24	壬子	10	25	壬午	9	26	癸丑	8	27	癸未
廿四	1	23	壬子	12	24	壬午	11	25	癸丑	10	26	癸未	9	27	甲寅	8	28	甲申
廿五	1	24	癸丑	12	25	癸未	11	26	甲寅	10	27	甲申	9	28	乙卯	8	29	乙酉
廿六	1	25	甲寅	12	26	甲申	11	27	乙卯	10	28	乙酉	9	29	丙辰	8	30	丙戌
廿七	1	26	乙卯	12	27	乙酉	11	28	丙辰	10	29	丙戌	9	30	丁巳	8	31	丁亥
廿八	1	27	丙辰	12	28	丙戌	11	29	丁巳	10	30	丁亥	10	1	戊午	9	1	戊子
廿九	1	28	丁巳	12	29	丁亥	11	30	戊午	10	31	戊子	10	2	己未	9	2	己丑
三十				12	30	戊子				11	1	己丑				9	3	庚寅

2006年【丙寅】

6月			5月			4月			3月			2月			正月			月別
乙未			甲午			癸巳			壬辰			辛卯			庚寅			月柱
九紫			一白			二黒			三碧			四緑			五黃			紫白
陽暦		日柱	陽暦		日柱	陽暦		日柱	陽暦		日柱	陽暦		日柱	陽暦		日柱	農暦
月	日		月	日		月	日		月	日		月	日		月	日		
6	26	丙戌	5	27	丙辰	4	28	丁亥	3	29	丁巳	2	28	戊子	1	29	戊午	初一
6	27	丁亥	5	28	丁巳	4	29	戊子	3	30	戊午	3	1	己丑	1	30	己未	初二
6	28	戊子	5	29	戊午	4	30	己丑	3	31	己未	3	2	庚寅	1	31	庚申	初三
6	29	己丑	5	30	己未	5	1	庚寅	4	1	庚申	3	3	辛卯	2	1	辛酉	初四
6	30	庚寅	5	31	庚申	5	2	辛卯	4	2	辛酉	3	4	壬辰	2	2	壬戌	初五
7	1	辛卯	6	1	辛酉	5	3	壬辰	4	3	壬戌	3	5	癸巳	2	3	癸亥	初六
7	2	壬辰	6	2	壬戌	5	4	癸巳	4	4	癸亥	3	6	甲午	2	4	甲子	初七
7	3	癸巳	6	3	癸亥	5	5	甲午	4	5	甲子	3	7	乙未	2	5	乙丑	初八
7	4	甲午	6	4	甲子	5	6	乙未	4	6	乙丑	3	8	丙申	2	6	丙寅	初九
7	5	乙未	6	5	乙丑	5	7	丙申	4	7	丙寅	3	9	丁酉	2	7	丁卯	初十
7	6	丙申	6	6	丙寅	5	8	丁酉	4	8	丁卯	3	10	戊戌	2	8	戊辰	十一
7	7	丁酉	6	7	丁卯	5	9	戊戌	4	9	戊辰	3	11	己亥	2	9	己巳	十二
7	8	戊戌	6	8	戊辰	5	10	己亥	4	10	己巳	3	12	庚子	2	10	庚午	十三
7	9	己亥	6	9	己巳	5	11	庚子	4	11	庚午	3	13	辛丑	2	11	辛未	十四
7	10	庚子	6	10	庚午	5	12	辛丑	4	12	辛未	3	14	壬寅	2	12	壬申	十五
7	11	辛丑	6	11	辛未	5	13	壬寅	4	13	壬申	3	15	癸卯	2	13	癸酉	十六
7	12	壬寅	6	12	壬申	5	14	癸卯	4	14	癸酉	3	16	甲辰	2	14	甲戌	十七
7	13	癸卯	6	13	癸酉	5	15	甲辰	4	15	甲戌	3	17	乙巳	2	15	乙亥	十八
7	14	甲辰	6	14	甲戌	5	16	乙巳	4	16	乙亥	3	18	丙午	2	16	丙子	十九
7	15	乙巳	6	15	乙亥	5	17	丙午	4	17	丙子	3	19	丁未	2	17	丁丑	二十
7	16	丙午	6	16	丙子	5	18	丁未	4	18	丁丑	3	20	戊申	2	18	戊寅	廿一
7	17	丁未	6	17	丁丑	5	19	戊申	4	19	戊寅	3	21	己酉	2	19	己卯	廿二
7	18	戊申	6	18	戊寅	5	20	己酉	4	20	己卯	3	22	庚戌	2	20	庚辰	廿三
7	19	己酉	6	19	己卯	5	21	庚戌	4	21	庚辰	3	23	辛亥	2	21	辛巳	廿四
7	20	庚戌	6	20	庚辰	5	22	辛亥	4	22	辛巳	3	24	壬子	2	22	壬午	廿五
7	21	辛亥	6	21	辛巳	5	23	壬子	4	23	壬午	3	25	癸丑	2	23	癸未	廿六
7	22	壬子	6	22	壬午	5	24	癸丑	4	24	癸未	3	26	甲寅	2	24	甲申	廿七
7	23	癸丑	6	23	癸未	5	25	甲寅	4	25	甲申	3	27	乙卯	2	25	乙酉	廿八
7	24	甲寅	6	24	甲申	5	26	乙卯	4	26	乙酉	3	28	丙辰	2	26	丙戌	廿九
			6	25	乙酉				4	27	丙戌				2	27	丁亥	三十

月別	12月			11月			10月			9月			8月			閏7月			7月		
月柱	辛丑			庚子			己亥			戊戌			丁酉						丙申		
紫白	三碧			四緑			五黄			六白			七赤						八白		
農暦	陽暦		日柱	陽暦		日柱	陽暦		日柱	陽暦		日柱	陽暦		日柱	陽暦		日柱	陽暦		日柱
	月	日		月	日		月	日		月	日		月	日		月	日		月	日	
初一	1	19	癸丑	12	20	癸未	11	21	甲寅	10	22	甲申	9	22	甲寅	8	24	乙酉	7	25	乙卯
初二	1	20	甲寅	12	21	甲申	11	22	乙卯	10	23	乙酉	9	23	乙卯	8	25	丙戌	7	26	丙辰
初三	1	21	乙卯	12	22	乙酉	11	23	丙辰	10	24	丙戌	9	24	丙辰	8	26	丁亥	7	27	丁巳
初四	1	22	丙辰	12	23	丙戌	11	24	丁巳	10	25	丁亥	9	25	丁巳	8	27	戊子	7	28	戊午
初五	1	23	丁巳	12	24	丁亥	11	25	戊午	10	26	戊子	9	26	戊午	8	28	己丑	7	29	己未
初六	1	24	戊午	12	25	戊子	11	26	己未	10	27	己丑	9	27	己未	8	29	庚寅	7	30	庚申
初七	1	25	己未	12	26	己丑	11	27	庚申	10	28	庚寅	9	28	庚申	8	30	辛卯	7	31	辛酉
初八	1	26	庚申	12	27	庚寅	11	28	辛酉	10	29	辛卯	9	29	辛酉	8	31	壬辰	8	1	壬戌
初九	1	27	辛酉	12	28	辛卯	11	29	壬戌	10	30	壬辰	9	30	壬戌	9	1	癸巳	8	2	癸亥
初十	1	28	壬戌	12	29	壬辰	11	30	癸亥	10	31	癸巳	10	1	癸亥	9	2	甲午	8	3	甲子
十一	1	29	癸亥	12	30	癸巳	12	1	甲子	11	1	甲午	10	2	甲子	9	3	乙未	8	4	乙丑
十二	1	30	甲子	12	31	甲午	12	2	乙丑	11	2	乙未	10	3	乙丑	9	4	丙申	8	5	丙寅
十三	1	31	乙丑	1	1	乙未	12	3	丙寅	11	3	丙申	10	4	丙寅	9	5	丁酉	8	6	丁卯
十四	2	1	丙寅	1	2	丙申	12	4	丁卯	11	4	丁酉	10	5	丁卯	9	6	戊戌	8	7	戊辰
十五	2	2	丁卯	1	3	丁酉	12	5	戊辰	11	5	戊戌	10	6	戊辰	9	7	己亥	8	8	己巳
十六	2	3	戊辰	1	4	戊戌	12	6	己巳	11	6	己亥	10	7	己巳	9	8	庚子	8	9	庚午
十七	2	4	己巳	1	5	己亥	12	7	庚午	11	7	庚子	10	8	庚午	9	9	辛丑	8	10	辛未
十八	2	5	庚午	1	6	庚子	12	8	辛未	11	8	辛丑	10	9	辛未	9	10	壬寅	8	11	壬申
十九	2	6	辛未	1	7	辛丑	12	9	壬申	11	9	壬寅	10	10	壬申	9	11	癸卯	8	12	癸酉
二十	2	7	壬申	1	8	壬寅	12	10	癸酉	11	10	癸卯	10	11	癸酉	9	12	甲辰	8	13	甲戌
廿一	2	8	癸酉	1	9	癸卯	12	11	甲戌	11	11	甲辰	10	12	甲戌	9	13	乙巳	8	14	乙亥
廿二	2	9	甲戌	1	10	甲辰	12	12	乙亥	11	12	乙巳	10	13	乙亥	9	14	丙午	8	15	丙子
廿三	2	10	乙亥	1	11	乙巳	12	13	丙子	11	13	丙午	10	14	丙子	9	15	丁未	8	16	丁丑
廿四	2	11	丙子	1	12	丙午	12	14	丁丑	11	14	丁未	10	15	丁丑	9	16	戊申	8	17	戊寅
廿五	2	12	丁丑	1	13	丁未	12	15	戊寅	11	15	戊申	10	16	戊寅	9	17	己酉	8	18	己卯
廿六	2	13	戊寅	1	14	戊申	12	16	己卯	11	16	己酉	10	17	己卯	9	18	庚戌	8	19	庚辰
廿七	2	14	己卯	1	15	己酉	12	17	庚辰	11	17	庚戌	10	18	庚辰	9	19	辛亥	8	20	辛巳
廿八	2	15	庚辰	1	16	庚戌	12	18	辛巳	11	18	辛亥	10	19	辛巳	9	20	壬子	8	21	壬午
廿九	2	16	辛巳	1	17	辛亥	12	19	壬午	11	19	壬子	10	20	壬午	9	21	癸丑	8	22	癸未
三十	2	17	壬午	1	18	壬子				11	20	癸丑	10	21	癸未				8	23	甲申

2007年【丁亥】

6月			5月			4月			3月			2月			正月			月別
丁未			丙午			乙巳			甲辰			癸卯			壬寅			月柱
六白			七赤			八白			九紫			一白			二黒			紫白
陽暦		日柱	陽暦		日柱	陽暦		日柱	陽暦		日柱	陽暦		日柱	陽暦		日柱	農暦
月	日		月	日		月	日		月	日		月	日		月	日		
7	14	己酉	6	15	庚辰	5	17	辛亥	4	17	辛巳	3	19	壬子	2	18	癸未	初一
7	15	庚戌	6	16	辛巳	5	18	壬子	4	18	壬午	3	20	癸丑	2	19	甲申	初二
7	16	辛亥	6	17	壬午	5	19	癸丑	4	19	癸未	3	21	甲寅	2	20	乙酉	初三
7	17	壬子	6	18	癸未	5	20	甲寅	4	20	甲申	3	22	乙卯	2	21	丙戌	初四
7	18	癸丑	6	19	甲申	5	21	乙卯	4	21	乙酉	3	23	丙辰	2	22	丁亥	初五
7	19	甲寅	6	20	乙酉	5	22	丙辰	4	22	丙戌	3	24	丁巳	2	23	戊子	初六
7	20	乙卯	6	21	丙戌	5	23	丁巳	4	23	丁亥	3	25	戊午	2	24	己丑	初七
7	21	丙辰	6	22	丁亥	5	24	戊午	4	24	戊子	3	26	己未	2	25	庚寅	初八
7	22	丁巳	6	23	戊子	5	25	己未	4	25	己丑	3	27	庚申	2	26	辛卯	初九
7	23	戊午	6	24	己丑	5	26	庚申	4	26	庚寅	3	28	辛酉	2	27	壬辰	初十
7	24	己未	6	25	庚寅	5	27	辛酉	4	27	辛卯	3	29	壬戌	2	28	癸巳	十一
7	25	庚申	6	26	辛卯	5	28	壬戌	4	28	壬辰	3	30	癸亥	3	1	甲午	十二
7	26	辛酉	6	27	壬辰	5	29	癸亥	4	29	癸巳	3	31	甲子	3	2	乙未	十三
7	27	壬戌	6	28	癸巳	5	30	甲子	4	30	甲午	4	1	乙丑	3	3	丙申	十四
7	28	癸亥	6	29	甲午	5	31	乙丑	5	1	乙未	4	2	丙寅	3	4	丁酉	十五
7	29	甲子	6	30	乙未	6	1	丙寅	5	2	丙申	4	3	丁卯	3	5	戊戌	十六
7	30	乙丑	7	1	丙申	6	2	丁卯	5	3	丁酉	4	4	戊辰	3	6	己亥	十七
7	31	丙寅	7	2	丁酉	6	3	戊辰	5	4	戊戌	4	5	己巳	3	7	庚子	十八
8	1	丁卯	7	3	戊戌	6	4	己巳	5	5	己亥	4	6	庚午	3	8	辛丑	十九
8	2	戊辰	7	4	己亥	6	5	庚午	5	6	庚子	4	7	辛未	3	9	壬寅	二十
8	3	己巳	7	5	庚子	6	6	辛未	5	7	辛丑	4	8	壬申	3	10	癸卯	廿一
8	4	庚午	7	6	辛丑	6	7	壬申	5	8	壬寅	4	9	癸酉	3	11	甲辰	廿二
8	5	辛未	7	7	壬寅	6	8	癸酉	5	9	癸卯	4	10	甲戌	3	12	乙巳	廿三
8	6	壬申	7	8	癸卯	6	9	甲戌	5	10	甲辰	4	11	乙亥	3	13	丙午	廿四
8	7	癸酉	7	9	甲辰	6	10	乙亥	5	11	乙巳	4	12	丙子	3	14	丁未	廿五
8	8	甲戌	7	10	乙巳	6	11	丙子	5	12	丙午	4	13	丁丑	3	15	戊申	廿六
8	9	乙亥	7	11	丙午	6	12	丁丑	5	13	丁未	4	14	戊寅	3	16	己酉	廿七
8	10	丙子	7	12	丁未	6	13	戊寅	5	14	戊申	4	15	己卯	3	17	庚戌	廿八
8	11	丁丑	7	13	戊申	6	14	己卯	5	15	己酉	4	16	庚辰	3	18	辛亥	廿九
8	12	戊寅							5	16	庚戌							三十

月別	12月			11月			10月			9月			8月			7月		
月柱	癸丑			壬子			辛亥			庚戌			己酉			戊申		
紫白	九紫			一白			二黒			三碧			四緑			五黄		
農暦	陽暦		日柱	陽暦		日柱	陽暦		日柱	陽暦		日柱	陽暦		日柱	陽暦		日柱
	月	日		月	日		月	日		月	日		月	日		月	日	
初一	1	8	丁未	12	10	戊寅	11	10	戊申	10	11	戊寅	9	11	戊申	8	13	己卯
初二	1	9	戊申	12	11	己卯	11	11	己酉	10	12	己卯	9	12	己酉	8	14	庚辰
初三	1	10	己酉	12	12	庚辰	11	12	庚戌	10	13	庚辰	9	13	庚戌	8	15	辛巳
初四	1	11	庚戌	12	13	辛巳	11	13	辛亥	10	14	辛巳	9	14	辛亥	8	16	壬午
初五	1	12	辛亥	12	14	壬午	11	14	壬子	10	15	壬午	9	15	壬子	8	17	癸未
初六	1	13	壬子	12	15	癸未	11	15	癸丑	10	16	癸未	9	16	癸丑	8	18	甲申
初七	1	14	癸丑	12	16	甲申	11	16	甲寅	10	17	甲申	9	17	甲寅	8	19	乙酉
初八	1	15	甲寅	12	17	乙酉	11	17	乙卯	10	18	乙酉	9	18	乙卯	8	20	丙戌
初九	1	16	乙卯	12	18	丙戌	11	18	丙辰	10	19	丙戌	9	19	丙辰	8	21	丁亥
初十	1	17	丙辰	12	19	丁亥	11	19	丁巳	10	20	丁亥	9	20	丁巳	8	22	戊子
十一	1	18	丁巳	12	20	戊子	11	20	戊午	10	21	戊子	9	21	戊午	8	23	己丑
十二	1	19	戊午	12	21	己丑	11	21	己未	10	22	己丑	9	22	己未	8	24	庚寅
十三	1	20	己未	12	22	庚寅	11	22	庚申	10	23	庚寅	9	23	庚申	8	25	辛卯
十四	1	21	庚申	12	23	辛卯	11	23	辛酉	10	24	辛卯	9	24	辛酉	8	26	壬辰
十五	1	22	辛酉	12	24	壬辰	11	24	壬戌	10	25	壬辰	9	25	壬戌	8	27	癸巳
十六	1	23	壬戌	12	25	癸巳	11	25	癸亥	10	26	癸巳	9	26	癸亥	8	28	甲午
十七	1	24	癸亥	12	26	甲午	11	26	甲子	10	27	甲午	9	27	甲子	8	29	乙未
十八	1	25	甲子	12	27	乙未	11	27	乙丑	10	28	乙未	9	28	乙丑	8	30	丙申
十九	1	26	乙丑	12	28	丙申	11	28	丙寅	10	29	丙申	9	29	丙寅	8	31	丁酉
二十	1	27	丙寅	12	29	丁酉	11	29	丁卯	10	30	丁酉	9	30	丁卯	9	1	戊戌
廿一	1	28	丁卯	12	30	戊戌	11	30	戊辰	10	31	戊戌	10	1	戊辰	9	2	己亥
廿二	1	29	戊辰	12	31	己亥	12	1	己巳	11	1	己亥	10	2	己巳	9	3	庚子
廿三	1	30	己巳	1	1	庚子	12	2	庚午	11	2	庚子	10	3	庚午	9	4	辛丑
廿四	1	31	庚午	1	2	辛丑	12	3	辛未	11	3	辛丑	10	4	辛未	9	5	壬寅
廿五	2	1	辛未	1	3	壬寅	12	4	壬申	11	4	壬寅	10	5	壬申	9	6	癸卯
廿六	2	2	壬申	1	4	癸卯	12	5	癸酉	11	5	癸卯	10	6	癸酉	9	7	甲辰
廿七	2	3	癸酉	1	5	甲辰	12	6	甲戌	11	6	甲辰	10	7	甲戌	9	8	乙巳
廿八	2	4	甲戌	1	6	乙巳	12	7	乙亥	11	7	乙巳	10	8	乙亥	9	9	丙午
廿九	2	5	乙亥	1	7	丙午	12	8	丙子	11	8	丙午	10	9	丙子	9	10	丁未
三十	2	6	丙子				12	9	丁丑	11	9	丁未	10	10	丁丑			

2008年【戊子】

6月			5月			4月			3月			2月			正月			月別
己未			戊午			丁巳			丙辰			乙卯			甲寅			月柱
三碧			四緑			五黄			六白			七赤			八白			紫白
陽暦		日柱	陽暦		日柱	陽暦		日柱	陽暦		日柱	陽暦		日柱	陽暦		日柱	農暦
月	日		月	日		月	日		月	日		月	日		月	日		
7	3	甲辰	6	4	乙亥	5	5	乙巳	4	6	丙子	3	8	丁未	2	7	丁丑	初一
7	4	乙巳	6	5	丙子	5	6	丙午	4	7	丁丑	3	9	戊申	2	8	戊寅	初二
7	5	丙午	6	6	丁丑	5	7	丁未	4	8	戊寅	3	10	己酉	2	9	己卯	初三
7	6	丁未	6	7	戊寅	5	8	戊申	4	9	己卯	3	11	庚戌	2	10	庚辰	初四
7	7	戊申	6	8	己卯	5	9	己酉	4	10	庚辰	3	12	辛亥	2	11	辛巳	初五
7	8	己酉	6	9	庚辰	5	10	庚戌	4	11	辛巳	3	13	壬子	2	12	壬午	初六
7	9	庚戌	6	10	辛巳	5	11	辛亥	4	12	壬午	3	14	癸丑	2	13	癸未	初七
7	10	辛亥	6	11	壬午	5	12	壬子	4	13	癸未	3	15	甲寅	2	14	甲申	初八
7	11	壬子	6	12	癸未	5	13	癸丑	4	14	甲申	3	16	乙卯	2	15	乙酉	初九
7	12	癸丑	6	13	甲申	5	14	甲寅	4	15	乙酉	3	17	丙辰	2	16	丙戌	初十
7	13	甲寅	6	14	乙酉	5	15	乙卯	4	16	丙戌	3	18	丁巳	2	17	丁亥	十一
7	14	乙卯	6	15	丙戌	5	16	丙辰	4	17	丁亥	3	19	戊午	2	18	戊子	十二
7	15	丙辰	6	16	丁亥	5	17	丁巳	4	18	戊子	3	20	己未	2	19	己丑	十三
7	16	丁巳	6	17	戊子	5	18	戊午	4	19	己丑	3	21	庚申	2	20	庚寅	十四
7	17	戊午	6	18	己丑	5	19	己未	4	20	庚寅	3	22	辛酉	2	21	辛卯	十五
7	18	己未	6	19	庚寅	5	20	庚申	4	21	辛卯	3	23	壬戌	2	22	壬辰	十六
7	19	庚申	6	20	辛卯	5	21	辛酉	4	22	壬辰	3	24	癸亥	2	23	癸巳	十七
7	20	辛酉	6	21	壬辰	5	22	壬戌	4	23	癸巳	3	25	甲子	2	24	甲午	十八
7	21	壬戌	6	22	癸巳	5	23	癸亥	4	24	甲午	3	26	乙丑	2	25	乙未	十九
7	22	癸亥	6	23	甲午	5	24	甲子	4	25	乙未	3	27	丙寅	2	26	丙申	二十
7	23	甲子	6	24	乙未	5	25	乙丑	4	26	丙申	3	28	丁卯	2	27	丁酉	廿一
7	24	乙丑	6	25	丙申	5	26	丙寅	4	27	丁酉	3	29	戊辰	2	28	戊戌	廿二
7	25	丙寅	6	26	丁酉	5	27	丁卯	4	28	戊戌	3	30	己巳	2	29	己亥	廿三
7	26	丁卯	6	27	戊戌	5	28	戊辰	4	29	己亥	3	31	庚午	3	1	庚子	廿四
7	27	戊辰	6	28	己亥	5	29	己巳	4	30	庚子	4	1	辛未	3	2	辛丑	廿五
7	28	己巳	6	29	庚子	5	30	庚午	5	1	辛丑	4	2	壬申	3	3	壬寅	廿六
7	29	庚午	6	30	辛丑	5	31	辛未	5	2	壬寅	4	3	癸酉	3	4	癸卯	廿七
7	30	辛未	7	1	壬寅	6	1	壬申	5	3	癸卯	4	4	甲戌	3	5	甲辰	廿八
7	31	壬申	7	2	癸卯	6	2	癸酉	5	4	甲辰	4	5	乙亥	3	6	乙巳	廿九
						6	3	甲戌							3	7	丙午	三十

月別	12月			11月			10月			9月			8月			7月		
月柱	乙丑			甲子			癸亥			壬戌			辛酉			庚申		
紫白	六白			七赤			八白			九紫			一白			二黒		
農暦	陽暦		日柱	陽暦		日柱	陽暦		日柱	陽暦		日柱	陽暦		日柱	陽暦		日柱
	月	日		月	日		月	日		月	日		月	日		月	日	
初一	12	27	辛丑	11	28	壬申	10	29	壬寅	9	29	壬申	8	31	癸卯	8	1	癸酉
初二	12	28	壬寅	11	29	癸酉	10	30	癸卯	9	30	癸酉	9	1	甲辰	8	2	甲戌
初三	12	29	癸卯	11	30	甲戌	10	31	甲辰	10	1	甲戌	9	2	乙巳	8	3	乙亥
初四	12	30	甲辰	12	1	乙亥	11	1	乙巳	10	2	乙亥	9	3	丙午	8	4	丙子
初五	12	31	乙巳	12	2	丙子	11	2	丙午	10	3	丙子	9	4	丁未	8	5	丁丑
初六	1	1	丙午	12	3	丁丑	11	3	丁未	10	4	丁丑	9	5	戊申	8	6	戊寅
初七	1	2	丁未	12	4	戊寅	11	4	戊申	10	5	戊寅	9	6	己酉	8	7	己卯
初八	1	3	戊申	12	5	己卯	11	5	己酉	10	6	己卯	9	7	庚戌	8	8	庚辰
初九	1	4	己酉	12	6	庚辰	11	6	庚戌	10	7	庚辰	9	8	辛亥	8	9	辛巳
初十	1	5	庚戌	12	7	辛巳	11	7	辛亥	10	8	辛巳	9	9	壬子	8	10	壬午
十一	1	6	辛亥	12	8	壬午	11	8	壬子	10	9	壬午	9	10	癸丑	8	11	癸未
十二	1	7	壬子	12	9	癸未	11	9	癸丑	10	10	癸未	9	11	甲寅	8	12	甲申
十三	1	8	癸丑	12	10	甲申	11	10	甲寅	10	11	甲申	9	12	乙卯	8	13	乙酉
十四	1	9	甲寅	12	11	乙酉	11	11	乙卯	10	12	乙酉	9	13	丙辰	8	14	丙戌
十五	1	10	乙卯	12	12	丙戌	11	12	丙辰	10	13	丙戌	9	14	丁巳	8	15	丁亥
十六	1	11	丙辰	12	13	丁亥	11	13	丁巳	10	14	丁亥	9	15	戊午	8	16	戊子
十七	1	12	丁巳	12	14	戊子	11	14	戊午	10	15	戊子	9	16	己未	8	17	己丑
十八	1	13	戊午	12	15	己丑	11	15	己未	10	16	己丑	9	17	庚申	8	18	庚寅
十九	1	14	己未	12	16	庚寅	11	16	庚申	10	17	庚寅	9	18	辛酉	8	19	辛卯
二十	1	15	庚申	12	17	辛卯	11	17	辛酉	10	18	辛卯	9	19	壬戌	8	20	壬辰
廿一	1	16	辛酉	12	18	壬辰	11	18	壬戌	10	19	壬辰	9	20	癸亥	8	21	癸巳
廿二	1	17	壬戌	12	19	癸巳	11	19	癸亥	10	20	癸巳	9	21	甲子	8	22	甲午
廿三	1	18	癸亥	12	20	甲午	11	20	甲子	10	21	甲午	9	22	乙丑	8	23	乙未
廿四	1	19	甲子	12	21	乙未	11	21	乙丑	10	22	乙未	9	23	丙寅	8	24	丙申
廿五	1	20	乙丑	12	22	丙申	11	22	丙寅	10	23	丙申	9	24	丁卯	8	25	丁酉
廿六	1	21	丙寅	12	23	丁酉	11	23	丁卯	10	24	丁酉	9	25	戊辰	8	26	戊戌
廿七	1	22	丁卯	12	24	戊戌	11	24	戊辰	10	25	戊戌	9	26	己巳	8	27	己亥
廿八	1	23	戊辰	12	25	己亥	11	25	己巳	10	26	己亥	9	27	庚午	8	28	庚子
廿九	1	24	己巳	12	26	庚子	11	26	庚午	10	27	庚子	9	28	辛未	8	29	辛丑
三十	1	25	庚午				11	27	辛未	10	28	辛丑				8	30	壬寅

2009年【己丑】

6月			閏5月			5月			4月			3月			2月			正月			月別
辛未						庚午			己巳			戊辰			丁卯			丙寅			月柱
九紫						一白			二黒			三碧			四緑			五黄			紫白
陽暦		日柱	陽暦		日柱	陽暦		日柱	陽暦		日柱	陽暦		日柱	陽暦		日柱	陽暦		日柱	農暦
月	日		月	日		月	日		月	日		月	日		月	日		月	日		
7	22	戊辰	6	23	己亥	5	24	己巳	4	25	庚子	3	27	辛未	2	25	辛丑	1	26	辛未	初一
7	23	己巳	6	24	庚子	5	25	庚午	4	26	辛丑	3	28	壬申	2	26	壬寅	1	27	壬申	初二
7	24	庚午	6	25	辛丑	5	26	辛未	4	27	壬寅	3	29	癸酉	2	27	癸卯	1	28	癸酉	初三
7	25	辛未	6	26	壬寅	5	27	壬申	4	28	癸卯	3	30	甲戌	2	28	甲辰	1	29	甲戌	初四
7	26	壬申	6	27	癸卯	5	28	癸酉	4	29	甲辰	3	31	乙亥	3	1	乙巳	1	30	乙亥	初五
7	27	癸酉	6	28	甲辰	5	29	甲戌	4	30	乙巳	4	1	丙子	3	2	丙午	1	31	丙子	初六
7	28	甲戌	6	29	乙巳	5	30	乙亥	5	1	丙午	4	2	丁丑	3	3	丁未	2	1	丁丑	初七
7	29	乙亥	6	30	丙午	5	31	丙子	5	2	丁未	4	3	戊寅	3	4	戊申	2	2	戊寅	初八
7	30	丙子	7	1	丁未	6	1	丁丑	5	3	戊申	4	4	己卯	3	5	己酉	2	3	己卯	初九
7	31	丁丑	7	2	戊申	6	2	戊寅	5	4	己酉	4	5	庚辰	3	6	庚戌	2	4	庚辰	初十
8	1	戊寅	7	3	己酉	6	3	己卯	5	5	庚戌	4	6	辛巳	3	7	辛亥	2	5	辛巳	十一
8	2	己卯	7	4	庚戌	6	4	庚辰	5	6	辛亥	4	7	壬午	3	8	壬子	2	6	壬午	十二
8	3	庚辰	7	5	辛亥	6	5	辛巳	5	7	壬子	4	8	癸未	3	9	癸丑	2	7	癸未	十三
8	4	辛巳	7	6	壬子	6	6	壬午	5	8	癸丑	4	9	甲申	3	10	甲寅	2	8	甲申	十四
8	5	壬午	7	7	癸丑	6	7	癸未	5	9	甲寅	4	10	乙酉	3	11	乙卯	2	9	乙酉	十五
8	6	癸未	7	8	甲寅	6	8	甲申	5	10	乙卯	4	11	丙戌	3	12	丙辰	2	10	丙戌	十六
8	7	甲申	7	9	乙卯	6	9	乙酉	5	11	丙辰	4	12	丁亥	3	13	丁巳	2	11	丁亥	十七
8	8	乙酉	7	10	丙辰	6	10	丙戌	5	12	丁巳	4	13	戊子	3	14	戊午	2	12	戊子	十八
8	9	丙戌	7	11	丁巳	6	11	丁亥	5	13	戊午	4	14	己丑	3	15	己未	2	13	己丑	十九
8	10	丁亥	7	12	戊午	6	12	戊子	5	14	己未	4	15	庚寅	3	16	庚申	2	14	庚寅	二十
8	11	戊子	7	13	己未	6	13	己丑	5	15	庚申	4	16	辛卯	3	17	辛酉	2	15	辛卯	廿一
8	12	己丑	7	14	庚申	6	14	庚寅	5	16	辛酉	4	17	壬辰	3	18	壬戌	2	16	壬辰	廿二
8	13	庚寅	7	15	辛酉	6	15	辛卯	5	17	壬戌	4	18	癸巳	3	19	癸亥	2	17	癸巳	廿三
8	14	辛卯	7	16	壬戌	6	16	壬辰	5	18	癸亥	4	19	甲午	3	20	甲子	2	18	甲午	廿四
8	15	壬辰	7	17	癸亥	6	17	癸巳	5	19	甲子	4	20	乙未	3	21	乙丑	2	19	乙未	廿五
8	16	癸巳	7	18	甲子	6	18	甲午	5	20	乙丑	4	21	丙申	3	22	丙寅	2	20	丙申	廿六
8	17	甲午	7	19	乙丑	6	19	乙未	5	21	丙寅	4	22	丁酉	3	23	丁卯	2	21	丁酉	廿七
8	18	乙未	7	20	丙寅	6	20	丙申	5	22	丁卯	4	23	戊戌	3	24	戊辰	2	22	戊戌	廿八
8	19	丙申	7	21	丁卯	6	21	丁酉	5	23	戊辰	4	24	己亥	3	25	己巳	2	23	己亥	廿九
						6	22	戊戌							3	26	庚午	2	24	庚子	三十

月別	12月			11月			10月			9月			8月			7月		
月柱	丁丑			丙子			乙亥			甲戌			癸酉			壬申		
紫白	三碧			四緑			五黄			六白			七赤			八白		
農暦	陽暦		日柱	陽暦		日柱	陽暦		日柱	陽暦		日柱	陽暦		日柱	陽暦		日柱
	月	日		月	日		月	日		月	日		月	日		月	日	
初一	1	15	乙丑	12	16	乙未	11	17	丙寅	10	18	丙申	9	19	丁卯	8	20	丁酉
初二	1	16	丙寅	12	17	丙申	11	18	丁卯	10	19	丁酉	9	20	戊辰	8	21	戊戌
初三	1	17	丁卯	12	18	丁酉	11	19	戊辰	10	20	戊戌	9	21	己巳	8	22	己亥
初四	1	18	戊辰	12	19	戊戌	11	20	己巳	10	21	己亥	9	22	庚午	8	23	庚子
初五	1	19	己巳	12	20	己亥	11	21	庚午	10	22	庚子	9	23	辛未	8	24	辛丑
初六	1	20	庚午	12	21	庚子	11	22	辛未	10	23	辛丑	9	24	壬申	8	25	壬寅
初七	1	21	辛未	12	22	辛丑	11	23	壬申	10	24	壬寅	9	25	癸酉	8	26	癸卯
初八	1	22	壬申	12	23	壬寅	11	24	癸酉	10	25	癸卯	9	26	甲戌	8	27	甲辰
初九	1	23	癸酉	12	24	癸卯	11	25	甲戌	10	26	甲辰	9	27	乙亥	8	28	乙巳
初十	1	24	甲戌	12	25	甲辰	11	26	乙亥	10	27	乙巳	9	28	丙子	8	29	丙午
十一	1	25	乙亥	12	26	乙巳	11	27	丙子	10	28	丙午	9	29	丁丑	8	30	丁未
十二	1	26	丙子	12	27	丙午	11	28	丁丑	10	29	丁未	9	30	戊寅	8	31	戊申
十三	1	27	丁丑	12	28	丁未	11	29	戊寅	10	30	戊申	10	1	己卯	9	1	己酉
十四	1	28	戊寅	12	29	戊申	11	30	己卯	10	31	己酉	10	2	庚辰	9	2	庚戌
十五	1	29	己卯	12	30	己酉	12	1	庚辰	11	1	庚戌	10	3	辛巳	9	3	辛亥
十六	1	30	庚辰	12	31	庚戌	12	2	辛巳	11	2	辛亥	10	4	壬午	9	4	壬子
十七	1	31	辛巳	1	1	辛亥	12	3	壬午	11	3	壬子	10	5	癸未	9	5	癸丑
十八	2	1	壬午	1	2	壬子	12	4	癸未	11	4	癸丑	10	6	甲申	9	6	甲寅
十九	2	2	癸未	1	3	癸丑	12	5	甲申	11	5	甲寅	10	7	乙酉	9	7	乙卯
二十	2	3	甲申	1	4	甲寅	12	6	乙酉	11	6	乙卯	10	8	丙戌	9	8	丙辰
廿一	2	4	乙酉	1	5	乙卯	12	7	丙戌	11	7	丙辰	10	9	丁亥	9	9	丁巳
廿二	2	5	丙戌	1	6	丙辰	12	8	丁亥	11	8	丁巳	10	10	戊子	9	10	戊午
廿三	2	6	丁亥	1	7	丁巳	12	9	戊子	11	9	戊午	10	11	己丑	9	11	己未
廿四	2	7	戊子	1	8	戊午	12	10	己丑	11	10	己未	10	12	庚寅	9	12	庚申
廿五	2	8	己丑	1	9	己未	12	11	庚寅	11	11	庚申	10	13	辛卯	9	13	辛酉
廿六	2	9	庚寅	1	10	庚申	12	12	辛卯	11	12	辛酉	10	14	壬辰	9	14	壬戌
廿七	2	10	辛卯	1	11	辛酉	12	13	壬辰	11	13	壬戌	10	15	癸巳	9	15	癸亥
廿八	2	11	壬辰	1	12	壬戌	12	14	癸巳	11	14	癸亥	10	16	甲午	9	16	甲子
廿九	2	12	癸巳	1	13	癸亥	12	15	甲午	11	15	甲子	10	17	乙未	9	17	乙丑
三十	2	13	甲午	1	14	甲子				11	16	乙丑				9	18	丙寅

2010年【庚寅】

6月			5月			4月			3月			2月			正月			月別
癸未			壬午			辛巳			庚辰			己卯			戊寅			月柱
六白			七赤			八白			九紫			一白			二黒			紫白
陽暦		日柱	陽暦		日柱	陽暦		日柱	陽暦		日柱	陽暦		日柱	陽暦		日柱	農暦
月	日		月	日		月	日		月	日		月	日		月	日		
7	12	癸亥	6	12	癸巳	5	14	甲子	4	14	甲午	3	16	乙丑	2	14	乙未	初一
7	13	甲子	6	13	甲午	5	15	乙丑	4	15	乙未	3	17	丙寅	2	15	丙申	初二
7	14	乙丑	6	14	乙未	5	16	丙寅	4	16	丙申	3	18	丁卯	2	16	丁酉	初三
7	15	丙寅	6	15	丙申	5	17	丁卯	4	17	丁酉	3	19	戊辰	2	17	戊戌	初四
7	16	丁卯	6	16	丁酉	5	18	戊辰	4	18	戊戌	3	20	己巳	2	18	己亥	初五
7	17	戊辰	6	17	戊戌	5	19	己巳	4	19	己亥	3	21	庚午	2	19	庚子	初六
7	18	己巳	6	18	己亥	5	20	庚午	4	20	庚子	3	22	辛未	2	20	辛丑	初七
7	19	庚午	6	19	庚子	5	21	辛未	4	21	辛丑	3	23	壬申	2	21	壬寅	初八
7	20	辛未	6	20	辛丑	5	22	壬申	4	22	壬寅	3	24	癸酉	2	22	癸卯	初九
7	21	壬申	6	21	壬寅	5	23	癸酉	4	23	癸卯	3	25	甲戌	2	23	甲辰	初十
7	22	癸酉	6	22	癸卯	5	24	甲戌	4	24	甲辰	3	26	乙亥	2	24	乙巳	十一
7	23	甲戌	6	23	甲辰	5	25	乙亥	4	25	乙巳	3	27	丙子	2	25	丙午	十二
7	24	乙亥	6	24	乙巳	5	26	丙子	4	26	丙午	3	28	丁丑	2	26	丁未	十三
7	25	丙子	6	25	丙午	5	27	丁丑	4	27	丁未	3	29	戊寅	2	27	戊申	十四
7	26	丁丑	6	26	丁未	5	28	戊寅	4	28	戊申	3	30	己卯	2	28	己酉	十五
7	27	戊寅	6	27	戊申	5	29	己卯	4	29	己酉	3	31	庚辰	3	1	庚戌	十六
7	28	己卯	6	28	己酉	5	30	庚辰	4	30	庚戌	4	1	辛巳	3	2	辛亥	十七
7	29	庚辰	6	29	庚戌	5	31	辛巳	5	1	辛亥	4	2	壬午	3	3	壬子	十八
7	30	辛巳	6	30	辛亥	6	1	壬午	5	2	壬子	4	3	癸未	3	4	癸丑	十九
7	31	壬午	7	1	壬子	6	2	癸未	5	3	癸丑	4	4	甲申	3	5	甲寅	二十
8	1	癸未	7	2	癸丑	6	3	甲申	5	4	甲寅	4	5	乙酉	3	6	乙卯	廿一
8	2	甲申	7	3	甲寅	6	4	乙酉	5	5	乙卯	4	6	丙戌	3	7	丙辰	廿二
8	3	乙酉	7	4	乙卯	6	5	丙戌	5	6	丙辰	4	7	丁亥	3	8	丁巳	廿三
8	4	丙戌	7	5	丙辰	6	6	丁亥	5	7	丁巳	4	8	戊子	3	9	戊午	廿四
8	5	丁亥	7	6	丁巳	6	7	戊子	5	8	戊午	4	9	己丑	3	10	己未	廿五
8	6	戊子	7	7	戊午	6	8	己丑	5	9	己未	4	10	庚寅	3	11	庚申	廿六
8	7	己丑	7	8	己未	6	9	庚寅	5	10	庚申	4	11	辛卯	3	12	辛酉	廿七
8	8	庚寅	7	9	庚申	6	10	辛卯	5	11	辛酉	4	12	壬辰	3	13	壬戌	廿八
8	9	辛卯	7	10	辛酉	6	11	壬辰	5	12	壬戌	4	13	癸巳	3	14	癸亥	廿九
			7	11	壬戌				5	13	癸亥				3	15	甲子	三十

月別	12月			11月			10月			9月			8月			7月		
月柱	己丑			戊子			丁亥			丙戌			乙酉			甲申		
紫白	九紫			一白			二黒			三碧			四緑			五黄		
農暦	陽暦		日柱	陽暦		日柱	陽暦		日柱	陽暦		日柱	陽暦		日柱	陽暦		日柱
	月	日		月	日		月	日		月	日		月	日		月	日	
初一	1	4	己未	12	6	庚寅	11	6	庚申	10	8	辛卯	9	8	辛酉	8	10	壬辰
初二	1	5	庚申	12	7	辛卯	11	7	辛酉	10	9	壬辰	9	9	壬戌	8	11	癸巳
初三	1	6	辛酉	12	8	壬辰	11	8	壬戌	10	10	癸巳	9	10	癸亥	8	12	甲午
初四	1	7	壬戌	12	9	癸巳	11	9	癸亥	10	11	甲午	9	11	甲子	8	13	乙未
初五	1	8	癸亥	12	10	甲午	11	10	甲子	10	12	乙未	9	12	乙丑	8	14	丙申
初六	1	9	甲子	12	11	乙未	11	11	乙丑	10	13	丙申	9	13	丙寅	8	15	丁酉
初七	1	10	乙丑	12	12	丙申	11	12	丙寅	10	14	丁酉	9	14	丁卯	8	16	戊戌
初八	1	11	丙寅	12	13	丁酉	11	13	丁卯	10	15	戊戌	9	15	戊辰	8	17	己亥
初九	1	12	丁卯	12	14	戊戌	11	14	戊辰	10	16	己亥	9	16	己巳	8	18	庚子
初十	1	13	戊辰	12	15	己亥	11	15	己巳	10	17	庚子	9	17	庚午	8	19	辛丑
十一	1	14	己巳	12	16	庚子	11	16	庚午	10	18	辛丑	9	18	辛未	8	20	壬寅
十二	1	15	庚午	12	17	辛丑	11	17	辛未	10	19	壬寅	9	19	壬申	8	21	癸卯
十三	1	16	辛未	12	18	壬寅	11	18	壬申	10	20	癸卯	9	20	癸酉	8	22	甲辰
十四	1	17	壬申	12	19	癸卯	11	19	癸酉	10	21	甲辰	9	21	甲戌	8	23	乙巳
十五	1	18	癸酉	12	20	甲辰	11	20	甲戌	10	22	乙巳	9	22	乙亥	8	24	丙午
十六	1	19	甲戌	12	21	乙巳	11	21	乙亥	10	23	丙午	9	23	丙子	8	25	丁未
十七	1	20	乙亥	12	22	丙午	11	22	丙子	10	24	丁未	9	24	丁丑	8	26	戊申
十八	1	21	丙子	12	23	丁未	11	23	丁丑	10	25	戊申	9	25	戊寅	8	27	己酉
十九	1	22	丁丑	12	24	戊申	11	24	戊寅	10	26	己酉	9	26	己卯	8	28	庚戌
二十	1	23	戊寅	12	25	己酉	11	25	己卯	10	27	庚戌	9	27	庚辰	8	29	辛亥
廿一	1	24	己卯	12	26	庚戌	11	26	庚辰	10	28	辛亥	9	28	辛巳	8	30	壬子
廿二	1	25	庚辰	12	27	辛亥	11	27	辛巳	10	29	壬子	9	29	壬午	8	31	癸丑
廿三	1	26	辛巳	12	28	壬子	11	28	壬午	10	30	癸丑	9	30	癸未	9	1	甲寅
廿四	1	27	壬午	12	29	癸丑	11	29	癸未	10	31	甲寅	10	1	甲申	9	2	乙卯
廿五	1	28	癸未	12	30	甲寅	11	30	甲申	11	1	乙卯	10	2	乙酉	9	3	丙辰
廿六	1	29	甲申	12	31	乙卯	12	1	乙酉	11	2	丙辰	10	3	丙戌	9	4	丁巳
廿七	1	30	乙酉	1	1	丙辰	12	2	丙戌	11	3	丁巳	10	4	丁亥	9	5	戊午
廿八	1	31	丙戌	1	2	丁巳	12	3	丁亥	11	4	戊午	10	5	戊子	9	6	己未
廿九	2	1	丁亥	1	3	戊午	12	4	戊子	11	5	己未	10	6	己丑	9	7	庚申
三十	2	2	戊子				12	5	己丑				10	7	庚寅			

2011年【辛卯】

6月			5月			4月			3月			2月			正月			月別
乙未			甲午			癸巳			壬辰			辛卯			庚寅			月柱
三碧			四緑			五黄			六白			七赤			八白			紫白
陽暦		日柱	陽暦		日柱	陽暦		日柱	陽暦		日柱	陽暦		日柱	陽暦		日柱	農暦
月	日		月	日		月	日		月	日		月	日		月	日		
7	1	丁巳	6	2	戊子	5	3	戊午	4	3	戊子	3	5	己未	2	3	己丑	初一
7	2	戊午	6	3	己丑	5	4	己未	4	4	己丑	3	6	庚申	2	4	庚寅	初二
7	3	己未	6	4	庚寅	5	5	庚申	4	5	庚寅	3	7	辛酉	2	5	辛卯	初三
7	4	庚申	6	5	辛卯	5	6	辛酉	4	6	辛卯	3	8	壬戌	2	6	壬辰	初四
7	5	辛酉	6	6	壬辰	5	7	壬戌	4	7	壬辰	3	9	癸亥	2	7	癸巳	初五
7	6	壬戌	6	7	癸巳	5	8	癸亥	4	8	癸巳	3	10	甲子	2	8	甲午	初六
7	7	癸亥	6	8	甲午	5	9	甲子	4	9	甲午	3	11	乙丑	2	9	乙未	初七
7	8	甲子	6	9	乙未	5	10	乙丑	4	10	乙未	3	12	丙寅	2	10	丙申	初八
7	9	乙丑	6	10	丙申	5	11	丙寅	4	11	丙申	3	13	丁卯	2	11	丁酉	初九
7	10	丙寅	6	11	丁酉	5	12	丁卯	4	12	丁酉	3	14	戊辰	2	12	戊戌	初十
7	11	丁卯	6	12	戊戌	5	13	戊辰	4	13	戊戌	3	15	己巳	2	13	己亥	十一
7	12	戊辰	6	13	己亥	5	14	己巳	4	14	己亥	3	16	庚午	2	14	庚子	十二
7	13	己巳	6	14	庚子	5	15	庚午	4	15	庚子	3	17	辛未	2	15	辛丑	十三
7	14	庚午	6	15	辛丑	5	16	辛未	4	16	辛丑	3	18	壬申	2	16	壬寅	十四
7	15	辛未	6	16	壬寅	5	17	壬申	4	17	壬寅	3	19	癸酉	2	17	癸卯	十五
7	16	壬申	6	17	癸卯	5	18	癸酉	4	18	癸卯	3	20	甲戌	2	18	甲辰	十六
7	17	癸酉	6	18	甲辰	5	19	甲戌	4	19	甲辰	3	21	乙亥	2	19	乙巳	十七
7	18	甲戌	6	19	乙巳	5	20	乙亥	4	20	乙巳	3	22	丙子	2	20	丙午	十八
7	19	乙亥	6	20	丙午	5	21	丙子	4	21	丙午	3	23	丁丑	2	21	丁未	十九
7	20	丙子	6	21	丁未	5	22	丁丑	4	22	丁未	3	24	戊寅	2	22	戊申	二十
7	21	丁丑	6	22	戊申	5	23	戊寅	4	23	戊申	3	25	己卯	2	23	己酉	廿一
7	22	戊寅	6	23	己酉	5	24	己卯	4	24	己酉	3	26	庚辰	2	24	庚戌	廿二
7	23	己卯	6	24	庚戌	5	25	庚辰	4	25	庚戌	3	27	辛巳	2	25	辛亥	廿三
7	24	庚辰	6	25	辛亥	5	26	辛巳	4	26	辛亥	3	28	壬午	2	26	壬子	廿四
7	25	辛巳	6	26	壬子	5	27	壬午	4	27	壬子	3	29	癸未	2	27	癸丑	廿五
7	26	壬午	6	27	癸丑	5	28	癸未	4	28	癸丑	3	30	甲申	2	28	甲寅	廿六
7	27	癸未	6	28	甲寅	5	29	甲申	4	29	甲寅	3	31	乙酉	3	1	乙卯	廿七
7	28	甲申	6	29	乙卯	5	30	乙酉	4	30	乙卯	4	1	丙戌	3	2	丙辰	廿八
7	29	乙酉	6	30	丙辰	5	31	丙戌	5	1	丙辰	4	2	丁亥	3	3	丁巳	廿九
7	30	丙戌				6	1	丁亥	5	2	丁巳				3	4	戊午	三十

月別	12月			11月			10月			9月			8月			7月		
月柱	辛丑			庚子			己亥			戊戌			丁酉			丙申		
紫白	六白			七赤			八白			九紫			一白			二黑		
農暦	陽暦		日柱	陽暦		日柱	陽暦		日柱	陽暦		日柱	陽暦		日柱	陽暦		日柱
	月	日		月	日		月	日		月	日		月	日		月	日	
初一	12	25	甲寅	11	25	甲申	10	27	乙卯	9	27	乙酉	8	29	丙辰	7	31	丁亥
初二	12	26	乙卯	11	26	乙酉	10	28	丙辰	9	28	丙戌	8	30	丁巳	8	1	戊子
初三	12	27	丙辰	11	27	丙戌	10	29	丁巳	9	29	丁亥	8	31	戊午	8	2	己丑
初四	12	28	丁巳	11	28	丁亥	10	30	戊午	9	30	戊子	9	1	己未	8	3	庚寅
初五	12	29	戊午	11	29	戊子	10	31	己未	10	1	己丑	9	2	庚申	8	4	辛卯
初六	12	30	己未	11	30	己丑	11	1	庚申	10	2	庚寅	9	3	辛酉	8	5	壬辰
初七	12	31	庚申	12	1	庚寅	11	2	辛酉	10	3	辛卯	9	4	壬戌	8	6	癸巳
初八	1	1	辛酉	12	2	辛卯	11	3	壬戌	10	4	壬辰	9	5	癸亥	8	7	甲午
初九	1	2	壬戌	12	3	壬辰	11	4	癸亥	10	5	癸巳	9	6	甲子	8	8	乙未
初十	1	3	癸亥	12	4	癸巳	11	5	甲子	10	6	甲午	9	7	乙丑	8	9	丙申
十一	1	4	甲子	12	5	甲午	11	6	乙丑	10	7	乙未	9	8	丙寅	8	10	丁酉
十二	1	5	乙丑	12	6	乙未	11	7	丙寅	10	8	丙申	9	9	丁卯	8	11	戊戌
十三	1	6	丙寅	12	7	丙申	11	8	丁卯	10	9	丁酉	9	10	戊辰	8	12	己亥
十四	1	7	丁卯	12	8	丁酉	11	9	戊辰	10	10	戊戌	9	11	己巳	8	13	庚子
十五	1	8	戊辰	12	9	戊戌	11	10	己巳	10	11	己亥	9	12	庚午	8	14	辛丑
十六	1	9	己巳	12	10	己亥	11	11	庚午	10	12	庚子	9	13	辛未	8	15	壬寅
十七	1	10	庚午	12	11	庚子	11	12	辛未	10	13	辛丑	9	14	壬申	8	16	癸卯
十八	1	11	辛未	12	12	辛丑	11	13	壬申	10	14	壬寅	9	15	癸酉	8	17	甲辰
十九	1	12	壬申	12	13	壬寅	11	14	癸酉	10	15	癸卯	9	16	甲戌	8	18	乙巳
二十	1	13	癸酉	12	14	癸卯	11	15	甲戌	10	16	甲辰	9	17	乙亥	8	19	丙午
廿一	1	14	甲戌	12	15	甲辰	11	16	乙亥	10	17	乙巳	9	18	丙子	8	20	丁未
廿二	1	15	乙亥	12	16	乙巳	11	17	丙子	10	18	丙午	9	19	丁丑	8	21	戊申
廿三	1	16	丙子	12	17	丙午	11	18	丁丑	10	19	丁未	9	20	戊寅	8	22	己酉
廿四	1	17	丁丑	12	18	丁未	11	19	戊寅	10	20	戊申	9	21	己卯	8	23	庚戌
廿五	1	18	戊寅	12	19	戊申	11	20	己卯	10	21	己酉	9	22	庚辰	8	24	辛亥
廿六	1	19	己卯	12	20	己酉	11	21	庚辰	10	22	庚戌	9	23	辛巳	8	25	壬子
廿七	1	20	庚辰	12	21	庚戌	11	22	辛巳	10	23	辛亥	9	24	壬午	8	26	癸丑
廿八	1	21	辛巳	12	22	辛亥	11	23	壬午	10	24	壬子	9	25	癸未	8	27	甲寅
廿九	1	22	壬午	12	23	壬子	11	24	癸未	10	25	癸丑	9	26	甲申	8	28	乙卯
三十				12	24	癸丑				10	26	甲寅						

2012年【壬辰】

6月			5月			閏4月			4月			3月			2月			正月			月別
丁未			丙午						乙巳			甲辰			癸卯			壬寅			月柱
九紫			一白						二黒			三碧			四緑			五黄			紫白
陽暦		日柱	陽暦		日柱	陽暦		日柱	陽暦		日柱	陽暦		日柱	陽暦		日柱	陽暦		日柱	農暦
月	日		月	日		月	日		月	日		月	日		月	日		月	日		
7	19	辛巳	6	19	辛亥	5	21	壬午	4	21	壬子	3	22	壬午	2	22	癸丑	1	23	癸未	初一
7	20	壬午	6	20	壬子	5	22	癸未	4	22	癸丑	3	23	癸未	2	23	甲寅	1	24	甲申	初二
7	21	癸未	6	21	癸丑	5	23	甲申	4	23	甲寅	3	24	甲申	2	24	乙卯	1	25	乙酉	初三
7	22	甲申	6	22	甲寅	5	24	乙酉	4	24	乙卯	3	25	乙酉	2	25	丙辰	1	26	丙戌	初四
7	23	乙酉	6	23	乙卯	5	25	丙戌	4	25	丙辰	3	26	丙戌	2	26	丁巳	1	27	丁亥	初五
7	24	丙戌	6	24	丙辰	5	26	丁亥	4	26	丁巳	3	27	丁亥	2	27	戊午	1	28	戊子	初六
7	25	丁亥	6	25	丁巳	5	27	戊子	4	27	戊午	3	28	戊子	2	28	己未	1	29	己丑	初七
7	26	戊子	6	26	戊午	5	28	己丑	4	28	己未	3	29	己丑	2	29	庚申	1	30	庚寅	初八
7	27	己丑	6	27	己未	5	29	庚寅	4	29	庚申	3	30	庚寅	3	1	辛酉	1	31	辛卯	初九
7	28	庚寅	6	28	庚申	5	30	辛卯	4	30	辛酉	3	31	辛卯	3	2	壬戌	2	1	壬辰	初十
7	29	辛卯	6	29	辛酉	5	31	壬辰	5	1	壬戌	4	1	壬辰	3	3	癸亥	2	2	癸巳	十一
7	30	壬辰	6	30	壬戌	6	1	癸巳	5	2	癸亥	4	2	癸巳	3	4	甲子	2	3	甲午	十二
7	31	癸巳	7	1	癸亥	6	2	甲午	5	3	甲子	4	3	甲午	3	5	乙丑	2	4	乙未	十三
8	1	甲午	7	2	甲子	6	3	乙未	5	4	乙丑	4	4	乙未	3	6	丙寅	2	5	丙申	十四
8	2	乙未	7	3	乙丑	6	4	丙申	5	5	丙寅	4	5	丙申	3	7	丁卯	2	6	丁酉	十五
8	3	丙申	7	4	丙寅	6	5	丁酉	5	6	丁卯	4	6	丁酉	3	8	戊辰	2	7	戊戌	十六
8	4	丁酉	7	5	丁卯	6	6	戊戌	5	7	戊辰	4	7	戊戌	3	9	己巳	2	8	己亥	十七
8	5	戊戌	7	6	戊辰	6	7	己亥	5	8	己巳	4	8	己亥	3	10	庚午	2	9	庚子	十八
8	6	己亥	7	7	己巳	6	8	庚子	5	9	庚午	4	9	庚子	3	11	辛未	2	10	辛丑	十九
8	7	庚子	7	8	庚午	6	9	辛丑	5	10	辛未	4	10	辛丑	3	12	壬申	2	11	壬寅	二十
8	8	辛丑	7	9	辛未	6	10	壬寅	5	11	壬申	4	11	壬寅	3	13	癸酉	2	12	癸卯	廿一
8	9	壬寅	7	10	壬申	6	11	癸卯	5	12	癸酉	4	12	癸卯	3	14	甲戌	2	13	甲辰	廿二
8	10	癸卯	7	11	癸酉	6	12	甲辰	5	13	甲戌	4	13	甲辰	3	15	乙亥	2	14	乙巳	廿三
8	11	甲辰	7	12	甲戌	6	13	乙巳	5	14	乙亥	4	14	乙巳	3	16	丙子	2	15	丙午	廿四
8	12	乙巳	7	13	乙亥	6	14	丙午	5	15	丙子	4	15	丙午	3	17	丁丑	2	16	丁未	廿五
8	13	丙午	7	14	丙子	6	15	丁未	5	16	丁丑	4	16	丁未	3	18	戊寅	2	17	戊申	廿六
8	14	丁未	7	15	丁丑	6	16	戊申	5	17	戊寅	4	17	戊申	3	19	己卯	2	18	己酉	廿七
8	15	戊申	7	16	戊寅	6	17	己酉	5	18	己卯	4	18	己酉	3	20	庚辰	2	19	庚戌	廿八
8	16	己酉	7	17	己卯	6	18	庚戌	5	19	庚辰	4	19	庚戌	3	21	辛巳	2	20	辛亥	廿九
			7	18	庚辰				5	20	辛巳	4	20	辛亥				2	21	壬子	三十

月別	12月			11月			10月			9月			8月			7月		
月柱	癸丑			壬子			辛亥			庚戌			己酉			戊申		
紫白	三碧			四緑			五黄			六白			七赤			八白		
農暦	陽暦		日柱	陽暦		日柱	陽暦		日柱	陽暦		日柱	陽暦		日柱	陽暦		日柱
	月	日		月	日		月	日		月	日		月	日		月	日	
初一	1	12	戊寅	12	13	戊申	11	14	己卯	10	15	己酉	9	16	庚辰	8	17	庚戌
初二	1	13	己卯	12	14	己酉	11	15	庚辰	10	16	庚戌	9	17	辛巳	8	18	辛亥
初三	1	14	庚辰	12	15	庚戌	11	16	辛巳	10	17	辛亥	9	18	壬午	8	19	壬子
初四	1	15	辛巳	12	16	辛亥	11	17	壬午	10	18	壬子	9	19	癸未	8	20	癸丑
初五	1	16	壬午	12	17	壬子	11	18	癸未	10	19	癸丑	9	20	甲申	8	21	甲寅
初六	1	17	癸未	12	18	癸丑	11	19	甲申	10	20	甲寅	9	21	乙酉	8	22	乙卯
初七	1	18	甲申	12	19	甲寅	11	20	乙酉	10	21	乙卯	9	22	丙戌	8	23	丙辰
初八	1	19	乙酉	12	20	乙卯	11	21	丙戌	10	22	丙辰	9	23	丁亥	8	24	丁巳
初九	1	20	丙戌	12	21	丙辰	11	22	丁亥	10	23	丁巳	9	24	戊子	8	25	戊午
初十	1	21	丁亥	12	22	丁巳	11	23	戊子	10	24	戊午	9	25	己丑	8	26	己未
十一	1	22	戊子	12	23	戊午	11	24	己丑	10	25	己未	9	26	庚寅	8	27	庚申
十二	1	23	己丑	12	24	己未	11	25	庚寅	10	26	庚申	9	27	辛卯	8	28	辛酉
十三	1	24	庚寅	12	25	庚申	11	26	辛卯	10	27	辛酉	9	28	壬辰	8	29	壬戌
十四	1	25	辛卯	12	26	辛酉	11	27	壬辰	10	28	壬戌	9	29	癸巳	8	30	癸亥
十五	1	26	壬辰	12	27	壬戌	11	28	癸巳	10	29	癸亥	9	30	甲午	8	31	甲子
十六	1	27	癸巳	12	28	癸亥	11	29	甲午	10	30	甲子	10	1	乙未	9	1	乙丑
十七	1	28	甲午	12	29	甲子	11	30	乙未	10	31	乙丑	10	2	丙申	9	2	丙寅
十八	1	29	乙未	12	30	乙丑	12	1	丙申	11	1	丙寅	10	3	丁酉	9	3	丁卯
十九	1	30	丙申	12	31	丙寅	12	2	丁酉	11	2	丁卯	10	4	戊戌	9	4	戊辰
二十	1	31	丁酉	1	1	丁卯	12	3	戊戌	11	3	戊辰	10	5	己亥	9	5	己巳
廿一	2	1	戊戌	1	2	戊辰	12	4	己亥	11	4	己巳	10	6	庚子	9	6	庚午
廿二	2	2	己亥	1	3	己巳	12	5	庚子	11	5	庚午	10	7	辛丑	9	7	辛未
廿三	2	3	庚子	1	4	庚午	12	6	辛丑	11	6	辛未	10	8	壬寅	9	8	壬申
廿四	2	4	辛丑	1	5	辛未	12	7	壬寅	11	7	壬申	10	9	癸卯	9	9	癸酉
廿五	2	5	壬寅	1	6	壬申	12	8	癸卯	11	8	癸酉	10	10	甲辰	9	10	甲戌
廿六	2	6	癸卯	1	7	癸酉	12	9	甲辰	11	9	甲戌	10	11	乙巳	9	11	乙亥
廿七	2	7	甲辰	1	8	甲戌	12	10	乙巳	11	10	乙亥	10	12	丙午	9	12	丙子
廿八	2	8	乙巳	1	9	乙亥	12	11	丙午	11	11	丙子	10	13	丁未	9	13	丁丑
廿九	2	9	丙午	1	10	丙子	12	12	丁未	11	12	丁丑	10	14	戊申	9	14	戊寅
三十				1	11	丁丑				11	13	戊寅				9	15	己卯

2013年【癸巳】

6月			5月			4月			3月			2月			正月			月別
己未			戊午			丁巳			丙辰			乙卯			甲寅			月柱
六白			七赤			八白			九紫			一白			二黒			紫白
陽暦		日柱	陽暦		日柱	陽暦		日柱	陽暦		日柱	陽暦		日柱	陽暦		日柱	農暦
月	日		月	日		月	日		月	日		月	日		月	日		
7	8	乙亥	6	8	乙巳	5	10	丙子	4	10	丙午	3	12	丁丑	2	10	丁未	初一
7	9	丙子	6	9	丙午	5	11	丁丑	4	11	丁未	3	13	戊寅	2	11	戊申	初二
7	10	丁丑	6	10	丁未	5	12	戊寅	4	12	戊申	3	14	己卯	2	12	己酉	初三
7	11	戊寅	6	11	戊申	5	13	己卯	4	13	己酉	3	15	庚辰	2	13	庚戌	初四
7	12	己卯	6	12	己酉	5	14	庚辰	4	14	庚戌	3	16	辛巳	2	14	辛亥	初五
7	13	庚辰	6	13	庚戌	5	15	辛巳	4	15	辛亥	3	17	壬午	2	15	壬子	初六
7	14	辛巳	6	14	辛亥	5	16	壬午	4	16	壬子	3	18	癸未	2	16	癸丑	初七
7	15	壬午	6	15	壬子	5	17	癸未	4	17	癸丑	3	19	甲申	2	17	甲寅	初八
7	16	癸未	6	16	癸丑	5	18	甲申	4	18	甲寅	3	20	乙酉	2	18	乙卯	初九
7	17	甲申	6	17	甲寅	5	19	乙酉	4	19	乙卯	3	21	丙戌	2	19	丙辰	初十
7	18	乙酉	6	18	乙卯	5	20	丙戌	4	20	丙辰	3	22	丁亥	2	20	丁巳	十一
7	19	丙戌	6	19	丙辰	5	21	丁亥	4	21	丁巳	3	23	戊子	2	21	戊午	十二
7	20	丁亥	6	20	丁巳	5	22	戊子	4	22	戊午	3	24	己丑	2	22	己未	十三
7	21	戊子	6	21	戊午	5	23	己丑	4	23	己未	3	25	庚寅	2	23	庚申	十四
7	22	己丑	6	22	己未	5	24	庚寅	4	24	庚申	3	26	辛卯	2	24	辛酉	十五
7	23	庚寅	6	23	庚申	5	25	辛卯	4	25	辛酉	3	27	壬辰	2	25	壬戌	十六
7	24	辛卯	6	24	辛酉	5	26	壬辰	4	26	壬戌	3	28	癸巳	2	26	癸亥	十七
7	25	壬辰	6	25	壬戌	5	27	癸巳	4	27	癸亥	3	29	甲午	2	27	甲子	十八
7	26	癸巳	6	26	癸亥	5	28	甲午	4	28	甲子	3	30	乙未	2	28	乙丑	十九
7	27	甲午	6	27	甲子	5	29	乙未	4	29	乙丑	3	31	丙申	3	1	丙寅	二十
7	28	乙未	6	28	乙丑	5	30	丙申	4	30	丙寅	4	1	丁酉	3	2	丁卯	廿一
7	29	丙申	6	29	丙寅	5	31	丁酉	5	1	丁卯	4	2	戊戌	3	3	戊辰	廿二
7	30	丁酉	6	30	丁卯	6	1	戊戌	5	2	戊辰	4	3	己亥	3	4	己巳	廿三
7	31	戊戌	7	1	戊辰	6	2	己亥	5	3	己巳	4	4	庚子	3	5	庚午	廿四
8	1	己亥	7	2	己巳	6	3	庚子	5	4	庚午	4	5	辛丑	3	6	辛未	廿五
8	2	庚子	7	3	庚午	6	4	辛丑	5	5	辛未	4	6	壬寅	3	7	壬申	廿六
8	3	辛丑	7	4	辛未	6	5	壬寅	5	6	壬申	4	7	癸卯	3	8	癸酉	廿七
8	4	壬寅	7	5	壬申	6	6	癸卯	5	7	癸酉	4	8	甲辰	3	9	甲戌	廿八
8	5	癸卯	7	6	癸酉	6	7	甲辰	5	8	甲戌	4	9	乙巳	3	10	乙亥	廿九
8	6	甲辰	7	7	甲戌				5	9	乙亥				3	11	丙子	三十

月別	12月			11月			10月			9月			8月			7月		
月柱	乙丑			甲子			癸亥			壬戌			辛酉			庚申		
紫白	九紫			一白			二黒			三碧			四緑			五黄		
農暦	陽暦		日柱	陽暦		日柱	陽暦		日柱	陽暦		日柱	陽暦		日柱	陽暦		日柱
	月	日		月	日		月	日		月	日		月	日		月	日	
初一	1	1	壬申	12	3	癸卯	11	3	癸酉	10	5	甲辰	9	5	甲戌	8	7	乙巳
初二	1	2	癸酉	12	4	甲辰	11	4	甲戌	10	6	乙巳	9	6	乙亥	8	8	丙午
初三	1	3	甲戌	12	5	乙巳	11	5	乙亥	10	7	丙午	9	7	丙子	8	9	丁未
初四	1	4	乙亥	12	6	丙午	11	6	丙子	10	8	丁未	9	8	丁丑	8	10	戊申
初五	1	5	丙子	12	7	丁未	11	7	丁丑	10	9	戊申	9	9	戊寅	8	11	己酉
初六	1	6	丁丑	12	8	戊申	11	8	戊寅	10	10	己酉	9	10	己卯	8	12	庚戌
初七	1	7	戊寅	12	9	己酉	11	9	己卯	10	11	庚戌	9	11	庚辰	8	13	辛亥
初八	1	8	己卯	12	10	庚戌	11	10	庚辰	10	12	辛亥	9	12	辛巳	8	14	壬子
初九	1	9	庚辰	12	11	辛亥	11	11	辛巳	10	13	壬子	9	13	壬午	8	15	癸丑
初十	1	10	辛巳	12	12	壬子	11	12	壬午	10	14	癸丑	9	14	癸未	8	16	甲寅
十一	1	11	壬午	12	13	癸丑	11	13	癸未	10	15	甲寅	9	15	甲申	8	17	乙卯
十二	1	12	癸未	12	14	甲寅	11	14	甲申	10	16	乙卯	9	16	乙酉	8	18	丙辰
十三	1	13	甲申	12	15	乙卯	11	15	乙酉	10	17	丙辰	9	17	丙戌	8	19	丁巳
十四	1	14	乙酉	12	16	丙辰	11	16	丙戌	10	18	丁巳	9	18	丁亥	8	20	戊午
十五	1	15	丙戌	12	17	丁巳	11	17	丁亥	10	19	戊午	9	19	戊子	8	21	己未
十六	1	16	丁亥	12	18	戊午	11	18	戊子	10	20	己未	9	20	己丑	8	22	庚申
十七	1	17	戊子	12	19	己未	11	19	己丑	10	21	庚申	9	21	庚寅	8	23	辛酉
十八	1	18	己丑	12	20	庚申	11	20	庚寅	10	22	辛酉	9	22	辛卯	8	24	壬戌
十九	1	19	庚寅	12	21	辛酉	11	21	辛卯	10	23	壬戌	9	23	壬辰	8	25	癸亥
二十	1	20	辛卯	12	22	壬戌	11	22	壬辰	10	24	癸亥	9	24	癸巳	8	26	甲子
廿一	1	21	壬辰	12	23	癸亥	11	23	癸巳	10	25	甲子	9	25	甲午	8	27	乙丑
廿二	1	22	癸巳	12	24	甲子	11	24	甲午	10	26	乙丑	9	26	乙未	8	28	丙寅
廿三	1	23	甲午	12	25	乙丑	11	25	乙未	10	27	丙寅	9	27	丙申	8	29	丁卯
廿四	1	24	乙未	12	26	丙寅	11	26	丙申	10	28	丁卯	9	28	丁酉	8	30	戊辰
廿五	1	25	丙申	12	27	丁卯	11	27	丁酉	10	29	戊辰	9	29	戊戌	8	31	己巳
廿六	1	26	丁酉	12	28	戊辰	11	28	戊戌	10	30	己巳	9	30	己亥	9	1	庚午
廿七	1	27	戊戌	12	29	己巳	11	29	己亥	10	31	庚午	10	1	庚子	9	2	辛未
廿八	1	28	己亥	12	30	庚午	11	30	庚子	11	1	辛未	10	2	辛丑	9	3	壬申
廿九	1	29	庚子	12	31	辛未	12	1	辛丑	11	2	壬申	10	3	壬寅	9	4	癸酉
三十	1	30	辛丑				12	2	壬寅				10	4	癸卯			

2014年【甲午】

6月			5月			4月			3月			2月			正月			月別
辛未			庚午			己巳			戊辰			丁卯			丙寅			月柱
三碧			四緑			五黄			六白			七赤			八白			紫白
陽暦		日柱	陽暦		日柱	陽暦		日柱	陽暦		日柱	陽暦		日柱	陽暦		日柱	農暦
月	日		月	日		月	日		月	日		月	日		月	日		
6	27	己巳	5	29	庚子	4	29	庚午	3	31	辛丑	3	1	辛未	1	31	壬寅	初一
6	28	庚午	5	30	辛丑	4	30	辛未	4	1	壬寅	3	2	壬申	2	1	癸卯	初二
6	29	辛未	5	31	壬寅	5	1	壬申	4	2	癸卯	3	3	癸酉	2	2	甲辰	初三
6	30	壬申	6	1	癸卯	5	2	癸酉	4	3	甲辰	3	4	甲戌	2	3	乙巳	初四
7	1	癸酉	6	2	甲辰	5	3	甲戌	4	4	乙巳	3	5	乙亥	2	4	丙午	初五
7	2	甲戌	6	3	乙巳	5	4	乙亥	4	5	丙午	3	6	丙子	2	5	丁未	初六
7	3	乙亥	6	4	丙午	5	5	丙子	4	6	丁未	3	7	丁丑	2	6	戊申	初七
7	4	丙子	6	5	丁未	5	6	丁丑	4	7	戊申	3	8	戊寅	2	7	己酉	初八
7	5	丁丑	6	6	戊申	5	7	戊寅	4	8	己酉	3	9	己卯	2	8	庚戌	初九
7	6	戊寅	6	7	己酉	5	8	己卯	4	9	庚戌	3	10	庚辰	2	9	辛亥	初十
7	7	己卯	6	8	庚戌	5	9	庚辰	4	10	辛亥	3	11	辛巳	2	10	壬子	十一
7	8	庚辰	6	9	辛亥	5	10	辛巳	4	11	壬子	3	12	壬午	2	11	癸丑	十二
7	9	辛巳	6	10	壬子	5	11	壬午	4	12	癸丑	3	13	癸未	2	12	甲寅	十三
7	10	壬午	6	11	癸丑	5	12	癸未	4	13	甲寅	3	14	甲申	2	13	乙卯	十四
7	11	癸未	6	12	甲寅	5	13	甲申	4	14	乙卯	3	15	乙酉	2	14	丙辰	十五
7	12	甲申	6	13	乙卯	5	14	乙酉	4	15	丙辰	3	16	丙戌	2	15	丁巳	十六
7	13	乙酉	6	14	丙辰	5	15	丙戌	4	16	丁巳	3	17	丁亥	2	16	戊午	十七
7	14	丙戌	6	15	丁巳	5	16	丁亥	4	17	戊午	3	18	戊子	2	17	己未	十八
7	15	丁亥	6	16	戊午	5	17	戊子	4	18	己未	3	19	己丑	2	18	庚申	十九
7	16	戊子	6	17	己未	5	18	己丑	4	19	庚申	3	20	庚寅	2	19	辛酉	二十
7	17	己丑	6	18	庚申	5	19	庚寅	4	20	辛酉	3	21	辛卯	2	20	壬戌	廿一
7	18	庚寅	6	19	辛酉	5	20	辛卯	4	21	壬戌	3	22	壬辰	2	21	癸亥	廿二
7	19	辛卯	6	20	壬戌	5	21	壬辰	4	22	癸亥	3	23	癸巳	2	22	甲子	廿三
7	20	壬辰	6	21	癸亥	5	22	癸巳	4	23	甲子	3	24	甲午	2	23	乙丑	廿四
7	21	癸巳	6	22	甲子	5	23	甲午	4	24	乙丑	3	25	乙未	2	24	丙寅	廿五
7	22	甲午	6	23	乙丑	5	24	乙未	4	25	丙寅	3	26	丙申	2	25	丁卯	廿六
7	23	乙未	6	24	丙寅	5	25	丙申	4	26	丁卯	3	27	丁酉	2	26	戊辰	廿七
7	24	丙申	6	25	丁卯	5	26	丁酉	4	27	戊辰	3	28	戊戌	2	27	己巳	廿八
7	25	丁酉	6	26	戊辰	5	27	戊戌	4	28	己巳	3	29	己亥	2	28	庚午	廿九
7	26	戊戌				5	28	己亥				3	30	庚子				三十

月別	12月			11月			10月			閏9月			9月			8月			7月		
月柱	丁丑			丙子			乙亥						甲戌			癸酉			壬申		
紫白	六白			七赤			八白						九紫			一白			二黒		
農暦	陽暦		日柱	陽暦		日柱	陽暦		日柱	陽暦		日柱	陽暦		日柱	陽暦		日柱	陽暦		日柱
	月	日		月	日		月	日		月	日		月	日		月	日		月	日	
初一	1	20	丙申	12	22	丁卯	11	22	丁酉	10	24	戊辰	9	24	戊戌	8	25	戊辰	7	27	己亥
初二	1	21	丁酉	12	23	戊辰	11	23	戊戌	10	25	己巳	9	25	己亥	8	26	己巳	7	28	庚子
初三	1	22	戊戌	12	24	己巳	11	24	己亥	10	26	庚午	9	26	庚子	8	27	庚午	7	29	辛丑
初四	1	23	己亥	12	25	庚午	11	25	庚子	10	27	辛未	9	27	辛丑	8	28	辛未	7	30	壬寅
初五	1	24	庚子	12	26	辛未	11	26	辛丑	10	28	壬申	9	28	壬寅	8	29	壬申	7	31	癸卯
初六	1	25	辛丑	12	27	壬申	11	27	壬寅	10	29	癸酉	9	29	癸卯	8	30	癸酉	8	1	甲辰
初七	1	26	壬寅	12	28	癸酉	11	28	癸卯	10	30	甲戌	9	30	甲辰	8	31	甲戌	8	2	乙巳
初八	1	27	癸卯	12	29	甲戌	11	29	甲辰	10	31	乙亥	10	1	乙巳	9	1	乙亥	8	3	丙午
初九	1	28	甲辰	12	30	乙亥	11	30	乙巳	11	1	丙子	10	2	丙午	9	2	丙子	8	4	丁未
初十	1	29	乙巳	12	31	丙子	12	1	丙午	11	2	丁丑	10	3	丁未	9	3	丁丑	8	5	戊申
十一	1	30	丙午	1	1	丁丑	12	2	丁未	11	3	戊寅	10	4	戊申	9	4	戊寅	8	6	己酉
十二	1	31	丁未	1	2	戊寅	12	3	戊申	11	4	己卯	10	5	己酉	9	5	己卯	8	7	庚戌
十三	2	1	戊申	1	3	己卯	12	4	己酉	11	5	庚辰	10	6	庚戌	9	6	庚辰	8	8	辛亥
十四	2	2	己酉	1	4	庚辰	12	5	庚戌	11	6	辛巳	10	7	辛亥	9	7	辛巳	8	9	壬子
十五	2	3	庚戌	1	5	辛巳	12	6	辛亥	11	7	壬午	10	8	壬子	9	8	壬午	8	10	癸丑
十六	2	4	辛亥	1	6	壬午	12	7	壬子	11	8	癸未	10	9	癸丑	9	9	癸未	8	11	甲寅
十七	2	5	壬子	1	7	癸未	12	8	癸丑	11	9	甲申	10	10	甲寅	9	10	甲申	8	12	乙卯
十八	2	6	癸丑	1	8	甲申	12	9	甲寅	11	10	乙酉	10	11	乙卯	9	11	乙酉	8	13	丙辰
十九	2	7	甲寅	1	9	乙酉	12	10	乙卯	11	11	丙戌	10	12	丙辰	9	12	丙戌	8	14	丁巳
二十	2	8	乙卯	1	10	丙戌	12	11	丙辰	11	12	丁亥	10	13	丁巳	9	13	丁亥	8	15	戊午
廿一	2	9	丙辰	1	11	丁亥	12	12	丁巳	11	13	戊子	10	14	戊午	9	14	戊子	8	16	己未
廿二	2	10	丁巳	1	12	戊子	12	13	戊午	11	14	己丑	10	15	己未	9	15	己丑	8	17	庚申
廿三	2	11	戊午	1	13	己丑	12	14	己未	11	15	庚寅	10	16	庚申	9	16	庚寅	8	18	辛酉
廿四	2	12	己未	1	14	庚寅	12	15	庚申	11	16	辛卯	10	17	辛酉	9	17	辛卯	8	19	壬戌
廿五	2	13	庚申	1	15	辛卯	12	16	辛酉	11	17	壬辰	10	18	壬戌	9	18	壬辰	8	20	癸亥
廿六	2	14	辛酉	1	16	壬辰	12	17	壬戌	11	18	癸巳	10	19	癸亥	9	19	癸巳	8	21	甲子
廿七	2	15	壬戌	1	17	癸巳	12	18	癸亥	11	19	甲午	10	20	甲子	9	20	甲午	8	22	乙丑
廿八	2	16	癸亥	1	18	甲午	12	19	甲子	11	20	乙未	10	21	乙丑	9	21	乙未	8	23	丙寅
廿九	2	17	甲子	1	19	乙未	12	20	乙丑	11	21	丙申	10	22	丙寅	9	22	丙申	8	24	丁卯
三十	2	18	乙丑				12	21	丙寅				10	23	丁卯	9	23	丁酉			

2015年【乙未】

6月			5月			4月			3月			2月			正月			月別
癸未			壬午			辛巳			庚辰			己卯			戊寅			月柱
九紫			一白			二黒			三碧			四緑			五黃			紫白
陽暦		日柱	陽暦		日柱	陽暦		日柱	陽暦		日柱	陽暦		日柱	陽暦		日柱	農暦
月	日		月	日		月	日		月	日		月	日		月	日		
7	16	癸巳	6	16	癸亥	5	18	甲午	4	19	乙丑	3	20	乙未	2	19	丙寅	初一
7	17	甲午	6	17	甲子	5	19	乙未	4	20	丙寅	3	21	丙申	2	20	丁卯	初二
7	18	乙未	6	18	乙丑	5	20	丙申	4	21	丁卯	3	22	丁酉	2	21	戊辰	初三
7	19	丙申	6	19	丙寅	5	21	丁酉	4	22	戊辰	3	23	戊戌	2	22	己巳	初四
7	20	丁酉	6	20	丁卯	5	22	戊戌	4	23	己巳	3	24	己亥	2	23	庚午	初五
7	21	戊戌	6	21	戊辰	5	23	己亥	4	24	庚午	3	25	庚子	2	24	辛未	初六
7	22	己亥	6	22	己巳	5	24	庚子	4	25	辛未	3	26	辛丑	2	25	壬申	初七
7	23	庚子	6	23	庚午	5	25	辛丑	4	26	壬申	3	27	壬寅	2	26	癸酉	初八
7	24	辛丑	6	24	辛未	5	26	壬寅	4	27	癸酉	3	28	癸卯	2	27	甲戌	初九
7	25	壬寅	6	25	壬申	5	27	癸卯	4	28	甲戌	3	29	甲辰	2	28	乙亥	初十
7	26	癸卯	6	26	癸酉	5	28	甲辰	4	29	乙亥	3	30	乙巳	3	1	丙子	十一
7	27	甲辰	6	27	甲戌	5	29	乙巳	4	30	丙子	3	31	丙午	3	2	丁丑	十二
7	28	乙巳	6	28	乙亥	5	30	丙午	5	1	丁丑	4	1	丁未	3	3	戊寅	十三
7	29	丙午	6	29	丙子	5	31	丁未	5	2	戊寅	4	2	戊申	3	4	己卯	十四
7	30	丁未	6	30	丁丑	6	1	戊申	5	3	己卯	4	3	己酉	3	5	庚辰	十五
7	31	戊申	7	1	戊寅	6	2	己酉	5	4	庚辰	4	4	庚戌	3	6	辛巳	十六
8	1	己酉	7	2	己卯	6	3	庚戌	5	5	辛巳	4	5	辛亥	3	7	壬午	十七
8	2	庚戌	7	3	庚辰	6	4	辛亥	5	6	壬午	4	6	壬子	3	8	癸未	十八
8	3	辛亥	7	4	辛巳	6	5	壬子	5	7	癸未	4	7	癸丑	3	9	甲申	十九
8	4	壬子	7	5	壬午	6	6	癸丑	5	8	甲申	4	8	甲寅	3	10	乙酉	二十
8	5	癸丑	7	6	癸未	6	7	甲寅	5	9	乙酉	4	9	乙卯	3	11	丙戌	廿一
8	6	甲寅	7	7	甲申	6	8	乙卯	5	10	丙戌	4	10	丙辰	3	12	丁亥	廿二
8	7	乙卯	7	8	乙酉	6	9	丙辰	5	11	丁亥	4	11	丁巳	3	13	戊子	廿三
8	8	丙辰	7	9	丙戌	6	10	丁巳	5	12	戊子	4	12	戊午	3	14	己丑	廿四
8	9	丁巳	7	10	丁亥	6	11	戊午	5	13	己丑	4	13	己未	3	15	庚寅	廿五
8	10	戊午	7	11	戊子	6	12	己未	5	14	庚寅	4	14	庚申	3	16	辛卯	廿六
8	11	己未	7	12	己丑	6	13	庚申	5	15	辛卯	4	15	辛酉	3	17	壬辰	廿七
8	12	庚申	7	13	庚寅	6	14	辛酉	5	16	壬辰	4	16	壬戌	3	18	癸巳	廿八
8	13	辛酉	7	14	辛卯	6	15	壬戌	5	17	癸巳	4	17	癸亥	3	19	甲午	廿九
			7	15	壬辰							4	18	甲子				三十

月別	12月			11月			10月			9月			8月			7月		
月柱	己丑			戊子			丁亥			丙戌			乙酉			甲申		
紫白	三碧			四緑			五黃			六白			七赤			八白		
農暦	陽暦		日柱	陽暦		日柱	陽暦		日柱	陽暦		日柱	陽暦		日柱	陽暦		日柱
	月	日		月	日		月	日		月	日		月	日		月	日	
初一	1	10	辛卯	12	11	辛酉	11	12	壬辰	10	13	壬戌	9	13	壬辰	8	14	壬戌
初二	1	11	壬辰	12	12	壬戌	11	13	癸巳	10	14	癸亥	9	14	癸巳	8	15	癸亥
初三	1	12	癸巳	12	13	癸亥	11	14	甲午	10	15	甲子	9	15	甲午	8	16	甲子
初四	1	13	甲午	12	14	甲子	11	15	乙未	10	16	乙丑	9	16	乙未	8	17	乙丑
初五	1	14	乙未	12	15	乙丑	11	16	丙申	10	17	丙寅	9	17	丙申	8	18	丙寅
初六	1	15	丙申	12	16	丙寅	11	17	丁酉	10	18	丁卯	9	18	丁酉	8	19	丁卯
初七	1	16	丁酉	12	17	丁卯	11	18	戊戌	10	19	戊辰	9	19	戊戌	8	20	戊辰
初八	1	17	戊戌	12	18	戊辰	11	19	己亥	10	20	己巳	9	20	己亥	8	21	己巳
初九	1	18	己亥	12	19	己巳	11	20	庚子	10	21	庚午	9	21	庚子	8	22	庚午
初十	1	19	庚子	12	20	庚午	11	21	辛丑	10	22	辛未	9	22	辛丑	8	23	辛未
十一	1	20	辛丑	12	21	辛未	11	22	壬寅	10	23	壬申	9	23	壬寅	8	24	壬申
十二	1	21	壬寅	12	22	壬申	11	23	癸卯	10	24	癸酉	9	24	癸卯	8	25	癸酉
十三	1	22	癸卯	12	23	癸酉	11	24	甲辰	10	25	甲戌	9	25	甲辰	8	26	甲戌
十四	1	23	甲辰	12	24	甲戌	11	25	乙巳	10	26	乙亥	9	26	乙巳	8	27	乙亥
十五	1	24	乙巳	12	25	乙亥	11	26	丙午	10	27	丙子	9	27	丙午	8	28	丙子
十六	1	25	丙午	12	26	丙子	11	27	丁未	10	28	丁丑	9	28	丁未	8	29	丁丑
十七	1	26	丁未	12	27	丁丑	11	28	戊申	10	29	戊寅	9	29	戊申	8	30	戊寅
十八	1	27	戊申	12	28	戊寅	11	29	己酉	10	30	己卯	9	30	己酉	8	31	己卯
十九	1	28	己酉	12	29	己卯	11	30	庚戌	10	31	庚辰	10	1	庚戌	9	1	庚辰
二十	1	29	庚戌	12	30	庚辰	12	1	辛亥	11	1	辛巳	10	2	辛亥	9	2	辛巳
廿一	1	30	辛亥	12	31	辛巳	12	2	壬子	11	2	壬午	10	3	壬子	9	3	壬午
廿二	1	31	壬子	1	1	壬午	12	3	癸丑	11	3	癸未	10	4	癸丑	9	4	癸未
廿三	2	1	癸丑	1	2	癸未	12	4	甲寅	11	4	甲申	10	5	甲寅	9	5	甲申
廿四	2	2	甲寅	1	3	甲申	12	5	乙卯	11	5	乙酉	10	6	乙卯	9	6	乙酉
廿五	2	3	乙卯	1	4	乙酉	12	6	丙辰	11	6	丙戌	10	7	丙辰	9	7	丙戌
廿六	2	4	丙辰	1	5	丙戌	12	7	丁巳	11	7	丁亥	10	8	丁巳	9	8	丁亥
廿七	2	5	丁巳	1	6	丁亥	12	8	戊午	11	8	戊子	10	9	戊午	9	9	戊子
廿八	2	6	戊午	1	7	戊子	12	9	己未	11	9	己丑	10	10	己未	9	10	己丑
廿九	2	7	己未	1	8	己丑	12	10	庚申	11	10	庚寅	10	11	庚申	9	11	庚寅
三十				1	9	庚寅				11	11	辛卯	10	12	辛酉	9	12	辛卯

2016年【丙申】

6月			5月			4月			3月			2月			正月			月別
乙未			甲午			癸巳			壬辰			辛卯			庚寅			月柱
六白			七赤			八白			九紫			一白			二黒			紫白
陽暦		日柱	陽暦		日柱	陽暦		日柱	陽暦		日柱	陽暦		日柱	陽暦		日柱	農暦
月	日		月	日		月	日		月	日		月	日		月	日		
7	4	丁亥	6	5	戊午	5	7	己丑	4	7	己未	3	9	庚寅	2	8	庚申	初一
7	5	戊子	6	6	己未	5	8	庚寅	4	8	庚申	3	10	辛卯	2	9	辛酉	初二
7	6	己丑	6	7	庚申	5	9	辛卯	4	9	辛酉	3	11	壬辰	2	10	壬戌	初三
7	7	庚寅	6	8	辛酉	5	10	壬辰	4	10	壬戌	3	12	癸巳	2	11	癸亥	初四
7	8	辛卯	6	9	壬戌	5	11	癸巳	4	11	癸亥	3	13	甲午	2	12	甲子	初五
7	9	壬辰	6	10	癸亥	5	12	甲午	4	12	甲子	3	14	乙未	2	13	乙丑	初六
7	10	癸巳	6	11	甲子	5	13	乙未	4	13	乙丑	3	15	丙申	2	14	丙寅	初七
7	11	甲午	6	12	乙丑	5	14	丙申	4	14	丙寅	3	16	丁酉	2	15	丁卯	初八
7	12	乙未	6	13	丙寅	5	15	丁酉	4	15	丁卯	3	17	戊戌	2	16	戊辰	初九
7	13	丙申	6	14	丁卯	5	16	戊戌	4	16	戊辰	3	18	己亥	2	17	己巳	初十
7	14	丁酉	6	15	戊辰	5	17	己亥	4	17	己巳	3	19	庚子	2	18	庚午	十一
7	15	戊戌	6	16	己巳	5	18	庚子	4	18	庚午	3	20	辛丑	2	19	辛未	十二
7	16	己亥	6	17	庚午	5	19	辛丑	4	19	辛未	3	21	壬寅	2	20	壬申	十三
7	17	庚子	6	18	辛未	5	20	壬寅	4	20	壬申	3	22	癸卯	2	21	癸酉	十四
7	18	辛丑	6	19	壬申	5	21	癸卯	4	21	癸酉	3	23	甲辰	2	22	甲戌	十五
7	19	壬寅	6	20	癸酉	5	22	甲辰	4	22	甲戌	3	24	乙巳	2	23	乙亥	十六
7	20	癸卯	6	21	甲戌	5	23	乙巳	4	23	乙亥	3	25	丙午	2	24	丙子	十七
7	21	甲辰	6	22	乙亥	5	24	丙午	4	24	丙子	3	26	丁未	2	25	丁丑	十八
7	22	乙巳	6	23	丙子	5	25	丁未	4	25	丁丑	3	27	戊申	2	26	戊寅	十九
7	23	丙午	6	24	丁丑	5	26	戊申	4	26	戊寅	3	28	己酉	2	27	己卯	二十
7	24	丁未	6	25	戊寅	5	27	己酉	4	27	己卯	3	29	庚戌	2	28	庚辰	廿一
7	25	戊申	6	26	己卯	5	28	庚戌	4	28	庚辰	3	30	辛亥	2	29	辛巳	廿二
7	26	己酉	6	27	庚辰	5	29	辛亥	4	29	辛巳	3	31	壬子	3	1	壬午	廿三
7	27	庚戌	6	28	辛巳	5	30	壬子	4	30	壬午	4	1	癸丑	3	2	癸未	廿四
7	28	辛亥	6	29	壬午	5	31	癸丑	5	1	癸未	4	2	甲寅	3	3	甲申	廿五
7	29	壬子	6	30	癸未	6	1	甲寅	5	2	甲申	4	3	乙卯	3	4	乙酉	廿六
7	30	癸丑	7	1	甲申	6	2	乙卯	5	3	乙酉	4	4	丙辰	3	5	丙戌	廿七
7	31	甲寅	7	2	乙酉	6	3	丙辰	5	4	丙戌	4	5	丁巳	3	6	丁亥	廿八
8	1	乙卯	7	3	丙戌	6	4	丁巳	5	5	丁亥	4	6	戊午	3	7	戊子	廿九
8	2	丙辰							5	6	戊子				3	8	己丑	三十

月別	12月			11月			10月			9月			8月			7月		
月柱	辛丑			庚子			己亥			戊戌			丁酉			丙申		
紫白	九紫			一白			二黑			三碧			四綠			五黃		
農曆	陽曆		日柱	陽曆		日柱	陽曆		日柱	陽曆		日柱	陽曆		日柱	陽曆		日柱
	月	日		月	日		月	日		月	日		月	日		月	日	
初一	12	29	乙酉	11	29	乙卯	10	31	丙戌	10	1	丙辰	9	1	丙戌	8	3	丁巳
初二	12	30	丙戌	11	30	丙辰	11	1	丁亥	10	2	丁巳	9	2	丁亥	8	4	戊午
初三	12	31	丁亥	12	1	丁巳	11	2	戊子	10	3	戊午	9	3	戊子	8	5	己未
初四	1	1	戊子	12	2	戊午	11	3	己丑	10	4	己未	9	4	己丑	8	6	庚申
初五	1	2	己丑	12	3	己未	11	4	庚寅	10	5	庚申	9	5	庚寅	8	7	辛酉
初六	1	3	庚寅	12	4	庚申	11	5	辛卯	10	6	辛酉	9	6	辛卯	8	8	壬戌
初七	1	4	辛卯	12	5	辛酉	11	6	壬辰	10	7	壬戌	9	7	壬辰	8	9	癸亥
初八	1	5	壬辰	12	6	壬戌	11	7	癸巳	10	8	癸亥	9	8	癸巳	8	10	甲子
初九	1	6	癸巳	12	7	癸亥	11	8	甲午	10	9	甲子	9	9	甲午	8	11	乙丑
初十	1	7	甲午	12	8	甲子	11	9	乙未	10	10	乙丑	9	10	乙未	8	12	丙寅
十一	1	8	乙未	12	9	乙丑	11	10	丙申	10	11	丙寅	9	11	丙申	8	13	丁卯
十二	1	9	丙申	12	10	丙寅	11	11	丁酉	10	12	丁卯	9	12	丁酉	8	14	戊辰
十三	1	10	丁酉	12	11	丁卯	11	12	戊戌	10	13	戊辰	9	13	戊戌	8	15	己巳
十四	1	11	戊戌	12	12	戊辰	11	13	己亥	10	14	己巳	9	14	己亥	8	16	庚午
十五	1	12	己亥	12	13	己巳	11	14	庚子	10	15	庚午	9	15	庚子	8	17	辛未
十六	1	13	庚子	12	14	庚午	11	15	辛丑	10	16	辛未	9	16	辛丑	8	18	壬申
十七	1	14	辛丑	12	15	辛未	11	16	壬寅	10	17	壬申	9	17	壬寅	8	19	癸酉
十八	1	15	壬寅	12	16	壬申	11	17	癸卯	10	18	癸酉	9	18	癸卯	8	20	甲戌
十九	1	16	癸卯	12	17	癸酉	11	18	甲辰	10	19	甲戌	9	19	甲辰	8	21	乙亥
二十	1	17	甲辰	12	18	甲戌	11	19	乙巳	10	20	乙亥	9	20	乙巳	8	22	丙子
廿一	1	18	乙巳	12	19	乙亥	11	20	丙午	10	21	丙子	9	21	丙午	8	23	丁丑
廿二	1	19	丙午	12	20	丙子	11	21	丁未	10	22	丁丑	9	22	丁未	8	24	戊寅
廿三	1	20	丁未	12	21	丁丑	11	22	戊申	10	23	戊寅	9	23	戊申	8	25	己卯
廿四	1	21	戊申	12	22	戊寅	11	23	己酉	10	24	己卯	9	24	己酉	8	26	庚辰
廿五	1	22	己酉	12	23	己卯	11	24	庚戌	10	25	庚辰	9	25	庚戌	8	27	辛巳
廿六	1	23	庚戌	12	24	庚辰	11	25	辛亥	10	26	辛巳	9	26	辛亥	8	28	壬午
廿七	1	24	辛亥	12	25	辛巳	11	26	壬子	10	27	壬午	9	27	壬子	8	29	癸未
廿八	1	25	壬子	12	26	壬午	11	27	癸丑	10	28	癸未	9	28	癸丑	8	30	甲申
廿九	1	26	癸丑	12	27	癸未	11	28	甲寅	10	29	甲申	9	29	甲寅	8	31	乙酉
三十	1	27	甲寅	12	28	甲申				10	30	乙酉	9	30	乙卯			

2017年【丁酉】

閏6月			6月			5月			4月			3月			2月			正月			月別
			丁未			丙午			乙巳			甲辰			癸卯			壬寅			月柱
			三碧			四緑			五黄			六白			七赤			八白			紫白
陽暦 月	陽暦 日	日柱	陽暦 月	陽暦 日	日柱	陽暦 月	陽暦 日	日柱	陽暦 月	陽暦 日	日柱	陽暦 月	陽暦 日	日柱	陽暦 月	陽暦 日	日柱	陽暦 月	陽暦 日	日柱	農暦
7	23	辛亥	6	24	壬午	5	26	癸丑	4	26	癸未	3	28	甲寅	2	26	甲申	1	28	乙卯	初一
7	24	壬子	6	25	癸未	5	27	甲寅	4	27	甲申	3	29	乙卯	2	27	乙酉	1	29	丙辰	初二
7	25	癸丑	6	26	甲申	5	28	乙卯	4	28	乙酉	3	30	丙辰	2	28	丙戌	1	30	丁巳	初三
7	26	甲寅	6	27	乙酉	5	29	丙辰	4	29	丙戌	3	31	丁巳	3	1	丁亥	1	31	戊午	初四
7	27	乙卯	6	28	丙戌	5	30	丁巳	4	30	丁亥	4	1	戊午	3	2	戊子	2	1	己未	初五
7	28	丙辰	6	29	丁亥	5	31	戊午	5	1	戊子	4	2	己未	3	3	己丑	2	2	庚申	初六
7	29	丁巳	6	30	戊子	6	1	己未	5	2	己丑	4	3	庚申	3	4	庚寅	2	3	辛酉	初七
7	30	戊午	7	1	己丑	6	2	庚申	5	3	庚寅	4	4	辛酉	3	5	辛卯	2	4	壬戌	初八
7	31	己未	7	2	庚寅	6	3	辛酉	5	4	辛卯	4	5	壬戌	3	6	壬辰	2	5	癸亥	初九
8	1	庚申	7	3	辛卯	6	4	壬戌	5	5	壬辰	4	6	癸亥	3	7	癸巳	2	6	甲子	初十
8	2	辛酉	7	4	壬辰	6	5	癸亥	5	6	癸巳	4	7	甲子	3	8	甲午	2	7	乙丑	十一
8	3	壬戌	7	5	癸巳	6	6	甲子	5	7	甲午	4	8	乙丑	3	9	乙未	2	8	丙寅	十二
8	4	癸亥	7	6	甲午	6	7	乙丑	5	8	乙未	4	9	丙寅	3	10	丙申	2	9	丁卯	十三
8	5	甲子	7	7	乙未	6	8	丙寅	5	9	丙申	4	10	丁卯	3	11	丁酉	2	10	戊辰	十四
8	6	乙丑	7	8	丙申	6	9	丁卯	5	10	丁酉	4	11	戊辰	3	12	戊戌	2	11	己巳	十五
8	7	丙寅	7	9	丁酉	6	10	戊辰	5	11	戊戌	4	12	己巳	3	13	己亥	2	12	庚午	十六
8	8	丁卯	7	10	戊戌	6	11	己巳	5	12	己亥	4	13	庚午	3	14	庚子	2	13	辛未	十七
8	9	戊辰	7	11	己亥	6	12	庚午	5	13	庚子	4	14	辛未	3	15	辛丑	2	14	壬申	十八
8	10	己巳	7	12	庚子	6	13	辛未	5	14	辛丑	4	15	壬申	3	16	壬寅	2	15	癸酉	十九
8	11	庚午	7	13	辛丑	6	14	壬申	5	15	壬寅	4	16	癸酉	3	17	癸卯	2	16	甲戌	二十
8	12	辛未	7	14	壬寅	6	15	癸酉	5	16	癸卯	4	17	甲戌	3	18	甲辰	2	17	乙亥	廿一
8	13	壬申	7	15	癸卯	6	16	甲戌	5	17	甲辰	4	18	乙亥	3	19	乙巳	2	18	丙子	廿二
8	14	癸酉	7	16	甲辰	6	17	乙亥	5	18	乙巳	4	19	丙子	3	20	丙午	2	19	丁丑	廿三
8	15	甲戌	7	17	乙巳	6	18	丙子	5	19	丙午	4	20	丁丑	3	21	丁未	2	20	戊寅	廿四
8	16	乙亥	7	18	丙午	6	19	丁丑	5	20	丁未	4	21	戊寅	3	22	戊申	2	21	己卯	廿五
8	17	丙子	7	19	丁未	6	20	戊寅	5	21	戊申	4	22	己卯	3	23	己酉	2	22	庚辰	廿六
8	18	丁丑	7	20	戊申	6	21	己卯	5	22	己酉	4	23	庚辰	3	24	庚戌	2	23	辛巳	廿七
8	19	戊寅	7	21	己酉	6	22	庚辰	5	23	庚戌	4	24	辛巳	3	25	辛亥	2	24	壬午	廿八
8	20	己卯	7	22	庚戌	6	23	辛巳	5	24	辛亥	4	25	壬午	3	26	壬子	2	25	癸未	廿九
8	21	庚辰							5	25	壬子				3	27	癸丑				三十

月別	12月			11月			10月			9月			8月			7月		
月柱	癸丑			壬子			辛亥			庚戌			己酉			戊申		
紫白	六白			七赤			八白			九紫			一白			二黑		
農曆	陽曆		日柱	陽曆		日柱	陽曆		日柱	陽曆		日柱	陽曆		日柱	陽曆		日柱
	月	日		月	日		月	日		月	日		月	日		月	日	
初一	1	17	己酉	12	18	己卯	11	18	己酉	10	20	庚辰	9	20	庚戌	8	22	辛巳
初二	1	18	庚戌	12	19	庚辰	11	19	庚戌	10	21	辛巳	9	21	辛亥	8	23	壬午
初三	1	19	辛亥	12	20	辛巳	11	20	辛亥	10	22	壬午	9	22	壬子	8	24	癸未
初四	1	20	壬子	12	21	壬午	11	21	壬子	10	23	癸未	9	23	癸丑	8	25	甲申
初五	1	21	癸丑	12	22	癸未	11	22	癸丑	10	24	甲申	9	24	甲寅	8	26	乙酉
初六	1	22	甲寅	12	23	甲申	11	23	甲寅	10	25	乙酉	9	25	乙卯	8	27	丙戌
初七	1	23	乙卯	12	24	乙酉	11	24	乙卯	10	26	丙戌	9	26	丙辰	8	28	丁亥
初八	1	24	丙辰	12	25	丙戌	11	25	丙辰	10	27	丁亥	9	27	丁巳	8	29	戊子
初九	1	25	丁巳	12	26	丁亥	11	26	丁巳	10	28	戊子	9	28	戊午	8	30	己丑
初十	1	26	戊午	12	27	戊子	11	27	戊午	10	29	己丑	9	29	己未	8	31	庚寅
十一	1	27	己未	12	28	己丑	11	28	己未	10	30	庚寅	9	30	庚申	9	1	辛卯
十二	1	28	庚申	12	29	庚寅	11	29	庚申	10	31	辛卯	10	1	辛酉	9	2	壬辰
十三	1	29	辛酉	12	30	辛卯	11	30	辛酉	11	1	壬辰	10	2	壬戌	9	3	癸巳
十四	1	30	壬戌	12	31	壬辰	12	1	壬戌	11	2	癸巳	10	3	癸亥	9	4	甲午
十五	1	31	癸亥	1	1	癸巳	12	2	癸亥	11	3	甲午	10	4	甲子	9	5	乙未
十六	2	1	甲子	1	2	甲午	12	3	甲子	11	4	乙未	10	5	乙丑	9	6	丙申
十七	2	2	乙丑	1	3	乙未	12	4	乙丑	11	5	丙申	10	6	丙寅	9	7	丁酉
十八	2	3	丙寅	1	4	丙申	12	5	丙寅	11	6	丁酉	10	7	丁卯	9	8	戊戌
十九	2	4	丁卯	1	5	丁酉	12	6	丁卯	11	7	戊戌	10	8	戊辰	9	9	己亥
二十	2	5	戊辰	1	6	戊戌	12	7	戊辰	11	8	己亥	10	9	己巳	9	10	庚子
廿一	2	6	己巳	1	7	己亥	12	8	己巳	11	9	庚子	10	10	庚午	9	11	辛丑
廿二	2	7	庚午	1	8	庚子	12	9	庚午	11	10	辛丑	10	11	辛未	9	12	壬寅
廿三	2	8	辛未	1	9	辛丑	12	10	辛未	11	11	壬寅	10	12	壬申	9	13	癸卯
廿四	2	9	壬申	1	10	壬寅	12	11	壬申	11	12	癸卯	10	13	癸酉	9	14	甲辰
廿五	2	10	癸酉	1	11	癸卯	12	12	癸酉	11	13	甲辰	10	14	甲戌	9	15	乙巳
廿六	2	11	甲戌	1	12	甲辰	12	13	甲戌	11	14	乙巳	10	15	乙亥	9	16	丙午
廿七	2	12	乙亥	1	13	乙巳	12	14	乙亥	11	15	丙午	10	16	丙子	9	17	丁未
廿八	2	13	丙子	1	14	丙午	12	15	丙子	11	16	丁未	10	17	丁丑	9	18	戊申
廿九	2	14	丁丑	1	15	丁未	12	16	丁丑	11	17	戊申	10	18	戊寅	9	19	己酉
三十	2	15	戊寅	1	16	戊申	12	17	戊寅				10	19	己卯			

2018年【戊戌】

6月			5月			4月			3月			2月			正月			月別
己未			戊午			丁巳			丙辰			乙卯			甲寅			月柱
九紫			一白			二黒			三碧			四緑			五黄			紫白
陽暦		日柱	陽暦		日柱	陽暦		日柱	陽暦		日柱	陽暦		日柱	陽暦		日柱	農暦
月	日		月	日		月	日		月	日		月	日		月	日		
7	13	丙午	6	14	丁丑	5	15	丁未	4	16	戊寅	3	17	戊申	2	16	己卯	初一
7	14	丁未	6	15	戊寅	5	16	戊申	4	17	己卯	3	18	己酉	2	17	庚辰	初二
7	15	戊申	6	16	己卯	5	17	己酉	4	18	庚辰	3	19	庚戌	2	18	辛巳	初三
7	16	己酉	6	17	庚辰	5	18	庚戌	4	19	辛巳	3	20	辛亥	2	19	壬午	初四
7	17	庚戌	6	18	辛巳	5	19	辛亥	4	20	壬午	3	21	壬子	2	20	癸未	初五
7	18	辛亥	6	19	壬午	5	20	壬子	4	21	癸未	3	22	癸丑	2	21	甲申	初六
7	19	壬子	6	20	癸未	5	21	癸丑	4	22	甲申	3	23	甲寅	2	22	乙酉	初七
7	20	癸丑	6	21	甲申	5	22	甲寅	4	23	乙酉	3	24	乙卯	2	23	丙戌	初八
7	21	甲寅	6	22	乙酉	5	23	乙卯	4	24	丙戌	3	25	丙辰	2	24	丁亥	初九
7	22	乙卯	6	23	丙戌	5	24	丙辰	4	25	丁亥	3	26	丁巳	2	25	戊子	初十
7	23	丙辰	6	24	丁亥	5	25	丁巳	4	26	戊子	3	27	戊午	2	26	己丑	十一
7	24	丁巳	6	25	戊子	5	26	戊午	4	27	己丑	3	28	己未	2	27	庚寅	十二
7	25	戊午	6	26	己丑	5	27	己未	4	28	庚寅	3	29	庚申	2	28	辛卯	十三
7	26	己未	6	27	庚寅	5	28	庚申	4	29	辛卯	3	30	辛酉	3	1	壬辰	十四
7	27	庚申	6	28	辛卯	5	29	辛酉	4	30	壬辰	3	31	壬戌	3	2	癸巳	十五
7	28	辛酉	6	29	壬辰	5	30	壬戌	5	1	癸巳	4	1	癸亥	3	3	甲午	十六
7	29	壬戌	6	30	癸巳	5	31	癸亥	5	2	甲午	4	2	甲子	3	4	乙未	十七
7	30	癸亥	7	1	甲午	6	1	甲子	5	3	乙未	4	3	乙丑	3	5	丙申	十八
7	31	甲子	7	2	乙未	6	2	乙丑	5	4	丙申	4	4	丙寅	3	6	丁酉	十九
8	1	乙丑	7	3	丙申	6	3	丙寅	5	5	丁酉	4	5	丁卯	3	7	戊戌	二十
8	2	丙寅	7	4	丁酉	6	4	丁卯	5	6	戊戌	4	6	戊辰	3	8	己亥	廿一
8	3	丁卯	7	5	戊戌	6	5	戊辰	5	7	己亥	4	7	己巳	3	9	庚子	廿二
8	4	戊辰	7	6	己亥	6	6	己巳	5	8	庚子	4	8	庚午	3	10	辛丑	廿三
8	5	己巳	7	7	庚子	6	7	庚午	5	9	辛丑	4	9	辛未	3	11	壬寅	廿四
8	6	庚午	7	8	辛丑	6	8	辛未	5	10	壬寅	4	10	壬申	3	12	癸卯	廿五
8	7	辛未	7	9	壬寅	6	9	壬申	5	11	癸卯	4	11	癸酉	3	13	甲辰	廿六
8	8	壬申	7	10	癸卯	6	10	癸酉	5	12	甲辰	4	12	甲戌	3	14	乙巳	廿七
8	9	癸酉	7	11	甲辰	6	11	甲戌	5	13	乙巳	4	13	乙亥	3	15	丙午	廿八
8	10	甲戌	7	12	乙巳	6	12	乙亥	5	14	丙午	4	14	丙子	3	16	丁未	廿九
						6	13	丙子				4	15	丁丑				三十

月別	12月			11月			10月			9月			8月			7月		
月柱	乙丑			甲子			癸亥			壬戌			辛酉			庚申		
紫白	三碧			四緑			五黃			六白			七赤			八白		
農暦	陽暦		日柱	陽暦		日柱	陽暦		日柱	陽暦		日柱	陽暦		日柱	陽暦		日柱
	月	日		月	日		月	日		月	日		月	日		月	日	
初一	1	6	癸卯	12	7	癸酉	11	8	甲辰	10	9	甲戌	9	10	乙巳	8	11	乙亥
初二	1	7	甲辰	12	8	甲戌	11	9	乙巳	10	10	乙亥	9	11	丙午	8	12	丙子
初三	1	8	乙巳	12	9	乙亥	11	10	丙午	10	11	丙子	9	12	丁未	8	13	丁丑
初四	1	9	丙午	12	10	丙子	11	11	丁未	10	12	丁丑	9	13	戊申	8	14	戊寅
初五	1	10	丁未	12	11	丁丑	11	12	戊申	10	13	戊寅	9	14	己酉	8	15	己卯
初六	1	11	戊申	12	12	戊寅	11	13	己酉	10	14	己卯	9	15	庚戌	8	16	庚辰
初七	1	12	己酉	12	13	己卯	11	14	庚戌	10	15	庚辰	9	16	辛亥	8	17	辛巳
初八	1	13	庚戌	12	14	庚辰	11	15	辛亥	10	16	辛巳	9	17	壬子	8	18	壬午
初九	1	14	辛亥	12	15	辛巳	11	16	壬子	10	17	壬午	9	18	癸丑	8	19	癸未
初十	1	15	壬子	12	16	壬午	11	17	癸丑	10	18	癸未	9	19	甲寅	8	20	甲申
十一	1	16	癸丑	12	17	癸未	11	18	甲寅	10	19	甲申	9	20	乙卯	8	21	乙酉
十二	1	17	甲寅	12	18	甲申	11	19	乙卯	10	20	乙酉	9	21	丙辰	8	22	丙戌
十三	1	18	乙卯	12	19	乙酉	11	20	丙辰	10	21	丙戌	9	22	丁巳	8	23	丁亥
十四	1	19	丙辰	12	20	丙戌	11	21	丁巳	10	22	丁亥	9	23	戊午	8	24	戊子
十五	1	20	丁巳	12	21	丁亥	11	22	戊午	10	23	戊子	9	24	己未	8	25	己丑
十六	1	21	戊午	12	22	戊子	11	23	己未	10	24	己丑	9	25	庚申	8	26	庚寅
十七	1	22	己未	12	23	己丑	11	24	庚申	10	25	庚寅	9	26	辛酉	8	27	辛卯
十八	1	23	庚申	12	24	庚寅	11	25	辛酉	10	26	辛卯	9	27	壬戌	8	28	壬辰
十九	1	24	辛酉	12	25	辛卯	11	26	壬戌	10	27	壬辰	9	28	癸亥	8	29	癸巳
二十	1	25	壬戌	12	26	壬辰	11	27	癸亥	10	28	癸巳	9	29	甲子	8	30	甲午
廿一	1	26	癸亥	12	27	癸巳	11	28	甲子	10	29	甲午	9	30	乙丑	8	31	乙未
廿二	1	27	甲子	12	28	甲午	11	29	乙丑	10	30	乙未	10	1	丙寅	9	1	丙申
廿三	1	28	乙丑	12	29	乙未	11	30	丙寅	10	31	丙申	10	2	丁卯	9	2	丁酉
廿四	1	29	丙寅	12	30	丙申	12	1	丁卯	11	1	丁酉	10	3	戊辰	9	3	戊戌
廿五	1	30	丁卯	12	31	丁酉	12	2	戊辰	11	2	戊戌	10	4	己巳	9	4	己亥
廿六	1	31	戊辰	1	1	戊戌	12	3	己巳	11	3	己亥	10	5	庚午	9	5	庚子
廿七	2	1	己巳	1	2	己亥	12	4	庚午	11	4	庚子	10	6	辛未	9	6	辛丑
廿八	2	2	庚午	1	3	庚子	12	5	辛未	11	5	辛丑	10	7	壬申	9	7	壬寅
廿九	2	3	辛未	1	4	辛丑	12	6	壬申	11	6	壬寅	10	8	癸酉	9	8	癸卯
三十	2	4	壬申	1	5	壬寅				11	7	癸卯				9	9	甲辰

2019年【己亥】

6月			5月			4月			3月			2月			正月			月別
辛未			庚午			己巳			戊辰			丁卯			丙寅			月柱
六白			七赤			八白			九紫			一白			二黒			紫白
陽暦		日柱	陽暦		日柱	陽暦		日柱	陽暦		日柱	陽暦		日柱	陽暦		日柱	農暦
月	日		月	日		月	日		月	日		月	日		月	日		
7	3	辛丑	6	3	辛未	5	5	壬寅	4	5	壬申	3	7	癸卯	2	5	癸酉	初一
7	4	壬寅	6	4	壬申	5	6	癸卯	4	6	癸酉	3	8	甲辰	2	6	甲戌	初二
7	5	癸卯	6	5	癸酉	5	7	甲辰	4	7	甲戌	3	9	乙巳	2	7	乙亥	初三
7	6	甲辰	6	6	甲戌	5	8	乙巳	4	8	乙亥	3	10	丙午	2	8	丙子	初四
7	7	乙巳	6	7	乙亥	5	9	丙午	4	9	丙子	3	11	丁未	2	9	丁丑	初五
7	8	丙午	6	8	丙子	5	10	丁未	4	10	丁丑	3	12	戊申	2	10	戊寅	初六
7	9	丁未	6	9	丁丑	5	11	戊申	4	11	戊寅	3	13	己酉	2	11	己卯	初七
7	10	戊申	6	10	戊寅	5	12	己酉	4	12	己卯	3	14	庚戌	2	12	庚辰	初八
7	11	己酉	6	11	己卯	5	13	庚戌	4	13	庚辰	3	15	辛亥	2	13	辛巳	初九
7	12	庚戌	6	12	庚辰	5	14	辛亥	4	14	辛巳	3	16	壬子	2	14	壬午	初十
7	13	辛亥	6	13	辛巳	5	15	壬子	4	15	壬午	3	17	癸丑	2	15	癸未	十一
7	14	壬子	6	14	壬午	5	16	癸丑	4	16	癸未	3	18	甲寅	2	16	甲申	十二
7	15	癸丑	6	15	癸未	5	17	甲寅	4	17	甲申	3	19	乙卯	2	17	乙酉	十三
7	16	甲寅	6	16	甲申	5	18	乙卯	4	18	乙酉	3	20	丙辰	2	18	丙戌	十四
7	17	乙卯	6	17	乙酉	5	19	丙辰	4	19	丙戌	3	21	丁巳	2	19	丁亥	十五
7	18	丙辰	6	18	丙戌	5	20	丁巳	4	20	丁亥	3	22	戊午	2	20	戊子	十六
7	19	丁巳	6	19	丁亥	5	21	戊午	4	21	戊子	3	23	己未	2	21	己丑	十七
7	20	戊午	6	20	戊子	5	22	己未	4	22	己丑	3	24	庚申	2	22	庚寅	十八
7	21	己未	6	21	己丑	5	23	庚申	4	23	庚寅	3	25	辛酉	2	23	辛卯	十九
7	22	庚申	6	22	庚寅	5	24	辛酉	4	24	辛卯	3	26	壬戌	2	24	壬辰	二十
7	23	辛酉	6	23	辛卯	5	25	壬戌	4	25	壬辰	3	27	癸亥	2	25	癸巳	廿一
7	24	壬戌	6	24	壬辰	5	26	癸亥	4	26	癸巳	3	28	甲子	2	26	甲午	廿二
7	25	癸亥	6	25	癸巳	5	27	甲子	4	27	甲午	3	29	乙丑	2	27	乙未	廿三
7	26	甲子	6	26	甲午	5	28	乙丑	4	28	乙未	3	30	丙寅	2	28	丙申	廿四
7	27	乙丑	6	27	乙未	5	29	丙寅	4	29	丙申	3	31	丁卯	3	1	丁酉	廿五
7	28	丙寅	6	28	丙申	5	30	丁卯	4	30	丁酉	4	1	戊辰	3	2	戊戌	廿六
7	29	丁卯	6	29	丁酉	5	31	戊辰	5	1	戊戌	4	2	己巳	3	3	己亥	廿七
7	30	戊辰	6	30	戊戌	6	1	己巳	5	2	己亥	4	3	庚午	3	4	庚子	廿八
7	31	己巳	7	1	己亥	6	2	庚午	5	3	庚子	4	4	辛未	3	5	辛丑	廿九
			7	2	庚子				5	4	辛丑				3	6	壬寅	三十

月別	12月			11月			10月			9月			8月			7月		
月柱	丁丑			丙子			乙亥			甲戌			癸酉			壬申		
紫白	九紫			一白			二黒			三碧			四緑			五黃		
農暦	陽暦		日柱	陽暦		日柱	陽暦		日柱	陽暦		日柱	陽暦		日柱	陽暦		日柱
	月	日		月	日		月	日		月	日		月	日		月	日	
初一	12	26	丁酉	11	26	丁卯	10	28	戊戌	9	29	己巳	8	30	己亥	8	1	庚午
初二	12	27	戊戌	11	27	戊辰	10	29	己亥	9	30	庚午	8	31	庚子	8	2	辛未
初三	12	28	己亥	11	28	己巳	10	30	庚子	10	1	辛未	9	1	辛丑	8	3	壬申
初四	12	29	庚子	11	29	庚午	10	31	辛丑	10	2	壬申	9	2	壬寅	8	4	癸酉
初五	12	30	辛丑	11	30	辛未	11	1	壬寅	10	3	癸酉	9	3	癸卯	8	5	甲戌
初六	12	31	壬寅	12	1	壬申	11	2	癸卯	10	4	甲戌	9	4	甲辰	8	6	乙亥
初七	1	1	癸卯	12	2	癸酉	11	3	甲辰	10	5	乙亥	9	5	乙巳	8	7	丙子
初八	1	2	甲辰	12	3	甲戌	11	4	乙巳	10	6	丙子	9	6	丙午	8	8	丁丑
初九	1	3	乙巳	12	4	乙亥	11	5	丙午	10	7	丁丑	9	7	丁未	8	9	戊寅
初十	1	4	丙午	12	5	丙子	11	6	丁未	10	8	戊寅	9	8	戊申	8	10	己卯
十一	1	5	丁未	12	6	丁丑	11	7	戊申	10	9	己卯	9	9	己酉	8	11	庚辰
十二	1	6	戊申	12	7	戊寅	11	8	己酉	10	10	庚辰	9	10	庚戌	8	12	辛巳
十三	1	7	己酉	12	8	己卯	11	9	庚戌	10	11	辛巳	9	11	辛亥	8	13	壬午
十四	1	8	庚戌	12	9	庚辰	11	10	辛亥	10	12	壬午	9	12	壬子	8	14	癸未
十五	1	9	辛亥	12	10	辛巳	11	11	壬子	10	13	癸未	9	13	癸丑	8	15	甲申
十六	1	10	壬子	12	11	壬午	11	12	癸丑	10	14	甲申	9	14	甲寅	8	16	乙酉
十七	1	11	癸丑	12	12	癸未	11	13	甲寅	10	15	乙酉	9	15	乙卯	8	17	丙戌
十八	1	12	甲寅	12	13	甲申	11	14	乙卯	10	16	丙戌	9	16	丙辰	8	18	丁亥
十九	1	13	乙卯	12	14	乙酉	11	15	丙辰	10	17	丁亥	9	17	丁巳	8	19	戊子
二十	1	14	丙辰	12	15	丙戌	11	16	丁巳	10	18	戊子	9	18	戊午	8	20	己丑
廿一	1	15	丁巳	12	16	丁亥	11	17	戊午	10	19	己丑	9	19	己未	8	21	庚寅
廿二	1	16	戊午	12	17	戊子	11	18	己未	10	20	庚寅	9	20	庚申	8	22	辛卯
廿三	1	17	己未	12	18	己丑	11	19	庚申	10	21	辛卯	9	21	辛酉	8	23	壬辰
廿四	1	18	庚申	12	19	庚寅	11	20	辛酉	10	22	壬辰	9	22	壬戌	8	24	癸巳
廿五	1	19	辛酉	12	20	辛卯	11	21	壬戌	10	23	癸巳	9	23	癸亥	8	25	甲午
廿六	1	20	壬戌	12	21	壬辰	11	22	癸亥	10	24	甲午	9	24	甲子	8	26	乙未
廿七	1	21	癸亥	12	22	癸巳	11	23	甲子	10	25	乙未	9	25	乙丑	8	27	丙申
廿八	1	22	甲子	12	23	甲午	11	24	乙丑	10	26	丙申	9	26	丙寅	8	28	丁酉
廿九	1	23	乙丑	12	24	乙未	11	25	丙寅	10	27	丁酉	9	27	丁卯	8	29	戊戌
三十	1	24	丙寅	12	25	丙申							9	28	戊辰			

2020年【庚子】

6月			5月			閏4月						3月			2月			正月			月別
癸未			壬午						辛巳			庚辰			己卯			戊寅			月柱
三碧			四緑						五黄			六白			七赤			八白			紫白
陽暦		日柱	陽暦		日柱	陽暦		日柱	陽暦		日柱	陽暦		日柱	陽暦		日柱	陽暦		日柱	農暦
月	日		月	日		月	日		月	日		月	日		月	日		月	日		
7	21	乙丑	6	21	乙未	5	23	丙寅	4	23	丙申	3	24	丙寅	2	23	丙申	1	25	丁卯	初一
7	22	丙寅	6	22	丙申	5	24	丁卯	4	24	丁酉	3	25	丁卯	2	24	丁酉	1	26	戊辰	初二
7	23	丁卯	6	23	丁酉	5	25	戊辰	4	25	戊戌	3	26	戊辰	2	25	戊戌	1	27	己巳	初三
7	24	戊辰	6	24	戊戌	5	26	己巳	4	26	己亥	3	27	己巳	2	26	己亥	1	28	庚午	初四
7	25	己巳	6	25	己亥	5	27	庚午	4	27	庚子	3	28	庚午	2	27	庚子	1	29	辛未	初五
7	26	庚午	6	26	庚子	5	28	辛未	4	28	辛丑	3	29	辛未	2	28	辛丑	1	30	壬申	初六
7	27	辛未	6	27	辛丑	5	29	壬申	4	29	壬寅	3	30	壬申	2	29	壬寅	1	31	癸酉	初七
7	28	壬申	6	28	壬寅	5	30	癸酉	4	30	癸卯	3	31	癸酉	3	1	癸卯	2	1	甲戌	初八
7	29	癸酉	6	29	癸卯	5	31	甲戌	5	1	甲辰	4	1	甲戌	3	2	甲辰	2	2	乙亥	初九
7	30	甲戌	6	30	甲辰	6	1	乙亥	5	2	乙巳	4	2	乙亥	3	3	乙巳	2	3	丙子	初十
7	31	乙亥	7	1	乙巳	6	2	丙子	5	3	丙午	4	3	丙子	3	4	丙午	2	4	丁丑	十一
8	1	丙子	7	2	丙午	6	3	丁丑	5	4	丁未	4	4	丁丑	3	5	丁未	2	5	戊寅	十二
8	2	丁丑	7	3	丁未	6	4	戊寅	5	5	戊申	4	5	戊寅	3	6	戊申	2	6	己卯	十三
8	3	戊寅	7	4	戊申	6	5	己卯	5	6	己酉	4	6	己卯	3	7	己酉	2	7	庚辰	十四
8	4	己卯	7	5	己酉	6	6	庚辰	5	7	庚戌	4	7	庚辰	3	8	庚戌	2	8	辛巳	十五
8	5	庚辰	7	6	庚戌	6	7	辛巳	5	8	辛亥	4	8	辛巳	3	9	辛亥	2	9	壬午	十六
8	6	辛巳	7	7	辛亥	6	8	壬午	5	9	壬子	4	9	壬午	3	10	壬子	2	10	癸未	十七
8	7	壬午	7	8	壬子	6	9	癸未	5	10	癸丑	4	10	癸未	3	11	癸丑	2	11	甲申	十八
8	8	癸未	7	9	癸丑	6	10	甲申	5	11	甲寅	4	11	甲申	3	12	甲寅	2	12	乙酉	十九
8	9	甲申	7	10	甲寅	6	11	乙酉	5	12	乙卯	4	12	乙酉	3	13	乙卯	2	13	丙戌	二十
8	10	乙酉	7	11	乙卯	6	12	丙戌	5	13	丙辰	4	13	丙戌	3	14	丙辰	2	14	丁亥	廿一
8	11	丙戌	7	12	丙辰	6	13	丁亥	5	14	丁巳	4	14	丁亥	3	15	丁巳	2	15	戊子	廿二
8	12	丁亥	7	13	丁巳	6	14	戊子	5	15	戊午	4	15	戊子	3	16	戊午	2	16	己丑	廿三
8	13	戊子	7	14	戊午	6	15	己丑	5	16	己未	4	16	己丑	3	17	己未	2	17	庚寅	廿四
8	14	己丑	7	15	己未	6	16	庚寅	5	17	庚申	4	17	庚寅	3	18	庚申	2	18	辛卯	廿五
8	15	庚寅	7	16	庚申	6	17	辛卯	5	18	辛酉	4	18	辛卯	3	19	辛酉	2	19	壬辰	廿六
8	16	辛卯	7	17	辛酉	6	18	壬辰	5	19	壬戌	4	19	壬辰	3	20	壬戌	2	20	癸巳	廿七
8	17	壬辰	7	18	壬戌	6	19	癸巳	5	20	癸亥	4	20	癸巳	3	21	癸亥	2	21	甲午	廿八
8	18	癸巳	7	19	癸亥	6	20	甲午	5	21	甲子	4	21	甲午	3	22	甲子	2	22	乙未	廿九
			7	20	甲子				5	22	乙丑	4	22	乙未	3	23	乙丑				三十

月別	12月			11月			10月			9月			8月			7月		
月柱	己丑			戊子			丁亥			丙戌			乙酉			甲申		
紫白	六白			七赤			八白			九紫			一白			二黑		
農暦	陽暦		日柱	陽暦		日柱	陽暦		日柱	陽暦		日柱	陽暦		日柱	陽暦		日柱
	月	日		月	日		月	日		月	日		月	日		月	日	
初一	1	13	辛酉	12	15	壬辰	11	15	壬戌	10	17	癸巳	9	17	癸亥	8	19	甲午
初二	1	14	壬戌	12	16	癸巳	11	16	癸亥	10	18	甲午	9	18	甲子	8	20	乙未
初三	1	15	癸亥	12	17	甲午	11	17	甲子	10	19	乙未	9	19	乙丑	8	21	丙申
初四	1	16	甲子	12	18	乙未	11	18	乙丑	10	20	丙申	9	20	丙寅	8	22	丁酉
初五	1	17	乙丑	12	19	丙申	11	19	丙寅	10	21	丁酉	9	21	丁卯	8	23	戊戌
初六	1	18	丙寅	12	20	丁酉	11	20	丁卯	10	22	戊戌	9	22	戊辰	8	24	己亥
初七	1	19	丁卯	12	21	戊戌	11	21	戊辰	10	23	己亥	9	23	己巳	8	25	庚子
初八	1	20	戊辰	12	22	己亥	11	22	己巳	10	24	庚子	9	24	庚午	8	26	辛丑
初九	1	21	己巳	12	23	庚子	11	23	庚午	10	25	辛丑	9	25	辛未	8	27	壬寅
初十	1	22	庚午	12	24	辛丑	11	24	辛未	10	26	壬寅	9	26	壬申	8	28	癸卯
十一	1	23	辛未	12	25	壬寅	11	25	壬申	10	27	癸卯	9	27	癸酉	8	29	甲辰
十二	1	24	壬申	12	26	癸卯	11	26	癸酉	10	28	甲辰	9	28	甲戌	8	30	乙巳
十三	1	25	癸酉	12	27	甲辰	11	27	甲戌	10	29	乙巳	9	29	乙亥	8	31	丙午
十四	1	26	甲戌	12	28	乙巳	11	28	乙亥	10	30	丙午	9	30	丙子	9	1	丁未
十五	1	27	乙亥	12	29	丙午	11	29	丙子	10	31	丁未	10	1	丁丑	9	2	戊申
十六	1	28	丙子	12	30	丁未	11	30	丁丑	11	1	戊申	10	2	戊寅	9	3	己酉
十七	1	29	丁丑	12	31	戊申	12	1	戊寅	11	2	己酉	10	3	己卯	9	4	庚戌
十八	1	30	戊寅	1	1	己酉	12	2	己卯	11	3	庚戌	10	4	庚辰	9	5	辛亥
十九	1	31	己卯	1	2	庚戌	12	3	庚辰	11	4	辛亥	10	5	辛巳	9	6	壬子
二十	2	1	庚辰	1	3	辛亥	12	4	辛巳	11	5	壬子	10	6	壬午	9	7	癸丑
廿一	2	2	辛巳	1	4	壬子	12	5	壬午	11	6	癸丑	10	7	癸未	9	8	甲寅
廿二	2	3	壬午	1	5	癸丑	12	6	癸未	11	7	甲寅	10	8	甲申	9	9	乙卯
廿三	2	4	癸未	1	6	甲寅	12	7	甲申	11	8	乙卯	10	9	乙酉	9	10	丙辰
廿四	2	5	甲申	1	7	乙卯	12	8	乙酉	11	9	丙辰	10	10	丙戌	9	11	丁巳
廿五	2	6	乙酉	1	8	丙辰	12	9	丙戌	11	10	丁巳	10	11	丁亥	9	12	戊午
廿六	2	7	丙戌	1	9	丁巳	12	10	丁亥	11	11	戊午	10	12	戊子	9	13	己未
廿七	2	8	丁亥	1	10	戊午	12	11	戊子	11	12	己未	10	13	己丑	9	14	庚申
廿八	2	9	戊子	1	11	己未	12	12	己丑	11	13	庚申	10	14	庚寅	9	15	辛酉
廿九	2	10	己丑	1	12	庚申	12	13	庚寅	11	14	辛酉	10	15	辛卯	9	16	壬戌
三十	2	11	庚寅				12	14	辛卯				10	16	壬辰			

6月			5月			4月			3月			2月			正月			月別
乙未			甲午			癸巳			壬辰			辛卯			庚寅			月柱
九紫			一白			二黒			三碧			四緑			五黄			紫白
陽暦		日柱	陽暦		日柱	陽暦		日柱	陽暦		日柱	陽暦		日柱	陽暦		日柱	農暦
月	日		月	日		月	日		月	日		月	日		月	日		
7	10	己未	6	10	己丑	5	12	庚申	4	12	庚寅	3	13	庚申	2	12	辛卯	初一
7	11	庚申	6	11	庚寅	5	13	辛酉	4	13	辛卯	3	14	辛酉	2	13	壬辰	初二
7	12	辛酉	6	12	辛卯	5	14	壬戌	4	14	壬辰	3	15	壬戌	2	14	癸巳	初三
7	13	壬戌	6	13	壬辰	5	15	癸亥	4	15	癸巳	3	16	癸亥	2	15	甲午	初四
7	14	癸亥	6	14	癸巳	5	16	甲子	4	16	甲午	3	17	甲子	2	16	乙未	初五
7	15	甲子	6	15	甲午	5	17	乙丑	4	17	乙未	3	18	乙丑	2	17	丙申	初六
7	16	乙丑	6	16	乙未	5	18	丙寅	4	18	丙申	3	19	丙寅	2	18	丁酉	初七
7	17	丙寅	6	17	丙申	5	19	丁卯	4	19	丁酉	3	20	丁卯	2	19	戊戌	初八
7	18	丁卯	6	18	丁酉	5	20	戊辰	4	20	戊戌	3	21	戊辰	2	20	己亥	初九
7	19	戊辰	6	19	戊戌	5	21	己巳	4	21	己亥	3	22	己巳	2	21	庚子	初十
7	20	己巳	6	20	己亥	5	22	庚午	4	22	庚子	3	23	庚午	2	22	辛丑	十一
7	21	庚午	6	21	庚子	5	23	辛未	4	23	辛丑	3	24	辛未	2	23	壬寅	十二
7	22	辛未	6	22	辛丑	5	24	壬申	4	24	壬寅	3	25	壬申	2	24	癸卯	十三
7	23	壬申	6	23	壬寅	5	25	癸酉	4	25	癸卯	3	26	癸酉	2	25	甲辰	十四
7	24	癸酉	6	24	癸卯	5	26	甲戌	4	26	甲辰	3	27	甲戌	2	26	乙巳	十五
7	25	甲戌	6	25	甲辰	5	27	乙亥	4	27	乙巳	3	28	乙亥	2	27	丙午	十六
7	26	乙亥	6	26	乙巳	5	28	丙子	4	28	丙午	3	29	丙子	2	28	丁未	十七
7	27	丙子	6	27	丙午	5	29	丁丑	4	29	丁未	3	30	丁丑	3	1	戊申	十八
7	28	丁丑	6	28	丁未	5	30	戊寅	4	30	戊申	3	31	戊寅	3	2	己酉	十九
7	29	戊寅	6	29	戊申	5	31	己卯	5	1	己酉	4	1	己卯	3	3	庚戌	二十
7	30	己卯	6	30	己酉	6	1	庚辰	5	2	庚戌	4	2	庚辰	3	4	辛亥	廿一
7	31	庚辰	7	1	庚戌	6	2	辛巳	5	3	辛亥	4	3	辛巳	3	5	壬子	廿二
8	1	辛巳	7	2	辛亥	6	3	壬午	5	4	壬子	4	4	壬午	3	6	癸丑	廿三
8	2	壬午	7	3	壬子	6	4	癸未	5	5	癸丑	4	5	癸未	3	7	甲寅	廿四
8	3	癸未	7	4	癸丑	6	5	甲申	5	6	甲寅	4	6	甲申	3	8	乙卯	廿五
8	4	甲申	7	5	甲寅	6	6	乙酉	5	7	乙卯	4	7	乙酉	3	9	丙辰	廿六
8	5	乙酉	7	6	乙卯	6	7	丙戌	5	8	丙辰	4	8	丙戌	3	10	丁巳	廿七
8	6	丙戌	7	7	丙辰	6	8	丁亥	5	9	丁巳	4	9	丁亥	3	11	戊午	廿八
8	7	丁亥	7	8	丁巳	6	9	戊子	5	10	戊午	4	10	戊子	3	12	己未	廿九
			7	9	戊午				5	11	己未	4	11	己丑				三十

月別	12月			11月			10月			9月			8月			7月		
月柱	辛丑			庚子			己亥			戊戌			丁酉			丙申		
紫白	三碧			四緑			五黄			六白			七赤			八白		
農暦	陽暦		日柱	陽暦		日柱	陽暦		日柱	陽暦		日柱	陽暦		日柱	陽暦		日柱
	月	日		月	日		月	日		月	日		月	日		月	日	
初一	1	3	丙辰	12	4	丙戌	11	5	丁巳	10	6	丁亥	9	7	戊午	8	8	戊子
初二	1	4	丁巳	12	5	丁亥	11	6	戊午	10	7	戊子	9	8	己未	8	9	己丑
初三	1	5	戊午	12	6	戊子	11	7	己未	10	8	己丑	9	9	庚申	8	10	庚寅
初四	1	6	己未	12	7	己丑	11	8	庚申	10	9	庚寅	9	10	辛酉	8	11	辛卯
初五	1	7	庚申	12	8	庚寅	11	9	辛酉	10	10	辛卯	9	11	壬戌	8	12	壬辰
初六	1	8	辛酉	12	9	辛卯	11	10	壬戌	10	11	壬辰	9	12	癸亥	8	13	癸巳
初七	1	9	壬戌	12	10	壬辰	11	11	癸亥	10	12	癸巳	9	13	甲子	8	14	甲午
初八	1	10	癸亥	12	11	癸巳	11	12	甲子	10	13	甲午	9	14	乙丑	8	15	乙未
初九	1	11	甲子	12	12	甲午	11	13	乙丑	10	14	乙未	9	15	丙寅	8	16	丙申
初十	1	12	乙丑	12	13	乙未	11	14	丙寅	10	15	丙申	9	16	丁卯	8	17	丁酉
十一	1	13	丙寅	12	14	丙申	11	15	丁卯	10	16	丁酉	9	17	戊辰	8	18	戊戌
十二	1	14	丁卯	12	15	丁酉	11	16	戊辰	10	17	戊戌	9	18	己巳	8	19	己亥
十三	1	15	戊辰	12	16	戊戌	11	17	己巳	10	18	己亥	9	19	庚午	8	20	庚子
十四	1	16	己巳	12	17	己亥	11	18	庚午	10	19	庚子	9	20	辛未	8	21	辛丑
十五	1	17	庚午	12	18	庚子	11	19	辛未	10	20	辛丑	9	21	壬申	8	22	壬寅
十六	1	18	辛未	12	19	辛丑	11	20	壬申	10	21	壬寅	9	22	癸酉	8	23	癸卯
十七	1	19	壬申	12	20	壬寅	11	21	癸酉	10	22	癸卯	9	23	甲戌	8	24	甲辰
十八	1	20	癸酉	12	21	癸卯	11	22	甲戌	10	23	甲辰	9	24	乙亥	8	25	乙巳
十九	1	21	甲戌	12	22	甲辰	11	23	乙亥	10	24	乙巳	9	25	丙子	8	26	丙午
二十	1	22	乙亥	12	23	乙巳	11	24	丙子	10	25	丙午	9	26	丁丑	8	27	丁未
廿一	1	23	丙子	12	24	丙午	11	25	丁丑	10	26	丁未	9	27	戊寅	8	28	戊申
廿二	1	24	丁丑	12	25	丁未	11	26	戊寅	10	27	戊申	9	28	己卯	8	29	己酉
廿三	1	25	戊寅	12	26	戊申	11	27	己卯	10	28	己酉	9	29	庚辰	8	30	庚戌
廿四	1	26	己卯	12	27	己酉	11	28	庚辰	10	29	庚戌	9	30	辛巳	8	31	辛亥
廿五	1	27	庚辰	12	28	庚戌	11	29	辛巳	10	30	辛亥	10	1	壬午	9	1	壬子
廿六	1	28	辛巳	12	29	辛亥	11	30	壬午	10	31	壬子	10	2	癸未	9	2	癸丑
廿七	1	29	壬午	12	30	壬子	12	1	癸未	11	1	癸丑	10	3	甲申	9	3	甲寅
廿八	1	30	癸未	12	31	癸丑	12	2	甲申	11	2	甲寅	10	4	乙酉	9	4	乙卯
廿九	1	31	甲申	1	1	甲寅	12	3	乙酉	11	3	乙卯	10	5	丙戌	9	5	丙辰
三十				1	2	乙卯				11	4	丙辰				9	6	丁巳

2022年【壬寅】

6月			5月			4月			3月			2月			正月			月別
丁未			丙午			乙巳			甲辰			癸卯			壬寅			月柱
六白			七赤			八白			九紫			一白			二黒			紫白
陽暦		日柱	陽暦		日柱	陽暦		日柱	陽暦		日柱	陽暦		日柱	陽暦		日柱	農暦
月	日		月	日		月	日		月	日		月	日		月	日		
6	29	癸丑	5	30	癸未	5	1	甲寅	4	1	甲申	3	3	乙卯	2	1	乙酉	初一
6	30	甲寅	5	31	甲申	5	2	乙卯	4	2	乙酉	3	4	丙辰	2	2	丙戌	初二
7	1	乙卯	6	1	乙酉	5	3	丙辰	4	3	丙戌	3	5	丁巳	2	3	丁亥	初三
7	2	丙辰	6	2	丙戌	5	4	丁巳	4	4	丁亥	3	6	戊午	2	4	戊子	初四
7	3	丁巳	6	3	丁亥	5	5	戊午	4	5	戊子	3	7	己未	2	5	己丑	初五
7	4	戊午	6	4	戊子	5	6	己未	4	6	己丑	3	8	庚申	2	6	庚寅	初六
7	5	己未	6	5	己丑	5	7	庚申	4	7	庚寅	3	9	辛酉	2	7	辛卯	初七
7	6	庚申	6	6	庚寅	5	8	辛酉	4	8	辛卯	3	10	壬戌	2	8	壬辰	初八
7	7	辛酉	6	7	辛卯	5	9	壬戌	4	9	壬辰	3	11	癸亥	2	9	癸巳	初九
7	8	壬戌	6	8	壬辰	5	10	癸亥	4	10	癸巳	3	12	甲子	2	10	甲午	初十
7	9	癸亥	6	9	癸巳	5	11	甲子	4	11	甲午	3	13	乙丑	2	11	乙未	十一
7	10	甲子	6	10	甲午	5	12	乙丑	4	12	乙未	3	14	丙寅	2	12	丙申	十二
7	11	乙丑	6	11	乙未	5	13	丙寅	4	13	丙申	3	15	丁卯	2	13	丁酉	十三
7	12	丙寅	6	12	丙申	5	14	丁卯	4	14	丁酉	3	16	戊辰	2	14	戊戌	十四
7	13	丁卯	6	13	丁酉	5	15	戊辰	4	15	戊戌	3	17	己巳	2	15	己亥	十五
7	14	戊辰	6	14	戊戌	5	16	己巳	4	16	己亥	3	18	庚午	2	16	庚子	十六
7	15	己巳	6	15	己亥	5	17	庚午	4	17	庚子	3	19	辛未	2	17	辛丑	十七
7	16	庚午	6	16	庚子	5	18	辛未	4	18	辛丑	3	20	壬申	2	18	壬寅	十八
7	17	辛未	6	17	辛丑	5	19	壬申	4	19	壬寅	3	21	癸酉	2	19	癸卯	十九
7	18	壬申	6	18	壬寅	5	20	癸酉	4	20	癸卯	3	22	甲戌	2	20	甲辰	二十
7	19	癸酉	6	19	癸卯	5	21	甲戌	4	21	甲辰	3	23	乙亥	2	21	乙巳	廿一
7	20	甲戌	6	20	甲辰	5	22	乙亥	4	22	乙巳	3	24	丙子	2	22	丙午	廿二
7	21	乙亥	6	21	乙巳	5	23	丙子	4	23	丙午	3	25	丁丑	2	23	丁未	廿三
7	22	丙子	6	22	丙午	5	24	丁丑	4	24	丁未	3	26	戊寅	2	24	戊申	廿四
7	23	丁丑	6	23	丁未	5	25	戊寅	4	25	戊申	3	27	己卯	2	25	己酉	廿五
7	24	戊寅	6	24	戊申	5	26	己卯	4	26	己酉	3	28	庚辰	2	26	庚戌	廿六
7	25	己卯	6	25	己酉	5	27	庚辰	4	27	庚戌	3	29	辛巳	2	27	辛亥	廿七
7	26	庚辰	6	26	庚戌	5	28	辛巳	4	28	辛亥	3	30	壬午	2	28	壬子	廿八
7	27	辛巳	6	27	辛亥	5	29	壬午	4	29	壬子	3	31	癸未	3	1	癸丑	廿九
7	28	壬午	6	28	壬子				4	30	癸丑				3	2	甲寅	三十

月別	12月			11月			10月			9月			8月			7月		
月柱	癸丑			壬子			辛亥			庚戌			己酉			戊申		
紫白	九紫			一白			二黒			三碧			四緑			五黄		
農暦	陽暦		日柱	陽暦		日柱	陽暦		日柱	陽暦		日柱	陽暦		日柱	陽暦		日柱
	月	日		月	日		月	日		月	日		月	日		月	日	
初一	12	23	庚戌	11	24	辛巳	10	25	辛亥	9	26	壬午	8	27	壬子	7	29	癸未
初二	12	24	辛亥	11	25	壬午	10	26	壬子	9	27	癸未	8	28	癸丑	7	30	甲申
初三	12	25	壬子	11	26	癸未	10	27	癸丑	9	28	甲申	8	29	甲寅	7	31	乙酉
初四	12	26	癸丑	11	27	甲申	10	28	甲寅	9	29	乙酉	8	30	乙卯	8	1	丙戌
初五	12	27	甲寅	11	28	乙酉	10	29	乙卯	9	30	丙戌	8	31	丙辰	8	2	丁亥
初六	12	28	乙卯	11	29	丙戌	10	30	丙辰	10	1	丁亥	9	1	丁巳	8	3	戊子
初七	12	29	丙辰	11	30	丁亥	10	31	丁巳	10	2	戊子	9	2	戊午	8	4	己丑
初八	12	30	丁巳	12	1	戊子	11	1	戊午	10	3	己丑	9	3	己未	8	5	庚寅
初九	12	31	戊午	12	2	己丑	11	2	己未	10	4	庚寅	9	4	庚申	8	6	辛卯
初十	1	1	己未	12	3	庚寅	11	3	庚申	10	5	辛卯	9	5	辛酉	8	7	壬辰
十一	1	2	庚申	12	4	辛卯	11	4	辛酉	10	6	壬辰	9	6	壬戌	8	8	癸巳
十二	1	3	辛酉	12	5	壬辰	11	5	壬戌	10	7	癸巳	9	7	癸亥	8	9	甲午
十三	1	4	壬戌	12	6	癸巳	11	6	癸亥	10	8	甲午	9	8	甲子	8	10	乙未
十四	1	5	癸亥	12	7	甲午	11	7	甲子	10	9	乙未	9	9	乙丑	8	11	丙申
十五	1	6	甲子	12	8	乙未	11	8	乙丑	10	10	丙申	9	10	丙寅	8	12	丁酉
十六	1	7	乙丑	12	9	丙申	11	9	丙寅	10	11	丁酉	9	11	丁卯	8	13	戊戌
十七	1	8	丙寅	12	10	丁酉	11	10	丁卯	10	12	戊戌	9	12	戊辰	8	14	己亥
十八	1	9	丁卯	12	11	戊戌	11	11	戊辰	10	13	己亥	9	13	己巳	8	15	庚子
十九	1	10	戊辰	12	12	己亥	11	12	己巳	10	14	庚子	9	14	庚午	8	16	辛丑
二十	1	11	己巳	12	13	庚子	11	13	庚午	10	15	辛丑	9	15	辛未	8	17	壬寅
廿一	1	12	庚午	12	14	辛丑	11	14	辛未	10	16	壬寅	9	16	壬申	8	18	癸卯
廿二	1	13	辛未	12	15	壬寅	11	15	壬申	10	17	癸卯	9	17	癸酉	8	19	甲辰
廿三	1	14	壬申	12	16	癸卯	11	16	癸酉	10	18	甲辰	9	18	甲戌	8	20	乙巳
廿四	1	15	癸酉	12	17	甲辰	11	17	甲戌	10	19	乙巳	9	19	乙亥	8	21	丙午
廿五	1	16	甲戌	12	18	乙巳	11	18	乙亥	10	20	丙午	9	20	丙子	8	22	丁未
廿六	1	17	乙亥	12	19	丙午	11	19	丙子	10	21	丁未	9	21	丁丑	8	23	戊申
廿七	1	18	丙子	12	20	丁未	11	20	丁丑	10	22	戊申	9	22	戊寅	8	24	己酉
廿八	1	19	丁丑	12	21	戊申	11	21	戊寅	10	23	己酉	9	23	己卯	8	25	庚戌
廿九	1	20	戊寅	12	22	己酉	11	22	己卯	10	24	庚戌	9	24	庚辰	8	26	辛亥
三十	1	21	己卯				11	23	庚辰				9	25	辛巳			

2023年【癸卯】

6月			5月			4月			3月			閏2月			2月			正月			月別
己未			戊午			丁巳			丙辰						乙卯			甲寅			月柱
三碧			四緑			五黃			六白						七赤			八白			紫白
陽暦		日柱	陽暦		日柱	陽暦		日柱	陽暦		日柱	陽暦		日柱	陽暦		日柱	陽暦		日柱	農暦
月	日		月	日		月	日		月	日		月	日		月	日		月	日		
7	18	丁丑	6	18	丁未	5	19	丁丑	4	20	戊申	3	22	己卯	2	20	己酉	1	22	庚辰	初一
7	19	戊寅	6	19	戊申	5	20	戊寅	4	21	己酉	3	23	庚辰	2	21	庚戌	1	23	辛巳	初二
7	20	己卯	6	20	己酉	5	21	己卯	4	22	庚戌	3	24	辛巳	2	22	辛亥	1	24	壬午	初三
7	21	庚辰	6	21	庚戌	5	22	庚辰	4	23	辛亥	3	25	壬午	2	23	壬子	1	25	癸未	初四
7	22	辛巳	6	22	辛亥	5	23	辛巳	4	24	壬子	3	26	癸未	2	24	癸丑	1	26	甲申	初五
7	23	壬午	6	23	壬子	5	24	壬午	4	25	癸丑	3	27	甲申	2	25	甲寅	1	27	乙酉	初六
7	24	癸未	6	24	癸丑	5	25	癸未	4	26	甲寅	3	28	乙酉	2	26	乙卯	1	28	丙戌	初七
7	25	甲申	6	25	甲寅	5	26	甲申	4	27	乙卯	3	29	丙戌	2	27	丙辰	1	29	丁亥	初八
7	26	乙酉	6	26	乙卯	5	27	乙酉	4	28	丙辰	3	30	丁亥	2	28	丁巳	1	30	戊子	初九
7	27	丙戌	6	27	丙辰	5	28	丙戌	4	29	丁巳	3	31	戊子	3	1	戊午	1	31	己丑	初十
7	28	丁亥	6	28	丁巳	5	29	丁亥	4	30	戊午	4	1	己丑	3	2	己未	2	1	庚寅	十一
7	29	戊子	6	29	戊午	5	30	戊子	5	1	己未	4	2	庚寅	3	3	庚申	2	2	辛卯	十二
7	30	己丑	6	30	己未	5	31	己丑	5	2	庚申	4	3	辛卯	3	4	辛酉	2	3	壬辰	十三
7	31	庚寅	7	1	庚申	6	1	庚寅	5	3	辛酉	4	4	壬辰	3	5	壬戌	2	4	癸巳	十四
8	1	辛卯	7	2	辛酉	6	2	辛卯	5	4	壬戌	4	5	癸巳	3	6	癸亥	2	5	甲午	十五
8	2	壬辰	7	3	壬戌	6	3	壬辰	5	5	癸亥	4	6	甲午	3	7	甲子	2	6	乙未	十六
8	3	癸巳	7	4	癸亥	6	4	癸巳	5	6	甲子	4	7	乙未	3	8	乙丑	2	7	丙申	十七
8	4	甲午	7	5	甲子	6	5	甲午	5	7	乙丑	4	8	丙申	3	9	丙寅	2	8	丁酉	十八
8	5	乙未	7	6	乙丑	6	6	乙未	5	8	丙寅	4	9	丁酉	3	10	丁卯	2	9	戊戌	十九
8	6	丙申	7	7	丙寅	6	7	丙申	5	9	丁卯	4	10	戊戌	3	11	戊辰	2	10	己亥	二十
8	7	丁酉	7	8	丁卯	6	8	丁酉	5	10	戊辰	4	11	己亥	3	12	己巳	2	11	庚子	廿一
8	8	戊戌	7	9	戊辰	6	9	戊戌	5	11	己巳	4	12	庚子	3	13	庚午	2	12	辛丑	廿二
8	9	己亥	7	10	己巳	6	10	己亥	5	12	庚午	4	13	辛丑	3	14	辛未	2	13	壬寅	廿三
8	10	庚子	7	11	庚午	6	11	庚子	5	13	辛未	4	14	壬寅	3	15	壬申	2	14	癸卯	廿四
8	11	辛丑	7	12	辛未	6	12	辛丑	5	14	壬申	4	15	癸卯	3	16	癸酉	2	15	甲辰	廿五
8	12	壬寅	7	13	壬申	6	13	壬寅	5	15	癸酉	4	16	甲辰	3	17	甲戌	2	16	乙巳	廿六
8	13	癸卯	7	14	癸酉	6	14	癸卯	5	16	甲戌	4	17	乙巳	3	18	乙亥	2	17	丙午	廿七
8	14	甲辰	7	15	甲戌	6	15	甲辰	5	17	乙亥	4	18	丙午	3	19	丙子	2	18	丁未	廿八
8	15	乙巳	7	16	乙亥	6	16	乙巳	5	18	丙子	4	19	丁未	3	20	丁丑	2	19	戊申	廿九
			7	17	丙子	6	17	丙午							3	21	戊寅				三十

月別	12月			11月			10月			9月			8月			7月		
月柱	乙丑			甲子			癸亥			壬戌			辛酉			庚申		
紫白	六白			七赤			八白			九紫			一白			二黒		
農暦	陽暦		日柱	陽暦		日柱	陽暦		日柱	陽暦		日柱	陽暦		日柱	陽暦		日柱
	月	日		月	日		月	日		月	日		月	日		月	日	
初一	1	11	甲戌	12	13	乙巳	11	13	乙亥	10	15	丙午	9	15	丙子	8	16	丙午
初二	1	12	乙亥	12	14	丙午	11	14	丙子	10	16	丁未	9	16	丁丑	8	17	丁未
初三	1	13	丙子	12	15	丁未	11	15	丁丑	10	17	戊申	9	17	戊寅	8	18	戊申
初四	1	14	丁丑	12	16	戊申	11	16	戊寅	10	18	己酉	9	18	己卯	8	19	己酉
初五	1	15	戊寅	12	17	己酉	11	17	己卯	10	19	庚戌	9	19	庚辰	8	20	庚戌
初六	1	16	己卯	12	18	庚戌	11	18	庚辰	10	20	辛亥	9	20	辛巳	8	21	辛亥
初七	1	17	庚辰	12	19	辛亥	11	19	辛巳	10	21	壬子	9	21	壬午	8	22	壬子
初八	1	18	辛巳	12	20	壬子	11	20	壬午	10	22	癸丑	9	22	癸未	8	23	癸丑
初九	1	19	壬午	12	21	癸丑	11	21	癸未	10	23	甲寅	9	23	甲申	8	24	甲寅
初十	1	20	癸未	12	22	甲寅	11	22	甲申	10	24	乙卯	9	24	乙酉	8	25	乙卯
十一	1	21	甲申	12	23	乙卯	11	23	乙酉	10	25	丙辰	9	25	丙戌	8	26	丙辰
十二	1	22	乙酉	12	24	丙辰	11	24	丙戌	10	26	丁巳	9	26	丁亥	8	27	丁巳
十三	1	23	丙戌	12	25	丁巳	11	25	丁亥	10	27	戊午	9	27	戊子	8	28	戊午
十四	1	24	丁亥	12	26	戊午	11	26	戊子	10	28	己未	9	28	己丑	8	29	己未
十五	1	25	戊子	12	27	己未	11	27	己丑	10	29	庚申	9	29	庚寅	8	30	庚申
十六	1	26	己丑	12	28	庚申	11	28	庚寅	10	30	辛酉	9	30	辛卯	8	31	辛酉
十七	1	27	庚寅	12	29	辛酉	11	29	辛卯	10	31	壬戌	10	1	壬辰	9	1	壬戌
十八	1	28	辛卯	12	30	壬戌	11	30	壬辰	11	1	癸亥	10	2	癸巳	9	2	癸亥
十九	1	29	壬辰	12	31	癸亥	12	1	癸巳	11	2	甲子	10	3	甲午	9	3	甲子
二十	1	30	癸巳	1	1	甲子	12	2	甲午	11	3	乙丑	10	4	乙未	9	4	乙丑
廿一	1	31	甲午	1	2	乙丑	12	3	乙未	11	4	丙寅	10	5	丙申	9	5	丙寅
廿二	2	1	乙未	1	3	丙寅	12	4	丙申	11	5	丁卯	10	6	丁酉	9	6	丁卯
廿三	2	2	丙申	1	4	丁卯	12	5	丁酉	11	6	戊辰	10	7	戊戌	9	7	戊辰
廿四	2	3	丁酉	1	5	戊辰	12	6	戊戌	11	7	己巳	10	8	己亥	9	8	己巳
廿五	2	4	戊戌	1	6	己巳	12	7	己亥	11	8	庚午	10	9	庚子	9	9	庚午
廿六	2	5	己亥	1	7	庚午	12	8	庚子	11	9	辛未	10	10	辛丑	9	10	辛未
廿七	2	6	庚子	1	8	辛未	12	9	辛丑	11	10	壬申	10	11	壬寅	9	11	壬申
廿八	2	7	辛丑	1	9	壬申	12	10	壬寅	11	11	癸酉	10	12	癸卯	9	12	癸酉
廿九	2	8	壬寅	1	10	癸酉	12	11	癸卯	11	12	甲戌	10	13	甲辰	9	13	甲戌
三十	2	9	癸卯				12	12	甲辰				10	14	乙巳	9	14	乙亥

2024年【甲辰】

6月			5月			4月			3月			2月			正月			月別
辛未			庚午			己巳			戊辰			丁卯			丙寅			月柱
九紫			一白			二黒			三碧			四緑			五黄			紫白
陽暦		日柱	陽暦		日柱	陽暦		日柱	陽暦		日柱	陽暦		日柱	陽暦		日柱	農暦
月	日		月	日		月	日		月	日		月	日		月	日		
7	6	辛未	6	6	辛丑	5	8	壬申	4	9	癸卯	3	10	癸酉	2	10	甲辰	初一
7	7	壬申	6	7	壬寅	5	9	癸酉	4	10	甲辰	3	11	甲戌	2	11	乙巳	初二
7	8	癸酉	6	8	癸卯	5	10	甲戌	4	11	乙巳	3	12	乙亥	2	12	丙午	初三
7	9	甲戌	6	9	甲辰	5	11	乙亥	4	12	丙午	3	13	丙子	2	13	丁未	初四
7	10	乙亥	6	10	乙巳	5	12	丙子	4	13	丁未	3	14	丁丑	2	14	戊申	初五
7	11	丙子	6	11	丙午	5	13	丁丑	4	14	戊申	3	15	戊寅	2	15	己酉	初六
7	12	丁丑	6	12	丁未	5	14	戊寅	4	15	己酉	3	16	己卯	2	16	庚戌	初七
7	13	戊寅	6	13	戊申	5	15	己卯	4	16	庚戌	3	17	庚辰	2	17	辛亥	初八
7	14	己卯	6	14	己酉	5	16	庚辰	4	17	辛亥	3	18	辛巳	2	18	壬子	初九
7	15	庚辰	6	15	庚戌	5	17	辛巳	4	18	壬子	3	19	壬午	2	19	癸丑	初十
7	16	辛巳	6	16	辛亥	5	18	壬午	4	19	癸丑	3	20	癸未	2	20	甲寅	十一
7	17	壬午	6	17	壬子	5	19	癸未	4	20	甲寅	3	21	甲申	2	21	乙卯	十二
7	18	癸未	6	18	癸丑	5	20	甲申	4	21	乙卯	3	22	乙酉	2	22	丙辰	十三
7	19	甲申	6	19	甲寅	5	21	乙酉	4	22	丙辰	3	23	丙戌	2	23	丁巳	十四
7	20	乙酉	6	20	乙卯	5	22	丙戌	4	23	丁巳	3	24	丁亥	2	24	戊午	十五
7	21	丙戌	6	21	丙辰	5	23	丁亥	4	24	戊午	3	25	戊子	2	25	己未	十六
7	22	丁亥	6	22	丁巳	5	24	戊子	4	25	己未	3	26	己丑	2	26	庚申	十七
7	23	戊子	6	23	戊午	5	25	己丑	4	26	庚申	3	27	庚寅	2	27	辛酉	十八
7	24	己丑	6	24	己未	5	26	庚寅	4	27	辛酉	3	28	辛卯	2	28	壬戌	十九
7	25	庚寅	6	25	庚申	5	27	辛卯	4	28	壬戌	3	29	壬辰	2	29	癸亥	二十
7	26	辛卯	6	26	辛酉	5	28	壬辰	4	29	癸亥	3	30	癸巳	3	1	甲子	廿一
7	27	壬辰	6	27	壬戌	5	29	癸巳	4	30	甲子	3	31	甲午	3	2	乙丑	廿二
7	28	癸巳	6	28	癸亥	5	30	甲午	5	1	乙丑	4	1	乙未	3	3	丙寅	廿三
7	29	甲午	6	29	甲子	5	31	乙未	5	2	丙寅	4	2	丙申	3	4	丁卯	廿四
7	30	乙未	6	30	乙丑	6	1	丙申	5	3	丁卯	4	3	丁酉	3	5	戊辰	廿五
7	31	丙申	7	1	丙寅	6	2	丁酉	5	4	戊辰	4	4	戊戌	3	6	己巳	廿六
8	1	丁酉	7	2	丁卯	6	3	戊戌	5	5	己巳	4	5	己亥	3	7	庚午	廿七
8	2	戊戌	7	3	戊辰	6	4	己亥	5	6	庚午	4	6	庚子	3	8	辛未	廿八
8	3	己亥	7	4	己巳	6	5	庚子	5	7	辛未	4	7	辛丑	3	9	壬申	廿九
			7	5	庚午							4	8	壬寅				三十

月別	12月			11月			10月			9月			8月			7月		
月柱	丁丑			丙子			乙亥			甲戌			癸酉			壬申		
紫白	三碧			四緑			五黃			六白			七赤			八白		
農暦	陽暦		日柱	陽暦		日柱	陽暦		日柱	陽暦		日柱	陽暦		日柱	陽暦		日柱
	月	日		月	日		月	日		月	日		月	日		月	日	
初一	12	31	己巳	12	1	己亥	11	1	己巳	10	3	庚子	9	3	庚午	8	4	庚子
初二	1	1	庚午	12	2	庚子	11	2	庚午	10	4	辛丑	9	4	辛未	8	5	辛丑
初三	1	2	辛未	12	3	辛丑	11	3	辛未	10	5	壬寅	9	5	壬申	8	6	壬寅
初四	1	3	壬申	12	4	壬寅	11	4	壬申	10	6	癸卯	9	6	癸酉	8	7	癸卯
初五	1	4	癸酉	12	5	癸卯	11	5	癸酉	10	7	甲辰	9	7	甲戌	8	8	甲辰
初六	1	5	甲戌	12	6	甲辰	11	6	甲戌	10	8	乙巳	9	8	乙亥	8	9	乙巳
初七	1	6	乙亥	12	7	乙巳	11	7	乙亥	10	9	丙午	9	9	丙子	8	10	丙午
初八	1	7	丙子	12	8	丙午	11	8	丙子	10	10	丁未	9	10	丁丑	8	11	丁未
初九	1	8	丁丑	12	9	丁未	11	9	丁丑	10	11	戊申	9	11	戊寅	8	12	戊申
初十	1	9	戊寅	12	10	戊申	11	10	戊寅	10	12	己酉	9	12	己卯	8	13	己酉
十一	1	10	己卯	12	11	己酉	11	11	己卯	10	13	庚戌	9	13	庚辰	8	14	庚戌
十二	1	11	庚辰	12	12	庚戌	11	12	庚辰	10	14	辛亥	9	14	辛巳	8	15	辛亥
十三	1	12	辛巳	12	13	辛亥	11	13	辛巳	10	15	壬子	9	15	壬午	8	16	壬子
十四	1	13	壬午	12	14	壬子	11	14	壬午	10	16	癸丑	9	16	癸未	8	17	癸丑
十五	1	14	癸未	12	15	癸丑	11	15	癸未	10	17	甲寅	9	17	甲申	8	18	甲寅
十六	1	15	甲申	12	16	甲寅	11	16	甲申	10	18	乙卯	9	18	乙酉	8	19	乙卯
十七	1	16	乙酉	12	17	乙卯	11	17	乙酉	10	19	丙辰	9	19	丙戌	8	20	丙辰
十八	1	17	丙戌	12	18	丙辰	11	18	丙戌	10	20	丁巳	9	20	丁亥	8	21	丁巳
十九	1	18	丁亥	12	19	丁巳	11	19	丁亥	10	21	戊午	9	21	戊子	8	22	戊午
二十	1	19	戊子	12	20	戊午	11	20	戊子	10	22	己未	9	22	己丑	8	23	己未
廿一	1	20	己丑	12	21	己未	11	21	己丑	10	23	庚申	9	23	庚寅	8	24	庚申
廿二	1	21	庚寅	12	22	庚申	11	22	庚寅	10	24	辛酉	9	24	辛卯	8	25	辛酉
廿三	1	22	辛卯	12	23	辛酉	11	23	辛卯	10	25	壬戌	9	25	壬辰	8	26	壬戌
廿四	1	23	壬辰	12	24	壬戌	11	24	壬辰	10	26	癸亥	9	26	癸巳	8	27	癸亥
廿五	1	24	癸巳	12	25	癸亥	11	25	癸巳	10	27	甲子	9	27	甲午	8	28	甲子
廿六	1	25	甲午	12	26	甲子	11	26	甲午	10	28	乙丑	9	28	乙未	8	29	乙丑
廿七	1	26	乙未	12	27	乙丑	11	27	乙未	10	29	丙寅	9	29	丙申	8	30	丙寅
廿八	1	27	丙申	12	28	丙寅	11	28	丙申	10	30	丁卯	9	30	丁酉	8	31	丁卯
廿九	1	28	丁酉	12	29	丁卯	11	29	丁酉	10	31	戊辰	10	1	戊戌	9	1	戊辰
三十				12	30	戊辰	11	30	戊戌				10	2	己亥	9	2	己巳

2025年【乙巳】

閏6月			6月			5月			4月			3月			2月			正月			月別
			癸未			壬午			辛巳			庚辰			己卯			戊寅			月柱
			六白			七赤			八白			九紫			一白			二黒			紫白
陽暦		日柱	陽暦		日柱	陽暦		日柱	陽暦		日柱	陽暦		日柱	陽暦		日柱	陽暦		日柱	農暦
月	日		月	日		月	日		月	日		月	日		月	日		月	日		
7	25	乙未	6	25	乙丑	5	27	丙申	4	28	丁卯	3	29	丁酉	2	28	戊辰	1	29	戊戌	初一
7	26	丙申	6	26	丙寅	5	28	丁酉	4	29	戊辰	3	30	戊戌	3	1	己巳	1	30	己亥	初二
7	27	丁酉	6	27	丁卯	5	29	戊戌	4	30	己巳	3	31	己亥	3	2	庚午	1	31	庚子	初三
7	28	戊戌	6	28	戊辰	5	30	己亥	5	1	庚午	4	1	庚子	3	3	辛未	2	1	辛丑	初四
7	29	己亥	6	29	己巳	5	31	庚子	5	2	辛未	4	2	辛丑	3	4	壬申	2	2	壬寅	初五
7	30	庚子	6	30	庚午	6	1	辛丑	5	3	壬申	4	3	壬寅	3	5	癸酉	2	3	癸卯	初六
7	31	辛丑	7	1	辛未	6	2	壬寅	5	4	癸酉	4	4	癸卯	3	6	甲戌	2	4	甲辰	初七
8	1	壬寅	7	2	壬申	6	3	癸卯	5	5	甲戌	4	5	甲辰	3	7	乙亥	2	5	乙巳	初八
8	2	癸卯	7	3	癸酉	6	4	甲辰	5	6	乙亥	4	6	乙巳	3	8	丙子	2	6	丙午	初九
8	3	甲辰	7	4	甲戌	6	5	乙巳	5	7	丙子	4	7	丙午	3	9	丁丑	2	7	丁未	初十
8	4	乙巳	7	5	乙亥	6	6	丙午	5	8	丁丑	4	8	丁未	3	10	戊寅	2	8	戊申	十一
8	5	丙午	7	6	丙子	6	7	丁未	5	9	戊寅	4	9	戊申	3	11	己卯	2	9	己酉	十二
8	6	丁未	7	7	丁丑	6	8	戊申	5	10	己卯	4	10	己酉	3	12	庚辰	2	10	庚戌	十三
8	7	戊申	7	8	戊寅	6	9	己酉	5	11	庚辰	4	11	庚戌	3	13	辛巳	2	11	辛亥	十四
8	8	己酉	7	9	己卯	6	10	庚戌	5	12	辛巳	4	12	辛亥	3	14	壬午	2	12	壬子	十五
8	9	庚戌	7	10	庚辰	6	11	辛亥	5	13	壬午	4	13	壬子	3	15	癸未	2	13	癸丑	十六
8	10	辛亥	7	11	辛巳	6	12	壬子	5	14	癸未	4	14	癸丑	3	16	甲申	2	14	甲寅	十七
8	11	壬子	7	12	壬午	6	13	癸丑	5	15	甲申	4	15	甲寅	3	17	乙酉	2	15	乙卯	十八
8	12	癸丑	7	13	癸未	6	14	甲寅	5	16	乙酉	4	16	乙卯	3	18	丙戌	2	16	丙辰	十九
8	13	甲寅	7	14	甲申	6	15	乙卯	5	17	丙戌	4	17	丙辰	3	19	丁亥	2	17	丁巳	二十
8	14	乙卯	7	15	乙酉	6	16	丙辰	5	18	丁亥	4	18	丁巳	3	20	戊子	2	18	戊午	廿一
8	15	丙辰	7	16	丙戌	6	17	丁巳	5	19	戊子	4	19	戊午	3	21	己丑	2	19	己未	廿二
8	16	丁巳	7	17	丁亥	6	18	戊午	5	20	己丑	4	20	己未	3	22	庚寅	2	20	庚申	廿三
8	17	戊午	7	18	戊子	6	19	己未	5	21	庚寅	4	21	庚申	3	23	辛卯	2	21	辛酉	廿四
8	18	己未	7	19	己丑	6	20	庚申	5	22	辛卯	4	22	辛酉	3	24	壬辰	2	22	壬戌	廿五
8	19	庚申	7	20	庚寅	6	21	辛酉	5	23	壬辰	4	23	壬戌	3	25	癸巳	2	23	癸亥	廿六
8	20	辛酉	7	21	辛卯	6	22	壬戌	5	24	癸巳	4	24	癸亥	3	26	甲午	2	24	甲子	廿七
8	21	壬戌	7	22	壬辰	6	23	癸亥	5	25	甲午	4	25	甲子	3	27	乙未	2	25	乙丑	廿八
8	22	癸亥	7	23	癸巳	6	24	甲子	5	26	乙未	4	26	乙丑	3	28	丙申	2	26	丙寅	廿九
			7	24	甲午							4	27	丙寅				2	27	丁卯	三十

月別	12月			11月			10月			9月			8月			7月		
月柱	己丑			戊子			丁亥			丙戌			乙酉			甲申		
紫白	九紫			一白			二黑			三碧			四緑			五黃		
農曆	陽曆		日柱	陽曆		日柱	陽曆		日柱	陽曆		日柱	陽曆		日柱	陽曆		日柱
	月	日		月	日		月	日		月	日		月	日		月	日	
初一	1	19	癸巳	12	20	癸亥	11	20	癸巳	10	21	癸亥	9	22	甲午	8	23	甲子
初二	1	20	甲午	12	21	甲子	11	21	甲午	10	22	甲子	9	23	乙未	8	24	乙丑
初三	1	21	乙未	12	22	乙丑	11	22	乙未	10	23	乙丑	9	24	丙申	8	25	丙寅
初四	1	22	丙申	12	23	丙寅	11	23	丙申	10	24	丙寅	9	25	丁酉	8	26	丁卯
初五	1	23	丁酉	12	24	丁卯	11	24	丁酉	10	25	丁卯	9	26	戊戌	8	27	戊辰
初六	1	24	戊戌	12	25	戊辰	11	25	戊戌	10	26	戊辰	9	27	己亥	8	28	己巳
初七	1	25	己亥	12	26	己巳	11	26	己亥	10	27	己巳	9	28	庚子	8	29	庚午
初八	1	26	庚子	12	27	庚午	11	27	庚子	10	28	庚午	9	29	辛丑	8	30	辛未
初九	1	27	辛丑	12	28	辛未	11	28	辛丑	10	29	辛未	9	30	壬寅	8	31	壬申
初十	1	28	壬寅	12	29	壬申	11	29	壬寅	10	30	壬申	10	1	癸卯	9	1	癸酉
十一	1	29	癸卯	12	30	癸酉	11	30	癸卯	10	31	癸酉	10	2	甲辰	9	2	甲戌
十二	1	30	甲辰	12	31	甲戌	12	1	甲辰	11	1	甲戌	10	3	乙巳	9	3	乙亥
十三	1	31	乙巳	1	1	乙亥	12	2	乙巳	11	2	乙亥	10	4	丙午	9	4	丙子
十四	2	1	丙午	1	2	丙子	12	3	丙午	11	3	丙子	10	5	丁未	9	5	丁丑
十五	2	2	丁未	1	3	丁丑	12	4	丁未	11	4	丁丑	10	6	戊申	9	6	戊寅
十六	2	3	戊申	1	4	戊寅	12	5	戊申	11	5	戊寅	10	7	己酉	9	7	己卯
十七	2	4	己酉	1	5	己卯	12	6	己酉	11	6	己卯	10	8	庚戌	9	8	庚辰
十八	2	5	庚戌	1	6	庚辰	12	7	庚戌	11	7	庚辰	10	9	辛亥	9	9	辛巳
十九	2	6	辛亥	1	7	辛巳	12	8	辛亥	11	8	辛巳	10	10	壬子	9	10	壬午
二十	2	7	壬子	1	8	壬午	12	9	壬子	11	9	壬午	10	11	癸丑	9	11	癸未
廿一	2	8	癸丑	1	9	癸未	12	10	癸丑	11	10	癸未	10	12	甲寅	9	12	甲申
廿二	2	9	甲寅	1	10	甲申	12	11	甲寅	11	11	甲申	10	13	乙卯	9	13	乙酉
廿三	2	10	乙卯	1	11	乙酉	12	12	乙卯	11	12	乙酉	10	14	丙辰	9	14	丙戌
廿四	2	11	丙辰	1	12	丙戌	12	13	丙辰	11	13	丙戌	10	15	丁巳	9	15	丁亥
廿五	2	12	丁巳	1	13	丁亥	12	14	丁巳	11	14	丁亥	10	16	戊午	9	16	戊子
廿六	2	13	戊午	1	14	戊子	12	15	戊午	11	15	戊子	10	17	己未	9	17	己丑
廿七	2	14	己未	1	15	己丑	12	16	己未	11	16	己丑	10	18	庚申	9	18	庚寅
廿八	2	15	庚申	1	16	庚寅	12	17	庚申	11	17	庚寅	10	19	辛酉	9	19	辛卯
廿九	2	16	辛酉	1	17	辛卯	12	18	辛酉	11	18	辛卯	10	20	壬戌	9	20	壬辰
三十				1	18	壬辰	12	19	壬戌	11	19	壬辰				9	21	癸巳

2026年【丙午】

6月			5月			4月			3月			2月			正月			月別
乙未			甲午			癸巳			壬辰			辛卯			庚寅			月柱
三碧			四緑			五黃			六白			七赤			八白			紫白
陽暦		日柱	陽暦		日柱	陽暦		日柱	陽暦		日柱	陽暦		日柱	陽暦		日柱	農暦
月	日		月	日		月	日		月	日		月	日		月	日		
7	14	己丑	6	15	庚申	5	17	辛卯	4	17	辛酉	3	19	壬辰	2	17	壬戌	初一
7	15	庚寅	6	16	辛酉	5	18	壬辰	4	18	壬戌	3	20	癸巳	2	18	癸亥	初二
7	16	辛卯	6	17	壬戌	5	19	癸巳	4	19	癸亥	3	21	甲午	2	19	甲子	初三
7	17	壬辰	6	18	癸亥	5	20	甲午	4	20	甲子	3	22	乙未	2	20	乙丑	初四
7	18	癸巳	6	19	甲子	5	21	乙未	4	21	乙丑	3	23	丙申	2	21	丙寅	初五
7	19	甲午	6	20	乙丑	5	22	丙申	4	22	丙寅	3	24	丁酉	2	22	丁卯	初六
7	20	乙未	6	21	丙寅	5	23	丁酉	4	23	丁卯	3	25	戊戌	2	23	戊辰	初七
7	21	丙申	6	22	丁卯	5	24	戊戌	4	24	戊辰	3	26	己亥	2	24	己巳	初八
7	22	丁酉	6	23	戊辰	5	25	己亥	4	25	己巳	3	27	庚子	2	25	庚午	初九
7	23	戊戌	6	24	己巳	5	26	庚子	4	26	庚午	3	28	辛丑	2	26	辛未	初十
7	24	己亥	6	25	庚午	5	27	辛丑	4	27	辛未	3	29	壬寅	2	27	壬申	十一
7	25	庚子	6	26	辛未	5	28	壬寅	4	28	壬申	3	30	癸卯	2	28	癸酉	十二
7	26	辛丑	6	27	壬申	5	29	癸卯	4	29	癸酉	3	31	甲辰	3	1	甲戌	十三
7	27	壬寅	6	28	癸酉	5	30	甲辰	4	30	甲戌	4	1	乙巳	3	2	乙亥	十四
7	28	癸卯	6	29	甲戌	5	31	乙巳	5	1	乙亥	4	2	丙午	3	3	丙子	十五
7	29	甲辰	6	30	乙亥	6	1	丙午	5	2	丙子	4	3	丁未	3	4	丁丑	十六
7	30	乙巳	7	1	丙子	6	2	丁未	5	3	丁丑	4	4	戊申	3	5	戊寅	十七
7	31	丙午	7	2	丁丑	6	3	戊申	5	4	戊寅	4	5	己酉	3	6	己卯	十八
8	1	丁未	7	3	戊寅	6	4	己酉	5	5	己卯	4	6	庚戌	3	7	庚辰	十九
8	2	戊申	7	4	己卯	6	5	庚戌	5	6	庚辰	4	7	辛亥	3	8	辛巳	二十
8	3	己酉	7	5	庚辰	6	6	辛亥	5	7	辛巳	4	8	壬子	3	9	壬午	廿一
8	4	庚戌	7	6	辛巳	6	7	壬子	5	8	壬午	4	9	癸丑	3	10	癸未	廿二
8	5	辛亥	7	7	壬午	6	8	癸丑	5	9	癸未	4	10	甲寅	3	11	甲申	廿三
8	6	壬子	7	8	癸未	6	9	甲寅	5	10	甲申	4	11	乙卯	3	12	乙酉	廿四
8	7	癸丑	7	9	甲申	6	10	乙卯	5	11	乙酉	4	12	丙辰	3	13	丙戌	廿五
8	8	甲寅	7	10	乙酉	6	11	丙辰	5	12	丙戌	4	13	丁巳	3	14	丁亥	廿六
8	9	乙卯	7	11	丙戌	6	12	丁巳	5	13	丁亥	4	14	戊午	3	15	戊子	廿七
8	10	丙辰	7	12	丁亥	6	13	戊午	5	14	戊子	4	15	己未	3	16	己丑	廿八
8	11	丁巳	7	13	戊子	6	14	己未	5	15	己丑	4	16	庚申	3	17	庚寅	廿九
8	12	戊午							5	16	庚寅				3	18	辛卯	三十

月別	12月			11月			10月			9月			8月			7月		
月柱	辛丑			庚子			己亥			戊戌			丁酉			丙申		
紫白	六白			七赤			八白			九紫			一白			二黒		
農暦	陽暦		日柱	陽暦		日柱	陽暦		日柱	陽暦		日柱	陽暦		日柱	陽暦		日柱
	月	日		月	日		月	日		月	日		月	日		月	日	
初一	1	8	丁亥	12	9	丁巳	11	9	丁亥	10	10	丁巳	9	11	戊子	8	13	己未
初二	1	9	戊子	12	10	戊午	11	10	戊子	10	11	戊午	9	12	己丑	8	14	庚申
初三	1	10	己丑	12	11	己未	11	11	己丑	10	12	己未	9	13	庚寅	8	15	辛酉
初四	1	11	庚寅	12	12	庚申	11	12	庚寅	10	13	庚申	9	14	辛卯	8	16	壬戌
初五	1	12	辛卯	12	13	辛酉	11	13	辛卯	10	14	辛酉	9	15	壬辰	8	17	癸亥
初六	1	13	壬辰	12	14	壬戌	11	14	壬辰	10	15	壬戌	9	16	癸巳	8	18	甲子
初七	1	14	癸巳	12	15	癸亥	11	15	癸巳	10	16	癸亥	9	17	甲午	8	19	乙丑
初八	1	15	甲午	12	16	甲子	11	16	甲午	10	17	甲子	9	18	乙未	8	20	丙寅
初九	1	16	乙未	12	17	乙丑	11	17	乙未	10	18	乙丑	9	19	丙申	8	21	丁卯
初十	1	17	丙申	12	18	丙寅	11	18	丙申	10	19	丙寅	9	20	丁酉	8	22	戊辰
十一	1	18	丁酉	12	19	丁卯	11	19	丁酉	10	20	丁卯	9	21	戊戌	8	23	己巳
十二	1	19	戊戌	12	20	戊辰	11	20	戊戌	10	21	戊辰	9	22	己亥	8	24	庚午
十三	1	20	己亥	12	21	己巳	11	21	己亥	10	22	己巳	9	23	庚子	8	25	辛未
十四	1	21	庚子	12	22	庚午	11	22	庚子	10	23	庚午	9	24	辛丑	8	26	壬申
十五	1	22	辛丑	12	23	辛未	11	23	辛丑	10	24	辛未	9	25	壬寅	8	27	癸酉
十六	1	23	壬寅	12	24	壬申	11	24	壬寅	10	25	壬申	9	26	癸卯	8	28	甲戌
十七	1	24	癸卯	12	25	癸酉	11	25	癸卯	10	26	癸酉	9	27	甲辰	8	29	乙亥
十八	1	25	甲辰	12	26	甲戌	11	26	甲辰	10	27	甲戌	9	28	乙巳	8	30	丙子
十九	1	26	乙巳	12	27	乙亥	11	27	乙巳	10	28	乙亥	9	29	丙午	8	31	丁丑
二十	1	27	丙午	12	28	丙子	11	28	丙午	10	29	丙子	9	30	丁未	9	1	戊寅
廿一	1	28	丁未	12	29	丁丑	11	29	丁未	10	30	丁丑	10	1	戊申	9	2	己卯
廿二	1	29	戊申	12	30	戊寅	11	30	戊申	10	31	戊寅	10	2	己酉	9	3	庚辰
廿三	1	30	己酉	12	31	己卯	12	1	己酉	11	1	己卯	10	3	庚戌	9	4	辛巳
廿四	1	31	庚戌	1	1	庚辰	12	2	庚戌	11	2	庚辰	10	4	辛亥	9	5	壬午
廿五	2	1	辛亥	1	2	辛巳	12	3	辛亥	11	3	辛巳	10	5	壬子	9	6	癸未
廿六	2	2	壬子	1	3	壬午	12	4	壬子	11	4	壬午	10	6	癸丑	9	7	甲申
廿七	2	3	癸丑	1	4	癸未	12	5	癸丑	11	5	癸未	10	7	甲寅	9	8	乙酉
廿八	2	4	甲寅	1	5	甲申	12	6	甲寅	11	6	甲申	10	8	乙卯	9	9	丙戌
廿九	2	5	乙卯	1	6	乙酉	12	7	乙卯	11	7	乙酉	10	9	丙辰	9	10	丁亥
三十				1	7	丙戌	12	8	丙辰	11	8	丙戌						

2027年【丁未】

6月			5月			4月			3月			2月			正月			月別
丁未			丙午			乙巳			甲辰			癸卯			壬寅			月柱
九紫			一白			二黑			三碧			四綠			五黃			紫白
陽暦		日柱	陽暦		日柱	陽暦		日柱	陽暦		日柱	陽暦		日柱	陽暦		日柱	農暦
月	日		月	日		月	日		月	日		月	日		月	日		
7	4	甲申	6	5	乙卯	5	6	乙酉	4	7	丙辰	3	8	丙戌	2	6	丙辰	初一
7	5	乙酉	6	6	丙辰	5	7	丙戌	4	8	丁巳	3	9	丁亥	2	7	丁巳	初二
7	6	丙戌	6	7	丁巳	5	8	丁亥	4	9	戊午	3	10	戊子	2	8	戊午	初三
7	7	丁亥	6	8	戊午	5	9	戊子	4	10	己未	3	11	己丑	2	9	己未	初四
7	8	戊子	6	9	己未	5	10	己丑	4	11	庚申	3	12	庚寅	2	10	庚申	初五
7	9	己丑	6	10	庚申	5	11	庚寅	4	12	辛酉	3	13	辛卯	2	11	辛酉	初六
7	10	庚寅	6	11	辛酉	5	12	辛卯	4	13	壬戌	3	14	壬辰	2	12	壬戌	初七
7	11	辛卯	6	12	壬戌	5	13	壬辰	4	14	癸亥	3	15	癸巳	2	13	癸亥	初八
7	12	壬辰	6	13	癸亥	5	14	癸巳	4	15	甲子	3	16	甲午	2	14	甲子	初九
7	13	癸巳	6	14	甲子	5	15	甲午	4	16	乙丑	3	17	乙未	2	15	乙丑	初十
7	14	甲午	6	15	乙丑	5	16	乙未	4	17	丙寅	3	18	丙申	2	16	丙寅	十一
7	15	乙未	6	16	丙寅	5	17	丙申	4	18	丁卯	3	19	丁酉	2	17	丁卯	十二
7	16	丙申	6	17	丁卯	5	18	丁酉	4	19	戊辰	3	20	戊戌	2	18	戊辰	十三
7	17	丁酉	6	18	戊辰	5	19	戊戌	4	20	己巳	3	21	己亥	2	19	己巳	十四
7	18	戊戌	6	19	己巳	5	20	己亥	4	21	庚午	3	22	庚子	2	20	庚午	十五
7	19	己亥	6	20	庚午	5	21	庚子	4	22	辛未	3	23	辛丑	2	21	辛未	十六
7	20	庚子	6	21	辛未	5	22	辛丑	4	23	壬申	3	24	壬寅	2	22	壬申	十七
7	21	辛丑	6	22	壬申	5	23	壬寅	4	24	癸酉	3	25	癸卯	2	23	癸酉	十八
7	22	壬寅	6	23	癸酉	5	24	癸卯	4	25	甲戌	3	26	甲辰	2	24	甲戌	十九
7	23	癸卯	6	24	甲戌	5	25	甲辰	4	26	乙亥	3	27	乙巳	2	25	乙亥	二十
7	24	甲辰	6	25	乙亥	5	26	乙巳	4	27	丙子	3	28	丙午	2	26	丙子	廿一
7	25	乙巳	6	26	丙子	5	27	丙午	4	28	丁丑	3	29	丁未	2	27	丁丑	廿二
7	26	丙午	6	27	丁丑	5	28	丁未	4	29	戊寅	3	30	戊申	2	28	戊寅	廿三
7	27	丁未	6	28	戊寅	5	29	戊申	4	30	己卯	3	31	己酉	3	1	己卯	廿四
7	28	戊申	6	29	己卯	5	30	己酉	5	1	庚辰	4	1	庚戌	3	2	庚辰	廿五
7	29	己酉	6	30	庚辰	5	31	庚戌	5	2	辛巳	4	2	辛亥	3	3	辛巳	廿六
7	30	庚戌	7	1	辛巳	6	1	辛亥	5	3	壬午	4	3	壬子	3	4	壬午	廿七
7	31	辛亥	7	2	壬午	6	2	壬子	5	4	癸未	4	4	癸丑	3	5	癸未	廿八
8	1	壬子	7	3	癸未	6	3	癸丑	5	5	甲申	4	5	甲寅	3	6	甲申	廿九
						6	4	甲寅				4	6	乙卯	3	7	乙酉	三十

月別	12月			11月			10月			9月			8月			7月		
月柱	癸丑			壬子			辛亥			庚戌			己酉			戊申		
紫白	三碧			四緑			五黄			六白			七赤			八白		
農暦	陽暦		日柱	陽暦		日柱	陽暦		日柱	陽暦		日柱	陽暦		日柱	陽暦		日柱
	月	日		月	日		月	日		月	日		月	日		月	日	
初一	12	28	辛巳	11	28	辛亥	10	29	辛巳	9	30	壬子	9	1	癸未	8	2	癸丑
初二	12	29	壬午	11	29	壬子	10	30	壬午	10	1	癸丑	9	2	甲申	8	3	甲寅
初三	12	30	癸未	11	30	癸丑	10	31	癸未	10	2	甲寅	9	3	乙酉	8	4	乙卯
初四	12	31	甲申	12	1	甲寅	11	1	甲申	10	3	乙卯	9	4	丙戌	8	5	丙辰
初五	1	1	乙酉	12	2	乙卯	11	2	乙酉	10	4	丙辰	9	5	丁亥	8	6	丁巳
初六	1	2	丙戌	12	3	丙辰	11	3	丙戌	10	5	丁巳	9	6	戊子	8	7	戊午
初七	1	3	丁亥	12	4	丁巳	11	4	丁亥	10	6	戊午	9	7	己丑	8	8	己未
初八	1	4	戊子	12	5	戊午	11	5	戊子	10	7	己未	9	8	庚寅	8	9	庚申
初九	1	5	己丑	12	6	己未	11	6	己丑	10	8	庚申	9	9	辛卯	8	10	辛酉
初十	1	6	庚寅	12	7	庚申	11	7	庚寅	10	9	辛酉	9	10	壬辰	8	11	壬戌
十一	1	7	辛卯	12	8	辛酉	11	8	辛卯	10	10	壬戌	9	11	癸巳	8	12	癸亥
十二	1	8	壬辰	12	9	壬戌	11	9	壬辰	10	11	癸亥	9	12	甲午	8	13	甲子
十三	1	9	癸巳	12	10	癸亥	11	10	癸巳	10	12	甲子	9	13	乙未	8	14	乙丑
十四	1	10	甲午	12	11	甲子	11	11	甲午	10	13	乙丑	9	14	丙申	8	15	丙寅
十五	1	11	乙未	12	12	乙丑	11	12	乙未	10	14	丙寅	9	15	丁酉	8	16	丁卯
十六	1	12	丙申	12	13	丙寅	11	13	丙申	10	15	丁卯	9	16	戊戌	8	17	戊辰
十七	1	13	丁酉	12	14	丁卯	11	14	丁酉	10	16	戊辰	9	17	己亥	8	18	己巳
十八	1	14	戊戌	12	15	戊辰	11	15	戊戌	10	17	己巳	9	18	庚子	8	19	庚午
十九	1	15	己亥	12	16	己巳	11	16	己亥	10	18	庚午	9	19	辛丑	8	20	辛未
二十	1	16	庚子	12	17	庚午	11	17	庚子	10	19	辛未	9	20	壬寅	8	21	壬申
廿一	1	17	辛丑	12	18	辛未	11	18	辛丑	10	20	壬申	9	21	癸卯	8	22	癸酉
廿二	1	18	壬寅	12	19	壬申	11	19	壬寅	10	21	癸酉	9	22	甲辰	8	23	甲戌
廿三	1	19	癸卯	12	20	癸酉	11	20	癸卯	10	22	甲戌	9	23	乙巳	8	24	乙亥
廿四	1	20	甲辰	12	21	甲戌	11	21	甲辰	10	23	乙亥	9	24	丙午	8	25	丙子
廿五	1	21	乙巳	12	22	乙亥	11	22	乙巳	10	24	丙子	9	25	丁未	8	26	丁丑
廿六	1	22	丙午	12	23	丙子	11	23	丙午	10	25	丁丑	9	26	戊申	8	27	戊寅
廿七	1	23	丁未	12	24	丁丑	11	24	丁未	10	26	戊寅	9	27	己酉	8	28	己卯
廿八	1	24	戊申	12	25	戊寅	11	25	戊申	10	27	己卯	9	28	庚戌	8	29	庚辰
廿九	1	25	己酉	12	26	己卯	11	26	己酉	10	28	庚辰	9	29	辛亥	8	30	辛巳
三十				12	27	庚辰	11	27	庚戌							8	31	壬午

2028年【戊申】

6月			閏5月			5月			4月			3月			2月			正月			月別
己未						戊午			丁巳			丙辰			乙卯			甲寅			月柱
六白						七赤			八白			九紫			一白			二黒			紫白
陽暦		日柱	陽暦		日柱	陽暦		日柱	陽暦		日柱	陽暦		日柱	陽暦		日柱	陽暦		日柱	農暦
月	日		月	日		月	日		月	日		月	日		月	日		月	日		
7	22	戊申	6	23	己卯	5	24	己酉	4	25	庚辰	3	26	庚戌	2	25	庚辰	1	26	庚戌	初一
7	23	己酉	6	24	庚辰	5	25	庚戌	4	26	辛巳	3	27	辛亥	2	26	辛巳	1	27	辛亥	初二
7	24	庚戌	6	25	辛巳	5	26	辛亥	4	27	壬午	3	28	壬子	2	27	壬午	1	28	壬子	初三
7	25	辛亥	6	26	壬午	5	27	壬子	4	28	癸未	3	29	癸丑	2	28	癸未	1	29	癸丑	初四
7	26	壬子	6	27	癸未	5	28	癸丑	4	29	甲申	3	30	甲寅	2	29	甲申	1	30	甲寅	初五
7	27	癸丑	6	28	甲申	5	29	甲寅	4	30	乙酉	3	31	乙卯	3	1	乙酉	1	31	乙卯	初六
7	28	甲寅	6	29	乙酉	5	30	乙卯	5	1	丙戌	4	1	丙辰	3	2	丙戌	2	1	丙辰	初七
7	29	乙卯	6	30	丙戌	5	31	丙辰	5	2	丁亥	4	2	丁巳	3	3	丁亥	2	2	丁巳	初八
7	30	丙辰	7	1	丁亥	6	1	丁巳	5	3	戊子	4	3	戊午	3	4	戊子	2	3	戊午	初九
7	31	丁巳	7	2	戊子	6	2	戊午	5	4	己丑	4	4	己未	3	5	己丑	2	4	己未	初十
8	1	戊午	7	3	己丑	6	3	己未	5	5	庚寅	4	5	庚申	3	6	庚寅	2	5	庚申	十一
8	2	己未	7	4	庚寅	6	4	庚申	5	6	辛卯	4	6	辛酉	3	7	辛卯	2	6	辛酉	十二
8	3	庚申	7	5	辛卯	6	5	辛酉	5	7	壬辰	4	7	壬戌	3	8	壬辰	2	7	壬戌	十三
8	4	辛酉	7	6	壬辰	6	6	壬戌	5	8	癸巳	4	8	癸亥	3	9	癸巳	2	8	癸亥	十四
8	5	壬戌	7	7	癸巳	6	7	癸亥	5	9	甲午	4	9	甲子	3	10	甲午	2	9	甲子	十五
8	6	癸亥	7	8	甲午	6	8	甲子	5	10	乙未	4	10	乙丑	3	11	乙未	2	10	乙丑	十六
8	7	甲子	7	9	乙未	6	9	乙丑	5	11	丙申	4	11	丙寅	3	12	丙申	2	11	丙寅	十七
8	8	乙丑	7	10	丙申	6	10	丙寅	5	12	丁酉	4	12	丁卯	3	13	丁酉	2	12	丁卯	十八
8	9	丙寅	7	11	丁酉	6	11	丁卯	5	13	戊戌	4	13	戊辰	3	14	戊戌	2	13	戊辰	十九
8	10	丁卯	7	12	戊戌	6	12	戊辰	5	14	己亥	4	14	己巳	3	15	己亥	2	14	己巳	二十
8	11	戊辰	7	13	己亥	6	13	己巳	5	15	庚子	4	15	庚午	3	16	庚子	2	15	庚午	廿一
8	12	己巳	7	14	庚子	6	14	庚午	5	16	辛丑	4	16	辛未	3	17	辛丑	2	16	辛未	廿二
8	13	庚午	7	15	辛丑	6	15	辛未	5	17	壬寅	4	17	壬申	3	18	壬寅	2	17	壬申	廿三
8	14	辛未	7	16	壬寅	6	16	壬申	5	18	癸卯	4	18	癸酉	3	19	癸卯	2	18	癸酉	廿四
8	15	壬申	7	17	癸卯	6	17	癸酉	5	19	甲辰	4	19	甲戌	3	20	甲辰	2	19	甲戌	廿五
8	16	癸酉	7	18	甲辰	6	18	甲戌	5	20	乙巳	4	20	乙亥	3	21	乙巳	2	20	乙亥	廿六
8	17	甲戌	7	19	乙巳	6	19	乙亥	5	21	丙午	4	21	丙子	3	22	丙午	2	21	丙子	廿七
8	18	乙亥	7	20	丙午	6	20	丙子	5	22	丁未	4	22	丁丑	3	23	丁未	2	22	丁丑	廿八
8	19	丙子	7	21	丁未	6	21	丁丑	5	23	戊申	4	23	戊寅	3	24	戊申	2	23	戊寅	廿九
						6	22	戊寅				4	24	己卯	3	25	己酉	2	24	己卯	三十

月別	12月			11月			10月			9月			8月			7月		
月柱	乙丑			甲子			癸亥			壬戌			辛酉			庚申		
紫白	九紫			一白			二黒			三碧			四緑			五黃		
農暦	陽暦		日柱	陽暦		日柱	陽暦		日柱	陽暦		日柱	陽暦		日柱	陽暦		日柱
	月	日		月	日		月	日		月	日		月	日		月	日	
初一	1	15	乙巳	12	16	乙亥	11	16	乙巳	10	18	丙子	9	19	丁未	8	20	丁丑
初二	1	16	丙午	12	17	丙子	11	17	丙午	10	19	丁丑	9	20	戊申	8	21	戊寅
初三	1	17	丁未	12	18	丁丑	11	18	丁未	10	20	戊寅	9	21	己酉	8	22	己卯
初四	1	18	戊申	12	19	戊寅	11	19	戊申	10	21	己卯	9	22	庚戌	8	23	庚辰
初五	1	19	己酉	12	20	己卯	11	20	己酉	10	22	庚辰	9	23	辛亥	8	24	辛巳
初六	1	20	庚戌	12	21	庚辰	11	21	庚戌	10	23	辛巳	9	24	壬子	8	25	壬午
初七	1	21	辛亥	12	22	辛巳	11	22	辛亥	10	24	壬午	9	25	癸丑	8	26	癸未
初八	1	22	壬子	12	23	壬午	11	23	壬子	10	25	癸未	9	26	甲寅	8	27	甲申
初九	1	23	癸丑	12	24	癸未	11	24	癸丑	10	26	甲申	9	27	乙卯	8	28	乙酉
初十	1	24	甲寅	12	25	甲申	11	25	甲寅	10	27	乙酉	9	28	丙辰	8	29	丙戌
十一	1	25	乙卯	12	26	乙酉	11	26	乙卯	10	28	丙戌	9	29	丁巳	8	30	丁亥
十二	1	26	丙辰	12	27	丙戌	11	27	丙辰	10	29	丁亥	9	30	戊午	8	31	戊子
十三	1	27	丁巳	12	28	丁亥	11	28	丁巳	10	30	戊子	10	1	己未	9	1	己丑
十四	1	28	戊午	12	29	戊子	11	29	戊午	10	31	己丑	10	2	庚申	9	2	庚寅
十五	1	29	己未	12	30	己丑	11	30	己未	11	1	庚寅	10	3	辛酉	9	3	辛卯
十六	1	30	庚申	12	31	庚寅	12	1	庚申	11	2	辛卯	10	4	壬戌	9	4	壬辰
十七	1	31	辛酉	1	1	辛卯	12	2	辛酉	11	3	壬辰	10	5	癸亥	9	5	癸巳
十八	2	1	壬戌	1	2	壬辰	12	3	壬戌	11	4	癸巳	10	6	甲子	9	6	甲午
十九	2	2	癸亥	1	3	癸巳	12	4	癸亥	11	5	甲午	10	7	乙丑	9	7	乙未
二十	2	3	甲子	1	4	甲午	12	5	甲子	11	6	乙未	10	8	丙寅	9	8	丙申
廿一	2	4	乙丑	1	5	乙未	12	6	乙丑	11	7	丙申	10	9	丁卯	9	9	丁酉
廿二	2	5	丙寅	1	6	丙申	12	7	丙寅	11	8	丁酉	10	10	戊辰	9	10	戊戌
廿三	2	6	丁卯	1	7	丁酉	12	8	丁卯	11	9	戊戌	10	11	己巳	9	11	己亥
廿四	2	7	戊辰	1	8	戊戌	12	9	戊辰	11	10	己亥	10	12	庚午	9	12	庚子
廿五	2	8	己巳	1	9	己亥	12	10	己巳	11	11	庚子	10	13	辛未	9	13	辛丑
廿六	2	9	庚午	1	10	庚子	12	11	庚午	11	12	辛丑	10	14	壬申	9	14	壬寅
廿七	2	10	辛未	1	11	辛丑	12	12	辛未	11	13	壬寅	10	15	癸酉	9	15	癸卯
廿八	2	11	壬申	1	12	壬寅	12	13	壬申	11	14	癸卯	10	16	甲戌	9	16	甲辰
廿九	2	12	癸酉	1	13	癸卯	12	14	癸酉	11	15	甲辰	10	17	乙亥	9	17	乙巳
三十				1	14	甲辰	12	15	甲戌							9	18	丙午

2029年【己酉】

6月			5月			4月			3月			2月			正月			月別
辛未			庚午			己巳			戊辰			丁卯			丙寅			月柱
三碧			四緑			五黄			六白			七赤			八白			紫白
陽暦		日柱	陽暦		日柱	陽暦		日柱	陽暦		日柱	陽暦		日柱	陽暦		日柱	農暦
月	日		月	日		月	日		月	日		月	日		月	日		
7	11	壬寅	6	12	癸酉	5	13	癸卯	4	14	甲戌	3	15	甲辰	2	13	甲戌	初一
7	12	癸卯	6	13	甲戌	5	14	甲辰	4	15	乙亥	3	16	乙巳	2	14	乙亥	初二
7	13	甲辰	6	14	乙亥	5	15	乙巳	4	16	丙子	3	17	丙午	2	15	丙子	初三
7	14	乙巳	6	15	丙子	5	16	丙午	4	17	丁丑	3	18	丁未	2	16	丁丑	初四
7	15	丙午	6	16	丁丑	5	17	丁未	4	18	戊寅	3	19	戊申	2	17	戊寅	初五
7	16	丁未	6	17	戊寅	5	18	戊申	4	19	己卯	3	20	己酉	2	18	己卯	初六
7	17	戊申	6	18	己卯	5	19	己酉	4	20	庚辰	3	21	庚戌	2	19	庚辰	初七
7	18	己酉	6	19	庚辰	5	20	庚戌	4	21	辛巳	3	22	辛亥	2	20	辛巳	初八
7	19	庚戌	6	20	辛巳	5	21	辛亥	4	22	壬午	3	23	壬子	2	21	壬午	初九
7	20	辛亥	6	21	壬午	5	22	壬子	4	23	癸未	3	24	癸丑	2	22	癸未	初十
7	21	壬子	6	22	癸未	5	23	癸丑	4	24	甲申	3	25	甲寅	2	23	甲申	十一
7	22	癸丑	6	23	甲申	5	24	甲寅	4	25	乙酉	3	26	乙卯	2	24	乙酉	十二
7	23	甲寅	6	24	乙酉	5	25	乙卯	4	26	丙戌	3	27	丙辰	2	25	丙戌	十三
7	24	乙卯	6	25	丙戌	5	26	丙辰	4	27	丁亥	3	28	丁巳	2	26	丁亥	十四
7	25	丙辰	6	26	丁亥	5	27	丁巳	4	28	戊子	3	29	戊午	2	27	戊子	十五
7	26	丁巳	6	27	戊子	5	28	戊午	4	29	己丑	3	30	己未	2	28	己丑	十六
7	27	戊午	6	28	己丑	5	29	己未	4	30	庚寅	3	31	庚申	3	1	庚寅	十七
7	28	己未	6	29	庚寅	5	30	庚申	5	1	辛卯	4	1	辛酉	3	2	辛卯	十八
7	29	庚申	6	30	辛卯	5	31	辛酉	5	2	壬辰	4	2	壬戌	3	3	壬辰	十九
7	30	辛酉	7	1	壬辰	6	1	壬戌	5	3	癸巳	4	3	癸亥	3	4	癸巳	二十
7	31	壬戌	7	2	癸巳	6	2	癸亥	5	4	甲午	4	4	甲子	3	5	甲午	廿一
8	1	癸亥	7	3	甲午	6	3	甲子	5	5	乙未	4	5	乙丑	3	6	乙未	廿二
8	2	甲子	7	4	乙未	6	4	乙丑	5	6	丙申	4	6	丙寅	3	7	丙申	廿三
8	3	乙丑	7	5	丙申	6	5	丙寅	5	7	丁酉	4	7	丁卯	3	8	丁酉	廿四
8	4	丙寅	7	6	丁酉	6	6	丁卯	5	8	戊戌	4	8	戊辰	3	9	戊戌	廿五
8	5	丁卯	7	7	戊戌	6	7	戊辰	5	9	己亥	4	9	己巳	3	10	己亥	廿六
8	6	戊辰	7	8	己亥	6	8	己巳	5	10	庚子	4	10	庚午	3	11	庚子	廿七
8	7	己巳	7	9	庚子	6	9	庚午	5	11	辛丑	4	11	辛未	3	12	辛丑	廿八
8	8	庚午	7	10	辛丑	6	10	辛未	5	12	壬寅	4	12	壬申	3	13	壬寅	廿九
8	9	辛未				6	11	壬申				4	13	癸酉	3	14	癸卯	三十

月別	12月			11月			10月			9月			8月			7月		
月柱	丁丑			丙子			乙亥			甲戌			癸酉			壬申		
紫白	六白			七赤			八白			九紫			一白			二黑		
農暦	陽暦		日柱	陽暦		日柱	陽暦		日柱	陽暦		日柱	陽暦		日柱	陽暦		日柱
	月	日		月	日		月	日		月	日		月	日		月	日	
初一	1	4	己亥	12	5	己巳	11	6	庚子	10	8	辛未	9	8	辛丑	8	10	壬申
初二	1	5	庚子	12	6	庚午	11	7	辛丑	10	9	壬申	9	9	壬寅	8	11	癸酉
初三	1	6	辛丑	12	7	辛未	11	8	壬寅	10	10	癸酉	9	10	癸卯	8	12	甲戌
初四	1	7	壬寅	12	8	壬申	11	9	癸卯	10	11	甲戌	9	11	甲辰	8	13	乙亥
初五	1	8	癸卯	12	9	癸酉	11	10	甲辰	10	12	乙亥	9	12	乙巳	8	14	丙子
初六	1	9	甲辰	12	10	甲戌	11	11	乙巳	10	13	丙子	9	13	丙午	8	15	丁丑
初七	1	10	乙巳	12	11	乙亥	11	12	丙午	10	14	丁丑	9	14	丁未	8	16	戊寅
初八	1	11	丙午	12	12	丙子	11	13	丁未	10	15	戊寅	9	15	戊申	8	17	己卯
初九	1	12	丁未	12	13	丁丑	11	14	戊申	10	16	己卯	9	16	己酉	8	18	庚辰
初十	1	13	戊申	12	14	戊寅	11	15	己酉	10	17	庚辰	9	17	庚戌	8	19	辛巳
十一	1	14	己酉	12	15	己卯	11	16	庚戌	10	18	辛巳	9	18	辛亥	8	20	壬午
十二	1	15	庚戌	12	16	庚辰	11	17	辛亥	10	19	壬午	9	19	壬子	8	21	癸未
十三	1	16	辛亥	12	17	辛巳	11	18	壬子	10	20	癸未	9	20	癸丑	8	22	甲申
十四	1	17	壬子	12	18	壬午	11	19	癸丑	10	21	甲申	9	21	甲寅	8	23	乙酉
十五	1	18	癸丑	12	19	癸未	11	20	甲寅	10	22	乙酉	9	22	乙卯	8	24	丙戌
十六	1	19	甲寅	12	20	甲申	11	21	乙卯	10	23	丙戌	9	23	丙辰	8	25	丁亥
十七	1	20	乙卯	12	21	乙酉	11	22	丙辰	10	24	丁亥	9	24	丁巳	8	26	戊子
十八	1	21	丙辰	12	22	丙戌	11	23	丁巳	10	25	戊子	9	25	戊午	8	27	己丑
十九	1	22	丁巳	12	23	丁亥	11	24	戊午	10	26	己丑	9	26	己未	8	28	庚寅
二十	1	23	戊午	12	24	戊子	11	25	己未	10	27	庚寅	9	27	庚申	8	29	辛卯
廿一	1	24	己未	12	25	己丑	11	26	庚申	10	28	辛卯	9	28	辛酉	8	30	壬辰
廿二	1	25	庚申	12	26	庚寅	11	27	辛酉	10	29	壬辰	9	29	壬戌	8	31	癸巳
廿三	1	26	辛酉	12	27	辛卯	11	28	壬戌	10	30	癸巳	9	30	癸亥	9	1	甲午
廿四	1	27	壬戌	12	28	壬辰	11	29	癸亥	10	31	甲午	10	1	甲子	9	2	乙未
廿五	1	28	癸亥	12	29	癸巳	11	30	甲子	11	1	乙未	10	2	乙丑	9	3	丙申
廿六	1	29	甲子	12	30	甲午	12	1	乙丑	11	2	丙申	10	3	丙寅	9	4	丁酉
廿七	1	30	乙丑	12	31	乙未	12	2	丙寅	11	3	丁酉	10	4	丁卯	9	5	戊戌
廿八	1	31	丙寅	1	1	丙申	12	3	丁卯	11	4	戊戌	10	5	戊辰	9	6	己亥
廿九	2	1	丁卯	1	2	丁酉	12	4	戊辰	11	5	己亥	10	6	己巳	9	7	庚子
三十	2	2	戊辰	1	3	戊戌							10	7	庚午			

2030年【庚戌】

6月			5月			4月			3月			2月			正月			月別
癸未			壬午			辛巳			庚辰			己卯			戊寅			月柱
九紫			一白			二黒			三碧			四緑			五黄			紫白
陽暦		日柱	陽暦		日柱	陽暦		日柱	陽暦		日柱	陽暦		日柱	陽暦		日柱	農暦
月	日		月	日		月	日		月	日		月	日		月	日		
7	1	丁酉	6	1	丁卯	5	2	丁酉	4	3	戊辰	3	4	戊戌	2	3	己巳	初一
7	2	戊戌	6	2	戊辰	5	3	戊戌	4	4	己巳	3	5	己亥	2	4	庚午	初二
7	3	己亥	6	3	己巳	5	4	己亥	4	5	庚午	3	6	庚子	2	5	辛未	初三
7	4	庚子	6	4	庚午	5	5	庚子	4	6	辛未	3	7	辛丑	2	6	壬申	初四
7	5	辛丑	6	5	辛未	5	6	辛丑	4	7	壬申	3	8	壬寅	2	7	癸酉	初五
7	6	壬寅	6	6	壬申	5	7	壬寅	4	8	癸酉	3	9	癸卯	2	8	甲戌	初六
7	7	癸卯	6	7	癸酉	5	8	癸卯	4	9	甲戌	3	10	甲辰	2	9	乙亥	初七
7	8	甲辰	6	8	甲戌	5	9	甲辰	4	10	乙亥	3	11	乙巳	2	10	丙子	初八
7	9	乙巳	6	9	乙亥	5	10	乙巳	4	11	丙子	3	12	丙午	2	11	丁丑	初九
7	10	丙午	6	10	丙子	5	11	丙午	4	12	丁丑	3	13	丁未	2	12	戊寅	初十
7	11	丁未	6	11	丁丑	5	12	丁未	4	13	戊寅	3	14	戊申	2	13	己卯	十一
7	12	戊申	6	12	戊寅	5	13	戊申	4	14	己卯	3	15	己酉	2	14	庚辰	十二
7	13	己酉	6	13	己卯	5	14	己酉	4	15	庚辰	3	16	庚戌	2	15	辛巳	十三
7	14	庚戌	6	14	庚辰	5	15	庚戌	4	16	辛巳	3	17	辛亥	2	16	壬午	十四
7	15	辛亥	6	15	辛巳	5	16	辛亥	4	17	壬午	3	18	壬子	2	17	癸未	十五
7	16	壬子	6	16	壬午	5	17	壬子	4	18	癸未	3	19	癸丑	2	18	甲申	十六
7	17	癸丑	6	17	癸未	5	18	癸丑	4	19	甲申	3	20	甲寅	2	19	乙酉	十七
7	18	甲寅	6	18	甲申	5	19	甲寅	4	20	乙酉	3	21	乙卯	2	20	丙戌	十八
7	19	乙卯	6	19	乙酉	5	20	乙卯	4	21	丙戌	3	22	丙辰	2	21	丁亥	十九
7	20	丙辰	6	20	丙戌	5	21	丙辰	4	22	丁亥	3	23	丁巳	2	22	戊子	二十
7	21	丁巳	6	21	丁亥	5	22	丁巳	4	23	戊子	3	24	戊午	2	23	己丑	廿一
7	22	戊午	6	22	戊子	5	23	戊午	4	24	己丑	3	25	己未	2	24	庚寅	廿二
7	23	己未	6	23	己丑	5	24	己未	4	25	庚寅	3	26	庚申	2	25	辛卯	廿三
7	24	庚申	6	24	庚寅	5	25	庚申	4	26	辛卯	3	27	辛酉	2	26	壬辰	廿四
7	25	辛酉	6	25	辛卯	5	26	辛酉	4	27	壬辰	3	28	壬戌	2	27	癸巳	廿五
7	26	壬戌	6	26	壬辰	5	27	壬戌	4	28	癸巳	3	29	癸亥	2	28	甲午	廿六
7	27	癸亥	6	27	癸巳	5	28	癸亥	4	29	甲午	3	30	甲子	3	1	乙未	廿七
7	28	甲子	6	28	甲午	5	29	甲子	4	30	乙未	3	31	乙丑	3	2	丙申	廿八
7	29	乙丑	6	29	乙未	5	30	乙丑	5	1	丙申	4	1	丙寅	3	3	丁酉	廿九
			6	30	丙申	5	31	丙寅				4	2	丁卯				三十

月別	12月			11月			10月			9月			8月			7月		
月柱	己丑			戊子			丁亥			丙戌			乙酉			甲申		
紫白	三碧			四緑			五黃			六白			七赤			八白		
農暦	陽暦		日柱	陽暦		日柱	陽暦		日柱	陽暦		日柱	陽暦		日柱	陽暦		日柱
	月	日		月	日		月	日		月	日		月	日		月	日	
初一	12	25	甲午	11	25	甲子	10	27	乙未	9	27	乙丑	8	29	丙申	7	30	丙寅
初二	12	26	乙未	11	26	乙丑	10	28	丙申	9	28	丙寅	8	30	丁酉	7	31	丁卯
初三	12	27	丙申	11	27	丙寅	10	29	丁酉	9	29	丁卯	8	31	戊戌	8	1	戊辰
初四	12	28	丁酉	11	28	丁卯	10	30	戊戌	9	30	戊辰	9	1	己亥	8	2	己巳
初五	12	29	戊戌	11	29	戊辰	10	31	己亥	10	1	己巳	9	2	庚子	8	3	庚午
初六	12	30	己亥	11	30	己巳	11	1	庚子	10	2	庚午	9	3	辛丑	8	4	辛未
初七	12	31	庚子	12	1	庚午	11	2	辛丑	10	3	辛未	9	4	壬寅	8	5	壬申
初八	1	1	辛丑	12	2	辛未	11	3	壬寅	10	4	壬申	9	5	癸卯	8	6	癸酉
初九	1	2	壬寅	12	3	壬申	11	4	癸卯	10	5	癸酉	9	6	甲辰	8	7	甲戌
初十	1	3	癸卯	12	4	癸酉	11	5	甲辰	10	6	甲戌	9	7	乙巳	8	8	乙亥
十一	1	4	甲辰	12	5	甲戌	11	6	乙巳	10	7	乙亥	9	8	丙午	8	9	丙子
十二	1	5	乙巳	12	6	乙亥	11	7	丙午	10	8	丙子	9	9	丁未	8	10	丁丑
十三	1	6	丙午	12	7	丙子	11	8	丁未	10	9	丁丑	9	10	戊申	8	11	戊寅
十四	1	7	丁未	12	8	丁丑	11	9	戊申	10	10	戊寅	9	11	己酉	8	12	己卯
十五	1	8	戊申	12	9	戊寅	11	10	己酉	10	11	己卯	9	12	庚戌	8	13	庚辰
十六	1	9	己酉	12	10	己卯	11	11	庚戌	10	12	庚辰	9	13	辛亥	8	14	辛巳
十七	1	10	庚戌	12	11	庚辰	11	12	辛亥	10	13	辛巳	9	14	壬子	8	15	壬午
十八	1	11	辛亥	12	12	辛巳	11	13	壬子	10	14	壬午	9	15	癸丑	8	16	癸未
十九	1	12	壬子	12	13	壬午	11	14	癸丑	10	15	癸未	9	16	甲寅	8	17	甲申
二十	1	13	癸丑	12	14	癸未	11	15	甲寅	10	16	甲申	9	17	乙卯	8	18	乙酉
廿一	1	14	甲寅	12	15	甲申	11	16	乙卯	10	17	乙酉	9	18	丙辰	8	19	丙戌
廿二	1	15	乙卯	12	16	乙酉	11	17	丙辰	10	18	丙戌	9	19	丁巳	8	20	丁亥
廿三	1	16	丙辰	12	17	丙戌	11	18	丁巳	10	19	丁亥	9	20	戊午	8	21	戊子
廿四	1	17	丁巳	12	18	丁亥	11	19	戊午	10	20	戊子	9	21	己未	8	22	己丑
廿五	1	18	戊午	12	19	戊子	11	20	己未	10	21	己丑	9	22	庚申	8	23	庚寅
廿六	1	19	己未	12	20	己丑	11	21	庚申	10	22	庚寅	9	23	辛酉	8	24	辛卯
廿七	1	20	庚申	12	21	庚寅	11	22	辛酉	10	23	辛卯	9	24	壬戌	8	25	壬辰
廿八	1	21	辛酉	12	22	辛卯	11	23	壬戌	10	24	壬辰	9	25	癸亥	8	26	癸巳
廿九	1	22	壬戌	12	23	壬辰	11	24	癸亥	10	25	癸巳	9	26	甲子	8	27	甲午
三十				12	24	癸巳				10	26	甲午				8	28	乙未

2031年【辛亥】

6月			5月			4月			閏3月			3月			2月			正月			月別
乙未			甲午			癸巳						壬辰			辛卯			庚寅			月柱
六白			七赤			八白						九紫			一白			二黒			紫白
陽暦		日柱	陽暦		日柱	陽暦		日柱	陽暦		日柱	陽暦		日柱	陽暦		日柱	陽暦		日柱	農暦
月	日		月	日		月	日		月	日		月	日		月	日		月	日		
7	19	庚申	6	20	辛卯	5	21	辛酉	4	22	壬辰	3	23	壬戌	2	21	壬辰	1	23	癸亥	初一
7	20	辛酉	6	21	壬辰	5	22	壬戌	4	23	癸巳	3	24	癸亥	2	22	癸巳	1	24	甲子	初二
7	21	壬戌	6	22	癸巳	5	23	癸亥	4	24	甲午	3	25	甲子	2	23	甲午	1	25	乙丑	初三
7	22	癸亥	6	23	甲午	5	24	甲子	4	25	乙未	3	26	乙丑	2	24	乙未	1	26	丙寅	初四
7	23	甲子	6	24	乙未	5	25	乙丑	4	26	丙申	3	27	丙寅	2	25	丙申	1	27	丁卯	初五
7	24	乙丑	6	25	丙申	5	26	丙寅	4	27	丁酉	3	28	丁卯	2	26	丁酉	1	28	戊辰	初六
7	25	丙寅	6	26	丁酉	5	27	丁卯	4	28	戊戌	3	29	戊辰	2	27	戊戌	1	29	己巳	初七
7	26	丁卯	6	27	戊戌	5	28	戊辰	4	29	己亥	3	30	己巳	2	28	己亥	1	30	庚午	初八
7	27	戊辰	6	28	己亥	5	29	己巳	4	30	庚子	3	31	庚午	3	1	庚子	1	31	辛未	初九
7	28	己巳	6	29	庚子	5	30	庚午	5	1	辛丑	4	1	辛未	3	2	辛丑	2	1	壬申	初十
7	29	庚午	6	30	辛丑	5	31	辛未	5	2	壬寅	4	2	壬申	3	3	壬寅	2	2	癸酉	十一
7	30	辛未	7	1	壬寅	6	1	壬申	5	3	癸卯	4	3	癸酉	3	4	癸卯	2	3	甲戌	十二
7	31	壬申	7	2	癸卯	6	2	癸酉	5	4	甲辰	4	4	甲戌	3	5	甲辰	2	4	乙亥	十三
8	1	癸酉	7	3	甲辰	6	3	甲戌	5	5	乙巳	4	5	乙亥	3	6	乙巳	2	5	丙子	十四
8	2	甲戌	7	4	乙巳	6	4	乙亥	5	6	丙午	4	6	丙子	3	7	丙午	2	6	丁丑	十五
8	3	乙亥	7	5	丙午	6	5	丙子	5	7	丁未	4	7	丁丑	3	8	丁未	2	7	戊寅	十六
8	4	丙子	7	6	丁未	6	6	丁丑	5	8	戊申	4	8	戊寅	3	9	戊申	2	8	己卯	十七
8	5	丁丑	7	7	戊申	6	7	戊寅	5	9	己酉	4	9	己卯	3	10	己酉	2	9	庚辰	十八
8	6	戊寅	7	8	己酉	6	8	己卯	5	10	庚戌	4	10	庚辰	3	11	庚戌	2	10	辛巳	十九
8	7	己卯	7	9	庚戌	6	9	庚辰	5	11	辛亥	4	11	辛巳	3	12	辛亥	2	11	壬午	二十
8	8	庚辰	7	10	辛亥	6	10	辛巳	5	12	壬子	4	12	壬午	3	13	壬子	2	12	癸未	廿一
8	9	辛巳	7	11	壬子	6	11	壬午	5	13	癸丑	4	13	癸未	3	14	癸丑	2	13	甲申	廿二
8	10	壬午	7	12	癸丑	6	12	癸未	5	14	甲寅	4	14	甲申	3	15	甲寅	2	14	乙酉	廿三
8	11	癸未	7	13	甲寅	6	13	甲申	5	15	乙卯	4	15	乙酉	3	16	乙卯	2	15	丙戌	廿四
8	12	甲申	7	14	乙卯	6	14	乙酉	5	16	丙辰	4	16	丙戌	3	17	丙辰	2	16	丁亥	廿五
8	13	乙酉	7	15	丙辰	6	15	丙戌	5	17	丁巳	4	17	丁亥	3	18	丁巳	2	17	戊子	廿六
8	14	丙戌	7	16	丁巳	6	16	丁亥	5	18	戊午	4	18	戊子	3	19	戊午	2	18	己丑	廿七
8	15	丁亥	7	17	戊午	6	17	戊子	5	19	己未	4	19	己丑	3	20	己未	2	19	庚寅	廿八
8	16	戊子	7	18	己未	6	18	己丑	5	20	庚申	4	20	庚寅	3	21	庚申	2	20	辛卯	廿九
8	17	己丑				6	19	庚寅				4	21	辛卯	3	22	辛酉				三十

月別	12月			11月			10月			9月			8月			7月		
月柱	辛丑			庚子			己亥			戊戌			丁酉			丙申		
紫白	九紫			一白			二黒			三碧			四緑			五黄		
農暦	陽暦		日柱	陽暦		日柱	陽暦		日柱	陽暦		日柱	陽暦		日柱	陽暦		日柱
	月	日		月	日		月	日		月	日		月	日		月	日	
初一	1	13	戊午	12	14	戊子	11	15	己未	10	16	己丑	9	17	庚申	8	18	庚寅
初二	1	14	己未	12	15	己丑	11	16	庚申	10	17	庚寅	9	18	辛酉	8	19	辛卯
初三	1	15	庚申	12	16	庚寅	11	17	辛酉	10	18	辛卯	9	19	壬戌	8	20	壬辰
初四	1	16	辛酉	12	17	辛卯	11	18	壬戌	10	19	壬辰	9	20	癸亥	8	21	癸巳
初五	1	17	壬戌	12	18	壬辰	11	19	癸亥	10	20	癸巳	9	21	甲子	8	22	甲午
初六	1	18	癸亥	12	19	癸巳	11	20	甲子	10	21	甲午	9	22	乙丑	8	23	乙未
初七	1	19	甲子	12	20	甲午	11	21	乙丑	10	22	乙未	9	23	丙寅	8	24	丙申
初八	1	20	乙丑	12	21	乙未	11	22	丙寅	10	23	丙申	9	24	丁卯	8	25	丁酉
初九	1	21	丙寅	12	22	丙申	11	23	丁卯	10	24	丁酉	9	25	戊辰	8	26	戊戌
初十	1	22	丁卯	12	23	丁酉	11	24	戊辰	10	25	戊戌	9	26	己巳	8	27	己亥
十一	1	23	戊辰	12	24	戊戌	11	25	己巳	10	26	己亥	9	27	庚午	8	28	庚子
十二	1	24	己巳	12	25	己亥	11	26	庚午	10	27	庚子	9	28	辛未	8	29	辛丑
十三	1	25	庚午	12	26	庚子	11	27	辛未	10	28	辛丑	9	29	壬申	8	30	壬寅
十四	1	26	辛未	12	27	辛丑	11	28	壬申	10	29	壬寅	9	30	癸酉	8	31	癸卯
十五	1	27	壬申	12	28	壬寅	11	29	癸酉	10	30	癸卯	10	1	甲戌	9	1	甲辰
十六	1	28	癸酉	12	29	癸卯	11	30	甲戌	10	31	甲辰	10	2	乙亥	9	2	乙巳
十七	1	29	甲戌	12	30	甲辰	12	1	乙亥	11	1	乙巳	10	3	丙子	9	3	丙午
十八	1	30	乙亥	12	31	乙巳	12	2	丙子	11	2	丙午	10	4	丁丑	9	4	丁未
十九	1	31	丙子	1	1	丙午	12	3	丁丑	11	3	丁未	10	5	戊寅	9	5	戊申
二十	2	1	丁丑	1	2	丁未	12	4	戊寅	11	4	戊申	10	6	己卯	9	6	己酉
廿一	2	2	戊寅	1	3	戊申	12	5	己卯	11	5	己酉	10	7	庚辰	9	7	庚戌
廿二	2	3	己卯	1	4	己酉	12	6	庚辰	11	6	庚戌	10	8	辛巳	9	8	辛亥
廿三	2	4	庚辰	1	5	庚戌	12	7	辛巳	11	7	辛亥	10	9	壬午	9	9	壬子
廿四	2	5	辛巳	1	6	辛亥	12	8	壬午	11	8	壬子	10	10	癸未	9	10	癸丑
廿五	2	6	壬午	1	7	壬子	12	9	癸未	11	9	癸丑	10	11	甲申	9	11	甲寅
廿六	2	7	癸未	1	8	癸丑	12	10	甲申	11	10	甲寅	10	12	乙酉	9	12	乙卯
廿七	2	8	甲申	1	9	甲寅	12	11	乙酉	11	11	乙卯	10	13	丙戌	9	13	丙辰
廿八	2	9	乙酉	1	10	乙卯	12	12	丙戌	11	12	丙辰	10	14	丁亥	9	14	丁巳
廿九	2	10	丙戌	1	11	丙辰	12	13	丁亥	11	13	丁巳	10	15	戊子	9	15	戊午
三十				1	12	丁巳				11	14	戊午				9	16	己未

2032年【壬子】

6月			5月			4月			3月			2月			正月			月別
丁未			丙午			乙巳			甲辰			癸卯			壬寅			月柱
三碧			四緑			五黃			六白			七赤			八白			紫白
陽暦		日柱	陽暦		日柱	陽暦		日柱	陽暦		日柱	陽暦		日柱	陽暦		日柱	農暦
月	日		月	日		月	日		月	日		月	日		月	日		
7	7	甲寅	6	8	乙酉	5	9	乙卯	4	10	丙戌	3	12	丁巳	2	11	丁亥	初一
7	8	乙卯	6	9	丙戌	5	10	丙辰	4	11	丁亥	3	13	戊午	2	12	戊子	初二
7	9	丙辰	6	10	丁亥	5	11	丁巳	4	12	戊子	3	14	己未	2	13	己丑	初三
7	10	丁巳	6	11	戊子	5	12	戊午	4	13	己丑	3	15	庚申	2	14	庚寅	初四
7	11	戊午	6	12	己丑	5	13	己未	4	14	庚寅	3	16	辛酉	2	15	辛卯	初五
7	12	己未	6	13	庚寅	5	14	庚申	4	15	辛卯	3	17	壬戌	2	16	壬辰	初六
7	13	庚申	6	14	辛卯	5	15	辛酉	4	16	壬辰	3	18	癸亥	2	17	癸巳	初七
7	14	辛酉	6	15	壬辰	5	16	壬戌	4	17	癸巳	3	19	甲子	2	18	甲午	初八
7	15	壬戌	6	16	癸巳	5	17	癸亥	4	18	甲午	3	20	乙丑	2	19	乙未	初九
7	16	癸亥	6	17	甲午	5	18	甲子	4	19	乙未	3	21	丙寅	2	20	丙申	初十
7	17	甲子	6	18	乙未	5	19	乙丑	4	20	丙申	3	22	丁卯	2	21	丁酉	十一
7	18	乙丑	6	19	丙申	5	20	丙寅	4	21	丁酉	3	23	戊辰	2	22	戊戌	十二
7	19	丙寅	6	20	丁酉	5	21	丁卯	4	22	戊戌	3	24	己巳	2	23	己亥	十三
7	20	丁卯	6	21	戊戌	5	22	戊辰	4	23	己亥	3	25	庚午	2	24	庚子	十四
7	21	戊辰	6	22	己亥	5	23	己巳	4	24	庚子	3	26	辛未	2	25	辛丑	十五
7	22	己巳	6	23	庚子	5	24	庚午	4	25	辛丑	3	27	壬申	2	26	壬寅	十六
7	23	庚午	6	24	辛丑	5	25	辛未	4	26	壬寅	3	28	癸酉	2	27	癸卯	十七
7	24	辛未	6	25	壬寅	5	26	壬申	4	27	癸卯	3	29	甲戌	2	28	甲辰	十八
7	25	壬申	6	26	癸卯	5	27	癸酉	4	28	甲辰	3	30	乙亥	2	29	乙巳	十九
7	26	癸酉	6	27	甲辰	5	28	甲戌	4	29	乙巳	3	31	丙子	3	1	丙午	二十
7	27	甲戌	6	28	乙巳	5	29	乙亥	4	30	丙午	4	1	丁丑	3	2	丁未	廿一
7	28	乙亥	6	29	丙午	5	30	丙子	5	1	丁未	4	2	戊寅	3	3	戊申	廿二
7	29	丙子	6	30	丁未	5	31	丁丑	5	2	戊申	4	3	己卯	3	4	己酉	廿三
7	30	丁丑	7	1	戊申	6	1	戊寅	5	3	己酉	4	4	庚辰	3	5	庚戌	廿四
7	31	戊寅	7	2	己酉	6	2	己卯	5	4	庚戌	4	5	辛巳	3	6	辛亥	廿五
8	1	己卯	7	3	庚戌	6	3	庚辰	5	5	辛亥	4	6	壬午	3	7	壬子	廿六
8	2	庚辰	7	4	辛亥	6	4	辛巳	5	6	壬子	4	7	癸未	3	8	癸丑	廿七
8	3	辛巳	7	5	壬子	6	5	壬午	5	7	癸丑	4	8	甲申	3	9	甲寅	廿八
8	4	壬午	7	6	癸丑	6	6	癸未	5	8	甲寅	4	9	乙酉	3	10	乙卯	廿九
8	5	癸未				6	7	甲申							3	11	丙辰	三十

月別	12月			11月			10月			9月			8月			7月		
月柱	癸丑			壬子			辛亥			庚戌			己酉			戊申		
紫白	六白			七赤			八白			九紫			一白			二黒		
農暦	陽暦		日柱	陽暦		日柱	陽暦		日柱	陽暦		日柱	陽暦		日柱	陽暦		日柱
	月	日		月	日		月	日		月	日		月	日		月	日	
初一	1	1	壬子	12	3	癸未	11	3	癸丑	10	4	癸未	9	5	甲寅	8	6	甲申
初二	1	2	癸丑	12	4	甲申	11	4	甲寅	10	5	甲申	9	6	乙卯	8	7	乙酉
初三	1	3	甲寅	12	5	乙酉	11	5	乙卯	10	6	乙酉	9	7	丙辰	8	8	丙戌
初四	1	4	乙卯	12	6	丙戌	11	6	丙辰	10	7	丙戌	9	8	丁巳	8	9	丁亥
初五	1	5	丙辰	12	7	丁亥	11	7	丁巳	10	8	丁亥	9	9	戊午	8	10	戊子
初六	1	6	丁巳	12	8	戊子	11	8	戊午	10	9	戊子	9	10	己未	8	11	己丑
初七	1	7	戊午	12	9	己丑	11	9	己未	10	10	己丑	9	11	庚申	8	12	庚寅
初八	1	8	己未	12	10	庚寅	11	10	庚申	10	11	庚寅	9	12	辛酉	8	13	辛卯
初九	1	9	庚申	12	11	辛卯	11	11	辛酉	10	12	辛卯	9	13	壬戌	8	14	壬辰
初十	1	10	辛酉	12	12	壬辰	11	12	壬戌	10	13	壬辰	9	14	癸亥	8	15	癸巳
十一	1	11	壬戌	12	13	癸巳	11	13	癸亥	10	14	癸巳	9	15	甲子	8	16	甲午
十二	1	12	癸亥	12	14	甲午	11	14	甲子	10	15	甲午	9	16	乙丑	8	17	乙未
十三	1	13	甲子	12	15	乙未	11	15	乙丑	10	16	乙未	9	17	丙寅	8	18	丙申
十四	1	14	乙丑	12	16	丙申	11	16	丙寅	10	17	丙申	9	18	丁卯	8	19	丁酉
十五	1	15	丙寅	12	17	丁酉	11	17	丁卯	10	18	丁酉	9	19	戊辰	8	20	戊戌
十六	1	16	丁卯	12	18	戊戌	11	18	戊辰	10	19	戊戌	9	20	己巳	8	21	己亥
十七	1	17	戊辰	12	19	己亥	11	19	己巳	10	20	己亥	9	21	庚午	8	22	庚子
十八	1	18	己巳	12	20	庚子	11	20	庚午	10	21	庚子	9	22	辛未	8	23	辛丑
十九	1	19	庚午	12	21	辛丑	11	21	辛未	10	22	辛丑	9	23	壬申	8	24	壬寅
二十	1	20	辛未	12	22	壬寅	11	22	壬申	10	23	壬寅	9	24	癸酉	8	25	癸卯
廿一	1	21	壬申	12	23	癸卯	11	23	癸酉	10	24	癸卯	9	25	甲戌	8	26	甲辰
廿二	1	22	癸酉	12	24	甲辰	11	24	甲戌	10	25	甲辰	9	26	乙亥	8	27	乙巳
廿三	1	23	甲戌	12	25	乙巳	11	25	乙亥	10	26	乙巳	9	27	丙子	8	28	丙午
廿四	1	24	乙亥	12	26	丙午	11	26	丙子	10	27	丙午	9	28	丁丑	8	29	丁未
廿五	1	25	丙子	12	27	丁未	11	27	丁丑	10	28	丁未	9	29	戊寅	8	30	戊申
廿六	1	26	丁丑	12	28	戊申	11	28	戊寅	10	29	戊申	9	30	己卯	8	31	己酉
廿七	1	27	戊寅	12	29	己酉	11	29	己卯	10	30	己酉	10	1	庚辰	9	1	庚戌
廿八	1	28	己卯	12	30	庚戌	11	30	庚辰	10	31	庚戌	10	2	辛巳	9	2	辛亥
廿九	1	29	庚辰	12	31	辛亥	12	1	辛巳	11	1	辛亥	10	3	壬午	9	3	壬子
三十	1	30	辛巳				12	2	壬午	11	2	壬子				9	4	癸丑

2033年【癸丑】

6月			5月			4月			3月			2月			正月			月別
己未			戊午			丁巳			丙辰			乙卯			甲寅			月柱
九紫			一白			二黒			三碧			四緑			五黄			紫白
陽暦		日柱	陽暦		日柱	陽暦		日柱	陽暦		日柱	陽暦		日柱	陽暦		日柱	農暦
月	日		月	日		月	日		月	日		月	日		月	日		
6	27	己酉	5	28	己卯	4	29	庚戌	3	31	辛巳	3	1	辛亥	1	31	壬午	初一
6	28	庚戌	5	29	庚辰	4	30	辛亥	4	1	壬午	3	2	壬子	2	1	癸未	初二
6	29	辛亥	5	30	辛巳	5	1	壬子	4	2	癸未	3	3	癸丑	2	2	甲申	初三
6	30	壬子	5	31	壬午	5	2	癸丑	4	3	甲申	3	4	甲寅	2	3	乙酉	初四
7	1	癸丑	6	1	癸未	5	3	甲寅	4	4	乙酉	3	5	乙卯	2	4	丙戌	初五
7	2	甲寅	6	2	甲申	5	4	乙卯	4	5	丙戌	3	6	丙辰	2	5	丁亥	初六
7	3	乙卯	6	3	乙酉	5	5	丙辰	4	6	丁亥	3	7	丁巳	2	6	戊子	初七
7	4	丙辰	6	4	丙戌	5	6	丁巳	4	7	戊子	3	8	戊午	2	7	己丑	初八
7	5	丁巳	6	5	丁亥	5	7	戊午	4	8	己丑	3	9	己未	2	8	庚寅	初九
7	6	戊午	6	6	戊子	5	8	己未	4	9	庚寅	3	10	庚申	2	9	辛卯	初十
7	7	己未	6	7	己丑	5	9	庚申	4	10	辛卯	3	11	辛酉	2	10	壬辰	十一
7	8	庚申	6	8	庚寅	5	10	辛酉	4	11	壬辰	3	12	壬戌	2	11	癸巳	十二
7	9	辛酉	6	9	辛卯	5	11	壬戌	4	12	癸巳	3	13	癸亥	2	12	甲午	十三
7	10	壬戌	6	10	壬辰	5	12	癸亥	4	13	甲午	3	14	甲子	2	13	乙未	十四
7	11	癸亥	6	11	癸巳	5	13	甲子	4	14	乙未	3	15	乙丑	2	14	丙申	十五
7	12	甲子	6	12	甲午	5	14	乙丑	4	15	丙申	3	16	丙寅	2	15	丁酉	十六
7	13	乙丑	6	13	乙未	5	15	丙寅	4	16	丁酉	3	17	丁卯	2	16	戊戌	十七
7	14	丙寅	6	14	丙申	5	16	丁卯	4	17	戊戌	3	18	戊辰	2	17	己亥	十八
7	15	丁卯	6	15	丁酉	5	17	戊辰	4	18	己亥	3	19	己巳	2	18	庚子	十九
7	16	戊辰	6	16	戊戌	5	18	己巳	4	19	庚子	3	20	庚午	2	19	辛丑	二十
7	17	己巳	6	17	己亥	5	19	庚午	4	20	辛丑	3	21	辛未	2	20	壬寅	廿一
7	18	庚午	6	18	庚子	5	20	辛未	4	21	壬寅	3	22	壬申	2	21	癸卯	廿二
7	19	辛未	6	19	辛丑	5	21	壬申	4	22	癸卯	3	23	癸酉	2	22	甲辰	廿三
7	20	壬申	6	20	壬寅	5	22	癸酉	4	23	甲辰	3	24	甲戌	2	23	乙巳	廿四
7	21	癸酉	6	21	癸卯	5	23	甲戌	4	24	乙巳	3	25	乙亥	2	24	丙午	廿五
7	22	甲戌	6	22	甲辰	5	24	乙亥	4	25	丙午	3	26	丙子	2	25	丁未	廿六
7	23	乙亥	6	23	乙巳	5	25	丙子	4	26	丁未	3	27	丁丑	2	26	戊申	廿七
7	24	丙子	6	24	丙午	5	26	丁丑	4	27	戊申	3	28	戊寅	2	27	己酉	廿八
7	25	丁丑	6	25	丁未	5	27	戊寅	4	28	己酉	3	29	己卯	2	28	庚戌	廿九
			6	26	戊申							3	30	庚辰				三十

月別	12月			閏11月			11月			10月			9月			8月			7月		
月柱	乙丑						甲子			癸亥			壬戌			辛酉			庚申		
紫白	三碧						四緑			五黃			六白			七赤			八白		
農暦	陽暦		日柱	陽暦		日柱	陽暦		日柱	陽暦		日柱	陽暦		日柱	陽暦		日柱	陽暦		日柱
	月	日		月	日		月	日		月	日		月	日		月	日		月	日	
初一	1	20	丙子	12	22	丁未	11	22	丁丑	10	23	丁未	9	23	丁丑	8	25	戊申	7	26	戊寅
初二	1	21	丁丑	12	23	戊申	11	23	戊寅	10	24	戊申	9	24	戊寅	8	26	己酉	7	27	己卯
初三	1	22	戊寅	12	24	己酉	11	24	己卯	10	25	己酉	9	25	己卯	8	27	庚戌	7	28	庚辰
初四	1	23	己卯	12	25	庚戌	11	25	庚辰	10	26	庚戌	9	26	庚辰	8	28	辛亥	7	29	辛巳
初五	1	24	庚辰	12	26	辛亥	11	26	辛巳	10	27	辛亥	9	27	辛巳	8	29	壬子	7	30	壬午
初六	1	25	辛巳	12	27	壬子	11	27	壬午	10	28	壬子	9	28	壬午	8	30	癸丑	7	31	癸未
初七	1	26	壬午	12	28	癸丑	11	28	癸未	10	29	癸丑	9	29	癸未	8	31	甲寅	8	1	甲申
初八	1	27	癸未	12	29	甲寅	11	29	甲申	10	30	甲寅	9	30	甲申	9	1	乙卯	8	2	乙酉
初九	1	28	甲申	12	30	乙卯	11	30	乙酉	10	31	乙卯	10	1	乙酉	9	2	丙辰	8	3	丙戌
初十	1	29	乙酉	12	31	丙辰	12	1	丙戌	11	1	丙辰	10	2	丙戌	9	3	丁巳	8	4	丁亥
十一	1	30	丙戌	1	1	丁巳	12	2	丁亥	11	2	丁巳	10	3	丁亥	9	4	戊午	8	5	戊子
十二	1	31	丁亥	1	2	戊午	12	3	戊子	11	3	戊午	10	4	戊子	9	5	己未	8	6	己丑
十三	2	1	戊子	1	3	己未	12	4	己丑	11	4	己未	10	5	己丑	9	6	庚申	8	7	庚寅
十四	2	2	己丑	1	4	庚申	12	5	庚寅	11	5	庚申	10	6	庚寅	9	7	辛酉	8	8	辛卯
十五	2	3	庚寅	1	5	辛酉	12	6	辛卯	11	6	辛酉	10	7	辛卯	9	8	壬戌	8	9	壬辰
十六	2	4	辛卯	1	6	壬戌	12	7	壬辰	11	7	壬戌	10	8	壬辰	9	9	癸亥	8	10	癸巳
十七	2	5	壬辰	1	7	癸亥	12	8	癸巳	11	8	癸亥	10	9	癸巳	9	10	甲子	8	11	甲午
十八	2	6	癸巳	1	8	甲子	12	9	甲午	11	9	甲子	10	10	甲午	9	11	乙丑	8	12	乙未
十九	2	7	甲午	1	9	乙丑	12	10	乙未	11	10	乙丑	10	11	乙未	9	12	丙寅	8	13	丙申
二十	2	8	乙未	1	10	丙寅	12	11	丙申	11	11	丙寅	10	12	丙申	9	13	丁卯	8	14	丁酉
廿一	2	9	丙申	1	11	丁卯	12	12	丁酉	11	12	丁卯	10	13	丁酉	9	14	戊辰	8	15	戊戌
廿二	2	10	丁酉	1	12	戊辰	12	13	戊戌	11	13	戊辰	10	14	戊戌	9	15	己巳	8	16	己亥
廿三	2	11	戊戌	1	13	己巳	12	14	己亥	11	14	己巳	10	15	己亥	9	16	庚午	8	17	庚子
廿四	2	12	己亥	1	14	庚午	12	15	庚子	11	15	庚午	10	16	庚子	9	17	辛未	8	18	辛丑
廿五	2	13	庚子	1	15	辛未	12	16	辛丑	11	16	辛未	10	17	辛丑	9	18	壬申	8	19	壬寅
廿六	2	14	辛丑	1	16	壬申	12	17	壬寅	11	17	壬申	10	18	壬寅	9	19	癸酉	8	20	癸卯
廿七	2	15	壬寅	1	17	癸酉	12	18	癸卯	11	18	癸酉	10	19	癸卯	9	20	甲戌	8	21	甲辰
廿八	2	16	癸卯	1	18	甲戌	12	19	甲辰	11	19	甲戌	10	20	甲辰	9	21	乙亥	8	22	乙巳
廿九	2	17	甲辰	1	19	乙亥	12	20	乙巳	11	20	乙亥	10	21	乙巳	9	22	丙子	8	23	丙午
三十	2	18	乙巳				12	21	丙午	11	21	丙子	10	22	丙午				8	24	丁未

2034年【甲寅】

6月			5月			4月			3月			2月			正月			月別
辛未			庚午			己巳			戊辰			丁卯			丙寅			月柱
六白			七赤			八白			九紫			一白			二黒			紫白
陽暦		日柱	陽暦		日柱	陽暦		日柱	陽暦		日柱	陽暦		日柱	陽暦		日柱	農暦
月	日		月	日		月	日		月	日		月	日		月	日		
7	16	癸酉	6	16	癸卯	5	18	甲戌	4	19	乙巳	3	20	乙亥	2	19	丙午	初一
7	17	甲戌	6	17	甲辰	5	19	乙亥	4	20	丙午	3	21	丙子	2	20	丁未	初二
7	18	乙亥	6	18	乙巳	5	20	丙子	4	21	丁未	3	22	丁丑	2	21	戊申	初三
7	19	丙子	6	19	丙午	5	21	丁丑	4	22	戊申	3	23	戊寅	2	22	己酉	初四
7	20	丁丑	6	20	丁未	5	22	戊寅	4	23	己酉	3	24	己卯	2	23	庚戌	初五
7	21	戊寅	6	21	戊申	5	23	己卯	4	24	庚戌	3	25	庚辰	2	24	辛亥	初六
7	22	己卯	6	22	己酉	5	24	庚辰	4	25	辛亥	3	26	辛巳	2	25	壬子	初七
7	23	庚辰	6	23	庚戌	5	25	辛巳	4	26	壬子	3	27	壬午	2	26	癸丑	初八
7	24	辛巳	6	24	辛亥	5	26	壬午	4	27	癸丑	3	28	癸未	2	27	甲寅	初九
7	25	壬午	6	25	壬子	5	27	癸未	4	28	甲寅	3	29	甲申	2	28	乙卯	初十
7	26	癸未	6	26	癸丑	5	28	甲申	4	29	乙卯	3	30	乙酉	3	1	丙辰	十一
7	27	甲申	6	27	甲寅	5	29	乙酉	4	30	丙辰	3	31	丙戌	3	2	丁巳	十二
7	28	乙酉	6	28	乙卯	5	30	丙戌	5	1	丁巳	4	1	丁亥	3	3	戊午	十三
7	29	丙戌	6	29	丙辰	5	31	丁亥	5	2	戊午	4	2	戊子	3	4	己未	十四
7	30	丁亥	6	30	丁巳	6	1	戊子	5	3	己未	4	3	己丑	3	5	庚申	十五
7	31	戊子	7	1	戊午	6	2	己丑	5	4	庚申	4	4	庚寅	3	6	辛酉	十六
8	1	己丑	7	2	己未	6	3	庚寅	5	5	辛酉	4	5	辛卯	3	7	壬戌	十七
8	2	庚寅	7	3	庚申	6	4	辛卯	5	6	壬戌	4	6	壬辰	3	8	癸亥	十八
8	3	辛卯	7	4	辛酉	6	5	壬辰	5	7	癸亥	4	7	癸巳	3	9	甲子	十九
8	4	壬辰	7	5	壬戌	6	6	癸巳	5	8	甲子	4	8	甲午	3	10	乙丑	二十
8	5	癸巳	7	6	癸亥	6	7	甲午	5	9	乙丑	4	9	乙未	3	11	丙寅	廿一
8	6	甲午	7	7	甲子	6	8	乙未	5	10	丙寅	4	10	丙申	3	12	丁卯	廿二
8	7	乙未	7	8	乙丑	6	9	丙申	5	11	丁卯	4	11	丁酉	3	13	戊辰	廿三
8	8	丙申	7	9	丙寅	6	10	丁酉	5	12	戊辰	4	12	戊戌	3	14	己巳	廿四
8	9	丁酉	7	10	丁卯	6	11	戊戌	5	13	己巳	4	13	己亥	3	15	庚午	廿五
8	10	戊戌	7	11	戊辰	6	12	己亥	5	14	庚午	4	14	庚子	3	16	辛未	廿六
8	11	己亥	7	12	己巳	6	13	庚子	5	15	辛未	4	15	辛丑	3	17	壬申	廿七
8	12	庚子	7	13	庚午	6	14	辛丑	5	16	壬申	4	16	壬寅	3	18	癸酉	廿八
8	13	辛丑	7	14	辛未	6	15	壬寅	5	17	癸酉	4	17	癸卯	3	19	甲戌	廿九
			7	15	壬申							4	18	甲辰				三十

月別	12月			11月			10月			9月			8月			7月		
月柱	丁丑			丙子			乙亥			甲戌			癸酉			壬申		
紫白	九紫			一白			二黑			三碧			四綠			五黃		
農曆	陽曆		日柱	陽曆		日柱	陽曆		日柱	陽曆		日柱	陽曆		日柱	陽曆		日柱
	月	日		月	日		月	日		月	日		月	日		月	日	
初一	1	9	庚午	12	11	辛丑	11	11	辛未	10	12	辛丑	9	13	壬申	8	14	壬寅
初二	1	10	辛未	12	12	壬寅	11	12	壬申	10	13	壬寅	9	14	癸酉	8	15	癸卯
初三	1	11	壬申	12	13	癸卯	11	13	癸酉	10	14	癸卯	9	15	甲戌	8	16	甲辰
初四	1	12	癸酉	12	14	甲辰	11	14	甲戌	10	15	甲辰	9	16	乙亥	8	17	乙巳
初五	1	13	甲戌	12	15	乙巳	11	15	乙亥	10	16	乙巳	9	17	丙子	8	18	丙午
初六	1	14	乙亥	12	16	丙午	11	16	丙子	10	17	丙午	9	18	丁丑	8	19	丁未
初七	1	15	丙子	12	17	丁未	11	17	丁丑	10	18	丁未	9	19	戊寅	8	20	戊申
初八	1	16	丁丑	12	18	戊申	11	18	戊寅	10	19	戊申	9	20	己卯	8	21	己酉
初九	1	17	戊寅	12	19	己酉	11	19	己卯	10	20	己酉	9	21	庚辰	8	22	庚戌
初十	1	18	己卯	12	20	庚戌	11	20	庚辰	10	21	庚戌	9	22	辛巳	8	23	辛亥
十一	1	19	庚辰	12	21	辛亥	11	21	辛巳	10	22	辛亥	9	23	壬午	8	24	壬子
十二	1	20	辛巳	12	22	壬子	11	22	壬午	10	23	壬子	9	24	癸未	8	25	癸丑
十三	1	21	壬午	12	23	癸丑	11	23	癸未	10	24	癸丑	9	25	甲申	8	26	甲寅
十四	1	22	癸未	12	24	甲寅	11	24	甲申	10	25	甲寅	9	26	乙酉	8	27	乙卯
十五	1	23	甲申	12	25	乙卯	11	25	乙酉	10	26	乙卯	9	27	丙戌	8	28	丙辰
十六	1	24	乙酉	12	26	丙辰	11	26	丙戌	10	27	丙辰	9	28	丁亥	8	29	丁巳
十七	1	25	丙戌	12	27	丁巳	11	27	丁亥	10	28	丁巳	9	29	戊子	8	30	戊午
十八	1	26	丁亥	12	28	戊午	11	28	戊子	10	29	戊午	9	30	己丑	8	31	己未
十九	1	27	戊子	12	29	己未	11	29	己丑	10	30	己未	10	1	庚寅	9	1	庚申
二十	1	28	己丑	12	30	庚申	11	30	庚寅	10	31	庚申	10	2	辛卯	9	2	辛酉
廿一	1	29	庚寅	12	31	辛酉	12	1	辛卯	11	1	辛酉	10	3	壬辰	9	3	壬戌
廿二	1	30	辛卯	1	1	壬戌	12	2	壬辰	11	2	壬戌	10	4	癸巳	9	4	癸亥
廿三	1	31	壬辰	1	2	癸亥	12	3	癸巳	11	3	癸亥	10	5	甲午	9	5	甲子
廿四	2	1	癸巳	1	3	甲子	12	4	甲午	11	4	甲子	10	6	乙未	9	6	乙丑
廿五	2	2	甲午	1	4	乙丑	12	5	乙未	11	5	乙丑	10	7	丙申	9	7	丙寅
廿六	2	3	乙未	1	5	丙寅	12	6	丙申	11	6	丙寅	10	8	丁酉	9	8	丁卯
廿七	2	4	丙申	1	6	丁卯	12	7	丁酉	11	7	丁卯	10	9	戊戌	9	9	戊辰
廿八	2	5	丁酉	1	7	戊辰	12	8	戊戌	11	8	戊辰	10	10	己亥	9	10	己巳
廿九	2	6	戊戌	1	8	己巳	12	9	己亥	11	9	己巳	10	11	庚子	9	11	庚午
三十	2	7	己亥				12	10	庚子	11	10	庚午				9	12	辛未

2035年【乙卯】

6月		5月		4月		3月		2月		正月		月別
癸未		壬午		辛巳		庚辰		己卯		戊寅		月柱
三碧		四綠		五黃		六白		七赤		八白		紫白
陽暦	日柱	陽暦	日柱	陽暦	日柱	陽暦	日柱	陽暦	日柱	陽暦	日柱	農暦
月	日		月	日		月	日		月	日		月	日		月	日		

月	日	日柱	月	日	日柱	月	日	日柱	月	日	日柱	月	日	日柱	月	日	日柱	農暦
7	5	丁卯	6	6	戊戌	5	8	己巳	4	8	己亥	3	10	庚午	2	8	庚子	初一
7	6	戊辰	6	7	己亥	5	9	庚午	4	9	庚子	3	11	辛未	2	9	辛丑	初二
7	7	己巳	6	8	庚子	5	10	辛未	4	10	辛丑	3	12	壬申	2	10	壬寅	初三
7	8	庚午	6	9	辛丑	5	11	壬申	4	11	壬寅	3	13	癸酉	2	11	癸卯	初四
7	9	辛未	6	10	壬寅	5	12	癸酉	4	12	癸卯	3	14	甲戌	2	12	甲辰	初五
7	10	壬申	6	11	癸卯	5	13	甲戌	4	13	甲辰	3	15	乙亥	2	13	乙巳	初六
7	11	癸酉	6	12	甲辰	5	14	乙亥	4	14	乙巳	3	16	丙子	2	14	丙午	初七
7	12	甲戌	6	13	乙巳	5	15	丙子	4	15	丙午	3	17	丁丑	2	15	丁未	初八
7	13	乙亥	6	14	丙午	5	16	丁丑	4	16	丁未	3	18	戊寅	2	16	戊申	初九
7	14	丙子	6	15	丁未	5	17	戊寅	4	17	戊申	3	19	己卯	2	17	己酉	初十
7	15	丁丑	6	16	戊申	5	18	己卯	4	18	己酉	3	20	庚辰	2	18	庚戌	十一
7	16	戊寅	6	17	己酉	5	19	庚辰	4	19	庚戌	3	21	辛巳	2	19	辛亥	十二
7	17	己卯	6	18	庚戌	5	20	辛巳	4	20	辛亥	3	22	壬午	2	20	壬子	十三
7	18	庚辰	6	19	辛亥	5	21	壬午	4	21	壬子	3	23	癸未	2	21	癸丑	十四
7	19	辛巳	6	20	壬子	5	22	癸未	4	22	癸丑	3	24	甲申	2	22	甲寅	十五
7	20	壬午	6	21	癸丑	5	23	甲申	4	23	甲寅	3	25	乙酉	2	23	乙卯	十六
7	21	癸未	6	22	甲寅	5	24	乙酉	4	24	乙卯	3	26	丙戌	2	24	丙辰	十七
7	22	甲申	6	23	乙卯	5	25	丙戌	4	25	丙辰	3	27	丁亥	2	25	丁巳	十八
7	23	乙酉	6	24	丙辰	5	26	丁亥	4	26	丁巳	3	28	戊子	2	26	戊午	十九
7	24	丙戌	6	25	丁巳	5	27	戊子	4	27	戊午	3	29	己丑	2	27	己未	二十
7	25	丁亥	6	26	戊午	5	28	己丑	4	28	己未	3	30	庚寅	2	28	庚申	廿一
7	26	戊子	6	27	己未	5	29	庚寅	4	29	庚申	3	31	辛卯	3	1	辛酉	廿二
7	27	己丑	6	28	庚申	5	30	辛卯	4	30	辛酉	4	1	壬辰	3	2	壬戌	廿三
7	28	庚寅	6	29	辛酉	5	31	壬辰	5	1	壬戌	4	2	癸巳	3	3	癸亥	廿四
7	29	辛卯	6	30	壬戌	6	1	癸巳	5	2	癸亥	4	3	甲午	3	4	甲子	廿五
7	30	壬辰	7	1	癸亥	6	2	甲午	5	3	甲子	4	4	乙未	3	5	乙丑	廿六
7	31	癸巳	7	2	甲子	6	3	乙未	5	4	乙丑	4	5	丙申	3	6	丙寅	廿七
8	1	甲午	7	3	乙丑	6	4	丙申	5	5	丙寅	4	6	丁酉	3	7	丁卯	廿八
8	2	乙未	7	4	丙寅	6	5	丁酉	5	6	丁卯	4	7	戊戌	3	8	戊辰	廿九
8	3	丙申							5	7	戊辰				3	9	己巳	三十

534

月別	12月			11月			10月			9月			8月			7月		
月柱	己丑			戊子			丁亥			丙戌			乙酉			甲申		
紫白	六白			七赤			八白			九紫			一白			二黑		
農曆	陽曆		日柱	陽曆		日柱	陽曆		日柱	陽曆		日柱	陽曆		日柱	陽曆		日柱
	月	日		月	日		月	日		月	日		月	日		月	日	
初一	12	29	甲子	11	30	乙未	10	31	乙丑	10	1	乙未	9	2	丙寅	8	4	丁酉
初二	12	30	乙丑	12	1	丙申	11	1	丙寅	10	2	丙申	9	3	丁卯	8	5	戊戌
初三	12	31	丙寅	12	2	丁酉	11	2	丁卯	10	3	丁酉	9	4	戊辰	8	6	己亥
初四	1	1	丁卯	12	3	戊戌	11	3	戊辰	10	4	戊戌	9	5	己巳	8	7	庚子
初五	1	2	戊辰	12	4	己亥	11	4	己巳	10	5	己亥	9	6	庚午	8	8	辛丑
初六	1	3	己巳	12	5	庚子	11	5	庚午	10	6	庚子	9	7	辛未	8	9	壬寅
初七	1	4	庚午	12	6	辛丑	11	6	辛未	10	7	辛丑	9	8	壬申	8	10	癸卯
初八	1	5	辛未	12	7	壬寅	11	7	壬申	10	8	壬寅	9	9	癸酉	8	11	甲辰
初九	1	6	壬申	12	8	癸卯	11	8	癸酉	10	9	癸卯	9	10	甲戌	8	12	乙巳
初十	1	7	癸酉	12	9	甲辰	11	9	甲戌	10	10	甲辰	9	11	乙亥	8	13	丙午
十一	1	8	甲戌	12	10	乙巳	11	10	乙亥	10	11	乙巳	9	12	丙子	8	14	丁未
十二	1	9	乙亥	12	11	丙午	11	11	丙子	10	12	丙午	9	13	丁丑	8	15	戊申
十三	1	10	丙子	12	12	丁未	11	12	丁丑	10	13	丁未	9	14	戊寅	8	16	己酉
十四	1	11	丁丑	12	13	戊申	11	13	戊寅	10	14	戊申	9	15	己卯	8	17	庚戌
十五	1	12	戊寅	12	14	己酉	11	14	己卯	10	15	己酉	9	16	庚辰	8	18	辛亥
十六	1	13	己卯	12	15	庚戌	11	15	庚辰	10	16	庚戌	9	17	辛巳	8	19	壬子
十七	1	14	庚辰	12	16	辛亥	11	16	辛巳	10	17	辛亥	9	18	壬午	8	20	癸丑
十八	1	15	辛巳	12	17	壬子	11	17	壬午	10	18	壬子	9	19	癸未	8	21	甲寅
十九	1	16	壬午	12	18	癸丑	11	18	癸未	10	19	癸丑	9	20	甲申	8	22	乙卯
二十	1	17	癸未	12	19	甲寅	11	19	甲申	10	20	甲寅	9	21	乙酉	8	23	丙辰
廿一	1	18	甲申	12	20	乙卯	11	20	乙酉	10	21	乙卯	9	22	丙戌	8	24	丁巳
廿二	1	19	乙酉	12	21	丙辰	11	21	丙戌	10	22	丙辰	9	23	丁亥	8	25	戊午
廿三	1	20	丙戌	12	22	丁巳	11	22	丁亥	10	23	丁巳	9	24	戊子	8	26	己未
廿四	1	21	丁亥	12	23	戊午	11	23	戊子	10	24	戊午	9	25	己丑	8	27	庚申
廿五	1	22	戊子	12	24	己未	11	24	己丑	10	25	己未	9	26	庚寅	8	28	辛酉
廿六	1	23	己丑	12	25	庚申	11	25	庚寅	10	26	庚申	9	27	辛卯	8	29	壬戌
廿七	1	24	庚寅	12	26	辛酉	11	26	辛卯	10	27	辛酉	9	28	壬辰	8	30	癸亥
廿八	1	25	辛卯	12	27	壬戌	11	27	壬辰	10	28	壬戌	9	29	癸巳	8	31	甲子
廿九	1	26	壬辰	12	28	癸亥	11	28	癸巳	10	29	癸亥	9	30	甲午	9	1	乙丑
三十	1	27	癸巳				11	29	甲午	10	30	甲子						

2036年【丙辰】

閏6月			6月			5月			4月			3月			2月			正月			月別
			乙未			甲午			癸巳			壬辰			辛卯			庚寅			月柱
			九紫			一白			二黒			三碧			四緑			五黄			紫白
陽暦		日柱	陽暦		日柱	陽暦		日柱	陽暦		日柱	陽暦		日柱	陽暦		日柱	陽暦		日柱	農暦
月	日		月	日		月	日		月	日		月	日		月	日		月	日		
7	23	辛卯	6	24	壬戌	5	26	癸巳	4	26	癸亥	3	28	甲午	2	27	甲子	1	28	甲午	初一
7	24	壬辰	6	25	癸亥	5	27	甲午	4	27	甲子	3	29	乙未	2	28	乙丑	1	29	乙未	初二
7	25	癸巳	6	26	甲子	5	28	乙未	4	28	乙丑	3	30	丙申	2	29	丙寅	1	30	丙申	初三
7	26	甲午	6	27	乙丑	5	29	丙申	4	29	丙寅	3	31	丁酉	3	1	丁卯	1	31	丁酉	初四
7	27	乙未	6	28	丙寅	5	30	丁酉	4	30	丁卯	4	1	戊戌	3	2	戊辰	2	1	戊戌	初五
7	28	丙申	6	29	丁卯	5	31	戊戌	5	1	戊辰	4	2	己亥	3	3	己巳	2	2	己亥	初六
7	29	丁酉	6	30	戊辰	6	1	己亥	5	2	己巳	4	3	庚子	3	4	庚午	2	3	庚子	初七
7	30	戊戌	7	1	己巳	6	2	庚子	5	3	庚午	4	4	辛丑	3	5	辛未	2	4	辛丑	初八
7	31	己亥	7	2	庚午	6	3	辛丑	5	4	辛未	4	5	壬寅	3	6	壬申	2	5	壬寅	初九
8	1	庚子	7	3	辛未	6	4	壬寅	5	5	壬申	4	6	癸卯	3	7	癸酉	2	6	癸卯	初十
8	2	辛丑	7	4	壬申	6	5	癸卯	5	6	癸酉	4	7	甲辰	3	8	甲戌	2	7	甲辰	十一
8	3	壬寅	7	5	癸酉	6	6	甲辰	5	7	甲戌	4	8	乙巳	3	9	乙亥	2	8	乙巳	十二
8	4	癸卯	7	6	甲戌	6	7	乙巳	5	8	乙亥	4	9	丙午	3	10	丙子	2	9	丙午	十三
8	5	甲辰	7	7	乙亥	6	8	丙午	5	9	丙子	4	10	丁未	3	11	丁丑	2	10	丁未	十四
8	6	乙巳	7	8	丙子	6	9	丁未	5	10	丁丑	4	11	戊申	3	12	戊寅	2	11	戊申	十五
8	7	丙午	7	9	丁丑	6	10	戊申	5	11	戊寅	4	12	己酉	3	13	己卯	2	12	己酉	十六
8	8	丁未	7	10	戊寅	6	11	己酉	5	12	己卯	4	13	庚戌	3	14	庚辰	2	13	庚戌	十七
8	9	戊申	7	11	己卯	6	12	庚戌	5	13	庚辰	4	14	辛亥	3	15	辛巳	2	14	辛亥	十八
8	10	己酉	7	12	庚辰	6	13	辛亥	5	14	辛巳	4	15	壬子	3	16	壬午	2	15	壬子	十九
8	11	庚戌	7	13	辛巳	6	14	壬子	5	15	壬午	4	16	癸丑	3	17	癸未	2	16	癸丑	二十
8	12	辛亥	7	14	壬午	6	15	癸丑	5	16	癸未	4	17	甲寅	3	18	甲申	2	17	甲寅	廿一
8	13	壬子	7	15	癸未	6	16	甲寅	5	17	甲申	4	18	乙卯	3	19	乙酉	2	18	乙卯	廿二
8	14	癸丑	7	16	甲申	6	17	乙卯	5	18	乙酉	4	19	丙辰	3	20	丙戌	2	19	丙辰	廿三
8	15	甲寅	7	17	乙酉	6	18	丙辰	5	19	丙戌	4	20	丁巳	3	21	丁亥	2	20	丁巳	廿四
8	16	乙卯	7	18	丙戌	6	19	丁巳	5	20	丁亥	4	21	戊午	3	22	戊子	2	21	戊午	廿五
8	17	丙辰	7	19	丁亥	6	20	戊午	5	21	戊子	4	22	己未	3	23	己丑	2	22	己未	廿六
8	18	丁巳	7	20	戊子	6	21	己未	5	22	己丑	4	23	庚申	3	24	庚寅	2	23	庚申	廿七
8	19	戊午	7	21	己丑	6	22	庚申	5	23	庚寅	4	24	辛酉	3	25	辛卯	2	24	辛酉	廿八
8	20	己未	7	22	庚寅	6	23	辛酉	5	24	辛卯	4	25	壬戌	3	26	壬辰	2	25	壬戌	廿九
8	21	庚申							5	25	壬辰				3	27	癸巳	2	26	癸亥	三十

月別	12月			11月			10月			9月			8月			7月		
月柱	辛丑			庚子			己亥			戊戌			丁酉			丙申		
紫白	三碧			四緑			五黄			六白			七赤			八白		
農暦	陽暦		日柱	陽暦		日柱	陽暦		日柱	陽暦		日柱	陽暦		日柱	陽暦		日柱
	月	日		月	日		月	日		月	日		月	日		月	日	
初一	1	16	戊子	12	17	戊午	11	18	己丑	10	19	己未	9	20	庚寅	8	22	辛酉
初二	1	17	己丑	12	18	己未	11	19	庚寅	10	20	庚申	9	21	辛卯	8	23	壬戌
初三	1	18	庚寅	12	19	庚申	11	20	辛卯	10	21	辛酉	9	22	壬辰	8	24	癸亥
初四	1	19	辛卯	12	20	辛酉	11	21	壬辰	10	22	壬戌	9	23	癸巳	8	25	甲子
初五	1	20	壬辰	12	21	壬戌	11	22	癸巳	10	23	癸亥	9	24	甲午	8	26	乙丑
初六	1	21	癸巳	12	22	癸亥	11	23	甲午	10	24	甲子	9	25	乙未	8	27	丙寅
初七	1	22	甲午	12	23	甲子	11	24	乙未	10	25	乙丑	9	26	丙申	8	28	丁卯
初八	1	23	乙未	12	24	乙丑	11	25	丙申	10	26	丙寅	9	27	丁酉	8	29	戊辰
初九	1	24	丙申	12	25	丙寅	11	26	丁酉	10	27	丁卯	9	28	戊戌	8	30	己巳
初十	1	25	丁酉	12	26	丁卯	11	27	戊戌	10	28	戊辰	9	29	己亥	8	31	庚午
十一	1	26	戊戌	12	27	戊辰	11	28	己亥	10	29	己巳	9	30	庚子	9	1	辛未
十二	1	27	己亥	12	28	己巳	11	29	庚子	10	30	庚午	10	1	辛丑	9	2	壬申
十三	1	28	庚子	12	29	庚午	11	30	辛丑	10	31	辛未	10	2	壬寅	9	3	癸酉
十四	1	29	辛丑	12	30	辛未	12	1	壬寅	11	1	壬申	10	3	癸卯	9	4	甲戌
十五	1	30	壬寅	12	31	壬申	12	2	癸卯	11	2	癸酉	10	4	甲辰	9	5	乙亥
十六	1	31	癸卯	1	1	癸酉	12	3	甲辰	11	3	甲戌	10	5	乙巳	9	6	丙子
十七	2	1	甲辰	1	2	甲戌	12	4	乙巳	11	4	乙亥	10	6	丙午	9	7	丁丑
十八	2	2	乙巳	1	3	乙亥	12	5	丙午	11	5	丙子	10	7	丁未	9	8	戊寅
十九	2	3	丙午	1	4	丙子	12	6	丁未	11	6	丁丑	10	8	戊申	9	9	己卯
二十	2	4	丁未	1	5	丁丑	12	7	戊申	11	7	戊寅	10	9	己酉	9	10	庚辰
廿一	2	5	戊申	1	6	戊寅	12	8	己酉	11	8	己卯	10	10	庚戌	9	11	辛巳
廿二	2	6	己酉	1	7	己卯	12	9	庚戌	11	9	庚辰	10	11	辛亥	9	12	壬午
廿三	2	7	庚戌	1	8	庚辰	12	10	辛亥	11	10	辛巳	10	12	壬子	9	13	癸未
廿四	2	8	辛亥	1	9	辛巳	12	11	壬子	11	11	壬午	10	13	癸丑	9	14	甲申
廿五	2	9	壬子	1	10	壬午	12	12	癸丑	11	12	癸未	10	14	甲寅	9	15	乙酉
廿六	2	10	癸丑	1	11	癸未	12	13	甲寅	11	13	甲申	10	15	乙卯	9	16	丙戌
廿七	2	11	甲寅	1	12	甲申	12	14	乙卯	11	14	乙酉	10	16	丙辰	9	17	丁亥
廿八	2	12	乙卯	1	13	乙酉	12	15	丙辰	11	15	丙戌	10	17	丁巳	9	18	戊子
廿九	2	13	丙辰	1	14	丙戌	12	16	丁巳	11	16	丁亥	10	18	戊午	9	19	己丑
三十	2	14	丁巳	1	15	丁亥				11	17	戊子						

2037年【丁巳】

6月			5月			4月			3月			2月			正月			月別
丁未			丙午			乙巳			甲辰			癸卯			壬寅			月柱
六白			七赤			八白			九紫			一白			二黒			紫白
陽暦		日柱	陽暦		日柱	陽暦		日柱	陽暦		日柱	陽暦		日柱	陽暦		日柱	農暦
月	日		月	日		月	日		月	日		月	日		月	日		
7	13	丙戌	6	14	丁巳	5	15	丁亥	4	16	戊午	3	17	戊子	2	15	戊午	初一
7	14	丁亥	6	15	戊午	5	16	戊子	4	17	己未	3	18	己丑	2	16	己未	初二
7	15	戊子	6	16	己未	5	17	己丑	4	18	庚申	3	19	庚寅	2	17	庚申	初三
7	16	己丑	6	17	庚申	5	18	庚寅	4	19	辛酉	3	20	辛卯	2	18	辛酉	初四
7	17	庚寅	6	18	辛酉	5	19	辛卯	4	20	壬戌	3	21	壬辰	2	19	壬戌	初五
7	18	辛卯	6	19	壬戌	5	20	壬辰	4	21	癸亥	3	22	癸巳	2	20	癸亥	初六
7	19	壬辰	6	20	癸亥	5	21	癸巳	4	22	甲子	3	23	甲午	2	21	甲子	初七
7	20	癸巳	6	21	甲子	5	22	甲午	4	23	乙丑	3	24	乙未	2	22	乙丑	初八
7	21	甲午	6	22	乙丑	5	23	乙未	4	24	丙寅	3	25	丙申	2	23	丙寅	初九
7	22	乙未	6	23	丙寅	5	24	丙申	4	25	丁卯	3	26	丁酉	2	24	丁卯	初十
7	23	丙申	6	24	丁卯	5	25	丁酉	4	26	戊辰	3	27	戊戌	2	25	戊辰	十一
7	24	丁酉	6	25	戊辰	5	26	戊戌	4	27	己巳	3	28	己亥	2	26	己巳	十二
7	25	戊戌	6	26	己巳	5	27	己亥	4	28	庚午	3	29	庚子	2	27	庚午	十三
7	26	己亥	6	27	庚午	5	28	庚子	4	29	辛未	3	30	辛丑	2	28	辛未	十四
7	27	庚子	6	28	辛未	5	29	辛丑	4	30	壬申	3	31	壬寅	3	1	壬申	十五
7	28	辛丑	6	29	壬申	5	30	壬寅	5	1	癸酉	4	1	癸卯	3	2	癸酉	十六
7	29	壬寅	6	30	癸酉	5	31	癸卯	5	2	甲戌	4	2	甲辰	3	3	甲戌	十七
7	30	癸卯	7	1	甲戌	6	1	甲辰	5	3	乙亥	4	3	乙巳	3	4	乙亥	十八
7	31	甲辰	7	2	乙亥	6	2	乙巳	5	4	丙子	4	4	丙午	3	5	丙子	十九
8	1	乙巳	7	3	丙子	6	3	丙午	5	5	丁丑	4	5	丁未	3	6	丁丑	二十
8	2	丙午	7	4	丁丑	6	4	丁未	5	6	戊寅	4	6	戊申	3	7	戊寅	廿一
8	3	丁未	7	5	戊寅	6	5	戊申	5	7	己卯	4	7	己酉	3	8	己卯	廿二
8	4	戊申	7	6	己卯	6	6	己酉	5	8	庚辰	4	8	庚戌	3	9	庚辰	廿三
8	5	己酉	7	7	庚辰	6	7	庚戌	5	9	辛巳	4	9	辛亥	3	10	辛巳	廿四
8	6	庚戌	7	8	辛巳	6	8	辛亥	5	10	壬午	4	10	壬子	3	11	壬午	廿五
8	7	辛亥	7	9	壬午	6	9	壬子	5	11	癸未	4	11	癸丑	3	12	癸未	廿六
8	8	壬子	7	10	癸未	6	10	癸丑	5	12	甲申	4	12	甲寅	3	13	甲申	廿七
8	9	癸丑	7	11	甲申	6	11	甲寅	5	13	乙酉	4	13	乙卯	3	14	乙酉	廿八
8	10	甲寅	7	12	乙酉	6	12	乙卯	5	14	丙戌	4	14	丙辰	3	15	丙戌	廿九
						6	13	丙辰				4	15	丁巳	3	16	丁亥	三十

月別	12月			11月			10月			9月			8月			7月		
月柱	癸丑			壬子			辛亥			庚戌			己酉			戊申		
紫白	九紫			一白			二黑			三碧			四綠			五黃		
農曆	陽曆		日柱	陽曆		日柱	陽曆		日柱	陽曆		日柱	陽曆		日柱	陽曆		日柱
	月	日		月	日		月	日		月	日		月	日		月	日	
初一	1	5	壬午	12	7	癸丑	11	7	癸未	10	9	甲寅	9	10	乙酉	8	11	乙卯
初二	1	6	癸未	12	8	甲寅	11	8	甲申	10	10	乙卯	9	11	丙戌	8	12	丙辰
初三	1	7	甲申	12	9	乙卯	11	9	乙酉	10	11	丙辰	9	12	丁亥	8	13	丁巳
初四	1	8	乙酉	12	10	丙辰	11	10	丙戌	10	12	丁巳	9	13	戊子	8	14	戊午
初五	1	9	丙戌	12	11	丁巳	11	11	丁亥	10	13	戊午	9	14	己丑	8	15	己未
初六	1	10	丁亥	12	12	戊午	11	12	戊子	10	14	己未	9	15	庚寅	8	16	庚申
初七	1	11	戊子	12	13	己未	11	13	己丑	10	15	庚申	9	16	辛卯	8	17	辛酉
初八	1	12	己丑	12	14	庚申	11	14	庚寅	10	16	辛酉	9	17	壬辰	8	18	壬戌
初九	1	13	庚寅	12	15	辛酉	11	15	辛卯	10	17	壬戌	9	18	癸巳	8	19	癸亥
初十	1	14	辛卯	12	16	壬戌	11	16	壬辰	10	18	癸亥	9	19	甲午	8	20	甲子
十一	1	15	壬辰	12	17	癸亥	11	17	癸巳	10	19	甲子	9	20	乙未	8	21	乙丑
十二	1	16	癸巳	12	18	甲子	11	18	甲午	10	20	乙丑	9	21	丙申	8	22	丙寅
十三	1	17	甲午	12	19	乙丑	11	19	乙未	10	21	丙寅	9	22	丁酉	8	23	丁卯
十四	1	18	乙未	12	20	丙寅	11	20	丙申	10	22	丁卯	9	23	戊戌	8	24	戊辰
十五	1	19	丙申	12	21	丁卯	11	21	丁酉	10	23	戊辰	9	24	己亥	8	25	己巳
十六	1	20	丁酉	12	22	戊辰	11	22	戊戌	10	24	己巳	9	25	庚子	8	26	庚午
十七	1	21	戊戌	12	23	己巳	11	23	己亥	10	25	庚午	9	26	辛丑	8	27	辛未
十八	1	22	己亥	12	24	庚午	11	24	庚子	10	26	辛未	9	27	壬寅	8	28	壬申
十九	1	23	庚子	12	25	辛未	11	25	辛丑	10	27	壬申	9	28	癸卯	8	29	癸酉
二十	1	24	辛丑	12	26	壬申	11	26	壬寅	10	28	癸酉	9	29	甲辰	8	30	甲戌
廿一	1	25	壬寅	12	27	癸酉	11	27	癸卯	10	29	甲戌	9	30	乙巳	8	31	乙亥
廿二	1	26	癸卯	12	28	甲戌	11	28	甲辰	10	30	乙亥	10	1	丙午	9	1	丙子
廿三	1	27	甲辰	12	29	乙亥	11	29	乙巳	10	31	丙子	10	2	丁未	9	2	丁丑
廿四	1	28	乙巳	12	30	丙子	11	30	丙午	11	1	丁丑	10	3	戊申	9	3	戊寅
廿五	1	29	丙午	12	31	丁丑	12	1	丁未	11	2	戊寅	10	4	己酉	9	4	己卯
廿六	1	30	丁未	1	1	戊寅	12	2	戊申	11	3	己卯	10	5	庚戌	9	5	庚辰
廿七	1	31	戊申	1	2	己卯	12	3	己酉	11	4	庚辰	10	6	辛亥	9	6	辛巳
廿八	2	1	己酉	1	3	庚辰	12	4	庚戌	11	5	辛巳	10	7	壬子	9	7	壬午
廿九	2	2	庚戌	1	4	辛巳	12	5	辛亥	11	6	壬午	10	8	癸丑	9	8	癸未
三十	2	3	辛亥				12	6	壬子							9	9	甲申

2038年【戊午】

6月			5月			4月			3月			2月			正月			月別
己未			戊午			丁巳			丙辰			乙卯			甲寅			月柱
三碧			四緑			五黄			六白			七赤			八白			紫白
陽暦		日柱	陽暦		日柱	陽暦		日柱	陽暦		日柱	陽暦		日柱	陽暦		日柱	農暦
月	日		月	日		月	日		月	日		月	日		月	日		
7	2	庚辰	6	3	辛亥	5	4	辛巳	4	5	壬子	3	6	壬午	2	4	壬子	初一
7	3	辛巳	6	4	壬子	5	5	壬午	4	6	癸丑	3	7	癸未	2	5	癸丑	初二
7	4	壬午	6	5	癸丑	5	6	癸未	4	7	甲寅	3	8	甲申	2	6	甲寅	初三
7	5	癸未	6	6	甲寅	5	7	甲申	4	8	乙卯	3	9	乙酉	2	7	乙卯	初四
7	6	甲申	6	7	乙卯	5	8	乙酉	4	9	丙辰	3	10	丙戌	2	8	丙辰	初五
7	7	乙酉	6	8	丙辰	5	9	丙戌	4	10	丁巳	3	11	丁亥	2	9	丁巳	初六
7	8	丙戌	6	9	丁巳	5	10	丁亥	4	11	戊午	3	12	戊子	2	10	戊午	初七
7	9	丁亥	6	10	戊午	5	11	戊子	4	12	己未	3	13	己丑	2	11	己未	初八
7	10	戊子	6	11	己未	5	12	己丑	4	13	庚申	3	14	庚寅	2	12	庚申	初九
7	11	己丑	6	12	庚申	5	13	庚寅	4	14	辛酉	3	15	辛卯	2	13	辛酉	初十
7	12	庚寅	6	13	辛酉	5	14	辛卯	4	15	壬戌	3	16	壬辰	2	14	壬戌	十一
7	13	辛卯	6	14	壬戌	5	15	壬辰	4	16	癸亥	3	17	癸巳	2	15	癸亥	十二
7	14	壬辰	6	15	癸亥	5	16	癸巳	4	17	甲子	3	18	甲午	2	16	甲子	十三
7	15	癸巳	6	16	甲子	5	17	甲午	4	18	乙丑	3	19	乙未	2	17	乙丑	十四
7	16	甲午	6	17	乙丑	5	18	乙未	4	19	丙寅	3	20	丙申	2	18	丙寅	十五
7	17	乙未	6	18	丙寅	5	19	丙申	4	20	丁卯	3	21	丁酉	2	19	丁卯	十六
7	18	丙申	6	19	丁卯	5	20	丁酉	4	21	戊辰	3	22	戊戌	2	20	戊辰	十七
7	19	丁酉	6	20	戊辰	5	21	戊戌	4	22	己巳	3	23	己亥	2	21	己巳	十八
7	20	戊戌	6	21	己巳	5	22	己亥	4	23	庚午	3	24	庚子	2	22	庚午	十九
7	21	己亥	6	22	庚午	5	23	庚子	4	24	辛未	3	25	辛丑	2	23	辛未	二十
7	22	庚子	6	23	辛未	5	24	辛丑	4	25	壬申	3	26	壬寅	2	24	壬申	廿一
7	23	辛丑	6	24	壬申	5	25	壬寅	4	26	癸酉	3	27	癸卯	2	25	癸酉	廿二
7	24	壬寅	6	25	癸酉	5	26	癸卯	4	27	甲戌	3	28	甲辰	2	26	甲戌	廿三
7	25	癸卯	6	26	甲戌	5	27	甲辰	4	28	乙亥	3	29	乙巳	2	27	乙亥	廿四
7	26	甲辰	6	27	乙亥	5	28	乙巳	4	29	丙子	3	30	丙午	2	28	丙子	廿五
7	27	乙巳	6	28	丙子	5	29	丙午	4	30	丁丑	3	31	丁未	3	1	丁丑	廿六
7	28	丙午	6	29	丁丑	5	30	丁未	5	1	戊寅	4	1	戊申	3	2	戊寅	廿七
7	29	丁未	6	30	戊寅	5	31	戊申	5	2	己卯	4	2	己酉	3	3	己卯	廿八
7	30	戊申	7	1	己卯	6	1	己酉	5	3	庚辰	4	3	庚戌	3	4	庚辰	廿九
7	31	己酉				6	2	庚戌				4	4	辛亥	3	5	辛巳	三十

月別	12月			11月			10月			9月			8月			7月		
月柱	乙丑			甲子			癸亥			壬戌			辛酉			庚申		
紫白	六白			七赤			八白			九紫			一白			二黒		
農暦	陽暦		日柱	陽暦		日柱	陽暦		日柱	陽暦		日柱	陽暦		日柱	陽暦		日柱
	月	日		月	日		月	日		月	日		月	日		月	日	
初一	12	26	丁丑	11	26	丁未	10	28	戊寅	9	29	己酉	8	30	己卯	8	1	庚戌
初二	12	27	戊寅	11	27	戊申	10	29	己卯	9	30	庚戌	8	31	庚辰	8	2	辛亥
初三	12	28	己卯	11	28	己酉	10	30	庚辰	10	1	辛亥	9	1	辛巳	8	3	壬子
初四	12	29	庚辰	11	29	庚戌	10	31	辛巳	10	2	壬子	9	2	壬午	8	4	癸丑
初五	12	30	辛巳	11	30	辛亥	11	1	壬午	10	3	癸丑	9	3	癸未	8	5	甲寅
初六	12	31	壬午	12	1	壬子	11	2	癸未	10	4	甲寅	9	4	甲申	8	6	乙卯
初七	1	1	癸未	12	2	癸丑	11	3	甲申	10	5	乙卯	9	5	乙酉	8	7	丙辰
初八	1	2	甲申	12	3	甲寅	11	4	乙酉	10	6	丙辰	9	6	丙戌	8	8	丁巳
初九	1	3	乙酉	12	4	乙卯	11	5	丙戌	10	7	丁巳	9	7	丁亥	8	9	戊午
初十	1	4	丙戌	12	5	丙辰	11	6	丁亥	10	8	戊午	9	8	戊子	8	10	己未
十一	1	5	丁亥	12	6	丁巳	11	7	戊子	10	9	己未	9	9	己丑	8	11	庚申
十二	1	6	戊子	12	7	戊午	11	8	己丑	10	10	庚申	9	10	庚寅	8	12	辛酉
十三	1	7	己丑	12	8	己未	11	9	庚寅	10	11	辛酉	9	11	辛卯	8	13	壬戌
十四	1	8	庚寅	12	9	庚申	11	10	辛卯	10	12	壬戌	9	12	壬辰	8	14	癸亥
十五	1	9	辛卯	12	10	辛酉	11	11	壬辰	10	13	癸亥	9	13	癸巳	8	15	甲子
十六	1	10	壬辰	12	11	壬戌	11	12	癸巳	10	14	甲子	9	14	甲午	8	16	乙丑
十七	1	11	癸巳	12	12	癸亥	11	13	甲午	10	15	乙丑	9	15	乙未	8	17	丙寅
十八	1	12	甲午	12	13	甲子	11	14	乙未	10	16	丙寅	9	16	丙申	8	18	丁卯
十九	1	13	乙未	12	14	乙丑	11	15	丙申	10	17	丁卯	9	17	丁酉	8	19	戊辰
二十	1	14	丙申	12	15	丙寅	11	16	丁酉	10	18	戊辰	9	18	戊戌	8	20	己巳
廿一	1	15	丁酉	12	16	丁卯	11	17	戊戌	10	19	己巳	9	19	己亥	8	21	庚午
廿二	1	16	戊戌	12	17	戊辰	11	18	己亥	10	20	庚午	9	20	庚子	8	22	辛未
廿三	1	17	己亥	12	18	己巳	11	19	庚子	10	21	辛未	9	21	辛丑	8	23	壬申
廿四	1	18	庚子	12	19	庚午	11	20	辛丑	10	22	壬申	9	22	壬寅	8	24	癸酉
廿五	1	19	辛丑	12	20	辛未	11	21	壬寅	10	23	癸酉	9	23	癸卯	8	25	甲戌
廿六	1	20	壬寅	12	21	壬申	11	22	癸卯	10	24	甲戌	9	24	甲辰	8	26	乙亥
廿七	1	21	癸卯	12	22	癸酉	11	23	甲辰	10	25	乙亥	9	25	乙巳	8	27	丙子
廿八	1	22	甲辰	12	23	甲戌	11	24	乙巳	10	26	丙子	9	26	丙午	8	28	丁丑
廿九	1	23	乙巳	12	24	乙亥	11	25	丙午	10	27	丁丑	9	27	丁未	8	29	戊寅
三十				12	25	丙子							9	28	戊申			

2039年【己未】

6月			閏5月			5月			4月			3月			2月			正月			月別
辛未						庚午			己巳			戊辰			丁卯			丙寅			月柱
九紫						一白			二黒			三碧			四緑			五黄			紫白
陽暦		日柱	陽暦		日柱	陽暦		日柱	陽暦		日柱	陽暦		日柱	陽暦		日柱	陽暦		日柱	農暦
月	日		月	日		月	日		月	日		月	日		月	日		月	日		
7	21	甲辰	6	22	乙亥	5	23	乙巳	4	23	乙亥	3	25	丙午	2	23	丙子	1	24	丙午	初一
7	22	乙巳	6	23	丙子	5	24	丙午	4	24	丙子	3	26	丁未	2	24	丁丑	1	25	丁未	初二
7	23	丙午	6	24	丁丑	5	25	丁未	4	25	丁丑	3	27	戊申	2	25	戊寅	1	26	戊申	初三
7	24	丁未	6	25	戊寅	5	26	戊申	4	26	戊寅	3	28	己酉	2	26	己卯	1	27	己酉	初四
7	25	戊申	6	26	己卯	5	27	己酉	4	27	己卯	3	29	庚戌	2	27	庚辰	1	28	庚戌	初五
7	26	己酉	6	27	庚辰	5	28	庚戌	4	28	庚辰	3	30	辛亥	2	28	辛巳	1	29	辛亥	初六
7	27	庚戌	6	28	辛巳	5	29	辛亥	4	29	辛巳	3	31	壬子	3	1	壬午	1	30	壬子	初七
7	28	辛亥	6	29	壬午	5	30	壬子	4	30	壬午	4	1	癸丑	3	2	癸未	1	31	癸丑	初八
7	29	壬子	6	30	癸未	5	31	癸丑	5	1	癸未	4	2	甲寅	3	3	甲申	2	1	甲寅	初九
7	30	癸丑	7	1	甲申	6	1	甲寅	5	2	甲申	4	3	乙卯	3	4	乙酉	2	2	乙卯	初十
7	31	甲寅	7	2	乙酉	6	2	乙卯	5	3	乙酉	4	4	丙辰	3	5	丙戌	2	3	丙辰	十一
8	1	乙卯	7	3	丙戌	6	3	丙辰	5	4	丙戌	4	5	丁巳	3	6	丁亥	2	4	丁巳	十二
8	2	丙辰	7	4	丁亥	6	4	丁巳	5	5	丁亥	4	6	戊午	3	7	戊子	2	5	戊午	十三
8	3	丁巳	7	5	戊子	6	5	戊午	5	6	戊子	4	7	己未	3	8	己丑	2	6	己未	十四
8	4	戊午	7	6	己丑	6	6	己未	5	7	己丑	4	8	庚申	3	9	庚寅	2	7	庚申	十五
8	5	己未	7	7	庚寅	6	7	庚申	5	8	庚寅	4	9	辛酉	3	10	辛卯	2	8	辛酉	十六
8	6	庚申	7	8	辛卯	6	8	辛酉	5	9	辛卯	4	10	壬戌	3	11	壬辰	2	9	壬戌	十七
8	7	辛酉	7	9	壬辰	6	9	壬戌	5	10	壬辰	4	11	癸亥	3	12	癸巳	2	10	癸亥	十八
8	8	壬戌	7	10	癸巳	6	10	癸亥	5	11	癸巳	4	12	甲子	3	13	甲午	2	11	甲子	十九
8	9	癸亥	7	11	甲午	6	11	甲子	5	12	甲午	4	13	乙丑	3	14	乙未	2	12	乙丑	二十
8	10	甲子	7	12	乙未	6	12	乙丑	5	13	乙未	4	14	丙寅	3	15	丙申	2	13	丙寅	廿一
8	11	乙丑	7	13	丙申	6	13	丙寅	5	14	丙申	4	15	丁卯	3	16	丁酉	2	14	丁卯	廿二
8	12	丙寅	7	14	丁酉	6	14	丁卯	5	15	丁酉	4	16	戊辰	3	17	戊戌	2	15	戊辰	廿三
8	13	丁卯	7	15	戊戌	6	15	戊辰	5	16	戊戌	4	17	己巳	3	18	己亥	2	16	己巳	廿四
8	14	戊辰	7	16	己亥	6	16	己巳	5	17	己亥	4	18	庚午	3	19	庚子	2	17	庚午	廿五
8	15	己巳	7	17	庚子	6	17	庚午	5	18	庚子	4	19	辛未	3	20	辛丑	2	18	辛未	廿六
8	16	庚午	7	18	辛丑	6	18	辛未	5	19	辛丑	4	20	壬申	3	21	壬寅	2	19	壬申	廿七
8	17	辛未	7	19	壬寅	6	19	壬申	5	20	壬寅	4	21	癸酉	3	22	癸卯	2	20	癸酉	廿八
8	18	壬申	7	20	癸卯	6	20	癸酉	5	21	癸卯	4	22	甲戌	3	23	甲辰	2	21	甲戌	廿九
8	19	癸酉				6	21	甲戌	5	22	甲辰				3	24	乙巳	2	22	乙亥	三十

月別	12月			11月			10月			9月			8月			7月		
月柱	丁丑			丙子			乙亥			甲戌			癸酉			壬申		
紫白	三碧			四緑			五黄			六白			七赤			八白		
農暦	陽暦		日柱	陽暦		日柱	陽暦		日柱	陽暦		日柱	陽暦		日柱	陽暦		日柱
	月	日		月	日		月	日		月	日		月	日		月	日	
初一	1	14	辛丑	12	16	壬申	11	16	壬寅	10	18	癸酉	9	18	癸卯	8	20	甲戌
初二	1	15	壬寅	12	17	癸酉	11	17	癸卯	10	19	甲戌	9	19	甲辰	8	21	乙亥
初三	1	16	癸卯	12	18	甲戌	11	18	甲辰	10	20	乙亥	9	20	乙巳	8	22	丙子
初四	1	17	甲辰	12	19	乙亥	11	19	乙巳	10	21	丙子	9	21	丙午	8	23	丁丑
初五	1	18	乙巳	12	20	丙子	11	20	丙午	10	22	丁丑	9	22	丁未	8	24	戊寅
初六	1	19	丙午	12	21	丁丑	11	21	丁未	10	23	戊寅	9	23	戊申	8	25	己卯
初七	1	20	丁未	12	22	戊寅	11	22	戊申	10	24	己卯	9	24	己酉	8	26	庚辰
初八	1	21	戊申	12	23	己卯	11	23	己酉	10	25	庚辰	9	25	庚戌	8	27	辛巳
初九	1	22	己酉	12	24	庚辰	11	24	庚戌	10	26	辛巳	9	26	辛亥	8	28	壬午
初十	1	23	庚戌	12	25	辛巳	11	25	辛亥	10	27	壬午	9	27	壬子	8	29	癸未
十一	1	24	辛亥	12	26	壬午	11	26	壬子	10	28	癸未	9	28	癸丑	8	30	甲申
十二	1	25	壬子	12	27	癸未	11	27	癸丑	10	29	甲申	9	29	甲寅	8	31	乙酉
十三	1	26	癸丑	12	28	甲申	11	28	甲寅	10	30	乙酉	9	30	乙卯	9	1	丙戌
十四	1	27	甲寅	12	29	乙酉	11	29	乙卯	10	31	丙戌	10	1	丙辰	9	2	丁亥
十五	1	28	乙卯	12	30	丙戌	11	30	丙辰	11	1	丁亥	10	2	丁巳	9	3	戊子
十六	1	29	丙辰	12	31	丁亥	12	1	丁巳	11	2	戊子	10	3	戊午	9	4	己丑
十七	1	30	丁巳	1	1	戊子	12	2	戊午	11	3	己丑	10	4	己未	9	5	庚寅
十八	1	31	戊午	1	2	己丑	12	3	己未	11	4	庚寅	10	5	庚申	9	6	辛卯
十九	2	1	己未	1	3	庚寅	12	4	庚申	11	5	辛卯	10	6	辛酉	9	7	壬辰
二十	2	2	庚申	1	4	辛卯	12	5	辛酉	11	6	壬辰	10	7	壬戌	9	8	癸巳
廿一	2	3	辛酉	1	5	壬辰	12	6	壬戌	11	7	癸巳	10	8	癸亥	9	9	甲午
廿二	2	4	壬戌	1	6	癸巳	12	7	癸亥	11	8	甲午	10	9	甲子	9	10	乙未
廿三	2	5	癸亥	1	7	甲午	12	8	甲子	11	9	乙未	10	10	乙丑	9	11	丙申
廿四	2	6	甲子	1	8	乙未	12	9	乙丑	11	10	丙申	10	11	丙寅	9	12	丁酉
廿五	2	7	乙丑	1	9	丙申	12	10	丙寅	11	11	丁酉	10	12	丁卯	9	13	戊戌
廿六	2	8	丙寅	1	10	丁酉	12	11	丁卯	11	12	戊戌	10	13	戊辰	9	14	己亥
廿七	2	9	丁卯	1	11	戊戌	12	12	戊辰	11	13	己亥	10	14	己巳	9	15	庚子
廿八	2	10	戊辰	1	12	己亥	12	13	己巳	11	14	庚子	10	15	庚午	9	16	辛丑
廿九	2	11	己巳	1	13	庚子	12	14	庚午	11	15	辛丑	10	16	辛未	9	17	壬寅
三十							12	15	辛未				10	17	壬申			

2040年【庚申】

6月			5月			4月			3月			2月			正月			月別
癸未			壬午			辛巳			庚辰			己卯			戊寅			月柱
六白			七赤			八白			九紫			一白			二黒			紫白
陽暦		日柱	陽暦		日柱	陽暦		日柱	陽暦		日柱	陽暦		日柱	陽暦		日柱	農暦
月	日		月	日		月	日		月	日		月	日		月	日		
7	9	戊戌	6	10	己巳	5	11	己亥	4	11	己巳	3	13	庚子	2	12	庚午	初一
7	10	己亥	6	11	庚午	5	12	庚子	4	12	庚午	3	14	辛丑	2	13	辛未	初二
7	11	庚子	6	12	辛未	5	13	辛丑	4	13	辛未	3	15	壬寅	2	14	壬申	初三
7	12	辛丑	6	13	壬申	5	14	壬寅	4	14	壬申	3	16	癸卯	2	15	癸酉	初四
7	13	壬寅	6	14	癸酉	5	15	癸卯	4	15	癸酉	3	17	甲辰	2	16	甲戌	初五
7	14	癸卯	6	15	甲戌	5	16	甲辰	4	16	甲戌	3	18	乙巳	2	17	乙亥	初六
7	15	甲辰	6	16	乙亥	5	17	乙巳	4	17	乙亥	3	19	丙午	2	18	丙子	初七
7	16	乙巳	6	17	丙子	5	18	丙午	4	18	丙子	3	20	丁未	2	19	丁丑	初八
7	17	丙午	6	18	丁丑	5	19	丁未	4	19	丁丑	3	21	戊申	2	20	戊寅	初九
7	18	丁未	6	19	戊寅	5	20	戊申	4	20	戊寅	3	22	己酉	2	21	己卯	初十
7	19	戊申	6	20	己卯	5	21	己酉	4	21	己卯	3	23	庚戌	2	22	庚辰	十一
7	20	己酉	6	21	庚辰	5	22	庚戌	4	22	庚辰	3	24	辛亥	2	23	辛巳	十二
7	21	庚戌	6	22	辛巳	5	23	辛亥	4	23	辛巳	3	25	壬子	2	24	壬午	十三
7	22	辛亥	6	23	壬午	5	24	壬子	4	24	壬午	3	26	癸丑	2	25	癸未	十四
7	23	壬子	6	24	癸未	5	25	癸丑	4	25	癸未	3	27	甲寅	2	26	甲申	十五
7	24	癸丑	6	25	甲申	5	26	甲寅	4	26	甲申	3	28	乙卯	2	27	乙酉	十六
7	25	甲寅	6	26	乙酉	5	27	乙卯	4	27	乙酉	3	29	丙辰	2	28	丙戌	十七
7	26	乙卯	6	27	丙戌	5	28	丙辰	4	28	丙戌	3	30	丁巳	2	29	丁亥	十八
7	27	丙辰	6	28	丁亥	5	29	丁巳	4	29	丁亥	3	31	戊午	3	1	戊子	十九
7	28	丁巳	6	29	戊子	5	30	戊午	4	30	戊子	4	1	己未	3	2	己丑	二十
7	29	戊午	6	30	己丑	5	31	己未	5	1	己丑	4	2	庚申	3	3	庚寅	廿一
7	30	己未	7	1	庚寅	6	1	庚申	5	2	庚寅	4	3	辛酉	3	4	辛卯	廿二
7	31	庚申	7	2	辛卯	6	2	辛酉	5	3	辛卯	4	4	壬戌	3	5	壬辰	廿三
8	1	辛酉	7	3	壬辰	6	3	壬戌	5	4	壬辰	4	5	癸亥	3	6	癸巳	廿四
8	2	壬戌	7	4	癸巳	6	4	癸亥	5	5	癸巳	4	6	甲子	3	7	甲午	廿五
8	3	癸亥	7	5	甲午	6	5	甲子	5	6	甲午	4	7	乙丑	3	8	乙未	廿六
8	4	甲子	7	6	乙未	6	6	乙丑	5	7	乙未	4	8	丙寅	3	9	丙申	廿七
8	5	乙丑	7	7	丙申	6	7	丙寅	5	8	丙申	4	9	丁卯	3	10	丁酉	廿八
8	6	丙寅	7	8	丁酉	6	8	丁卯	5	9	丁酉	4	10	戊辰	3	11	戊戌	廿九
8	7	丁卯				6	9	戊辰	5	10	戊戌				3	12	己亥	三十

月別	12月			11月			10月			9月			8月			7月		
月柱	己丑			戊子			丁亥			丙戌			乙酉			甲申		
紫白	九紫			一白			二黒			三碧			四緑			五黄		
農暦	陽暦		日柱	陽暦		日柱	陽暦		日柱	陽暦		日柱	陽暦		日柱	陽暦		日柱
	月	日		月	日		月	日		月	日		月	日		月	日	
初一	1	3	丙申	12	4	丙寅	11	5	丁酉	10	6	丁卯	9	6	丁酉	8	8	戊辰
初二	1	4	丁酉	12	5	丁卯	11	6	戊戌	10	7	戊辰	9	7	戊戌	8	9	己巳
初三	1	5	戊戌	12	6	戊辰	11	7	己亥	10	8	己巳	9	8	己亥	8	10	庚午
初四	1	6	己亥	12	7	己巳	11	8	庚子	10	9	庚午	9	9	庚子	8	11	辛未
初五	1	7	庚子	12	8	庚午	11	9	辛丑	10	10	辛未	9	10	辛丑	8	12	壬申
初六	1	8	辛丑	12	9	辛未	11	10	壬寅	10	11	壬申	9	11	壬寅	8	13	癸酉
初七	1	9	壬寅	12	10	壬申	11	11	癸卯	10	12	癸酉	9	12	癸卯	8	14	甲戌
初八	1	10	癸卯	12	11	癸酉	11	12	甲辰	10	13	甲戌	9	13	甲辰	8	15	乙亥
初九	1	11	甲辰	12	12	甲戌	11	13	乙巳	10	14	乙亥	9	14	乙巳	8	16	丙子
初十	1	12	乙巳	12	13	乙亥	11	14	丙午	10	15	丙子	9	15	丙午	8	17	丁丑
十一	1	13	丙午	12	14	丙子	11	15	丁未	10	16	丁丑	9	16	丁未	8	18	戊寅
十二	1	14	丁未	12	15	丁丑	11	16	戊申	10	17	戊寅	9	17	戊申	8	19	己卯
十三	1	15	戊申	12	16	戊寅	11	17	己酉	10	18	己卯	9	18	己酉	8	20	庚辰
十四	1	16	己酉	12	17	己卯	11	18	庚戌	10	19	庚辰	9	19	庚戌	8	21	辛巳
十五	1	17	庚戌	12	18	庚辰	11	19	辛亥	10	20	辛巳	9	20	辛亥	8	22	壬午
十六	1	18	辛亥	12	19	辛巳	11	20	壬子	10	21	壬午	9	21	壬子	8	23	癸未
十七	1	19	壬子	12	20	壬午	11	21	癸丑	10	22	癸未	9	22	癸丑	8	24	甲申
十八	1	20	癸丑	12	21	癸未	11	22	甲寅	10	23	甲申	9	23	甲寅	8	25	乙酉
十九	1	21	甲寅	12	22	甲申	11	23	乙卯	10	24	乙酉	9	24	乙卯	8	26	丙戌
二十	1	22	乙卯	12	23	乙酉	11	24	丙辰	10	25	丙戌	9	25	丙辰	8	27	丁亥
廿一	1	23	丙辰	12	24	丙戌	11	25	丁巳	10	26	丁亥	9	26	丁巳	8	28	戊子
廿二	1	24	丁巳	12	25	丁亥	11	26	戊午	10	27	戊子	9	27	戊午	8	29	己丑
廿三	1	25	戊午	12	26	戊子	11	27	己未	10	28	己丑	9	28	己未	8	30	庚寅
廿四	1	26	己未	12	27	己丑	11	28	庚申	10	29	庚寅	9	29	庚申	8	31	辛卯
廿五	1	27	庚申	12	28	庚寅	11	29	辛酉	10	30	辛卯	9	30	辛酉	9	1	壬辰
廿六	1	28	辛酉	12	29	辛卯	11	30	壬戌	10	31	壬辰	10	1	壬戌	9	2	癸巳
廿七	1	29	壬戌	12	30	壬辰	12	1	癸亥	11	1	癸巳	10	2	癸亥	9	3	甲午
廿八	1	30	癸亥	12	31	癸巳	12	2	甲子	11	2	甲午	10	3	甲子	9	4	乙未
廿九	1	31	甲子	1	1	甲午	12	3	乙丑	11	3	乙未	10	4	乙丑	9	5	丙申
三十				1	2	乙未				11	4	丙申	10	5	丙寅			

2041年【辛酉】

6月			5月			4月			3月			2月			正月			月別
乙未			甲午			癸巳			壬辰			辛卯			庚寅			月柱
三碧			四緑			五黄			六白			七赤			八白			紫白
陽暦		日柱	陽暦		日柱	陽暦		日柱	陽暦		日柱	陽暦		日柱	陽暦		日柱	農暦
月	日		月	日		月	日		月	日		月	日		月	日		
6	28	壬辰	5	30	癸亥	4	30	癸巳	4	1	甲子	3	2	甲午	2	1	乙丑	初一
6	29	癸巳	5	31	甲子	5	1	甲午	4	2	乙丑	3	3	乙未	2	2	丙寅	初二
6	30	甲午	6	1	乙丑	5	2	乙未	4	3	丙寅	3	4	丙申	2	3	丁卯	初三
7	1	乙未	6	2	丙寅	5	3	丙申	4	4	丁卯	3	5	丁酉	2	4	戊辰	初四
7	2	丙申	6	3	丁卯	5	4	丁酉	4	5	戊辰	3	6	戊戌	2	5	己巳	初五
7	3	丁酉	6	4	戊辰	5	5	戊戌	4	6	己巳	3	7	己亥	2	6	庚午	初六
7	4	戊戌	6	5	己巳	5	6	己亥	4	7	庚午	3	8	庚子	2	7	辛未	初七
7	5	己亥	6	6	庚午	5	7	庚子	4	8	辛未	3	9	辛丑	2	8	壬申	初八
7	6	庚子	6	7	辛未	5	8	辛丑	4	9	壬申	3	10	壬寅	2	9	癸酉	初九
7	7	辛丑	6	8	壬申	5	9	壬寅	4	10	癸酉	3	11	癸卯	2	10	甲戌	初十
7	8	壬寅	6	9	癸酉	5	10	癸卯	4	11	甲戌	3	12	甲辰	2	11	乙亥	十一
7	9	癸卯	6	10	甲戌	5	11	甲辰	4	12	乙亥	3	13	乙巳	2	12	丙子	十二
7	10	甲辰	6	11	乙亥	5	12	乙巳	4	13	丙子	3	14	丙午	2	13	丁丑	十三
7	11	乙巳	6	12	丙子	5	13	丙午	4	14	丁丑	3	15	丁未	2	14	戊寅	十四
7	12	丙午	6	13	丁丑	5	14	丁未	4	15	戊寅	3	16	戊申	2	15	己卯	十五
7	13	丁未	6	14	戊寅	5	15	戊申	4	16	己卯	3	17	己酉	2	16	庚辰	十六
7	14	戊申	6	15	己卯	5	16	己酉	4	17	庚辰	3	18	庚戌	2	17	辛巳	十七
7	15	己酉	6	16	庚辰	5	17	庚戌	4	18	辛巳	3	19	辛亥	2	18	壬午	十八
7	16	庚戌	6	17	辛巳	5	18	辛亥	4	19	壬午	3	20	壬子	2	19	癸未	十九
7	17	辛亥	6	18	壬午	5	19	壬子	4	20	癸未	3	21	癸丑	2	20	甲申	二十
7	18	壬子	6	19	癸未	5	20	癸丑	4	21	甲申	3	22	甲寅	2	21	乙酉	廿一
7	19	癸丑	6	20	甲申	5	21	甲寅	4	22	乙酉	3	23	乙卯	2	22	丙戌	廿二
7	20	甲寅	6	21	乙酉	5	22	乙卯	4	23	丙戌	3	24	丙辰	2	23	丁亥	廿三
7	21	乙卯	6	22	丙戌	5	23	丙辰	4	24	丁亥	3	25	丁巳	2	24	戊子	廿四
7	22	丙辰	6	23	丁亥	5	24	丁巳	4	25	戊子	3	26	戊午	2	25	己丑	廿五
7	23	丁巳	6	24	戊子	5	25	戊午	4	26	己丑	3	27	己未	2	26	庚寅	廿六
7	24	戊午	6	25	己丑	5	26	己未	4	27	庚寅	3	28	庚申	2	27	辛卯	廿七
7	25	己未	6	26	庚寅	5	27	庚申	4	28	辛卯	3	29	辛酉	2	28	壬辰	廿八
7	26	庚申	6	27	辛卯	5	28	辛酉	4	29	壬辰	3	30	壬戌	3	1	癸巳	廿九
7	27	辛酉				5	29	壬戌				3	31	癸亥				三十

月別	12月			11月			10月			9月			8月			7月		
月柱	辛丑			庚子			己亥			戊戌			丁酉			丙申		
紫白	六白			七赤			八白			九紫			一白			二黑		
農暦	陽暦		日柱	陽暦		日柱	陽暦		日柱	陽暦		日柱	陽暦		日柱	陽暦		日柱
	月	日		月	日		月	日		月	日		月	日		月	日	
初一	12	23	庚寅	11	24	辛酉	10	25	辛卯	9	25	辛酉	8	27	壬辰	7	28	壬戌
初二	12	24	辛卯	11	25	壬戌	10	26	壬辰	9	26	壬戌	8	28	癸巳	7	29	癸亥
初三	12	25	壬辰	11	26	癸亥	10	27	癸巳	9	27	癸亥	8	29	甲午	7	30	甲子
初四	12	26	癸巳	11	27	甲子	10	28	甲午	9	28	甲子	8	30	乙未	7	31	乙丑
初五	12	27	甲午	11	28	乙丑	10	29	乙未	9	29	乙丑	8	31	丙申	8	1	丙寅
初六	12	28	乙未	11	29	丙寅	10	30	丙申	9	30	丙寅	9	1	丁酉	8	2	丁卯
初七	12	29	丙申	11	30	丁卯	10	31	丁酉	10	1	丁卯	9	2	戊戌	8	3	戊辰
初八	12	30	丁酉	12	1	戊辰	11	1	戊戌	10	2	戊辰	9	3	己亥	8	4	己巳
初九	12	31	戊戌	12	2	己巳	11	2	己亥	10	3	己巳	9	4	庚子	8	5	庚午
初十	1	1	己亥	12	3	庚午	11	3	庚子	10	4	庚午	9	5	辛丑	8	6	辛未
十一	1	2	庚子	12	4	辛未	11	4	辛丑	10	5	辛未	9	6	壬寅	8	7	壬申
十二	1	3	辛丑	12	5	壬申	11	5	壬寅	10	6	壬申	9	7	癸卯	8	8	癸酉
十三	1	4	壬寅	12	6	癸酉	11	6	癸卯	10	7	癸酉	9	8	甲辰	8	9	甲戌
十四	1	5	癸卯	12	7	甲戌	11	7	甲辰	10	8	甲戌	9	9	乙巳	8	10	乙亥
十五	1	6	甲辰	12	8	乙亥	11	8	乙巳	10	9	乙亥	9	10	丙午	8	11	丙子
十六	1	7	乙巳	12	9	丙子	11	9	丙午	10	10	丙子	9	11	丁未	8	12	丁丑
十七	1	8	丙午	12	10	丁丑	11	10	丁未	10	11	丁丑	9	12	戊申	8	13	戊寅
十八	1	9	丁未	12	11	戊寅	11	11	戊申	10	12	戊寅	9	13	己酉	8	14	己卯
十九	1	10	戊申	12	12	己卯	11	12	己酉	10	13	己卯	9	14	庚戌	8	15	庚辰
二十	1	11	己酉	12	13	庚辰	11	13	庚戌	10	14	庚辰	9	15	辛亥	8	16	辛巳
廿一	1	12	庚戌	12	14	辛巳	11	14	辛亥	10	15	辛巳	9	16	壬子	8	17	壬午
廿二	1	13	辛亥	12	15	壬午	11	15	壬子	10	16	壬午	9	17	癸丑	8	18	癸未
廿三	1	14	壬子	12	16	癸未	11	16	癸丑	10	17	癸未	9	18	甲寅	8	19	甲申
廿四	1	15	癸丑	12	17	甲申	11	17	甲寅	10	18	甲申	9	19	乙卯	8	20	乙酉
廿五	1	16	甲寅	12	18	乙酉	11	18	乙卯	10	19	乙酉	9	20	丙辰	8	21	丙戌
廿六	1	17	乙卯	12	19	丙戌	11	19	丙辰	10	20	丙戌	9	21	丁巳	8	22	丁亥
廿七	1	18	丙辰	12	20	丁亥	11	20	丁巳	10	21	丁亥	9	22	戊午	8	23	戊子
廿八	1	19	丁巳	12	21	戊子	11	21	戊午	10	22	戊子	9	23	己未	8	24	己丑
廿九	1	20	戊午	12	22	己丑	11	22	己未	10	23	己丑	9	24	庚申	8	25	庚寅
三十	1	21	己未				11	23	庚申	10	24	庚寅				8	26	辛卯

2042年【壬戌】

6月			5月			4月			3月			閏2月			2月			正月			月別
丁未			丙午			乙巳			甲辰						癸卯			壬寅			月柱
九紫			一白			二黒			三碧						四緑			五黄			紫白
陽暦		日柱	陽暦		日柱	陽暦		日柱	陽暦		日柱	陽暦		日柱	陽暦		日柱	陽暦		日柱	農暦
月	日		月	日		月	日		月	日		月	日		月	日		月	日		
7	17	丙辰	6	18	丁亥	5	19	丁巳	4	20	戊子	3	22	己未	2	20	己丑	1	22	庚申	初一
7	18	丁巳	6	19	戊子	5	20	戊午	4	21	己丑	3	23	庚申	2	21	庚寅	1	23	辛酉	初二
7	19	戊午	6	20	己丑	5	21	己未	4	22	庚寅	3	24	辛酉	2	22	辛卯	1	24	壬戌	初三
7	20	己未	6	21	庚寅	5	22	庚申	4	23	辛卯	3	25	壬戌	2	23	壬辰	1	25	癸亥	初四
7	21	庚申	6	22	辛卯	5	23	辛酉	4	24	壬辰	3	26	癸亥	2	24	癸巳	1	26	甲子	初五
7	22	辛酉	6	23	壬辰	5	24	壬戌	4	25	癸巳	3	27	甲子	2	25	甲午	1	27	乙丑	初六
7	23	壬戌	6	24	癸巳	5	25	癸亥	4	26	甲午	3	28	乙丑	2	26	乙未	1	28	丙寅	初七
7	24	癸亥	6	25	甲午	5	26	甲子	4	27	乙未	3	29	丙寅	2	27	丙申	1	29	丁卯	初八
7	25	甲子	6	26	乙未	5	27	乙丑	4	28	丙申	3	30	丁卯	2	28	丁酉	1	30	戊辰	初九
7	26	乙丑	6	27	丙申	5	28	丙寅	4	29	丁酉	3	31	戊辰	3	1	戊戌	1	31	己巳	初十
7	27	丙寅	6	28	丁酉	5	29	丁卯	4	30	戊戌	4	1	己巳	3	2	己亥	2	1	庚午	十一
7	28	丁卯	6	29	戊戌	5	30	戊辰	5	1	己亥	4	2	庚午	3	3	庚子	2	2	辛未	十二
7	29	戊辰	6	30	己亥	5	31	己巳	5	2	庚子	4	3	辛未	3	4	辛丑	2	3	壬申	十三
7	30	己巳	7	1	庚子	6	1	庚午	5	3	辛丑	4	4	壬申	3	5	壬寅	2	4	癸酉	十四
7	31	庚午	7	2	辛丑	6	2	辛未	5	4	壬寅	4	5	癸酉	3	6	癸卯	2	5	甲戌	十五
8	1	辛未	7	3	壬寅	6	3	壬申	5	5	癸卯	4	6	甲戌	3	7	甲辰	2	6	乙亥	十六
8	2	壬申	7	4	癸卯	6	4	癸酉	5	6	甲辰	4	7	乙亥	3	8	乙巳	2	7	丙子	十七
8	3	癸酉	7	5	甲辰	6	5	甲戌	5	7	乙巳	4	8	丙子	3	9	丙午	2	8	丁丑	十八
8	4	甲戌	7	6	乙巳	6	6	乙亥	5	8	丙午	4	9	丁丑	3	10	丁未	2	9	戊寅	十九
8	5	乙亥	7	7	丙午	6	7	丙子	5	9	丁未	4	10	戊寅	3	11	戊申	2	10	己卯	二十
8	6	丙子	7	8	丁未	6	8	丁丑	5	10	戊申	4	11	己卯	3	12	己酉	2	11	庚辰	廿一
8	7	丁丑	7	9	戊申	6	9	戊寅	5	11	己酉	4	12	庚辰	3	13	庚戌	2	12	辛巳	廿二
8	8	戊寅	7	10	己酉	6	10	己卯	5	12	庚戌	4	13	辛巳	3	14	辛亥	2	13	壬午	廿三
8	9	己卯	7	11	庚戌	6	11	庚辰	5	13	辛亥	4	14	壬午	3	15	壬子	2	14	癸未	廿四
8	10	庚辰	7	12	辛亥	6	12	辛巳	5	14	壬子	4	15	癸未	3	16	癸丑	2	15	甲申	廿五
8	11	辛巳	7	13	壬子	6	13	壬午	5	15	癸丑	4	16	甲申	3	17	甲寅	2	16	乙酉	廿六
8	12	壬午	7	14	癸丑	6	14	癸未	5	16	甲寅	4	17	乙酉	3	18	乙卯	2	17	丙戌	廿七
8	13	癸未	7	15	甲寅	6	15	甲申	5	17	乙卯	4	18	丙戌	3	19	丙辰	2	18	丁亥	廿八
8	14	甲申	7	16	乙卯	6	16	乙酉	5	18	丙辰	4	19	丁亥	3	20	丁巳	2	19	戊子	廿九
8	15	乙酉				6	17	丙戌							3	21	戊午				三十

月別	12月			11月			10月			9月			8月			7月		
月柱	癸丑			壬子			辛亥			庚戌			己酉			戊申		
紫白	三碧			四緑			五黃			六白			七赤			八白		
農暦	陽暦		日柱	陽暦		日柱	陽暦		日柱	陽暦		日柱	陽暦		日柱	陽暦		日柱
	月	日		月	日		月	日		月	日		月	日		月	日	
初一	1	11	甲寅	12	12	甲申	11	13	乙卯	10	14	乙酉	9	14	乙卯	8	16	丙戌
初二	1	12	乙卯	12	13	乙酉	11	14	丙辰	10	15	丙戌	9	15	丙辰	8	17	丁亥
初三	1	13	丙辰	12	14	丙戌	11	15	丁巳	10	16	丁亥	9	16	丁巳	8	18	戊子
初四	1	14	丁巳	12	15	丁亥	11	16	戊午	10	17	戊子	9	17	戊午	8	19	己丑
初五	1	15	戊午	12	16	戊子	11	17	己未	10	18	己丑	9	18	己未	8	20	庚寅
初六	1	16	己未	12	17	己丑	11	18	庚申	10	19	庚寅	9	19	庚申	8	21	辛卯
初七	1	17	庚申	12	18	庚寅	11	19	辛酉	10	20	辛卯	9	20	辛酉	8	22	壬辰
初八	1	18	辛酉	12	19	辛卯	11	20	壬戌	10	21	壬辰	9	21	壬戌	8	23	癸巳
初九	1	19	壬戌	12	20	壬辰	11	21	癸亥	10	22	癸巳	9	22	癸亥	8	24	甲午
初十	1	20	癸亥	12	21	癸巳	11	22	甲子	10	23	甲午	9	23	甲子	8	25	乙未
十一	1	21	甲子	12	22	甲午	11	23	乙丑	10	24	乙未	9	24	乙丑	8	26	丙申
十二	1	22	乙丑	12	23	乙未	11	24	丙寅	10	25	丙申	9	25	丙寅	8	27	丁酉
十三	1	23	丙寅	12	24	丙申	11	25	丁卯	10	26	丁酉	9	26	丁卯	8	28	戊戌
十四	1	24	丁卯	12	25	丁酉	11	26	戊辰	10	27	戊戌	9	27	戊辰	8	29	己亥
十五	1	25	戊辰	12	26	戊戌	11	27	己巳	10	28	己亥	9	28	己巳	8	30	庚子
十六	1	26	己巳	12	27	己亥	11	28	庚午	10	29	庚子	9	29	庚午	8	31	辛丑
十七	1	27	庚午	12	28	庚子	11	29	辛未	10	30	辛丑	9	30	辛未	9	1	壬寅
十八	1	28	辛未	12	29	辛丑	11	30	壬申	10	31	壬寅	10	1	壬申	9	2	癸卯
十九	1	29	壬申	12	30	壬寅	12	1	癸酉	11	1	癸卯	10	2	癸酉	9	3	甲辰
二十	1	30	癸酉	12	31	癸卯	12	2	甲戌	11	2	甲辰	10	3	甲戌	9	4	乙巳
廿一	1	31	甲戌	1	1	甲辰	12	3	乙亥	11	3	乙巳	10	4	乙亥	9	5	丙午
廿二	2	1	乙亥	1	2	乙巳	12	4	丙子	11	4	丙午	10	5	丙子	9	6	丁未
廿三	2	2	丙子	1	3	丙午	12	5	丁丑	11	5	丁未	10	6	丁丑	9	7	戊申
廿四	2	3	丁丑	1	4	丁未	12	6	戊寅	11	6	戊申	10	7	戊寅	9	8	己酉
廿五	2	4	戊寅	1	5	戊申	12	7	己卯	11	7	己酉	10	8	己卯	9	9	庚戌
廿六	2	5	己卯	1	6	己酉	12	8	庚辰	11	8	庚戌	10	9	庚辰	9	10	辛亥
廿七	2	6	庚辰	1	7	庚戌	12	9	辛巳	11	9	辛亥	10	10	辛巳	9	11	壬子
廿八	2	7	辛巳	1	8	辛亥	12	10	壬午	11	10	壬子	10	11	壬午	9	12	癸丑
廿九	2	8	壬午	1	9	壬子	12	11	癸未	11	11	癸丑	10	12	癸未	9	13	甲寅
三十	2	9	癸未	1	10	癸丑				11	12	甲寅	10	13	甲申			

2043年【癸亥】

6月			5月			4月			3月			2月			正月			月別
己未			戊午			丁巳			丙辰			乙卯			甲寅			月柱
六白			七赤			八白			九紫			一白			二黒			紫白
陽暦		日柱	陽暦		日柱	陽暦		日柱	陽暦		日柱	陽暦		日柱	陽暦		日柱	農暦
月	日		月	日		月	日		月	日		月	日		月	日		
7	7	辛亥	6	7	辛巳	5	9	壬子	4	10	癸未	3	11	癸丑	2	10	甲申	初一
7	8	壬子	6	8	壬午	5	10	癸丑	4	11	甲申	3	12	甲寅	2	11	乙酉	初二
7	9	癸丑	6	9	癸未	5	11	甲寅	4	12	乙酉	3	13	乙卯	2	12	丙戌	初三
7	10	甲寅	6	10	甲申	5	12	乙卯	4	13	丙戌	3	14	丙辰	2	13	丁亥	初四
7	11	乙卯	6	11	乙酉	5	13	丙辰	4	14	丁亥	3	15	丁巳	2	14	戊子	初五
7	12	丙辰	6	12	丙戌	5	14	丁巳	4	15	戊子	3	16	戊午	2	15	己丑	初六
7	13	丁巳	6	13	丁亥	5	15	戊午	4	16	己丑	3	17	己未	2	16	庚寅	初七
7	14	戊午	6	14	戊子	5	16	己未	4	17	庚寅	3	18	庚申	2	17	辛卯	初八
7	15	己未	6	15	己丑	5	17	庚申	4	18	辛卯	3	19	辛酉	2	18	壬辰	初九
7	16	庚申	6	16	庚寅	5	18	辛酉	4	19	壬辰	3	20	壬戌	2	19	癸巳	初十
7	17	辛酉	6	17	辛卯	5	19	壬戌	4	20	癸巳	3	21	癸亥	2	20	甲午	十一
7	18	壬戌	6	18	壬辰	5	20	癸亥	4	21	甲午	3	22	甲子	2	21	乙未	十二
7	19	癸亥	6	19	癸巳	5	21	甲子	4	22	乙未	3	23	乙丑	2	22	丙申	十三
7	20	甲子	6	20	甲午	5	22	乙丑	4	23	丙申	3	24	丙寅	2	23	丁酉	十四
7	21	乙丑	6	21	乙未	5	23	丙寅	4	24	丁酉	3	25	丁卯	2	24	戊戌	十五
7	22	丙寅	6	22	丙申	5	24	丁卯	4	25	戊戌	3	26	戊辰	2	25	己亥	十六
7	23	丁卯	6	23	丁酉	5	25	戊辰	4	26	己亥	3	27	己巳	2	26	庚子	十七
7	24	戊辰	6	24	戊戌	5	26	己巳	4	27	庚子	3	28	庚午	2	27	辛丑	十八
7	25	己巳	6	25	己亥	5	27	庚午	4	28	辛丑	3	29	辛未	2	28	壬寅	十九
7	26	庚午	6	26	庚子	5	28	辛未	4	29	壬寅	3	30	壬申	3	1	癸卯	二十
7	27	辛未	6	27	辛丑	5	29	壬申	4	30	癸卯	3	31	癸酉	3	2	甲辰	廿一
7	28	壬申	6	28	壬寅	5	30	癸酉	5	1	甲辰	4	1	甲戌	3	3	乙巳	廿二
7	29	癸酉	6	29	癸卯	5	31	甲戌	5	2	乙巳	4	2	乙亥	3	4	丙午	廿三
7	30	甲戌	6	30	甲辰	6	1	乙亥	5	3	丙午	4	3	丙子	3	5	丁未	廿四
7	31	乙亥	7	1	乙巳	6	2	丙子	5	4	丁未	4	4	丁丑	3	6	戊申	廿五
8	1	丙子	7	2	丙午	6	3	丁丑	5	5	戊申	4	5	戊寅	3	7	己酉	廿六
8	2	丁丑	7	3	丁未	6	4	戊寅	5	6	己酉	4	6	己卯	3	8	庚戌	廿七
8	3	戊寅	7	4	戊申	6	5	己卯	5	7	庚戌	4	7	庚辰	3	9	辛亥	廿八
8	4	己卯	7	5	己酉	6	6	庚辰	5	8	辛亥	4	8	辛巳	3	10	壬子	廿九
			7	6	庚戌							4	9	壬午				三十

月別	12月			11月			10月			9月			8月			7月		
月柱	乙丑			甲子			癸亥			壬戌			辛酉			庚申		
紫白	九紫			一白			二黒			三碧			四緑			五黄		
農暦	陽暦		日柱	陽暦		日柱	陽暦		日柱	陽暦		日柱	陽暦		日柱	陽暦		日柱
	月	日		月	日		月	日		月	日		月	日		月	日	
初一	12	31	戊申	12	1	戊寅	11	2	己酉	10	3	己卯	9	3	己酉	8	5	庚辰
初二	1	1	己酉	12	2	己卯	11	3	庚戌	10	4	庚辰	9	4	庚戌	8	6	辛巳
初三	1	2	庚戌	12	3	庚辰	11	4	辛亥	10	5	辛巳	9	5	辛亥	8	7	壬午
初四	1	3	辛亥	12	4	辛巳	11	5	壬子	10	6	壬午	9	6	壬子	8	8	癸未
初五	1	4	壬子	12	5	壬午	11	6	癸丑	10	7	癸未	9	7	癸丑	8	9	甲申
初六	1	5	癸丑	12	6	癸未	11	7	甲寅	10	8	甲申	9	8	甲寅	8	10	乙酉
初七	1	6	甲寅	12	7	甲申	11	8	乙卯	10	9	乙酉	9	9	乙卯	8	11	丙戌
初八	1	7	乙卯	12	8	乙酉	11	9	丙辰	10	10	丙戌	9	10	丙辰	8	12	丁亥
初九	1	8	丙辰	12	9	丙戌	11	10	丁巳	10	11	丁亥	9	11	丁巳	8	13	戊子
初十	1	9	丁巳	12	10	丁亥	11	11	戊午	10	12	戊子	9	12	戊午	8	14	己丑
十一	1	10	戊午	12	11	戊子	11	12	己未	10	13	己丑	9	13	己未	8	15	庚寅
十二	1	11	己未	12	12	己丑	11	13	庚申	10	14	庚寅	9	14	庚申	8	16	辛卯
十三	1	12	庚申	12	13	庚寅	11	14	辛酉	10	15	辛卯	9	15	辛酉	8	17	壬辰
十四	1	13	辛酉	12	14	辛卯	11	15	壬戌	10	16	壬辰	9	16	壬戌	8	18	癸巳
十五	1	14	壬戌	12	15	壬辰	11	16	癸亥	10	17	癸巳	9	17	癸亥	8	19	甲午
十六	1	15	癸亥	12	16	癸巳	11	17	甲子	10	18	甲午	9	18	甲子	8	20	乙未
十七	1	16	甲子	12	17	甲午	11	18	乙丑	10	19	乙未	9	19	乙丑	8	21	丙申
十八	1	17	乙丑	12	18	乙未	11	19	丙寅	10	20	丙申	9	20	丙寅	8	22	丁酉
十九	1	18	丙寅	12	19	丙申	11	20	丁卯	10	21	丁酉	9	21	丁卯	8	23	戊戌
二十	1	19	丁卯	12	20	丁酉	11	21	戊辰	10	22	戊戌	9	22	戊辰	8	24	己亥
廿一	1	20	戊辰	12	21	戊戌	11	22	己巳	10	23	己亥	9	23	己巳	8	25	庚子
廿二	1	21	己巳	12	22	己亥	11	23	庚午	10	24	庚子	9	24	庚午	8	26	辛丑
廿三	1	22	庚午	12	23	庚子	11	24	辛未	10	25	辛丑	9	25	辛未	8	27	壬寅
廿四	1	23	辛未	12	24	辛丑	11	25	壬申	10	26	壬寅	9	26	壬申	8	28	癸卯
廿五	1	24	壬申	12	25	壬寅	11	26	癸酉	10	27	癸卯	9	27	癸酉	8	29	甲辰
廿六	1	25	癸酉	12	26	癸卯	11	27	甲戌	10	28	甲辰	9	28	甲戌	8	30	乙巳
廿七	1	26	甲戌	12	27	甲辰	11	28	乙亥	10	29	乙巳	9	29	乙亥	8	31	丙午
廿八	1	27	乙亥	12	28	乙巳	11	29	丙子	10	30	丙午	9	30	丙子	9	1	丁未
廿九	1	28	丙子	12	29	丙午	11	30	丁丑	10	31	丁未	10	1	丁丑	9	2	戊申
三十	1	29	丁丑	12	30	丁未				11	1	戊申	10	2	戊寅			

2044年【甲子】

6月			5月			4月			3月			2月			正月			月別
辛未			庚午			己巳			戊辰			丁卯			丙寅			月柱
三碧			四緑			五黄			六白			七赤			八白			紫白
陽暦		日柱	陽暦		日柱	陽暦		日柱	陽暦		日柱	陽暦		日柱	陽暦		日柱	農暦
月	日		月	日		月	日		月	日		月	日		月	日		
6	25	乙巳	5	27	丙子	4	28	丁未	3	29	丁丑	2	29	戊申	1	30	戊寅	初一
6	26	丙午	5	28	丁丑	4	29	戊申	3	30	戊寅	3	1	己酉	1	31	己卯	初二
6	27	丁未	5	29	戊寅	4	30	己酉	3	31	己卯	3	2	庚戌	2	1	庚辰	初三
6	28	戊申	5	30	己卯	5	1	庚戌	4	1	庚辰	3	3	辛亥	2	2	辛巳	初四
6	29	己酉	5	31	庚辰	5	2	辛亥	4	2	辛巳	3	4	壬子	2	3	壬午	初五
6	30	庚戌	6	1	辛巳	5	3	壬子	4	3	壬午	3	5	癸丑	2	4	癸未	初六
7	1	辛亥	6	2	壬午	5	4	癸丑	4	4	癸未	3	6	甲寅	2	5	甲申	初七
7	2	壬子	6	3	癸未	5	5	甲寅	4	5	甲申	3	7	乙卯	2	6	乙酉	初八
7	3	癸丑	6	4	甲申	5	6	乙卯	4	6	乙酉	3	8	丙辰	2	7	丙戌	初九
7	4	甲寅	6	5	乙酉	5	7	丙辰	4	7	丙戌	3	9	丁巳	2	8	丁亥	初十
7	5	乙卯	6	6	丙戌	5	8	丁巳	4	8	丁亥	3	10	戊午	2	9	戊子	十一
7	6	丙辰	6	7	丁亥	5	9	戊午	4	9	戊子	3	11	己未	2	10	己丑	十二
7	7	丁巳	6	8	戊子	5	10	己未	4	10	己丑	3	12	庚申	2	11	庚寅	十三
7	8	戊午	6	9	己丑	5	11	庚申	4	11	庚寅	3	13	辛酉	2	12	辛卯	十四
7	9	己未	6	10	庚寅	5	12	辛酉	4	12	辛卯	3	14	壬戌	2	13	壬辰	十五
7	10	庚申	6	11	辛卯	5	13	壬戌	4	13	壬辰	3	15	癸亥	2	14	癸巳	十六
7	11	辛酉	6	12	壬辰	5	14	癸亥	4	14	癸巳	3	16	甲子	2	15	甲午	十七
7	12	壬戌	6	13	癸巳	5	15	甲子	4	15	甲午	3	17	乙丑	2	16	乙未	十八
7	13	癸亥	6	14	甲午	5	16	乙丑	4	16	乙未	3	18	丙寅	2	17	丙申	十九
7	14	甲子	6	15	乙未	5	17	丙寅	4	17	丙申	3	19	丁卯	2	18	丁酉	二十
7	15	乙丑	6	16	丙申	5	18	丁卯	4	18	丁酉	3	20	戊辰	2	19	戊戌	廿一
7	16	丙寅	6	17	丁酉	5	19	戊辰	4	19	戊戌	3	21	己巳	2	20	己亥	廿二
7	17	丁卯	6	18	戊戌	5	20	己巳	4	20	己亥	3	22	庚午	2	21	庚子	廿三
7	18	戊辰	6	19	己亥	5	21	庚午	4	21	庚子	3	23	辛未	2	22	辛丑	廿四
7	19	己巳	6	20	庚子	5	22	辛未	4	22	辛丑	3	24	壬申	2	23	壬寅	廿五
7	20	庚午	6	21	辛丑	5	23	壬申	4	23	壬寅	3	25	癸酉	2	24	癸卯	廿六
7	21	辛未	6	22	壬寅	5	24	癸酉	4	24	癸卯	3	26	甲戌	2	25	甲辰	廿七
7	22	壬申	6	23	癸卯	5	25	甲戌	4	25	甲辰	3	27	乙亥	2	26	乙巳	廿八
7	23	癸酉	6	24	甲辰	5	26	乙亥	4	26	乙巳	3	28	丙子	2	27	丙午	廿九
7	24	甲戌							4	27	丙午				2	28	丁未	三十

月別	12月			11月			10月			9月			8月			閏7月			7月		
月柱	丁丑			丙子			乙亥			甲戌			癸酉						壬申		
紫白	六白			七赤			八白			九紫			一白						二黒		
農暦	陽暦		日柱	陽暦		日柱	陽暦		日柱	陽暦		日柱	陽暦		日柱	陽暦		日柱	陽暦		日柱
	月	日		月	日		月	日		月	日		月	日		月	日		月	日	
初一	1	18	壬申	12	19	壬寅	11	19	壬申	10	21	癸卯	9	21	癸酉	8	23	甲辰	7	25	乙亥
初二	1	19	癸酉	12	20	癸卯	11	20	癸酉	10	22	甲辰	9	22	甲戌	8	24	乙巳	7	26	丙子
初三	1	20	甲戌	12	21	甲辰	11	21	甲戌	10	23	乙巳	9	23	乙亥	8	25	丙午	7	27	丁丑
初四	1	21	乙亥	12	22	乙巳	11	22	乙亥	10	24	丙午	9	24	丙子	8	26	丁未	7	28	戊寅
初五	1	22	丙子	12	23	丙午	11	23	丙子	10	25	丁未	9	25	丁丑	8	27	戊申	7	29	己卯
初六	1	23	丁丑	12	24	丁未	11	24	丁丑	10	26	戊申	9	26	戊寅	8	28	己酉	7	30	庚辰
初七	1	24	戊寅	12	25	戊申	11	25	戊寅	10	27	己酉	9	27	己卯	8	29	庚戌	7	31	辛巳
初八	1	25	己卯	12	26	己酉	11	26	己卯	10	28	庚戌	9	28	庚辰	8	30	辛亥	8	1	壬午
初九	1	26	庚辰	12	27	庚戌	11	27	庚辰	10	29	辛亥	9	29	辛巳	8	31	壬子	8	2	癸未
初十	1	27	辛巳	12	28	辛亥	11	28	辛巳	10	30	壬子	9	30	壬午	9	1	癸丑	8	3	甲申
十一	1	28	壬午	12	29	壬子	11	29	壬午	10	31	癸丑	10	1	癸未	9	2	甲寅	8	4	乙酉
十二	1	29	癸未	12	30	癸丑	11	30	癸未	11	1	甲寅	10	2	甲申	9	3	乙卯	8	5	丙戌
十三	1	30	甲申	12	31	甲寅	12	1	甲申	11	2	乙卯	10	3	乙酉	9	4	丙辰	8	6	丁亥
十四	1	31	乙酉	1	1	乙卯	12	2	乙酉	11	3	丙辰	10	4	丙戌	9	5	丁巳	8	7	戊子
十五	2	1	丙戌	1	2	丙辰	12	3	丙戌	11	4	丁巳	10	5	丁亥	9	6	戊午	8	8	己丑
十六	2	2	丁亥	1	3	丁巳	12	4	丁亥	11	5	戊午	10	6	戊子	9	7	己未	8	9	庚寅
十七	2	3	戊子	1	4	戊午	12	5	戊子	11	6	己未	10	7	己丑	9	8	庚申	8	10	辛卯
十八	2	4	己丑	1	5	己未	12	6	己丑	11	7	庚申	10	8	庚寅	9	9	辛酉	8	11	壬辰
十九	2	5	庚寅	1	6	庚申	12	7	庚寅	11	8	辛酉	10	9	辛卯	9	10	壬戌	8	12	癸巳
二十	2	6	辛卯	1	7	辛酉	12	8	辛卯	11	9	壬戌	10	10	壬辰	9	11	癸亥	8	13	甲午
廿一	2	7	壬辰	1	8	壬戌	12	9	壬辰	11	10	癸亥	10	11	癸巳	9	12	甲子	8	14	乙未
廿二	2	8	癸巳	1	9	癸亥	12	10	癸巳	11	11	甲子	10	12	甲午	9	13	乙丑	8	15	丙申
廿三	2	9	甲午	1	10	甲子	12	11	甲午	11	12	乙丑	10	13	乙未	9	14	丙寅	8	16	丁酉
廿四	2	10	乙未	1	11	乙丑	12	12	乙未	11	13	丙寅	10	14	丙申	9	15	丁卯	8	17	戊戌
廿五	2	11	丙申	1	12	丙寅	12	13	丙申	11	14	丁卯	10	15	丁酉	9	16	戊辰	8	18	己亥
廿六	2	12	丁酉	1	13	丁卯	12	14	丁酉	11	15	戊辰	10	16	戊戌	9	17	己巳	8	19	庚子
廿七	2	13	戊戌	1	14	戊辰	12	15	戊戌	11	16	己巳	10	17	己亥	9	18	庚午	8	20	辛丑
廿八	2	14	己亥	1	15	己巳	12	16	己亥	11	17	庚午	10	18	庚子	9	19	辛未	8	21	壬寅
廿九	2	15	庚子	1	16	庚午	12	17	庚子	11	18	辛未	10	19	辛丑	9	20	壬申	8	22	癸卯
三十	2	16	辛丑	1	17	辛未	12	18	辛丑				10	20	壬寅						

2045年【乙丑】

6月			5月			4月			3月			2月			正月			月別
癸未			壬午			辛巳			庚辰			己卯			戊寅			月柱
九紫			一白			二黒			三碧			四緑			五黄			紫白
陽暦		日柱	陽暦		日柱	陽暦		日柱	陽暦		日柱	陽暦		日柱	陽暦		日柱	農暦
月	日		月	日		月	日		月	日		月	日		月	日		
7	14	己巳	6	15	庚子	5	17	辛未	4	17	辛丑	3	19	壬申	2	17	壬寅	初一
7	15	庚午	6	16	辛丑	5	18	壬申	4	18	壬寅	3	20	癸酉	2	18	癸卯	初二
7	16	辛未	6	17	壬寅	5	19	癸酉	4	19	癸卯	3	21	甲戌	2	19	甲辰	初三
7	17	壬申	6	18	癸卯	5	20	甲戌	4	20	甲辰	3	22	乙亥	2	20	乙巳	初四
7	18	癸酉	6	19	甲辰	5	21	乙亥	4	21	乙巳	3	23	丙子	2	21	丙午	初五
7	19	甲戌	6	20	乙巳	5	22	丙子	4	22	丙午	3	24	丁丑	2	22	丁未	初六
7	20	乙亥	6	21	丙午	5	23	丁丑	4	23	丁未	3	25	戊寅	2	23	戊申	初七
7	21	丙子	6	22	丁未	5	24	戊寅	4	24	戊申	3	26	己卯	2	24	己酉	初八
7	22	丁丑	6	23	戊申	5	25	己卯	4	25	己酉	3	27	庚辰	2	25	庚戌	初九
7	23	戊寅	6	24	己酉	5	26	庚辰	4	26	庚戌	3	28	辛巳	2	26	辛亥	初十
7	24	己卯	6	25	庚戌	5	27	辛巳	4	27	辛亥	3	29	壬午	2	27	壬子	十一
7	25	庚辰	6	26	辛亥	5	28	壬午	4	28	壬子	3	30	癸未	2	28	癸丑	十二
7	26	辛巳	6	27	壬子	5	29	癸未	4	29	癸丑	3	31	甲申	3	1	甲寅	十三
7	27	壬午	6	28	癸丑	5	30	甲申	4	30	甲寅	4	1	乙酉	3	2	乙卯	十四
7	28	癸未	6	29	甲寅	5	31	乙酉	5	1	乙卯	4	2	丙戌	3	3	丙辰	十五
7	29	甲申	6	30	乙卯	6	1	丙戌	5	2	丙辰	4	3	丁亥	3	4	丁巳	十六
7	30	乙酉	7	1	丙辰	6	2	丁亥	5	3	丁巳	4	4	戊子	3	5	戊午	十七
7	31	丙戌	7	2	丁巳	6	3	戊子	5	4	戊午	4	5	己丑	3	6	己未	十八
8	1	丁亥	7	3	戊午	6	4	己丑	5	5	己未	4	6	庚寅	3	7	庚申	十九
8	2	戊子	7	4	己未	6	5	庚寅	5	6	庚申	4	7	辛卯	3	8	辛酉	二十
8	3	己丑	7	5	庚申	6	6	辛卯	5	7	辛酉	4	8	壬辰	3	9	壬戌	廿一
8	4	庚寅	7	6	辛酉	6	7	壬辰	5	8	壬戌	4	9	癸巳	3	10	癸亥	廿二
8	5	辛卯	7	7	壬戌	6	8	癸巳	5	9	癸亥	4	10	甲午	3	11	甲子	廿三
8	6	壬辰	7	8	癸亥	6	9	甲午	5	10	甲子	4	11	乙未	3	12	乙丑	廿四
8	7	癸巳	7	9	甲子	6	10	乙未	5	11	乙丑	4	12	丙申	3	13	丙寅	廿五
8	8	甲午	7	10	乙丑	6	11	丙申	5	12	丙寅	4	13	丁酉	3	14	丁卯	廿六
8	9	乙未	7	11	丙寅	6	12	丁酉	5	13	丁卯	4	14	戊戌	3	15	戊辰	廿七
8	10	丙申	7	12	丁卯	6	13	戊戌	5	14	戊辰	4	15	己亥	3	16	己巳	廿八
8	11	丁酉	7	13	戊辰	6	14	己亥	5	15	己巳	4	16	庚子	3	17	庚午	廿九
8	12	戊戌							5	16	庚午				3	18	辛未	三十

月別	12月			11月			10月			9月			8月			7月		
月柱	己丑			戊子			丁亥			丙戌			乙酉			甲申		
紫白	三碧			四緑			五黃			六白			七赤			八白		
農暦	陽暦		日柱	陽暦		日柱	陽暦		日柱	陽暦		日柱	陽暦		日柱	陽暦		日柱
	月	日		月	日		月	日		月	日		月	日		月	日	
初一	1	7	丙寅	12	8	丙申	11	9	丁卯	10	10	丁酉	9	11	戊辰	8	13	己亥
初二	1	8	丁卯	12	9	丁酉	11	10	戊辰	10	11	戊戌	9	12	己巳	8	14	庚子
初三	1	9	戊辰	12	10	戊戌	11	11	己巳	10	12	己亥	9	13	庚午	8	15	辛丑
初四	1	10	己巳	12	11	己亥	11	12	庚午	10	13	庚子	9	14	辛未	8	16	壬寅
初五	1	11	庚午	12	12	庚子	11	13	辛未	10	14	辛丑	9	15	壬申	8	17	癸卯
初六	1	12	辛未	12	13	辛丑	11	14	壬申	10	15	壬寅	9	16	癸酉	8	18	甲辰
初七	1	13	壬申	12	14	壬寅	11	15	癸酉	10	16	癸卯	9	17	甲戌	8	19	乙巳
初八	1	14	癸酉	12	15	癸卯	11	16	甲戌	10	17	甲辰	9	18	乙亥	8	20	丙午
初九	1	15	甲戌	12	16	甲辰	11	17	乙亥	10	18	乙巳	9	19	丙子	8	21	丁未
初十	1	16	乙亥	12	17	乙巳	11	18	丙子	10	19	丙午	9	20	丁丑	8	22	戊申
十一	1	17	丙子	12	18	丙午	11	19	丁丑	10	20	丁未	9	21	戊寅	8	23	己酉
十二	1	18	丁丑	12	19	丁未	11	20	戊寅	10	21	戊申	9	22	己卯	8	24	庚戌
十三	1	19	戊寅	12	20	戊申	11	21	己卯	10	22	己酉	9	23	庚辰	8	25	辛亥
十四	1	20	己卯	12	21	己酉	11	22	庚辰	10	23	庚戌	9	24	辛巳	8	26	壬子
十五	1	21	庚辰	12	22	庚戌	11	23	辛巳	10	24	辛亥	9	25	壬午	8	27	癸丑
十六	1	22	辛巳	12	23	辛亥	11	24	壬午	10	25	壬子	9	26	癸未	8	28	甲寅
十七	1	23	壬午	12	24	壬子	11	25	癸未	10	26	癸丑	9	27	甲申	8	29	乙卯
十八	1	24	癸未	12	25	癸丑	11	26	甲申	10	27	甲寅	9	28	乙酉	8	30	丙辰
十九	1	25	甲申	12	26	甲寅	11	27	乙酉	10	28	乙卯	9	29	丙戌	8	31	丁巳
二十	1	26	乙酉	12	27	乙卯	11	28	丙戌	10	29	丙辰	9	30	丁亥	9	1	戊午
廿一	1	27	丙戌	12	28	丙辰	11	29	丁亥	10	30	丁巳	10	1	戊子	9	2	己未
廿二	1	28	丁亥	12	29	丁巳	11	30	戊子	10	31	戊午	10	2	己丑	9	3	庚申
廿三	1	29	戊子	12	30	戊午	12	1	己丑	11	1	己未	10	3	庚寅	9	4	辛酉
廿四	1	30	己丑	12	31	己未	12	2	庚寅	11	2	庚申	10	4	辛卯	9	5	壬戌
廿五	1	31	庚寅	1	1	庚申	12	3	辛卯	11	3	辛酉	10	5	壬辰	9	6	癸亥
廿六	2	1	辛卯	1	2	辛酉	12	4	壬辰	11	4	壬戌	10	6	癸巳	9	7	甲子
廿七	2	2	壬辰	1	3	壬戌	12	5	癸巳	11	5	癸亥	10	7	甲午	9	8	乙丑
廿八	2	3	癸巳	1	4	癸亥	12	6	甲午	11	6	甲子	10	8	乙未	9	9	丙寅
廿九	2	4	甲午	1	5	甲子	12	7	乙未	11	7	乙丑	10	9	丙申	9	10	丁卯
三十	2	5	乙未	1	6	乙丑				11	8	丙寅						

2046年【丙寅】

6月			5月			4月			3月			2月			正月			月別
乙未			甲午			癸巳			壬辰			辛卯			庚寅			月柱
六白			七赤			八白			九紫			一白			二黒			紫白
陽暦		日柱	陽暦		日柱	陽暦		日柱	陽暦		日柱	陽暦		日柱	陽暦		日柱	農暦
月	日		月	日		月	日		月	日		月	日		月	日		
7	4	甲子	6	4	甲午	5	6	乙丑	4	6	乙未	3	8	丙寅	2	6	丙申	初一
7	5	乙丑	6	5	乙未	5	7	丙寅	4	7	丙申	3	9	丁卯	2	7	丁酉	初二
7	6	丙寅	6	6	丙申	5	8	丁卯	4	8	丁酉	3	10	戊辰	2	8	戊戌	初三
7	7	丁卯	6	7	丁酉	5	9	戊辰	4	9	戊戌	3	11	己巳	2	9	己亥	初四
7	8	戊辰	6	8	戊戌	5	10	己巳	4	10	己亥	3	12	庚午	2	10	庚子	初五
7	9	己巳	6	9	己亥	5	11	庚午	4	11	庚子	3	13	辛未	2	11	辛丑	初六
7	10	庚午	6	10	庚子	5	12	辛未	4	12	辛丑	3	14	壬申	2	12	壬寅	初七
7	11	辛未	6	11	辛丑	5	13	壬申	4	13	壬寅	3	15	癸酉	2	13	癸卯	初八
7	12	壬申	6	12	壬寅	5	14	癸酉	4	14	癸卯	3	16	甲戌	2	14	甲辰	初九
7	13	癸酉	6	13	癸卯	5	15	甲戌	4	15	甲辰	3	17	乙亥	2	15	乙巳	初十
7	14	甲戌	6	14	甲辰	5	16	乙亥	4	16	乙巳	3	18	丙子	2	16	丙午	十一
7	15	乙亥	6	15	乙巳	5	17	丙子	4	17	丙午	3	19	丁丑	2	17	丁未	十二
7	16	丙子	6	16	丙午	5	18	丁丑	4	18	丁未	3	20	戊寅	2	18	戊申	十三
7	17	丁丑	6	17	丁未	5	19	戊寅	4	19	戊申	3	21	己卯	2	19	己酉	十四
7	18	戊寅	6	18	戊申	5	20	己卯	4	20	己酉	3	22	庚辰	2	20	庚戌	十五
7	19	己卯	6	19	己酉	5	21	庚辰	4	21	庚戌	3	23	辛巳	2	21	辛亥	十六
7	20	庚辰	6	20	庚戌	5	22	辛巳	4	22	辛亥	3	24	壬午	2	22	壬子	十七
7	21	辛巳	6	21	辛亥	5	23	壬午	4	23	壬子	3	25	癸未	2	23	癸丑	十八
7	22	壬午	6	22	壬子	5	24	癸未	4	24	癸丑	3	26	甲申	2	24	甲寅	十九
7	23	癸未	6	23	癸丑	5	25	甲申	4	25	甲寅	3	27	乙酉	2	25	乙卯	二十
7	24	甲申	6	24	甲寅	5	26	乙酉	4	26	乙卯	3	28	丙戌	2	26	丙辰	廿一
7	25	乙酉	6	25	乙卯	5	27	丙戌	4	27	丙辰	3	29	丁亥	2	27	丁巳	廿二
7	26	丙戌	6	26	丙辰	5	28	丁亥	4	28	丁巳	3	30	戊子	2	28	戊午	廿三
7	27	丁亥	6	27	丁巳	5	29	戊子	4	29	戊午	3	31	己丑	3	1	己未	廿四
7	28	戊子	6	28	戊午	5	30	己丑	4	30	己未	4	1	庚寅	3	2	庚申	廿五
7	29	己丑	6	29	己未	5	31	庚寅	5	1	庚申	4	2	辛卯	3	3	辛酉	廿六
7	30	庚寅	6	30	庚申	6	1	辛卯	5	2	辛酉	4	3	壬辰	3	4	壬戌	廿七
7	31	辛卯	7	1	辛酉	6	2	壬辰	5	3	壬戌	4	4	癸巳	3	5	癸亥	廿八
8	1	壬辰	7	2	壬戌	6	3	癸巳	5	4	癸亥	4	5	甲午	3	6	甲子	廿九
			7	3	癸亥				5	5	甲子				3	7	乙丑	三十

月別	12月			11月			10月			9月			8月			7月		
月柱	辛丑			庚子			己亥			戊戌			丁酉			丙申		
紫白	九紫			一白			二黒			三碧			四緑			五黄		
農暦	陽暦		日柱	陽暦		日柱	陽暦		日柱	陽暦		日柱	陽暦		日柱	陽暦		日柱
	月	日		月	日		月	日		月	日		月	日		月	日	
初一	12	27	庚申	11	28	辛卯	10	29	辛酉	9	30	壬辰	9	1	癸亥	8	2	癸巳
初二	12	28	辛酉	11	29	壬辰	10	30	壬戌	10	1	癸巳	9	2	甲子	8	3	甲午
初三	12	29	壬戌	11	30	癸巳	10	31	癸亥	10	2	甲午	9	3	乙丑	8	4	乙未
初四	12	30	癸亥	12	1	甲午	11	1	甲子	10	3	乙未	9	4	丙寅	8	5	丙申
初五	12	31	甲子	12	2	乙未	11	2	乙丑	10	4	丙申	9	5	丁卯	8	6	丁酉
初六	1	1	乙丑	12	3	丙申	11	3	丙寅	10	5	丁酉	9	6	戊辰	8	7	戊戌
初七	1	2	丙寅	12	4	丁酉	11	4	丁卯	10	6	戊戌	9	7	己巳	8	8	己亥
初八	1	3	丁卯	12	5	戊戌	11	5	戊辰	10	7	己亥	9	8	庚午	8	9	庚子
初九	1	4	戊辰	12	6	己亥	11	6	己巳	10	8	庚子	9	9	辛未	8	10	辛丑
初十	1	5	己巳	12	7	庚子	11	7	庚午	10	9	辛丑	9	10	壬申	8	11	壬寅
十一	1	6	庚午	12	8	辛丑	11	8	辛未	10	10	壬寅	9	11	癸酉	8	12	癸卯
十二	1	7	辛未	12	9	壬寅	11	9	壬申	10	11	癸卯	9	12	甲戌	8	13	甲辰
十三	1	8	壬申	12	10	癸卯	11	10	癸酉	10	12	甲辰	9	13	乙亥	8	14	乙巳
十四	1	9	癸酉	12	11	甲辰	11	11	甲戌	10	13	乙巳	9	14	丙子	8	15	丙午
十五	1	10	甲戌	12	12	乙巳	11	12	乙亥	10	14	丙午	9	15	丁丑	8	16	丁未
十六	1	11	乙亥	12	13	丙午	11	13	丙子	10	15	丁未	9	16	戊寅	8	17	戊申
十七	1	12	丙子	12	14	丁未	11	14	丁丑	10	16	戊申	9	17	己卯	8	18	己酉
十八	1	13	丁丑	12	15	戊申	11	15	戊寅	10	17	己酉	9	18	庚辰	8	19	庚戌
十九	1	14	戊寅	12	16	己酉	11	16	己卯	10	18	庚戌	9	19	辛巳	8	20	辛亥
二十	1	15	己卯	12	17	庚戌	11	17	庚辰	10	19	辛亥	9	20	壬午	8	21	壬子
廿一	1	16	庚辰	12	18	辛亥	11	18	辛巳	10	20	壬子	9	21	癸未	8	22	癸丑
廿二	1	17	辛巳	12	19	壬子	11	19	壬午	10	21	癸丑	9	22	甲申	8	23	甲寅
廿三	1	18	壬午	12	20	癸丑	11	20	癸未	10	22	甲寅	9	23	乙酉	8	24	乙卯
廿四	1	19	癸未	12	21	甲寅	11	21	甲申	10	23	乙卯	9	24	丙戌	8	25	丙辰
廿五	1	20	甲申	12	22	乙卯	11	22	乙酉	10	24	丙辰	9	25	丁亥	8	26	丁巳
廿六	1	21	乙酉	12	23	丙辰	11	23	丙戌	10	25	丁巳	9	26	戊子	8	27	戊午
廿七	1	22	丙戌	12	24	丁巳	11	24	丁亥	10	26	戊午	9	27	己丑	8	28	己未
廿八	1	23	丁亥	12	25	戊午	11	25	戊子	10	27	己未	9	28	庚寅	8	29	庚申
廿九	1	24	戊子	12	26	己未	11	26	己丑	10	28	庚申	9	29	辛卯	8	30	辛酉
三十	1	25	己丑				11	27	庚寅							8	31	壬戌

2047年【丁卯】

6月			閏5月			5月			4月			3月			2月			正月			月別
丁未						丙午			乙巳			甲辰			癸卯			壬寅			月柱
三碧						四緑			五黄			六白			七赤			八白			紫白
陽暦		日柱	陽暦		日柱	陽暦		日柱	陽暦		日柱	陽暦		日柱	陽暦		日柱	陽暦		日柱	農暦
月	日		月	日		月	日		月	日		月	日		月	日		月	日		
7	23	戊子	6	23	戊午	5	25	己丑	4	25	己未	3	26	己丑	2	25	庚申	1	26	庚寅	初一
7	24	己丑	6	24	己未	5	26	庚寅	4	26	庚申	3	27	庚寅	2	26	辛酉	1	27	辛卯	初二
7	25	庚寅	6	25	庚申	5	27	辛卯	4	27	辛酉	3	28	辛卯	2	27	壬戌	1	28	壬辰	初三
7	26	辛卯	6	26	辛酉	5	28	壬辰	4	28	壬戌	3	29	壬辰	2	28	癸亥	1	29	癸巳	初四
7	27	壬辰	6	27	壬戌	5	29	癸巳	4	29	癸亥	3	30	癸巳	3	1	甲子	1	30	甲午	初五
7	28	癸巳	6	28	癸亥	5	30	甲午	4	30	甲子	3	31	甲午	3	2	乙丑	1	31	乙未	初六
7	29	甲午	6	29	甲子	5	31	乙未	5	1	乙丑	4	1	乙未	3	3	丙寅	2	1	丙申	初七
7	30	乙未	6	30	乙丑	6	1	丙申	5	2	丙寅	4	2	丙申	3	4	丁卯	2	2	丁酉	初八
7	31	丙申	7	1	丙寅	6	2	丁酉	5	3	丁卯	4	3	丁酉	3	5	戊辰	2	3	戊戌	初九
8	1	丁酉	7	2	丁卯	6	3	戊戌	5	4	戊辰	4	4	戊戌	3	6	己巳	2	4	己亥	初十
8	2	戊戌	7	3	戊辰	6	4	己亥	5	5	己巳	4	5	己亥	3	7	庚午	2	5	庚子	十一
8	3	己亥	7	4	己巳	6	5	庚子	5	6	庚午	4	6	庚子	3	8	辛未	2	6	辛丑	十二
8	4	庚子	7	5	庚午	6	6	辛丑	5	7	辛未	4	7	辛丑	3	9	壬申	2	7	壬寅	十三
8	5	辛丑	7	6	辛未	6	7	壬寅	5	8	壬申	4	8	壬寅	3	10	癸酉	2	8	癸卯	十四
8	6	壬寅	7	7	壬申	6	8	癸卯	5	9	癸酉	4	9	癸卯	3	11	甲戌	2	9	甲辰	十五
8	7	癸卯	7	8	癸酉	6	9	甲辰	5	10	甲戌	4	10	甲辰	3	12	乙亥	2	10	乙巳	十六
8	8	甲辰	7	9	甲戌	6	10	乙巳	5	11	乙亥	4	11	乙巳	3	13	丙子	2	11	丙午	十七
8	9	乙巳	7	10	乙亥	6	11	丙午	5	12	丙子	4	12	丙午	3	14	丁丑	2	12	丁未	十八
8	10	丙午	7	11	丙子	6	12	丁未	5	13	丁丑	4	13	丁未	3	15	戊寅	2	13	戊申	十九
8	11	丁未	7	12	丁丑	6	13	戊申	5	14	戊寅	4	14	戊申	3	16	己卯	2	14	己酉	二十
8	12	戊申	7	13	戊寅	6	14	己酉	5	15	己卯	4	15	己酉	3	17	庚辰	2	15	庚戌	廿一
8	13	己酉	7	14	己卯	6	15	庚戌	5	16	庚辰	4	16	庚戌	3	18	辛巳	2	16	辛亥	廿二
8	14	庚戌	7	15	庚辰	6	16	辛亥	5	17	辛巳	4	17	辛亥	3	19	壬午	2	17	壬子	廿三
8	15	辛亥	7	16	辛巳	6	17	壬子	5	18	壬午	4	18	壬子	3	20	癸未	2	18	癸丑	廿四
8	16	壬子	7	17	壬午	6	18	癸丑	5	19	癸未	4	19	癸丑	3	21	甲申	2	19	甲寅	廿五
8	17	癸丑	7	18	癸未	6	19	甲寅	5	20	甲申	4	20	甲寅	3	22	乙酉	2	20	乙卯	廿六
8	18	甲寅	7	19	甲申	6	20	乙卯	5	21	乙酉	4	21	乙卯	3	23	丙戌	2	21	丙辰	廿七
8	19	乙卯	7	20	乙酉	6	21	丙辰	5	22	丙戌	4	22	丙辰	3	24	丁亥	2	22	丁巳	廿八
8	20	丙辰	7	21	丙戌	6	22	丁巳	5	23	丁亥	4	23	丁巳	3	25	戊子	2	23	戊午	廿九
			7	22	丁亥				5	24	戊子	4	24	戊午				2	24	己未	三十

月別	12月			11月			10月			9月			8月			7月		
月柱	癸丑			壬子			辛亥			庚戌			己酉			戊申		
紫白	六白			七赤			八白			九紫			一白			二黒		
農暦	陽暦		日柱	陽暦		日柱	陽暦		日柱	陽暦		日柱	陽暦		日柱	陽暦		日柱
	月	日		月	日		月	日		月	日		月	日		月	日	
初一	1	15	甲申	12	17	乙卯	11	17	乙酉	10	19	丙辰	9	20	丁亥	8	21	丁巳
初二	1	16	乙酉	12	18	丙辰	11	18	丙戌	10	20	丁巳	9	21	戊子	8	22	戊午
初三	1	17	丙戌	12	19	丁巳	11	19	丁亥	10	21	戊午	9	22	己丑	8	23	己未
初四	1	18	丁亥	12	20	戊午	11	20	戊子	10	22	己未	9	23	庚寅	8	24	庚申
初五	1	19	戊子	12	21	己未	11	21	己丑	10	23	庚申	9	24	辛卯	8	25	辛酉
初六	1	20	己丑	12	22	庚申	11	22	庚寅	10	24	辛酉	9	25	壬辰	8	26	壬戌
初七	1	21	庚寅	12	23	辛酉	11	23	辛卯	10	25	壬戌	9	26	癸巳	8	27	癸亥
初八	1	22	辛卯	12	24	壬戌	11	24	壬辰	10	26	癸亥	9	27	甲午	8	28	甲子
初九	1	23	壬辰	12	25	癸亥	11	25	癸巳	10	27	甲子	9	28	乙未	8	29	乙丑
初十	1	24	癸巳	12	26	甲子	11	26	甲午	10	28	乙丑	9	29	丙申	8	30	丙寅
十一	1	25	甲午	12	27	乙丑	11	27	乙未	10	29	丙寅	9	30	丁酉	8	31	丁卯
十二	1	26	乙未	12	28	丙寅	11	28	丙申	10	30	丁卯	10	1	戊戌	9	1	戊辰
十三	1	27	丙申	12	29	丁卯	11	29	丁酉	10	31	戊辰	10	2	己亥	9	2	己巳
十四	1	28	丁酉	12	30	戊辰	11	30	戊戌	11	1	己巳	10	3	庚子	9	3	庚午
十五	1	29	戊戌	12	31	己巳	12	1	己亥	11	2	庚午	10	4	辛丑	9	4	辛未
十六	1	30	己亥	1	1	庚午	12	2	庚子	11	3	辛未	10	5	壬寅	9	5	壬申
十七	1	31	庚子	1	2	辛未	12	3	辛丑	11	4	壬申	10	6	癸卯	9	6	癸酉
十八	2	1	辛丑	1	3	壬申	12	4	壬寅	11	5	癸酉	10	7	甲辰	9	7	甲戌
十九	2	2	壬寅	1	4	癸酉	12	5	癸卯	11	6	甲戌	10	8	乙巳	9	8	乙亥
二十	2	3	癸卯	1	5	甲戌	12	6	甲辰	11	7	乙亥	10	9	丙午	9	9	丙子
廿一	2	4	甲辰	1	6	乙亥	12	7	乙巳	11	8	丙子	10	10	丁未	9	10	丁丑
廿二	2	5	乙巳	1	7	丙子	12	8	丙午	11	9	丁丑	10	11	戊申	9	11	戊寅
廿三	2	6	丙午	1	8	丁丑	12	9	丁未	11	10	戊寅	10	12	己酉	9	12	己卯
廿四	2	7	丁未	1	9	戊寅	12	10	戊申	11	11	己卯	10	13	庚戌	9	13	庚辰
廿五	2	8	戊申	1	10	己卯	12	11	己酉	11	12	庚辰	10	14	辛亥	9	14	辛巳
廿六	2	9	己酉	1	11	庚辰	12	12	庚戌	11	13	辛巳	10	15	壬子	9	15	壬午
廿七	2	10	庚戌	1	12	辛巳	12	13	辛亥	11	14	壬午	10	16	癸丑	9	16	癸未
廿八	2	11	辛亥	1	13	壬午	12	14	壬子	11	15	癸未	10	17	甲寅	9	17	甲申
廿九	2	12	壬子	1	14	癸未	12	15	癸丑	11	16	甲申	10	18	乙卯	9	18	乙酉
三十	2	13	癸丑				12	16	甲寅							9	19	丙戌

2048年【戊辰】

6月			5月			4月			3月			2月			正月			月別
己未			戊午			丁巳			丙辰			乙卯			甲寅			月柱
九紫			一白			二黒			三碧			四緑			五黄			紫白
陽暦		日柱	陽暦		日柱	陽暦		日柱	陽暦		日柱	陽暦		日柱	陽暦		日柱	農暦
月	日		月	日		月	日		月	日		月	日		月	日		
7	11	壬午	6	11	壬子	5	13	癸未	4	13	癸丑	3	14	癸未	2	14	甲寅	初一
7	12	癸未	6	12	癸丑	5	14	甲申	4	14	甲寅	3	15	甲申	2	15	乙卯	初二
7	13	甲申	6	13	甲寅	5	15	乙酉	4	15	乙卯	3	16	乙酉	2	16	丙辰	初三
7	14	乙酉	6	14	乙卯	5	16	丙戌	4	16	丙辰	3	17	丙戌	2	17	丁巳	初四
7	15	丙戌	6	15	丙辰	5	17	丁亥	4	17	丁巳	3	18	丁亥	2	18	戊午	初五
7	16	丁亥	6	16	丁巳	5	18	戊子	4	18	戊午	3	19	戊子	2	19	己未	初六
7	17	戊子	6	17	戊午	5	19	己丑	4	19	己未	3	20	己丑	2	20	庚申	初七
7	18	己丑	6	18	己未	5	20	庚寅	4	20	庚申	3	21	庚寅	2	21	辛酉	初八
7	19	庚寅	6	19	庚申	5	21	辛卯	4	21	辛酉	3	22	辛卯	2	22	壬戌	初九
7	20	辛卯	6	20	辛酉	5	22	壬辰	4	22	壬戌	3	23	壬辰	2	23	癸亥	初十
7	21	壬辰	6	21	壬戌	5	23	癸巳	4	23	癸亥	3	24	癸巳	2	24	甲子	十一
7	22	癸巳	6	22	癸亥	5	24	甲午	4	24	甲子	3	25	甲午	2	25	乙丑	十二
7	23	甲午	6	23	甲子	5	25	乙未	4	25	乙丑	3	26	乙未	2	26	丙寅	十三
7	24	乙未	6	24	乙丑	5	26	丙申	4	26	丙寅	3	27	丙申	2	27	丁卯	十四
7	25	丙申	6	25	丙寅	5	27	丁酉	4	27	丁卯	3	28	丁酉	2	28	戊辰	十五
7	26	丁酉	6	26	丁卯	5	28	戊戌	4	28	戊辰	3	29	戊戌	2	29	己巳	十六
7	27	戊戌	6	27	戊辰	5	29	己亥	4	29	己巳	3	30	己亥	3	1	庚午	十七
7	28	己亥	6	28	己巳	5	30	庚子	4	30	庚午	3	31	庚子	3	2	辛未	十八
7	29	庚子	6	29	庚午	5	31	辛丑	5	1	辛未	4	1	辛丑	3	3	壬申	十九
7	30	辛丑	6	30	辛未	6	1	壬寅	5	2	壬申	4	2	壬寅	3	4	癸酉	二十
7	31	壬寅	7	1	壬申	6	2	癸卯	5	3	癸酉	4	3	癸卯	3	5	甲戌	廿一
8	1	癸卯	7	2	癸酉	6	3	甲辰	5	4	甲戌	4	4	甲辰	3	6	乙亥	廿二
8	2	甲辰	7	3	甲戌	6	4	乙巳	5	5	乙亥	4	5	乙巳	3	7	丙子	廿三
8	3	乙巳	7	4	乙亥	6	5	丙午	5	6	丙子	4	6	丙午	3	8	丁丑	廿四
8	4	丙午	7	5	丙子	6	6	丁未	5	7	丁丑	4	7	丁未	3	9	戊寅	廿五
8	5	丁未	7	6	丁丑	6	7	戊申	5	8	戊寅	4	8	戊申	3	10	己卯	廿六
8	6	戊申	7	7	戊寅	6	8	己酉	5	9	己卯	4	9	己酉	3	11	庚辰	廿七
8	7	己酉	7	8	己卯	6	9	庚戌	5	10	庚辰	4	10	庚戌	3	12	辛巳	廿八
8	8	庚戌	7	9	庚辰	6	10	辛亥	5	11	辛巳	4	11	辛亥	3	13	壬午	廿九
8	9	辛亥	7	10	辛巳				5	12	壬午	4	12	壬子				三十

月別	12月			11月			10月			9月			8月			7月		
月柱	乙丑			甲子			癸亥			壬戌			辛酉			庚申		
紫白	三碧			四緑			五黄			六白			七赤			八白		
農暦	陽暦		日柱	陽暦		日柱	陽暦		日柱	陽暦		日柱	陽暦		日柱	陽暦		日柱
	月	日		月	日		月	日		月	日		月	日		月	日	
初一	1	4	己卯	12	5	己酉	11	6	庚辰	10	8	辛亥	9	8	辛巳	8	10	壬子
初二	1	5	庚辰	12	6	庚戌	11	7	辛巳	10	9	壬子	9	9	壬午	8	11	癸丑
初三	1	6	辛巳	12	7	辛亥	11	8	壬午	10	10	癸丑	9	10	癸未	8	12	甲寅
初四	1	7	壬午	12	8	壬子	11	9	癸未	10	11	甲寅	9	11	甲申	8	13	乙卯
初五	1	8	癸未	12	9	癸丑	11	10	甲申	10	12	乙卯	9	12	乙酉	8	14	丙辰
初六	1	9	甲申	12	10	甲寅	11	11	乙酉	10	13	丙辰	9	13	丙戌	8	15	丁巳
初七	1	10	乙酉	12	11	乙卯	11	12	丙戌	10	14	丁巳	9	14	丁亥	8	16	戊午
初八	1	11	丙戌	12	12	丙辰	11	13	丁亥	10	15	戊午	9	15	戊子	8	17	己未
初九	1	12	丁亥	12	13	丁巳	11	14	戊子	10	16	己未	9	16	己丑	8	18	庚申
初十	1	13	戊子	12	14	戊午	11	15	己丑	10	17	庚申	9	17	庚寅	8	19	辛酉
十一	1	14	己丑	12	15	己未	11	16	庚寅	10	18	辛酉	9	18	辛卯	8	20	壬戌
十二	1	15	庚寅	12	16	庚申	11	17	辛卯	10	19	壬戌	9	19	壬辰	8	21	癸亥
十三	1	16	辛卯	12	17	辛酉	11	18	壬辰	10	20	癸亥	9	20	癸巳	8	22	甲子
十四	1	17	壬辰	12	18	壬戌	11	19	癸巳	10	21	甲子	9	21	甲午	8	23	乙丑
十五	1	18	癸巳	12	19	癸亥	11	20	甲午	10	22	乙丑	9	22	乙未	8	24	丙寅
十六	1	19	甲午	12	20	甲子	11	21	乙未	10	23	丙寅	9	23	丙申	8	25	丁卯
十七	1	20	乙未	12	21	乙丑	11	22	丙申	10	24	丁卯	9	24	丁酉	8	26	戊辰
十八	1	21	丙申	12	22	丙寅	11	23	丁酉	10	25	戊辰	9	25	戊戌	8	27	己巳
十九	1	22	丁酉	12	23	丁卯	11	24	戊戌	10	26	己巳	9	26	己亥	8	28	庚午
二十	1	23	戊戌	12	24	戊辰	11	25	己亥	10	27	庚午	9	27	庚子	8	29	辛未
廿一	1	24	己亥	12	25	己巳	11	26	庚子	10	28	辛未	9	28	辛丑	8	30	壬申
廿二	1	25	庚子	12	26	庚午	11	27	辛丑	10	29	壬申	9	29	壬寅	8	31	癸酉
廿三	1	26	辛丑	12	27	辛未	11	28	壬寅	10	30	癸酉	9	30	癸卯	9	1	甲戌
廿四	1	27	壬寅	12	28	壬申	11	29	癸卯	10	31	甲戌	10	1	甲辰	9	2	乙亥
廿五	1	28	癸卯	12	29	癸酉	11	30	甲辰	11	1	乙亥	10	2	乙巳	9	3	丙子
廿六	1	29	甲辰	12	30	甲戌	12	1	乙巳	11	2	丙子	10	3	丙午	9	4	丁丑
廿七	1	30	乙巳	12	31	乙亥	12	2	丙午	11	3	丁丑	10	4	丁未	9	5	戊寅
廿八	1	31	丙午	1	1	丙子	12	3	丁未	11	4	戊寅	10	5	戊申	9	6	己卯
廿九	2	1	丁未	1	2	丁丑	12	4	戊申	11	5	己卯	10	6	己酉	9	7	庚辰
三十				1	3	戊寅							10	7	庚戌			

2049年【己巳】

6月			5月			4月			3月			2月			正月			月別
辛未			庚午			己巳			戊辰			丁卯			丙寅			月柱
六白			七赤			八白			九紫			一白			二黑			紫白
陽暦		日柱	陽暦		日柱	陽暦		日柱	陽暦		日柱	陽暦		日柱	陽暦		日柱	農暦
月	日		月	日		月	日		月	日		月	日		月	日		
6	30	丙子	5	31	丙午	5	2	丁丑	4	2	丁未	3	4	戊寅	2	2	戊申	初一
7	1	丁丑	6	1	丁未	5	3	戊寅	4	3	戊申	3	5	己卯	2	3	己酉	初二
7	2	戊寅	6	2	戊申	5	4	己卯	4	4	己酉	3	6	庚辰	2	4	庚戌	初三
7	3	己卯	6	3	己酉	5	5	庚辰	4	5	庚戌	3	7	辛巳	2	5	辛亥	初四
7	4	庚辰	6	4	庚戌	5	6	辛巳	4	6	辛亥	3	8	壬午	2	6	壬子	初五
7	5	辛巳	6	5	辛亥	5	7	壬午	4	7	壬子	3	9	癸未	2	7	癸丑	初六
7	6	壬午	6	6	壬子	5	8	癸未	4	8	癸丑	3	10	甲申	2	8	甲寅	初七
7	7	癸未	6	7	癸丑	5	9	甲申	4	9	甲寅	3	11	乙酉	2	9	乙卯	初八
7	8	甲申	6	8	甲寅	5	10	乙酉	4	10	乙卯	3	12	丙戌	2	10	丙辰	初九
7	9	乙酉	6	9	乙卯	5	11	丙戌	4	11	丙辰	3	13	丁亥	2	11	丁巳	初十
7	10	丙戌	6	10	丙辰	5	12	丁亥	4	12	丁巳	3	14	戊子	2	12	戊午	十一
7	11	丁亥	6	11	丁巳	5	13	戊子	4	13	戊午	3	15	己丑	2	13	己未	十二
7	12	戊子	6	12	戊午	5	14	己丑	4	14	己未	3	16	庚寅	2	14	庚申	十三
7	13	己丑	6	13	己未	5	15	庚寅	4	15	庚申	3	17	辛卯	2	15	辛酉	十四
7	14	庚寅	6	14	庚申	5	16	辛卯	4	16	辛酉	3	18	壬辰	2	16	壬戌	十五
7	15	辛卯	6	15	辛酉	5	17	壬辰	4	17	壬戌	3	19	癸巳	2	17	癸亥	十六
7	16	壬辰	6	16	壬戌	5	18	癸巳	4	18	癸亥	3	20	甲午	2	18	甲子	十七
7	17	癸巳	6	17	癸亥	5	19	甲午	4	19	甲子	3	21	乙未	2	19	乙丑	十八
7	18	甲午	6	18	甲子	5	20	乙未	4	20	乙丑	3	22	丙申	2	20	丙寅	十九
7	19	乙未	6	19	乙丑	5	21	丙申	4	21	丙寅	3	23	丁酉	2	21	丁卯	二十
7	20	丙申	6	20	丙寅	5	22	丁酉	4	22	丁卯	3	24	戊戌	2	22	戊辰	廿一
7	21	丁酉	6	21	丁卯	5	23	戊戌	4	23	戊辰	3	25	己亥	2	23	己巳	廿二
7	22	戊戌	6	22	戊辰	5	24	己亥	4	24	己巳	3	26	庚子	2	24	庚午	廿三
7	23	己亥	6	23	己巳	5	25	庚子	4	25	庚午	3	27	辛丑	2	25	辛未	廿四
7	24	庚子	6	24	庚午	5	26	辛丑	4	26	辛未	3	28	壬寅	2	26	壬申	廿五
7	25	辛丑	6	25	辛未	5	27	壬寅	4	27	壬申	3	29	癸卯	2	27	癸酉	廿六
7	26	壬寅	6	26	壬申	5	28	癸卯	4	28	癸酉	3	30	甲辰	2	28	甲戌	廿七
7	27	癸卯	6	27	癸酉	5	29	甲辰	4	29	甲戌	3	31	乙巳	3	1	乙亥	廿八
7	28	甲辰	6	28	甲戌	5	30	乙巳	4	30	乙亥	4	1	丙午	3	2	丙子	廿九
7	29	乙巳	6	29	乙亥				5	1	丙子				3	3	丁丑	三十

月別	12月			11月			10月			9月			8月			7月		
月柱	丁丑			丙子			乙亥			甲戌			癸酉			壬申		
紫白	九紫			一白			二黒			三碧			四緑			五黃		
農暦	陽暦		日柱	陽暦		日柱	陽暦		日柱	陽暦		日柱	陽暦		日柱	陽暦		日柱
	月	日		月	日		月	日		月	日		月	日		月	日	
初一	12	25	甲戌	11	25	甲辰	10	27	乙亥	9	27	乙巳	8	28	乙亥	7	30	丙午
初二	12	26	乙亥	11	26	乙巳	10	28	丙子	9	28	丙午	8	29	丙子	7	31	丁未
初三	12	27	丙子	11	27	丙午	10	29	丁丑	9	29	丁未	8	30	丁丑	8	1	戊申
初四	12	28	丁丑	11	28	丁未	10	30	戊寅	9	30	戊申	8	31	戊寅	8	2	己酉
初五	12	29	戊寅	11	29	戊申	10	31	己卯	10	1	己酉	9	1	己卯	8	3	庚戌
初六	12	30	己卯	11	30	己酉	11	1	庚辰	10	2	庚戌	9	2	庚辰	8	4	辛亥
初七	12	31	庚辰	12	1	庚戌	11	2	辛巳	10	3	辛亥	9	3	辛巳	8	5	壬子
初八	1	1	辛巳	12	2	辛亥	11	3	壬午	10	4	壬子	9	4	壬午	8	6	癸丑
初九	1	2	壬午	12	3	壬子	11	4	癸未	10	5	癸丑	9	5	癸未	8	7	甲寅
初十	1	3	癸未	12	4	癸丑	11	5	甲申	10	6	甲寅	9	6	甲申	8	8	乙卯
十一	1	4	甲申	12	5	甲寅	11	6	乙酉	10	7	乙卯	9	7	乙酉	8	9	丙辰
十二	1	5	乙酉	12	6	乙卯	11	7	丙戌	10	8	丙辰	9	8	丙戌	8	10	丁巳
十三	1	6	丙戌	12	7	丙辰	11	8	丁亥	10	9	丁巳	9	9	丁亥	8	11	戊午
十四	1	7	丁亥	12	8	丁巳	11	9	戊子	10	10	戊午	9	10	戊子	8	12	己未
十五	1	8	戊子	12	9	戊午	11	10	己丑	10	11	己未	9	11	己丑	8	13	庚申
十六	1	9	己丑	12	10	己未	11	11	庚寅	10	12	庚申	9	12	庚寅	8	14	辛酉
十七	1	10	庚寅	12	11	庚申	11	12	辛卯	10	13	辛酉	9	13	辛卯	8	15	壬戌
十八	1	11	辛卯	12	12	辛酉	11	13	壬辰	10	14	壬戌	9	14	壬辰	8	16	癸亥
十九	1	12	壬辰	12	13	壬戌	11	14	癸巳	10	15	癸亥	9	15	癸巳	8	17	甲子
二十	1	13	癸巳	12	14	癸亥	11	15	甲午	10	16	甲子	9	16	甲午	8	18	乙丑
廿一	1	14	甲午	12	15	甲子	11	16	乙未	10	17	乙丑	9	17	乙未	8	19	丙寅
廿二	1	15	乙未	12	16	乙丑	11	17	丙申	10	18	丙寅	9	18	丙申	8	20	丁卯
廿三	1	16	丙申	12	17	丙寅	11	18	丁酉	10	19	丁卯	9	19	丁酉	8	21	戊辰
廿四	1	17	丁酉	12	18	丁卯	11	19	戊戌	10	20	戊辰	9	20	戊戌	8	22	己巳
廿五	1	18	戊戌	12	19	戊辰	11	20	己亥	10	21	己巳	9	21	己亥	8	23	庚午
廿六	1	19	己亥	12	20	己巳	11	21	庚子	10	22	庚午	9	22	庚子	8	24	辛未
廿七	1	20	庚子	12	21	庚午	11	22	辛丑	10	23	辛未	9	23	辛丑	8	25	壬申
廿八	1	21	辛丑	12	22	辛未	11	23	壬寅	10	24	壬申	9	24	壬寅	8	26	癸酉
廿九	1	22	壬寅	12	23	壬申	11	24	癸卯	10	25	癸酉	9	25	癸卯	8	27	甲戌
三十				12	24	癸酉				10	26	甲戌	9	26	甲辰			

2050年【庚午】

6月			5月			4月			閏3月			3月			2月			正月			月別
癸未			壬午			辛巳						庚辰			己卯			戊寅			月柱
三碧			四緑			五黄						六白			七赤			八白			紫白
陽暦		日柱	陽暦		日柱	陽暦		日柱	陽暦		日柱	陽暦		日柱	陽暦		日柱	陽暦		日柱	農暦
月	日		月	日		月	日		月	日		月	日		月	日		月	日		
7	19	庚子	6	19	庚午	5	21	辛丑	4	21	辛未	3	23	壬寅	2	21	壬申	1	23	癸卯	初一
7	20	辛丑	6	20	辛未	5	22	壬寅	4	22	壬申	3	24	癸卯	2	22	癸酉	1	24	甲辰	初二
7	21	壬寅	6	21	壬申	5	23	癸卯	4	23	癸酉	3	25	甲辰	2	23	甲戌	1	25	乙巳	初三
7	22	癸卯	6	22	癸酉	5	24	甲辰	4	24	甲戌	3	26	乙巳	2	24	乙亥	1	26	丙午	初四
7	23	甲辰	6	23	甲戌	5	25	乙巳	4	25	乙亥	3	27	丙午	2	25	丙子	1	27	丁未	初五
7	24	乙巳	6	24	乙亥	5	26	丙午	4	26	丙子	3	28	丁未	2	26	丁丑	1	28	戊申	初六
7	25	丙午	6	25	丙子	5	27	丁未	4	27	丁丑	3	29	戊申	2	27	戊寅	1	29	己酉	初七
7	26	丁未	6	26	丁丑	5	28	戊申	4	28	戊寅	3	30	己酉	2	28	己卯	1	30	庚戌	初八
7	27	戊申	6	27	戊寅	5	29	己酉	4	29	己卯	3	31	庚戌	3	1	庚辰	1	31	辛亥	初九
7	28	己酉	6	28	己卯	5	30	庚戌	4	30	庚辰	4	1	辛亥	3	2	辛巳	2	1	壬子	初十
7	29	庚戌	6	29	庚辰	5	31	辛亥	5	1	辛巳	4	2	壬子	3	3	壬午	2	2	癸丑	十一
7	30	辛亥	6	30	辛巳	6	1	壬子	5	2	壬午	4	3	癸丑	3	4	癸未	2	3	甲寅	十二
7	31	壬子	7	1	壬午	6	2	癸丑	5	3	癸未	4	4	甲寅	3	5	甲申	2	4	乙卯	十三
8	1	癸丑	7	2	癸未	6	3	甲寅	5	4	甲申	4	5	乙卯	3	6	乙酉	2	5	丙辰	十四
8	2	甲寅	7	3	甲申	6	4	乙卯	5	5	乙酉	4	6	丙辰	3	7	丙戌	2	6	丁巳	十五
8	3	乙卯	7	4	乙酉	6	5	丙辰	5	6	丙戌	4	7	丁巳	3	8	丁亥	2	7	戊午	十六
8	4	丙辰	7	5	丙戌	6	6	丁巳	5	7	丁亥	4	8	戊午	3	9	戊子	2	8	己未	十七
8	5	丁巳	7	6	丁亥	6	7	戊午	5	8	戊子	4	9	己未	3	10	己丑	2	9	庚申	十八
8	6	戊午	7	7	戊子	6	8	己未	5	9	己丑	4	10	庚申	3	11	庚寅	2	10	辛酉	十九
8	7	己未	7	8	己丑	6	9	庚申	5	10	庚寅	4	11	辛酉	3	12	辛卯	2	11	壬戌	二十
8	8	庚申	7	9	庚寅	6	10	辛酉	5	11	辛卯	4	12	壬戌	3	13	壬辰	2	12	癸亥	廿一
8	9	辛酉	7	10	辛卯	6	11	壬戌	5	12	壬辰	4	13	癸亥	3	14	癸巳	2	13	甲子	廿二
8	10	壬戌	7	11	壬辰	6	12	癸亥	5	13	癸巳	4	14	甲子	3	15	甲午	2	14	乙丑	廿三
8	11	癸亥	7	12	癸巳	6	13	甲子	5	14	甲午	4	15	乙丑	3	16	乙未	2	15	丙寅	廿四
8	12	甲子	7	13	甲午	6	14	乙丑	5	15	乙未	4	16	丙寅	3	17	丙申	2	16	丁卯	廿五
8	13	乙丑	7	14	乙未	6	15	丙寅	5	16	丙申	4	17	丁卯	3	18	丁酉	2	17	戊辰	廿六
8	14	丙寅	7	15	丙申	6	16	丁卯	5	17	丁酉	4	18	戊辰	3	19	戊戌	2	18	己巳	廿七
8	15	丁卯	7	16	丁酉	6	17	戊辰	5	18	戊戌	4	19	己巳	3	20	己亥	2	19	庚午	廿八
8	16	戊辰	7	17	戊戌	6	18	己巳	5	19	己亥	4	20	庚午	3	21	庚子	2	20	辛未	廿九
			7	18	己亥				5	20	庚子				3	22	辛丑				三十

月別	12月			11月			10月			9月			8月			7月		
月柱	己丑			戊子			丁亥			丙戌			乙酉			甲申		
紫白	六白			七赤			八白			九紫			一白			二黑		
農暦	陽暦		日柱	陽暦		日柱	陽暦		日柱	陽暦		日柱	陽暦		日柱	陽暦		日柱
	月	日		月	日		月	日		月	日		月	日		月	日	
初一	1	13	戊戌	12	14	戊辰	11	14	戊戌	10	16	己巳	9	16	己亥	8	17	己巳
初二	1	14	己亥	12	15	己巳	11	15	己亥	10	17	庚午	9	17	庚子	8	18	庚午
初三	1	15	庚子	12	16	庚午	11	16	庚子	10	18	辛未	9	18	辛丑	8	19	辛未
初四	1	16	辛丑	12	17	辛未	11	17	辛丑	10	19	壬申	9	19	壬寅	8	20	壬申
初五	1	17	壬寅	12	18	壬申	11	18	壬寅	10	20	癸酉	9	20	癸卯	8	21	癸酉
初六	1	18	癸卯	12	19	癸酉	11	19	癸卯	10	21	甲戌	9	21	甲辰	8	22	甲戌
初七	1	19	甲辰	12	20	甲戌	11	20	甲辰	10	22	乙亥	9	22	乙巳	8	23	乙亥
初八	1	20	乙巳	12	21	乙亥	11	21	乙巳	10	23	丙子	9	23	丙午	8	24	丙子
初九	1	21	丙午	12	22	丙子	11	22	丙午	10	24	丁丑	9	24	丁未	8	25	丁丑
初十	1	22	丁未	12	23	丁丑	11	23	丁未	10	25	戊寅	9	25	戊申	8	26	戊寅
十一	1	23	戊申	12	24	戊寅	11	24	戊申	10	26	己卯	9	26	己酉	8	27	己卯
十二	1	24	己酉	12	25	己卯	11	25	己酉	10	27	庚辰	9	27	庚戌	8	28	庚辰
十三	1	25	庚戌	12	26	庚辰	11	26	庚戌	10	28	辛巳	9	28	辛亥	8	29	辛巳
十四	1	26	辛亥	12	27	辛巳	11	27	辛亥	10	29	壬午	9	29	壬子	8	30	壬午
十五	1	27	壬子	12	28	壬午	11	28	壬子	10	30	癸未	9	30	癸丑	8	31	癸未
十六	1	28	癸丑	12	29	癸未	11	29	癸丑	10	31	甲申	10	1	甲寅	9	1	甲申
十七	1	29	甲寅	12	30	甲申	11	30	甲寅	11	1	乙酉	10	2	乙卯	9	2	乙酉
十八	1	30	乙卯	12	31	乙酉	12	1	乙卯	11	2	丙戌	10	3	丙辰	9	3	丙戌
十九	1	31	丙辰	1	1	丙戌	12	2	丙辰	11	3	丁亥	10	4	丁巳	9	4	丁亥
二十	2	1	丁巳	1	2	丁亥	12	3	丁巳	11	4	戊子	10	5	戊午	9	5	戊子
廿一	2	2	戊午	1	3	戊子	12	4	戊午	11	5	己丑	10	6	己未	9	6	己丑
廿二	2	3	己未	1	4	己丑	12	5	己未	11	6	庚寅	10	7	庚申	9	7	庚寅
廿三	2	4	庚申	1	5	庚寅	12	6	庚申	11	7	辛卯	10	8	辛酉	9	8	辛卯
廿四	2	5	辛酉	1	6	辛卯	12	7	辛酉	11	8	壬辰	10	9	壬戌	9	9	壬辰
廿五	2	6	壬戌	1	7	壬辰	12	8	壬戌	11	9	癸巳	10	10	癸亥	9	10	癸巳
廿六	2	7	癸亥	1	8	癸巳	12	9	癸亥	11	10	甲午	10	11	甲子	9	11	甲午
廿七	2	8	甲子	1	9	甲午	12	10	甲子	11	11	乙未	10	12	乙丑	9	12	乙未
廿八	2	9	乙丑	1	10	乙未	12	11	乙丑	11	12	丙申	10	13	丙寅	9	13	丙申
廿九	2	10	丙寅	1	11	丙申	12	12	丙寅	11	13	丁酉	10	14	丁卯	9	14	丁酉
三十				1	12	丁酉	12	13	丁卯				10	15	戊辰	9	15	戊戌

2051年【辛未】

6月			5月			4月			3月			2月			正月			月別
乙未			甲午			癸巳			壬辰			辛卯			庚寅			月柱
九紫			一白			二黒			三碧			四緑			五黄			紫白
陽暦		日柱	陽暦		日柱	陽暦		日柱	陽暦		日柱	陽暦		日柱	陽暦		日柱	農暦
月	日		月	日		月	日		月	日		月	日		月	日		
7	8	甲午	6	9	乙丑	5	10	乙未	4	11	丙寅	3	13	丁酉	2	11	丁卯	初一
7	9	乙未	6	10	丙寅	5	11	丙申	4	12	丁卯	3	14	戊戌	2	12	戊辰	初二
7	10	丙申	6	11	丁卯	5	12	丁酉	4	13	戊辰	3	15	己亥	2	13	己巳	初三
7	11	丁酉	6	12	戊辰	5	13	戊戌	4	14	己巳	3	16	庚子	2	14	庚午	初四
7	12	戊戌	6	13	己巳	5	14	己亥	4	15	庚午	3	17	辛丑	2	15	辛未	初五
7	13	己亥	6	14	庚午	5	15	庚子	4	16	辛未	3	18	壬寅	2	16	壬申	初六
7	14	庚子	6	15	辛未	5	16	辛丑	4	17	壬申	3	19	癸卯	2	17	癸酉	初七
7	15	辛丑	6	16	壬申	5	17	壬寅	4	18	癸酉	3	20	甲辰	2	18	甲戌	初八
7	16	壬寅	6	17	癸酉	5	18	癸卯	4	19	甲戌	3	21	乙巳	2	19	乙亥	初九
7	17	癸卯	6	18	甲戌	5	19	甲辰	4	20	乙亥	3	22	丙午	2	20	丙子	初十
7	18	甲辰	6	19	乙亥	5	20	乙巳	4	21	丙子	3	23	丁未	2	21	丁丑	十一
7	19	乙巳	6	20	丙子	5	21	丙午	4	22	丁丑	3	24	戊申	2	22	戊寅	十二
7	20	丙午	6	21	丁丑	5	22	丁未	4	23	戊寅	3	25	己酉	2	23	己卯	十三
7	21	丁未	6	22	戊寅	5	23	戊申	4	24	己卯	3	26	庚戌	2	24	庚辰	十四
7	22	戊申	6	23	己卯	5	24	己酉	4	25	庚辰	3	27	辛亥	2	25	辛巳	十五
7	23	己酉	6	24	庚辰	5	25	庚戌	4	26	辛巳	3	28	壬子	2	26	壬午	十六
7	24	庚戌	6	25	辛巳	5	26	辛亥	4	27	壬午	3	29	癸丑	2	27	癸未	十七
7	25	辛亥	6	26	壬午	5	27	壬子	4	28	癸未	3	30	甲寅	2	28	甲申	十八
7	26	壬子	6	27	癸未	5	28	癸丑	4	29	甲申	3	31	乙卯	3	1	乙酉	十九
7	27	癸丑	6	28	甲申	5	29	甲寅	4	30	乙酉	4	1	丙辰	3	2	丙戌	二十
7	28	甲寅	6	29	乙酉	5	30	乙卯	5	1	丙戌	4	2	丁巳	3	3	丁亥	廿一
7	29	乙卯	6	30	丙戌	5	31	丙辰	5	2	丁亥	4	3	戊午	3	4	戊子	廿二
7	30	丙辰	7	1	丁亥	6	1	丁巳	5	3	戊子	4	4	己未	3	5	己丑	廿三
7	31	丁巳	7	2	戊子	6	2	戊午	5	4	己丑	4	5	庚申	3	6	庚寅	廿四
8	1	戊午	7	3	己丑	6	3	己未	5	5	庚寅	4	6	辛酉	3	7	辛卯	廿五
8	2	己未	7	4	庚寅	6	4	庚申	5	6	辛卯	4	7	壬戌	3	8	壬辰	廿六
8	3	庚申	7	5	辛卯	6	5	辛酉	5	7	壬辰	4	8	癸亥	3	9	癸巳	廿七
8	4	辛酉	7	6	壬辰	6	6	壬戌	5	8	癸巳	4	9	甲子	3	10	甲午	廿八
8	5	壬戌	7	7	癸巳	6	7	癸亥	5	9	甲午	4	10	乙丑	3	11	乙未	廿九
						6	8	甲子							3	12	丙申	三十

月別	12月			11月			10月			9月			8月			7月		
月柱	辛丑			庚子			己亥			戊戌			丁酉			丙申		
紫白	三碧			四緑			五黄			六白			七赤			八白		
農暦	陽暦		日柱	陽暦		日柱	陽暦		日柱	陽暦		日柱	陽暦		日柱	陽暦		日柱
	月	日		月	日		月	日		月	日		月	日		月	日	
初一	1	2	壬辰	12	3	壬戌	11	3	壬辰	10	5	癸亥	9	5	癸巳	8	6	癸亥
初二	1	3	癸巳	12	4	癸亥	11	4	癸巳	10	6	甲子	9	6	甲午	8	7	甲子
初三	1	4	甲午	12	5	甲子	11	5	甲午	10	7	乙丑	9	7	乙未	8	8	乙丑
初四	1	5	乙未	12	6	乙丑	11	6	乙未	10	8	丙寅	9	8	丙申	8	9	丙寅
初五	1	6	丙申	12	7	丙寅	11	7	丙申	10	9	丁卯	9	9	丁酉	8	10	丁卯
初六	1	7	丁酉	12	8	丁卯	11	8	丁酉	10	10	戊辰	9	10	戊戌	8	11	戊辰
初七	1	8	戊戌	12	9	戊辰	11	9	戊戌	10	11	己巳	9	11	己亥	8	12	己巳
初八	1	9	己亥	12	10	己巳	11	10	己亥	10	12	庚午	9	12	庚子	8	13	庚午
初九	1	10	庚子	12	11	庚午	11	11	庚子	10	13	辛未	9	13	辛丑	8	14	辛未
初十	1	11	辛丑	12	12	辛未	11	12	辛丑	10	14	壬申	9	14	壬寅	8	15	壬申
十一	1	12	壬寅	12	13	壬申	11	13	壬寅	10	15	癸酉	9	15	癸卯	8	16	癸酉
十二	1	13	癸卯	12	14	癸酉	11	14	癸卯	10	16	甲戌	9	16	甲辰	8	17	甲戌
十三	1	14	甲辰	12	15	甲戌	11	15	甲辰	10	17	乙亥	9	17	乙巳	8	18	乙亥
十四	1	15	乙巳	12	16	乙亥	11	16	乙巳	10	18	丙子	9	18	丙午	8	19	丙子
十五	1	16	丙午	12	17	丙子	11	17	丙午	10	19	丁丑	9	19	丁未	8	20	丁丑
十六	1	17	丁未	12	18	丁丑	11	18	丁未	10	20	戊寅	9	20	戊申	8	21	戊寅
十七	1	18	戊申	12	19	戊寅	11	19	戊申	10	21	己卯	9	21	己酉	8	22	己卯
十八	1	19	己酉	12	20	己卯	11	20	己酉	10	22	庚辰	9	22	庚戌	8	23	庚辰
十九	1	20	庚戌	12	21	庚辰	11	21	庚戌	10	23	辛巳	9	23	辛亥	8	24	辛巳
二十	1	21	辛亥	12	22	辛巳	11	22	辛亥	10	24	壬午	9	24	壬子	8	25	壬午
廿一	1	22	壬子	12	23	壬午	11	23	壬子	10	25	癸未	9	25	癸丑	8	26	癸未
廿二	1	23	癸丑	12	24	癸未	11	24	癸丑	10	26	甲申	9	26	甲寅	8	27	甲申
廿三	1	24	甲寅	12	25	甲申	11	25	甲寅	10	27	乙酉	9	27	乙卯	8	28	乙酉
廿四	1	25	乙卯	12	26	乙酉	11	26	乙卯	10	28	丙戌	9	28	丙辰	8	29	丙戌
廿五	1	26	丙辰	12	27	丙戌	11	27	丙辰	10	29	丁亥	9	29	丁巳	8	30	丁亥
廿六	1	27	丁巳	12	28	丁亥	11	28	丁巳	10	30	戊子	9	30	戊午	8	31	戊子
廿七	1	28	戊午	12	29	戊子	11	29	戊午	10	31	己丑	10	1	己未	9	1	己丑
廿八	1	29	己未	12	30	己丑	11	30	己未	11	1	庚寅	10	2	庚申	9	2	庚寅
廿九	1	30	庚申	12	31	庚寅	12	1	庚申	11	2	辛卯	10	3	辛酉	9	3	辛卯
三十	1	31	辛酉	1	1	辛卯	12	2	辛酉				10	4	壬戌	9	4	壬辰

2052年【壬申】

6月			5月			4月			3月			2月			正月			月別
丁未			丙午			乙巳			甲辰			癸卯			壬寅			月柱
六白			七赤			八白			九紫			一白			二黒			紫白
陽暦		日柱	陽暦		日柱	陽暦		日柱	陽暦		日柱	陽暦		日柱	陽暦		日柱	農暦
月	日		月	日		月	日		月	日		月	日		月	日		
6	27	己丑	5	28	己未	4	29	庚寅	3	31	辛酉	3	1	辛卯	2	1	壬戌	初一
6	28	庚寅	5	29	庚申	4	30	辛卯	4	1	壬戌	3	2	壬辰	2	2	癸亥	初二
6	29	辛卯	5	30	辛酉	5	1	壬辰	4	2	癸亥	3	3	癸巳	2	3	甲子	初三
6	30	壬辰	5	31	壬戌	5	2	癸巳	4	3	甲子	3	4	甲午	2	4	乙丑	初四
7	1	癸巳	6	1	癸亥	5	3	甲午	4	4	乙丑	3	5	乙未	2	5	丙寅	初五
7	2	甲午	6	2	甲子	5	4	乙未	4	5	丙寅	3	6	丙申	2	6	丁卯	初六
7	3	乙未	6	3	乙丑	5	5	丙申	4	6	丁卯	3	7	丁酉	2	7	戊辰	初七
7	4	丙申	6	4	丙寅	5	6	丁酉	4	7	戊辰	3	8	戊戌	2	8	己巳	初八
7	5	丁酉	6	5	丁卯	5	7	戊戌	4	8	己巳	3	9	己亥	2	9	庚午	初九
7	6	戊戌	6	6	戊辰	5	8	己亥	4	9	庚午	3	10	庚子	2	10	辛未	初十
7	7	己亥	6	7	己巳	5	9	庚子	4	10	辛未	3	11	辛丑	2	11	壬申	十一
7	8	庚子	6	8	庚午	5	10	辛丑	4	11	壬申	3	12	壬寅	2	12	癸酉	十二
7	9	辛丑	6	9	辛未	5	11	壬寅	4	12	癸酉	3	13	癸卯	2	13	甲戌	十三
7	10	壬寅	6	10	壬申	5	12	癸卯	4	13	甲戌	3	14	甲辰	2	14	乙亥	十四
7	11	癸卯	6	11	癸酉	5	13	甲辰	4	14	乙亥	3	15	乙巳	2	15	丙子	十五
7	12	甲辰	6	12	甲戌	5	14	乙巳	4	15	丙子	3	16	丙午	2	16	丁丑	十六
7	13	乙巳	6	13	乙亥	5	15	丙午	4	16	丁丑	3	17	丁未	2	17	戊寅	十七
7	14	丙午	6	14	丙子	5	16	丁未	4	17	戊寅	3	18	戊申	2	18	己卯	十八
7	15	丁未	6	15	丁丑	5	17	戊申	4	18	己卯	3	19	己酉	2	19	庚辰	十九
7	16	戊申	6	16	戊寅	5	18	己酉	4	19	庚辰	3	20	庚戌	2	20	辛巳	二十
7	17	己酉	6	17	己卯	5	19	庚戌	4	20	辛巳	3	21	辛亥	2	21	壬午	廿一
7	18	庚戌	6	18	庚辰	5	20	辛亥	4	21	壬午	3	22	壬子	2	22	癸未	廿二
7	19	辛亥	6	19	辛巳	5	21	壬子	4	22	癸未	3	23	癸丑	2	23	甲申	廿三
7	20	壬子	6	20	壬午	5	22	癸丑	4	23	甲申	3	24	甲寅	2	24	乙酉	廿四
7	21	癸丑	6	21	癸未	5	23	甲寅	4	24	乙酉	3	25	乙卯	2	25	丙戌	廿五
7	22	甲寅	6	22	甲申	5	24	乙卯	4	25	丙戌	3	26	丙辰	2	26	丁亥	廿六
7	23	乙卯	6	23	乙酉	5	25	丙辰	4	26	丁亥	3	27	丁巳	2	27	戊子	廿七
7	24	丙辰	6	24	丙戌	5	26	丁巳	4	27	戊子	3	28	戊午	2	28	己丑	廿八
7	25	丁巳	6	25	丁亥	5	27	戊午	4	28	己丑	3	29	己未	2	29	庚寅	廿九
			6	26	戊子							3	30	庚申				三十

月別	12月			11月			10月			9月			閏8月			8月			7月		
月柱	癸丑			壬子			辛亥			庚戌						己酉			戊申		
紫白	九紫			一白			二黒			三碧						四緑			五黃		
農暦	陽暦		日柱	陽暦		日柱	陽暦		日柱	陽暦		日柱	陽暦		日柱	陽暦		日柱	陽暦		日柱
	月	日		月	日		月	日		月	日		月	日		月	日		月	日	
初一	1	20	丙辰	12	21	丙戌	11	21	丙辰	10	22	丙戌	9	23	丁巳	8	24	丁亥	7	26	戊午
初二	1	21	丁巳	12	22	丁亥	11	22	丁巳	10	23	丁亥	9	24	戊午	8	25	戊子	7	27	己未
初三	1	22	戊午	12	23	戊子	11	23	戊午	10	24	戊子	9	25	己未	8	26	己丑	7	28	庚申
初四	1	23	己未	12	24	己丑	11	24	己未	10	25	己丑	9	26	庚申	8	27	庚寅	7	29	辛酉
初五	1	24	庚申	12	25	庚寅	11	25	庚申	10	26	庚寅	9	27	辛酉	8	28	辛卯	7	30	壬戌
初六	1	25	辛酉	12	26	辛卯	11	26	辛酉	10	27	辛卯	9	28	壬戌	8	29	壬辰	7	31	癸亥
初七	1	26	壬戌	12	27	壬辰	11	27	壬戌	10	28	壬辰	9	29	癸亥	8	30	癸巳	8	1	甲子
初八	1	27	癸亥	12	28	癸巳	11	28	癸亥	10	29	癸巳	9	30	甲子	8	31	甲午	8	2	乙丑
初九	1	28	甲子	12	29	甲午	11	29	甲子	10	30	甲午	10	1	乙丑	9	1	乙未	8	3	丙寅
初十	1	29	乙丑	12	30	乙未	11	30	乙丑	10	31	乙未	10	2	丙寅	9	2	丙申	8	4	丁卯
十一	1	30	丙寅	12	31	丙申	12	1	丙寅	11	1	丙申	10	3	丁卯	9	3	丁酉	8	5	戊辰
十二	1	31	丁卯	1	1	丁酉	12	2	丁卯	11	2	丁酉	10	4	戊辰	9	4	戊戌	8	6	己巳
十三	2	1	戊辰	1	2	戊戌	12	3	戊辰	11	3	戊戌	10	5	己巳	9	5	己亥	8	7	庚午
十四	2	2	己巳	1	3	己亥	12	4	己巳	11	4	己亥	10	6	庚午	9	6	庚子	8	8	辛未
十五	2	3	庚午	1	4	庚子	12	5	庚午	11	5	庚子	10	7	辛未	9	7	辛丑	8	9	壬申
十六	2	4	辛未	1	5	辛丑	12	6	辛未	11	6	辛丑	10	8	壬申	9	8	壬寅	8	10	癸酉
十七	2	5	壬申	1	6	壬寅	12	7	壬申	11	7	壬寅	10	9	癸酉	9	9	癸卯	8	11	甲戌
十八	2	6	癸酉	1	7	癸卯	12	8	癸酉	11	8	癸卯	10	10	甲戌	9	10	甲辰	8	12	乙亥
十九	2	7	甲戌	1	8	甲辰	12	9	甲戌	11	9	甲辰	10	11	乙亥	9	11	乙巳	8	13	丙子
二十	2	8	乙亥	1	9	乙巳	12	10	乙亥	11	10	乙巳	10	12	丙子	9	12	丙午	8	14	丁丑
廿一	2	9	丙子	1	10	丙午	12	11	丙子	11	11	丙午	10	13	丁丑	9	13	丁未	8	15	戊寅
廿二	2	10	丁丑	1	11	丁未	12	12	丁丑	11	12	丁未	10	14	戊寅	9	14	戊申	8	16	己卯
廿三	2	11	戊寅	1	12	戊申	12	13	戊寅	11	13	戊申	10	15	己卯	9	15	己酉	8	17	庚辰
廿四	2	12	己卯	1	13	己酉	12	14	己卯	11	14	己酉	10	16	庚辰	9	16	庚戌	8	18	辛巳
廿五	2	13	庚辰	1	14	庚戌	12	15	庚辰	11	15	庚戌	10	17	辛巳	9	17	辛亥	8	19	壬午
廿六	2	14	辛巳	1	15	辛亥	12	16	辛巳	11	16	辛亥	10	18	壬午	9	18	壬子	8	20	癸未
廿七	2	15	壬午	1	16	壬子	12	17	壬午	11	17	壬子	10	19	癸未	9	19	癸丑	8	21	甲申
廿八	2	16	癸未	1	17	癸丑	12	18	癸未	11	18	癸丑	10	20	甲申	9	20	甲寅	8	22	乙酉
廿九	2	17	甲申	1	18	甲寅	12	19	甲申	11	19	甲寅	10	21	乙酉	9	21	乙卯	8	23	丙戌
三十	2	18	乙酉	1	19	乙卯	12	20	乙酉	11	20	乙卯				9	22	丙辰			

2053年【癸酉】

6月			5月			4月			3月			2月			正月			月別
己未			戊午			丁巳			丙辰			乙卯			甲寅			月柱
三碧			四緑			五黄			六白			七赤			八白			紫白
陽暦		日柱	陽暦		日柱	陽暦		日柱	陽暦		日柱	陽暦		日柱	陽暦		日柱	農暦
月	日		月	日		月	日		月	日		月	日		月	日		
7	16	癸丑	6	16	癸未	5	18	甲寅	4	19	乙酉	3	20	乙卯	2	19	丙戌	初一
7	17	甲寅	6	17	甲申	5	19	乙卯	4	20	丙戌	3	21	丙辰	2	20	丁亥	初二
7	18	乙卯	6	18	乙酉	5	20	丙辰	4	21	丁亥	3	22	丁巳	2	21	戊子	初三
7	19	丙辰	6	19	丙戌	5	21	丁巳	4	22	戊子	3	23	戊午	2	22	己丑	初四
7	20	丁巳	6	20	丁亥	5	22	戊午	4	23	己丑	3	24	己未	2	23	庚寅	初五
7	21	戊午	6	21	戊子	5	23	己未	4	24	庚寅	3	25	庚申	2	24	辛卯	初六
7	22	己未	6	22	己丑	5	24	庚申	4	25	辛卯	3	26	辛酉	2	25	壬辰	初七
7	23	庚申	6	23	庚寅	5	25	辛酉	4	26	壬辰	3	27	壬戌	2	26	癸巳	初八
7	24	辛酉	6	24	辛卯	5	26	壬戌	4	27	癸巳	3	28	癸亥	2	27	甲午	初九
7	25	壬戌	6	25	壬辰	5	27	癸亥	4	28	甲午	3	29	甲子	2	28	乙未	初十
7	26	癸亥	6	26	癸巳	5	28	甲子	4	29	乙未	3	30	乙丑	3	1	丙申	十一
7	27	甲子	6	27	甲午	5	29	乙丑	4	30	丙申	3	31	丙寅	3	2	丁酉	十二
7	28	乙丑	6	28	乙未	5	30	丙寅	5	1	丁酉	4	1	丁卯	3	3	戊戌	十三
7	29	丙寅	6	29	丙申	5	31	丁卯	5	2	戊戌	4	2	戊辰	3	4	己亥	十四
7	30	丁卯	6	30	丁酉	6	1	戊辰	5	3	己亥	4	3	己巳	3	5	庚子	十五
7	31	戊辰	7	1	戊戌	6	2	己巳	5	4	庚子	4	4	庚午	3	6	辛丑	十六
8	1	己巳	7	2	己亥	6	3	庚午	5	5	辛丑	4	5	辛未	3	7	壬寅	十七
8	2	庚午	7	3	庚子	6	4	辛未	5	6	壬寅	4	6	壬申	3	8	癸卯	十八
8	3	辛未	7	4	辛丑	6	5	壬申	5	7	癸卯	4	7	癸酉	3	9	甲辰	十九
8	4	壬申	7	5	壬寅	6	6	癸酉	5	8	甲辰	4	8	甲戌	3	10	乙巳	二十
8	5	癸酉	7	6	癸卯	6	7	甲戌	5	9	乙巳	4	9	乙亥	3	11	丙午	廿一
8	6	甲戌	7	7	甲辰	6	8	乙亥	5	10	丙午	4	10	丙子	3	12	丁未	廿二
8	7	乙亥	7	8	乙巳	6	9	丙子	5	11	丁未	4	11	丁丑	3	13	戊申	廿三
8	8	丙子	7	9	丙午	6	10	丁丑	5	12	戊申	4	12	戊寅	3	14	己酉	廿四
8	9	丁丑	7	10	丁未	6	11	戊寅	5	13	己酉	4	13	己卯	3	15	庚戌	廿五
8	10	戊寅	7	11	戊申	6	12	己卯	5	14	庚戌	4	14	庚辰	3	16	辛亥	廿六
8	11	己卯	7	12	己酉	6	13	庚辰	5	15	辛亥	4	15	辛巳	3	17	壬子	廿七
8	12	庚辰	7	13	庚戌	6	14	辛巳	5	16	壬子	4	16	壬午	3	18	癸丑	廿八
8	13	辛巳	7	14	辛亥	6	15	壬午	5	17	癸丑	4	17	癸未	3	19	甲寅	廿九
			7	15	壬子							4	18	甲申				三十

月別	12月			11月			10月			9月			8月			7月		
月柱	乙丑			甲子			癸亥			壬戌			辛酉			庚申		
紫白	六白			七赤			八白			九紫			一白			二黒		
農暦	陽暦		日柱	陽暦		日柱	陽暦		日柱	陽暦		日柱	陽暦		日柱	陽暦		日柱
	月	日		月	日		月	日		月	日		月	日		月	日	
初一	1	9	庚戌	12	10	庚辰	11	10	庚戌	10	12	辛巳	9	12	辛亥	8	14	壬午
初二	1	10	辛亥	12	11	辛巳	11	11	辛亥	10	13	壬午	9	13	壬子	8	15	癸未
初三	1	11	壬子	12	12	壬午	11	12	壬子	10	14	癸未	9	14	癸丑	8	16	甲申
初四	1	12	癸丑	12	13	癸未	11	13	癸丑	10	15	甲申	9	15	甲寅	8	17	乙酉
初五	1	13	甲寅	12	14	甲申	11	14	甲寅	10	16	乙酉	9	16	乙卯	8	18	丙戌
初六	1	14	乙卯	12	15	乙酉	11	15	乙卯	10	17	丙戌	9	17	丙辰	8	19	丁亥
初七	1	15	丙辰	12	16	丙戌	11	16	丙辰	10	18	丁亥	9	18	丁巳	8	20	戊子
初八	1	16	丁巳	12	17	丁亥	11	17	丁巳	10	19	戊子	9	19	戊午	8	21	己丑
初九	1	17	戊午	12	18	戊子	11	18	戊午	10	20	己丑	9	20	己未	8	22	庚寅
初十	1	18	己未	12	19	己丑	11	19	己未	10	21	庚寅	9	21	庚申	8	23	辛卯
十一	1	19	庚申	12	20	庚寅	11	20	庚申	10	22	辛卯	9	22	辛酉	8	24	壬辰
十二	1	20	辛酉	12	21	辛卯	11	21	辛酉	10	23	壬辰	9	23	壬戌	8	25	癸巳
十三	1	21	壬戌	12	22	壬辰	11	22	壬戌	10	24	癸巳	9	24	癸亥	8	26	甲午
十四	1	22	癸亥	12	23	癸巳	11	23	癸亥	10	25	甲午	9	25	甲子	8	27	乙未
十五	1	23	甲子	12	24	甲午	11	24	甲子	10	26	乙未	9	26	乙丑	8	28	丙申
十六	1	24	乙丑	12	25	乙未	11	25	乙丑	10	27	丙申	9	27	丙寅	8	29	丁酉
十七	1	25	丙寅	12	26	丙申	11	26	丙寅	10	28	丁酉	9	28	丁卯	8	30	戊戌
十八	1	26	丁卯	12	27	丁酉	11	27	丁卯	10	29	戊戌	9	29	戊辰	8	31	己亥
十九	1	27	戊辰	12	28	戊戌	11	28	戊辰	10	30	己亥	9	30	己巳	9	1	庚子
二十	1	28	己巳	12	29	己亥	11	29	己巳	10	31	庚子	10	1	庚午	9	2	辛丑
廿一	1	29	庚午	12	30	庚子	11	30	庚午	11	1	辛丑	10	2	辛未	9	3	壬寅
廿二	1	30	辛未	12	31	辛丑	12	1	辛未	11	2	壬寅	10	3	壬申	9	4	癸卯
廿三	1	31	壬申	1	1	壬寅	12	2	壬申	11	3	癸卯	10	4	癸酉	9	5	甲辰
廿四	2	1	癸酉	1	2	癸卯	12	3	癸酉	11	4	甲辰	10	5	甲戌	9	6	乙巳
廿五	2	2	甲戌	1	3	甲辰	12	4	甲戌	11	5	乙巳	10	6	乙亥	9	7	丙午
廿六	2	3	乙亥	1	4	乙巳	12	5	乙亥	11	6	丙午	10	7	丙子	9	8	丁未
廿七	2	4	丙子	1	5	丙午	12	6	丙子	11	7	丁未	10	8	丁丑	9	9	戊申
廿八	2	5	丁丑	1	6	丁未	12	7	丁丑	11	8	戊申	10	9	戊寅	9	10	己酉
廿九	2	6	戊寅	1	7	戊申	12	8	戊寅	11	9	己酉	10	10	己卯	9	11	庚戌
三十	2	7	己卯	1	8	己酉	12	9	己卯				10	11	庚辰			

2054年【甲戌】

6月			5月			4月			3月			2月			正月			月別
辛未			庚午			己巳			戊辰			丁卯			丙寅			月柱
九紫			一白			二黒			三碧			四緑			五黄			紫白
陽暦		日柱	陽暦		日柱	陽暦		日柱	陽暦		日柱	陽暦		日柱	陽暦		日柱	農暦
月	日		月	日		月	日		月	日		月	日		月	日		
7	5	丁未	6	6	戊寅	5	8	己酉	4	8	己卯	3	9	己酉	2	8	庚辰	初一
7	6	戊申	6	7	己卯	5	9	庚戌	4	9	庚辰	3	10	庚戌	2	9	辛巳	初二
7	7	己酉	6	8	庚辰	5	10	辛亥	4	10	辛巳	3	11	辛亥	2	10	壬午	初三
7	8	庚戌	6	9	辛巳	5	11	壬子	4	11	壬午	3	12	壬子	2	11	癸未	初四
7	9	辛亥	6	10	壬午	5	12	癸丑	4	12	癸未	3	13	癸丑	2	12	甲申	初五
7	10	壬子	6	11	癸未	5	13	甲寅	4	13	甲申	3	14	甲寅	2	13	乙酉	初六
7	11	癸丑	6	12	甲申	5	14	乙卯	4	14	乙酉	3	15	乙卯	2	14	丙戌	初七
7	12	甲寅	6	13	乙酉	5	15	丙辰	4	15	丙戌	3	16	丙辰	2	15	丁亥	初八
7	13	乙卯	6	14	丙戌	5	16	丁巳	4	16	丁亥	3	17	丁巳	2	16	戊子	初九
7	14	丙辰	6	15	丁亥	5	17	戊午	4	17	戊子	3	18	戊午	2	17	己丑	初十
7	15	丁巳	6	16	戊子	5	18	己未	4	18	己丑	3	19	己未	2	18	庚寅	十一
7	16	戊午	6	17	己丑	5	19	庚申	4	19	庚寅	3	20	庚申	2	19	辛卯	十二
7	17	己未	6	18	庚寅	5	20	辛酉	4	20	辛卯	3	21	辛酉	2	20	壬辰	十三
7	18	庚申	6	19	辛卯	5	21	壬戌	4	21	壬辰	3	22	壬戌	2	21	癸巳	十四
7	19	辛酉	6	20	壬辰	5	22	癸亥	4	22	癸巳	3	23	癸亥	2	22	甲午	十五
7	20	壬戌	6	21	癸巳	5	23	甲子	4	23	甲午	3	24	甲子	2	23	乙未	十六
7	21	癸亥	6	22	甲午	5	24	乙丑	4	24	乙未	3	25	乙丑	2	24	丙申	十七
7	22	甲子	6	23	乙未	5	25	丙寅	4	25	丙申	3	26	丙寅	2	25	丁酉	十八
7	23	乙丑	6	24	丙申	5	26	丁卯	4	26	丁酉	3	27	丁卯	2	26	戊戌	十九
7	24	丙寅	6	25	丁酉	5	27	戊辰	4	27	戊戌	3	28	戊辰	2	27	己亥	二十
7	25	丁卯	6	26	戊戌	5	28	己巳	4	28	己亥	3	29	己巳	2	28	庚子	廿一
7	26	戊辰	6	27	己亥	5	29	庚午	4	29	庚子	3	30	庚午	3	1	辛丑	廿二
7	27	己巳	6	28	庚子	5	30	辛未	4	30	辛丑	3	31	辛未	3	2	壬寅	廿三
7	28	庚午	6	29	辛丑	5	31	壬申	5	1	壬寅	4	1	壬申	3	3	癸卯	廿四
7	29	辛未	6	30	壬寅	6	1	癸酉	5	2	癸卯	4	2	癸酉	3	4	甲辰	廿五
7	30	壬申	7	1	癸卯	6	2	甲戌	5	3	甲辰	4	3	甲戌	3	5	乙巳	廿六
7	31	癸酉	7	2	甲辰	6	3	乙亥	5	4	乙巳	4	4	乙亥	3	6	丙午	廿七
8	1	甲戌	7	3	乙巳	6	4	丙子	5	5	丙午	4	5	丙子	3	7	丁未	廿八
8	2	乙亥	7	4	丙午	6	5	丁丑	5	6	丁未	4	6	丁丑	3	8	戊申	廿九
8	3	丙子							5	7	戊申	4	7	戊寅				三十

月別	12月			11月			10月			9月			8月			7月		
月柱	丁丑			丙子			乙亥			甲戌			癸酉			壬申		
紫白	三碧			四緑			五黄			六白			七赤			八白		
農暦	陽暦		日柱	陽暦		日柱	陽暦		日柱	陽暦		日柱	陽暦		日柱	陽暦		日柱
	月	日		月	日		月	日		月	日		月	日		月	日	
初一	12	29	甲辰	11	29	甲戌	10	31	乙巳	10	1	乙亥	9	2	丙午	8	4	丁丑
初二	12	30	乙巳	11	30	乙亥	11	1	丙午	10	2	丙子	9	3	丁未	8	5	戊寅
初三	12	31	丙午	12	1	丙子	11	2	丁未	10	3	丁丑	9	4	戊申	8	6	己卯
初四	1	1	丁未	12	2	丁丑	11	3	戊申	10	4	戊寅	9	5	己酉	8	7	庚辰
初五	1	2	戊申	12	3	戊寅	11	4	己酉	10	5	己卯	9	6	庚戌	8	8	辛巳
初六	1	3	己酉	12	4	己卯	11	5	庚戌	10	6	庚辰	9	7	辛亥	8	9	壬午
初七	1	4	庚戌	12	5	庚辰	11	6	辛亥	10	7	辛巳	9	8	壬子	8	10	癸未
初八	1	5	辛亥	12	6	辛巳	11	7	壬子	10	8	壬午	9	9	癸丑	8	11	甲申
初九	1	6	壬子	12	7	壬午	11	8	癸丑	10	9	癸未	9	10	甲寅	8	12	乙酉
初十	1	7	癸丑	12	8	癸未	11	9	甲寅	10	10	甲申	9	11	乙卯	8	13	丙戌
十一	1	8	甲寅	12	9	甲申	11	10	乙卯	10	11	乙酉	9	12	丙辰	8	14	丁亥
十二	1	9	乙卯	12	10	乙酉	11	11	丙辰	10	12	丙戌	9	13	丁巳	8	15	戊子
十三	1	10	丙辰	12	11	丙戌	11	12	丁巳	10	13	丁亥	9	14	戊午	8	16	己丑
十四	1	11	丁巳	12	12	丁亥	11	13	戊午	10	14	戊子	9	15	己未	8	17	庚寅
十五	1	12	戊午	12	13	戊子	11	14	己未	10	15	己丑	9	16	庚申	8	18	辛卯
十六	1	13	己未	12	14	己丑	11	15	庚申	10	16	庚寅	9	17	辛酉	8	19	壬辰
十七	1	14	庚申	12	15	庚寅	11	16	辛酉	10	17	辛卯	9	18	壬戌	8	20	癸巳
十八	1	15	辛酉	12	16	辛卯	11	17	壬戌	10	18	壬辰	9	19	癸亥	8	21	甲午
十九	1	16	壬戌	12	17	壬辰	11	18	癸亥	10	19	癸巳	9	20	甲子	8	22	乙未
二十	1	17	癸亥	12	18	癸巳	11	19	甲子	10	20	甲午	9	21	乙丑	8	23	丙申
廿一	1	18	甲子	12	19	甲午	11	20	乙丑	10	21	乙未	9	22	丙寅	8	24	丁酉
廿二	1	19	乙丑	12	20	乙未	11	21	丙寅	10	22	丙申	9	23	丁卯	8	25	戊戌
廿三	1	20	丙寅	12	21	丙申	11	22	丁卯	10	23	丁酉	9	24	戊辰	8	26	己亥
廿四	1	21	丁卯	12	22	丁酉	11	23	戊辰	10	24	戊戌	9	25	己巳	8	27	庚子
廿五	1	22	戊辰	12	23	戊戌	11	24	己巳	10	25	己亥	9	26	庚午	8	28	辛丑
廿六	1	23	己巳	12	24	己亥	11	25	庚午	10	26	庚子	9	27	辛未	8	29	壬寅
廿七	1	24	庚午	12	25	庚子	11	26	辛未	10	27	辛丑	9	28	壬申	8	30	癸卯
廿八	1	25	辛未	12	26	辛丑	11	27	壬申	10	28	壬寅	9	29	癸酉	8	31	甲辰
廿九	1	26	壬申	12	27	壬寅	11	28	癸酉	10	29	癸卯	9	30	甲戌	9	1	乙巳
三十	1	27	癸酉	12	28	癸卯				10	30	甲辰						

2055年【乙亥】

閏6月			6月			5月			4月			3月			2月			正月			月別
			癸未			壬午			辛巳			庚辰			己卯			戊寅			月柱
			六白			七赤			八白			九紫			一白			二黒			紫白
陽暦		日柱	陽暦		日柱	陽暦		日柱	陽暦		日柱	陽暦		日柱	陽暦		日柱	陽暦		日柱	農暦
月	日		月	日		月	日		月	日		月	日		月	日		月	日		
7	24	辛未	6	25	壬寅	5	26	壬申	4	27	癸卯	3	28	癸酉	2	26	癸卯	1	28	甲戌	初一
7	25	壬申	6	26	癸卯	5	27	癸酉	4	28	甲辰	3	29	甲戌	2	27	甲辰	1	29	乙亥	初二
7	26	癸酉	6	27	甲辰	5	28	甲戌	4	29	乙巳	3	30	乙亥	2	28	乙巳	1	30	丙子	初三
7	27	甲戌	6	28	乙巳	5	29	乙亥	4	30	丙午	3	31	丙子	3	1	丙午	1	31	丁丑	初四
7	28	乙亥	6	29	丙午	5	30	丙子	5	1	丁未	4	1	丁丑	3	2	丁未	2	1	戊寅	初五
7	29	丙子	6	30	丁未	5	31	丁丑	5	2	戊申	4	2	戊寅	3	3	戊申	2	2	己卯	初六
7	30	丁丑	7	1	戊申	6	1	戊寅	5	3	己酉	4	3	己卯	3	4	己酉	2	3	庚辰	初七
7	31	戊寅	7	2	己酉	6	2	己卯	5	4	庚戌	4	4	庚辰	3	5	庚戌	2	4	辛巳	初八
8	1	己卯	7	3	庚戌	6	3	庚辰	5	5	辛亥	4	5	辛巳	3	6	辛亥	2	5	壬午	初九
8	2	庚辰	7	4	辛亥	6	4	辛巳	5	6	壬子	4	6	壬午	3	7	壬子	2	6	癸未	初十
8	3	辛巳	7	5	壬子	6	5	壬午	5	7	癸丑	4	7	癸未	3	8	癸丑	2	7	甲申	十一
8	4	壬午	7	6	癸丑	6	6	癸未	5	8	甲寅	4	8	甲申	3	9	甲寅	2	8	乙酉	十二
8	5	癸未	7	7	甲寅	6	7	甲申	5	9	乙卯	4	9	乙酉	3	10	乙卯	2	9	丙戌	十三
8	6	甲申	7	8	乙卯	6	8	乙酉	5	10	丙辰	4	10	丙戌	3	11	丙辰	2	10	丁亥	十四
8	7	乙酉	7	9	丙辰	6	9	丙戌	5	11	丁巳	4	11	丁亥	3	12	丁巳	2	11	戊子	十五
8	8	丙戌	7	10	丁巳	6	10	丁亥	5	12	戊午	4	12	戊子	3	13	戊午	2	12	己丑	十六
8	9	丁亥	7	11	戊午	6	11	戊子	5	13	己未	4	13	己丑	3	14	己未	2	13	庚寅	十七
8	10	戊子	7	12	己未	6	12	己丑	5	14	庚申	4	14	庚寅	3	15	庚申	2	14	辛卯	十八
8	11	己丑	7	13	庚申	6	13	庚寅	5	15	辛酉	4	15	辛卯	3	16	辛酉	2	15	壬辰	十九
8	12	庚寅	7	14	辛酉	6	14	辛卯	5	16	壬戌	4	16	壬辰	3	17	壬戌	2	16	癸巳	二十
8	13	辛卯	7	15	壬戌	6	15	壬辰	5	17	癸亥	4	17	癸巳	3	18	癸亥	2	17	甲午	廿一
8	14	壬辰	7	16	癸亥	6	16	癸巳	5	18	甲子	4	18	甲午	3	19	甲子	2	18	乙未	廿二
8	15	癸巳	7	17	甲子	6	17	甲午	5	19	乙丑	4	19	乙未	3	20	乙丑	2	19	丙申	廿三
8	16	甲午	7	18	乙丑	6	18	乙未	5	20	丙寅	4	20	丙申	3	21	丙寅	2	20	丁酉	廿四
8	17	乙未	7	19	丙寅	6	19	丙申	5	21	丁卯	4	21	丁酉	3	22	丁卯	2	21	戊戌	廿五
8	18	丙申	7	20	丁卯	6	20	丁酉	5	22	戊辰	4	22	戊戌	3	23	戊辰	2	22	己亥	廿六
8	19	丁酉	7	21	戊辰	6	21	戊戌	5	23	己巳	4	23	己亥	3	24	己巳	2	23	庚子	廿七
8	20	戊戌	7	22	己巳	6	22	己亥	5	24	庚午	4	24	庚子	3	25	庚午	2	24	辛丑	廿八
8	21	己亥	7	23	庚午	6	23	庚子	5	25	辛未	4	25	辛丑	3	26	辛未	2	25	壬寅	廿九
8	22	庚子				6	24	辛丑				4	26	壬寅	3	27	壬申				三十

月別	12月			11月			10月			9月			8月			7月		
月柱	己丑			戊子			丁亥			丙戌			乙酉			甲申		
紫白	九紫			一白			二黒			三碧			四緑			五黄		
農暦	陽暦		日柱	陽暦		日柱	陽暦		日柱	陽暦		日柱	陽暦		日柱	陽暦		日柱
	月	日		月	日		月	日		月	日		月	日		月	日	
初一	1	17	戊辰	12	18	戊戌	11	19	己巳	10	20	己亥	9	21	庚午	8	23	辛丑
初二	1	18	己巳	12	19	己亥	11	20	庚午	10	21	庚子	9	22	辛未	8	24	壬寅
初三	1	19	庚午	12	20	庚子	11	21	辛未	10	22	辛丑	9	23	壬申	8	25	癸卯
初四	1	20	辛未	12	21	辛丑	11	22	壬申	10	23	壬寅	9	24	癸酉	8	26	甲辰
初五	1	21	壬申	12	22	壬寅	11	23	癸酉	10	24	癸卯	9	25	甲戌	8	27	乙巳
初六	1	22	癸酉	12	23	癸卯	11	24	甲戌	10	25	甲辰	9	26	乙亥	8	28	丙午
初七	1	23	甲戌	12	24	甲辰	11	25	乙亥	10	26	乙巳	9	27	丙子	8	29	丁未
初八	1	24	乙亥	12	25	乙巳	11	26	丙子	10	27	丙午	9	28	丁丑	8	30	戊申
初九	1	25	丙子	12	26	丙午	11	27	丁丑	10	28	丁未	9	29	戊寅	8	31	己酉
初十	1	26	丁丑	12	27	丁未	11	28	戊寅	10	29	戊申	9	30	己卯	9	1	庚戌
十一	1	27	戊寅	12	28	戊申	11	29	己卯	10	30	己酉	10	1	庚辰	9	2	辛亥
十二	1	28	己卯	12	29	己酉	11	30	庚辰	10	31	庚戌	10	2	辛巳	9	3	壬子
十三	1	29	庚辰	12	30	庚戌	12	1	辛巳	11	1	辛亥	10	3	壬午	9	4	癸丑
十四	1	30	辛巳	12	31	辛亥	12	2	壬午	11	2	壬子	10	4	癸未	9	5	甲寅
十五	1	31	壬午	1	1	壬子	12	3	癸未	11	3	癸丑	10	5	甲申	9	6	乙卯
十六	2	1	癸未	1	2	癸丑	12	4	甲申	11	4	甲寅	10	6	乙酉	9	7	丙辰
十七	2	2	甲申	1	3	甲寅	12	5	乙酉	11	5	乙卯	10	7	丙戌	9	8	丁巳
十八	2	3	乙酉	1	4	乙卯	12	6	丙戌	11	6	丙辰	10	8	丁亥	9	9	戊午
十九	2	4	丙戌	1	5	丙辰	12	7	丁亥	11	7	丁巳	10	9	戊子	9	10	己未
二十	2	5	丁亥	1	6	丁巳	12	8	戊子	11	8	戊午	10	10	己丑	9	11	庚申
廿一	2	6	戊子	1	7	戊午	12	9	己丑	11	9	己未	10	11	庚寅	9	12	辛酉
廿二	2	7	己丑	1	8	己未	12	10	庚寅	11	10	庚申	10	12	辛卯	9	13	壬戌
廿三	2	8	庚寅	1	9	庚申	12	11	辛卯	11	11	辛酉	10	13	壬辰	9	14	癸亥
廿四	2	9	辛卯	1	10	辛酉	12	12	壬辰	11	12	壬戌	10	14	癸巳	9	15	甲子
廿五	2	10	壬辰	1	11	壬戌	12	13	癸巳	11	13	癸亥	10	15	甲午	9	16	乙丑
廿六	2	11	癸巳	1	12	癸亥	12	14	甲午	11	14	甲子	10	16	乙未	9	17	丙寅
廿七	2	12	甲午	1	13	甲子	12	15	乙未	11	15	乙丑	10	17	丙申	9	18	丁卯
廿八	2	13	乙未	1	14	乙丑	12	16	丙申	11	16	丙寅	10	18	丁酉	9	19	戊辰
廿九	2	14	丙申	1	15	丙寅	12	17	丁酉	11	17	丁卯	10	19	戊戌	9	20	己巳
三十				1	16	丁卯				11	18	戊辰						

2056年【丙子】

6月			5月			4月			3月			2月			正月			月別
乙未			甲午			癸巳			壬辰			辛卯			庚寅			月柱
三碧			四緑			五黄			六白			七赤			八白			紫白
陽暦		日柱	陽暦		日柱	陽暦		日柱	陽暦		日柱	陽暦		日柱	陽暦		日柱	農暦
月	日		月	日		月	日		月	日		月	日		月	日		
7	13	丙寅	6	13	丙申	5	15	丁卯	4	15	丁酉	3	16	丁卯	2	15	丁酉	初一
7	14	丁卯	6	14	丁酉	5	16	戊辰	4	16	戊戌	3	17	戊辰	2	16	戊戌	初二
7	15	戊辰	6	15	戊戌	5	17	己巳	4	17	己亥	3	18	己巳	2	17	己亥	初三
7	16	己巳	6	16	己亥	5	18	庚午	4	18	庚子	3	19	庚午	2	18	庚子	初四
7	17	庚午	6	17	庚子	5	19	辛未	4	19	辛丑	3	20	辛未	2	19	辛丑	初五
7	18	辛未	6	18	辛丑	5	20	壬申	4	20	壬寅	3	21	壬申	2	20	壬寅	初六
7	19	壬申	6	19	壬寅	5	21	癸酉	4	21	癸卯	3	22	癸酉	2	21	癸卯	初七
7	20	癸酉	6	20	癸卯	5	22	甲戌	4	22	甲辰	3	23	甲戌	2	22	甲辰	初八
7	21	甲戌	6	21	甲辰	5	23	乙亥	4	23	乙巳	3	24	乙亥	2	23	乙巳	初九
7	22	乙亥	6	22	乙巳	5	24	丙子	4	24	丙午	3	25	丙子	2	24	丙午	初十
7	23	丙子	6	23	丙午	5	25	丁丑	4	25	丁未	3	26	丁丑	2	25	丁未	十一
7	24	丁丑	6	24	丁未	5	26	戊寅	4	26	戊申	3	27	戊寅	2	26	戊申	十二
7	25	戊寅	6	25	戊申	5	27	己卯	4	27	己酉	3	28	己卯	2	27	己酉	十三
7	26	己卯	6	26	己酉	5	28	庚辰	4	28	庚戌	3	29	庚辰	2	28	庚戌	十四
7	27	庚辰	6	27	庚戌	5	29	辛巳	4	29	辛亥	3	30	辛巳	2	29	辛亥	十五
7	28	辛巳	6	28	辛亥	5	30	壬午	4	30	壬子	3	31	壬午	3	1	壬子	十六
7	29	壬午	6	29	壬子	5	31	癸未	5	1	癸丑	4	1	癸未	3	2	癸丑	十七
7	30	癸未	6	30	癸丑	6	1	甲申	5	2	甲寅	4	2	甲申	3	3	甲寅	十八
7	31	甲申	7	1	甲寅	6	2	乙酉	5	3	乙卯	4	3	乙酉	3	4	乙卯	十九
8	1	乙酉	7	2	乙卯	6	3	丙戌	5	4	丙辰	4	4	丙戌	3	5	丙辰	二十
8	2	丙戌	7	3	丙辰	6	4	丁亥	5	5	丁巳	4	5	丁亥	3	6	丁巳	廿一
8	3	丁亥	7	4	丁巳	6	5	戊子	5	6	戊午	4	6	戊子	3	7	戊午	廿二
8	4	戊子	7	5	戊午	6	6	己丑	5	7	己未	4	7	己丑	3	8	己未	廿三
8	5	己丑	7	6	己未	6	7	庚寅	5	8	庚申	4	8	庚寅	3	9	庚申	廿四
8	6	庚寅	7	7	庚申	6	8	辛卯	5	9	辛酉	4	9	辛卯	3	10	辛酉	廿五
8	7	辛卯	7	8	辛酉	6	9	壬辰	5	10	壬戌	4	10	壬辰	3	11	壬戌	廿六
8	8	壬辰	7	9	壬戌	6	10	癸巳	5	11	癸亥	4	11	癸巳	3	12	癸亥	廿七
8	9	癸巳	7	10	癸亥	6	11	甲午	5	12	甲子	4	12	甲午	3	13	甲子	廿八
8	10	甲午	7	11	甲子	6	12	乙未	5	13	乙丑	4	13	乙未	3	14	乙丑	廿九
			7	12	乙丑				5	14	丙寅	4	14	丙申	3	15	丙寅	三十

月別	12月			11月			10月			9月			8月			7月		
月柱	辛丑			庚子			己亥			戊戌			丁酉			丙申		
紫白	六白			七赤			八白			九紫			一白			二黑		
農暦	陽暦		日柱	陽暦		日柱	陽暦		日柱	陽暦		日柱	陽暦		日柱	陽暦		日柱
	月	日		月	日		月	日		月	日		月	日		月	日	
初一	1	5	壬戌	12	7	癸巳	11	7	癸亥	10	9	甲午	9	10	乙丑	8	11	乙未
初二	1	6	癸亥	12	8	甲午	11	8	甲子	10	10	乙未	9	11	丙寅	8	12	丙申
初三	1	7	甲子	12	9	乙未	11	9	乙丑	10	11	丙申	9	12	丁卯	8	13	丁酉
初四	1	8	乙丑	12	10	丙申	11	10	丙寅	10	12	丁酉	9	13	戊辰	8	14	戊戌
初五	1	9	丙寅	12	11	丁酉	11	11	丁卯	10	13	戊戌	9	14	己巳	8	15	己亥
初六	1	10	丁卯	12	12	戊戌	11	12	戊辰	10	14	己亥	9	15	庚午	8	16	庚子
初七	1	11	戊辰	12	13	己亥	11	13	己巳	10	15	庚子	9	16	辛未	8	17	辛丑
初八	1	12	己巳	12	14	庚子	11	14	庚午	10	16	辛丑	9	17	壬申	8	18	壬寅
初九	1	13	庚午	12	15	辛丑	11	15	辛未	10	17	壬寅	9	18	癸酉	8	19	癸卯
初十	1	14	辛未	12	16	壬寅	11	16	壬申	10	18	癸卯	9	19	甲戌	8	20	甲辰
十一	1	15	壬申	12	17	癸卯	11	17	癸酉	10	19	甲辰	9	20	乙亥	8	21	乙巳
十二	1	16	癸酉	12	18	甲辰	11	18	甲戌	10	20	乙巳	9	21	丙子	8	22	丙午
十三	1	17	甲戌	12	19	乙巳	11	19	乙亥	10	21	丙午	9	22	丁丑	8	23	丁未
十四	1	18	乙亥	12	20	丙午	11	20	丙子	10	22	丁未	9	23	戊寅	8	24	戊申
十五	1	19	丙子	12	21	丁未	11	21	丁丑	10	23	戊申	9	24	己卯	8	25	己酉
十六	1	20	丁丑	12	22	戊申	11	22	戊寅	10	24	己酉	9	25	庚辰	8	26	庚戌
十七	1	21	戊寅	12	23	己酉	11	23	己卯	10	25	庚戌	9	26	辛巳	8	27	辛亥
十八	1	22	己卯	12	24	庚戌	11	24	庚辰	10	26	辛亥	9	27	壬午	8	28	壬子
十九	1	23	庚辰	12	25	辛亥	11	25	辛巳	10	27	壬子	9	28	癸未	8	29	癸丑
二十	1	24	辛巳	12	26	壬子	11	26	壬午	10	28	癸丑	9	29	甲申	8	30	甲寅
廿一	1	25	壬午	12	27	癸丑	11	27	癸未	10	29	甲寅	9	30	乙酉	8	31	乙卯
廿二	1	26	癸未	12	28	甲寅	11	28	甲申	10	30	乙卯	10	1	丙戌	9	1	丙辰
廿三	1	27	甲申	12	29	乙卯	11	29	乙酉	10	31	丙辰	10	2	丁亥	9	2	丁巳
廿四	1	28	乙酉	12	30	丙辰	11	30	丙戌	11	1	丁巳	10	3	戊子	9	3	戊午
廿五	1	29	丙戌	12	31	丁巳	12	1	丁亥	11	2	戊午	10	4	己丑	9	4	己未
廿六	1	30	丁亥	1	1	戊午	12	2	戊子	11	3	己未	10	5	庚寅	9	5	庚申
廿七	1	31	戊子	1	2	己未	12	3	己丑	11	4	庚申	10	6	辛卯	9	6	辛酉
廿八	2	1	己丑	1	3	庚申	12	4	庚寅	11	5	辛酉	10	7	壬辰	9	7	壬戌
廿九	2	2	庚寅	1	4	辛酉	12	5	辛卯	11	6	壬戌	10	8	癸巳	9	8	癸亥
三十	2	3	辛卯				12	6	壬辰							9	9	甲子

2057年【丁丑】

6月			5月			4月			3月			2月			正月			月別
丁未			丙午			乙巳			甲辰			癸卯			壬寅			月柱
九紫			一白			二黒			三碧			四緑			五黄			紫白
陽暦		日柱	陽暦		日柱	陽暦		日柱	陽暦		日柱	陽暦		日柱	陽暦		日柱	農暦
月	日		月	日		月	日		月	日		月	日		月	日		
7	2	庚申	6	2	庚寅	5	4	辛酉	4	4	辛卯	3	5	辛酉	2	4	壬辰	初一
7	3	辛酉	6	3	辛卯	5	5	壬戌	4	5	壬辰	3	6	壬戌	2	5	癸巳	初二
7	4	壬戌	6	4	壬辰	5	6	癸亥	4	6	癸巳	3	7	癸亥	2	6	甲午	初三
7	5	癸亥	6	5	癸巳	5	7	甲子	4	7	甲午	3	8	甲子	2	7	乙未	初四
7	6	甲子	6	6	甲午	5	8	乙丑	4	8	乙未	3	9	乙丑	2	8	丙申	初五
7	7	乙丑	6	7	乙未	5	9	丙寅	4	9	丙申	3	10	丙寅	2	9	丁酉	初六
7	8	丙寅	6	8	丙申	5	10	丁卯	4	10	丁酉	3	11	丁卯	2	10	戊戌	初七
7	9	丁卯	6	9	丁酉	5	11	戊辰	4	11	戊戌	3	12	戊辰	2	11	己亥	初八
7	10	戊辰	6	10	戊戌	5	12	己巳	4	12	己亥	3	13	己巳	2	12	庚子	初九
7	11	己巳	6	11	己亥	5	13	庚午	4	13	庚子	3	14	庚午	2	13	辛丑	初十
7	12	庚午	6	12	庚子	5	14	辛未	4	14	辛丑	3	15	辛未	2	14	壬寅	十一
7	13	辛未	6	13	辛丑	5	15	壬申	4	15	壬寅	3	16	壬申	2	15	癸卯	十二
7	14	壬申	6	14	壬寅	5	16	癸酉	4	16	癸卯	3	17	癸酉	2	16	甲辰	十三
7	15	癸酉	6	15	癸卯	5	17	甲戌	4	17	甲辰	3	18	甲戌	2	17	乙巳	十四
7	16	甲戌	6	16	甲辰	5	18	乙亥	4	18	乙巳	3	19	乙亥	2	18	丙午	十五
7	17	乙亥	6	17	乙巳	5	19	丙子	4	19	丙午	3	20	丙子	2	19	丁未	十六
7	18	丙子	6	18	丙午	5	20	丁丑	4	20	丁未	3	21	丁丑	2	20	戊申	十七
7	19	丁丑	6	19	丁未	5	21	戊寅	4	21	戊申	3	22	戊寅	2	21	己酉	十八
7	20	戊寅	6	20	戊申	5	22	己卯	4	22	己酉	3	23	己卯	2	22	庚戌	十九
7	21	己卯	6	21	己酉	5	23	庚辰	4	23	庚戌	3	24	庚辰	2	23	辛亥	二十
7	22	庚辰	6	22	庚戌	5	24	辛巳	4	24	辛亥	3	25	辛巳	2	24	壬子	廿一
7	23	辛巳	6	23	辛亥	5	25	壬午	4	25	壬子	3	26	壬午	2	25	癸丑	廿二
7	24	壬午	6	24	壬子	5	26	癸未	4	26	癸丑	3	27	癸未	2	26	甲寅	廿三
7	25	癸未	6	25	癸丑	5	27	甲申	4	27	甲寅	3	28	甲申	2	27	乙卯	廿四
7	26	甲申	6	26	甲寅	5	28	乙酉	4	28	乙卯	3	29	乙酉	2	28	丙辰	廿五
7	27	乙酉	6	27	乙卯	5	29	丙戌	4	29	丙辰	3	30	丙戌	3	1	丁巳	廿六
7	28	丙戌	6	28	丙辰	5	30	丁亥	4	30	丁巳	3	31	丁亥	3	2	戊午	廿七
7	29	丁亥	6	29	丁巳	5	31	戊子	5	1	戊午	4	1	戊子	3	3	己未	廿八
7	30	戊子	6	30	戊午	6	1	己丑	5	2	己未	4	2	己丑	3	4	庚申	廿九
			7	1	己未				5	3	庚申	4	3	庚寅				三十

月別	12月			11月			10月			9月			8月			7月		
月柱	癸丑			壬子			辛亥			庚戌			己酉			戊申		
紫白	三碧			四緑			五黄			六白			七赤			八白		
農暦	陽暦		日柱	陽暦		日柱	陽暦		日柱	陽暦		日柱	陽暦		日柱	陽暦		日柱
	月	日		月	日		月	日		月	日		月	日		月	日	
初一	12	26	丁巳	11	26	丁亥	10	28	戊午	9	29	己丑	8	30	己未	7	31	己丑
初二	12	27	戊午	11	27	戊子	10	29	己未	9	30	庚寅	8	31	庚申	8	1	庚寅
初三	12	28	己未	11	28	己丑	10	30	庚申	10	1	辛卯	9	1	辛酉	8	2	辛卯
初四	12	29	庚申	11	29	庚寅	10	31	辛酉	10	2	壬辰	9	2	壬戌	8	3	壬辰
初五	12	30	辛酉	11	30	辛卯	11	1	壬戌	10	3	癸巳	9	3	癸亥	8	4	癸巳
初六	12	31	壬戌	12	1	壬辰	11	2	癸亥	10	4	甲午	9	4	甲子	8	5	甲午
初七	1	1	癸亥	12	2	癸巳	11	3	甲子	10	5	乙未	9	5	乙丑	8	6	乙未
初八	1	2	甲子	12	3	甲午	11	4	乙丑	10	6	丙申	9	6	丙寅	8	7	丙申
初九	1	3	乙丑	12	4	乙未	11	5	丙寅	10	7	丁酉	9	7	丁卯	8	8	丁酉
初十	1	4	丙寅	12	5	丙申	11	6	丁卯	10	8	戊戌	9	8	戊辰	8	9	戊戌
十一	1	5	丁卯	12	6	丁酉	11	7	戊辰	10	9	己亥	9	9	己巳	8	10	己亥
十二	1	6	戊辰	12	7	戊戌	11	8	己巳	10	10	庚子	9	10	庚午	8	11	庚子
十三	1	7	己巳	12	8	己亥	11	9	庚午	10	11	辛丑	9	11	辛未	8	12	辛丑
十四	1	8	庚午	12	9	庚子	11	10	辛未	10	12	壬寅	9	12	壬申	8	13	壬寅
十五	1	9	辛未	12	10	辛丑	11	11	壬申	10	13	癸卯	9	13	癸酉	8	14	癸卯
十六	1	10	壬申	12	11	壬寅	11	12	癸酉	10	14	甲辰	9	14	甲戌	8	15	甲辰
十七	1	11	癸酉	12	12	癸卯	11	13	甲戌	10	15	乙巳	9	15	乙亥	8	16	乙巳
十八	1	12	甲戌	12	13	甲辰	11	14	乙亥	10	16	丙午	9	16	丙子	8	17	丙午
十九	1	13	乙亥	12	14	乙巳	11	15	丙子	10	17	丁未	9	17	丁丑	8	18	丁未
二十	1	14	丙子	12	15	丙午	11	16	丁丑	10	18	戊申	9	18	戊寅	8	19	戊申
廿一	1	15	丁丑	12	16	丁未	11	17	戊寅	10	19	己酉	9	19	己卯	8	20	己酉
廿二	1	16	戊寅	12	17	戊申	11	18	己卯	10	20	庚戌	9	20	庚辰	8	21	庚戌
廿三	1	17	己卯	12	18	己酉	11	19	庚辰	10	21	辛亥	9	21	辛巳	8	22	辛亥
廿四	1	18	庚辰	12	19	庚戌	11	20	辛巳	10	22	壬子	9	22	壬午	8	23	壬子
廿五	1	19	辛巳	12	20	辛亥	11	21	壬午	10	23	癸丑	9	23	癸未	8	24	癸丑
廿六	1	20	壬午	12	21	壬子	11	22	癸未	10	24	甲寅	9	24	甲申	8	25	甲寅
廿七	1	21	癸未	12	22	癸丑	11	23	甲申	10	25	乙卯	9	25	乙酉	8	26	乙卯
廿八	1	22	甲申	12	23	甲寅	11	24	乙酉	10	26	丙辰	9	26	丙戌	8	27	丙辰
廿九	1	23	乙酉	12	24	乙卯	11	25	丙戌	10	27	丁巳	9	27	丁亥	8	28	丁巳
三十				12	25	丙辰							9	28	戊子	8	29	戊午

2058年【戊寅】

6月			5月			閏4月			4月			3月			2月			正月			月別
己未			戊午						丁巳			丙辰			乙卯			甲寅			月柱
六白			七赤						八白			九紫			一白			二黒			紫白
陽暦		日柱	陽暦		日柱	陽暦		日柱	陽暦		日柱	陽暦		日柱	陽暦		日柱	陽暦		日柱	農暦
月	日		月	日		月	日		月	日		月	日		月	日		月	日		
7	20	癸未	6	21	甲寅	5	22	甲申	4	23	乙卯	3	24	乙酉	2	23	丙辰	1	24	丙戌	初一
7	21	甲申	6	22	乙卯	5	23	乙酉	4	24	丙辰	3	25	丙戌	2	24	丁巳	1	25	丁亥	初二
7	22	乙酉	6	23	丙辰	5	24	丙戌	4	25	丁巳	3	26	丁亥	2	25	戊午	1	26	戊子	初三
7	23	丙戌	6	24	丁巳	5	25	丁亥	4	26	戊午	3	27	戊子	2	26	己未	1	27	己丑	初四
7	24	丁亥	6	25	戊午	5	26	戊子	4	27	己未	3	28	己丑	2	27	庚申	1	28	庚寅	初五
7	25	戊子	6	26	己未	5	27	己丑	4	28	庚申	3	29	庚寅	2	28	辛酉	1	29	辛卯	初六
7	26	己丑	6	27	庚申	5	28	庚寅	4	29	辛酉	3	30	辛卯	3	1	壬戌	1	30	壬辰	初七
7	27	庚寅	6	28	辛酉	5	29	辛卯	4	30	壬戌	3	31	壬辰	3	2	癸亥	1	31	癸巳	初八
7	28	辛卯	6	29	壬戌	5	30	壬辰	5	1	癸亥	4	1	癸巳	3	3	甲子	2	1	甲午	初九
7	29	壬辰	6	30	癸亥	5	31	癸巳	5	2	甲子	4	2	甲午	3	4	乙丑	2	2	乙未	初十
7	30	癸巳	7	1	甲子	6	1	甲午	5	3	乙丑	4	3	乙未	3	5	丙寅	2	3	丙申	十一
7	31	甲午	7	2	乙丑	6	2	乙未	5	4	丙寅	4	4	丙申	3	6	丁卯	2	4	丁酉	十二
8	1	乙未	7	3	丙寅	6	3	丙申	5	5	丁卯	4	5	丁酉	3	7	戊辰	2	5	戊戌	十三
8	2	丙申	7	4	丁卯	6	4	丁酉	5	6	戊辰	4	6	戊戌	3	8	己巳	2	6	己亥	十四
8	3	丁酉	7	5	戊辰	6	5	戊戌	5	7	己巳	4	7	己亥	3	9	庚午	2	7	庚子	十五
8	4	戊戌	7	6	己巳	6	6	己亥	5	8	庚午	4	8	庚子	3	10	辛未	2	8	辛丑	十六
8	5	己亥	7	7	庚午	6	7	庚子	5	9	辛未	4	9	辛丑	3	11	壬申	2	9	壬寅	十七
8	6	庚子	7	8	辛未	6	8	辛丑	5	10	壬申	4	10	壬寅	3	12	癸酉	2	10	癸卯	十八
8	7	辛丑	7	9	壬申	6	9	壬寅	5	11	癸酉	4	11	癸卯	3	13	甲戌	2	11	甲辰	十九
8	8	壬寅	7	10	癸酉	6	10	癸卯	5	12	甲戌	4	12	甲辰	3	14	乙亥	2	12	乙巳	二十
8	9	癸卯	7	11	甲戌	6	11	甲辰	5	13	乙亥	4	13	乙巳	3	15	丙子	2	13	丙午	廿一
8	10	甲辰	7	12	乙亥	6	12	乙巳	5	14	丙子	4	14	丙午	3	16	丁丑	2	14	丁未	廿二
8	11	乙巳	7	13	丙子	6	13	丙午	5	15	丁丑	4	15	丁未	3	17	戊寅	2	15	戊申	廿三
8	12	丙午	7	14	丁丑	6	14	丁未	5	16	戊寅	4	16	戊申	3	18	己卯	2	16	己酉	廿四
8	13	丁未	7	15	戊寅	6	15	戊申	5	17	己卯	4	17	己酉	3	19	庚辰	2	17	庚戌	廿五
8	14	戊申	7	16	己卯	6	16	己酉	5	18	庚辰	4	18	庚戌	3	20	辛巳	2	18	辛亥	廿六
8	15	己酉	7	17	庚辰	6	17	庚戌	5	19	辛巳	4	19	辛亥	3	21	壬午	2	19	壬子	廿七
8	16	庚戌	7	18	辛巳	6	18	辛亥	5	20	壬午	4	20	壬子	3	22	癸未	2	20	癸丑	廿八
8	17	辛亥	7	19	壬午	6	19	壬子	5	21	癸未	4	21	癸丑	3	23	甲申	2	21	甲寅	廿九
8	18	壬子				6	20	癸丑				4	22	甲寅				2	22	乙卯	三十

月別	12月			11月			10月			9月			8月			7月		
月柱	乙丑			甲子			癸亥			壬戌			辛酉			庚申		
紫白	九紫			一白			二黒			三碧			四緑			五黄		
農暦	陽暦		日柱	陽暦		日柱	陽暦		日柱	陽暦		日柱	陽暦		日柱	陽暦		日柱
	月	日		月	日		月	日		月	日		月	日		月	日	
初一	1	14	辛巳	12	16	壬子	11	16	壬午	10	17	壬子	9	18	癸未	8	19	癸丑
初二	1	15	壬午	12	17	癸丑	11	17	癸未	10	18	癸丑	9	19	甲申	8	20	甲寅
初三	1	16	癸未	12	18	甲寅	11	18	甲申	10	19	甲寅	9	20	乙酉	8	21	乙卯
初四	1	17	甲申	12	19	乙卯	11	19	乙酉	10	20	乙卯	9	21	丙戌	8	22	丙辰
初五	1	18	乙酉	12	20	丙辰	11	20	丙戌	10	21	丙辰	9	22	丁亥	8	23	丁巳
初六	1	19	丙戌	12	21	丁巳	11	21	丁亥	10	22	丁巳	9	23	戊子	8	24	戊午
初七	1	20	丁亥	12	22	戊午	11	22	戊子	10	23	戊午	9	24	己丑	8	25	己未
初八	1	21	戊子	12	23	己未	11	23	己丑	10	24	己未	9	25	庚寅	8	26	庚申
初九	1	22	己丑	12	24	庚申	11	24	庚寅	10	25	庚申	9	26	辛卯	8	27	辛酉
初十	1	23	庚寅	12	25	辛酉	11	25	辛卯	10	26	辛酉	9	27	壬辰	8	28	壬戌
十一	1	24	辛卯	12	26	壬戌	11	26	壬辰	10	27	壬戌	9	28	癸巳	8	29	癸亥
十二	1	25	壬辰	12	27	癸亥	11	27	癸巳	10	28	癸亥	9	29	甲午	8	30	甲子
十三	1	26	癸巳	12	28	甲子	11	28	甲午	10	29	甲子	9	30	乙未	8	31	乙丑
十四	1	27	甲午	12	29	乙丑	11	29	乙未	10	30	乙丑	10	1	丙申	9	1	丙寅
十五	1	28	乙未	12	30	丙寅	11	30	丙申	10	31	丙寅	10	2	丁酉	9	2	丁卯
十六	1	29	丙申	12	31	丁卯	12	1	丁酉	11	1	丁卯	10	3	戊戌	9	3	戊辰
十七	1	30	丁酉	1	1	戊辰	12	2	戊戌	11	2	戊辰	10	4	己亥	9	4	己巳
十八	1	31	戊戌	1	2	己巳	12	3	己亥	11	3	己巳	10	5	庚子	9	5	庚午
十九	2	1	己亥	1	3	庚午	12	4	庚子	11	4	庚午	10	6	辛丑	9	6	辛未
二十	2	2	庚子	1	4	辛未	12	5	辛丑	11	5	辛未	10	7	壬寅	9	7	壬申
廿一	2	3	辛丑	1	5	壬申	12	6	壬寅	11	6	壬申	10	8	癸卯	9	8	癸酉
廿二	2	4	壬寅	1	6	癸酉	12	7	癸卯	11	7	癸酉	10	9	甲辰	9	9	甲戌
廿三	2	5	癸卯	1	7	甲戌	12	8	甲辰	11	8	甲戌	10	10	乙巳	9	10	乙亥
廿四	2	6	甲辰	1	8	乙亥	12	9	乙巳	11	9	乙亥	10	11	丙午	9	11	丙子
廿五	2	7	乙巳	1	9	丙子	12	10	丙午	11	10	丙子	10	12	丁未	9	12	丁丑
廿六	2	8	丙午	1	10	丁丑	12	11	丁未	11	11	丁丑	10	13	戊申	9	13	戊寅
廿七	2	9	丁未	1	11	戊寅	12	12	戊申	11	12	戊寅	10	14	己酉	9	14	己卯
廿八	2	10	戊申	1	12	己卯	12	13	己酉	11	13	己卯	10	15	庚戌	9	15	庚辰
廿九	2	11	己酉	1	13	庚辰	12	14	庚戌	11	14	庚辰	10	16	辛亥	9	16	辛巳
三十							12	15	辛亥	11	15	辛巳				9	17	壬午

6月			5月			4月			3月			2月			正月			月別
辛未			庚午			己巳			戊辰			丁卯			丙寅			月柱
三碧			四緑			五黄			六白			七赤			八白			紫白
陽暦		日柱	陽暦		日柱	陽暦		日柱	陽暦		日柱	陽暦		日柱	陽暦		日柱	農暦
月	日		月	日		月	日		月	日		月	日		月	日		
7	10	戊寅	6	10	戊申	5	12	己卯	4	12	己酉	3	14	庚辰	2	12	庚戌	初一
7	11	己卯	6	11	己酉	5	13	庚辰	4	13	庚戌	3	15	辛巳	2	13	辛亥	初二
7	12	庚辰	6	12	庚戌	5	14	辛巳	4	14	辛亥	3	16	壬午	2	14	壬子	初三
7	13	辛巳	6	13	辛亥	5	15	壬午	4	15	壬子	3	17	癸未	2	15	癸丑	初四
7	14	壬午	6	14	壬子	5	16	癸未	4	16	癸丑	3	18	甲申	2	16	甲寅	初五
7	15	癸未	6	15	癸丑	5	17	甲申	4	17	甲寅	3	19	乙酉	2	17	乙卯	初六
7	16	甲申	6	16	甲寅	5	18	乙酉	4	18	乙卯	3	20	丙戌	2	18	丙辰	初七
7	17	乙酉	6	17	乙卯	5	19	丙戌	4	19	丙辰	3	21	丁亥	2	19	丁巳	初八
7	18	丙戌	6	18	丙辰	5	20	丁亥	4	20	丁巳	3	22	戊子	2	20	戊午	初九
7	19	丁亥	6	19	丁巳	5	21	戊子	4	21	戊午	3	23	己丑	2	21	己未	初十
7	20	戊子	6	20	戊午	5	22	己丑	4	22	己未	3	24	庚寅	2	22	庚申	十一
7	21	己丑	6	21	己未	5	23	庚寅	4	23	庚申	3	25	辛卯	2	23	辛酉	十二
7	22	庚寅	6	22	庚申	5	24	辛卯	4	24	辛酉	3	26	壬辰	2	24	壬戌	十三
7	23	辛卯	6	23	辛酉	5	25	壬辰	4	25	壬戌	3	27	癸巳	2	25	癸亥	十四
7	24	壬辰	6	24	壬戌	5	26	癸巳	4	26	癸亥	3	28	甲午	2	26	甲子	十五
7	25	癸巳	6	25	癸亥	5	27	甲午	4	27	甲子	3	29	乙未	2	27	乙丑	十六
7	26	甲午	6	26	甲子	5	28	乙未	4	28	乙丑	3	30	丙申	2	28	丙寅	十七
7	27	乙未	6	27	乙丑	5	29	丙申	4	29	丙寅	3	31	丁酉	3	1	丁卯	十八
7	28	丙申	6	28	丙寅	5	30	丁酉	4	30	丁卯	4	1	戊戌	3	2	戊辰	十九
7	29	丁酉	6	29	丁卯	5	31	戊戌	5	1	戊辰	4	2	己亥	3	3	己巳	二十
7	30	戊戌	6	30	戊辰	6	1	己亥	5	2	己巳	4	3	庚子	3	4	庚午	廿一
7	31	己亥	7	1	己巳	6	2	庚子	5	3	庚午	4	4	辛丑	3	5	辛未	廿二
8	1	庚子	7	2	庚午	6	3	辛丑	5	4	辛未	4	5	壬寅	3	6	壬申	廿三
8	2	辛丑	7	3	辛未	6	4	壬寅	5	5	壬申	4	6	癸卯	3	7	癸酉	廿四
8	3	壬寅	7	4	壬申	6	5	癸卯	5	6	癸酉	4	7	甲辰	3	8	甲戌	廿五
8	4	癸卯	7	5	癸酉	6	6	甲辰	5	7	甲戌	4	8	乙巳	3	9	乙亥	廿六
8	5	甲辰	7	6	甲戌	6	7	乙巳	5	8	乙亥	4	9	丙午	3	10	丙子	廿七
8	6	乙巳	7	7	乙亥	6	8	丙午	5	9	丙子	4	10	丁未	3	11	丁丑	廿八
8	7	丙午	7	8	丙子	6	9	丁未	5	10	丁丑	4	11	戊申	3	12	戊寅	廿九
			7	9	丁丑				5	11	戊寅				3	13	己卯	三十

月別	12月			11月			10月			9月			8月			7月		
月柱	丁丑			丙子			乙亥			甲戌			癸酉			壬申		
紫白	六白			七赤			八白			九紫			一白			二黒		
農暦	陽暦		日柱	陽暦		日柱	陽暦		日柱	陽暦		日柱	陽暦		日柱	陽暦		日柱
	月	日		月	日		月	日		月	日		月	日		月	日	
初一	1	4	丙子	12	5	丙午	11	5	丙子	10	6	丙午	9	7	丁丑	8	8	丁未
初二	1	5	丁丑	12	6	丁未	11	6	丁丑	10	7	丁未	9	8	戊寅	8	9	戊申
初三	1	6	戊寅	12	7	戊申	11	7	戊寅	10	8	戊申	9	9	己卯	8	10	己酉
初四	1	7	己卯	12	8	己酉	11	8	己卯	10	9	己酉	9	10	庚辰	8	11	庚戌
初五	1	8	庚辰	12	9	庚戌	11	9	庚辰	10	10	庚戌	9	11	辛巳	8	12	辛亥
初六	1	9	辛巳	12	10	辛亥	11	10	辛巳	10	11	辛亥	9	12	壬午	8	13	壬子
初七	1	10	壬午	12	11	壬子	11	11	壬午	10	12	壬子	9	13	癸未	8	14	癸丑
初八	1	11	癸未	12	12	癸丑	11	12	癸未	10	13	癸丑	9	14	甲申	8	15	甲寅
初九	1	12	甲申	12	13	甲寅	11	13	甲申	10	14	甲寅	9	15	乙酉	8	16	乙卯
初十	1	13	乙酉	12	14	乙卯	11	14	乙酉	10	15	乙卯	9	16	丙戌	8	17	丙辰
十一	1	14	丙戌	12	15	丙辰	11	15	丙戌	10	16	丙辰	9	17	丁亥	8	18	丁巳
十二	1	15	丁亥	12	16	丁巳	11	16	丁亥	10	17	丁巳	9	18	戊子	8	19	戊午
十三	1	16	戊子	12	17	戊午	11	17	戊子	10	18	戊午	9	19	己丑	8	20	己未
十四	1	17	己丑	12	18	己未	11	18	己丑	10	19	己未	9	20	庚寅	8	21	庚申
十五	1	18	庚寅	12	19	庚申	11	19	庚寅	10	20	庚申	9	21	辛卯	8	22	辛酉
十六	1	19	辛卯	12	20	辛酉	11	20	辛卯	10	21	辛酉	9	22	壬辰	8	23	壬戌
十七	1	20	壬辰	12	21	壬戌	11	21	壬辰	10	22	壬戌	9	23	癸巳	8	24	癸亥
十八	1	21	癸巳	12	22	癸亥	11	22	癸巳	10	23	癸亥	9	24	甲午	8	25	甲子
十九	1	22	甲午	12	23	甲子	11	23	甲午	10	24	甲子	9	25	乙未	8	26	乙丑
二十	1	23	乙未	12	24	乙丑	11	24	乙未	10	25	乙丑	9	26	丙申	8	27	丙寅
廿一	1	24	丙申	12	25	丙寅	11	25	丙申	10	26	丙寅	9	27	丁酉	8	28	丁卯
廿二	1	25	丁酉	12	26	丁卯	11	26	丁酉	10	27	丁卯	9	28	戊戌	8	29	戊辰
廿三	1	26	戊戌	12	27	戊辰	11	27	戊戌	10	28	戊辰	9	29	己亥	8	30	己巳
廿四	1	27	己亥	12	28	己巳	11	28	己亥	10	29	己巳	9	30	庚子	8	31	庚午
廿五	1	28	庚子	12	29	庚午	11	29	庚子	10	30	庚午	10	1	辛丑	9	1	辛未
廿六	1	29	辛丑	12	30	辛未	11	30	辛丑	10	31	辛未	10	2	壬寅	9	2	壬申
廿七	1	30	壬寅	12	31	壬申	12	1	壬寅	11	1	壬申	10	3	癸卯	9	3	癸酉
廿八	1	31	癸卯	1	1	癸酉	12	2	癸卯	11	2	癸酉	10	4	甲辰	9	4	甲戌
廿九	2	1	甲辰	1	2	甲戌	12	3	甲辰	11	3	甲戌	10	5	乙巳	9	5	乙亥
三十				1	3	乙亥	12	4	乙巳	11	4	乙亥				9	6	丙子

2060年【庚辰】

6月			5月			4月			3月			2月			正月			月別
癸未			壬午			辛巳			庚辰			己卯			戊寅			月柱
九紫			一白			二黒			三碧			四緑			五黄			紫白
陽暦		日柱	陽暦		日柱	陽暦		日柱	陽暦		日柱	陽暦		日柱	陽暦		日柱	農暦
月	日		月	日		月	日		月	日		月	日		月	日		
6	28	壬申	5	30	癸卯	4	30	癸酉	4	1	甲辰	3	3	乙亥	2	2	乙巳	初一
6	29	癸酉	5	31	甲辰	5	1	甲戌	4	2	乙巳	3	4	丙子	2	3	丙午	初二
6	30	甲戌	6	1	乙巳	5	2	乙亥	4	3	丙午	3	5	丁丑	2	4	丁未	初三
7	1	乙亥	6	2	丙午	5	3	丙子	4	4	丁未	3	6	戊寅	2	5	戊申	初四
7	2	丙子	6	3	丁未	5	4	丁丑	4	5	戊申	3	7	己卯	2	6	己酉	初五
7	3	丁丑	6	4	戊申	5	5	戊寅	4	6	己酉	3	8	庚辰	2	7	庚戌	初六
7	4	戊寅	6	5	己酉	5	6	己卯	4	7	庚戌	3	9	辛巳	2	8	辛亥	初七
7	5	己卯	6	6	庚戌	5	7	庚辰	4	8	辛亥	3	10	壬午	2	9	壬子	初八
7	6	庚辰	6	7	辛亥	5	8	辛巳	4	9	壬子	3	11	癸未	2	10	癸丑	初九
7	7	辛巳	6	8	壬子	5	9	壬午	4	10	癸丑	3	12	甲申	2	11	甲寅	初十
7	8	壬午	6	9	癸丑	5	10	癸未	4	11	甲寅	3	13	乙酉	2	12	乙卯	十一
7	9	癸未	6	10	甲寅	5	11	甲申	4	12	乙卯	3	14	丙戌	2	13	丙辰	十二
7	10	甲申	6	11	乙卯	5	12	乙酉	4	13	丙辰	3	15	丁亥	2	14	丁巳	十三
7	11	乙酉	6	12	丙辰	5	13	丙戌	4	14	丁巳	3	16	戊子	2	15	戊午	十四
7	12	丙戌	6	13	丁巳	5	14	丁亥	4	15	戊午	3	17	己丑	2	16	己未	十五
7	13	丁亥	6	14	戊午	5	15	戊子	4	16	己未	3	18	庚寅	2	17	庚申	十六
7	14	戊子	6	15	己未	5	16	己丑	4	17	庚申	3	19	辛卯	2	18	辛酉	十七
7	15	己丑	6	16	庚申	5	17	庚寅	4	18	辛酉	3	20	壬辰	2	19	壬戌	十八
7	16	庚寅	6	17	辛酉	5	18	辛卯	4	19	壬戌	3	21	癸巳	2	20	癸亥	十九
7	17	辛卯	6	18	壬戌	5	19	壬辰	4	20	癸亥	3	22	甲午	2	21	甲子	二十
7	18	壬辰	6	19	癸亥	5	20	癸巳	4	21	甲子	3	23	乙未	2	22	乙丑	廿一
7	19	癸巳	6	20	甲子	5	21	甲午	4	22	乙丑	3	24	丙申	2	23	丙寅	廿二
7	20	甲午	6	21	乙丑	5	22	乙未	4	23	丙寅	3	25	丁酉	2	24	丁卯	廿三
7	21	乙未	6	22	丙寅	5	23	丙申	4	24	丁卯	3	26	戊戌	2	25	戊辰	廿四
7	22	丙申	6	23	丁卯	5	24	丁酉	4	25	戊辰	3	27	己亥	2	26	己巳	廿五
7	23	丁酉	6	24	戊辰	5	25	戊戌	4	26	己巳	3	28	庚子	2	27	庚午	廿六
7	24	戊戌	6	25	己巳	5	26	己亥	4	27	庚午	3	29	辛丑	2	28	辛未	廿七
7	25	己亥	6	26	庚午	5	27	庚子	4	28	辛未	3	30	壬寅	2	29	壬申	廿八
7	26	庚子	6	27	辛未	5	28	辛丑	4	29	壬申	3	31	癸卯	3	1	癸酉	廿九
						5	29	壬寅							3	2	甲戌	三十

月別	12月			11月			10月			9月			8月			7月		
月柱	己丑			戊子			丁亥			丙戌			乙酉			甲申		
紫白	三碧			四緑			五黄			六白			七赤			八白		
農曆	陽曆		日柱	陽曆		日柱	陽曆		日柱	陽曆		日柱	陽曆		日柱	陽曆		日柱
	月	日		月	日		月	日		月	日		月	日		月	日	
初一	12	23	庚午	11	23	庚子	10	24	庚午	9	24	庚子	8	26	辛未	7	27	辛丑
初二	12	24	辛未	11	24	辛丑	10	25	辛未	9	25	辛丑	8	27	壬申	7	28	壬寅
初三	12	25	壬申	11	25	壬寅	10	26	壬申	9	26	壬寅	8	28	癸酉	7	29	癸卯
初四	12	26	癸酉	11	26	癸卯	10	27	癸酉	9	27	癸卯	8	29	甲戌	7	30	甲辰
初五	12	27	甲戌	11	27	甲辰	10	28	甲戌	9	28	甲辰	8	30	乙亥	7	31	乙巳
初六	12	28	乙亥	11	28	乙巳	10	29	乙亥	9	29	乙巳	8	31	丙子	8	1	丙午
初七	12	29	丙子	11	29	丙午	10	30	丙子	9	30	丙午	9	1	丁丑	8	2	丁未
初八	12	30	丁丑	11	30	丁未	10	31	丁丑	10	1	丁未	9	2	戊寅	8	3	戊申
初九	12	31	戊寅	12	1	戊申	11	1	戊寅	10	2	戊申	9	3	己卯	8	4	己酉
初十	1	1	己卯	12	2	己酉	11	2	己卯	10	3	己酉	9	4	庚辰	8	5	庚戌
十一	1	2	庚辰	12	3	庚戌	11	3	庚辰	10	4	庚戌	9	5	辛巳	8	6	辛亥
十二	1	3	辛巳	12	4	辛亥	11	4	辛巳	10	5	辛亥	9	6	壬午	8	7	壬子
十三	1	4	壬午	12	5	壬子	11	5	壬午	10	6	壬子	9	7	癸未	8	8	癸丑
十四	1	5	癸未	12	6	癸丑	11	6	癸未	10	7	癸丑	9	8	甲申	8	9	甲寅
十五	1	6	甲申	12	7	甲寅	11	7	甲申	10	8	甲寅	9	9	乙酉	8	10	乙卯
十六	1	7	乙酉	12	8	乙卯	11	8	乙酉	10	9	乙卯	9	10	丙戌	8	11	丙辰
十七	1	8	丙戌	12	9	丙辰	11	9	丙戌	10	10	丙辰	9	11	丁亥	8	12	丁巳
十八	1	9	丁亥	12	10	丁巳	11	10	丁亥	10	11	丁巳	9	12	戊子	8	13	戊午
十九	1	10	戊子	12	11	戊午	11	11	戊子	10	12	戊午	9	13	己丑	8	14	己未
二十	1	11	己丑	12	12	己未	11	12	己丑	10	13	己未	9	14	庚寅	8	15	庚申
廿一	1	12	庚寅	12	13	庚申	11	13	庚寅	10	14	庚申	9	15	辛卯	8	16	辛酉
廿二	1	13	辛卯	12	14	辛酉	11	14	辛卯	10	15	辛酉	9	16	壬辰	8	17	壬戌
廿三	1	14	壬辰	12	15	壬戌	11	15	壬辰	10	16	壬戌	9	17	癸巳	8	18	癸亥
廿四	1	15	癸巳	12	16	癸亥	11	16	癸巳	10	17	癸亥	9	18	甲午	8	19	甲子
廿五	1	16	甲午	12	17	甲子	11	17	甲午	10	18	甲子	9	19	乙未	8	20	乙丑
廿六	1	17	乙未	12	18	乙丑	11	18	乙未	10	19	乙丑	9	20	丙申	8	21	丙寅
廿七	1	18	丙申	12	19	丙寅	11	19	丙申	10	20	丙寅	9	21	丁酉	8	22	丁卯
廿八	1	19	丁酉	12	20	丁卯	11	20	丁酉	10	21	丁卯	9	22	戊戌	8	23	戊辰
廿九	1	20	戊戌	12	21	戊辰	11	21	戊戌	10	22	戊辰	9	23	己亥	8	24	己巳
三十				12	22	己巳	11	22	己亥	10	23	己巳				8	25	庚午

紫微斗数命盤

<table>
<tr><td>巳　宮</td><td>午　宮</td><td>未　宮</td><td>申　宮</td></tr>
<tr><td>辰　宮</td><td colspan="2" rowspan="2">名前：
年齢（数え）：　歳
生年月日：　年　月　日
出生時間：　時　分
出生地：　時差：
修正出生時間:　時　分

生年干支：
旧暦月日：　月　日
生時支：
陰陽男女：
五行局：
子年斗君：

鑑定日：　年　月　日</td><td>酉　宮</td></tr>
<tr><td>卯　宮</td><td>戌　宮</td></tr>
<tr><td>寅　宮</td><td>丑　宮</td><td>子　宮</td><td>亥　宮</td></tr>
</table>

※コピーをして使用してください

紫微斗数命盤

<table>
<tr><td>巳　宮</td><td>午　宮</td><td>未　宮</td><td>申　宮</td></tr>
<tr><td>辰　宮</td><td colspan="2" rowspan="2">名前：
年齢（数え）：　歳
生年月日：　年　月　日
出生時間：　時　分
出生地：　時差：
修正出生時間：　時　分

生年干支：
旧暦月日：　月　日
生時支：
陰陽男女：
五行局：
子年斗君：

鑑定日：　年　月　日</td><td>酉　宮</td></tr>
<tr><td>卯　宮</td><td>戌　宮</td></tr>
<tr><td>寅　宮</td><td>丑　宮</td><td>子　宮</td><td>亥　宮</td></tr>
</table>

※コピーをして使用してください

おわりに

本書は、師匠の東海林秀樹先生の高度な紫微斗数の技法のコラムや深い占術解釈と、生の「人の生と死」や「生き方や人生の運命的な役割、仕事」などを題材にした、占例判断解説が合わさり、バリエーションに飛んだ大変濃い内容の紫微斗数の上級書籍になったのではないかなと思っております。

これは、私が今まで学ばせていただきました、「紫微斗数占い」の知識と技術における卒業論文のようなものかなと思っております。

今までたくさんのことをお教えくださいました東洋占術の師匠である東海林秀樹先生、占術鑑定や教授にて関わらせていただいた、たくさんのお客さまや生徒さま、お陰様でよい占術専門書を書くことができて大変ありがたく、この場をお借りして深くお礼を述べたいと思います。ありがとうございました。

また未熟な私に、文章を書く楽しさや専門的な知識を学ぶよい機会をくださいました説話社ＣＥＯの高木利幸様、大変感謝しております。ありがとうございました。

最後になりましたが、本書が「占術を愛する皆様」のよい研究材料となることを希望といたしまして、「おわりに」を締めくくりたいと思います。未来永劫この素晴らしい占術が受け継がれていきますように、その一人のバトンランナーとして、今後もたくさんの方々に占術を教えていきたいと思っております。

2024年4月1日
春の柔らかい、太陽の光さす午後に

照葉桜子

今後の動乱について

東海林秀樹

今、この補足原稿を書いているのは、２０２４年5月です。世の中、さまざまな問題のある世の中になってきました。通常ならば、「測局」といって本書の紫微斗数はもちろん、奇門遁甲や六壬神課など、また別術を使用して世情を見ていくのですが、今回の地球単位の大事変ですので周期率的な占法を見てもあまり意味がありません。

私は過去の占術の手ほどきを受けた師匠たちに、とにかく個人や社会もすべて兆しをなるべく見るようにいわれてきました。

２０２０年度に発生した問題も大はかなりの規模の会社から、中小まで、また個人事業主の方々まで、収入的な減益が当然考えられます。これは何も占術でなくとも社会なり個人をマスコミの情報に流されることなく観察していくと答えは出てくると思われます。

この原稿が本となり、出版される頃には、かなりの確率で恐慌に突入していると思われます。ですが、それだけでは身も蓋もありませんので、私なりの占術活用法を述べてみたいと思います。

いきなり「日経平均がどうだの」「ダウ平均がどうだの」と占っても、所詮、的中はしないでしょう。ここから先はやや哲学的になってしまいますが、「この恐慌はどうなるか?」とりあえず、前著で説明した紫微斗数占機法に、周易や断易、六壬神課などで占ってみます。

ただし、ここで一考が必要です。出した答えにはあなた（読者）が見て、投影した世界が反映されていることです。つまり、良好な答えが出た場合は、当面なんとか生き抜ける可能性が高く、あまり良好ではない場合は、恐慌の波に飲み込まれる可能性が高いのです。この点を理解してお読みください。

それでは、いったい、どうしたらいいか。

次に挙げるのは私が活用している方法です。

①自分を含めて、父方・母方（重要）の先祖を四代前まで供養します。ここで先祖帰りをします。宗派は問いません。

②身近な神仏をつながる。ただし、相手が好いてくれないとだめです。長くやってきた方はご利益強いでしょう。
③さまざまな選択を命理を基本として、そこに卜占を活用する。
④私は❶〜❸に加えて、最近では奇門遁甲を使用しています。

これらを詳しく説明するとそれだけで1冊の書籍になってしまいますから、本書ではヒントとして紹介し、あえて占例は書きません。なお、くれぐれもインチキ霊能者や宗教家には気をつけてください。

最後まで読んでくださりありがとうございます。本書はやや時代をさかのぼり、紫微斗数全書の変ないい方ですが、使える部分をやや現代風にアレンジして解説をしてみました。さらに台北在住の故潘子漁先生の一葉知秋術の一部をなるべくわかりやすく、やはり解説してみました。自他ともに地球規模の動乱期に入ったようです。そのような時期にこそ、暗い中にこそ、少しでも先を照らす一助となれば嬉しいかぎりです。

おわりに

本書で、紫微斗数関連の書籍を、出版させていただくのは、共著を含めて、6冊目です。

最初の出版から、二十数年経ちました。それからの自分を振り返ると、鑑定スタイルもだいぶ変化して来たと思っています。もちろん退化ではなく、進化だと信じています。

本書では、私が二十代から三十代にかけて研究し、実占して来た、ある意味、原点回帰的な、紫微斗数を本書では公開しました。

元は、私が最初手ほどきを受けた、台湾在住の故、潘子漁先生の紫微斗数の考え方です。ここで、私が読んで参考にした先生の書籍を紹介します。『紫微斗数心得』、『看人生』、『看四化一』、『看四化二』などの書籍です。ちなみに、教科書的なものは、『看人生』を定本にして、後は、先生の手書きの資料でした。星、活盤、四化判断です。これを同時にやるのです。

本書では、どの程度、読者の皆様に、上手く解説できたかは、はなはだ心もとないですが、後、『紫微斗数全書』の一部を抜粋し、一部公開しました。当初は、竹林書局版と格闘しましたが、なかなか古文で難しいので、現代版と、阿部泰山先生和訳、『天文紫微斗数』を参照にしました。お読みになる場合は、それぞれ間違いがあるので、気をつけてお読みください。

後、紫微斗数測局判断ですと、２０２５年から２０２６年にかけて、我が国は、かなりさまざまな激変が起こると思われます。特に２０２５年の秋口が心配です。戦後最大規模の悪い印象を受けます。それが経済なのか天変地異なのかはわかりません。１００パーセント予知は難しいですが、あちこちで戦禍も聞こえてきます。

私達も、我が国も、地球も平和になることを心より願っております。ありがとうございました。

東海林秀樹

参考文献

呉俊宏『斗数帰元』（紫微学院）
潘子漁『紫微斗数印證』（武陵）
『占いの世界』（アシェットコレクションズジャパン）
潘子漁『紫微斗数看人生』
「潘子漁先生講義ノート」（個人所有）
潘子漁『紫微斗数心得』（水牛図書出版）
潘子漁『紫微斗数看人生』（武陵出版）
潘子漁『紫微斗数印證』（武陵出版）
潘子漁『紫微斗数看四化二』
九千『九千飛星』（武陵出版）
東海林秀樹『最強の中国占星法』（ＰＨＰ）
鮑黎明『飛星紫微斗数闡秘』（東洋書院）
洋陵『斗数秘儀今論』（武陵出版）
王亭之『談星』（圓方出版）
紫天十二宮会・編『紫微斗数古訣神探』（東洋書院）

東海林秀樹（しょうじ・ひでき）

1957年東京生まれ。占術家。斯界の各分野の大家に師事して各占術を研鑽。とくに台湾と日本を往来し、貴重な資料を持ち帰る。占い処「占星堂」当主。日本占術カウンセリング学院、日本易道学校等で講師を務める。著書に『紫微斗数占法要義』（東洋書院）、『紫微斗数占星術奥義』（学習研究社）などがある。

著者ホームページ：三毛猫占術学園
http://www.mikeneko-uranai.com/

照葉桜子（てるは・さくらこ）

子供の頃より西洋占術に魅せられ、生きる経験を通して繊細で心理的なタロットリーディングを研究し、学生時代に西洋占星術の大家二代目故潮島郁幸先生に師事。精神的な占術鑑定技術を学ぶ。

現実面での高い占術の技の必要性を痛感し、東洋占の現師匠・東海林秀樹先生に出会い、東洋占術の鋭い技と世界観に触れ感銘を受ける。現在、3万人以上の鑑定経験を生かし、西洋占術・東洋占術の多彩な占術科目の、実践的でわかりやすい個人授業や講座講師を務める。

そして、ハイレベルな占術知識と技術の世界を社会に伝えたいとの情熱から、「旅猫倶楽部」占術情報季刊誌を年4回発行している。その著者メンバーと占術科目は、マニアックな東洋・西洋の貴重な占術占例から、開運術、東洋呪術及び西洋魔術に至るまで、広範囲の技術と知識にわたり、バリエーション豊富である。特に、末尾の開運方位の吉方位カレンダーへのファンが多く、「占術を愛する」方々に支持されている。

ブログ：「占術セミナー―タロット相談室」
http://sanrueru.exblog.jp/
ホームページ：「旅猫倶楽部」
http://www.tabinekoclub.com/

実践《じっせん》 紫微《しび》斗《と》数占術《すうせんじゅつ》

2024年9月9日　初版発行

著　者　　東海林秀樹・照葉桜子（共著）
発行者　　高木利幸
発行所　　株式会社 説話社
〒102-0074
東京都千代田区九段南1-5-6　りそな九段ビル5階
デザイン　遠藤亜矢子
印刷・製本　中央精版印刷株式会社

ISBN 978-4-910924-23-6　C2011